INSTITUIÇÕES DE DIREITO CIVIL

Volume II

TEORIA GERAL DAS OBRIGAÇÕES

EDIÇÕES ANTERIORES

1ª edição – 1962	17ª edição – 1998	21ª edição – 2008 – 4ª tiragem
2ª edição – 1966	17ª edição – 1999 – 2ª tiragem	22ª edição – 2009
3ª edição – 1972	18ª edição – 1999	23ª edição – 2010
4ª edição – 1976	19ª edição – 1999	24ª edição – 2011
5ª edição – 1978	19ª edição – 2000 – 2ª tiragem	25ª edição – 2012
6ª edição – 1981	19ª edição – 2000 – 3ª tiragem	25ª edição – 2012 – 2ª tiragem
7ª edição – 1983	19ª edição – 2000 – 4ª tiragem	26ª edição – 2014
8ª edição – 1986	19ª edição – 2001 – 5ª tiragem	26ª edição – 2014 – 2ª tiragem
9ª edição – 1989	19ª edição – 2001 – 6ª tiragem	27ª edição – 2015
10ª edição – 1990	19ª edição – 2002 – 7ª tiragem	28ª edição – 2016
11ª edição – 1992	20ª edição – 2003	29ª edição – 2017
12ª edição – 1993	20ª edição – 2004 – 2ª tiragem	30ª edição – 2018
13ª edição – 1994	20ª edição – 2004 – 3ª tiragem	31ª edição – 2019
14ª edição – 1994	20ª edição – 2005 – 4ª tiragem	32ª edição – 2020
15ª edição – 1996	20ª edição – 2005 – 5ª tiragem	33ª edição – 2022
15ª edição – 1997 – complemento	21ª edição – 2006	34ª edição – 2023
15ª edição – 1997 – 2ª tiragem	21ª edição – 2007 – 2ª tiragem	
16ª edição – 1998	21ª edição – 2008 – 3ª tiragem	

O GEN | Grupo Editorial Nacional – maior plataforma editorial brasileira no segmento científico, técnico e profissional – publica conteúdos nas áreas de concursos, ciências jurídicas, humanas, exatas, da saúde e sociais aplicadas, além de prover serviços direcionados à educação continuada.

As editoras que integram o GEN, das mais respeitadas no mercado editorial, construíram catálogos inigualáveis, com obras decisivas para a formação acadêmica e o aperfeiçoamento de várias gerações de profissionais e estudantes, tendo se tornado sinônimo de qualidade e seriedade.

A missão do GEN e dos núcleos de conteúdo que o compõem é prover a melhor informação científica e distribuí-la de maneira flexível e conveniente, a preços justos, gerando benefícios e servindo a autores, docentes, livreiros, funcionários, colaboradores e acionistas.

Nosso comportamento ético incondicional e nossa responsabilidade social e ambiental são reforçados pela natureza educacional de nossa atividade e dão sustentabilidade ao crescimento contínuo e à rentabilidade do grupo.

CAIO MÁRIO DA SILVA PEREIRA

Professor Emérito na Universidade Federal do Rio de Janeiro
e na Universidade Federal de Minas Gerais.

INSTITUIÇÕES DE DIREITO CIVIL

Volume II

TEORIA GERAL DAS OBRIGAÇÕES

Guilherme Calmon Nogueira da Gama
Atualizador e colaborador

35.ª edição revista, atualizada e reformulada

- O autor deste livro e a editora empenharam seus melhores esforços para assegurar que as informações e os procedimentos apresentados no texto estejam em acordo com os padrões aceitos à época da publicação, e todos os dados foram atualizados pelo autor até a data de fechamento do livro. Entretanto, tendo em conta a evolução das ciências, as atualizações legislativas, as mudanças regulamentares governamentais e o constante fluxo de novas informações sobre os temas que constam do livro, recomendamos enfaticamente que os leitores consultem sempre outras fontes fidedignas, de modo a se certificarem de que as informações contidas no texto estão corretas e de que não houve alterações nas recomendações ou na legislação regulamentadora.

- Fechamento desta edição: *19.12.2023*

- O Autor e a editora se empenharam para citar adequadamente e dar o devido crédito a todos os detentores de direitos autorais de qualquer material utilizado neste livro, dispondo-se a possíveis acertos posteriores caso, inadvertida e involuntariamente, a identificação de algum deles tenha sido omitida.

- **Atendimento ao cliente: (11) 5080-0751 | faleconosco@grupogen.com.br**

- Direitos exclusivos para a língua portuguesa
  Copyright © 2024 by
  Editora Forense Ltda.
  Uma editora integrante do GEN | Grupo Editorial Nacional
  Travessa do Ouvidor, 11 – Térreo e 6º andar
  Rio de Janeiro – RJ – 20040-040
  www.grupogen.com.br

- Reservados todos os direitos. É proibida a duplicação ou reprodução deste volume, no todo ou em parte, em quaisquer formas ou por quaisquer meios (eletrônico, mecânico, gravação, fotocópia, distribuição pela Internet ou outros), sem permissão, por escrito, da Editora Forense Ltda.

- Capa: Danilo Oliveira

CIP-BRASIL. CATALOGAÇÃO NA PUBLICAÇÃO
SINDICATO NACIONAL DOS EDITORES DE LIVROS, RJ

P49i
35. ed.
v. 2

    Pereira, Caio Mário da Silva , 1913-2004
        Instituições de direito civil : teoria geral das obrigações / Caio Mário da Silva Pereira ; atualizador e colaborador Guilherme Calmon Nogueira da Gama. - 35. ed., rev. e atual. - Rio de Janeiro : Forense, 2024.
        384 p. ; 24 cm.   (Instituições de direito civil ; 2)

        Sequência de: Instituições de direito civil : introdução ao direito civil : teoria geral de direito civil
        Continua com: Instituições de direito civil : contratos
        Apêndice
        Inclui bibliografia
        índice alfabético-remissivo
        ISBN 978-65-5964-913-6

    1. Direito civil - Brasil. 2. Obrigações (Direito) - Brasil. I. Gama, Guilherme Calmon Nogueira da. II. Título. III. Série.

23-87432   CDU: 347.4(81)

Meri Gleice Rodrigues de Souza - Bibliotecária - CRB-7/6439

Índice Sistemático

Prefácio...	IX
Nota do Atualizador	XV

Capítulo XXV – Noção Geral de Obrigação............................... 1

126. Conceito de obrigação	3
127. Evolução histórica da obrigação...................................	6
128. Elementos essenciais da obrigação.................................	13
129. Obrigação civil e obrigação natural...............................	23
130. Fontes da obrigação	28
131. Obrigação propriamente dita. Obrigação real. Obrigação *propter rem* ...	31

Capítulo XXVI – Classificação das Obrigações quanto ao Objeto: Positivas e Negativas..... 37

132. Classificação das obrigações em geral.............................	39
133. Obrigações de dar e de restituir coisa certa......................	42
134. Obrigação de dar coisa incerta....................................	46
135. Obrigação de fazer	49
136. Obrigação de não fazer..	53
136-A. Breves considerações sobre aspectos processuais	55

Capítulo XXVII – Classificação das Obrigações quanto ao Sujeito: Indivisibilidade e Solidariedade.. 57

137. Conceito de indivisibilidade......................................	59
138. Efeitos da indivisibilidade: pluralidade de devedores e de credores ...	62
139. Perda da indivisibilidade. Distinção da solidariedade	65
140. Conceito de solidariedade	67
141. Solidariedade ativa...	73
142. Solidariedade passiva...	78
143. Extinção da solidariedade...	83

Capítulo XXVIII – Classificação das Obrigações quanto aos Elementos Não Fundamentais... 87

144. Obrigação alternativa. Direito de escolha. Impossibilidade da prestação ...	89
145. Obrigação condicional e a termo	95
146. Obrigação principal e acessória	98
147. Prestação de juros..	100
148. Prestação pecuniária..	108

Capítulo XXIX – Cláusula Penal....................................... 119

149. Natureza e caracteres da cláusula penal...........................	121
150. Pena convencional moratória e compensatória. Cláusula de arrependimento ...	125
151. Efeitos da cláusula penal	129

Capítulo XXX – Pagamento... 137

152. Execução voluntária. Pagamento 139
153. Condições subjetivas do pagamento.. 142
154. Condições objetivas do pagamento 151
155. Lugar do pagamento.. 157
156. Tempo do pagamento 160
157. Prova do pagamento.. 164

Capítulo XXXI – Pagamentos Especiais.. 169

158. Pagamento por consignação... 171
159. Pagamento com sub-rogação 179
160. Imputação do pagamento 185
161. Dação em pagamento.. 188

Capítulo XXXII – Extinção das Obrigações sem Pagamento........................ 195

162. Novação 197
163. Compensação 205
164. Transação 216
165. Confusão... 217
166. Compromisso 220
167. Remissão 221

Capítulo XXXIII – Enriquecimento sem Causa e Pagamento Indevido................ 227

168. Enriquecimento sem causa.. 229
169. Repetição do pagamento 235
170. Retenção do pagamento indevido.. 240

Capítulo XXXIV – Mora 243

171. Conceito de mora. Do devedor e do credor 245
172. Purgação e cessação da mora... 251
173. Constituição em mora.. 252

Capítulo XXXV – Inadimplemento das Obrigações 255

174. Inadimplemento da obrigação, absoluto e relativo.......................... 257
175. Dolo e culpa 260
176. Indenização: dano patrimonial e dano moral 265
176-A. Perdas e danos 273
176-B. Juros legais... 279
177. Inimputabilidade: caso fortuito e força maior. Eliminação do risco 282
178. Exoneração convencional: cláusula de não indenizar 287
178-A. Arras.. 291
178-B. Preferências e privilégios creditórios................................... 293

Capítulo XXXVI – Transferência das Obrigações.................................. 295

179. Cessão de crédito: conceito e natureza.. 297
180. Validade da cessão: entre as partes e em relação a terceiros 302
181. Responsabilidade do cedente 305
182. Efeitos da cessão: quanto ao devedor e ao cessionário 307
183. Assunção de débito... 311
183-A. Cessão de contrato 317
183-B. Administração fiduciária de garantia 319

Capítulo XXXVI-A – Preferências e Privilégios Creditórios 321

183-C. Responsabilidade patrimonial 323
183-D. *Par conditio creditorum*.. *324*
183-E. Insolvabilidade, insolvência e insolvência civil............................... 324
183-F. Preferências e privilégios 328
183-G. Créditos com privilégio especial 331
183-H. Créditos com privilégio geral.. 334
183-I. Quadro geral de credores.. 336

Apêndice... 339

Índice Alfabético-Remissivo... 361

Prefácio

Às vésperas de completar 90 anos, tenho a alegria de entregar a uma equipe de destacados juristas os "manuscritos" que desenvolvi desde a versão original do Projeto do Código Civil de 1975, aprovado pela Câmara dos Deputados em 1984 e pelo Senado Federal em 1998.

A exemplo dos mais modernos compêndios de direito, com o apoio daqueles que escolhi pela competência e dedicação ao Direito Civil, sinto-me realizado ao ver prosseguir no tempo as minhas ideias, mantidas as diretrizes que impus às *Instituições*.

Retomo, nesse momento, algumas reflexões, pretendendo que sejam incorporadas à obra, como testemunho de uma concepção abrangente e consciente das mudanças irreversíveis: a história, também no campo do Direito, jamais se repete.

Considerando que inexiste atividade que não seja "juridicamente qualificada", perpetua-se a palavra de Del Vecchio, grande jusfilósofo por mim tantas vezes invocado, ao assinalar que "todo Direito é, em verdade, um complexo sistema de valores" e, mais especificamente, ao assegurar que o sistema jurídico vigente representa uma conciliação entre "os valores da ordem e os valores da liberdade".[1]

Em meus recentes estudos sobre "alguns aspectos da evolução do Direito Civil",[2] alertei os estudiosos do perigo em se desprezar os motivos de ordem global que legitimam o direito positivo, e da importância de se ter atenção às "necessidades sociais" a que, já há muito, fez referência Jean Dabin.[3]

Eu fugiria da realidade social se permanecesse no plano puramente ideal dos conceitos abstratos, ou se abandonasse o solo concreto "do que é" e voltasse pelas áreas exclusivas do "dever ser". Labutando nesta área por mais de sessenta anos, lutando no dia a dia das competições e dos conflitos humanos, reafirmo minhas convicções no sentido de que o Direito deve ser encarado no concretismo instrumental que realiza, ou tenta realizar, o objetivo contido na expressão multimilenar de Ulpiano, isto é, como o veículo apto a permitir que se dê a cada um aquilo que lhe deve caber – *suum cuique tribuere*. E se é verdade que viceja na sociedade a tal ponto que *ubi societas ibi ius*, também é certo que não se pode abstraí-lo da sociedade onde floresce: *ubi ius, ibi societas*.

Visualizando o Direito como norma de conduta, como regra de comportamento, e esquivando-me dos excessos do positivismo jurídico, sempre conclamei o estudioso a buscar conciliá-lo com as exigências da realidade, equilibrando-a com o necessário grau de moralidade e animando-a com o anseio natural de justiça – este dom inato ao ser humano.

Não se pode, em verdade, ignorar o direito positivo, o direito legislado, a norma dotada de poder cogente. Ele é necessário. Reprime os abusos, corrige as falhas, pune as transgressões, traça os limites à liberdade de cada um, impedindo a penetração indevida na órbita das liberdades alheias. Não é aceitável, porém, que o Direito se esgote na manifestação do poder estatal. Para desempenhar a sua função básica de "adequar o homem à vida social", como eu o defini,[4] há de ser permanentemente revitalizado por um mínimo de idealismo, contribuindo para o equilíbrio de forças e a harmonia das competições.

Assiste-se, por outro lado, à evolução do direito legislado, na expressão morfológica de sua elaboração, como tendente a perder cada vez mais o exagerado tecnicismo de uma linguagem esotérica, posta exclusivamente ao alcance dos iniciados. Sem se desvestir de uma linguagem vernácula, há de

---

1 Giorgio Del Vecchio, *Evoluzione ed Involuzione del Diritto*, Roma, 1945, pág. 11, refere-se a *"un tentativo di conciliazione tra il valore dell'ordine e il valore della libertà"*, muito embora para assegurar um desses valores seja necessário sacrificar correspondentemente o outro.
2 Caio Mário da Silva Pereira, *Direito Civil: Aspectos de sua Evolução*, Rio de Janeiro, Forense, 2001.
3 Jean Dabin, *Philosophie de L'ordre Juridique Positif*, Paris, Sirey, 1929, pág. 22.
4 Caio Mário da Silva Pereira, *Instituições de Direito Civil*, Rio de Janeiro, Forense, 2003, vol. I, nº 1.

expressar-se de tal modo que seja compreendido sem o auxílio do misticismo hermenêutico dos especialistas.

Tomado como ponto de partida o Código Civil de 1916, sua preceituação e a sua filosofia, percebe-se que o Direito Civil seguiu por décadas rumo bem definido. Acompanhando o desenvolvimento de cada instituto, vê-se que, embora estanques, os segmentos constituíram uma unidade orgânica, obediente no seu conjunto a uma sequência evolutiva uniforme.

No entanto, as últimas décadas, marcadas pela redemocratização do País e pela entrada em vigor da nova Constituição, deflagraram mudanças profundas em nosso sistema jurídico, atingindo especialmente o Direito Privado.

Diante de tantas transformações, passei a rever a efetiva função dos Códigos, não mais lhes reconhecendo a missão tradicional de assegurar a manutenção dos poderes adquiridos, tampouco seu valor histórico de "Direito Comum". Se eles uma vez representaram a "consagração da previsibilidade",[5] hoje exercem, diante da nova realidade legislativa, um papel residual.

Como ressalvei no primeiro volume de minhas *Instituições*, buscando subsídios em Lúcio Bittencourt,[6] "a lei contém na verdade o que o intérprete nela enxerga, ou dela extrai, afina em essência com o conceito valorativo da disposição e conduz o direito no rumo evolutivo que permite conservar, vivificar e atualizar preceitos ditados há anos, há décadas, há séculos, e que hoje subsistem somente em função do entendimento moderno dos seus termos".

O legislador exprime-se por palavras, e é no sentido real destas que o intérprete investiga a verdade e busca o sentido vivo do preceito. Cabe a ele preencher lacunas, omissões e construir permanentemente o Direito, não deixando que as leis envelheçam, apesar do tempo decorrido.

Fiel a estas premissas hermenêuticas, sempre considerei a atuação de duas forças numa reforma do Código Civil: a imposição das novas contribuições trazidas pelo progresso incessante das ideias e o respeito às tradições do passado jurídico. Reformar o Direito não significa amontoar todo um conjunto normativo como criação de preceitos aptos a reformular a ordem jurídica constituída.

Em meus ensinamentos sobre a "interpretação sistemática", conclamei o investigador a extrair de um complexo legislativo as ideias gerais inspiradoras da legislação em conjunto, ou de uma província jurídica inteira, e à sua luz pesquisar o conteúdo daquela disposição. "Deve o intérprete investigar qual a tendência dominante nas várias leis existentes sobre matérias correlatas e adotá-la como premissa implícita daquela que é o objeto das perquirições".[7]

Estou convencido de que, no atual sistema jurídico, existe espaço significativo para uma interpretação teleológica, que encontra na Lei de Introdução às Normas do Direito Brasileiro[8] sua regra básica, prevista no art. 5º: "*Na aplicação da lei, o juiz atenderá aos fins sociais a que ela se dirige e às exigências do bem comum*".

Na hermenêutica do novo Código Civil, destacam-se hoje os princípios constitucionais e os direitos fundamentais, os quais se impõem às relações interprivadas, aos interesses particulares, de modo a fazer prevalecer uma verdadeira "constitucionalização" do Direito Privado.

Com a entrada em vigor da Carta Magna de 1988, conclamei o intérprete a um trabalho de hermenêutica "informado por uma visão diferente da que preside a interpretação das leis ordinárias".[9]

Ao mesmo tempo, alertei-o acerca do que exprimi como o "princípio da continuidade da ordem jurídica", mantendo a supremacia da Constituição sobre a legislatura: "Aplica-se *incontinenti*, porém

---

5 Natalino Irti, "L'età della decodificazione", *in Revista de Direito Civil*, nº 10, pág. 16, out./dez. 1979.
6 C. A. Lúcio Bittencourt, "A Interpretação como Parte Integrante do Processo Legislativo", *in Revista Forense*, vol. 94, pág. 9.
7 Caio Mário da Silva Pereira, *Instituições de Direito Civil*, vol. I, nº 38.
8 O legislador alterou a denominação da Lei de Introdução ao Código Civil para *Lei de Introdução às normas do Direito Brasileiro* (Lei nº 12.376, de 30 de dezembro de 2010).
9 Caio Mário da Silva Pereira, "Direito Constitucional Intertemporal", *in Revista Forense*, vol. 304, pág. 29.

voltada para o futuro. Disciplina toda a vida institucional *ex nunc*, a partir de 'agora', de quando começou a vigorar".[10] Não obstante o seu caráter imperativo e a instantaneidade de sua vigência, "não poderia ela destruir toda a sistemática legislativa do passado".[11]

Diante do "princípio da hierarquia das leis", não se dirá que a Constituição "revoga" as leis vigentes uma vez que, na conformidade do princípio da continuidade da ordem jurídica, a norma de direito objetivo perde a eficácia em razão de uma força contrária à sua vigência. "As leis anteriores apenas deixaram de existir no plano do ordenamento jurídico estatal por haverem perdido seu fundamento de validade".[12] Diante de uma nova ordem constitucional, a *"ratio"* que sustentava as leis vigentes cessa. Cessando a razão constitucional da lei em vigor, perde eficácia a própria lei.

Naquela mesma oportunidade, adverti no sentido de que a nova Constituição não tem o efeito de substituir, com um só gesto, toda a ordem jurídica existente. "O passado vive no presente e no futuro, seja no efeito das situações jurídicas já consolidadas, seja em razão de se elaborar preceituação nova que, pela sua natureza ou pela necessidade de complementação, reclama instrumentalização legislativa".[13]

Cabe, portanto, ao intérprete evidenciar a subordinação da norma de direito positivo a um conjunto de disposições com maior grau de generalização, isto é, a princípios e valores dos quais não pode ou não deve mais ser dissociada.

Destaco, a este propósito, o trabalho de Maria Celina Bodin de Moraes, que assume uma concepção moderna do Direito Civil.[14] Analisando a evolução do Direito Civil após a Carta Magna de 1988, a autora afirma: "Afastou-se do campo do Direito Civil a defesa da posição do indivíduo frente ao Estado, hoje matéria constitucional".

Ao traçar o novo perfil do Direito Privado e a tendência voltada à "publicização" – a conviver, simultaneamente, com uma certa "privatização do Direito Público" – a ilustre civilista defende a superação da clássica dicotomia "Direito Público-Direito Privado" e conclama a que se construa uma "unidade hierarquicamente sistematizada do ordenamento jurídico". Esta unidade parte do pressuposto de que "os valores propugnados pela Constituição estão presentes em todos os recantos do tecido normativo, resultando, em consequência, inaceitável a rígida contraposição".[15]

A autora ressalta a supremacia axiológica da Constituição "que passou a se constituir como centro de integração do sistema jurídico de direito privado",[16] abrindo-se, então, o caminho para a formulação de um "Direito Civil Constitucional", hoje definitivamente reconhecido, na Doutrina e nos Tribunais.

Reporto-me, especialmente, aos estudos de Pietro Perlingieri, ao afirmar que o Código Civil perdeu a centralidade de outrora e que "o papel unificador do sistema, tanto em seus aspectos mais tradicionalmente civilísticos quanto naqueles de relevância publicista é desempenhado de maneira cada vez mais incisiva pelo Texto Constitucional".[17]

Diante da primazia da Constituição Federal, os "direitos fundamentais" passaram a ser dotados da mesma força cogente nas relações públicas e nas relações privadas, e não se confundem com outros direitos assegurados ou protegidos.

Em minha obra sempre salientei o papel exercido pelos "princípios gerais de direito", a que se refere expressamente o art. 4º da Lei de Introdução às normas do Direito Brasileiro como fonte sub-

---

10 *Idem*, ob. cit., pág. 31.
11 *Idem*, ob. cit., pág. 32.
12 Wilson de Souza Campos Batalha *apud* Caio Mário da Silva Pereira, "Direito Constitucional Intertemporal", cit., pág. 33.
13 Caio Mário da Silva Pereira, "Direito Constitucional Intertemporal", cit., pág. 34.
14 Maria Celina Bodin de Moraes, "A Caminho de um Direito Civil Constitucional", *in Revista de Direito Civil*, nº 65, pág. 22, jul./set. 1993.
15 *Idem*, ob. cit., pág. 24.
16 *Idem*, ob. cit., pág. 31.
17 Pietro Perlingieri, *Perfis do Direito Civil: Introdução ao Direito Civil Constitucional*. Trad. de M. C. De Cicco. Rio de Janeiro, Renovar, 1997, pág. 6.

sidiária de direito. Embora de difícil utilização, os princípios impõem aos intérpretes o manuseio de instrumentos mais abstratos e complexos e requerem um trato com ideias de maior teor cultural do que os preceitos singelos de aplicação quotidiana.[18]

Devo reconhecer que, na atualidade, os princípios constitucionais se sobrepõem à posição anteriormente ocupada pelos princípios gerais de direito. Na Doutrina brasileira, cabe destacar, acerca dessa evolução, os estudos de Paulo Bonavides sobre os "princípios gerais de direito" e os "princípios constitucionais".[19]

Depois de longa análise doutrinária e evolutiva, o ilustre constitucionalista reafirma a normatividade dos princípios.[20] Reporta-se a Vezio Crisafulli[21] ao asseverar que "um princípio, seja ele expresso numa formulação legislativa ou, ao contrário, implícito ou latente num ordenamento, constitui norma, aplicável como regra de determinados comportamentos públicos ou privados".

Bonavides identifica duas fases na constitucionalização dos princípios: a fase programática e a não programática, de concepção objetiva.[22] "Nesta última, a normatividade constitucional dos princípios ocupa um espaço onde releva de imediato a sua dimensão objetiva e concretizadora, a positividade de sua aplicação direta e imediata."

Conclui o conceituado autor que "desde a constitucionalização dos princípios, fundamento de toda a revolução 'principial', os princípios constitucionais outra coisa não representam senão os princípios gerais de direito, ao darem estes o passo decisivo de sua peregrinação normativa, que, inaugurada nos Códigos, acaba nas Constituições".[23]

No âmbito do debate que envolve a constitucionalização do Direito Civil, mencione-se ainda o § 1º do art. 5º do Texto Constitucional, que declara que as normas definidoras dos direitos e das garantias fundamentais têm aplicação imediata. Considero, no entanto, que não obstante preceito tão enfaticamente estabelecido, ainda assim, algumas daquelas normas exigem a elaboração de instrumentos adequados à sua fiel efetivação.[24]

Rememorando meus ensinamentos sobre "direito subjetivo" e a centralidade da "*facultas agendi*", ressalvadas, é claro, as tantas controvérsias e divergências que envolvem o tema, destaco na conceituação do instituto o poder de ação, posto à disposição de seu titular e que não dependerá do exercício por parte deste último. Por essa razão, o indivíduo capaz e conhecedor do seu direito poderá conservar-se inerte, sem realizar o poder da vontade e, ainda assim, ser portador de tal poder.

Ainda a respeito do direito subjetivo, sempre ressaltei a presença do fator teleológico, ou seja, "o direito subjetivo como faculdade de querer, porém dirigida a determinado fim. O poder de ação abstrato é incompleto, desfigurado. Corporifica-se no instante em que o elemento volitivo encontra uma finalidade prática de atuação. Esta finalidade é o interesse de agir".[25]

Mais uma vez refiro-me aos estudos de Maria Celina Bodin de Moraes, que, apoiando-se em Michele Giorgianni, esclarece: a força do direito subjetivo não é a do titular do direito e sim "a força do ordenamento jurídico que o sujeito pode usar em defesa de seus interesses", concluindo que "esta força existe somente quando o interesse é juridicamente reconhecido e protegido (...)".

No âmbito dos direitos subjetivos, destaca-se o princípio constitucional da tutela da dignidade humana, como princípio ético-jurídico capaz de atribuir unidade valorativa e sistemática ao Direito Civil, ao contemplar espaços de liberdade no respeito à solidariedade social. É nesse contexto que Maria Celina Bodin de Moraes insere a tarefa do intérprete, chamado a proceder à ponderação, em cada caso, entre liberdade e solidariedade. Esta ponderação é essencial, já que, do contrário, os valores da liber-

---

18 *Vide Instituições de Direito Civil,* cit., vol. 1, nº 13.
19 Paulo Bonavides, *Curso de direito constitucional,* 7ª ed., São Paulo, Malheiros, 1997.
20 Paulo Bonavides, *Curso de Direito Constitucional,* cit., pág. 246.
21 Vezio Crisafulli. *La Costituzione e sue Disposizioni di Principi,* Milano, 1952, pág. 16.
22 *Idem,* ob. cit., pág. 246.
23 *Idem,* ob. cit., págs. 261-262.
24 Caio Mário da Silva Pereira, "Direito Constitucional Intertemporal", cit., pág. 33.
25 Caio Mário da Silva Pereira, *Instituições de Direito Civil,* vol. I, nº 5.

dade e da solidariedade se excluiriam reciprocamente, "todavia, quando ponderados, seus conteúdos se tornam complementares: regulamenta-se a liberdade em prol da solidariedade social, isto é, da relação de cada um, com o interesse geral, o que, reduzindo a desigualdade, possibilita o livre desenvolvimento da personalidade de cada um dos membros da comunidade".[26]

Nessas minhas reflexões, não poderia me omitir quanto às propostas de João de Matos Antunes Varela, as quais ajudaram a consolidar minhas convicções, já amplamente conhecidas, no sentido da descodificação do Direito.

Numa análise histórica, o insigne civilista português demonstra que o Código Civil se manteve na condição de "diploma básico de toda a ordem jurídica", atribuindo ao Direito Civil a definição dos direitos fundamentais do indivíduo. Desde os primórdios das codificações nunca se conseguiu, no entanto, estancar a atividade das assembleias legislativas no que concerne à "legislação especial", a qual se formava por preceitos que "constituíam meros corolários da disciplina básica dos atos jurídicos e procuravam, deliberadamente, respeitar os princípios fundamentais definidos no Código Civil".

O mencionado autor apresenta efetivos indicadores para o movimento de descodificação: o Código Civil deixou de constituir-se o centro geométrico da ordem jurídica, já que tal papel foi transferido para a Constituição; o aumento em quantidade e qualidade da legislação especial; a nova legislação especial passou a caracterizar-se por uma significativa alteração no quadro dos seus destinatários: "As leis deixaram em grande parte de constituir verdadeiras normas gerais para constituírem 'estatutos privilegiados' de certas classes profissionais ou de determinados grupos políticos".[27]

Refere-se, ainda, aos "microssistemas" como "satélites autônomos que procuram regiões próprias na órbita incontrolada da ordem jurídica (...)" e "reivindicam áreas privativas e exclusivas de jurisdição e que tendem a reger-se por princípios diferentes dos que inspiram a restante legislação".[28]

Conclui Varela que a Constituição não pode hoje limitar-se a definir os direitos políticos e as liberdades fundamentais do cidadão, e a traçar a organização do Estado capaz de garantir a livre-iniciativa dos indivíduos. "Acima da função de *árbitro* nos conflitos de interesses *individuais* ou de acidental *interventor supletivo* no desenvolvimento econômico do país, o *Estado social moderno* chamou, justificadamente, a si duas funções primordiais: a de promotor ativo *do bem comum* e de garante da *justiça social*".[29]

Como Antunes Varela, considero a necessidade de serem preservadas as leis especiais vigentes, salvo a total incompatibilidade com normas expressas do novo Código Civil, quando estaremos enfrentando a sua revogação ou ab-rogação. Alerte-se, no entanto, para a cessação da vigência da lei por força do desaparecimento das circunstâncias que ditaram a sua elaboração. Invoca-se, a propósito, a parêmia *cessante ratione legis, cessat et ipsa lex.*

Entre as causas especiais de cessação da eficácia das leis, não se pode deslembrar a resultante da declaração judicial de sua inconstitucionalidade. Por decisão definitiva do Supremo Tribunal Federal, cabe ao Senado Federal suspender a sua execução, no todo ou em parte (CF, art. 52, X). Portanto, não compete ao Poder Judiciário revogar a lei, mas recusar a sua aplicação quando apura a afronta a princípios fixados no Texto Maior.

Destaque-se, ainda, a Lei Complementar nº 95, de 26 de fevereiro de 1998, que dispõe sobre a "elaboração, a redação, a alteração e a consolidação das leis", declarando no art. 9º que "*a cláusula de revogação deverá enumerar, expressamente, as leis ou disposições legais revogadas*".

Outrossim, devemos ser cautelosos ao interpretar o art. 2º, § 2º, da Lei de Introdução às normas do Direito Brasileiro, segundo o qual "*a lei nova, que estabeleça disposições gerais ou especiais a par*

---

26 Maria Celina Bodin de Moraes, "Constituição e Direito Civil: Tendências", *in Revista dos Tribunais*, vol. 779, págs. 55 e 59, set. 2000.
27 João de Matos Antunes Varela, "O Movimento de Descodificação do Direito Civil", *in Estudos Jurídicos em Homenagem ao Prof. Caio Mário da Silva Pereira*, Rio de Janeiro, Forense, 1984, págs. 507-509.
28 *Idem*, ob. cit., pág. 510.
29 *Idem*, ob. cit., pág. 527.

das já existentes, não revoga nem modifica a lei anterior". Da mesma forma advertiu Marco Aurélio S. Vianna ao considerar que "a generalidade de princípios numa lei geral não cria incompatibilidade com regra de caráter especial. A disposição especial disciplina o caso especial, sem afrontar a norma genérica da lei geral que, em harmonia, vigorarão simultaneamente".[30]

A adequação do Código Civil ao nosso *"status"* de desenvolvimento representa um efetivo desafio aos juristas nesse renovado contexto legislativo. A minha geração foi sacrificada no altar estadonovista. Quando atingiu a idade adulta e chegou o momento de aparelhar-se para competir nos prélios políticos, as liberdades públicas foram suprimidas e o restabelecimento custou inevitável garroteamento entre os antigos que forcejavam por ficar e os mais novos que chegaram depois e ambicionavam vencer. A geração atual, que conviveu com as diversas versões do novo Código, busca assimilar as lições realistas do mundo contemporâneo.

Nova diretriz deverá ser considerada para o jurista deste milênio que se inicia. San Tiago Dantas pregava, de forma visionária, a universalidade do comando jurídico, conduzindo à interdisciplinaridade entre os vários ramos jurídicos. Considero, no entanto, que o Direito deve buscar também nas outras ciências, sobretudo naquelas sociais e humanas, o apoio e a parceria para afirmar seus princípios, reorganizando metodologicamente seus estudos e pesquisas. As relações humanas não podem ser tratadas pelo sistema jurídico como se fossem apenas determinadas pelo mundo dos fatos e da objetividade. A filosofia, a psicologia, a sociologia, a medicina e outras ciências indicam novos rumos ao Direito.

Convivendo com um sistema normativo que sempre se contentou com a pacificação dos conflitos, cabe aos juristas, intérpretes e operadores do Direito, assumi-lo com a "função promocional" apregoada por Norberto Bobbio desde a década de setenta. O Código de Defesa do Consumidor, o Estatuto da Criança e do Adolescente e a Lei de Diretrizes e Bases da Educação representam estrutura legislativa que se projetará como modelo dos diplomas legislativos, nos quais há de prevalecer, acima de tudo, o respeito aos direitos fundamentais.

Devemos, portanto, assumir a realidade contemporânea: os Códigos exercem hoje um papel menor, residual, no mundo jurídico e no contexto sociopolítico. Os "microssistemas", que decorrem das leis especiais, constituem polos autônomos, dotados de princípios próprios, unificados somente pelos valores e princípios constitucionais, impondo-se, assim, o reconhecimento da inovadora técnica interpretativa.

No que tange ao Volume II das *Instituições,* contei com o apoio do jurista Guilherme Calmon Nogueira da Gama, doutor em Direito Civil, magistrado, desembargador do Tribunal Regional Federal da 2ª Região, abrangendo os Estados do Rio de Janeiro e do Espírito Santo. O atualizador também é professor titular de Direito Civil na Universidade do Estado do Rio de Janeiro (UERJ) e na Universidade Estácio de Sá, tendo sido Coordenador-Geral do Mestrado e Doutorado da UERJ. Agradeço o empenho e o desvelo, que tanto engrandeceram a obra. Graças ao seu trabalho, este volume foi acrescido não apenas de meus próprios comentários, como também de referências a outras teses doutrinárias, nacionais e estrangeiras, cuja seleção revela a pesquisa realizada em prol da cuidadosa atualização.

Diante do Código Civil de 2002, espero que minha obra, já agora atualizada, possa prosseguir no tempo orientando os operadores do Direito, os juristas e os acadêmicos do novo milênio, cabendo-lhes, sob a perspectiva da globalização das instituições, o desafio de conciliar critérios de interpretação que resultem na prevalência do bom senso, da criatividade e, por vezes, de muita imaginação.

Caio Mário da Silva Pereira

---

30 Marco Aurélio S. Vianna, *Direito Civil. Parte Geral,* Belo Horizonte, Del Rey, 1993, pág. 53.

Nota do Atualizador

Em 2024, este volume II das *Instituições de Direito Civil*, do Professor Caio Mário da Silva Pereira, completa seu 62º aniversário (a 1ª edição data de 1962). Mais de meio século representa um período muito significativo em relação à Teoria Geral das Obrigações, destacando-se a respeito da atualização a vigência do novo Código de Processo Civil – Lei nº 13.105/2015 – a partir de 2016 e a edição das Leis n°s 14.010/2020 (RJET – Regime Jurídico Emergencial e Transitório das relações privadas), 14.181/2021 (Lei do Superendividamento) e 14.195/2021 (Lei de Melhoria do Ambiente de Negócios). Apesar das várias mudanças pelas quais o Direito Civil vem passando nesse tempo, o certo é que a obra de Caio Mário prossegue bastante atual e fundamental, sendo formadora de várias gerações de profissionais e acadêmicos no Direito brasileiro.

O ideal de aperfeiçoamento e melhoria dos institutos e instituições jurídicas é marca indelével da obra *Instituições de Direito Civil*, sendo digno de comemoração o sexagésimo primeiro aniversário da edição do volume II devido a sua atualidade e relevância no cenário jurídico brasileiro. Nesta edição, merece destaque o tema das teses jurídicas sedimentadas pelo Supremo Tribunal Federal e Superior Tribunal de Justiça no julgamento dos recursos submetidos aos regimes de repercussão geral e de recursos repetitivos, respectivamente, na busca de uniformização da interpretação das normas constitucionais e infraconstitucionais relacionadas aos temas de Direito Civil, em especial do Direito das Obrigações, além de novos assuntos apreciados pelo Superior Tribunal de Justiça. Houve, ainda, em 2022, a realização da IX Jornada de Direito Civil do Conselho da Justiça Federal com a aprovação de novos Enunciados interpretativos sobre temas afetos ao Direito das Obrigações.

Em 2023, o Código Civil completou 20 (vinte) anos de vigência, tendo sido constituída a Comissão de Juristas no âmbito do Senado Federal para propor revisão de algumas regras. Paralelamente a tal movimento, houve a edição da Lei n. 14.711, de 30 de outubro de 2023, que acrescentou o contrato de administração fiduciária de garantia, entre outras novidades.

Capítulo XXV
Noção Geral de Obrigação

Sumário

126. Conceito de obrigação. 127. Evolução histórica da obrigação. 128. Elementos essenciais da obrigação. 129. Obrigação civil e obrigação natural. 130. Fontes da obrigação. 131. Obrigação propriamente dita. Obrigação real. Obrigação *propter rem*.

Bibliografia

Clóvis Beviláqua, *Direito das Obrigações*, §§ 1º e segs.; Ludovico Barassi, *La Teoria Generale delle Obbligazioni*; cap. I; Ruggiero e Maroi, *Istituzioni di Diritto Privato*, II, §§ 125 e segs.; M. I. Carvalho de Mendonça, *Doutrina e Prática das Obrigações*, aumentada e atualizada por José de Aguiar Dias, nºs 1 a 44; Orosimbo Nonato, *Curso de Obrigações*, I, págs. 53 e segs.; Emilio Betti, *Teoria Generale delle Obbligazioni*, vol. II; Silvio Perozzi, "La Distinzione fra Debito ed Obbligazione", *in Scritti Giuridici*, pág. 555; Giovanni Pacchioni, *Obbligazioni e Contratti*; Serpa Lopes, *Curso de Direito Civil*, II, cap. I; Ludovico Barassi, *Istituzioni di Diritto Civile*, ed. 1948, págs. 379 e segs.; Mazeaud et Mazeaud, *Leçons de Droit Civil*, II, nºs 2 e segs.; Enneccerus, Kipp e Wolff, *Tratado de Derecho Civil*, tomo II, vol. I; De Page, *Traité Élémentaire de Droit Civil*, II, nºs 437 e segs.; Saleilles, *Étude sur la Théorie Générale de l'Obligation*, págs. 1 e segs.; Planiol, Ripert e Boulanger, *Traité Élémentaire de Droit Civil*, II; Andreas Von Tuhr, *Tratado de las Obligaciones*, I, cap. I; Karl Larenz, *Derecho de Obligaciones*, I, págs. 13 a 65; Hedemann, *Tratado de Derecho Civil, Derecho de Obligaciones*, vol. III, págs. 9 e segs.; Gianturco, *Teoria delle Obbligazioni*; J. Pellet, *Théorie Dualiste de l'Obligation*; Larombière, *Théorie des Obligations*; Hector Lafaille, *Obligaciones*; Scuto, *Teoria delle Obbligazioni*; Lomonaco, *Delle Obbligazioni e dei Contratti en Genere*; Savigny, *Obbligazioni*; Perez Vives, *Teoría General de las Obligaciones*; Antunes Varela, *Direito das Obrigações*; Gustavo Tepedino, *Obrigações*, págs. 1 e segs.; Clóvis Veríssimo do Couto e Silva, *A obrigação como processo*; Orlando Gomes, *Transformações gerais do direito das obrigações*; Arnoldo Wald, *Obrigações e Contratos*; Fernando Noronha, *Direito das Obrigações*, 2ª ed. rev. e atual., São Paulo: Saraiva, 2007, vol. 1, pág. 298; Guilherme Calmon Nogueira da Gama e Maria Carolina Cancella de Amorim, *Direito Privado: análise crítica do 20 aniversário do Código Civil*, Indaiatuba: Editora Processo, 2022.

126. Conceito de obrigação

Se bem que numerosíssimas as definições de obrigação, a bem dizer cada escritor apresentando a sua, não é difícil formular-lhe o conceito.

O ordenamento social é referto de deveres: do cidadão para com a sua Pátria, na órbita política; do indivíduo para com o grupo, na ordem social; de um para com os outros, dentro do organismo familiar; de uma pessoa para com outra pessoa, na vida civil. Não importa onde esteja, o homem acha-se rodeado de experiências, das quais lhe resultam situações que traduzem imposições, deveres ou obrigações. Algumas não chegam mesmo a penetrar os limites do jurídico, permanecendo, como deveres morais, espirituais ou de cortesia; outras adentram na órbita do direito e assumem ora o sentido positivo de compromisso de natureza patrimonial, ora negativa de respeito aos bens jurídicos alheios, atinentes a sua integridade física, moral ou econômica. Falando de tais deveres, não destoaríamos da boa linguagem por apelidá-los de obrigações.[1] Mas não é nesta acepção que aqui pretendemos fixar um conceito. A palavra *obrigação* tem para nós, agora, um sentido técnico e restrito, que se cultiva desde as origens da especialização jurídica, guardado nos tratados e conservado nas legislações. Não alude o Código a deveres outros, ainda que juridicamente exigíveis. Tem em vista uma ocupação própria e específica, devendo o hermeneuta reportar-se, mais do que em outros setores, ao Direito Romano. Quando, pois, cogitamos de definir aqui obrigação, é este o propósito que nos anima. E ao desenvolvermos a sua dogmática não nos podemos esquecer daquela observação de Saleilles, a propósito desta parte do *projeto* de Código Civil alemão, e que sempre calha bem em qualquer obra sobre o assunto: de todo o Direito Civil são as obrigações que maior cunho guardam de elaboração científica, e maior expressão ideal da lógica jurídica apresentam no direito moderno, prestando maior fidelidade ao Direito romano, pois foi o direito obrigacional, em decorrência de seu caráter especulativo, a obra-prima da legislação romana.[2]

O recurso à etimologia é bom subsídio: *obrigação*, do latim *ob + ligatio*, contém uma ideia de vinculação, de liame[3] de cerceamento da liberdade de ação, em benefício de pessoa determinada ou determinável. Sem cogitar, por enquanto, de sua fonte ou de sua *causa genitrix*, tradicionalmente vislumbramos na obrigação uma norma de submissão, que tanto pode ser autodeterminada, quando é o próprio agente que escolhe dada conduta, como pode provir de uma heterodeterminação, quando o agente a sofre em consequência ou como efeito de uma norma que a dita. Num ou noutro caso, uma pessoa denominada *sujeito passivo* ou *devedor* está adstrita a uma prestação positiva ou negativa em favor de outra pessoa que se diz *sujeito ativo* ou *credor*, a qual adquire a faculdade de exigir o seu cumprimento.

---

1 Ruggiero e Maroi, *Istituzioni*, II, § 125.
2 Saleilles, *Obligations*, nos 1 e 2.
3 Giorgi, *Obbligazioni*, I, n° 19.

A noção fundamental de obrigação aí reside, mais ou menos a mesma nos diversos sistemas jurídicos, e em variadas épocas. É certo que fatores diferentes têm atuado na sua etiologia, sem, contudo, alterar-lhe a essência. Se focalizarmos o excessivo rigor individualista do Direito romano, o notório pendor espiritualista medieval, ou a influência socialista marcante do direito moderno, e analisarmos, às respectivas luzes, a estruturação dogmática da obrigação, não encontramos diversidade essencial. Podem variar os efeitos ou a intensidade do vínculo, a sua pessoalidade ou a sua projeção econômica. Mas as características fundamentais não passaram por metamorfose radical. É por isso que Carvalho de Mendonça, civilista, prelecionou que a definição romana, suficientemente modificada, contém o conceito moderno do instituto,[4] e aqui e alhures os especialistas sempre assinalam na sua conceituação hodierna a predominância da noção dada pelo codificador do século VI, que sua na verdade não era, porém, resultado de compilação fragmentária.[5]

É certo que alguns se insurgem contra o *laço* ou o *vínculo*, ali referido, preferindo substituir-lhe "relação ou situação jurídica".[6] Inevitável retorno faz, entretanto, sentir na obrigação a ideia de vinculação, acentuada nas *Institutas*: "*Obligatio est iuris vinculum quo necessitate adstringimur, alicuius solvendae rei, secundum nostrae civitalis iura*",[7] que seria na nossa língua: obrigação é o vínculo jurídico ao qual nos submetemos coercitivamente, sujeitando-nos a uma prestação, segundo o direito de nossa cidade. Ponha-se de lado a última cláusula (*secundum nostrae civitatis iura*), que guarda um total ressaibo quiritário, e a redação justinianeia revive na atualidade. Perfeita na verdade não é, como se tem acentuado, pois que nela predomina o lado passivo, além de não oferecer uma diferença nítida da obrigação em sentido técnico de qualquer outro dever juridicamente exigível.[8] Podada, porém, a definição das demasias peculiares àquele sistema,[9] a ideia contida na definição justinianeia não pode receber a repulsa do jurista de hoje. A predominância do *vinculum juris* é inevitável. Cremos mesmo que as tentativas de substituí-lo pela ideia de *relação* não passam de anfibologia, já que na própria *relação obrigacional* ele revive. Por mais que o civilista pretenda evitá-lo, jamais logrará afastar a insinuação de que em toda obrigação há um liame, um laço entre os sujeitos,[10] vínculo que o Prof. Serpa Lopes assinala não ser de subordinação, porém de coordenação, porque respeita a essência da liberdade humana,[11] e que no entanto sempre encadeia as partes em função do *solutio* que se

---

4 M. I. Carvalho de Mendonça, *Doutrina e Prática das Obrigações*, I, nº 4, pág. 76.
5 Mazeaud *et* Mazeaud, *Leçons*, II, pág. 1; Giorgi, *Obbligazioni*, I, pág. 14; Planiol, Ripert et Boulanger, II, nº 2; Barassi, *Obbligazioni*, I, nº 4.
6 Demogue, *Obligations*, I, nº 7; Bonnecase, *Suplément au Traité de* Baudry-Lacantinerie, V. nº 48.
7 *Institutas*, Livro III, tít. 14.
8 Clóvis Beviláqua, Comentário ao art. 863 do Código Civil de 1916; Washington de Barros Monteiro, *Curso*, vol. IV, pág. 9; Mazeaud *et* Mazeaud, ob. cit., nº 4.
9 Orosimbo Nonato, *Curso de Obrigações*, I, nº 3.
10 Mazeaud *et* Mazeaud, ob. cit., nº 9.
11 Serpa Lopes, *Curso*, pág. 6.

espera. Despreocupado de dar uma definição, o jurisconsulto Paulo cuidou antes de salientar a sua ausência e assim se exprimiu: "*Obligationum substantia non neo consistit, ut aliquod corpus nostrum, aut servitutem nostram faciat; sed ut alium nobis obstringat ad dandum aliquid, vel faciendum vel praestandum*":[12] consiste a substância da obrigação não em sujeitar a própria pessoa do devedor ou fazê-lo servo do credor; mas em constrangê-lo a uma prestação abrangente de um dar ou de um fazer.

Na contemporaneidade, contudo, é fundamental observar que parte da doutrina tem focado a obrigação sob um viés dinâmico (e não estático), representativa de uma relação jurídica obrigacional composta por um conjunto de direitos, faculdades, poderes, ônus e deveres das partes.[13]

Há, assim, a consideração da obrigação como um processo em que o credor também tem dever de cooperar para fins do adimplemento baseado no princípio da boa-fé objetiva, sem que por óbvio não seja obrigado ao cumprimento da prestação principal.[14]

Regressando ao direito de nosso tempo, e examinando as definições que fizeram carreira, nelas vemos com efeito vibrar a constância de certas tônicas, aliás não dissonantes dos conceitos clássicos.

Savigny, por exemplo, minucioso e frio, ensina: "A obrigação consiste na dominação sobre uma pessoa estranha, não sobre toda a pessoa (pois que isto importaria em absorção da personalidade), mas sobre atos isolados, que seriam considerados como restrição à sua personalidade, ou sujeição à nossa vontade."[15]

Mais sucinto é Vittorio Polacco, quando diz da obrigação: "Relação jurídica patrimonial em virtude da qual o devedor é vinculado a uma prestação de índole positiva ou negativa para com o credor."[16]

Mais analítico é Giorgi: "Um vínculo jurídico entre duas ou mais pessoas determinadas, em virtude do qual uma ou mais delas (devedor ou devedores) são sujeitas à outra ou às outras (credor ou credores) a fazer ou não fazer qualquer coisa."[17]

Muito extenso, Clóvis Beviláqua define: "Relação transitória de direito, que nos constrange a dar, fazer ou não fazer alguma coisa, em regra economicamente apreciável, em proveito de alguém que, por ato nosso ou de alguém conosco juridicamente relacionado, ou em virtude da lei, adquiriu o direito de exigir de nós esta ação ou omissão."[18]

Deste, aproximado é o Prof. Washington de Barros Monteiro: "Obrigação é a relação jurídica, de caráter transitório, estabelecida entre devedor e credor, e cujo

---

12 *Digesto*, Livro 44, tít. 7, fr. 3.
13 Antunes Varela, *Obrigações*, pág. 64.
14 Clóvis Couto e Silva. *A obrigação como processo*, pág. 120.
15 Savigny, *Le Obbligazioni*, § 2º, pág. 8.
16 Polacco, *Obbligazioni*, nº 4.
17 Giorgi, loc. cit.
18 Clóvis Beviláqua, *Obrigações*, § 1º.

objeto consiste numa prestação pessoal econômica, positiva ou negativa, devida pelo primeiro ao segundo, garantindo-lhe o adimplemento através de seu patrimônio.[19]

Já o nosso Coelho da Rocha definia-a como "o vínculo jurídico pelo qual alguém está adstrito a dar, fazer ou não fazer alguma coisa",[20] que Lacerda de Almeida observa ser quase *ipsis litteris* a definição das Institutas.[21]

Mais longe leváramos a pesquisa, e sempre, em termos analíticos ou sintéticos, a *obligationum substantia* de Paulo estará presente no conceito de hoje; a definição justinianeia revive na palavra do jurista do século XXI, ainda quando se afasta da fórmula ou da linguagem do codificador do século VI.

Também nós, procurando um meio sucinto, definimo-la, sem pretensão de originalidade, sem talvez elegância do estilo e sem ficarmos a cavaleiro das críticas: *obrigação é o vínculo jurídico em virtude do qual uma pessoa pode exigir de outra prestação economicamente apreciável*. E, diante da visão contemporânea, tal vínculo deve se basear na obediência aos valores e princípios constitucionais, inclusive a dignidade da pessoa humana e a solidariedade social. Assinalamos, ainda, a indispensabilidade de configurar a obrigação cada vez mais como uma relação de cooperação, não podendo, atualmente, o Direito das Obrigações ser considerado o estatuto do credor, e sim informado pelos valores e princípios constitucionais.[22] Trata-se de adotar a perspectiva dinâmica e funcional das obrigações.

A nossa definição não repete, é óbvio, a noção justinianeia, nem podia fazê-lo, pois que atende às emendas sugeridas pelos doutos. Nela, contudo, salienta-se o clássico *iuris vinculum*, de que não pode fugir nenhum escritor que disserta das obrigações, ainda quando se encaminha para a relação de direito. Nela estão os seus elementos subjetivos, o credor e o devedor, o sujeito ativo e o sujeito passivo, a pessoa que pode exigir e a que deve cumprir a prestação. Nela está caracterizado o requisito objetivo, a prestação, que a nosso ver há de ser dotada de patrimonialidade. E nela ainda é de vislumbrar-se a dualidade de aspectos, o débito e a responsabilidade, que na concepção moderna lhe são peculiares. Todos estes requisitos, que lhe são elementares, hão de receber o devido exame no nº 128, *infra*.

127. Evolução histórica da obrigação

Como bem ressalta Pietro Perlingieri, numa visão contemporânea da relação obrigacional, há uma diversificação dos interesses que decorrem dela, inclusive de índole não patrimonial, o que exige a reconstrução da noção de obrigação, doravante orientada pelos valores e princípios constitucionais, exemplificando com a necessidade de individuação e concretização das cláusulas gerais da boa-fé objetiva, de

---

19 Washington de Barros Monteiro, *Curso*, IV, pág. 12.
20 Coelho da Rocha, *Direito Civil*, § 112.
21 Lacerda de Almeida, *Obrigações*, pág. 3.
22 Pietro Perlingieri, *Perfis do Direito Civil*, págs. 211/212.

lealdade, de diligência, do estado de necessidade, e funcionalizada ao atendimento dos objetivos fundamentais do ordenamento e da República Democrática.[23]

No curso de sua evolução, a obrigação tem percorrido toda uma gama de estágios, de que se podem destacar três momentos fundamentais.

Numa primeira concepção, que abraça um lapso de tempo, enfeixamos a ideia de obrigação na fase pré-romana; depois vem o conceito romano; e, após, a sua noção moderna. Esta tríplice divisão não quer dizer que tenha havido três tipos de obrigação, nem que se tenha conservado uniforme e inalterada em cada um destes três momentos, senão que predominam, em cada um, ideias e influências que permitem distinguir o direito obrigacional peculiar a tal ou qual.[24]

Primitivamente não havia um direito obrigacional. Numa fase primeira da civilização, campeavam a hostilidade e a desconfiança de um a outro grupo, impedindo amistosas relações recíprocas, pois que frequentemente tomavam conhecimento uns dos outros em razão apenas dos movimentos bélicos que os inimizavam. E, no interior de cada grupo, a falta de reconhecimento de direitos individuais obstava à constituição de relações jurídico-obrigacionais entre seus membros. O surgimento da ideia de obrigação deve ter ocorrido com caráter coletivo, quando todo um grupo empreendia negociações e estabelecia um comércio, se bem que rudimentar, com outro grupo. Esta seria provavelmente a gênese da ideia obrigacional, que atua na formação do vínculo, e na sanção, comprometendo o grupo inteiro, ainda que os participantes da negociação não fossem mais que uma parte ou uma delegação da tribo ou do clã, mas também convocando todos os elementos válidos à guerra, contra o grupo infrator da convenção.

Especialmente este sentido punitivo que sancionava a fé contratual é importante assinalar-se, porque mais tarde, quando se individualiza o nexo obrigacional, e se personaliza, e pouco a pouco se alarga a prática da estipulação sem a marca da coletividade, sobrevive a punição do infrator, dirigida ao seu próprio corpo. Mas não existe um momento, à feição de um divisor de águas cronologicamente considerado, em que tenha ocorrido a individualização da obrigação. Ao revés, as duas formas de obrigar coexistiram por largo tempo, e só paulatinamente ganhou prestígio a obrigação individual, ao mesmo tempo que perdia terreno a obrigação coletiva. Também de um a outro povo os sistemas variam, assinalando-se que, enquanto uns nitidamente marchavam para a mais franca individualização, outros praticavam ambas as modalidades, e outros se mantinham ainda no terreno coletivista. Mas foi sem dúvida um largo passo, amplo e decisivo, na evolução da compreensão obrigacional, a percepção de que o indivíduo pessoalmente respondia pelo pacto jurado ou pelo dano causado, o que sobremodo é de acentuar-se, pois que na origem a fonte delitual antecedeu à convencional, e, mesmo depois que esta surgiu, aquela exerceu função muito mais marcante do que a outra, como elemento gerador. Na passagem, então, da obrigação coletiva para a individual conservou-se ainda o sentido criminal ou mais tecnica-

---

23 Pietro Perlingieri, *Perfis*, pág. 211.
24 Clóvis Beviláqua, *Obrigações*, §§ 8 e segs.

mente delitual da responsabilidade e pôde-se fixar que o homem, subordinado a um compromisso, era adstrito a honrá-lo, não porque já estivesse elaborada a convicção de que a palavra empenhada gerava uma obrigação, porém em razão de se movimentar o aparelhamento coator contra o que faltava ao prometido, de forma a sujeitá-lo à observância da obrigação, ou puni-lo pessoalmente por causa do inadimplemento, já que o devedor era em pessoa vinculado ao credor pela obrigação.

Longe iríamos nas pesquisas, que a natureza desta obra não permite, se fôssemos rastrear entre os povos orientais, os da bacia mediterrânea e os norte-europeus, as incidências várias do princípio da responsabilidade individual pela inexecução do obrigado.

Desenvolveu-se, também, ao lado das modalidades de obrigações geradas pelas figuras delituais, a concepção de contrato, a começar da troca como figuração mais simples e correntia.

Focalizando o Direito romano, já encontramos o conceito de obrigação bastante apurado mesmo nos primeiros tempos, e logo nitidamente formulado, desde que lhe foi possível distinguir o direito de crédito dos direitos reais, como um *iuris vinculum* hábil a prender um devedor a um credor. Mas não é da primeira hora, senão do período clássico, o enunciado de que se situa a substância da obrigação em *aliquid dando, vel faciendo, vel praestando*. No princípio, em razão da pessoalidade do vínculo, o devedor se achava comprometido e respondia com o próprio corpo pelo seu cumprimento, estabelecendo-se o poder do credor sobre ele (*nexum*), compatível com a redução do obrigado à escravidão (*manus iniectio*), se faltava o resgate da dívida. Estas ideias eram tão naturalmente recebidas que não repugnava impor sobre o devedor insolvente um macabro concurso creditório,[25] levando-o além do Tibre, onde se lhe tirava a vida e dividia-se o seu corpo pelos credores, o que, aliás, está na Tábua III: "*Tertiis nundinis partis secanto; si plus minusve secuerunt se fraude esto.*"[26] Tal concepção, logicamente, desconhecia completamente o valor fundamental do ordenamento jurídico contemporâneo relacionado à dignidade da pessoa humana.

Outro aspecto do direito obrigacional romano dos primeiros tempos é o extremo formalismo, que imprimia às cerimônias sacramentais predominância completa sobre a manifestação da vontade, cuidando-se menos de indagar qual era o querer do estipulante do que a expressão material da emissão volitiva; mais valia o rito prescrito para a estipulação e a apuração de sua observância do que propriamente o seu conteúdo. Sem poder dizer-se que o romano em tempo nenhum se desvencilhou da sacramentalidade exterior dos atos, é corrente em todos os romanistas esclarecer que chegou a declaração de vontade a projetar-se como elemento gerador de direitos e de obrigações, preponderando sobre a forma exterior.

Com a *Lex Poetelia Papiria*, de 428 a.C., foi abolida a execução sobre a pessoa do devedor, projetando-se a responsabilidade sobre os seus bens (*pecuniae creditae bona debitoris, non corpus obnoxium esse*), o que constituiu verdadeira revolução no

---

25 Clóvis Beviláqua, loc. cit.
26 Lex XII Tabularum, *in* Frederic Girard, *Testes de Droit Romain*, pág. 13.

conceito obrigacional.[27] Por outro lado, o formalismo primitivo foi cedendo terreno à declaração de vontade, ao mesmo passo que ganhou corpo a impessoalidade da obrigação, ou, quando menos, desprestigiou-se aquela excessiva personalização do vínculo obrigacional.[28] No sistema construído pelo Código Civil brasileiro de 1916, não houve reconhecimento expresso e de modo sistemático do instituto da assunção da dívida, o que somente veio a ser tratado no Código Civil brasileiro de 2002 (arts. 299 a 303), o que demonstra certo resquício do período de pessoalidade das obrigações.

Custou séculos, é certo, este deslocamento. Mas, quando se chega ao século VI de nossa era, já pode o *Corpus Iuris Civilis* consagrar uma definição que apresenta a obrigação como provinda da vontade, sujeitando o devedor a uma prestação, um *dare*, um *facere* ou um *praestare*, e não uma sujeição do corpo ou da pessoa do obrigado, o que tem levado escritores romanistas (Arangio Ruiz) a subdividir a evolução histórica da *obligatio*, e apontar uma fase que se inicia a partir dos fins da República.

O Direito medieval, conservando embora a concepção obrigacional da época clássica, introduziu-lhe maior teor de espiritualidade, confundindo na ideia mesma de *peccatum* a falta de execução da obrigação, que era equiparada à mentira, e condenada toda quebra da fé jurada. E, pelo amor à palavra empenhada, instituíram os teólogos e canonistas o respeito aos compromissos (*pacta sunt servanda*), que lhe instilaram maior conteúdo de moralidade com a investigação da causa.[29]

O Direito moderno retoma a noção romana. Pothier reproduz a definição da *Institutas*,[30] e o Código Napoleão, art. 1.101, nela se inspirou para definir o contrato.[31] É de assinalar-se, entretanto, que se atribui à vontade plena força geradora do vínculo, ao mesmo tempo que se aceita, sem qualquer constrangimento, a impessoalidade da obrigação. Neste passo, é necessário frisar que uma distância muito grande se abre entre a concepção romana e a moderna, precisamente no que diz respeito a esta impessoalidade do vínculo. Escritores, notadamente os mais recentes, num movimento que parece inspirado na repulsa à noção quiritária, de tanto repudiarem a personalização da obrigação, acabaram por atingir o exagero de aceitá-la como relação que se estabelece *entre o credor e o patrimônio do devedor*;[32] e, mais extremadamente ainda, chegou-se a defini-la como *relação entre dois patrimônios*.[33] Há, evidentemente, um excesso neste modo de ver,[34] pois que a relação jurídica se estabelece entre pessoas, e não entre pessoa e bens, e menos ainda entre acervos bonitários. O que impressionou os defensores dessa moderna concepção foi o fato de, ao contrário do conceito primitivo, o vínculo repercutir sempre no patrimônio. Mas,

---

27 Emilio Betti, *Diritto Romano*, pág. 482; Lepointe et Monier, *Les Obligations en Droit Romain*, pág. 79.
28 Arangio Ruiz, *Istituzioni di Diritto Romano*, pág. 283.
29 Mazeaud *et* Mazeaud, *Leçons*, II, n° 29.
30 Pothier, *Traité des Obligations*, n° 1.
31 Demogue, *Obligations*, I, n° 2.
32 Ruggiero e Maroi, *Istituzioni*, II, § 127.
33 Gaudemet, *Théorie Générale des Obligations*, pág. 13; Vittorio Polacco, *Obbligazioni*, pág. 69.
34 Planiol e Ripert, *Traité Pratique*, VI, n° 3.

se isto é certo, não menos certo é que a obrigação se cria entre pessoas, e somente na execução atinge o patrimônio, como garantia geral de cumprimento. Seu objeto é uma prestação, que tanto pode traduzir-se na entrega de uma coisa quanto na realização de uma ação humana específica. Às vezes, somente o devedor e ninguém mais tem a possibilidade de executar a prestação. Outras vezes, o *dare* e o *facere* podem ser efetivados pelo *debitor*, tão bem como por outrem, mas, no descumprimento, é o patrimônio que suporta os efeitos e responde. Não obstante o moderno da concepção, e mesmo correndo aquele risco que Ripert tomou conscientemente, de ser acusado de retornar sempre às velhas ideias,[35] preferimos pautar-nos pela concepção subjetivista do vínculo obrigacional, encarando-o por isto mesmo como uma relação entre pessoas, e não entre dois patrimônios, ainda que admitamos, e ninguém pode negá-lo, a sua repercussão patrimonial. É uma atuação humana o seu objeto, e, se reflete no patrimônio em termos de execução, nem por isso se deve desfigurá-lo, já que, salienta-o Barassi, a atividade pessoal ocupa o centro ativo do patrimônio mesmo.[36]

Sob outros aspectos, o direito obrigacional moderno, especialmente em meados do século XX e início deste século XXI, já inova sobre as concepções dominantes anteriormente encaminhando-se no sentido de sofrear a autonomia da vontade, que no século XIX tão longe fora, e, com o dirigismo, assegurar a predominância do princípio da ordem pública. Cresce a intervenção do Estado em detrimento da liberdade de ação do indivíduo.

O Direito Civil do século XXI é constitucionalizado, com forte carga solidarista e despatrimonializante, em claro reconhecimento da maior hierarquia axiológica à pessoa humana – na sua dimensão do "ser" – em detrimento da dimensão patrimonial do "ter". O fenômeno da despatrimonialização, no âmbito das situações jurídicas sob a égide do Direito Privado, denota uma opção que, paulatinamente, vem se demonstrando em favor do personalismo – superação do individualismo – e do patrimonialismo – superação da patrimonialidade como fim de si mesma, do produtivismo, antes, e do consumismo, depois – como valores que foram fortificados, superando outros valores na escala hierárquica de proteção e promoção do ordenamento jurídico. De acordo com a concepção da tutela e promoção da pessoa humana como centro de preocupação do ordenamento jurídico, é correta a orientação segundo a qual as situações patrimoniais devem ser funcionalizadas em favor das situações existenciais, inclusive no campo do Direito das Obrigações.

As noções a respeito do indivíduo como sujeito de direito e do seu poder da vontade como indispensáveis fundamentos do Direito Privado, com efeito, erigiram como pilares do ordenamento jurídico clássico-privatístico a propriedade e o contrato, encarados como esferas sobre as quais o indivíduo exerce sua plena e quase absoluta autonomia. Tais concepções se mostraram inadequadas e desatualizadas no contexto da valorização

---

35 Georges Ripert, *La Règle Morale dans les Obligations Civiles*, n° 2.
36 Barassi, *Obbligazioni*, I, pág. 88.

dos direitos fundamentais da pessoa humana na construção de ordenamento jurídico baseado em valores e princípios democráticos, igualitários, solidaristas e humanistas.[37]

A temática relativa aos contratos, à responsabilidade civil e às obrigações deles decorrentes, insere-se no contexto da autonomia privada – e, em particular, numa de suas vertentes mais importantes: a liberdade negocial. No curso da história da civilização humana houve relação próxima entre a autonomia privada e as noções de sujeito de direito (e não de pessoa humana) e propriedade (e não de situações não proprietárias), ensejando a construção do conceito moderno de negócio jurídico,[38] como efeito jurídico da vontade livre, de maneira a romper com os valores econômicos da fase do feudalismo e permitir a passagem para o capitalismo. Desse modo, foi possível a construção da noção de autonomia privada, a saber, o *"poder reconhecido pela ordem jurídica ao homem, prévia e necessariamente qualificado como sujeito jurídico, de juridicizar a sua actividade (designadamente, a sua actividade econômica), realizando livremente negócios jurídicos e determinando os respectivos efeitos"*.[39] O período áureo do voluntarismo clássico permitiu atribuir à vontade do indivíduo o papel de fonte exclusiva da criação do Direito, olvidando que as normas jurídicas e as soluções por elas apresentadas devem ser essencialmente determinadas pelo fim prático e social das instituições.[40]

Na contemporaneidade, contudo, revela-se a mudança de perspectiva a partir do momento em que se questionou a concepção da vida econômica como mera resultante automática das atividades dos sujeitos jurídicos (e econômicos), já que a liberdade negocial, por si só, se mostrou insuficiente para a satisfação das necessidades das pessoas em geral e ensejadora de violação ao princípio da igualdade material. De acordo com as lições de Ana Prata, foi necessária a reconstrução do conceito de autonomia privada associada ao reconhecimento da funcionalização do negócio jurídico com a reformulação da noção de liberdade jurídica indissoluvelmente vinculada à realidade social e informada pelo princípio de igualdade substancial. Cogita-se, assim, do caráter instrumental da liberdade – aí considerada a econômica e, portanto, negocial – no que tange à realização da dignidade da pessoa humana na perspectiva da solidariedade social. A Lei nº 13.874/19 – Declaração de Direitos de Liberdade Econômica – encampa princípios muito importantes no âmbito das relações obrigacionais, incluindo a liberdade, a boa-fé, a intervenção subsidiária e excepcional do Poder Público e a vulnerabilidade do cidadão perante o Estado (art. 2º).

A Lei nº 14.181/21 sistematiza a normatização sobre a prevenção e tratamento do superendividamento nas relações de consumo no Brasil,[41] ao passo que a Lei nº 14.195/21 busca instituir mecanismos para melhorar o ambiente de negócios no

---

37 Guilherme Calmon Nogueira da Gama. *A nova filiação*. Rio de Janeiro: Renovar, 2003, pág. 383.
38 Ana Prata. *A tutela constitucional da autonomia privada*. Coimbra: Almedina, 1982, págs. 7-9.
39 Ana Prata, ob. cit., pág. 11.
40 Orlando Gomes. *Transformações gerais do direito das obrigações*. São Paulo: RT, 1980, pág. 11.
41 Sobre o tema do superendividamento, houve a aprovação do Enunciado nº 650 da IX Jornada de Direito Civil do Conselho da Justiça Federal, do seguinte teor: "Art. 421: o conceito de pessoa superendividada, previsto no art. 54-A, § 1º, do Código de Defesa do Consumidor, deve abranger,

Brasil com claros impactos nas relações obrigacionais. Ademais, a pandemia da Covid-19 provocou inúmeras consequências nas relações obrigacionais não apenas no Brasil, mas em praticamente todos os países do mundo que foram atingidos diretamente pelo acontecimento inesperado que se iniciou no Oriente.

Vivencia-se, na atualidade, o fenômeno da repersonalização do Direito Civil – especialmente no âmbito das relações intersubjetivas – sob a ótica da solidariedade constitucional. Assim, a regra de ouro a ser observada é a seguinte: à pessoa humana serão reconhecidos direitos, poderes, faculdades, entre outras situações jurídicas, na medida em que contribua para o bem-estar da coletividade sob o prisma da utilidade social. O contrato e, logicamente, as obrigações e outros efeitos contratuais – inclusive aqueles atinentes à responsabilidade civil – passam a ser funcionalizados e condicionados à realização de valores que se encontram na base do ordenamento jurídico, inclusive no fundamento da dignidade da pessoa humana e no objetivo da construção de uma sociedade mais livre, justa e solidária.Como bem ressalta a doutrina brasileira, "eis o porquê de a ordem jurídica voltar seus olhos para as idiossincrasias humanas, de forma que não cabe mais apenas identificar o sujeito de direito"[42], mas compreendê-lo na sua especificidade de mulher, criança, idoso, consumidor etc.

Se confrontarmos, pois, a noção moderna com as várias fases da vida da obrigação no curso de sua evolução histórica, encontramos modificações salutares nas ideias primordiais, embora não tão profundas nem tão extensas que autorizem admitir-se uma tomada de posição extremamente diversa. E nisto ponderando, voltamos à nossa definição, e dizemos que a *obrigação é um vínculo jurídico em virtude do qual uma pessoa pode exigir de outra uma prestação economicamente apreciável*. Deve ser funcionalizada ao atendimento dos interesses tutelados em obediência aos valores e princípios constitucionais. Aí estão os elementos essenciais. A existência de um vínculo jurídico é fundamental. Qualquer que seja seu objeto e natureza, há sempre a presença de uma relação necessária ligando uma pessoa a outra pessoa. Não sendo total a subordinação, sob pena de aniquilar a personalidade do devedor, o objeto da obrigação é uma prestação, caracterizada em um fato humano, que vai consistir, em derradeira análise, em entrega de uma coisa (*aliquid dare*), ou em fazer ou prestar algo (*facere vel praestare*), como o jurisconsulto Paulus já assinalava na essência de toda obrigação (*obligationum substantia*). Cabe ao credor cooperar para o adimplemento da prestação do devedor, com a submissão a certos deveres, como os de indicação da prestação e de impedir que sua conduta dificulte o cumprimento da obrigação do devedor. Encarece a economicidade do objeto. Posto controvertida, entendemos que a patrimonialidade da prestação lhe é ínsita, seja quando ostensivamente vem manifestada, seja quando está implícita no seu objeto. Dá-se uma vinculação entre pessoas, perseguindo uma prestação. A relação institui-se entre uma pessoa e outra pessoa, com repercussão no patrimônio

---

além das dívidas de consumo, as dívidas em geral, de modo a se verificar o real grau de comprometimento do seu patrimônio mínimo para uma existência digna".

42 Guilherme Calmon Nogueira da Gama. *Direito Privado:* análise crítica do 20° aniversário do Código Civil, pág. 85.

do devedor, onde, aliás, repousa a ideia de garantia ou de responsabilidade. Da análise a que procederemos, em seguida, dissecando-lhe os elementos essenciais, melhor se infere a justeza do conceito.

128. Elementos essenciais da obrigação

No modelo implantado pelo Código Civil de 2002, é oportuno observar a unificação das obrigações – antes separadas através das categorias de obrigações civis e comerciais – além de se renovar o sistema jurídico em razão das exigências econômicas e sociais, notadamente com inovações, tais como: a propriedade empresarial com o controle sobre instrumentos de produção; o instrumento dos títulos de crédito (valores mobiliários) a estimular a circulação dos bens; a proteção à aparência ou à forma externa como maneira de resguardar a boa-fé objetiva; a padronização dos contratos ínsita à economia e consumo massificados; a uniformização internacional das técnicas negociais e a repartição social dos riscos inerentes à atividade empresarial.[43]

A obrigação decompõe-se em três elementos: *sujeito, objeto* e *vínculo jurídico*.

A. O elemento subjetivo da obrigação oferece a peculiaridade de ser duplo: um sujeito ativo ou credor; um sujeito passivo ou devedor. Um sujeito ativo ou credor (*reus credendi*) que tem o direito de exigir a prestação; um sujeito passivo ou devedor (*reus debendi*) que tem o dever de prestar. A determinação subjetiva pode ocorrer desde o momento em que nasce, ou vir a se estabelecer ulteriormente. Mas é indispensável que ocorra até a fase executória.

No Direito romano, como visto no nº 127, *supra*, vigorava a personalidade ou pessoalidade da obrigação, significando que esta se constituía *intuitu personarum*, e com este caráter devia cumprir-se. O devedor o era para com o credor; guardada a identidade física de um e de outro, por tal arte que não se dava alteridade na execução, e o devedor não se podia fazer substituir por outrem a prestar, nem o credor podia passar a alguém o direito criado pelo vínculo obrigacional. Ali mesmo, entretanto, já se admitiram, embora através de soluções indiretas, como a *in iure cessio*, casos em que a obrigação se executava em favor de pessoa diferente do *reus stipulandi*, como ainda outros em que respondia pelos seus efeitos pessoa diversa do *reus debendi*. Casos raros, é certo, e notoriamente excepcionais.

O Direito moderno não cultiva tal preconceito. Muito ao revés, aceita em regra a transmissibilidade plena, tanto da qualidade creditória (cessão de crédito, pagamento com sub-rogação) quanto da debitória (assunção de débito, sub-rogação passiva).[44] Dá entretanto a maior importância à questão da *determinação* subjetiva. Os sujeitos precisam de determinar-se, para que fique certo a quem o devedor há de prestar ou de quem o credor tem de receber. Isto não quer, entretanto, dizer que

---

43 Everaldo Augusto Cambler, "Introdução", *in*: Arruda Alvim e Thereza Alvim (coord.), *Comentários ao Código Civil brasileiro*, Rio de Janeiro, Forense, 2003, vol. III, pág. 7.
44 Carvalho de Mendonça, *Doutrina e Prática das Obrigações*, I, pág. 78.

seja necessária, desde a criação da relação obrigacional, a individualização precisa dos sujeitos. Pode, momentaneamente, ser indeterminado um deles, mas nesse caso é de mister sua *determinabilidade*. Indeterminado no instante de se constituir a obrigação; determinável, ulteriormente, pena de se não formar o vínculo.[45] Um sujeito passivo certo pode obrigar-se para com um sujeito ativo indeterminado, e, *vice-versa*, um sujeito ativo certo poderá ter o direito de exigir a prestação de um devedor que se tenha tornado incerto. Mas, em qualquer hipótese, a indeterminação subjetiva, embora duradoura no sentido de que é uma situação que não cessa prontamente, será obviamente transitória na acepção de que não permanecerá por todo o ciclo existencial da obrigação, pois é certo que no momento da *solutio* já devem estar determinados o credor e o devedor, e se a incerteza perdurar para a outra parte, providências tomar-se-ão, como é o caso do devedor que não sabe a quem prestar e que pode consignar em juízo a *res debita*, para que o juiz decida quem tem o direito de levantá-la.[46] Caso muito frequente de indeterminação do credor é o das ofertas ao público, em que uma pessoa, mediante anúncios, se obriga a uma prestação em benefício de quem se apresentar sob condições preestabelecidas: o devedor é certo, mas o credor indeterminado, muito embora a obrigação exista desde logo e seja exigível desde o momento em que se individue o credor, tão organicamente suscetível de solução, perfeita e exigível, quanto outra qualquer que desde o início se tenha constituído íntegra. Igualmente frequente é o caso do *título ao portador* ou do *título à ordem*: no primeiro, o *reus debendi* é obrigado a pagar a quem lhe apresentar o instrumento; no segundo, a obrigação constitui-se em benefício de um credor determinado, porém substituível por quem quer que receba o instrumento transferido por operação simples.

A indeterminação do devedor é menos comum, mas não é de todo rara, e em geral decorre de obrigação acessoriamente estabelecida, ou de direitos reais que acompanham a coisa em poder de quem quer que venha estar: o adquirente de um imóvel hipotecado responde com ele pela solução da dívida garantida, apesar de não ter originariamente assumido a obrigação, e, neste caso, o credor que o era de um certo devedor tornar-se-á apto a receber de qualquer um a quem venha tocar a coisa gravada.

Determinadas ou determináveis, é imprescindível assentar que somente pessoas (naturais ou jurídicas) hão de ser sujeito da obrigação, e, mais, ainda, que toda pessoa, qualquer pessoa, poderá sê-lo. Necessário contudo acrescentar, e ao assunto já aludimos, é peculiaridade da relação obrigacional a *duplicidade* subjetiva – um sujeito ativo e outro sujeito passivo, pois que a confusão de ambas em uma só pessoa leva à extinção do próprio vínculo,[47] o que veremos em minúcia mais adiante, nº 165, *infra*.

É exigido, em regra, que as pessoas tenham capacidade para se obrigar, devendo, apenas, ser diferenciada a obrigação decorrente de negócio jurídico daquela de-

---

45 Hedemann, *Derecho de Obligaciones*, pág. 39; Vittorio Polacco, ob. cit., nº 31, pág. 168; Washington de Barros Monteiro, *Curso*, IV, pág. 20.
46 Código Civil de 2002, art. 335, IV. Ver nº 158, *infra*.
47 Orosimbo Nonato, ob. cit., pág. 136.

corrente de ato ilícito ou abusivo. Excepcionalmente, nos casos de obrigação relativa à responsabilidade civil, admite-se a formação de obrigação tendo como devedor um incapaz (art. 928, Código Civil de 2002, e art. 116, ECA – Lei n° 8.069/90). A pessoa com deficiência, inclusive de natureza mental ou intelectual, não sofre redução da capacidade de fato (art. 6°, Lei n° 13.146/2015 – Estatuto da Pessoa com Deficiência) e, por isso, pode ser credora ou devedora.

Cumpre distinguir, entretanto, esta exigência, natural em toda obrigação, da *pluralidade* de sujeitos em um, em outro ou em ambos os extremos. Daí a noção de duas partes (ou polos), consideradas como centro de interesses, que podem ser compostas por mais de uma pessoa (física ou jurídica) em cada uma delas. Na obrigação podem aparecer vários sujeitos ativos, quer originariamente quer subsequentemente, como resulta, *exempli gratia*, da transmissão hereditária, que conhece a multiplicação dos credores, todos com direito contra um só devedor; ou, ao revés, é possível que um só credor tenha direito de exigir a obrigação de vários sujeitos passivos; ou, ainda, que vários credores o sejam de vários devedores. A pluralidade subjetiva comporta, portanto, várias hipóteses, que geram outras tantas modalidades de obrigações, as quais serão estudadas oportunamente, como as obrigações solidárias, não solidárias, divisíveis e indivisíveis. Assim, é possível que um credor tenha contra vários devedores a faculdade de receber integralmente de qualquer deles (obrigação solidária) ou, ao contrário, cada devedor tenha o direito de liberar-se, prestando uma quota-parte; é possível que, não obstante a faculdade de liberar-se o devedor *pro rata*, reste ao credor o poder de exigir a prestação integral e não fracionariamente, se a obrigação for indivisível, e assim, por diante, em desenvolvimento de princípios que são peculiares a cada tipo e que examinaremos nos n°s 137 e 140, *infra*.

B. Toda obrigação há de ter um *objeto*, que é a *prestação* do devedor. Não é de confundir-se o objeto da obrigação com a *coisa* em que a prestação se especializa, e seria errôneo dizer que o objeto da obrigação decorrente de um título cambial seria o dinheiro expresso no mesmo. Como já acima dissemos, o objeto da obrigação é uma *prestação*, e esta sempre constitui um fato humano, uma atividade do homem, uma atuação do sujeito passivo.[48] Às vezes este fato do homem se concretiza ou se materializa numa coisa. Mas, ainda assim, não é de confundir-se o objeto da obrigação com a coisa sobre a qual incide. Quando a prestação é um *facere*, esta nítido o ato do devedor: a ação humana como seu objeto, consistente na realização de um trabalho, na confecção de uma coisa, na emissão de uma declaração de vontade etc., tudo envolvido na expressão genérica – prestação de um fato – e, como no *facere* se contém igualmente o *non facere*, o mesmo sentido de atividade humana está abrangido na omissão ou na abstenção, tal qual se apresenta na ação. Quando a obrigação é de *dar* ou de *entregar*, seu objeto não é a coisa a ser entregue, porém a atividade que se impôs ao sujeito passivo, de *efetuar a entrega* daquele bem; o credor tem o direito

---

48 Clóvis Beviláqua, *Obrigações*, § 7°; Enneccerus, Kipp y Wolff, *Tratado*, vol. II, parte I, pág. 5; De Page, *Traité Élémentaire*, II, n° 438.

a uma prestação, e esta consiste exatamente na *ação de entregar*, correlata ao direito reconhecido ao sujeito ativo de exigir que lhe seja *efetuada a entrega*.[49]

O objeto da obrigação pode variar de categoria, dizendo-se que é positivo, e a obrigação se diz também *positiva* quando se cumpre por um *dare* ou um *facere*; ou negativo e se fala que há *obrigação negativa*, quando implica uma abstenção. Pode caracterizar-se conforme a especificação da atividade seja ou não uma ação pura e simples ou na projeção dela sobre a entrega de uma coisa, porém de tal modo que o devedor está subordinado a uma prestação sem escolha: o sujeito passivo deve efetuar a entrega de uma dada coisa (*obligatio dandi*) ou há de realizar o ato para o credor (*obligatio faciendi*); pode, ao revés, oscilar a prestação de um a outro bem, ou de um a outro fato, e a obrigação será *alternativa*.

Deixando o exame de todos esses aspectos para o Capítulo XXVI, aqui nos limitamos a mencionar os caracteres que são comuns ao objeto, nele sempre presentes, e são a *possibilidade*, a *liceidade*, a *determinabilidade* e a *patrimonialidade*, conforme art. 104, II, do Código Civil, e que lhe constituem mesmo requisitos, que os escritores mais reputados (Ludovico Barassi, Orosimbo Nonato, Eduardo Espínola) consideram essenciais a ele, e portanto ligados à própria integração jurídica da *obligatio*.

O objeto da obrigação há de ser, em primeiro lugar, *possível*, pois do contrário não é suscetível de cumprimento, como já se enunciava na parêmia *ad impossibilia nemo tenetur*. Distingue-se da impossibilidade *material* a *jurídica*, sendo a primeira condizente com a faculdade de realização do objeto em si mesmo, e a segunda dizendo respeito à sua consecução na conformidade com a ordem jurídica. A *impossibilidade material* é o que está sob foco de observação neste momento, pois que a *impossibilidade jurídica* confina e vai mesmo confundir-se com a iliceidade, já que entram na mesma linha de insubordinação aos preceitos a obrigação cujo objeto não é possível diante da regra jurídica e aquela que se define como um ilícito.

Cuidando tão somente da *impossibilidade material* agora, observamos que, se ela o é, a obrigação é frustra, é nada, já que se desenha notória a incompatibilidade entre a existência e eficácia do vínculo pelo qual alguém seja constrangido a uma prestação, e a inexequibilidade da mesma prestação. Os conceitos de prestação e de impossível são antinômicos, no sentido de que onde este ocorre está *ipso facto* negado o outro. Se o sujeito passivo deve o que não é possível, em verdade nada deve, por não haver sobre que incida o cumprimento da obrigação. É o próprio vínculo que se destrói. É nula a obrigação.

O requisito da possibilidade está presente em toda prestação, positiva ou negativa, conducente a um *dare* ou a um *facere*, pois é intuitivo que, em qualquer caso, se, sujeito o devedor a uma ação ou a uma omissão, a nada estará obrigado, se for a prestação insuscetível em si mesma.

---

49 Fernando Noronha distingue objeto imediato (prestação debitória) do objeto mediato (coisa), o que somente é cabível nas obrigações de prestação de coisa (*Direito das Obrigações*, pág. 36).

Mas esse efeito é o da *impossibilidade concomitante* (ou atual) à constituição do vínculo, caso em que este se não forma. Se é *superveniente*, os efeitos variarão, como teremos ensejo de estudar no nº 133, *infra*, mas não ocorrem a negação do vínculo e a ineficácia da obrigação. É que, enquanto a impossibilidade *simultânea* à constituição da obrigação obsta a que validamente se forme, e, pois, leva à sua *nulidade*, a impossibilidade *superveniente* não embaraça a criação da relação obrigacional, porém, atém-se ao seu cumprimento e torna a obrigação *inexequível*,[50] com as consequências liberatórias se se impossibilitar a prestação por força maior ou caso fortuito, ou carregando na responsabilidade daquele que para isto houver concorrido, na falta desta escusativa.

Em razão da pandemia da Covid – gerada pelo surto da nova doença conhecida como Covid-19 e assim reconhecida pela Organização Mundial da Saúde (OMS) –, no Brasil foi editada a Lei nº 14.010/20 como lei temporária para regular as situações excepcionais que puderam ser qualificadas como causas exonerativas de responsabilidade motivadas pela referida pandemia, sem efeitos retroativos (art. 6º). É preciso constatar a real impossibilidade de cumprimento da obrigação, e que dela decorra diretamente dos efeitos da pandemia.[51]

A impossibilidade de que aqui se cogita é *absoluta*, isto é, aquela que não comporta variação de efeitos. Se o objeto é possível para outrem e impossível para o *reus debendi* (*impossibilidade relativa*), não se dirá que a obrigação seja sem objeto, nem que este seja insuscetível de verificação, e por isto mesmo não se poderá sustentar a sua nulidade, pois que o vínculo tem sobre que incidir. A esse aspecto, pode-se apontar os contratos do comércio eletrônico sob a espécie dos contratos de venda "on-line", de venda de produtos materiais que somente são entregues posteriormente no local apontado pelo consumidor, e o fornecedor somente terá certa quantidade de produtos de acordo com as solicitações feitas.[52] A obrigação poderia, em tese, cumprir-se, e só não se executa na hipótese pela razão de se não solver a *parte debitoris*. Neste caso, não haverá nulidade, porque o sujeito ativo poderá perseguir a prestação executada pelo próprio devedor, como obtê-la por via diferente, o que não fere os princípios, já que em nosso direito, ao contrário do romano, nada impede que a prestação se realize por outrem que não o sujeito passivo, a não ser naqueles casos especiais de personalidade do vínculo (v. nº 135, *infra*). Também a impossibilidade superveniente pode ser relativa, e então não se dirá que a obrigação é inexequível, quando o *reus credendi* puder obtê-la por outros meios. A obrigação também será válida quando a prestação, original e absolutamente impossível, vem a se tornar possível até o implemento de condição ou do advento do termo final a que o negócio estava subordinado.

---

50 Orosimbo Nonato, ob. cit., I, pág. 144.
51 Guilherme Calmon Nogueira da Gama e Thiago Ferreira Cardoso Neves, *Direito Privado Emergencial*, Indaiatuba: Editora Foco, 2020, pág. 63.
52 Cláudia Lima Marques, *Contratos no Código de Defesa do Consumidor*, 4ª ed., pág. 101.

Em segundo lugar, o objeto da obrigação há de ser *lícito*, qualidade e requisito que têm assento na própria essência dos direitos, como ainda, quando se tratar de obrigação voluntária, na incidência dos caracteres do ato negocial.[53] Aqui se tem em vista tanto a que a lei proíbe como o que repugna à moral e aos bons costumes, como ainda o que se desconformiza do ordenamento jurídico, e, por isso, a iliceidade e a impossibilidade jurídica alinham-se na atração dos mesmos princípios. O caso mais franco de iliceidade de objeto é o da contravenção à disposição legal expressa, como no caso do oficial de justiça que se obriga a não citar o interessado no feito em que ele é demandado, a não ser depois de alguns dias.[54] Mas igualmente ilícito é o que envolve contrariedade indireta a norma de ordem pública, pois que não se pode jamais obter por linha travessa aquilo que às escâncaras não pode ser obtido. E nem pode a lei ser minuciosa e casuística, a ponto de minudenciar a enumeração de tudo que é proibido ou do que é permitido. Dever-se-á apurar, conseguintemente, se o objeto da obrigação afronta diretamente a lei, ou contraria os princípios que compõem a conduta social pautada pelas normas da moral e dos bons costumes. Caberá então apreciar *in concreto* as espécies, a ver se o objeto, por uma ou outra razão, é lícito.[55]

Em terceiro lugar, o objeto da obrigação há de ser *determinável*. Por via de regra é determinado pelo gênero, pela espécie, pela quantidade, pelos caracteres individuais. Mas, quando não o for, será de mister que possa determinar-se, através da concentração, ou por ato dos sujeitos ou pela escolha de um deles (obrigação alternativa), ou por terceiro (como se dá com preço na compra e venda, cuja fixação pode ser deixada ao arbítrio de um terceiro), ou ainda por fato impessoal (preço deixado à oscilação da Bolsa ou do mercado). O que não é possível, sob pena de equiparar-se à falta de objeto e, pois, à ineficácia da obrigação, é a indeterminação definitiva,[56] que importa na própria negação do vínculo, por ausência de objetivação. Quando o objeto é indeterminável, ou pela própria natureza, ou porque circunstâncias especiais obstam à determinação, não há obrigação válida.

Finalmente, o objeto há de ter caráter *patrimonial*. Via de regra e na grande maioria dos casos, a prestação apresenta-se francamente revestida de cunho pecuniário, seja por conter em si mesma um dado valor, seja por estipularem as partes uma pena convencional para o caso de descumprimento.[57] E, como tal pena traduz por antecipação a estimativa das perdas e danos, a natureza econômica do objeto configura-se indiretamente ou por via de consequência. Poderá, entretanto, acontecer que a patrimonialidade não se ostente na obrigação mesma, por falta de uma estimação pecuniária que os interessados, direta ou indiretamente, lhe tenham atribuído. E nesta hipótese ressurge a indagação se, ainda assim, deve a prestação ter caráter patrimonial. O Direito romano vislumbrou a solução, embora os romanistas não sejam acor-

---

53 Código Civil de 2002, art. 104, II.
54 Antunes Varela, *Direito das Obrigações*, pág. 73.
55 Ruggiero e Maroi, *Istituzioni*, II, § 126.
56 Enneccerus, *Tratado*, II, t. I, pág. 25.
57 Ruggiero e Maroi, *Istituzioni*, II, § 125.

des na hermenêutica das passagens, como esta, do *Digesto*: *"Ea enim in obligatione consistere quae pecunia lui praestarique possunt"*.[58] A controvérsia medra entre os juristas modernos, sustentando-se com igual riqueza de argumentação ambas as posições, o que dificulta uma definição, já que o recurso à autoridade é igualmente ineficaz, bastando lembrar que na cidadela da patrimonialidade essencial se inscreve Savigny, a quem aderem Dernburg Kohler, Brinz, Endemann, Oser, Giorgi, Ruggiero, Salvat, Mazeaud, Beviláqua, Orosimbo Nonato, e mais tantos; enquanto na trincheira oposta pelejam Windscheid, Von Jhering, Demogue, Ferrara, Alfredo Colmo, Barassi, Saleilles, Eduardo Espínola, e muitos mais.

Em prol da *patrimonialidade* da prestação, atemo-nos a duas ordens de argumentos. O primeiro é que, ainda no caso de se não fixar um valor para o objeto, a lei o admite implícito, tanto que converte em equivalente pecuniário aquele a que o devedor culposamente falta, ainda que não tenham as partes cogitado do seu caráter econômico originário, e isto tanto nas obrigações de dar[59] como nas de fazer,[60] demonstrando que a patrimonialidade do objeto é ínsita em toda obrigação. Costuma-se, como argumento em contrário, invocar a questão relativa à reparação do dano moral e raciocinar que se o Direito moderno a admite é porque reconhece a desnecessidade do caráter pecuniário do objeto. A nós, parece-nos que nada tem a ver com o problema a interferência da indenização do dano moral. Esta leva em conta a existência de um ilícito que não fere o patrimônio da vítima, mas nem por isso lhe deve ser indiferente o direito, que destarte impõe ao agente o dever de ressarcimento pecuniário, sem se preocupar com a equivalência entre o valor da prestação e a qualidade do bem jurídico ofendido. Antes da fixação da prestação não existia um fato econômico, da mesma forma que antes da criação voluntária de uma relação obrigacional podia não existir. Como o fato humano voluntário gera a obrigação de prestação patrimonial, também o fato humano delituoso cria o dever de prestar pecuniariamente, sem que se possa afirmar a presença de uma obrigação (em sentido técnico) de objeto patrimonial, senão que preexistia o dever negativo de respeitar a integridade jurídica alheia.

Por outro lado, e numa segunda ordem de ideias, a vida social conhece numerosos atos cuja realização é indiferente ao direito. Se a obrigação pudesse ter por objeto prestação não econômica, faltaria uma nítida distinção entre ela e aqueles atos indiferentes, e é precisamente a pecuniariedade que extrema a obrigação em sentido técnico daqueles deveres que o direito institui, numa órbita diferente, como, *exempli gratia*, a fidelidade recíproca dos cônjuges, imposta pela lei, porém exorbitante da noção de obrigação.[61]

---

58 *Digesto*, Livro XL, tít. VII, fr. 9, § 2.
59 Código Civil de 2002, art. 239. Ver nº 133, *infra*.
60 Código Civil de 2002, art. 248. Ver nº 135, *infra*.
61 Entre outros, a respeito dos requisitos da prestação: Ruggiero e Maroi, ob. cit., § 125; Clóvis Beviláqua, *Obrigações*, § 76; Orosimbo Nonato, *Curso*, I, pág. 136.

Diante da controvérsia armada, entendeu, e a nosso ver bem andou, o novo Código Civil italiano (art. 1.174) de proclamar a economicidade da prestação, com os aplausos de civilistas como Pacchioni,[62] patrimonialidade que, entretanto, tem merecido a observação de não significar que prestação deva ter sempre um valor de troca ou um significado econômico intrínseco. Às vezes falta, originariamente, esta economicidade do objeto, e no entanto subsiste a juridicidade da obrigação, porque o conceito de interesse se estende até o ponto de envolver, dentro de limites razoáveis, o valor de afeição – *pretium affectionis* – e, aí, recebe o objeto um caráter patrimonial infrequente, mas nem por isto inábil a permitir a configuração da *obligatio*.[63] A razão está em que o *interesse* do credor pode ser apatrimonial, mas a prestação deve ser suscetível de avaliação em dinheiro, tal como salientou o relator Giaquinto, na Comissão da Assembleia Legislativa, quando da elaboração do Código italiano de 1942.[64]

Registre-se que há versão diversa no sentido de que o direito, atualmente, prevê formas diversas de reparação dos danos da prestação pecuniária, como no caso de execução específica da obrigação ou na hipótese de retratação pública de afirmação ofensiva à honra alheia e, assim, nesses casos, deve-se verificar se o interesse do credor é digno de tutela pelo ordenamento à luz dos valores e princípios constitucionais.[65] Em síntese, tem-se que o segundo elemento, objetivo, reside na prestação que é sempre um fato humano, que se cumpre mediante a tradição de uma coisa ou a realização de uma ação ou omissão do devedor. Além da economicidade, salienta-se a determinabilidade do objeto, que pode ser simultânea à formação ou estabelecer-se até o momento em que se dará o cumprimento. É também caráter do objeto a possibilidade. O objeto absolutamente impossível impede o nascimento da obrigação, enquanto a impossibilidade superveniente conduz à sua resolução.

C. O terceiro elemento da obrigação é o *vínculo jurídico*. É o elemento nobre, que as definições tradicionais encarecem, e que se mostra presente e vivo, mesmo para aqueles que a conceituam como *relação jurídica*. É no *vinculum iuris* que reside a essência abstrata da obrigação, o poder criador de um liame por cujo desate o indivíduo respondia outrora com a sua pessoa e hoje com seu patrimônio. É ele que traduz o poder que o sujeito ativo tem de impor ao outro uma ação positiva ou negativa, e exprime uma sujeição que pode variar largamente, dentro porém de dois extremos, que são os seus limites externos: a seriedade da prestação e a liberdade individual. Se se reduzir aquela a menos de um grau razoável, perde a substância, e não justifica a mobilização do aparelhamento jurídico por uma insignificância, como seria o fato de alguém ajustar com outrem cumprimentá-lo com um aceno de mão, ao passar à sua porta. Embora haja nisto uma ação humana, é vazia de um mínimo de conteúdo a que o direito seja sensível; falta-lhe então *seriedade*. Mas se o sujeito

---

62 Pacchioni, *Obbligazioni e Contratti*, pág. 7.
63 Clóvis Beviláqua, *Obrigações*, § 7.
64 Pandolfelli, Scarpello, Stella Richter e Dallari, *Codice Civile, Libro delle Obbligazioni*, pág. 54.
65 Gustavo Tepedino. *Obrigações: estudos na perspectiva civil constitucional*, págs. 12-13.

passivo conferisse ao outro o assenhoreamento total de sua atividade, abdicaria da reserva fundamental da liberdade humana e investiria a outra parte de todo o poder sobre a sua pessoa, como acontecia com a escravidão, que também é um regime jurídico, mas já superado. O *iuris vinculum*, refletindo a sujeição da vontade ou da atividade do devedor ao credor, somente será possível porque se limita a uma atividade certa (Savigny) e importa em uma restrição, sem dúvida, da liberdade do obrigado, mas nunca na sua perda total. Há diminuição da liberdade, porque o sujeito passivo da obrigação é constrito a fazer ou deixar de fazer aquilo que o credor tem o poder de exigir, mas não pode estender-se até a abolição dela, porque o devedor há de conservar o domínio da própria vontade, para tudo mais.[66] Assim, o vínculo jurídico, analisado em suas últimas consequências, revela uma restrição à liberdade do devedor, em relação ao objeto.

Há, pois, na obrigação, e já o afirmamos, no nº 128, *supra*, uma relação entre pessoa e pessoa, com projeção no patrimônio do devedor. O vínculo jurídico estabelece esta sujeição, atualmente harmonizada com a ideia de cooperação. Observando-o, tradicionalmente se afirmava que ele traduzia uma ideia de relação e de sujeição, que a definição clássica de Savigny bem evidencia (v. nº 126, *supra*). A doutrina mais recente, contudo, acentua a necessidade de a obrigação ser analisada sob um aspecto dinâmico e funcional, em que o dever de cooperar, entre outros, é reconhecido em relação ao credor.

Os escritores modernos, contudo, insurgem-se contra esta concepção unitária e enunciam a noção *dualista*, procedendo a uma análise do vínculo obrigacional, que decompõem em dois fatores: o débito e a responsabilidade. Vogando nas águas de Brinz, cuja doutrina Savigny longamente expõe e critica,[67] o qual a princípio não encontrou senão opositores, e que só mais tarde logrou a compreensão de Isay, Bekker, Perozzi, Carnelutti, irmãos Mazeaud, Serpa Lopes, Orosimbo Nonato, Pellet (e muitos mais), a doutrina moderna enxerga na obrigação um débito (*Schuld*) e uma garantia (*Haftung*). O primeiro é o dever de prestar, que facilmente se identifica, mas que não deve ser confundido com o objetivo da obrigação. Este *debitum* (*Schuld*) mora na sua essência mesma, e exprime o dever que tem o sujeito passivo da relação obrigacional de prestar, isto é, de realizar uma certa atividade em benefício do credor, seja ela um *dare*, um *facere* ou um *non facere*. Fundamentalmente traduz o dever jurídico que impõe ao devedor um pagamento, e que se extingue se esta prestação é executada espontaneamente.

Em contraposição, o sujeito ativo tem a faculdade de reclamar do *reus debendi* a prestação daquela atividade ou de exigir o pagamento e mobilizar as forças cogentes do Estado no sentido de assegurar o cumprimento da obrigação. Nesta existe, portanto, um princípio de responsabilidade que o integra (*Haftung*) e permite ao credor carrear uma sanção sobre o devedor, sanção que outrora ameaçava a sua pessoa e hoje tem sentido puramente patrimonial, já que não é lícito impor a alguém a

---

66 Ruggiero e Maroi, loc. cit.
67 Savigny, *Obbligazioni*, I, pág. 503.

prestação específica de um fato (*nemo ad factum precise cogi potest*). Embora os dois elementos *Schuld* e *Haftung* coexistam na obrigação normalmente, o segundo (*Haftung*) habitualmente aparece no seu inadimplemento: deixando de cumpri-la o sujeito passivo, pode o credor valer-se do *princípio da responsabilidade*. Observando que vastas vezes a obrigação se executa espontaneamente, atiram alguns contra a teoria dualista o argumento de que, nesse caso, não haveria o segundo elemento. Da explicação de Betti vem, muito sensível, a réplica, pois ensina ele que a responsabilidade é um estado potencial, continente de dupla função: a primeira, *preventiva*, cria uma *situação de coerção* ou procede psicologicamente, e atua sobre a vontade do devedor, induzindo-o ao implemento; a segunda, no caso de a primeira falhar, é a *garantia*, que assegura efetivamente a satisfação do credor.

Frequentemente, os dois fatores andam juntos, um ao lado do outro, um correlato do outro, pois que é pelo fato de haver débito que o credor tem a faculdade de provocar a execução forçada. Aliás, não falta a observação (Pacchioni) de que pelo Direito moderno o mesmo fato gerador do débito produz contemporaneamente a responsabilidade,[68] ao que acrescentamos que é *normalmente*, já que eventualmente pode a responsabilidade (*obligatum esse*) surgir com autonomia, como se diria no garantir alguém uma dívida preexistente, de terceiro. Mas, se normalmente andam de parelha – e aqui se situa o argumento dos que se opõem ao dualismo dogmático da obrigação, dizendo que se estão juntos constituem uma unidade –, às vezes podem estar separados, como no caso da fiança, em que a *Haftung* é do fiador, enquanto o *debitum* é do afiançado. Não se explica o fenômeno com a ideia de *obrigações paralelas*, porque há um ponto de conjunção que é o credor, o qual se não receber a prestação espontânea do devedor principal, pode exercer a execução compulsória contra o fiador. Outro caso de separação é o de alguém que, sem ser obrigado, oferece bens em caução ou hipoteca a dívida alheia: *o debere* está dissociado do *obligatum esse*, pois que na falha da realização da atividade em benefício do credor (*Schuld*) se concretiza a faculdade de perseguir aqueles bens pertencentes a terceiros (*Haftung*). Embora, repetimos, andem normalmente juntos, *debere* e *obligatum esse*, às vezes se dissociam, para repousarem em elementos subjetivos diferentes, e força é reconhecer que, se de princípio o entendimento desta ideia dualista exige uma atenção mais apurada e um poder maior de abstração, certo é, também, que a noção fundamental de obrigação mais se aclara após esta análise e a percepção do *iuris vinculum* mais nítida se desenha: a obrigação impõe ao devedor uma prestação, e concede ao credor o poder de exigi-la. Se este poder fosse despido de sanção, a obrigação seria incompatível com a exigibilidade que é efetiva, precisamente em razão de o credor sentir a garantia sobre o patrimônio do devedor, e tanto assim é que não tem faltado quem explique a obrigação natural como um "débito sem responsabilidade" (Pacchioni). Aqueles conceitos de *debere* e *obligatum esse* não são apenas os aspectos negativo e positivo de um mesmo fenômeno, embora se salientem melhor através de sua análise. São mais que isto,

---

68 Pacchioni, *Obbligazioni e Contratti*, pág. 5.

pois que mostram o poder do credor sobre o patrimônio (*Haftung*), em consequência de não ter o devedor efetuado a prestação (*Schuld*).[69]

A teoria dualista, apesar do rigor de sua lógica e da clareza de sua exposição, não tem logrado êxito, havendo escritores que lhe votam silencioso desprezo e outros que a combatem (Ruggiero, Buzaid, Washington de Barros Monteiro). Não falta mesmo quem (Mazeaud *et* Mazeaud) pense em um terceiro elemento (coação), e nem é de olvidar-se a escola dos processualistas (Carnelutti, Brunetti, Liebman) que identifica a *Haftung* como o elemento publicístico, não integrante do direito subjetivo por traduzir-se no direito à prestação jurisdicional do Estado.[70]

Mas, não obstante a condenação que lhe votam tantos e a incursão que no terreno civilístico fazem os processualistas para raptar uma noção que é de direito material, a teoria dualista permite destacar os elementos fundamentais do vínculo obrigacional, e, quando definimos a obrigação no nº 126, *supra*, não a perdemos de vista.

Não há como admitir a concepção do fato jurídico como elemento essencial da obrigação, porquanto ele é aspecto exterior à obrigação, tratando-o de fonte dela.[71]

Também não há como reconhecer a garantia como elemento da obrigação, já que ela se coloca no âmbito do vínculo jurídico, não tendo autonomia.[72] Sobre as garantias, é importante apontar para a recente edição da Lei nº 14.711/2023 (Marco Legal das Garantias), que passou a cuidar de regras para o tratamento do crédito e de suas garantias, bem como de medidas para recuperação do crédito.

129. Obrigação civil e obrigação natural

Procedemos à análise da obrigação (nº 128, *supra*), nos seus três elementos – sujeito, objeto e vínculo jurídico. Normalmente, estão todos presentes. E a obrigação, assim integrada de seus fatores fundamentais, classifica-se de *civil*: um sujeito ativo, credor, e um sujeito passivo, devedor; objeto, a prestação; e estabelecendo o liame entre os sujeitos, ao mesmo tempo que contém o tegumento de garantia, o

---

[69] Sobre a concepção dualista: Savigny, *Obbligazioni*, I, Apêndice, págs. 503 e segs.; Perozzi, "La Dististione fra Debito ed Obbligazione", *in Scritti Giuridici*, II, págs. 553 e segs.; Andreas Von Tuhr, *Derecho Civil*, I, nº 109, pág. 138; Ruggiero, *Istituzioni di Diritto Civile*, III, § 91; Mazeaud et Mazeaud, *Leçons*, II, nº 9; Emilio Betti, *Teoria Generale delle Obbligazioni*, II, nºs 13 e segs.; Enneccerus, Kipp e Wolff, *Obligaciones*, II, t. I, § 2º, pág. 8; Orosimbo Nonato, *Curso de Obrigações*, I, págs. 113 e segs.; Serpa Lopes, *Curso*, II, nº 3, pág. 13; Washington de Barros Monteiro, IV, nº 4, pág. 29; Alcino Pinto Falcão, "Conceito de Obrigação", *in Revista Forense*, vol. 128, págs. 23 e segs.; Orlando Gomes, *Obrigações*, nº 8.

[70] Enrico Tullio Liebmann, *Processo de Execução*, págs. 62 e segs.; Alcino Pinto Falcão, art. cit.; Francesco Carnelutti, "Obbligo del debitore e diritto del creditore", *Rivista di Diritto Commerciale*, vol. XXV, Parte Primeira, pág. 295; Alfredo Buzaid, *Do Concurso de Credores no Processo de Execução*, nº 7, pág. 17.

[71] Antunes Varela, *Direito das Obrigações*, pág. 65.

[72] Gustavo Tepedino, *Obrigações*, pág. 14.

vínculo jurídico, que faculta ao *reus credendi* mobilizar o aparelho do Estado, para perseguir a prestação, com projeção no patrimônio de *reus debendi*.

Os juristas de todos os tempos têm sido atenazados pela indagação: *quid iuris* se faltar este poder de garantia? Que acontecerá se houver duplo sujeito, se houver objeto, mas faltar a responsabilidade do devedor?

Para responder à questão, foi engendrada uma categoria especial de obrigação, que tradicionalmente se denomina *obrigação natural* (*obligatio naturalis*), e mais modernamente na técnica dos escritores alemães *obrigação imperfeita*, e foi construída a sua teoria. A imaginação romana criou uma dogmática que pôde penetrar o direito moderno sem perder as suas linhas estruturais, embora restrita na sua extensão, e no número das hipóteses que abrange.

A obrigação sem garantia, ou a obrigação sem sanção, sem ação para se fazer exigível, existe. E existe no campo do direito. Na vida em sociedade, o indivíduo está vinculado por obrigações perfeitas, por cujo cumprimento responde com seus bens, e são as obrigações civis. A todo momento as assume, por ato voluntário, ou a elas se vê jungido por imposição legal. Acha-se, igualmente, determinado por numerosos deveres, que não chegam a tomar corpo de obrigações juridicamente consideráveis, desde as que consistem em mera modelação de conduta, até as que se infiltram no seu patrimônio, embora desacompanhadas de um teor de exigibilidade, como se dá com aqueles deveres que a solidariedade humana institui, e que, sem perderem o senso de economicidade, permanecem no terreno moral, sem o poder de conversão em figura jurídica.

A obrigação natural é um *tertium genus*, entidade intermediária entre o mero dever de consciência e a obrigação juridicamente exigível, e por isso mesmo plantam-na alguns (Planiol, Ripert e Boulanger) a meio caminho entre a moral e o direito. É mais do que um dever moral, e menos do que uma obrigação civil. Ostenta elementos externos subjetivos e objetivos desta, e tem às vezes uma aparência do *iuris vinculum*. Pode revestir, até, a materialidade formal de um título ou instrumento. Mas falta-lhe o conteúdo, o elemento intrínseco; falta-lhe o poder de exigibilidade, o que lhe esmaece o vínculo, desvirtuando-o de sua qualidade essencial, que é o poder de garantia.[73] O Código Civil de 2002 preferiu nominar tal espécie como obrigação judicialmente inexigível, acolhendo, assim, a posição que já era defendida nessas *Instituições*.

No Direito romano já ocupava a *naturalis obligatio* esta posição intermédia. E ali encontrava razões explicativas muito mais lógicas do que no Direito moderno, porque o romano focalizava em primeiro plano a *actio*, e por via de consequência o *ius*. Indagava da ação, para definir o direito. Quando encaravam, então, a *obligatio naturalis*, tinha a maior facilidade de compreendê-la, porque partia da inexistência da *actio*, como elemento que a distinguia da obrigação civil. E tão relevante era este

---

73 Sobre a noção de obrigação natural: Ruggiero e Maroi, *Istituzioni*, II, § 125; Aubry e Rau, *Cours*, IV, § 297; Georges Ripert, *La Règle Morale*, n°s 186 e segs.

fator, que de todo o intrincado conceitual da *naturalis obligatio* no Direito romano, Serpa Lopes frisa que o assunto ainda permanece confuso, dele podendo extrair-se, entretanto, que de seguro há apenas conceituá-la como uma obrigação não protegida pela *actio*.[74] Seria, portanto, uma *obligatio* revestida de todas as características da obrigação perfeita, menos uma, a ação. O credor seria credor; o devedor, devedor; existiria o objeto; mas faltava a ação, e por isto o sujeito ativo não tinha o poder de tornar efetiva a prestação. Negava-se-lhe a faculdade de proceder *diretamente*, mas não se lhe recusava um meio indireto, pois que, na ausência da *actio*, instituía-se a *exceptio*, técnica de defesa, com que o *reus credendi* daquela obrigação paralisava uma ação contrária, a ele movida pelo *reus debendi*, ou obtinha o reconhecimento da eficácia do pagamento efetuado espontaneamente por este. O devedor, *reus promittendi*, não podia ser compelido ao pagamento. Mas se o realizava espontaneamente, o credor, *reus stipulandi*, tinha em seu benefício a *soluti retentio*, que lhe assegurava a conservação da coisa recebida, como se se tratasse da prestação normal de uma obrigação civil. O traço de distinção mais característico entre a *civilis obligatio* e a *obligatio naturalis* era a *actio*, presente na primeira e ausente na segunda, e isto lhe retirava a qualidade de vínculo jurídico, deslocando-a para um plano em que somente uma inspiração da equidade a mantinha: *solo vinculo aequitatis sustinetur*.

Muito embora a teoria da obrigação natural no Direito Romano seja uma terra devastada pelas discussões sem fim, os romanistas procuram estabelecer uma sistematização dos casos considerados nas fontes, procurando assim reconstituir uma classificação. Dizem, consequentemente, que a figura da *obligatio naturalis* abrangia aquelas que nasciam perfeitas, e que, em razão de uma causa superveniente, vinham a perder a *actio*, convertendo-se de civil em natural, e neste caso, era uma obrigação civil *degenerada*. De outro lado, havia outras que nunca haviam surgido no mundo do direito como dotadas de ação, e que já nasciam com a característica que as enquadrava nesta classe. Eram as que não podiam atingir o caráter de obrigações civis, por faltar um elemento hábil a gerar, desde o seu nascimento, a ação.

Cumpre, desde já, notar que a mesma ideia sobrevive no direito moderno, repartindo-se as obrigações naturais em dois grupos: o das que sempre existiram como obrigações naturais e o das obrigações civis degeneradas, por terem perdido sua força cogente.[75]

Sua principal fonte geradora, em Direito Romano, era a *capitis deminutio*, sob diversos aspectos. Assim, dizia-se que o escravo, em razão de faltar-lhe o *status libertatis*, não podia obrigar-se nem para com o seu *dominus* nem para com um terceiro; mas, se o fazia, embora despida de ação, a *obligatio* originava-se, *naturalis tantum*. Assim, também, o empréstimo feito ao *filius familias*, inexigível por força do *senatus consulto* macedoniano, gerava um pagamento espontâneo válido. Além desta causa, outra é indicada, sem pacificidade embora, argumentando-se que a obrigação civil que perdia a *actio* se convertia em natural, e por isso era válido o

---

74 Serpa Lopes, *Curso,* II, nº 15.
75 Hudelot *et* Metmann, *Des Obligations*, pág. 10.

pagamento realizado. Os pactos, distinguindo-se dos contratos, não geravam ações – *ex nudo pacto actio non nascitur* – e por isso diz-se que a obrigação deles oriunda era natural e não civil.

Muito debatem os doutores em torno dos vários aspectos da *obligatio naturalis* no Direito romano, não permitindo a natureza desta obra que os acompanhemos.

O Direito moderno retoma o assunto, e não é menos controverso. Uns sustentam (Beviláqua) a desnecessidade desta figura, cuja fluidez lhes parece manifesta. E, cogitando da *soluti retentio*, que era seu principal efeito, estranham que uma obrigação se caracterize pela retenção do pagamento, deduzindo que ela só se afirma na hora da execução. Como o pagamento é causa extintiva e não geradora de obrigações, negam-lhe consistência, raciocinando que nascem com o pagamento. Há, contudo, um desvio de perspectiva neste parecer. Se a obrigação imperfeita nascesse com o pagamento, nunca se teria formado, e mais se assemelhava a um ato de liberdade. Ela há de preexistir, sob pena de se caracterizar o maior ilogismo. O débito está contraído (*Schuld*), apenas o credor não tem o poder de efetivar a responsabilidade do devedor (*Haftung*), mas se o sujeito passivo solve espontaneamente, o outro é protegido pela *soluti retentio*, que não dá origem à obrigação, porém consolida o seu efeito. Observando esta consequência, não falta quem lhe reconheça um vínculo menos intenso e a caracterize por não poder o credor forçar o devedor a executá-la.[76]

Não há, por outro lado, confundir a obrigação natural com o dever de consciência. Quem dá uma esmola, e da mesma forma o que solve dívida prescrita, assim procede porque quer. Mas o fundamento difere, já que a caridade assenta num impulso de solidariedade humana enquanto a solução de uma dívida prescrita pressupõe a existência anterior de um débito, que não podia ser exigido pelo credor, mas que nem por isso deixava de ter corpo. Forçoso é, pois, reconhecer a impropriedade de expressão, na doutrina e na jurisprudência, em referência a casos típicos de dever de consciência, como se fosse obrigação natural. A sua confusão com o dever moral é antiga, pois já ressaltava do pensamento de Pothier, e ainda subsiste até hoje.[77]

Dentro da sistemática brasileira, o problema da obrigação natural tem sido tratado em termos objetivos. Dedicando-lhe um dispositivo, o Código de 1916 autorizava, entretanto, admiti-lo como uma tomada de posição, e reconhecimento do efeito retentor do pagamento.[78] Compreendendo que tanto em Direito Romano quanto em Direito Civil debate-se a equiparação da dívida prescrita à obrigação natural, o inciso as destacou, embora as envolva no reconhecimento do mesmo efeito (*soluti retentio*). Trata-se, contudo, de uma figura inconfundível com o dever moral, e que as suas linhas etiológicas análogas à configuração das obrigações imperfeitas da téc-

---

76 Planiol, Ripert e Boulanger, *Traité Élémentaire*, II, n° 1.137.
77 Georges Ripert, *La Règle Morale*, n°s 194 e segs.; Planiol, Ripert e Boulanger, ob. cit., n° 1.334; Colin e Capitant, *Droit Français*, II, n° 467; Josserand, *Cours de Droit Civil Positif Français*, II, n° 717; Raymundo Salvat, *Derecho Civil Argentino, Obligaciones*, I, n° 274.
78 Código Civil de 1916, art. 970. Ver n° 170, *infra*. O Código Civil de 1916 era daqueles que faziam referência à obrigação natural, mas não apresentava sua definição, diversamente do que posteriormente veio a ocorrer com o Código Civil português de 1966.

nica alemã: é uma obrigação sem sanção e sem poder de exigibilidade, um verdadeiro crédito, apenas despido de execução forçada.[79]

Não minudenciou as hipóteses de obrigação natural, permitindo assim que a doutrina aponte os casos reconhecidos como tais. O mais frequentemente lembrado é a dívida de jogo, que não obriga a pagamento; mas, efetuado este, não pode o solvente recobrar o que voluntariamente pagou, salvo dolo, ou se o perdente for menor ou interdito. A dívida não é acompanhada do poder de garantia, mas dela toma conhecimento a lei, tão somente para proteger o credor contra a repetição de pagamento, assegurando-lhe a *soluti retentio* (retenção do pagamento). Outro caso, previsto no art. 1.262 do Código Civil de 1916, era o de pagamento de juros não convencionados. De acordo com o antigo diploma, os juros de empréstimos de dinheiro ou de coisas fungíveis não eram devidos se não fossem expressamente fixados; mas se o mutuário pagasse os não estipulados, era impedido de reavê-los ou imputá-los no capital; a obrigação pelos interesses era inexigível, mas o cumprimento era protegido pela retenção de pagamento. Atente-se para a circunstância de que para a irrepetibilidade do pagamento feito em razão de obrigação judicialmente inexigível não há relevância acerca do estado anímico daquele que efetua o pagamento, motivo pelo qual o erro não alterará a situação de fato verificada após o pagamento. A equidade e a moral social devem ser consideradas quando do inadimplemento da obrigação judicialmente inexigível.[80]

Conforme dispõe o art. 591 do Código Civil de 2002, quaisquer contratos de mútuo destinados a fins econômicos presumem-se onerosos, ficando a taxa de juros compensatórios limitados aos dispostos no art. 406, com capitalização anual.

Há ainda outras hipóteses, bastante discutidas, como a que se refere à indagação se a obrigação nula se converte em natural no mesmo instante em que morre; outra é se há obrigação natural no cumprimento de legado, instituído em testamento nulo ou na subsistência da adoção sem ato autêntico.[81] Se o pagamento for parcial, continuará qualificada a obrigação como judicialmente inexigível em relação ao restante.[82]

O nosso Anteprojeto de Código de Obrigações, inspirado em razões de ordem prática, preferiu não aludir à *obligatio naturalis*. Quando reconhece validade ao pagamento espontâneo, negando repetição ao *solvens* nos casos em que falta o ligamento protetor, alude a obrigações judicialmente inexigíveis (art. 907).

E o Projeto revisto pela Comissão, e encaminhado ao Congresso Nacional de 1965, aceitou a nossa orientação (Projeto, art. 894), conforme salientamos no Rela-

---

79 Ennecerus, Kipp e Wolff, *Obligaciones*, vol. II, t. I, pág. 12; Von Tuhr, *Obligaciones*, I, pág. 23.
80 Guilherme Calmon Nogueira da Gama *et alli*. "Novo Código Civil: situações subjetivas existenciais e situações subjetivas patrimoniais à luz da nova ordem civil". In: *Revista de Direito Privado*, nº 23, jul./set. 2005, pág. 89.
81 Georges Ripert, loc. cit., discute as hipóteses e reproduz o debate, lembrando a contradição fundamental na ideia de um negócio jurídico inválido, por iliceidade de objeto ou defeito de forma a gerar uma obrigação.
82 Gustavo Tepedino, *Obrigações*, pág. 20.

tório, que é a sua Exposição de Motivos. O de 1975 seguiu a nossa orientação (Projeto 634-B). O Código Civil de 2002, por fim, consagrou esta posição no art. 882.

130. Fontes da obrigação

A variedade de tratamento desta matéria nos diversos sistemas legislativos reflete as múltiplas concepções doutrinárias. Na verdade, a classificação das *fontes geradoras* de obrigações (tomado o vocábulo *fonte* não no sentido de *título*, como algumas vezes é usado, porém, no de *elemento gerador* ou *causa*, tal qual faziam os romanos, ou no de *fato* que lhe dá nascimento, como preferem Mazeaud *et* Mazeaud) encontra entre os autores a maior divergência. Alguns, e aqui ficamos somente com os nacionais, indicam seis (Clóvis Beviláqua), enquanto outros as reduzam a uma única (Tito Fulgêncio). Não obstante campear controvérsia, o assunto deve ser tratado em termos da maior singeleza. Uma ligeira incursão pelo Direito romano auxilia o entendimento. Depois que se aceitou o poder jurígeno da vontade, os textos mencionam que a obrigação *vel ex contractu nascitur, vel ex delicto*,[83] significando a dualidade de origens: ou deriva do acordo de vontade ou do ato ilícito.

Este esquema, se traz o mérito da simplicidade, não dilucida analiticamente todos os seus aspectos, especialmente se se levar em conta que nem todo acordo de vontades era contrato. Admitiu-se, então, que poderia ocorrer alguma situação que não fosse nitidamente contratual, porém merecedora de tratamento análogo à contratual, ou que se apresentasse como se fosse um contrato (*quasi ex contractu*). Por uma simetria de tratamento, entendeu-se útil admitir também que outras causas poderiam mencionar-se análogas ao delito, já que situações ocorriam em que não havia as figuras precisas delituais, porém suscetíveis de tratamento como se de delito se tratasse (*quasi ex delicto*). Daí lermos na codificação justinianeia a quádrupla: *obligationes aut ex contractu sunt aut quasi ex contractu, aut ex maleficio, aut quasi ex maleficio.*[84] A uma tal distribuição aludiu Gaio em sua obra, a que se reporta o *Digesto*, acrescentando uma outra hipótese, mais vaga, imprecisa e geral, e sentenciou: *"Obligationes aut ex contractu nascuntur aut ex maleficio, aut proprio quondam iure ex varlis causarum figuris"*,[85] e, assim, a referência compreende as de origem contratual e delitual, como outras.[86]

Desta maneira o Direito romano encarou o assunto, e assim o direito moderno o herdou. Através de Pothier, que era essencialmente romanista, o Código Napoleão distribuiu as fontes obrigacionais sob esta mesma orientação, e dali se irradiou pela doutrina francesa, permitindo-lhe dizer que a obrigação nasce do contrato e quase

---

83 Gaio, *Institutiones*, Commentarius Tertius, nº 88.
84 *Institutas*, Livro III, tít. XIV, § 2º.
85 *Digesto*, Livro XLIV, tít. VII, fr. 1, pr.
86 Arangio Ruiz, *Istituzioni*, págs. 291 e segs.

contrato, do delito e quase delito. A nomenclatura é bastante eloquente no apregoar a fonte romana – *quasi ex contractu, quasi ex delicto*.

O Código francês inspirou outros sistemas, de que convém destacar o italiano de 1865, pela riqueza de sua doutrina; ali, a técnica francesa vigorou, acrescentando-se, porém, às quatro fontes uma quinta, a lei, e perdurou até o advento do novo Código, de 1942, cujo art. 1.173 usa linguagem bem mais genérica, quase reminiscente daquela cláusula de Gaio, *ex variis causarum figuris*, quando alude ao contrato, ao fato ilícito e a "qualquer outro ato ou fato idôneo a produzi-lo na conformidade do ordenamento jurídico", o que, aliás, mereceu de Pacchioni o comentário elogioso, no sentido de que o novo Código se inscreveu por aí na corrente moderna da ciência civilista.[87]

Com efeito, a classificação justinianeia como a gaiana têm sido muito debatidas e já hoje relegadas. Uns autores ainda conservam preferência pela distribuição analítica, e apontam como fontes: contrato, vontade unilateral, ato ilícito, enriquecimento sem causa e lei;[88] outros as reduzem a quatro: ato jurídico, ato ilícito, enriquecimento sem causa e lei.[89] Alguns as constringem em limites mais angustos, fazendo ressurgir aquela concepção dualista romana, contrato e ato ilícito, se bem que alguns Códigos, como nota Von Tuhr, acrescentem-lhe o enriquecimento injusto;[90] no mesmo campo dualista contenta-se alguém com o contrato e a lei.[91] Na doutrina alemã predomina a menção de duas fontes obrigacionais, e assim o *BGB* as considerou: o negócio jurídico, gerador de todas as obrigações voluntárias; e a lei, criadora daquelas derivadas de fenômenos jurídicos não contratuais, entre as quais as que provêm do ilícito.[92]

Quando foi elaborado o Código Civil Brasileiro de 1916, havia de se definir por uma destas orientações. Não tendo um artigo, como o 1.173 do novo Código italiano, que contenha a menção sistemática das fontes geradoras das obrigações, foi preciso atentar para o seu sistema, a ver onde se enquadra. De princípio, cancela-se logo a sua inscrição na sistemática napoleônica, pois não encontramos lugar para o contrato, quase contrato, delito, quase delito, que Clóvis Beviláqua ainda menciona, acrescentando-lhe a vontade unilateral e a lei. Com efeito, lugar não existe para aquelas figuras do quase delito e do quase contrato, que os nossos escritores do século XIX ainda cultivavam. Mas não devemos simplificar o assunto naquela preocupação de síntese do Prof. Tito Fulgêncio, que as reduz apenas à *lei*.

Remotamente, é verdade, todas as obrigações nascem da *lei*, pois que é esta a fonte primária dos direitos; mesmo no campo contratual, não haveria a força jurígena da manifestação volitiva se não fosse o poder obrigatório que a lei lhe reconhece.

---

87 Giovanni Pacchioni, *Obbligazioni e Contratti*, pág. 3.
88 Colin e Capitant, II, n° 7.
89 Josserand, II, n°s 11 e 12.
90 Von Tuhr, *Obligaciones*, I, pág. 31.
91 Marcel Planiol, *Traité Élémentaire*, II, n° 807.
92 Abraçam concepção dualista, ainda: Planiol, Ripert e Boulanger, *Traité Élémentaire*, II, n° 27; Hector Lafaille, *Derecho Civil, Tratado de las Obligaciones,* I, n° 31, pág. 36.

Mas, em contraposição, e um outro sentido, toda obrigação envolve um *fato humano*, já que a lei define tão somente a responsabilidade abstrata, e esta não é convertida em obrigação juridicamente exigível, senão quando interfere um procedimento ou uma conduta, uma atuação qualquer do agente, em termos que a lei considera suscetíveis de criar uma relação obrigacional, mediante a instituição de um *iuris vinculum*. Foi certamente atendendo a essa procedência prática que o Código italiano de 1942 aludiu, além do contrato e do fato ilícito, "qualquer outro ato ou fato idôneo a produzi-lo na conformidade do ordenamento jurídico", onde há bem franca a conjugação da ordem legal com o fato do homem.[93]

Atentemos, mais de perto, no assunto. Há obrigações que decorrem exclusivamente da lei, como são os deveres políticos (ser eleitor), ou as determinadas para com o Estado (pagar tributos), ou ainda as pecuniárias na órbita familiar (alimentar os filhos). Mas todos elas não podem inscrever-se como obrigações em sentido técnico estrito, aqui considerado. São, antes, deveres jurídicos.

Considerando, porém, obrigação em sentido preciso, vemos que, em qualquer hipótese, há uma participação do homem, ou um fato humano: assim, o contrato ou a declaração unilateral de vontade gera obrigações como emanação do fato volitivo. Também o ato ilícito, que não cria direitos para o agente, porém deveres, origina uma obrigação em função de um comportamento (mau) do agente. Seja, pois, no campo do lícito, seja do ilícito, há sempre a participação do fato humano na etiologia da *obligatio*.

Diante destas considerações, podemos mencionar duas fontes obrigacionais, tendo em vista a preponderância de um ou de outro fator: uma, em que a força geratriz imediata é a *vontade*; outra, em que é a *lei*. Não seria certo dizer que existem obrigações que nascem somente da lei, nem que as há oriundas só da vontade. Em ambas trabalha o fato humano, em ambas atua o ordenamento jurídico, e, se de nada valeria a emissão volitiva sem a lei, também de nada importaria esta sem uma participação humana, para a criação do vínculo obrigacional. Quando, pois, nos referimos à lei como fonte, pretendemos mencionar aquelas a que o *reus debendi* é subordinado, independentemente de haver, neste sentido, feito uma declaração de vontade: são obrigações em que procede a lei, em conjugação com o fato humano, porém *fato humano não volitivo*. Quando, ao revés, falamos na vontade como fonte, e discorremos de obrigações que provêm da vontade, não queremos significar a soberania desta ou sua independência da ordem legal, senão que há obrigações, em que o vínculo jurídico busca mediatamente sua explicação na lei, nas quais, entretanto, a razão próxima, imediata ou direta é a *declaração de vontade*.

Dizemos, pois, haver *duas fontes* para as obrigações. A primeira é a *vontade humana*, que as cria espontaneamente, por uma ação ou omissão oriunda do querer do agente, efetuado na conformidade do ordenamento jurídico. A segunda é a *lei*, que estabelece obrigação para o indivíduo, em face de comportamento seu, independentemente de manifestação volitiva.

---

93 Pacchioni, *Obbligazioni e Contratti*, pág. 3.

O art. 1º do Anteprojeto de Código de Obrigações fez profissão de fé dualista, ao salientar que a obrigação resulta da *declaração de vontade*, e bem assim de fatos que a *lei* erige em fontes geradoras, doutrina que prevaleceu em nosso Projeto (art. 1º), e veio fixada no nosso Relatório, que o precedeu.

Não podemos encerrar este parágrafo sobre as fontes das obrigações sem uma palavra de referência à sentença, que vem ultimamente indicada como fonte obrigacional. Numerosos escritores a isto não aludem (Demogue, Salvat, Enneccerus, Washington de Barros Monteiro). Mencionam-na outros, para exumar do pó dos séculos a enterrada *actio iudicati*. Não nos parece mereça as honras de um debate o problema, já que, em linha de singelo raciocínio, a sentença promove a declaração ou reconhecimento de uma *situação jurídica*. É a esta que a obrigação se prende, ainda que aparentemente se arrime à sentença, como no caso da ação de recuperação de título ao portador, no qual o *debitum* parece vincular-se à palavra jurisdicional. Mera aparência, contudo, pois que a sentença, como em outra hipótese qualquer, não cria a relação obrigacional. Esta lhe antecede sempre.[94]

Não vemos, pois, razão para modificar a nossa concepção dualista, acima exposta.

Registre-se, afinal, que as quatro características da cultura pós-moderna que se aplicam ao direito – o pluralismo de fontes e de sujeitos, a comunicação como reconhecimento dos direitos dos hipossuficientes, o método narrativo na elaboração das normas e a efetividade dos direitos humanos nas relações intersubjetivas – evidenciam a necessidade de se repensar os fundamentos e as finalidades dos institutos e das categorias jurídicas, inclusive no que tange às fontes das obrigações, como ocorre no âmbito das obrigações contratuais, cada vez mais informadas pelos valores e princípios constitucionais.

131. Obrigação propriamente dita. Obrigação real. Obrigação *propter rem*

Embora sem descermos às minúcias que as controvérsias a respeito têm suscitado, porém, cogitando apenas de mencionar as várias categorias dos direitos subjetivos, aludimos no nº 7, *supra* (vol. I), aos direitos reais (*iura in re*), em contraposição aos direitos obrigacionais ou de crédito, impropriamente denominados *direitos pessoais*.

Aqui voltamos ao assunto, a fim de extremarmos, respectivamente, as *obrigações reais* e as *obrigações propriamente ditas*, que impropriamente são chamadas às vezes *obrigações pessoais*.

---

94 Sobre a doutrina da sentença, como fonte de obrigações, e sobre a *actio iudicatis*: Orosimbo Nonato, I, pág. 196; Lafaille, ob. cit., I, pág. 37; João Monteiro, *Processo Civil e Comercial*, § 252; Lopes da Costa, *Direito Processual Civil Brasileiro*, IV, nºs 38 e segs.

Intrincada questão, a daquelas categorias de direitos, não permite que se ponham de acordo os doutores. E os há em todas as direções. Uns, como Demogue, negam uma diferenciação fundamental entre direitos de crédito e direitos reais, afirmando ser uma só a natureza de todos os direitos, os quais se distinguem apenas pela intensidade (direitos *fracos* e direitos *fortes*), ou, como Thon e Schlossman, entendem que a diversificação é artificial, de vez que não existem propriamente direitos reais, os quais não passam de um processo técnico utilizado pelo direito positivo ao instituir certas restrições de conduta em benefício de determinada pessoa. Outros, vinculados à corrente clássica (Vittorio Polacco), enxergam nos direitos reais uma relação de subordinação da coisa mesma ao seu titular, com o que traduzem o assenhoreamento ou dominação, sem intermediários entre a primeira e o segundo, como diz Orosimbo Nonato.[95] Alguns, como Windscheid e Marcel Planiol, situam a diferenciação respectiva na noção de *relatividade* dos direitos de créditos e *absolutismo* dos direitos reais.[96]

Aproximando-nos da teoria *personalista*, situamos o elemento diferencial na caracterização do sujeito passivo: o *direito de crédito* implica uma relação que se estabelece entre um sujeito ativo e um sujeito passivo, criando a faculdade para aquele de exigir deste uma prestação positiva ou negativa; noutros termos, o direito de crédito permite ao sujeito ativo exigir especificamente uma prestação de determinada pessoa. Ao revés, o *direito real*, com um sujeito ativo determinado, tem por sujeito passivo a generalidade anônima dos indivíduos. A situação jurídico-creditória é oponível a um devedor, a situação jurídico-real é oponível *erga omnes*. O direito de crédito realiza-se mediante a exigibilidade de um fato, a que o *devedor* é obrigado; o direito real efetiva-se mediante a imposição de uma abstenção, a que todos se subordinam. O objeto da relação creditória é um fato; o da relação real, uma coisa.

Ao extremar as obrigações, como ora convém, naturalmente verificamos que as mesmas dúvidas ressurgem. Uns, como Teixeira de Freitas, não querem que haja obrigações reais. Este nosso eminente civilista critica acremente o Código francês, justamente com a doutrina que admite as obrigações reais, que são a seu ver fruto de uma desordem de ideias; já que declara peremptoriamente que não há obrigação que corresponda aos direitos reais.[97] Outros, como Rigaud, aceitam a apuração específica de prestação determinada em algumas obrigações reais, e admitem a figura da obrigação real *in faciendo*.[98]

Definindo-os, aceitamos a existência da obrigação correlata do *ius in re*, de igual que há uma *obligatio* correspectiva do *ius in personam*. Partindo, pois, da ideia de que *ius et obligatio correlata sunt*, forçoso é, na verdade, reconhecer que ao direito de crédito, aquele direito que tem por objeto uma prestação em espécie, um

---

95 Orosimbo Nonato, *Curso de Obrigações*, I, nº 5.
96 A respeito da *summa divisio* dos direitos patrimoniais em direitos reais e direitos obrigacionais, v. Orlando Gomes, *Direitos Reais*, págs. 2 e segs.; Pietro Perlingieri, *Perfis*, pág. 140.
97 Teixeira de Freitas, *Esboço*, art. 868 e nota respectiva.
98 Rigaud, *Le Droit Réel*, págs. 420 e segs.

dare ou um *facere*, positivo ou negativo, corresponde a *obrigação stricto sensu* ou *obrigação propriamente dita*. Ao outro, ao direito real, que se caracteriza por um dever negativo de todos para com o sujeito, ou se desenha num *pati*, corresponde uma *obligatio* que se insere no *dever de todos*, mas que, nem por isto, deixa de ser de cada um, de respeito às faculdades do sujeito. É neste sentido, precisamente, que aceitamos a distinção que a epígrafe deste parágrafo enuncia.

Diante das transformações ocorridas no âmbito dos institutos da propriedade e do contrato – notadamente com reconhecimento da paulatina participação estatal de modo a reduzir as disparidades sociais e econômicas, da funcionalização social dos institutos, além dos novos contornos das relações obrigacionais e relações reais –, há quem proponha a formulação de um direito comum às situações patrimoniais de modo a sintetizar a disciplina de todas as relações patrimoniais.[99]

Entre os juristas medievais, notadamente os canonistas (conforme assinala Rigaud), medrou uma terceira categoria, a da chamada *obligatio propter rem*, que não era uma *obligatio*, e nem *ius in re*. Sua origem foi mais uma preocupação de simetria, ao criar-se a correspondência entre o *ius ad rem* e a *obligatio ob rem*.

Desenvolveu-se a planta nova com os pós-glosadores, estendeu-se até os modernos, e, quando, no século XIX, generalizou-se o gosto pelos estudos sistematizados, reaparece entre os escritores que assentam suas obras no Código Napoleão (não obstante este Código não a haver perfilhado), tanto nos comentaristas quanto nos expositores sistemáticos (Zacchariae, Toulier, Demolombe, Aubry e Rau). E veio a eclodir em nosso direito também, onde a versaram San Tiago Dantas, Orosimbo Nonato, Serpa Lopes, Espínola, Tito Fulgêncio, Sá Pereira, Filadelfo Azevedo, Lacerda de Almeida, tomando, contudo, posições diversas. Enquanto uns, como Tito Fulgêncio, reduzem a obrigações *stricto sensu* os casos de obrigações *propter rem* lembradas pelos outros, San Tiago Dantas as caracteriza como figura transacional de direitos reais atípicos, e outros, como Serpa Lopes, lhe apontam, como traço característico, sua vinculação a um direito real, do qual decorrem.

Sem penetrarmos nas disputas de escolas, situamos a *obligatio propter rem* no plano de uma *obrigação acessória mista*. Quando a um direito real acede uma faculdade de reclamar prestações certas de uma pessoa determinada, surge para esta a chamada obrigação *propter rem*. É fácil em tese, mas às vezes difícil naquelas espécies que compõem a zona fronteiriça, precisar o seu tipo. Se se trata, puramente, de exigir prestação em espécie, com caráter autônomo, o direito é creditório, e a obrigação correlata o é *stricto sensu*; se a relação traduz um dever geral negativo, é um *ius in re*, e a obrigação de cada um, no puro sentido de abster-se de molestar o sujeito, pode apelidar-se de obrigação real.

---

99 Roberta Mauro e Silva, "Relações reais e relações obrigacionais", *in*: Gustavo Tepedino, *Obrigações*, págs. 69 e segs.

Mas, se há uma relação jurídico-real, em que se insere, adjeto à faculdade de não ser molestado, o direito a uma prestação específica, este direito pode dizer-se *ad rem*, e a obrigação correspondente é *propter rem*.

Não falta quem lhe pretenda atribuir autonomia. Mas parece-nos em vão, pois que o direito que visa a uma prestação certa é de crédito, e a obrigação respectiva é estrita. A *obligatio propter rem* somente encorpa-se quando é acessória a uma relação jurídico-real ou se objetiva numa prestação devida ao titular do direito real, nesta qualidade (*ambulat cum domino*). E o equívoco dos que pretendem definir a obrigação *propter rem* como pessoal é o mesmo dos que lhe negam a existência, absorvendo-a na real. Ela é uma obrigação de caráter misto, pelo fato de ter como a *obligatio in personam* objeto consistente em uma prestação específica; e como a *obligatio in re* estar sempre incrustada no direito real.[100]

As características marcantes das obrigações *propter rem* podem ser apontadas do seguinte modo: a) elas se relacionam ao titular de um direito real, b) o devedor se libera da prestação diante do abandono do bem, abdicando do direito real; c) elas têm uma acessoriedade especial, dotada de ambulatoriedade.[101] Além dos exemplos das cotas condominiais no condomínio edilício (art. 4º da Lei nº 4.591/64,[102] e arts. 1.336 e 1.345 do Código Civil de 2002) e obrigações decorrentes dos direitos de vizinhança, a doutrina mais recente tem apontado também como exemplos de obrigação *propter rem* aquelas estabelecidas em convenções relativas aos condomínios fechados acerca das regras sobre as construções das casas pelos compradores dos lotes, devendo ser formulado positivamente o juízo de legitimidade das cláusulas para não permitir ofensa ao exercício lícito da propriedade.[103] O Superior Tribunal de Justiça também considerou que "as obrigações ambientais possuem natureza *propter rem*", razão pela qual são exigíveis do proprietário ou possuidor do bem, ou dos seus antigos proprietário ou possuidor (Súmula 623, STJ).

Por fim, diferenciam-se das obrigações *propter rem* os chamados ônus reais e as obrigações com eficácia real. Os primeiros são encargos de prestação periódica que restringem o uso e o gozo da propriedade em benefício de terceiros ou da própria coletividade,[104] sendo postos a cargo do titular da situação proprietária. O proprietá-

---

100 Sobre obrigação real, obrigação *stricto sensu* e obrigação *propter rem*: Teixeira de Freitas, *Esboço*, art. 868; Lacerda de Almeida, *Direito das Coisas*, I, pág. 106; San Tiago Dantas, *Conflitos de Vizinhança e sua Composição*, págs. 275 e segs.; Serpa Lopes, *Curso*, II, nºs 21 e segs.; Orosimbo Nonato, *Curso de Obrigações*, I, nºs 3 e segs.; Clóvis Beviláqua, *Direito das Obrigações*, § 5º; Vittorio Polacco, *Obbligazioni*, págs. 61 e segs.; Barassi, *Teoria Generale delle Obbligazioni*, I, pág. 93; Rigaud, *Le Droit Réel*, págs. 420 e segs.; Aubry e Rau, *Cours*, II, § 172; Julien Bonnecase, *Supplément au Traité de Baudry-Lacantinerie*, II, nº 20; Eduardo Espínola, *Sistema do Direito Civil Brasileiro*, vol. II, § 1º, pág. 4.
101 Ricardo Pereira Lira, *Elementos de Direito Urbanístico*, pág. 189.
102 O *caput* do art. 4º da Lei nº 4.591/64 foi objeto de veto presidencial, persistindo, tão somente, o parágrafo único do dispositivo, com a redação atual dada pela Lei nº 7.182/84.
103 André Gondinho, *Direitos Reais e autonomia da vontade*, Rio de Janeiro, Renovar, 2000, pág. 131.
104 Fernando Noronha, *Direito das Obrigações*, pág. 298.

rio é o devedor de tal ônus, que pode ser exemplificado com os tributos cujo fato gerador é a propriedade de um bem móvel (ex.: Imposto sobre Propriedade de Veículo Automotor – IPVA) ou imóvel (ex: Imposto sobre Propriedade Territorial Urbana – IPTU – ou Rural – IPTR). Embora não sejam obrigações autônomas, assim como as obrigações reais, os ônus reais são limitações da propriedade, enquanto as segundas são condições para o seu pleno gozo;[105] os primeiros têm sua responsabilidade restrita ao bem onerado, além de cujo valor não responde o devedor; além disso, os efeitos dos ônus reais cessam com o perecimento da coisa, enquanto os da obrigação real podem subsistir; os ônus reais sempre implicam prestação positiva e são exigíveis por ação de natureza real, enquanto as obrigações *propter rem* podem expressar-se em prestação negativa, e sua ação é de índole pessoal.[106]

Já as obrigações com eficácia real correspondem a situações híbridas em que o elemento obrigacional é mais acentuado, tendo o credor, contudo, além do direito à prestação, alguns poderes diretos sobre a coisa, em semelhança aos efeitos de direitos reais de gozo e de aquisição.[107] Distintamente da obrigação real, não pressupõe a categoria em exame a existência de um direito real, sendo tão somente uma obrigação comum que gera alguns efeitos tipicamente reais, podendo-se ilustrar essa situação com o direito do locatário à continuidade da locação predial urbana em caso de alienação (art. 8°, Lei n° 8.245/91) e o direito de preferência com eficácia real (art. 33, Lei n° 8.245/91).

---

105 Fernando Noronha, *Direito das Obrigações*, pág. 299.
106 Carlos Roberto Gonçalves, *Direito Civil Brasileiro*, pág. 15.
107 Fernando Noronha, *Direito das Obrigações*, pág. 299.

Capítulo XXVI
Classificação das Obrigações quanto ao Objeto: Positivas e Negativas

Sumário

132. Classificação das obrigações em geral. 133. Obrigações de dar e de restituir coisa certa. 134. Obrigação de dar coisa incerta. 135. Obrigação de fazer. 136. Obrigação de não fazer. 136-A. Breves considerações sobre aspectos processuais.

Bibliografia

Clóvis Beviláqua, *Obrigações*, Cap. III; Tito Fulgêncio, *Do Direito das Obrigações* (atualizada por Aguiar Dias), nos 37 e segs., Orosimbo Nonato, *Curso de Obrigações*, I, págs. 207 e segs., Washington de Barros Monteiro, *Curso*, IV, págs. 55 e segs.; Ruggiero e Maroi, *Istituzioni di Diritto Privato*, II, § 126; Giorgio Giorgi, *Teoria delle Obbligazioni*, I, nos 225 e segs.; Serpa Lopes, *Curso*, II, nos 28 e segs.; De Page, *Traité Élémentaire*, II, nos 439 e segs.; M. I. Carvalho de Mendonça, *Doutrina e Prática das Obrigações* (atualizada por Aguiar Dias), nos 45 e segs.; Andreas Von Tuhr, *Obligaciones*, I, págs. 33 e segs.; Alfredo Colmo, *De las Obligaciones en General*, nos 47 e segs., Scutu, *Obbligazioni*, nos 35 e segs.; Gustavo Tepedino, *Obrigações*, págs. 121 e segs.; Orlando Gomes, *Obrigações*; Arnoldo Wald, *Obrigações e Contratos*, págs. 39 e segs.; Arruda Alvim e Thereza Alvim, *Comentários ao Código Civil Brasileiro*: Do Direito das Obrigações, vol. III, págs. 37 e segs.

132. Classificação das obrigações em geral

Há sempre uma necessidade de classificar, reduzindo a categorias lógicas o que a elaboração quotidiana produz de maneira vaga e indeterminada.

As obrigações, que o comércio social engendra, são numerosas, e se têm definido através dos tempos de modo vário. Algumas das modalidades ainda hoje frequentes foram criadas e ordenadas pelos romanos; outras de elaboração ulterior, e outras ainda de criação mais recente. Mas todas elas utilizadas diuturnamente. Há, mesmo, uma observação que se pode fazer em abono da imaginação criadora da dogmática romana: é que, em plena atualidade, as figuras obrigacionais em vigor, na sua sede de disciplina, procuram inspiração no Direito romano, verificando-se algumas inovações em seus contornos, muito embora a complexidade da vida moderna seja notória em todos os sentidos, e o desenvolvimento dos negócios sujeitos à influência das ideias contemporâneas.

Sem embargo da variedade de situações, podem as obrigações ser classificadas em três grupos maiores. É evidente que as linhas fundamentais são uniformes, pois que delas é que promana a noção obrigacional comum. É certo, também, que as diversas categorias se interpenetram e entrecruzam, de sorte que uns tipos interferem em outros, diversificando-se pelas minudências de estruturação.

Mas é irrecusável o interesse da classificação. Reduzindo-se todas as modalidades de tipo obrigacionais a uns poucos grupos, consegue-se ter à mão, para qualquer eventualidade, jogos de princípios que simplificam a solução das questões em torno de cada uma.

Não tem, pois, sentido de pura abstração este trabalho classificador. Muito ao revés, há um indisfarçável conteúdo prático na sua base: quem tem de enfrentar um problema no arraial da obrigação deverá logo distinguir o tipo a que esta pertence, enquadrá-la em uma categoria conhecida, e aí encontrará os preceitos aplicáveis à espécie.

No direito brasileiro, a classificação das categorias obrigacionais não é mera elaboração da doutrina, já que o Código Civil a perfilhou, e instituiu a sua normação em razão das classes ou dos grupos a que as reduziu. De maneira geral, a distribuição das obrigações por seções obedece a duas influências essenciais. Em primeiro lugar, atenta-se para a *prestação*, e daí provém a classificação *objetiva*. Quando se diferencia a obrigação de *dar* da de *fazer*, tem-se em vista a qualidade da prestação. Esta distinção, aliás, tem recebido crítica de alguns obrigacionistas que preferem colocar o problema em outros termos, dizendo melhor destacá-las, quando objetivamente consideradas, em *positivas* e *negativas*, já que as primeiras, quer tenham por objeto um *dare*, quer um *facere*, contemplam prestações de rumo direcional idêntico, contraponíveis às segundas, negativas, que envolvem uma abstenção, ou um *non facere*.[1] Não obstante os reparos ao seu conteúdo científico, conservamos

---

1 Giorgi, *Obbligazioni*, I, n° 231.

aqui estas categorias ou figuras de obrigações separadamente, um tanto por haver a lei guardado fidelidade a tais distinções herdadas do Direito romano, como ainda por conservar em nosso direito perfeita extremação temática a *obligatio dandi* da *obligatio faciendi*, à vista de guardar ele a mesma sistemática romana, recusando efeito translatício do domínio ao contrato, diretamente, em contraposição à orientação francesa e italiana. E, se é certo que em toda obrigação de dar há um *facere*,[2] é certo também que pelo nosso direito alguns efeitos específicos são destacados em uma e outra. Enquanto, pois, conservarmos esse sistema em direito positivo, é necessário manter a diferenciação como doutrina.

O que se precisa observar, já que adotamos esta diferenciação tradicional, é que nem sempre é fácil distinguir a obrigação de *dar* da de *fazer*, e assim procedeu Vittorio Polacco, como entre nós Tito Fulgêncio. Os casos extremos não padecem dúvida, pois que uma envolve uma *traditio* ou entrega, e outra uma ação pura. Mas numa zona grísea existem prestações que reclamam acurada atenção, como, no exemplo clássico, o caso do artesão que manufatura a coisa para o credor, ou, em termos de direito positivo brasileiro, a empreitada, em que existe o *facere* no ato de confeccionar e um *dare* no de entregar a coisa elaborada, sendo ambos os momentos integrantes da prestação. Mas será *faciendi* a obrigação, quando a operação de entregar pressupõe o *facere*, ou, na nomenclatura de Von Tuhr[3] analogicamente aplicável, embora com uma terminologia que pode gerar confusões, de um lado há uma "obrigação de prestação real", porque vai ter na retirada de uma coisa do patrimônio do devedor, e, de outro lado a "obrigação de prestação pessoal", que se realiza pondo o *reus debendi* as suas energias físicas ou mentais como objeto. Como propõe a doutrina mais recente, nesses casos, é mister determinar qual é o aspecto preponderante na prestação – o de dar ou de fazer –, seja em razão de uma relação acessório-principal, seja na verificação de qual é o objetivo das partes. Se, ainda com tal operação, não for possível identificar o aspecto principal, deve-se cindir as obrigações para o fim de se aplicar o regime próprio de cada uma.[4]

O segundo ramo da classificação está na sua distribuição subordinada a um critério subjetivo, estabelecendo-se, pois, agrupamentos tendo em vista os sujeitos da relação criada, a forma como suportam ou recebem o impacto do vínculo. Quando se menciona a obrigação solidária ou quando se extrema a divisível da indivisível, não se perde de vista o objeto, mas atende-se à maneira de desenvolvimento da relação obrigacional, em função dos sujeitos.

Além dos elementos essenciais da obrigação, que destarte criam classificações peculiares, caberá ainda admitir a extremação de obrigações quanto a fatores acidentais, como seriam as modalidades que assumem (obrigações condicionais ou a ter-

---

2 Washington de Barros Monteiro, *Curso*, IV, pág. 58.
3 Andreas Von Tuhr, *Obligaciones*, I, pág. 33.
4 Gustavo Binenbaum, "Classificação: Obrigação de dar, fazer e não fazer", *in:* Gustavo Tepedino, *Obrigações*, pág. 135.

mo), ou a variedade da prestação para o credor ou o devedor (alternativas) ou ainda uma em relação as outras (principais e acessórias) etc.

Atendendo, então, à necessidade de uma boa exposição sistemática, trataremos das classificações das obrigações em três capítulos.

Neste primeiro, cuidaremos das obrigações sob o aspecto *positivo* ou *negativo* da prestação, ou classificação das obrigações quanto ao seu objeto. Nos dois subsequentes, faremos a sua exposição em *relação ao sujeito* e *quanto a elementos acidentais*, respectivamente.

Sem lhe dedicar um parágrafo especial, não podemos omitir uma classificação que modernamente procura contrastar as *obrigações de meio* das *obrigações de resultado*, critério este que é devido a Demogue[5] tendo em vista a definição das responsabilidades do devedor, que ele imaginou em função de certa analogia com os delitos formais e os delitos materiais. Nas obrigações de *resultado*, a execução considera-se atingida quando o devedor cumpre o objetivo final; nas de *meio*, a inexecução caracteriza-se pelo desvio de certa conduta ou omissão de certas precauções, a que alguém se comprometeu, sem se cogitar do resultado final. Não se trata, portanto, senão de agrupar obrigações tradicionalmente classificadas em certos planos, à vista do problema da apuração da responsabilidade civil. E, se neste particular tem utilidade, como encarecem os irmãos Mazeaud, razão não vemos para se construir uma classificação genérica sobre esta base.

Como bem distingue a doutrina, na obrigação de resultado a essência da prestação é o bem jurídico almejado, ao passo que na obrigação de meio o devedor se obriga a envidar esforços para atingir certo objetivo, não se comprometendo, no entanto, a obtê-lo.[6]

Não cogitamos de uma classificação geral das obrigações em civis e comerciais, porque não acreditamos na existência de obrigação que seja ontologicamente civil em diversidade de outra que o seja mercantil. Uma obrigação alternativa, por exemplo, assim deve entender-se, e ser tratada como alternativa, independentemente de ser civil ou comercial. E, se há peculiaridades observáveis, como no reforço da solidariedade em matéria comercial, nem por isto existe uma separação categórica ou estrutural. O que alguns apontam como fatores particulares das obrigações mercantis, e pelos quais têm pretendido distingui-las das civis, não passa de minúcias que permanecem à superfície de uma noção, sem contudo penetrar na sua essência.[7]

Embora seja aceita a persistência de institutos puramente mercantis (v. n° 4, no vol. I), na unidade orgânica do direito obrigacional sobressai a declaração da

---

5 Demogue, *Obligations*, V, n° 1.237.
6 Everaldo Augusto Cambler, *in*: Arruda Alvim e Thereza Alvim, *Comentário ao Código Civil brasileiro*, pág. 54.
7 Defensor da diversificação das obrigações mercantis, Clóvis Beviláqua, *Obrigações*, § 14, forte em Cogliolo, *Filosofia do Direito Privado*, pág. 226, alinha a presunção de solidariedade, o reforçamento das normas costumeiras, a especialização do direito cambial etc. A verdade, entretanto, é que se não aponta uma diferença radical entre estas e aquelas. E mesmo esses pontos tendem a desaparecer na sistemática moderna.

uniformidade ontológica da obrigação, que já invadiu o campo legislativo com o Código Federal Suíço das Obrigações e o Código Civil Italiano de 1942, e entre nós com o Anteprojeto de Código de Obrigações, que elaboramos, difundido em 1964. O Projeto enviado ao Congresso em 1965 obedeceu a esta orientação, e o Código Civil de 2002 seguiu a nossa orientação, inclusive com a expressa revogação da Parte Primeira do Código Comercial (art. 2.045) e a inclusão do Livro II da Parte Especial, ou seja, o Direito da Empresa.

133. Obrigações de dar e de restituir coisa certa

Entre obrigações positivas, cuida-se, em primeiro plano, das *obrigações de dar*, que ocupam praça relevante e são de frequente incidência na vida de todos os dias. Consistem na entrega de uma coisa, seja a tradição realizada pelo devedor ao credor em fase de execução, seja a tradição constitutiva de direito, seja a restituição de coisa alheia a seu dono. Com efeito, *obligatio dandi* está presente, e os escritores o repetem, como meio técnico de constituir direito real (*exempli gratia*, penhor), como para a perfeição de um contrato real (*exempli gratia*, mútuo), como ainda na transferência de posse para criar faculdade de uso (*exempli gratia*, locação), como também na execução dos contratos translatícios de domínio (*exempli gratia*, compra e venda), já que pelo nosso direito somente se efetiva a transferência *inter vivos* da propriedade com a tradição da coisa móvel ou a inscrição (registro) do imóvel (equiparável esta última a uma tradição solene). Na sua modalidade de restituição, ocorre a obrigação de dar em todos os casos em que o detentor deve recambiar ao dono a coisa móvel ou imóvel, temporariamente em seu poder, como se dá na devolução da coisa locada pelo locatário; da coisa apenhada pelo credor pignoratício etc.

Abrindo o Título das Modalidades das Obrigações, o Código põe no primeiro plano, tal como se dava com o Código Civil de 1916, a obrigação de dar coisa certa. Esta se caracteriza por gênero, qualidade e quantidade. É o exemplo típico da obrigação positiva. Giorgi ensina ser a *determinada*, o *certum corpus* distinto das outras coisas e dos outros indivíduos, e que se diferencia da coisa incerta ou da dívida de gênero, em que falta a menção dos caracteres individuais, restando apenas a *determinabilidade* pelo gênero e pela quantidade.[8]

O princípio cardeal das *obligationes dandi* (Código Civil de 2002, art. 313)[9] é o da identidade da coisa devida: o devedor não se desobriga com a entrega de coisa diversa, ainda que seja mais valiosa, porque o credor não é obrigado a recebê-la. O enunciado do art. 313 do Código Civil brasileiro evita dúvidas. Este princípio, que, segundo observa Tito Fulgêncio, se assemelha à regra do art. 242 do BGB, é uma disposição de valor essencialmente objetivo, a indicar que toda obrigação deve ser estritamente cumprida, qualquer que seja a sua natureza e a sua fonte.[10] E nem o

---

8   Giorgi, loc. cit.; Orosimbo Nonato, ob. cit., pág. 217.
9   Ver nº 154, *infra*.
10 Tito Fulgêncio, *Obrigações*, nº 24, pág. 31.

infirma reconhecer e regular a lei o instituto da *dação em pagamento*, porque (e a observação já foi feita por Carvalho de Mendonça, civilista) na *datio in solutum* é a vontade das partes que substitui o objeto da obrigação e altera a convenção anterior.[11] Ou seja, se na dação em pagamento a solução consiste em dar uma coisa por outra (*aluid pro alio*), tal somente é lícito mediante o acordo do credor.[12] Fora daí, prevalece o princípio da identidade da *res debita*. Como *acessorium sequitur principale*, na prestação de dar coisa certa estão abrangidos os seus acessórios, independentemente de se acharem mencionados no contexto. A regra não é, contudo, absoluta. Podem ser excluídas expressamente, ou das circunstâncias do caso resultar a sua não inclusão. Se a obrigação é de restituir, mais positivamente se afirma a regra de que o credor não pode ser compelido a receber *aliud pro alio*, isto é, uma coisa no lugar da outra.

O Código faz referência à tradição, como elemento determinante de normas disciplinares das obrigações de dar. Estas se executam pela tradição, que, pelo Direito Brasileiro, dá origem ao direito real (*ius in re*). Ao contrário de outros sistemas, o nosso mantém a prevalência romana. Naquele Direito era assente que a propriedade não se transferia pelo contrato, porém pela tradição e usucapião: *traditionibus et usucapionibus non nudis pactis domini rerum transferuntur*. Também no Direito Brasileiro, a propriedade não se transfere pelo contrato, exigindo-se a tradição para as coisas móveis e a inscrição do título no Registro, para as imóveis. O negócio jurídico, por si só, não transmite propriedade ou faz surgir um direito real sobre coisa alheia, sendo necessário o modo de aquisição – tradição ou registro. A tradição consiste na entrega da coisa. E se diz tradição real, quando se realiza materialmente; ou simbólica ou ficta, quando a coisa não passa de mão a mão (*de manu in manum*), porém é representada por algo que a simbolize ou se presume.

O que maior atenção merece neste tipo obrigacional é a teoria dos riscos. Chama-se "risco" aquilo a que a coisa se acha exposta de deterioração e perda. O credor de coisa certa não é obrigado a recebê-la deteriorada. Assegura-lhe a lei a alternativa de resolver a obrigação pura e simplesmente; ou, se mesmo assim ela lhe for prestadia, poderá recebê-la no estado em que se acha. A perda ou deterioração da coisa devida suscita um rol de princípios, que variam de um para outro caso, conforme esteja o devedor de boa ou de má-fé, ou, mais exatamente, conforme tenha ou não concorrido para o dano ou o perecimento, com a sua malícia ou negligência. Estando o devedor de boa-fé, poderá reclamar seja abatido ao seu preço, quantia correspondente ao que perdeu com a deterioração. Se for o devedor culpado, subsiste alternativa, entre o recebimento no estado e o equivalente pecuniário, porém agravado com o ressarcimento das perdas e danos. O conceito de *perda*, para o direito, é lato, e tanto abrange o seu desaparecimento total (*interitus rei*), quanto ainda o deixar de ter as suas qualidades essenciais, ou de tornar indisponível, ou situar-se em lugar que se tornou inatingível, ou ainda de confundir-se com outra.[13] Logo, as regras

---

11 M. I. Carvalho de Mendonça, ob. cit., I, n° 332.
12 Código Civil de 2002, art. 356.
13 Tito Fulgêncio, *Obrigações*, n° 51, pág. 54.

devem ter em vista a deterioração ponderável, não sendo curial a rejeição da coisa por danificação insignificante. A apreciação da ressalva é de se fazer em face das circunstâncias.

O art. 234 do Código Civil de 2002[14] tem em vista a obrigação de coisa certa (*certum corpus*). A tradição da coisa móvel é que importa transmissão da propriedade (arts. 1.226 e 1.267). Sendo imóvel, com a inscrição do título no Registro Imobiliário (arts. 1.227 e 1.245). Até então, ela pertence ao devedor (art. 237), que suporta todos os riscos a que esteja sujeita.

Perdendo-se, pois, a coisa antes da tradição, ou pendente condição suspensiva,[15] torna-se impossível a execução em espécie: se não houver culpa do devedor, resolve-se a obrigação, sem que qualquer das partes deva nada à outra; mas, se houver ele agido culposamente, responderá pelo *equivalente* da coisa perdida e indenizará ainda as perdas e danos resultantes. Somente a boa-fé absolve o devedor. Em se perdendo por culpa deste, estará sujeito a transferir ao credor o equivalente pecuniário dela, correspondente a uma coisa do mesmo valor, salvo se se tratar de obrigação facultativa. O credor tem direito a uma quantia equivalente. E, ainda, deve-lhe o devedor ressarcir-lhe as perdas e danos, segundo o disposto no art. 402 do Código Civil de 2002. Este *equivalente* que o legislador pátrio menciona, como faz também o francês, há de ser a sua estimativa pecuniária, e não a substituição da *res debita* por outra semelhante, pois que o dinheiro é a moeda universal das sub-rogações, e as coisas certas nunca têm equivalente preciso em outras coisas.[16] A isto é de acrescentar-se que a regra *aliud pro alio invito creditori solvi non potest* é dúplice: se o credor não pode ser obrigado a receber coisa diversa da devida, ainda que mais valiosa, o devedor também não pode ser compelido a entregar objeto diferente, ainda que de menor preço.[17]

Sendo de restituir a obrigação, vigoram os mesmos princípios relativos à noção segundo a qual "*res perit domino*", já que o perecimento *sem culpa* aniquila o vínculo por falta do objeto (*res perit domino*); ocorrendo culpa, o devedor é sujeito a pagar o *equivalente* pecuniário da coisa extinta e mais perdas e danos (Código Civil de 2002, arts. 238 e 239).[18]

Se, em vez de perda, houver deterioração, sofre-a igualmente o credor. A consequência varia conforme esteja o devedor de boa ou má-fé. Pela deterioração sem culpa, abre-se ao credor uma alternativa, de considerar resolvida a obrigação, pois que não pode ser compelido a receber coisa deteriorada ou diferente da devida; ou

---

14 Direito Anterior: art. 865 do Código Civil de 1916. Projetos: art. 94 do Projeto de Código de Obrigações de 1965; art. 232 do Projeto de Código Civil de 1975.
15 A lei estende a hipótese à perda na pendência da condição suspensiva, porque também aí não adquire o credor direito à coisa (Código Civil de 2002, art. 125).
16 Tito Fulgêncio, ob. cit., pág. 75; Alfredo Colmo, *Obligaciones*, pág. 227; Hector Lafaille, *Tratado de las Obligaciones*, II, 72.
17 Neste sentido, Orosimbo Nonato, ob. cit., pág. 238.
18 Direito Anterior: arts. 869 e 870 do Código Civil de 1916. Projetos: art. 98 do Projeto de Código de Obrigações de 1965; art. 236 do Projeto de Código Civil de 1975.

aceitá-la no estado em que se acha, com abatimento de parte do preço correspondente ao valor que perdeu com a danificação. Deteriorando-se por culpa do devedor, poderá o credor exigir o seu equivalente em dinheiro ou aceitá-la no estado em que se acha, com direito ainda a reclamar a composição das perdas e danos. Acrescenta a doutrina que há de ser ponderável a deterioração, pois não seria curial pudesse enjeitá-la o credor por uma danificação de pouca monta.[19]

Sendo de restituir a obrigação, a deterioração sem culpa importa apenas em ser obrigado o credor a receber a coisa no estado em que se acha, já que não é possível, dada a própria natureza da obrigação, admitir-se a alternativa instituída para evento idêntico na *obligatio dandi*. Se, porém, houver, o devedor procedido culposamente, poderá o credor exigir o equivalente da coisa danificada ou recebê-la, mesmo deteriorada, embolsando ainda, num ou noutro caso, a indenização por perdas e danos.

Em vez de deterioração, pode a coisa receber melhoramentos e acréscimos, antes da tradição ou restituição. Se tal acontecer, e a obrigação for de dar, tem o devedor, *ut dominus*, direito a exigir aumento de preço, correspondente aos melhoramentos e acrescidos. Se o credor não anuir, fica o devedor com a faculdade de resolver a obrigação (Código Civil de 2002, art. 237).[20] Seria, contudo, incentivo à má-fé se a regra legal fosse levada às últimas consequências e por ela o devedor pudesse furtar-se ao cumprimento da obrigação, sob fundamento de que melhorou a coisa após o contrato. Daí haver Alfredo Colmo procedentemente intercalado em regra análoga do Código argentino uma cláusula e dito que o preceito se aplica quando ocorre melhoria não arbitrária em relação ao devedor ou quando este faz despesas necessárias ou de conservação da coisa,[21] acrescentando Orosimbo Nonato que a aplicação desta regra deve merecer exame atento e acurado do juiz, em todo caso de acessão artificial.[22] Noutros termos, deve discernir-se a boa ou má-fé do devedor ao realizar o melhoramento ou dispêndio, para se lhe reconhecer direito ao ressarcimento tão somente no primeiro caso.[23] O nosso Projeto de Código de Obrigações aceitou esta doutrina no art. 96, e aditava ao princípio o direito do devedor às benfeitorias necessárias, que são despesas na coisa, com a finalidade de conservá-la. Deve, assim, o art. 237 do Código Civil de 2002, ser interpretado à luz da cláusula geral da boa-fé objetiva e das circunstâncias do caso, devendo ser considerado com devido temperamento.[24]

Sendo de restituir, o credor lucra o incremento, sem a obrigação de pagar qualquer indenização, no caso do aumento, ou a melhoria de se ter verificado sem traba-

---

19 Tito Fulgêncio, ob. cit., pág. 84. Esta doutrina não é específica, embora equitativa. Sustenta-se em contrário que este temperamento da equidade esbarra na fórmula peremptória da lei, que o não comporta.
20 Direito Anterior: art. 868 do Código Civil de 1916. Projetos: art. 96 do Projeto de Código de Obrigações de 1965; art. 235 do Projeto de Código Civil de 1975.
21 Alfredo Colmo, ob. cit.
22 Orosimbo Nonato, ob. cit., pág. 246.
23 Serpa Lopes, *Curso*, II, nº 33, pág. 73.
24 Gustavo Binenbaum, ob. cit., pág. 128.

lho ou dispêndio do devedor. Se este houver realizado, é indenizável, aplicando-se as normas disciplinares das benfeitorias necessárias, úteis ou voluptuárias,[25] já expostas no nº 74, *supra* (vol. I).

Se a coisa é frugífera, cabem ao devedor os frutos percebidos até o momento da tradição e ao credor os pendentes, estando aquele de boa-fé. Na de restituir, aplicam-se os princípios disciplinadores do direito aos frutos (nº 74, *supra*, vol. I). Ao credor devem caber os frutos colhidos com antecipação, bem como a indenização pelos que deixou o devedor de perceber desde que se tornou de má-fé.

O problema ligado aos efeitos da *obligatio dandi* é de solução variável em razão da diversidade conceitual dominante em um ou outro sistema jurídico. Reportando-nos ao Direito romano, ali vemos que *trationibus et usucapionibus non nudis pactis dominia rerum transferuntur*, o que vem em vernáculo significa não ser possível a transmissão dominial das coisas *solo consensu*. No direito moderno, duas correntes de ideias informam as legislações. De um lado a tradição romana, vigente no sistema brasileiro, como no alemão, segundo a qual a propriedade se não transfere pelo contrato, porém exige, além deste, a tradição para as coisas móveis, ou a inscrição para as imóveis. De outro lado a sistemática francesa, a que se prendem outros códigos, mesmo modernos como o italiano de 1942, atribuindo ao contrato o efeito translatício do domínio.

Para o Direito brasileiro, portanto, a obrigação de dar executa-se pela *traditio*, e somente com esta nasce o *ius in re*, distinguindo-se portanto o direito real do *ius ad rem*, originário diretamente do contrato. No sistema francês há uma simplificação dessas operações, pelo fato de o contrato, por si só, ter o efeito de criar o direito real.[26] Mais recentemente a legislação vem admitindo a execução específica quando, por óbvio, não houve perda. Trata-se da execução *in natura*, verificável através da expedição de mandado de imissão na posse da coisa ou busca e apreensão, desde que a entrega seja possível e que não ocorra constrangimento físico da pessoa do devedor. Nos termos dos arts. 498, *caput*, e 538, do Código de Processo Civil de 2015 (art. 461-A, do CPC/73), pode o magistrado, ao deferir tutela específica em ação que tenha por objeto a entrega de coisa, estabelecer prazo para seu cumprimento, sob pena de busca e apreensão do bem móvel ou de sua imissão na posse do bem imóvel.

134. Obrigação de dar coisa incerta

Cogitando dos requisitos objetivos da obrigação, assentamos a determinação ou ao menos a *determinabilidade* da prestação (v. nº 128, *supra*). Pode a obrigação recair sobre *coisa incerta* (dívida de gênero), desde que seja indicada ao menos pelo

---

25 Código Civil de 2002, arts. 96, págs. 1.257 e 1.258.
26 De Page, *Traité Élémentaire*, II, nº 440.

gênero e pela quantidade (Código Civil de 2002, art. 243).[27] Não é possível que seja alguém devedor de coisas genericamente mencionadas, pois que isso tiraria à *obligatio* toda objetividade. Mas se as coisas são indicadas pelo gênero e pela quantidade, a obrigação é útil e eficaz, embora falte a individuação da *res debita*. O gênero é o agrupamento de bens (coisas) que apresentam caracteres comuns, e a quantidade se mede por números, pesos, medidas, ou seja, grandezas. É que a sua determinação far-se-á por circunstâncias ou elementos de fato, como ainda por outras eventuais, intrínsecas ou extrínsecas.[28] O estado de indeterminação é transitório, sob pena de faltar objeto à obrigação. O devedor não pode ser compelido à prestação genérica. Até o momento da execução, a obrigação de gênero deverá converter-se em entrega de coisa certa. Cessará, pois, com a *escolha*, ou concentração do débito, a qual se verifica e se reputa consumada, tanto no momento em que o devedor efetiva a entrega real da coisa, como ainda quando diligencia praticar o necessário à prestação.[29]

O estado de indeterminação cessa com a escolha. Como a individuação é que caracteriza o objeto, e sendo o devedor sujeito à prestação, o Código lhe defere a faculdade de escolher, dentre as do mesmo gênero, aquela a ser entregue, na quantidade estabelecida. O título estabelece a quem compete a escolha. Também esta poderá resultar das circunstâncias que envolvem a obrigação. No silêncio do primeiro, e na falta de indicação oriunda das outras, cabe ao devedor fazê-la. O Código Civil de 2002, com redação dada pelo art. 245, optou pelo critério objetivo da ciência da escolha da prestação pelo credor, propiciando que ele seja constituído em mora.[30] Em qualquer hipótese, salvo estipulação expressa, a prestação versará objeto que não será o pior nem o melhor dentre as coisas de seu gênero. O título poderia especificar um ou outro. No seu silêncio, presume-se que as partes tiveram em vista coisas que se situem no meio-termo (Código Civil de 2002, art. 244).[31] Nem se diga que o credor presumir-se-ia optando pela melhor, porque, ao constituir-se a obrigação, poderia ter assim fixado a prestação. Cumpre-se, portanto, a obrigação de dar coisa incerta mediante prestação cujo objeto guarde as qualidades médias das coisas de seu gênero, concretizando a cláusula geral de boa-fé objetiva. Pelo fato da indeterminação do objeto se não segue que o devedor possa entregar o pior ou o credor optar pelo melhor, pois a isto se opõe o princípio da boa-fé, que é a alma dos negócios, como fez com a regra *Treu und Glauben* o BGB e o nosso Projeto de Código de Obrigações, art. 23. O Código Civil brasileiro de 2002 adotou o princípio da boa-fé objetiva conforme se depreende dos arts. 113, 187 e 422, diversamente da omissão a seu respeito no Código Civil de 1916. A atual redação do art. 113, § 1°, do Código Civil (na redação dada pela Lei n° 13.874/2019) reafirma a importância da

---

27 Direito Anterior: art. 874 do Código Civil de 1916. Projetos: art. 99, do Projeto de Código de Obrigações de 1965; art. 241 do Projeto de Código Civil de 1975.
28 Tito Fulgêncio, ob. cit., pág. 103; Alfredo Colmo, ob. cit., n° 216.
29 Orosimbo Nonato, ob. cit., pág. 279.
30 Everaldo Augusto Cambler, ob. cit., pág. 97.
31 Direito Anterior: art. 875 do Código Civil de 1916. Projetos: art. 100 do Projeto de Código de Obrigações de 1965; art. 242 do Projeto de Código Civil de 1975.

correspondência à boa-fé objetiva na interpretação do negócio jurídico, entre outros critérios e parâmetros.

Para melhor entendimento da matéria, cumpre ainda alertar que se não confundem a obrigação de dar coisa incerta com a obrigação *alternativa*, a qual, como será desenvolvido no nº 144, *infra*, recai sobre duas coisas, uma das quais é objeto de escolha, enquanto a obrigação de dar coisa incerta tem por objeto uma só, embora designada apenas pelo gênero e pela qualidade, o que sugere a sua especialização.[32] Assim, enquanto a primeira é obrigação de gênero, aquela versa mais de uma coisa individuada, liberando-se o devedor mediante a prestação de uma delas.

É da maior simplicidade a teoria dos riscos (Código Civil de 2002, art. 246),[33] na obrigação de dar coisa incerta, já que a indeterminação é incompatível com a deterioração ou o perecimento: *genus nunquam perit*. Daí ser vedada ao devedor a alegação de perda ou danificação da coisa, ainda que por força maior ou caso fortuito, seja para eximir-se da prestação, seja para compelir o credor a receber espécimes danificados. Também descabe a escusativa da impossibilidade da prestação enquanto subsiste a possibilidade de ser encontrado um só exemplar da coisa devida, pois só por exceção desapareceria completamente todo um gênero.[34] A Teoria dos Riscos na obrigação de dar coisa incerta compreende duas fases distintas. Até que se efetive a escolha, pela notificação ou pela oferta, a obrigação é de gênero, e não versa objeto individuado. Indicada a coisa apenas pelo gênero, não comporta excusativa de perecimento ou deterioração, pois que o devedor tem de prestar uma coisa, dentro do gênero mencionado. A obrigação subsiste, enquanto houver possibilidade de ser encontrado exemplar da *res debita*, na quantidade estipulada. Só por exceção desapareceria todo o gênero. Pode-se cogitar da hipótese do gênero restrito: aquela hipótese em que uma determinada coisa, objeto de obrigação de dar coisa incerta, deixa de ser encontrada, entre a feitura do negócio e a escolha. Nesse caso, deve-se considerar resolvida a obrigação. No Projeto do Código Civil de 2002, havia referência expressa a essa possibilidade com a expressão "salvo se se tratar de dívida genérica restrita", e, assim, o devedor não responderia nesses casos de impossibilidade em virtude da perda ou deterioração. Tal expressão não permaneceu na versão final aprovada, consoante se verifica no art. 246, do Código Civil de 2002, mas não impede que se continue entendendo do mesmo modo. Uma vez efetuada a escolha, e só a partir de então, surge obrigação de dar coisa certa. Neste caso, cabe a excusativa. Mas esta somente é aceitável, se se determina que a perda ou deterioração ocorreu após a escolha.

Feita a escolha, ou pelo credor (quando a este é atribuída no título) ou pelo devedor (na falta dessa menção), perde a prestação o caráter de indeterminação (que era relativa e provisória), passando então a considerar-se como de dar coisa certa (Código Civil de 2002,

---

32 Tito Fulgêncio, ob. cit., pág. 104.
33 Direito Anterior: art. 877 do Código Civil de 1916. Projetos: art. 101 do Projeto de Código de Obrigações de 1965; art. 244 do Projeto de Código Civil de 1975.
34 Von Tuhr, *Obligaciones*, I, pág. 43.

art. 245).³⁵ Esta transmutação de categoria ocorre num instante, o da escolha, e a coisa, que indeteriorável e imperecível, por aquele fato se torna suscetível de dano ou perda.³⁶ O momento da escolha pode constar do título. Ou será caracterizada simultaneamente à execução, com a respectiva entrega. Na falta de outra indicação, o credor deverá ser notificado da escolha, por via judicial ou extrajudicial. Mas deve estar positivada de maneira inequívoca, porque é a partir de então que a obrigação de gênero se torna de corpo certo. Modalidade correta consiste na oferta ao credor, porém concreta e efetiva, e não puramente simbólica.

135. Obrigação de fazer

O outro tipo de obrigação positiva é a de fazer, que se concretiza genericamente em um ato do devedor. Muito frequentemente a *obligatio faciendi* reduz-se a uma prestação de trabalho (Clóvis Beviláqua). Mas não sempre, pois às vezes a *res debita* não é o esforço material por que se executa, porém uma operação complexa. É obrigação de fazer aquela que tem por objeto o podar as árvores de um pomar, de realização singela e execução material, por um esforço físico, ou seja, é uma prestação de fato. Mas é também *obligatio faciendi* a promessa de contratar, cuja prestação não consiste apenas em apor a firma em um instrumento; seu objeto é a realização de um negócio jurídico, a conclusão de um contrato (Savigny), em toda a sua complexidade, e com todos os seus efeitos.

A obrigação de fazer pode constituir-se *intuitu personae debitor*, levando em conta as condições pessoais do devedor, seja por se tratar de um técnico, seja por ser ele titular de qualidades reputadas essenciais para o negócio e neste caso ela se diz "personalíssima". São inúmeros os casos desta espécie. Quando alguém encomenda um quadro a um artista de nomeada, não pretende adquirir uma tela qualquer, mas o trabalho executado por aquele artista, cujo nome, prestígio e valor pessoal foram particularmente ponderados. Se, pois, foi convencionado que só o devedor execute a prestação, não é o credor obrigado a aceitá-la de terceiro. É o que se denomina obrigação de prestação infungível, transpondo-se a ideia de fungibilidade, que é própria das coisas, para o plano obrigacional. Pode, ao revés, admitir-se que o objetivo do credor tenha sido obter a prestação em si, sem qualquer consideração quanto às qualidades pessoais do devedor, e, nesse caso, a obrigação cumpre-se desde que este, por si ou por outrem, realize o ato a que se obrigara.³⁷ O exame das normas autoriza afirmar que a regra é a *fungibilidade* da prestação, e a infungibilidade a exceção, que ocorre quando o título o estabeleça, ou se induza das circunstâncias. Normalmente, o credor visa à prestação em si mesma. O Código Civil de 1916, no art. 878, era claro quando dizia que o credor não era obrigado a aceitar de terceiro a prestação, "quando for convencionado que o devedor a faça

---

35 Direito Anterior: art. 876 do Código Civil de 1916. Projetos: art. 101 do Projeto de Código de Obrigações de 1965; art. 243 do Projeto de Código Civil de 1975.
36 Clóvis Beviláqua, *Obrigações*, § 15.
37 Clóvis Beviláqua, ob. cit., § 16.

pessoalmente". Isto permite a todas as luzes uma *interpretação a contrário*: que, não havendo tal ajuste, há de contentar-se o *reus credendi* com a prestação executada anonimamente. Mas não é imune à observação de que a regra deve ser dilatada à vista dos bons princípios, para todos os casos em que não havendo embora convenção expressa, permitam as *circunstâncias* inferir a *personalidade da prestação*. Eis por que Orosimbo Nonato sugere a substituição da cláusula final do artigo por estoutra: "Quando resultar do título que o devedor a cumpra pessoalmente."[38] Eis por que nos animamos a sugerir uma, dotada de maior elastério e liberalidade: "Quando resultar das *circunstâncias* que o devedor a cumpra pessoalmente", pois que assim é armado o juiz de mais amplo critério de apreciação, ao mesmo passo que se atende ao que muito normalmente acontece, quando o devedor é procurado em atenção aos seus requisitos pessoais, muito embora não haja meio de apurar-se uma tal eventualidade de um qualquer título. Ao elaborarmos o Anteprojeto de Código de Obrigações velejamos neste sentido e admitimos a fungibilidade da prestação na obrigação de fazer no caso de resultar do título ou das circunstâncias (Projeto, art. 102). O Código Civil de 2002 não reproduziu o dispositivo, deixando para o hermeneuta a tarefa de verificar se a infungibilidade resulta das circunstâncias.

O art. 247 do Código Civil de 2002[39] parte do princípio do respeito à liberdade humana, adotado pelo nosso Projeto de Código de Obrigações de 1965. Estabelece que a obrigação de fazer ou de não fazer é inexigível se contraída com cerceamento abusivo da liberdade. Desprezando, embora, a norma genérica, o Código Civil de 2002 conserva a sua consequência, repetindo simplesmente o modelo de 1916. O devedor tem a seu cargo a prestação, e, obviamente, cabe-lhe executá-la. Diversamente do que se dá com a *obligatio dandi*, que em princípio comporta execução específica, o credor não pode impor ao *reus debendi* a prestação de fato, sem prejuízo do respeito à sua personalidade. Se a obrigação for personalíssima, converte-se a recusa na composição das perdas e danos. Não sendo lícito ao credor obter um comando judicial imperativo, pois que ninguém pode ser compelido à prática de uma ato especificamente (*nemo ad factum precise cogi poteste*), e não se comprazendo a ordem jurídica com o descumprimento voluntário da obrigação, o artigo estabelece a transformação da prestação no ressarcimento do prejuízo (*id quod interest*) sobre que passa a incidir o dever de prestar. Ressarcimento, para ser completo, obedecerá ao disposto no art. 402 do Código Civil de 2002. Se a obrigação puder ser cumprida por outrem, aplica-se o art. 249 do mesmo diploma. Observa-se que não reconhece o art. 247, na recusa do devedor, a criação de uma obrigação alternativa. Não fica ele com a faculdade de cumprir, ou recusar. Ele deve a prestação em espécie. Sua recusa gera a indenização. Para assegurá-la, o direito francês criou a figura da "astreinte", com a imposição de multa rotativa, de que somente se livrará com a execução do obrigado. Nosso direito admite, em certos casos, a ação com pedido cominatório (Código de Processo Civil de 2015, arts. 497, 498, 500, 536,

---

38 Orosimbo Nonato, ob. cit., I, pág. 292.
39 Direito Anterior: art. 880 do Código Civil de 1916. Projetos: art. 103 do Projeto de Código de Obrigações de 1965; art. 245 do Projeto de Código Civil de 1975.

537, 806, 814; Código de Processo Civil de 1973, arts. 287, 461, 461-A, 466-A, 466-B, 466-C, 632 a 638 e 645), com a condenação de pena pecuniária ao devedor inadimplente, para o caso de descumprimento da decisão concessiva de tutela de urgência ou de sentença,[40] conforme se verifica nas reformas do Código de Processo Civil brasileiro de 1973 a partir da década de noventa. O CPC de 2015 mantém o sistema com o pedido cominatório.

Impossibilitando-se a prestação sem culpa do devedor, resolve-se a obrigação, não há o que prestar, ou não há meio de prestar, já que ninguém pode ser compelido a realizar o impossível: *ad impossibila nemo tenetur*.

Mas, se o devedor der causa a isto e for culpa sua que a impossibilidade sobrevenha, o credor não pode exigir o fato e responde então o devedor pelas perdas e danos (Código Civil de 2002, art. 248).[41] O Superior Tribunal de Justiça, em matéria de julgamento de recurso repetitivo, assentou a tese jurídica segundo a qual *"converte-se a obrigação de subscrever ações em perdas e danos, multiplicando-se o número de ações devidas pela cotação destas no fechamento do pregão da Bolsa de Valores do dia do trânsito em julgado da ação de complementação de ações, com juros de mora desde a citação"* (tema 658, Recurso Especial nº 1.301.989/RS, Rel. Min. Paulo de Tarso Sanseverino).

Na *obligatio faciendi*, é importante fixar os efeitos da recusa do devedor à prestação a que está sujeito. Como princípio geral é assente que não pode o credor compeli-lo ao cumprimento em espécie, já que em nosso direito, ao contrário do sistema inglês, tem vigorado a velha parêmia *nemo ad factum precise cogi potest* (Código Civil de 1916, art. 879/Código Civil de 2002, art. 248), e é por isto que prospera a regra segundo a qual o inadimplemento da obrigação de fazer converte a prestação no seu equivalente pecuniário. Naquelas obrigações em que somente o devedor pode realizar a prestação, sua recusa terá como consequência sujeitá-lo a indenizar ao credor perdas e danos. Nas demais, de prestação fungível, regra é que ou o credor é autorizado a mandá-la executar a expensas do devedor ou fica sub-rogado nas perdas e danos. E tão insistentes aparecem estas que se costuma dizer que, na recusa ou na impossibilidade culposa de implemento, o devedor vê convertida a prestação devida, nas perdas e danos, a símile do que vigora no Código francês, art. 1.142. O princípio deve, no entanto, ser entendido com o temperamento que a doutrina boa lhe dá, sob pena de conduzir-se a equiparação da *obligatio faciendi* a uma alternativa a benefício do devedor, o que seria inexato, e já salientou Tito Fulgêncio. A lei é de entender-se de molde a que a conversão da prestação nas perdas e danos se dê somente quando importe em violência física à liberdade do devedor compeli-lo ao cumprimento específico.[42] Afora isto, conveniente será buscar sempre a execução direta. E, neste passo, deve registrar-se a inovação importante em nosso direito, através de uma técnica que faz lembrar, a distância, a elaboração jurídica romana, da precedência da

---

40 Sobre a matéria, ver a Súmula 410, STJ, com o seguinte teor: "A prévia intimação pessoal do devedor constitui condição necessária para a cobrança de multa pelo descumprimento de obrigação de fazer ou não fazer".
41 Direito Anterior: art. 879 do Código Civil de 1916. Projetos: art. 246 do Projeto de Código Civil de 1975.
42 Orosimbo Nonato, ob. cit., pág. 299.

ação sobre o direito: o art. 501 do Código de Processo Civil de 2015 (arts. 639 a 641 do Código de Processo Civil de 1973),[43] a pretexto de regular o julgamento das ações relativas às prestações de fazer, assentou norma jurídico-material, mais que formal, quando atinente com o próprio conteúdo da prestação. Com efeito, a norma processual declara que, condenado o devedor a emitir declaração de vontade, será esta havida por enunciada logo que a sentença de condenação passe em julgado. É a própria *obligatio faciendi* que se acha em jogo. E quando o *facere* é um negócio jurídico supre-se a emissão coletiva do *reus debendi* pela vontade jurisdicional e sub-roga-se a sentença no lugar do ato devido. Não há substituição da *res debita* (*aliud pro alio*), de vez que o objetivo perseguido pelo credor é obtido em espécie. Mas há uma alteração de técnica de obtenção do resultado: não podendo o *reus redendi* compelir o devedor a praticar *manu militari* o ato, obtém do juiz uma declaração de vontade, que encerra o efeito daquela devida e que era a prestação mesma.[44] O nosso Anteprojeto do Código de Obrigações fixou a regra geral da *execução* específica, a menos que importe em constrangimento à pessoa do devedor, o que foi mantido no Projeto (art. 103).

Na doutrina mais recente, tem-se considerado que a tutela específica é a que melhor se relaciona aos interesses protegidos pelo ordenamento jurídico, devendo se pautar pela ideia da maior coincidência possível entre a prestação devida e a tutela jurisdicional entregue. Assim, conforme previsão contida no § 1º do art. 536 do Código de Processo Civil de 2015 (§ 5º do art. 461 do Código de Processo Civil de 1973), pode o juiz determinar as providências e medidas necessárias para a efetivação da tutela específica ou obtenção do resultado prático equivalente, tais como a imposição de multa por atraso, busca e apreensão, entre outras.

O credor tem direito ao fato em si, independentemente da pessoa do devedor. Frente à recusa deste, ou demora na execução do obrigado, fica com a liberdade de dar como resolvida a obrigação, ou executar o fato, por si mesmo ou por terceiro. Na vigência do art. 881 do Código Civil de 1916, dúvida foi levantada, se era lícito ao credor proceder por si mesmo ou se a disposição legal lhe abria as portas da justiça, para obter uma sentença, autorizando-o a proceder assim. E a doutrina fixou-se neste sentido, baseada em que ninguém pode fazer justiça com suas próprias mãos. O novo Código poderia ter afastado toda a polêmica se tivesse adotado a redação do art. 105 do Projeto de Código de Obrigações de 1965, segundo o qual "pode o credor ser autorizado por sentença a executar a prestação às expensas do devedor". É, porém, certo que, na recusa do devedor, a prestação do fato ou o desfazimento do ato somente pode ser obtida pela via judicial.

---

43 Os três dispositivos em questão foram revogados pela Lei nº 11.232/05 e substituídos pelos arts. 466-A a 466-C do Código de Processo Civil de 1973, inseridos em Seção do diploma processual referente aos requisitos e aos efeitos da sentença. A matéria passou a ser regulada no art. 501 do CPC/2015.

44 Sobre esta forma de execução da obrigação: Orosimbo Nonato, págs. 302 e segs.; Pontes de Miranda, *Comentários ao Código de Processo Civil*, IV, págs. 368 e segs. No nosso direito positivo, a execução específica é ainda regulada, sob forma de adjudicação direta, no art. 16 do Decreto-Lei nº 58, de 10 de dezembro de 1937, e na Lei nº 649, de 11 de março de 1949.

O parágrafo único do art. 249 do Código Civil de 2002, que vem transposto do mesmo art. 105 do Projeto de Código de Obrigações de 1965, confirma a interpretação do *caput* do artigo, no sentido de que a expressão "será livre ao credor" tem a acepção de assegurar-lhe um direito de ação. Somente em caso de urgência, quando não houver tempo de obter a sentença sem prejuízo manifesto, é que o credor procede *ex propria auctoritate*, e promove a execução do fato por si mesmo ou por terceiro. Assim procedendo, fica-lhe, contudo, reservado o direito de pleitear o ressarcimento dos prejuízos, ulteriormente. Não havendo urgência, ao revés, não se admite a autotutela, devendo a execução do fato se realizar de modo menos gravoso para o devedor, em atendimento à regra da proibição dos excessos manifestos quanto ao exercício do direito.

Optando o credor por uma ou outra (perdas e danos ou execução por terceiro a expensas do devedor), não tem o juiz o poder de substituir uma por outra, porque a linguagem do Código é peremptória ("será livre ao credor"). Não colheria, portanto, a inovação da doutrina francesa, onde alguns escritores a admitem, de vez que o art. 1.144 do Código francês, referindo-se a que o credor "pode ser autorizado" a executar a prestação, tolera solução diferente da brasileira.

A execução direta é irrealizável no caso de impossibilidade material ou de fungibilidade da prestação. Pode, ainda, aparecer no de impossibilidade moral, quando é realizável o cumprimento em espécie, mas não aconselhável à vista da situação escandalosa que criaria; a prestação seria juridicamente suscetível de obtenção, mas socialmente inconveniente.[45] Relativamente à Fazenda Pública, o Supremo Tribunal Federal assentou a tese jurídica segundo a qual *"a execução provisória de obrigação de fazer em face da Fazenda Pública não atrai o regime constitucional dos precatórios"* (Recurso Extraordinário n. 573.872, vinculado ao tema de Repercussão Geral n. 045, publicado no DJe-STF de 11.09.2017), até mesmo em razão de a espécie de obrigação não envolver valores pecuniários na modalidade de obrigação de dinheiro.

136. OBRIGAÇÃO DE NÃO FAZER

Obrigação de *não fazer* é a *negativa* típica. O devedor obriga-se a uma abstenção, conservando-se em uma situação omissiva. A sua prestação é o *non facere*, seja mediante uma contraprestação, seja independentemente dela. Precisamente por isto, salienta-se a diferença entre a *obligatio non faciendi* e as positivas: de um lado, o *animus solvendi* do devedor é menos aparente na negativa, de vez que ela se cumpre exatamente por não agir; e de outro lado as positivas comportam purgação de mora, enquanto a outra não a admite, já que (v. n° 173, *infra*) o fazer constitui por si só contravenção do obrigado, que assim acarreta de pleno direito a mora, e sem remédio.[46] É comum que a obrigação de não fazer apareça como dever anexo a outras obriga-

---

45 Orosimbo Nonato, ob. cit., pág. 299; Colin e Capitant, *Droit Civil*, II, n° 100.
46 Serpa Lopes, *Curso*, II, n° 29, pág. 70.

ções, como a de dar ou de restituir, sendo efeito típico dos direitos reais no aspecto da oponibilidade *erga omnes*.

A obrigação negativa tem um objeto, tal qual as positivas. Estas colimam uma ação humana, que se pode cumprir por um ato em si (*obligatio faciendi*), ou pela *traditio* de uma coisa (*obligatio dandi*), mas sempre por uma ação do devedor. Na obrigação negativa esta ação humana aparece por omissão, pois que o devedor é sujeito a *non facere*. Enquanto assim se mantiver, a obrigação é cumprida, e nem às vezes se percebe que existe. Por esta razão é que Trabucchi lhe aponta como característica fundamental ser posta em evidência a submissão ao devedor pelo inadimplemento.[47] Desde que o devedor pratique o que deve omitir, é inadimplente. Seu cumprimento está na constância ou *sucessividade* da abstenção, que se explica, por dizer que o sujeito passivo deve omitir o ato em todas as ocasiões em que poderia realizá-lo.[48] Esta permanente abstenção não quer, porém, dizer *eterna omissão*, pois não há incompatibilidade entre a *obligatio non faciendi* e uma limitação no tempo (não construir durante dez anos), e, em casos semelhantes, a sucessividade vigora dentro nos limites temporais. É inadimplemento da obrigação o *facere* dentro do tempo em que o devedor é obrigado a *non facere*. Escoado o prazo, o devedor recuperará a liberdade.

Quando se impossibilita a abstenção do fato, sem culpa do devedor, a obrigação extingue-se. Se por uma força maior o devedor é compelido a realizar o ato, o vínculo extingue-se, sem direito à reclamação, *ad instar* do que se dá com as obrigações positivas. Tal ocorre, em regra, de ato de império do Poder Público, como naquele que impõe o cumprimento de determinada exigência, de modo a cumprir a função social. Se eventualmente o credor tiver feito algum adiantamento ao devedor, cabe a este restituí-lo,[49] não como indenização, mas porque a resolução da *obligatio* repõe as partes no *status quo ante*, sem o que haveria locupletamento indevido do devedor (Código Civil de 2002, art. 250).[50]

Em simetria com o disposto no art. 249 do Código Civil de 2002 quanto à obrigação de fazer, o Código, no art. 251,[51] assegura ao credor da obrigação negativa a via judiciária, para obter sentença que imponha ao devedor o desfazimento daquilo a cuja abstenção se obrigara, ou a autorização para que desfaça por si ou por outrem, às expensas do devedor. Somente havendo urgência manifesta, é livre ao credor proceder ao desfazimento sem a precedente autorização judicial. Como adverte Everaldo Cambler, a novidade legislativa deve ser sopesada à luz do caso concreto, notadamente nos casos em que o desfazimento pelo credor atingir a conveniência social ou implicar violência intolerável à pessoa do devedor. Em qualquer caso, o devedor inadimplente é sujeito a ressarcir ao credor as perdas e danos. Obviando o

---

47 Alberto Trabucchi, *Istituzioni di Diritto Civile*, nº 213, pág. 490.
48 Tito Fulgêncio, ob. cit., nº 219, pág. 138.
49 Clóvis Beviláqua, *Obrigações*, § 17.
50 Direito Anterior: art. 882 do Código Civil de 1916. Projetos: art. 106 do Projeto de Código de Obrigações de 1965; art. 248 do Projeto de Código Civil de 1975.
51 Direito Anterior: art. 883 do Código Civil de 1916. Projetos: art. 106 do Projeto de Código de Obrigações de 1965; art. 249 do Projeto de Código Civil de 1975.

inconveniente de se converter a obrigação de não fazer em alienação da liberdade ou abdicação de faculdades legais, afirma-se que é inexigível quando implique cerceamento abusivo da liberdade, tal como fizemos consignar no Projeto de Código de Obrigações de 1965, art. 107.

Na IX Jornada de Direito Civil do Conselho da Justiça Federal, realizada em maio de 2022, foi aprovado o Enunciado nº 647, com o seguinte teor: "Art. 251: A obrigação de não fazer é compatível com o inadimplemento relativo (mora), desde que implique o cumprimento de prestações de execução continuada ou permanente e ainda útil ao credor". De fato, em caso de obrigação com prestações cuja execução se dê no curso do tempo, pode haver a conservação do vínculo obrigacional originário, ainda que se identifique inadimplemento da prestação do devedor em determinado momento, e desde que a obrigação ainda seja útil ao credor.

Se não for mais possível desfazer o ato, ou se não for mais oportuno, dá-se a sub-rogação da dívida no *id quodo interest*, isto é, o devedor sujeita-se à reparação do prejuízo.

Um exemplo de obrigação negativa *ex lege* é o contido no art. 1.147, do Código Civil de 2002, que nega ao vendedor do estabelecimento a possibilidade de concorrer com o adquirente pelo prazo de cinco anos, salvo previsão contrária. Outra hipótese é a do contrato de trabalho de diretores de sociedades empresárias e os aspectos de segredo empresarial, que pressupõe cláusula de não concorrência ou de não revelação de informações para uma concorrente.

136-A. Breves considerações sobre aspectos processuais

Na atualidade, tem-se defendido a ideia de que a tutela específica das obrigações de dar, fazer e não fazer é a que melhor atende aos interesses do credor da obrigação (e, em última análise, de toda a sociedade), se comparada à tutela de ressarcimento dos danos causados pelo inadimplemento.

Com as reformas levadas a efeito no Código de Processo Civil brasileiro – especialmente com o advento das Leis nos 10.444/2002 e 11.232/2005 –, promoveu-se a busca do atingimento de resultados qualificados pela efetividade. Assim, o art. 461 do Código de Processo Civil de 1973 contemplou a ação de conhecimento, de natureza preventiva, que autorizou a imposição ao devedor do cumprimento exato do que foi pactuado, atribuindo ao credor duas alternativas através da tutela inibitória: a) a tutela específica, com o recurso aos meios coercitivos, forçando o devedor no sentido de agir visando o adimplemento da prestação; b) a tutela assecuratória, em que o resultado prático é obtido através de terceiros nas prestações fungíveis. Na primeira, pode-se invocar meios coercitivos indiretos como as *astreintes* (ou seja, a multa coercitiva, de natureza processual).

O Código de Processo Civil de 2015 (Lei nº 13.105, de 16 de março de 2015) também prevê a ação de conhecimento que tenha por objeto a prestação de fazer ou não fazer, bem como o cumprimento da sentença que reconheça a exigibilidade de prestação de fazer ou não fazer, com o estabelecimento da tutela específica ou da tutela assecuratória (arts. 497 e 536). Sobre esse tema, o texto legal mantém a mesma estrutura normativa do CPC/1973.

A Lei nº 14.195/21, ao sistematizar alguns institutos e instrumentos jurídicos para a melhoria do ambiente de negócios no Brasil, instituiu o Sistema Integrado de Recuperação de Ativos (SIRA) que, dentre outros objetivos, terá que conferir efetividade às decisões judiciais que visem à satisfação das obrigações em geral (art. 14, II).

Mais recentemente, a Lei nº 14.711, de 30.10.2023, dispôs sobre o aprimoramento das regras relativas ao tratamento dos créditos e de suas garantias, buscando aperfeiçoar o sistema jurídico quanto à efetiva satisfação das obrigações com a realização das garantias a elas vinculadas.

Tais alterações se revelam importantes no contexto do renovado Direito das Obrigações, que deve ser considerado fundamentado nos princípios e valores constitucionais, inclusive relacionado à maior aproximação da realidade dos fatos.

Capítulo XXVII
Classificação das Obrigações quanto ao Sujeito: Indivisibilidade e Solidariedade

Sumário

137. Conceito de indivisibilidade. 138. Efeitos da indivisibilidade: pluralidade de devedores e de credores. 139. Perda da indivisibilidade. Distinção da solidariedade. 140. Conceito de solidariedade. 141. Solidariedade ativa. 142. Solidariedade passiva. 143. Extinção da solidariedade.

Bibliografia

Enneccerus, Kipp e Wolff, *Tratado, Derecho de Obligaciones*, II, pág. I, §§ 90 e 96; Clóvis Beviláqua, *Obrigações*, §§ 22 e 23; Alberto Trabucchi, *Istituzioni di Diritto Civile*, n⁰ˢ 218 e 219; Ruggiero e Maroi, *Istituzioni di Diritto Privato*, §§ 126 e 128; Savigny, *Obbligazioni*, §§ 29 e segs.; Rodière, *La Solidarité et l'Indivisibilité*; Serpa Lopes, *Curso*, II, n⁰ˢ 77 e segs.; Washington de Barros Monteiro, *Curso*, IV, págs. 140 e segs.; Ludovico Barassi, *Teoria Generale delle Obbligazioni*, I, n⁰ˢ 53 e segs.; Lacerda de Almeida, *Obrigações*, § 24; M. I. Carvalho de Mendonça, *Doutrina e Prática das Obrigações* (atualizada por José de Aguiar Dias), I, n⁰ˢ 133 e segs.; Giorgio Giorgi, *Teoria delle Obbligazioni*, I, n⁰ˢ 123 e segs.; Tito Fulgêncio, *Do Direito das Obrigações* (atualizada por José de Aguiar Dias), n⁰ˢ 180 e segs.; Ludovico Barassi, *Istituzioni di Diritto Civile*, pág. 381; Alfredo Colmo, *De las Obligaciones en General*, n⁰ˢ 451 e segs.; Orosimbo Nonato, *Curso de Obrigações*, II, n⁰ˢ 1 e segs.; De Page, *Traité Élémentaire de Droit Civil*, n⁰ˢ 292 e segs.; Andreas Von Tuhr, *Tratado de las Obligaciones*, II, n⁰ˢ 88 e segs.; Karl Larenz, *Derecho de Obligaciones*, I, §§ 32 e segs.; Gaudemet, *Théorie Générale des Obligations*, págs. 441 e segs.; Giovanni Pacchioni, *Obbligazioni e Contratti*, págs. 46 e segs.; Saleilles, *Théorie de l'Obligation*, págs. 109 e segs.; Orlando Gomes, *Obrigações*, n⁰ˢ 17 e segs.; Scuto, *Teoria Generale delle Obbligazioni*, n° 49; Cicala, *Concetto di Divisibilità e In-*

divisibilità dell'Obbligazioni; M. Jean Vincent, "L'Extension en Jurisprudence de la notion de Solidarité Passive", *in Rev. Trim. de Droit Civil*, 1939, pág. 601; Molitor, *Obligations,* II, nº 1.155; Salvat, *Obligaciones,* nos 877 e segs.; Gustavo Tepedino, *Obrigações*, págs. 181 e segs.; Arruda Alvim e Thereza Alvim, *Comentários ao Código Civil Brasileiro: Do Direito das Obrigações*, vol. III, págs. 126 e segs.; Álvaro Villaça Azevedo, *Teoria Geral das Obrigações*, págs. 90 e segs.; Regina Gondim, *Natureza jurídica da solidariedade*; Sílvio de Salvo Venosa, *Direito Civil*, vol. II, págs. 122 e segs.; Eduardo Espínola, *Garantia e Extinção das Obrigações*, cap. III.

137. Conceito de indivisibilidade

A classificação das obrigações em divisíveis e indivisíveis não tem em vista o objeto, porém este em atenção aos sujeitos, ou um deles, já que seu interesse somente se manifesta quando ocorre pluralidade subjetiva (Clóvis Beviláqua, Hudelot et Metmann). Pode-se, em linhas gerais, dizer que são *divisíveis* as obrigações suscetíveis de cumprimento fracionado, e *indivisíveis* as que somente podem cumprir-se na sua integralidade. Em verdade, o que é divisível ou indivisível não é a obrigação, mas a prestação, como se verifica da leitura do art. 258, do Código Civil de 2002.[1] Por metonímia, contudo, fala-se em divisibilidade ou indivisibilidade da obrigação.

À vista da noção assim dada, o assunto parece claro, e não revela as obscuridades que o rondam. Recebendo-o dos romanos, os escritores já da idade moderna do direito eriçaram-se de sutilezas e distinções, que o perturbaram para sempre. Dumoulin, com uma distinção sibilina de três graus de indivisibilidade (absoluta, de obrigação, de solução), obscureceu a matéria, muito embora anuncie o título de sua obra o propósito de clarear (*Extricatio labyrinthi divisi et indivisi*), e tão emburilhadamente o fez, que se costuma entender, como desenganadamente o proclama de Page, este assunto depois dele ficou tradicional e definitivamente obscuro.[2] Nem Pothier, ordinariamente tão claro, conseguiu iluminá-lo, precisamente por ter baseado sua exposição na *Extricatio* de Dumoulin.[3] Não se desprendendo das distinções artificiais e intrincadas de Dumoulin, não obstante haver quase literalmente copiado Pothier, o Código Civil Francês (art. 1.217) estabelecer ser a obrigação divisível ou indivisível "conforme tenha por objeto uma coisa, que na sua entrega, ou um fato, que na sua execução é ou não suscetível de divisão, seja material, seja intelectual". Além da redação, algo descosida, o legislador francês destacou duas categorias de indivisibilidade, e em torno disto a doutrina prosseguiu engendrando controvérsias intermináveis,[4] que desbordaram do direito francês e foram atingir outros sistemas, como o italiano.[5]

Os Códigos brasileiros de 1916 e de 2002, na esteira de outros que não se abalançaram a uma divisão, e aproximando-se da fonte romana, adotaram critério mais simples, e perfilharam doutrina mais escorreita.

Para bem o compreendermos, devemos distinguir a indivisibilidade *material* e a *indivisibilidade jurídica,* não obstante a opinião contrária de Colmo, para quem toda indivisibilidade é material.[6] Se considerarmos o fracionamento dos corpos, começaremos por assentar que tudo é divisível. Desde os macroorganismos que

---

1 Tito Fulgêncio, *Do Direito das Obrigações*, n° 180.
2 De Page, *Traité Élémentaire*, n° 294.
3 Pothier, *Ceuvres*, II, n°s 29 e segs. Igual a nós, também Alfredo Colmo, *Obligaciones*, não aplaude a exposição doutrinária de Pothier. Vejam-se, ainda, as críticas de Rodière, *La Solidarité et l'Indivisibilité*, pág. 259, à doutrina de Dumoulin.
4 Clóvis Beviláqua, *Obrigações*, § 22.
5 É bem dizer que apenas no passado, acrescentam Ruggiero *et* Maroi, *Istituzioni*, § 126.
6 Alfredo Colmo, ob. cit., n° 469.

se deslocam na esfera celeste, até o átomo infinitamente pequeno, sobre o qual os processos técnicos atuaram rompendo a sua unidade. Fazendo incidir esta possibilidade material de seccionamento sobre o objeto da relação obrigacional, concluímos que, sendo tudo fracionável, não haveria cogitar da divisibilidade como critério de classificação das obrigações. A análise da indivisibilidade exige a recordação da teoria e da classificação dos bens considerados em si mesmos, permitindo a distinção acerca das prestações que podem ou não ser fracionadas.[7]

Mas, em verdade, o jurista tem de abstrair-se da qualidade séctil da matéria, para encarar a prestação como objeto de uma relação obrigacional. Às vezes importa, e outras não importa, que o objeto possa fracionar-se. Mas, sempre, há verificar se é admissível, juridicamente, o seu parcelamento. Normalmente e com frequência, guarda a *divisibilidade* jurídica paralelo com o fracionamento que o objeto pode materialmente sofrer. Mas dele desgarra, para atentar na projeção econômica, e, levando-se em conta a persistência das qualidades da coisa inteira, diz-se que a prestação é *divisível*, e *ipso facto* a obrigação, quando as partes em que se fracione não perdem as características essenciais do todo nem sofrem depreciação acentuada; e *indivisível*, em caso contrário.[8]

A utilidade do critério oferece a inegável vantagem de ser aplicável a toda espécie de prestação, e, pois, a qualquer tipo de obrigação, o que se verifica, em resumo embora, passando-se em revista, à luz da divisibilidade, as obrigações em geral, positivas e negativas.

Assim, na *obrigação de dar*,[9] focalizemos a prestação, que consiste na entrega de uma coisa. Divisível será, quando cada uma das parcelas, em que se seccione, guardar as características essenciais do todo. Se o devedor tem de entregar um conjunto de unidades autônomas, a prestação será divisível, pois cada uma, considerada como fração do todo, conserva os requisitos que a erigem em objeto economicamente útil. Ao revés, se *a res debita* é corpo certo e determinado, seja móvel (um animal, um diamante), seja imóvel (um apartamento, um terreno), não se poderá cogitar de divisibilidade, pois que, mesmo se for admissível o fracionamento como corpo material, é insuscetível de parcelamento como prestação, já que a *obligatio* não comporta pagamento de uma parte, porção ou pedaço da coisa devida. É preciso, então, atentar para a circunstância de que não se apura a indivisibilidade tão somente no caso em que a fracionamento traduza a deterioração ou o perecimento da coisa. Indivisível será esta, igualmente, quando o parcelamento gera frações economicamente depreciadas, ou se estas perdem as características essenciais do todo. Os terrenos são, normalmente, divisíveis, material e juridicamente, pois de hábito seu parcelamento dá lugar ao aparecimento de glebas, inferiores em área, mas análogas em qualidade ao todo, cujas características essenciais conservam. Tal seja o imóvel, entretanto, a

---

7 Sílvio de Salvo Venosa, *Direito Civil*, vol. III, pág. 123.
8 Orosimbo Nonato, *Curso de Obrigações*, II, pág. 16; Von Tuhr, *Obligaciones*, II, n° 91; Alfredo Colmo, ob. cit., n° 469.
9 Tito Fulgêncio, ob. cit., n° 183; Clóvis Beviláqua, loc. cit.

indivisibilidade jurídica é manifesta: um lote de terreno urbano, onde exista fixação de área mínima para construção, pode não ser divisível se as porções a que venha a ser reduzido forem inábeis a receber edificação. Ter-se-ia aí *indivisibilidade jurídica*, não obstante a *divisibilidade material*, resultante da impropriedade da coisa ao preenchimento de sua finalidade natural e sua destinação econômica.

O art. 258[10] do Código Civil de 2002 acha-se mal situado. A noção de indivisibilidade deveria abrir o capítulo sobre as obrigações divisíveis e indivisíveis. Além disso, é simplesmente doutrinária, e não é de boa técnica legislativa que o Código ofereça definições, salvo naqueles casos em que há necessidade de afirmar uma posição. Não se trata disso, uma vez que os conceitos, aqui, são bem extremados. O conceito moderno de divisibilidade se relaciona ao critério econômico, à conservação das qualidades essenciais do todo e que a possível divisão não prejudique o fim destinado.[11] Da interpretação do art. 258, do Código Civil, constata-se que já foi adotada a distinção entre indivisibilidade material e jurídica.

A obrigação de restituir é, em regra, *indivisível*, já que o credor não pode ser compelido a receber *pro parte* a coisa que se achava na posse alheia, salvo se nisto consentir.[12]

Também a obrigação de *fazer* pode ser divisível ou indivisível, dentro do mesmo critério jurídico.[13] Quando consiste na realização de trabalho por si mesmo fracionável, seja por se ter ajustado em razão do tempo, seja por se ter contratado em função de unidades produzidas, é patente a divisibilidade da prestação. Quando, ao revés, importa na realização de obra considerada como coisa certa e determinada, não pode partir-se, por faltarem à quota de prestação produzida as características essenciais de todo (se o artífice contrata encadernar o livro, não pode dividir a prestação). Também é indivisível a *obligatio faciendi* quando têm por objeto uma ação humana considerada como entidade econômica, pouco importando que se componha de atos que se executem separadamente (Clóvis Beviláqua).

A obrigação de *não fazer* é, via de regra, indivisível (Tito Fulgêncio, Clóvis Beviláqua), pois que o devedor, sendo obrigado a uma abstenção, deve-a por inteiro, insuscetível de prestação parcelada, já que a prática, mesmo parcial, do ato que o devedor se comprometeu a não executar constituirá inadimplemento. Mas é admissível a divisibilidade da prestação negativa, e conseguintemente da *obligatio non faciendi*, quando o objeto consiste em um conjunto de omissões que não guardem entre si relação orgânica. Se alguém se compromete a não edificar, obriga-se a uma prestação indivisível. Mas se o objeto da abstenção é caçar e pescar, a obrigação é divisível, por decomponível em duas omissões independentes.[14]

---

10 Direito Anterior: artigo sem correspondência no Código Civil de 1916. Projetos: art. 256 do Código Civil de 1975.
11 Flávia Maria Zangerdarme, "Obrigações divisíveis, indivisíveis e obrigações solidárias", *in*: Gustavo Tepedino, *Obrigações*, pág. 186.
12 Washington de Barros Monteiro, *Curso*, IV, pág. 147.
13 Tito Fulgêncio, ob. cit., nº 184; Clóvis Beviláqua, ob. cit., § 22.
14 Savigny, *Obbligazioni*, I, § 32.

Finalmente, é lícita a convenção no sentido da indivisibilidade quando a prestação juridicamente divisível se torne indivisível em virtude de uma declaração de vontade. É a indivisibilidade *convencional* (que Barassi denomina *teleológica*), respeitada pelo direito, e em que é decisiva a *intenção*.[15] Ajustada uma constituição de renda indivisível, em benefício de marido e mulher, com a cláusula de permanecer íntegra a prestação, em caso de morte de qualquer dos beneficiários, ela é indivisível, como o é *ipso facto* a obrigação, muito embora a prestação pecuniária seja materialmente divisível. Mesmo *tacitamente* pode ocorrer a indivisibilidade convencional, quando as circunstâncias convencem de que as partes tiveram em vista uma execução indivisível.[16]

138. Efeitos da indivisibilidade: pluralidade de devedores e de credores

A classificação das obrigações divisíveis não oferece interesse senão quando há pluralidade de devedores ou de credores. Se o sujeito passivo é um, e o sujeito ativo singular também, tratando-se de obrigações simples, a regra é a *indivisibilidade da prestação* (ou princípio da unidade da prestação), conforme disposto no art. 314 do Código Civil de 2002,[17] segundo o qual o credor não pode ser obrigado a receber, nem o devedor a pagar, por parte, ainda que divisível a obrigação, salvo estipulação em contrário. Afora a hipótese de convenção, o credor tem direito à *res debita* íntegra, e não fracionariamente,[18] seja a obrigação positiva ou negativa.

Se há, todavia, pluralidade de sujeitos, ativa ou passivamente, decompõe-se a obrigação em tantas outras, iguais e distintas, quantos os credores ou os devedores, se a obrigação for divisível (Código Civil de 2002, art. 257),[19] a que nosso Projeto de Código de Obrigações acrescenta o caso de não haver estipulação em contrário.

Os princípios cardeais são, pois, bastante nítidos: na unidade de devedor e de credor, a prestação é realizada na sua integralidade, a não ser que as partes tenham ajustado o contrário. Na pluralidade de sujeitos, a prestação reparte-se *pro numero virorum*, criando obrigações distintas, e recebendo cada credor do devedor comum, ou pagando cada devedor ao credor comum, a sua quota-parte – *concursu partes fiunt*. Consequência, ainda, é que cada devedor tem o direito de oferecer e de consignar a sua parte na dívida, não podendo o credor recusar. Exceções a esta regra são duas: a primeira reside na convenção: se se estipulou que o pagamento é integral, assim se fará, ainda que divisível a prestação. A segunda é, na solidariedade, submetida

---

15 Ruggiero, loc. cit.; Carvalho de Mendonça, *Doutrina e Prática das Obrigações*, I, nº 137.
16 Mazeaud *et* Mazeaud, *Leçons*, II, nº 1.075.
17 Ver nº 154, *infra*.
18 Tito Fulgêncio, nº 191.
19 Direito Anterior: art. 890 do Código Civil de 1916. Projetos: art. 116 do Projeto de Código de Obrigações de 1916; art. 255 do Projeto de Código Civil de 1975.

a princípios que lhe são próprios. Se, contudo, a prestação for indivisível, o mesmo não ocorre, nem pode ocorrer.

O interesse de se conceituar a indivisibilidade surge a toda evidência nesta hipótese, porque, operando-se o fracionamento quando a obrigação é divisível, cada devedor se exonera, pagando a sua parte, e *vice-versa*, cada credor a mais não tem direito, desde que venha a receber sua parcela no objeto da obrigação.[20] Se, ao contrário, a prestação é insuscetível de fracionamento, não tem qualquer devedor o direito de solver *pro parte*. Qualquer credor tem o poder de demandar o devedor pela totalidade da dívida; cada um dos devedores está obrigado à prestação na sua totalidade.[21] É preciso ficar bem claro que, abstratamente, cada sujeito passivo deve uma quota-parte da coisa, mas, por ser esta indivisível, e cabendo ao credor o direito de recebê-la por inteiro, cada um dos devedores é obrigado por toda a dívida. Noutros termos, cada devedor é sujeito à prestação por inteiro, não porque deva toda ela, mas pela necessidade de cumpri-la assim, já que é insuscetível de solução parcelada: *in obligatione individua, totum debetur ex necessitate, sed non totaliter*. Esta regra prevalece assim no caso da indivisibilidade decorrente da lei ou da natureza do objeto, quanto naquele em que for estipulada a indivisibilidade (indivisibilidade convencional). Trata-se do principal efeito da indivisibilidade.

Para restabelecer o princípio de justiça que a *solutio* integral desequilibrou, o devedor solvente fica sub-rogado no direito do credor, em relação aos demais coobrigados. A fórmula de partilhar entre eles a responsabilidade é a prescrita no título, e no silêncio deste mediante divisão em partes iguais (Código Civil de 2002, art. 259).[22]

Tendo em vista a divisibilidade ou indivisibilidade da obrigação, a insolvência de um ou mais dos codevedores sugere tratamentos diferentes: sendo divisível, o credor perde a quota-parte do insolvente, porque, sendo cada um deles devedor *pro parte*, não pode ter a situação agravada, pela mudança no estado econômico do outro. Mas, se indivisível a obrigação, o credor tem a faculdade de demandar de qualquer dos devedores a prestação inteira (Enneccerus) e, então, não é prejudicado pela insolvência de algum destes, pois que receberá, do que for escolhido, a dívida toda, normalmente daquele que tem melhores condições financeiras.

Tratamento análogo requer a prescrição: interrompida contra um dos sujeitos passivos, se a obrigação for divisível, não são prejudicados os demais, e, portanto, o credor perde o direito de demandar aquele ou aqueles a quem a prescrição beneficiar, podendo acionar os demais, contra quem fê-la interromper, para haver as respectivas quotas-partes; se indivisível, a interrupção tirada contra qualquer dos devedores atinge ou prejudica os demais, pois, não sendo o credor obrigado a receber *pro*

---

20 Ludovico Barassi, *Teoria Generale delle Obbligazioni*, I, nº 53, pág. 161.
21 Enneccerus, *Tratado, Obligaciones*, § 96; Barassi, loc. cit.
22 Direito Anterior: art. 891 do Código Civil de 1916. Projetos: art. 117 do Projeto de Código de Obrigações de 1965; art. 257 do Projeto de Código Civil de 1975.

parte, resta-lhe a faculdade de demandar o cumprimento por inteiro da prestação.[23] Em síntese, sendo divisível a obrigação, cada credor pode interromper a prescrição em relação à sua parte, não beneficiando com isto os cocredores. Sendo indivisível, favorece a todos. Reversamente, na obrigação divisível, interrompida quanto a um dos devedores, não prejudica os demais. Sendo indivisível, atinge os codevedores, porque o credor não perde a faculdade de receber por inteiro. Mesmo sendo indivisível, se a obrigação se converter nas perdas e danos, converte-se em divisível, porque esta é a natureza da prestação pecuniária.

Sendo plurais os credores, e a obrigação indivisível, qualquer deles pode demandar o devedor pela dívida inteira, e, recebendo a prestação, torna-se a seu turno devedor aos demais credores, pela quota-parte de cada um, obedecendo no rateio ao que o título estabeleceu, ou ao silêncio deste, mediante divisão em partes iguais (Código Civil de 2002, art. 261).[24] A disposição vige em simetria com a sub-rogação do devedor que paga, por inteiro, ao credor (art. 259). Como o acipiente recebe por inteiro, não se pode locupletar em detrimento dos demais cocredores. Se ocorrer o pagamento a todos em conjunto, ou ao que prestar caução de ratificação, presume-se que num e noutro caso fiquem definidos os direitos de cada um. Tal não ocorrendo, o credor acipiente deve aos outros o valor, em dinheiro, da quota-parte de cada um.

O devedor, por seu lado, desobriga-se pagando a todos *conjuntamente*, ou a um só, desde que dê caução de ratificação dos demais (Código Civil de 2002, art. 260).[25] Claro, então, que, na falta de caução, o devedor não pagará a um só dos sujeitos ativos. E, interessado em desobrigar-se, oferecerá a *res debita* a todos, conjuntamente. Se o devedor paga apenas um dos credores, sem a garantia legal, permanece obrigado perante os demais credores, descontando-se a parte relativa àquele credor que já havia recebido, com base na integração analógica do art. 262 do Código Civil de 2002.[26] Nesta hipótese, e à vista da linguagem mesma da lei, a recusa de um só que seja fará com que todos incorram em *mora accipiendi*, tal como no direito alemão preleciona Enneccerus.[27] Tem o mesmo efeito da caução o documento em que os demais credores investem o acipiente do poder de receber.

O Projeto de Código de Obrigações de 1965 aditava às medidas defensivas mais uma: a da prevenção judicial. Solveria validamente o devedor que pagasse ao credor que reclamasse em juízo, livrando-o dos percalços da demanda, e reconhecendo ao credor postulante o direito à coisa. Os demais não seriam prejudicados, uma vez que sempre teriam contra aquele a faculdade de receber a sua quota-parte, em dinheiro. O pagamento fora das hipóteses previstas não desobriga o devedor solvente em relação aos demais credores.

---

23 De Page, *Traité Élémentaire*, nº 306; Hudelot e Metmann, *Des Obligations,* nº 363.
24 Direito Anterior: art. 893 do Código Civil de 1916. Projetos: art. 119 do Projeto de Código de Obrigações de 1965; art. 259 do Projeto de Código Civil de 1975.
25 Direito Anterior: art. 892 do Código Civil de 1916. Projetos: art. 118 do Projeto de Código de Obrigações de 1965; art. 258 do Projeto de Código Civil de 1975.
26 Flávia Maria Zangerolame, ob. cit., pág. 192.
27 Enneccerus, Kipp *et* Wolff, ob. cit., § 96.

Além do pagamento, pode a dívida extinguir-se pelo perdão ou remissão, que faça o credor, como, ainda, por transação, novação, compensação ou confusão (v. n°s 162 e segs., *infra*). Estas formas extintivas, quando ocorrem na obrigação divisível, não oferecem problema, porque, limitado o direito do credor a receber *pro rata*, a extinção opera apenas quanto a cada quota-parte, subsistindo em relação aos demais. Sendo indivisível a obrigação e vários os credores, a relação obrigacional não se extingue pela remissão feita por um deles,[28] e os demais credores têm o direito de exigir o pagamento, restituindo, porém, em dinheiro, ao devedor a cota correspondente ao credor remitente (Código Civil de 2002, art. 262).[29] O mesmo será observado nos demais casos de extinção.

Na pluralidade de credores, a interrupção da prescrição, tirada por um, a todos aproveita; da mesma forma, as causas suspensivas, que vigoram em favor de um, beneficiam aos demais.[30]

139. PERDA DA INDIVISIBILIDADE. DISTINÇÃO DA SOLIDARIEDADE

A indivisibilidade não é, como visto antes, um fenômeno regular. Ao contrário, tais situações cria e tantas cautelas reclama que, bem se vê, é excepcional e inconveniente. Muito mais simples e muito menos geradora de conflitos é a divisibilidade, que reparte os encargos e distribui as responsabilidades, de sorte que cada devedor garante a sua própria cota, e cada credor recebe a sua parte na coisa devida. Somente em função da natureza da prestação, e enquanto perdura um tal estado, é que a indivisibilidade subsiste. Uma vez que venha a desaparecer a causa, ela não mais sobrevive. Poderá então cessar por motivos diferentes, conforme, por seu turno, se trate da convencional, da material ou da jurídica.

A indivisibilidade convencional pode terminar pela convenção contrária, pois é evidente que a mesma vontade que a instituiu poderá destruí-la.

Quando os devedores estão sujeitos a uma prestação indivisível (de dar ou de fazer), a obrigação tornar-se-á divisível, e cada um passará a dever a sua quota-parte, no caso de vir ela a converter-se no seu equivalente pecuniário,[31] pois é claro que perde a qualidade indivisível a prestação que o era, mas resolveu-se em perdas e danos (Código Civil de 1916, art. 895/Código Civil de 2002, art. 263), uma vez que a prestação de dinheiro sub-rogou-se no lugar da de coisa ou de serviço indivisível, e é da sua natureza mesma a sua divisibilidade.

A conversão do débito nas perdas e danos poderá ocorrer por culpa de todos os coobrigados ou de um deles. No primeiro caso, todos são responsáveis, dividindo-se

---

28 Hudelot e Metmann, ob. cit., n° 362.
29 Direito Anterior: art. 894 do Código Civil de 1916. Projetos: art. 120 do Projeto de Código de Obrigações de 1965; art. 260 do Projeto de Código Civil de 1975.
30 De Page, ob. cit., n° 307.
31 Enneccerus, loc. cit.

pro rata a quantia devida, se a obrigação for divisível, ou sujeitando-se cada um ao pagamento, solidariamente, se indivisível. Mas, no segundo, apenas o devedor culpado responde pelo dano causado, e somente dele poderá ser demandada a reparação, em razão do princípio segundo o qual a pena atinge apenas o infrator: *unuscuique sua culpa nocet.*

O Projeto de Código de Obrigações de 1965 adotava princípio de melhor justiça. Se a culpa é de todos, o credor se coloca em situação de inferioridade, tendo de demandar a cada qual a sua quota viril. Daí o art. 261 ter considerado que todos respondem solidariamente, substituindo a prestação individual por uma prestação solidária. O Código atual preferiu, no entanto, manter a regra do Código de 1916, mais onerosa ao credor, e sujeitando-o a enfrentar a insolvência eventual de algum dos devedores.

Além da conversão em perdas e danos, pode cessar a indivisibilidade por outras causas, que variam segundo seja ela convencional, material ou jurídica. A indivisibilidade que nasce da declaração de vontade pode terminar por força de uma convenção contrária. Se jurídica, ocorrendo uma causa que permita passar cada devedor a responder pela sua. A cessação da indivisibilidade material é mais rara, porém admissível. Em qualquer dos casos, não mais sobrevive a indivisibilidade, que somente subsiste em função da natureza da prestação.

A indivisibilidade reside naquelas situações em que cada devedor pode ser demandado pela parte dos coobrigados, ou cada credor está apto a receber, além da sua, as cotas de seus consortes. Neste ponto, há uma analogia deste conceito com o da *solidariedade*, e tão íntima que códigos modernos os têm aproximado, pela atração de normas aplicáveis, como fizera o art. 431 do BGB, e mais recentemente o italiano de 1942, ao mandar este (art. 1.317) que à indivisibilidade se apliquem os princípios da solidariedade. Não são poucos os escritores que expõem a dogmática de uma e de outra sob a epígrafe genérica de *obrigações coletivas*. A solidariedade e a indivisibilidade são sempre exceções à regra do partilhamento das obrigações entre credores e devedores.

Substancialmente, entretanto, muito diferem,[32] a par desta exteriorização comum, pois que numa e noutra a *solutio pro parte* não pode fazer-se, mas a *prestação da dívida inteira*; intimamente diversificam-se: 1°) a causa da solidariedade é o título, e a da indivisibilidade é (normalmente) a natureza da prestação; 2°) na solidariedade cada devedor paga por inteiro, porque deve por inteiro, enquanto na indivisibilidade solve a totalidade, em razão da impossibilidade jurídica de repartir em cotas a coisa devida; 3°) a solidariedade é uma relação subjetiva, e a indivisibilidade objetiva,[33] em razão de que, enquanto a indivisibilidade assegura a unidade da prestação, a solidariedade visa a facilitar a exação do crédito e o pagamento do débito;[34] 4°) a indivisibilidade justifica-se, às vezes, com a própria natureza da prestação, quando

---

32 Ludovico Barassi, *Istituzioni,* pág. 383.
33 Clóvis Beviláqua, ob. cit., § 32.
34 Ruggiero e Maroi, *Istituzioni,* § 126, nota 3 da pág. 19.

o objeto é em si mesmo insuscetível de fracionamento, enquanto a solidariedade é sempre de origem técnica, resultando ou da lei ou da vontade das partes, porém nunca um dado real;[35] 5º) a solidariedade cessa com a morte dos devedores relativamente a cada um dos herdeiros, mas a indivisibilidade subsiste enquanto a prestação a suportar; 6º) a indivisibilidade termina quando a obrigação se converte em perdas e danos, enquanto a solidariedade conserva este atributo.[36]

140. Conceito de solidariedade

O Código atual seguiu a orientação do de 1916, dando uma definição de solidariedade. Pode-se dizer que há solidariedade quando, na mesma obrigação, concorre pluralidade de credores, cada um com direito à dívida toda, ou pluralidade de devedores, cada um obrigado a ela por inteiro (Código Civil de 2002, arts. 264 e 265).[37] Inscreve-se, assim, o nosso direito no quadro dos sistemas que perfilham a noção tradicional, divulgada pelos mais autorizados mestres. Destaque-se que o princípio da solidariedade, constitucionalmente estabelecido, não se confunde com a solidariedade do Direito das Obrigações, mas, por óbvio, há intercomunicação entre eles, levando em conta a necessidade do desenvolvimento social informado pelo vetor e valor máximo de tutela à pessoa humana inserida no grupo real.

Nela podemos salientar os pontos fundamentais que a análise indica. Em primeiro lugar, *a pluralidade subjetiva*: se há um só devedor e um só credor, a obrigação é singular, e simples, na sua estrutura e nos seus efeitos, pois que o sujeito passivo deve a prestação por inteiro ao sujeito ativo. Para que se possa vislumbrar a solidariedade é de mister que haja a concorrência de mais de um credor, ou de mais de um devedor, ou de vários credores e vários devedores simultaneamente. Em segundo lugar, aponta-se a *unidade objetiva*: se cada um dos devedores estiver obrigado a uma prestação autônoma ou a uma fração da *res debita*, ou *vice-versa*, se cada um dos credores tiver direito a uma quota-parte da coisa devida, não há solidariedade, que sempre foi incompatível com o fracionamento do objeto. *Pluralidade subjetiva e unidade objetiva*: é da essência da solidariedade que numa obrigação em que concorram vários sujeitos ativos ou vários sujeitos passivos haja unidade de prestação, isto é, cada um dos credores tem o poder de receber a dívida inteira, e cada um dos devedores tem a obrigação de solvê-la integralmente.

A unidade objetiva, na obrigação solidária, difere da que se dá na indivisível. Nesta, em razão da natureza da própria *res debita*, que não pode ser cindida no momento da solução, por uma causa material ou jurídica. Na obrigação solidária, não obstante a natureza da prestação compatibilizar-se com o fracionamento, impera a

---

35 De Page, *Traité Élémentaire*, III, nº 295.
36 Washington de Barros Monteiro, *Curso*, IV, pág. 151.
37 Direito Anterior: art. 896 do Código Civil de 1916. Projetos: art. 122 do Projeto de Código de Obrigações de 1965; arts. 262 e 263 do Projeto de Código Civil de 1975.

unidade do objeto, por um motivo de ordem técnica. Assim é porque assim a lei estabelece. No sistema jurídico brasileiro, o princípio regente é o da não presunção da solidariedade, nos exatos termos do art. 265 do Código Civil de 2002.

Não há cogitar da distinção entre solidariedade perfeita e solidariedade imperfeita, porque o Código não cogitou dela. A matéria é puramente teórica, e é objeto apenas de exposição doutrinária (ver n° 140, *infra*, vol. II).

Embora incindível a prestação, pode a obrigação solidária ser pura e simples em relação a alguns dos sujeitos e, sem perder ainda este caráter, sujeitar-se a uma condição ou termo em relação a outro (Código Civil de 2002, art. 266).[38] Nada impede, em verdade, que um dos devedores deva de pronto, enquanto outro goze do benefício de um prazo; ou que, enquanto para um credor o débito seja puro e simples, para outro venha subordinado a uma condição. Tais modalidades são acidentais, e solidariedade haverá desde que, no momento da *solutio*, o credor se não satisfaça com o recebimento parcelado, ou o devedor se não libere com a prestação *pro rata*. Já o Direito romano construíra a dogmática da obrigação coletiva sobre a regra da divisão, e ainda hoje, na obrigação plúrima, cada um dos credores ou devedores o é normalmente *pro parte*, cindindo-se a obrigação em tantas frações quantos são os sujeitos: *concursu partes fiunt* (v. n° 138, *supra*). Uma exceção, e já estudada, está na *indivisibilidade* do objeto.

Embora contendo princípio da maior simplicidade, a disposição suscitou dúvidas no império do Código revogado. Mas sem razão. O que caracteriza a solidariedade é a pluralidade subjetiva e a unidade objetiva. As modalidades (condição e termo) como o lugar da *solutio* não alteram a sua natureza. São puramente acidentais. Se na mesma obrigação concorre mais de um devedor obrigado à dívida toda, é indiferente que um tenha de pagar desde logo e outro a prazo; ou que a prestação de um esteja subordinada a evento futuro e incerto, e outra não. O Código de 2002 acrescentou ao art. 897 do antigo diploma a hipótese de serem as prestações devidas em lugares diversos, como ficou consignado no Projeto de Código de Obrigações de 1965. A razão é a mesma. O fato de ser exigível em lugares diferentes não repele a solidariedade, desde que subsistam a unidade objetiva e a pluralidade subjetiva.

De caráter excepcional é também a solidariedade. Excepcional e *anormal*, acrescenta-se.[39] Mas, como visto no n° 139, *supra*, a indivisibilidade é relativa à prestação, que se opõe ao parcelamento da *solutio*, enquanto a solidariedade não decorre *ex re*, não provém da incindibilidade do objeto, mas se apresenta como de *origem puramente técnica*.[40] Por isso mesmo precisa, em regra, ser imposta pela lei ou convencionada entre as partes. Por ser uma exceção ao princípio *concursu partes fiunt*, no Código Civil de 2002, arts. 264 e 265, não se presume: a solidariedade con-

---

38 Direito Anterior: art. 897 do Código Civil de 1916. Projetos: art. 123 do Projeto de Código de Obrigações de 1965; arts. 264 do Projeto de Código Civil de 1975.
39 Barassi, *Obbligazioni*, I, n° 58, pág. 169. Orosimbo Nonato, ob. cit., II, pág. 86.
40 De Page, *Traité Élémentaire*, III, n° 314, pág. 298.

vencional tem de ser expressamente ajustada.[41] Ao contrário, pois, do novo Código Civil italiano, como do alemão, cujo art. 427 institui a presunção de solidariedade nas dívidas comuns, para segurança do credor e solução da obrigação;[42] a solidariedade é convencional ou legal. A primeira, somente por pacto expresso. A segunda, por texto explícito, podendo ser citadas como hipóteses de imposição legal de solidariedade a que vigora entre coobrigados cambiais, a que preside às relações entre fiador e afiançado se não for estipulado o contrário, a dos comodatários simultâneos da mesma coisa, a dos mandantes conjuntos, a dos coautores de ato ilícito, como em outros casos, todos, porém, diretamente definidos.[43] No âmbito da obrigação alimentar, o Estatuto da Pessoa Idosa (Lei n. 10.741/2003) inovou ao criar hipótese de solidariedade passiva quanto aos parentes e familiares da pessoa com idade igual ou superior a 60 anos (art. 12).

O Projeto de Código de Obrigações de 1965 desvencilhou-se deste preconceito, seguindo orientação mais condizente com a vida moderna. Admitia a solidariedade presumida, sempre que diversos devedores, em um só instrumento, se obrigam para com o mesmo credor, salvo se o contrário resultar da lei ou do contrato. Atendendo ao que normalmente acontece, na pluralidade de devedores, para com um credor, no mesmo instrumento, a regra seria a solidariedade, tal como prescreve o BGB (art. 427) e estabelece o Código Italiano de 1942, art. 1.294. No Código atual, que unificou o Direito Obrigacional, não deveria vigorar a necessidade de ser pactuada a solidariedade passiva, [44]mas não foi a orientação seguida.

Alguns sistemas, notadamente o francês e o belga, admitem uma extensão da solidariedade afora os casos legalmente previstos, a qual recebeu a denominação anfibológica de *solidariedade jurisprudencial* ou *costumeira*.[45] Não pode achar acolhida em nosso direito, à vista dos termos peremptórios do art. 265 do Código Civil de 2002.[46]

---

41 O novo Código Civil italiano, com a redação do art. 1.294 – *"i condebitori sono tenudi in solido, se dalla legge o dal titolo no risulta diversamente"* –, alterou os conceitos vigorantes no antigo. Hoje, em razão da unificação do direito privado que aboliu as diferenças entre a obrigação civil e a mercantil, como diz Pacchioni (Obbligazioni e Contratti, págs. 46 e segs.), não vigora a necessidade de ser a solidariedade pactuada expressamente, salvo quanto à solidariedade ativa, como observa Barassi, *Obbligazioni*, n° 61, pág. 175.

42 Enneccerus, Kipp e Wolff, *Tratado, Obligaciones*, I, § 90; Trabucchi, *Istituzioni*, n° 219, pág. 504, dizem, mesmo, que a solidariedade é a regra.

43 Clóvis Beviláqua, *Obrigações*, § 23; Tito Fulgêncio, *Do Direito das Obrigações*, n° 244.

44 Cf. Pacchioni, *Obbligazioni e Contratti*, págs. 46 e segs.; Barassi, *Obbligazioni*, n° 61, pág. 175.

45 De Page, ob. cit., pág. 326; Jean Vincent, "Extension en Jurisprudence de la Solidarité Passive", in *Revue Trimestrielle de Droit Civil*, 1929, pág. 601.

46 Registrando esses casos de solidariedade, Serpa Lopes (*Curso*, II, n° 91) admite que a jurisprudência brasileira possa enveredar por esse caminho. Lamentando discordar do eminente civilista, pensamos que, sem reforma legislativa, não é possível, pois que o art. 265 é óbice intransponível. Sem a vigência do dispositivo, que defendemos em nosso Anteprojeto (art. 127), já que não acatado pelo Código Civil de 2002, não caberá, entretanto, sustentá-los.

A todos os obrigacionistas, nossos e alheios, ocorre conceituar a solidariedade, tal como fizemos ao abrir este parágrafo, como a obrigação em que há pluralidade de sujeitos e unidade de prestação. O mecanismo da solidariedade, na maneira como se apresenta nas suas relações externas e nas internas, se bem que padeça já de si de dúvidas e controvérsias que dela fizeram, no dizer de Lacerda de Almeida, uma teoria difícil e complicada,[47] foi ainda como que emburilhada de propósito. Tem sido lugar comum das disputas a sua conceituação íntima e a sua fundamentação. Quando se diz que o codevedor solidário, que paga, extingue a dívida tanto em relação a si mesmo quanto em relação aos demais codevedores; ou quando se fala que o credor tem a faculdade de exigir a totalidade da coisa devida de qualquer dos *co rei debendi*, e, recebendo o pagamento de um destes, libera-os a todos – afirma-se uma verdade que encontra aceitação tranquila, e aparentemente singela.

Mas, quando se indaga o *porquê*, avizinha-se a tormenta e eriça-se a resposta das mais negras discussões. Construída a teoria das obrigações solidárias pelos romanos, o recurso às fontes não presta grande auxílio, porque alguns textos foram interpolados (segundo as demonstrações de Eisele e de Ascoli), inspirando nos romanistas dúvidas e distinções que, longe de clarear, obscureceram a matéria, com reflexo nas doutrinas civilistas. Sem utilidade prática, imaginou-se uma distinção entre *solidariedade perfeita* ou *correalidade* e *solidariedade propriamente dita ou imperfeita*, baseada na ideia original de Ribbentrop (*Zur Lehre von den Correalobligationem*) e de Keller, a que Windscheid emprestou o prestígio de sua autoridade e a vulgarização de sua obra e que entre nós mereceu a adoção de Lacerda de Almeida, na nota final citada acima.

Empreendendo deduzir, aqui, a natureza jurídica da solidariedade, começaremos por eliminar este obstáculo, despretensiosamente, expondo-lhe a essência, não sem antes registrar uma palavra de aplauso ao nosso legislador de 1916, que fixou no Código Civil os princípios da solidariedade com uma clareza que permite assentar a construção dogmática do instituto em linhas de maior precisão do que outros monumentos adiantados,[48] à qual procuramos guardar fidelidade em nosso Anteprojeto de Código de Obrigações, que o Projeto revisto pela douta Comissão conservou e o Código Civil de 2002 consagrou.

O Direito romano, em verdade, não conheceu a distinção. Jogando, entretanto, com textos interpolados quando da codificação do século VI, dizem que a *correalidade* consistiria na existência de uma só obrigação (*una eademque abligatio*), que os devedores têm de solver *sine beneficio divisionis*, porque se a *solutio* pudesse realizar-se *pro parte* estaria cindida a própria relação obrigacional; na solidariedade *imperfeita* haveria multiplicidade de obrigações autônomas, todas com objeto igual, e, como o credor tem direito e este, pode exigi-lo, somente extinguindo-se todas as obrigações com a efetiva solução. Levando mais longe a análise, dizem ainda que a correalidade

---

47 Lacerda de Almeida, *Obrigações*, nota C ao § 7°, pág. 446.
48 Barassi, *Obbligazioni*, I, pág. 177, mostra que no Código italiano sobreveio a distinção entre correalidade e solidariedade imperfeita.

se origina da convenção ou da estipulação da unidade obrigacional, enquanto a solidariedade legal é normalmente, imperfeita, porque a causa, no ato ilícito por exemplo, gera tantas obrigações quantos os corresponsáveis, todas porém com um mesmo objeto que é a reparação do dano causado.

Originária da lei ou da convenção, para nós a solidariedade tem uma só natureza: uma obrigação com unidade objetiva (*una eademque res*), e, pois, não pode haver solução sem integridade de prestação, já que não pode o credor ser compelido a cindir a *res debita*, nem pode o devedor fracioná-la. Em qualquer caso, se há mais de um devedor com a obrigação de pagar a coisa devida por inteiro (*totum et totaliter*), ou se há vários credores com a faculdade de demandar a qualquer deles a prestação inteira e sem partilha, existe solidariedade, sem qualificações distintivas; o credor o é *in solidum*; o devedor o é *in solidum*. As expressões *solidariedade e correalidade* não exprimem, pois, diversas naturezas de relação obrigacional, porém, aspectos da mesma figura: encarando-se a categoria obrigacional objetivamente, chama-se *solidariedade* porque cada devedor deve a coisa *in solidum*, como cada credor a pode receber; focalizando-a subjetivamente, pode apelidar-se *correalidade*, porque existe uma pluralidade de sujeitos ativos (*co rei credendi*) ou de sujeitos passivos (*co rei debendi*) defronte de uma unidade de prestação. A natureza jurídica da obrigação solidária é, pois, uma só. A doutrina de Ribbentrop e Keller, sem embargo da auréola de que a envolveu o aplauso de Windscheid, de Vangerow, de De Page, de Lacerda, de Almeida, de Savigny, de Molitor, de Demangeat, de Enneccerus, e de mais tantos e numerosos romanistas e civilistas, enfrentou a oposição de não menos conspícuos juristas como Pacchioni, Bonfante, Contardo Ferrini, Giorgi, Salvat, Lafaille, Orosimbo Nonato, Serpa Lopes, Von Tuhr.[49]

Vencido, portanto, este primeiro recontro e abolida a diversificação conceitual entre correalidade ou solidariedade perfeita, de um lado, e solidariedade *stricto sensu* ou imperfeita de outro lado, enfrentemos agora a *vexata quaestio* da relação obrigacional, a saber: se na obrigação solidária há unidade de vínculos jurídicos ou pluralidade deles; se há um só vínculo jurídico prendendo vários sujeitos diante da unidade da prestação, ou se, não obstante esta unidade objetiva, existem tantos vínculos quantos são os sujeitos ativos ou passivos. Havia, ainda, teorias acerca da natureza jurídica da solidariedade, buscando justificação na representação de um coobrigado em relação aos demais e na existência de uma vinculação fidejussória, mas que não vingaram.

A matéria não é simples, e para obscurecê-la muito trabalham os doutores. Cogitando de situações particulares, procuram uns, que aliás são muitos, formular uma distinção que Salvat resumiu,[50] a dizer que na solidariedade existe: *a*) *unidade de*

---

[49] A respeito da distinção entre solidariedade perfeita e imperfeita, e sua crítica: Bonfante, *Istituzioni di Diritto Romano*, § 122, nota 1; Giorgio Giorgi, *Obbligazioni*, I, nºˢ 182 e segs.; Serpa Lopes, ob. cit., nº 11 *bis*; Clóvis Beviláqua, *Obrigações*, § 23; Von Tuhr, *Obligaciones*, II, nº 88, pág. 249; Orlando Gomes, *Obrigações*, nº 20.

[50] Salvat, *Obligaciones*, nº 881.

prestação, e neste passo não vinga discussão; *b*) *pluralidade de vínculos*, sendo distinto ou independente o que liga o credor a cada um dos devedores, e *vice-versa*. Daí partindo, vem a tormenta da explicação dos efeitos, quando se indaga em virtude de que fenômeno o devedor solvente libera os seus consortes ou o credor acipiente alforria o réu em relação aos demais cocredores. Sustenta a preferência a *teoria da representação*, que Edmundo Lins abraçou e longamente explanou,[51] e que encontra os aplausos de Brinz, Ricci, Mourlon, Baudry, Lafaille, Aubry *et* Rau, Orosimbo Nonato, Enneccerus, Mazeaud *et* Mazeaud e mais quantos. Em suma estreita, a *teoria da representação* afirma que a solidariedade gera uma espécie de sociedade, constituindo-se cada devedor mandatário dos demais, de tal maneira que, ao agir, procede em benefício de todos. A mesma representação vigoraria entre os cocredores, atuando cada qual no interesse de todos. Mas, não admitindo o mandato tácito senão os atos úteis ao grupo, pois não se compreenderia uma presunção de mandato contra os interesses do mandante, alguns autores atenuaram a concepção societária, e, formulando a teoria da *representação limitada*, disseram que ela não vigora para os atos nocivos.[52]

A ideia da limitação, que mostra a falta de convicção da teoria, já inspira ataques, como o de Barassi, a argumentar que se houvesse a representação ela vigoraria sempre[53] e, se fosse pela representação que a solidariedade pudesse explicar-se, os sujeitos da obrigação procederiam em todos os casos na qualidade de mandatários.

Procura-se, então, substituí-la pela chamada *função de garantia*, constitutiva da teoria *fidejussória*, para a qual cada devedor é garante da prestação para com o credor, e é em razão desta função fidejussória que o credor tem o direito de exigir a prestação por inteiro; de revés, pagando o devedor a um dos credores solidários, liberta-se dos outros, porque em favor de todos e de cada um institui-se como garantia de solução.[54]

Em oposição às doutrinas *pluralistas*, que defendem a trincheira da *multiplicidade de vínculos*, levanta-se a *unitária*, e diz: na obrigação solidária viceja um só vínculo obrigacional, a ligar o devedor a todos os credores ou todos os devedores ao credor. Não há qualquer incompatibilidade entre a pluralidade subjetiva e a unidade essencial, pois que se trata de uma relação obrigacional anormal ou excepcional, em que se cria um vínculo jurídico abrangente de vários sujeitos, de um lado ou de outro todos presos à ideia fundamental da unicidade de solução, fundando-se a união das relações obrigacionais na *unidade de fins*. E, se grande é a autoridade dos doutores pluralistas, não menor é a dos modernos *unitaristas*, entre os quais se inscrevem La-

---

51 Edmundo Lins, *Estudos Jurídicos, Teoria das Obrigações Solidárias*, pág. 251.
52 Sobre a teoria da representação: Aubry *et* Rau, *Cours*, IV, pág. 44; Baudry-Lacantinerie *et* Barde. *Traité Théorique et Pratique de Droit Civil, Des Obligations*, II, nº 1.213; Ricci, *Corso di Diritto Civile*, IV, pág. 149; Lafaille, *Obligaciones*, II, pág. 219; Orosimbo Nonato, *Curso de Obrigações*, II, pág. 102; Giorgio Giorgi, *Obbligazioni*, I, 175; Mazeaud *et* Mazeaud, *Leçons*, II, nº 1.062.
53 Barassi, *Obbligazioni*, pág. 185.
54 Angelo Sraffa e Pietro Bonfante, "Solidarità o mutua Fideiussione", *Rivista di Diritto Commerciale*, 1914, primeira parte, pág. 905.

renz, Oertmann, Gierke, Saleilles, Pacchioni, Ruggiero, Beviláqua, João Luís Alves, Tito Fulgêncio, Serpa Lopes. Ante a teoria unitarista arrefecem os ataques, pois que, sendo um só o vínculo, apesar da pluralidade de relações subjetivas, o devedor que solve libera a todos os seus consortes, porque o seu pagamento opera a extinção do vínculo, que é um, só e único; igualmente, o credor acipiente exonera o devedor para com os demais credores solidários, porque o recebimento por ele efetuado põe termo ao vínculo obrigacional e extingue a própria *obligatio*.

Daí resumirmos as noções, dizendo que na obrigação solidária há uma só relação obrigacional, com pluralidade de sujeitos; esta unidade de vínculo concentra-se em um objeto, que é devido e exigível, só e uno, independentemente da pluralidade subjetiva.[55]

Finalmente, como observação geral, salienta-se que a solidariedade é compatível com todo gênero de obrigações, pela natureza ou pelo objeto.[56] Como ressalta Regina Gondim, a solidariedade representa hipótese de "comunhão da relação obrigatória".[57]

O Superior Tribunal de Justiça, no Recurso Especial n. 1.333.349/SP, ao resolver a questão sobre a possibilidade de prosseguimento de demandas ajuizadas em face de devedores solidários após o deferimento da recuperação judicial do devedor principal em sede de recurso repetitivo, editou a seguinte tese jurídica: *"A recuperação judicial do devedor principal não impede o prosseguimento das execuções nem induz suspensão ou extinção de ações ajuizadas contra terceiros devedores solidários ou coobrigados em geral, por garantia cambial, real ou fidejussória, pois não se lhes aplicam a suspensão prevista nos arts. 6º, caput, e 52, inciso III, ou a novação a que se refere o art. 59, caput, por força do que dispõe o art. 49, § 1º, todos da Lei nº 11.101/2005"*.

141. SOLIDARIEDADE ATIVA

Quando existem credores solidários, diz-se que a solidariedade é da parte dos sujeitos ativos, ou simplesmente *solidariedade ativa*. Não é muito usual. Inexistindo no Código qualquer texto que a institua, só resta a vontade como fonte geradora, e, mesmo convencional, são pouco frequentes as hipóteses de sua ocorrência. Não nos parece, entretanto, tenha razão Carvalho de Mendonça, quando a considera um instituto extinto.[58] É rara, sem dúvida.

---

55 Clóvis Beviláqua, *Obrigações*, § 23; Saleilles, *Obligations*, 117; Ruggiero *et* Maroi, *Istituzioni*, II, § 126; Tito Fulgêncio, *Do Direito das Obrigações*, nº 254; João Luís Alves, *Código Civil Interpretado*, comentário ao art. 896; Karl Larenz, *Obligaciones*, I, § 33, pág. 505; Serpa Lopes, *Curso*, II, nº 92. Conferir, ainda, sobre o conceito de solidariedade Pacchioni, *Delle Obbligazioni in Generale*, I, pág. 323; Windscheid, *Pandette*, §§ 292 e segs.; Savigny, *Obbligazioni*, § 26, págs. 260 e segs.; Pacchioni, *Obbligazioni e Contratti*, pág. 46; Regina Gondim, *Natureza Jurídica da Solidariedade*, págs. 68 e segs.
56 Von Tuhr, pág. 255.
57 Regina Gondim, ob. cit., pág. 14.
58 Carvalho de Mendonça, *Doutrina e Prática das Obrigações*, I, nº 154.

A Lei nº 6.649, de 1979, art. 1º, § 5º, criou um caso de solidariedade ativa legal, quando estabeleceu que, havendo mais de um locador ou mais de um locatário do mesmo imóvel, presume-se a solidariedade. Posteriormente, a Lei nº 8.245, de 1991, que expressamente revogou aquela lei, dispôs sobre essa solidariedade em seu art. 2º. No contrato de conta corrente conjunta há, em regra, solidariedade convencional, tendo os depositantes possibilidade de livremente movimentar os valores, atuando sozinhos.[59]

A sua construção dogmática atende a duas ordens de relações: a dos credores solidários em oposição ao devedor comum e a dos credores solidários entre si.

O princípio fundamental é o da integridade da *solutio*, sendo consequência imediata do que vem expresso no art. 262 do Código Civil de 2002. Se concorrem na mesma obrigação dois ou mais credores, cada um com direito à dívida toda, qualquer deles pode demandar o pagamento, todo e por inteiro – *totum et totaliter*. A isto se denomina relação externa da solidariedade, isto é, relação entre os credores e o devedor. As relações internas são as que se passam entre os cocredores entre si. Por efeito do recebimento, ou das outras causas extintivas da obrigação.

O direito ao recebimento da prestação por inteiro é de todos os credores. Se, em razão da solidariedade não prospera a credibilidade da prestação – *beneficium divisionis* –, não é lícito a um credor receber uma parte da coisa devida, ainda que a título de sua quota parte, que em verdade inexiste enquanto perdurar o vínculo solidário.

Inversamente, o devedor demandado tem de solver a obrigação, muito embora o implemento lhe seja reclamado por um e não por todos os credores solidários. É a consequência da própria natureza da solidariedade, incompatível com o *fracionamento* da prestação ou da pretensão do devedor a um *beneficium divisionis*.[60]

Uma vez iniciada a demanda, opera-se o que se denomina *prevenção judicial*: o devedor somente se libera pagando ao credor que o acionou; não tem mais a faculdade de pagar senão a ele, ao contrário do que ocorria até o momento da instauração da instância, quando era lícito prestar a qualquer (Código Civil de 2002, art. 268).[61] Falando-se em *demanda*, exclui-se toda medida preventiva ou preparatória de ação, como hábil a gerar a prevenção judicial.[62] Assim, o pagamento feito a qualquer credor, antes da prevenção judicial, tem poder liberatório, ainda que efetuado após ter recebido de um deles cobrança extrajudicial, ou notificação em juízo, ou após a tirada de protesto. A razão deste efeito está na própria essência da solidariedade, em que o pagamento feito a qualquer credor extingue o vínculo obrigatório. A prevenção judicial tem sentido de exceção, e sendo esta *strictae interpretationis*, não pode ser

---

59 A jurisprudência admite que, em razão da morte de um dos titulares de conta conjunta, pode o outro promover o levantamento dos valores depositados a título de credor, e não de herdeiro (*Revista dos Tribunais*, vol. 215, pág. 469).
60 Orosimbo Nonato, ob. cit., pág. 115.
61 Direito Anterior: art. 899 do Código Civil de 1916. Projetos: art. 124 do Projeto de Código de Obrigações de 1965; art. 266 do Projeto de Código Civil de 1975.
62 Neste sentido: Orosimbo Nonato, pág. 125; contra: Tito Fulgêncio, *Do Direito das Obrigações*, nº 263, contenta-se com qualquer ato judicial de notificação, ou interpelação.

ampliada para fora do âmbito literal do dispositivo. Aliás, a ideia da prevenção não é, ao menos, pacífica, quer em doutrina, quer em legislação: se no rumo do Direito brasileiro milita o Código Federal suíço das Obrigações (art. 150, inc. 3º), ou o italiano de 1942 (art. 1.185), como já antes vigorava o francês (art. 1.198), no sentido oposto vigora o BGB (art. 428); se obrigacionistas como Alfredo Colmo preferem a solução alemã, outros como Salvat, Lafaille, Tito Fulgêncio, Orosimbo Nonato, Hudelot *et* Metmann aderem à tradicional prevenção, que é lógica e justa: já que os direitos de todos os credores são iguais, merece a preferência aquele que tomou a iniciativa de perseguir a *solutio*. Perdura a *prevenção judicial* enquanto permanecem os efeitos jurídicos da demanda ajuizada.[63] Se, pois, o réu for absolvido da instância, ou anular-se o processo, ou cessar a relação processual, sem que o débito se extinga, devolve-se a qualquer outro credor o poder de receber e reclamar.

Não sendo o pagamento a única forma de extinção das obrigações, cumpre apurar se às demais é extensivo o efeito liberatório. Ou, precisamente, se a remissão da dívida, feita por um dos credores, opera a sua extinção ou apenas a reduz da quota-parte relativa ao credor remitente; como também se a novação e a compensação têm efeito extintivo, quando realizada com um apenas dos credores solidários. A questão encontra resposta diferente em um noutro sistema legislativo: de um lado estão os que recusam o efeito liberatório, do outro os que atribuem efeito extintivo à novação, à compensação, à remissão.

Nesta segunda corrente inscreveu-se o Código Civil de 2002, art. 269,[64] que destarte guarda estreita fidelidade ao conceito puro de solidariedade. Constitui um desvirtuamento conceitual admitir que o devedor fica forro quando recebe a quitação de um dos credores, sem a audiência dos demais, mas não se liberta do vínculo se recebe o perdão, pois que as outras causas extintivas têm o mesmo poder liberatório do pagamento e devem produzir igual efeito. Se a forma ordinária ou direta de extinção (pagamento) tem essa consequência, a especial ou indireta guarda-a também.[65]

O art. 900, parágrafo único, do Código Civil de 1916 dirimia uma dúvida que imperava na doutrina, e estendia o mesmo efeito do pagamento à remissão, novação e compensação. O Projeto de Código de Obrigações de 1965 mantinha a doutrina legal, aludindo à quitação, como forma genérica de liberação do devedor. Não pode, com efeito, medrar controvérsia. Sendo a remissão, a compensação e a novação, modalidades extintivas do vínculo obrigacional, equiparáveis nos seus efeitos à solução da dívida, razão não existe para diversificação das consequências. Recebendo um credor a dívida, perdoando-a, ou ocorrendo novação ou compensação, o devedor é liberado. Destacando o art. 272 do Código Civil de 2002 a remissão, não exclui as outras modalidades extintivas.

A boa doutrina amplia ainda à *dação em pagamento* o mesmo efeito liberatório. Não obstante as dúvidas milenares, pois já em Roma disputavam a respeito sabinia-

---

63 Von Tuhr, *Obligaciones*, II, pág. 279.
64 Direito Anterior: art. 900 do Código Civil de 1916. Projetos: art. 126 do Projeto de Código de Obrigações de 1965; art. 267 do Projeto de Código Civil de 1975.
65 Tito Fulgêncio, ob. cit., nº 272; Orosimbo Nonato, ob. cit., pág.131. O Anteprojeto de Código de Obrigações, com o propósito de expulsar dúvidas, referiu-se, no art. 219, ao "pagamento direto ou indireto".

nos e proculeianos, por direito nosso a *datio in solutum* constitui meio extintivo da obrigação, desde que regularmente feita, e não é o fato de ser entregue coisa diversa da devida (*aliud pro alio*) que o altera, pois que o vínculo obrigacional não subsistindo a uma conduta liberatória a consequência é ser forro o devedor.[66]

Não nos parecem vingar os argumentos em contrário: se o devedor pode mancomunar-se com o credor, para dele obter a extinção indireta, igualmente o fará simulando um pagamento, e em uma e outras hipóteses terá igual quitação. E, se os direitos de todos os credores são iguais, para efeito de um não ser compelido a receber do *solvens* uma parte em coisa diversa da *res debita*, iguais são ainda para efeito de tolerar que qualquer deles, em oposição ao devedor, tenha a faculdade de quitar por qualquer meio.[67]

Da mesma forma opera a medida defensiva, sendo lícito ao credor receber, pode promover as medidas cautelares relativamente ao crédito, independentemente do comparecimento ou anuência dos demais. Se um dos credores solidários interrompe a prescrição, contra o devedor comum, a todos beneficia.[68] O mesmo, entretanto, se não dá com as causas suspensivas, que são de ordem pessoal, não tendo efeito quanto aos demais cocredores,[69] a não ser que a obrigação seja indivisível.[70] O nosso Projeto de Código de Obrigações foi fiel a estes princípios.

Se a obrigação vem a converter-se no *id quod interest*, substituindo-se a *res debita* pelas perdas e danos, não sofre modificações a natureza solidária da *obligatio*. Os credores, que o eram solidariamente quanto à prestação originária, continuam assim quanto às perdas e danos em que se sub-rogam, as quais, destarte, podem ser demandadas *totum et totaliter* por qualquer credor (Código Civil de 2002, art. 271).[71] A conversão da prestação em perdas e danos é consequência de fato imputável ao devedor. Sua situação frente aos credores não se altera. Devedor que era de uma prestação (de dar ou de fazer) devedor continua do objeto em que ela se sub-roga. Deve, então, o equivalente e mais o ressarcimento do prejuízo. Em favor de cada um dos credores correm os juros de mora, bem como a cláusula penal.

Constituído o devedor em *mora*, todos os credores são beneficiados, e os respectivos juros são devidos, seja ela imposta por iniciativa de algum credor, seja automaticamente. Mas, ao revés, se um credor solidário é constituído em *mora accipiendi*, prejudica esta a todos os demais.[72]

---

66 Tito Fulgêncio, nº 278; Orosimbo Nonato, pág. 143; contra: Giorgi, I, nº 97; Ricci, *Corso*, VI, pág. 152.

67 A despeito de o parágrafo único do art. 900, do Código Civil de 1916, não ter sido reproduzido, "é fora de dúvida que tudo o que se diz a respeito do pagamento direto procede em relação a qualquer outro ato que, de alguma forma, fulmine o elemento subjetivo da obrigação, até o montante desse aniquilamento" (Everaldo Augusto Cambler, ob. cit., pág. 161).

68 Código Civil de 2002, art. 204, § 1º.

69 Barassi, *Obbligazioni*, I, pág. 201.

70 Código Civil de 2002, art. 201.

71 Direito Anterior: art. 902 do Código Civil de 1916. Projetos: art. 129 do Projeto de Código de Obrigações de 1965; art. 269 do Projeto de Código Civil de 1975.

72 Larenz, *Obligaciones*, I, § 32, pág. 497.

Nas *relações internas* vigora o princípio da comunidade de interesses. Criando a obrigação um benefício a favor de todos, o recebimento que um deles faça não contradiz os direitos de todos. O vínculo da solidariedade, excluindo a solução *pro rata*, conserva estes efeitos apenas externamente, ou seja, nas relações do devedor para com os credores. Nas internas, destes entre si, entende-se que tem um interesse comum no objeto da obrigação, salvo estipulação em contrário. A prestação, paga por inteiro pelo devedor comum, deve ser partilhada, entre todos os credores, por aquele que a tiver recebido, criada desta sorte a responsabilidade do credor acipiente pelas quotas-partes dos demais. Em razão do princípio, o recebimento converte o credor em devedor aos cocredores, relativamente à parte de cada um na coisa devida, para cujo cumprimento têm estes ação. Igualmente há de se dar com a extinção especial, seja ela a remissão, seja a novação, a compensação, a dação em pagamento. A matéria é inflada de dúvidas em outros sistemas, procurando os escritores solução e justificativa, às vezes em pura perda, seja por não lhes socorrer o Direito romano,[73] seja por faltar texto claro no direito positivo. *Legem Habemus* (Código Civil de 2002, art. 272),[74] e boa, pois que a solução assim dada é de lídima equidade e obstaculiza o enriquecimento indevido do credor acipiente.[75] Em Roma discutiu-se, e fartamente, qual a *actio* cabível (*pro socio, de mandato, a do negotiorum gestor*). Na prata da casa não se instala o problema, pois que no direito de ação é assegurado a qualquer credor reclamar a sua quota-parte o que houver quitado o devedor comum. O art. 273, do Código Civil de 2002, cuida da impossibilidade de o devedor opor a um dos credores solidários exceções pessoais que poderia opor a outros credores, tratando de regra simétrica àquela do atual art. 281, esta no que tange à solidariedade passiva.[76]

A disposição do art. 274 do Código Civil de 2002 não se continha no Código de 1916. Foi transportada do Projeto de Código de Obrigações de 1965 (art. 138). É um efeito natural da solidariedade. Ferindo-se litígio entre um dos credores e o devedor comum, sofre ele as consequências da sentença, no caso desta lhe ser desfavorável, a não ser que a matéria do julgado diga respeito a todos, como a nulidade do contrato e a prescrição da dívida. Obtendo decisão favorável, seja no tocante à validade da própria dívida ou de seus acessórios, aproveita a todos, a menos que obtenha o credor, com fundamento a direito que seja pessoal, dele próprio, e não de todos. Cuida-se do partilhamento dos efeitos favoráveis obtidos pelos credores solidários, com regramento próprio de eficácia subjetiva da coisa julgada *secundum eventum litis* nos mesmos moldes das ações coletivas.[77]

---

73 Lafaille, ob. cit., II, pág. 245.
74 Direito Anterior: art. 903 do Código Civil de 1916. Projetos: art. 270 do Projeto de Código Civil de 1975.
75 Orosimbo Nonato, II, pág. 157.
76 Everaldo Augusto Cambler, ob. cit., pág. 168.
77 Flávia Maria Zangerolame, ob. cit., pág. 203.

142. Solidariedade passiva

Ao contrário da solidariedade ativa, a solidariedade passiva é muito frequente. Frequentíssima, como observam todos os escritores. E tanto que ganha foros de aceitação o princípio que admite a presunção de solidariedade, pois que em alguns sistemas se dispensa a convenção expressa nas dívidas comuns (alemão), ou quando não resulte o contrário do título (italiano).

Seu cânon fundamental, ou sua tônica, na expressão de Orosimbo Nonato, é que cada um dos devedores está obrigado à prestação na sua integralidade, *totum et totaliter*, como se em verdade houvesse contraído, sozinho, a obrigação inteira.[78]

Nosso Projeto de Código de Obrigações instituiu a presunção de solidariedade se diversos devedores se obrigam para com o mesmo credor, presunção que se ilide se o contrário resultar da lei ou do contrato, mas não foi a orientação acolhida pelo Código Civil de 2002. A regra é a solidariedade.

Na sua disciplina jurídica, a solidariedade passiva tem de ser encarada *externa* e *internamente*, isto é; nas relações dos devedores com o credor e nas dos devedores entre si. Começaremos por aquelas. A finalidade da solidariedade passiva é a de reforçar o vínculo, assegurando a solvência do polo dos devedores e, assim, atribuindo maior garantia ao credor.[79]

Da noção mesma de solidariedade resulta o princípio geral dominante nesta matéria, segundo o qual o credor tem a faculdade de receber de qualquer dos coobrigados a coisa devida, total ou parcialmente. Este princípio integra-se de tal modo na essência do instituto que sua inserção no Código Civil de 2002, art. 275,[80] foi criticada por civilistas nossos, como redundância, embora justificada pelo propósito de afastar as dúvidas quanto à inexistência de um *beneficium divisionis*.[81] Se a *solutio* alcança a totalidade da dívida, extingue-se a obrigação relativamente aos demais coobrigados; se é apenas parcial, todos os devedores continuam obrigados pelo remanescente, acrescendo que o vínculo continua com as mesmas características, isto é, subsiste a solidariedade entre todos os devedores pelo saldo devedor. Daí a consequência imediata: efetuando um dos devedores pagamento parcial, ficam os demais exonerados até a concorrência da quantia paga, e solidariamente devedores do restante.[82] Se em vez de pagar a coisa devida dá outra *in solutum*, a dação em pagamento beneficia a todos, porque extingue a obrigação.[83]

---

78 Orosimbo Nonato, *Curso de Obrigações*, II, pág. 168. Este ponto mereceu destaque dos mais renomados obrigacionistas, como Pothier, *Traité des Obligations*, I, nº 262; Hudelot e Metmann, *Obligations*, nº 334, pág. 254; Carvalho de Mendonça, *Doutrina e Prática das Obrigações*, I, nº 170, pág. 327; Von Tuhr, II, nº 89, pág. 254.
79 Sílvio de Salvo Venosa, ob. cit., pág. 133.
80 Direito Anterior: arts. 904 e 910 do Código Civil de 1916. Projetos: art. 131 do Projeto de Código de Obrigações de 1965; art. 273 do Projeto de Código Civil de 1975.
81 Tito Fulgêncio, *Do Direito das Obrigações*, nº 311.
82 Orosimbo Nonato, pág. 193.
83 Giorgi, *Obbligazioni*, I, pág. 185.

A *remissão*, obtida por um dos devedores, prevalece na extensão em que foi concedida, aproveitando aos demais codevedores, até a concorrência da quantia relevada (Código Civil de 2002, art. 277).[84] Há, pois, diferença nos efeitos da remissão, na solidariedade ativa e na passiva,[85] pois que, se naquela a que concede qualquer credor extingue a obrigação, nesta opera a extinção até a concorrência da quantia remitida, ou seja, na parte correspondente ao devedor perdoado.[86] Por isso é que a doutrina aconselha uma ressalva: em se tratando de *remissão pessoal*, isto é, o perdão dado pelo credor a um determinado devedor, somente este se exonera da obrigação, e nada mais deve, cabendo tão somente abater, na totalidade da dívida, a parte correspondente ao devedor forro.[87] Pode ser, no entanto, que a remissão, pelos seus próprios termos ou pelas circunstâncias, não atenda a considerações pessoais e tenha caráter absoluto, caso em que extingue toda a dívida e beneficia a todos os codevedores,[88] tal como se dá com a *remissão real*, ou a tácita, resultante da entrega do título a um dos *co rei debendi*.

Se o credor houver perdoado toda a dívida, extingue-se a obrigação, e é oponível a todos os coobrigados. Sendo a remissão dada a um dos codevedores, fica este liberado, mas a faculdade de demandar o pagamento aos demais coobrigados está subordinada à dedução da parte relevada. Se o credor exigir de qualquer delas a solução da obrigação, o devedor demandado pode opor ao credor a remissão, somente até à concorrência da parte remetida, pois quanto ao remanescente a solidariedade sobrevive. O mesmo que ocorre com a remissão estende-se a qualquer outra modalidade de solução da obrigação. O Projeto de Código de Obrigações de 1965 foi mais preciso quando aludiu, no art. 133, ao pagamento parcial, "direto ou indireto".

A segunda consequência do princípio da solidariedade passiva é a faculdade reconhecida ao credor de acionar um, alguns, ou todos os devedores, sem que, em nenhuma das hipóteses, se possa induzir renúncia à qualidade creditória contra os codevedores solidários.[89] Mesmo depois de ajuizar demanda contra qualquer deles, poderá, ainda, recuar e propô-la contra qualquer dos outros, não sendo incivil que inicie ações experimentalmente, até encontrar um que ofereça melhores condições de solvência.

O parágrafo único do art. 275 do Código Civil de 2002, na rigidez dos princípios, seria desnecessário. Sua inserção no Código justifica-se, todavia, em face de ter havido uma ou outra decisão sustentando o contrário. A faculdade de intentar ação contra qualquer um dos devedores pertence ao credor, descabendo ao demandado alegar o benefício de ordem, que inexiste na solidariedade.

---

84 Direito Anterior: arts. 906 do Código Civil de 1916. Projetos: art. 133 do Projeto de Código de Obrigações de 1965; art. 275 do Projeto de Código Civil de 1975.
85 Serpa Lopes, *Curso*, II, nº 106.
86 Código Civil de 2002, art. 388.
87 Clóvis Beviláqua, comentário ao art. 906; Tito Fulgêncio, nº 328.
88 Serpa Lopes, II, nº 106.
89 Neste sentido, Orosimbo Nonato, pág. 192; Carvalho de Mendonça, nº 170.

Ainda que a proponha o credor contra um ou alguns dos coobrigados, deixando de parte outros, não se eximem estes dos juros de mora, respondendo, porém, o culpado pelo gravame que a sua negligência imponha aos demais (Código Civil de 2002, art. 280).[90] Isto quanto aos juros moratórios *legais*. Se outros houver, resultantes do pacto novo, não alcançam senão aqueles dos devedores que o firmarem, deixando de fora os demais.[91] Observa Tito Fulgêncio que, se a obrigação, embora solidária, é a termo para algum dos devedores, não responde ele pelos juros moratórios, porque a exigibilidade da obrigação está suspensa a seu favor.[92]

O Código prevê a incidência de juros no caso de ação contra o devedor. Eles correm mediante a constituição em mora. É óbvio que, num ou noutro caso, todos os devedores por eles respondem, sendo, como são, consequência da falta de pagamento oportuno. O princípio encontra justificativa em que os juros moratórios seriam evitados se qualquer dos devedores efetuasse o pagamento. E, mesmo no caso de demanda judicial, poderiam evitar sua incidência. Sujeitos aos juros de mora por não ter pago a dívida, todos os devem. Mas aquele, cuja culpa agravou a situação dos demais, responde perante eles pelo que foi acrescido na dívida. Embora não o diga, aos demais efeitos da sucumbência aplica-se a mesma regra. Ressalva-se a hipótese de um dos devedores ser obrigado a termo ou sob condição.[93] Neste caso, a responsabilidade pelos juros moratórios não pode ser imposta ao devedor beneficiado pela condição ou pelo termo.

No caso de perecimento do objeto ou em geral de impossibilidade da prestação, sem culpa, extingue-se pura e simplesmente a obrigação.[94] Se por culpa de todos, subsistirá a solidariedade na sua conversão em perdas e danos, com todas as consequências. Mas se culpado for um apenas dos coobrigados, continuam todos sujeitos a pagar solidariamente o equivalente da *res debita*, mas pelas perdas e danos somente responde o culpado (Código Civil de 2002, art. 279),[95] em razão de não ser jurídico que alguém se torne responsável pela culpa alheia, sendo certo que cada um responde pela em que incorrer: *unuscuique sua culpa nocet*. Se não perecer o objeto e houver impossibilidade, tão somente relativa a algum dos devedores, a solidariedade remanesce para os outros, que nem sofrem agravamento da situação, pois que as perdas e danos são devidas apenas pelo culpado.[96]

Demandado, o devedor cuidará da defesa e três hipóteses se lhe apresentam: oposição de exceções que são pessoais, exceções comuns a todos, exceções pessoais

---

90 Direito Anterior: art. 909 do Código Civil de 1916. Projetos: art. 137 do Projeto de Código de Obrigações de 1965; art. 278 do Projeto de Código Civil de 1975.
91 Orosimbo Nonato, pág. 214.
92 Tito Fulgêncio, nº 342.
93 Código Civil de 2002, art. 266.
94 Von Tuhr, I, pág. 267.
95 Direito Anterior: art. 908 do Código Civil de 1916. Projetos: art. 136 do Projeto de Código de Obrigações de 1965; art. 277 do Projeto de Código Civil de 1975.
96 Orosimbo Nonato, pág. 237.

a algum dos codevedores não chamado a juízo (Código Civil de 2002, art. 281).[97] Na terminologia do Código de Processo Civil de 1973, o vocábulo *exceção* era usado em acepção restrita, compreendendo a de incompetência ou *declinatoria fori*, a de litispendência, a de coisa julgada, a de impedimento, a de suspeição. O CPC/2015 elimina as antigas exceções processuais, não utilizando mais tal expressão para tais institutos. O art. 281 do Código de 2002 alude, entretanto, a toda espécie de defesa, hábil a ilidir a pretensão do credor. Cumpre-lhe alegar os meios de defesa comuns a todos, como seria a nulidade do ato, por defeito de forma, por vício do consentimento, por falta de liceidade de objeto; a prescrição do direito creditório; o pagamento; a irregularidade da via escolhida etc. Tem, mesmo, o dever de levantá-las, sob pena de responder aos coobrigados por perdas e danos, alcançam a relação obrigacional, e podem ter por efeito reduzir ou extinguir as responsabilidades, tal como preceitua o Código Federal suíço das Obrigações.[98] Pode e há aqui uma faculdade, não um dever, opor as exceções que lhe sejam pessoais (compensação, confusão, remissão). Mas não tem o direito de invocar exceções pessoais pertinentes a outro devedor (como sejam a existência de termo ou condição, os defeitos relativos do negócio jurídico, a confusão da obrigação etc.), porque somente a este interessa, e não atingem o seu dever de prestar.[99]

O Código de 2002 limita-se a reproduzir o preceito contido no art. 911 do Código revogado. Seria, entretanto, oportuno que se estabelecesse o dever de invocar as exceções comuns a todos, tal como ocorre no Código Federal Suíço das Obrigações, art. 145. A razão, desenvolvida na doutrina, assenta em que a omissão do devedor demandado traz dano aos codevedores por negligência ou dolo, pelos quais deve responder. Não obstante o silêncio a respeito, aos coobrigados que sejam prejudicados será lícito responsabilizar o consorte omisso, seja em ação direta, seja pela recusa de compartilhar no ressarcimento.

A *interrupção da prescrição*, aberta contra um dos devedores solidários, atinge a todos, bem como os seus herdeiros,[100] mas, se for tirada contra um só dos herdeiros, não prejudica nem aos outros herdeiros nem aos demais devedores solidários.[101] Já a *causa suspensiva*, sendo, de regra, pessoal, não pode ter o mesmo alcance, e, pois, não beneficia os demais devedores.[102] Atente-se para a atual previsão sobre a prescrição intercorrente prevista no art. 206-A do Código Civil (na redação dada pela Lei nº 14.382/22), que deverá observar o mesmo prazo de prescrição relativo à pretensão.

---

97 Direito Anterior: art. 911 do Código Civil de 1916. Projetos: art. 279 do Projeto de Código Civil de 1975.
98 Hudelot e Metmann, nº 344; Clóvis Beviláqua, comentário ao art. 911; Tito Fulgêncio, nº 359; Orosimbo Nonato, pág. 222.
99 Von Tuhr, *Obligaciones*, I, pág. 261.
100 Código Civil de 2002, art. 204, § 1º.
101 Serpa Lopes, II, pág. 173.
102 Barassi, *Obbligazioni*, pág. 201.

Nas suas relações *internas*, tudo se passa como se dominado pela inspiração de princípio oposto à solidariedade, partilhando-se a responsabilidade *pro rata*, e devendo cada um a sua quota-parte.

Exprime-se então o princípio cardeal, dizendo-se que, se um dos coobrigados solidários solver o compromisso, espontânea ou compulsoriamente, tem o direito de haver de cada um dos consortes a respectiva quota-parte, e esta se medirá pelo que tiver sido estipulado, e, na falta de acordo, dividindo-se a obrigação em partes iguais. O devedor que solve sub-roga-se no crédito, mas a solidariedade não passa para o sub-rogado, que assim tem o poder de demandar dos demais as partes em que a obrigação se fraciona, restaurando-se o princípio da normalidade (*concursu partes fiunt*), mesmo porque – é a observação de Giorgi – se pudesse haver de qualquer dos coobrigados *totum et totaliter*, este teria o mesmo poder, instituindo-se um círculo vicioso indefinido e perpétuo. É de acrescentar-se, ainda, que a faculdade de reembolsar-se tanto existe no pagamento total quanto no parcial, já que a mesma *ratio decidendi* prevalece em um como em outro.[103]

Se ao tempo do pagamento algum dos devedores era *insolvente,* a sua quota-parte é dividida entre todos por igual, de forma a que não fique o devedor que pagou no desembolso do que despendeu sem possibilidade de se reembolsar (Código Civil de 2002, art. 283).[104] Mas se a insolvência é posterior ao pagamento, podem os demais codevedores recusar-se a suportar *pro rata* a quota-parte do insolvente, de vez que teria a demora no pleitear o reembolso impossibilitado a divisão entre todos, e, então, a si mesmo se impute a falta de recuperação do despendido, não aos consortes, que destarte se exoneram de concorrer na formação daquele quinhão. Como esta obrigação decorre das relações internas entre os codevedores e não das externas, com o credor, a participação no rateio, pela parte que na dívida incumbia ao insolvente, estende-se mesmo àquele dos codevedores que o credor haja exonerado da solidariedade.

Também uma consequência da distinção entre as relações internas e as relações externas na solidariedade passiva é esta: independentemente de ser a dívida solidária do interesse de um só dos devedores, o credor pode havê-la de qualquer deles. Mas, internamente, se for do interesse exclusivo de um só, responderá este toda ela para com aquele que houver pago (Código Civil de 2002, art. 285).[105] Neste ponto, abre o Código exceção à regra do art. 283. Ao aludir à dívida que interessar exclusivamente a um dos devedores, o Código refere-se ao fato de, pelo título, ou pelas circunstâncias, um dos devedores for o obrigado principal. É o que ocorre com a solidariedade decorrente de fiança ou aval, em que a dívida interessa ao devedor principal. Solvida a obrigação pelo fiador ou avalista, tem o direito de ser reembolsado, na sua totalida-

---

103 Orosimbo Nonato, pág. 257.
104 Direito Anterior: art. 913 do Código Civil de 1916. Projetos: art. 140 do Projeto de Código de Obrigações de 1965; art. 281 do Projeto de Código Civil de 1975.
105 Direito Anterior: art. 915 do Código Civil de 1916. Projetos: art. 141 do Projeto de Código de Obrigações de 1965; art. 283 do Projeto de Código Civil de 1975.

de, contra o afiançado ou avalizado. Corolário deste princípio é que, se a obrigação for solvida pelo devedor principal, não tem direito a agir contra os fiadores ou avalistas para deles haver sua quota na dívida, embora esta, em relação ao credor, seja comum a todos os sujeitos ao vínculo da solidariedade.

Na eventualidade de o devedor principal se encontrar em recuperação judicial (Lei nº 11.101/2005), o credor pode promover ou prosseguir com as ações e execuções contra os demais devedores solidários ou os coobrigados em geral com base em caução real, cambial ou fidejussória, não sendo aplicável a suspensão dos processos quanto a estes (Súmula 581 do Superior Tribunal de Justiça).

143. Extinção da solidariedade

Seja a solidariedade legal, seja a convencional, pode extinguir-se, desaparecendo em consequência a particularidade de cada um dos devedores ou credores pagar ou receber *totum et totaliter*.

No que diz respeito à *solidariedade ativa*, os credores poderão abrir mão dela, e, da mesma forma que a convenção a criou (já que é rara a solidariedade ativa *ex vi legis*), também a convenção a extingue, estabelecendo-se que a *solutio* se fará *pro rata*; cada um dos credores que, em virtude da solidariedade, tinha direito à dívida inteira, passará a tê-lo apenas quanto à sua quota-parte, que recebe e de que dá quitação, continuando o devedor sujeito ao pagamento das respectivas cotas aos demais credores, individualmente.

Prevê, entretanto, a lei uma hipótese em que arrefece o vínculo da solidariedade, embora se não possa dizer que haja desaparecido de todo:[106] quando morre um dos credores solidários, o crédito passa aos seus herdeiros sem aquela peculiaridade, assegurando-se a cada um o direito de receber e reclamar a sua cota hereditária (Código Civil de 2002, art. 270).[107] Em tal hipótese, a solidariedade apenas arrefece sem extinguir-se, porque subsiste sem qualquer alteração quando aos credores sobrevivos, e, no tocante aos herdeiros do desaparecido, formam eles um grupo que representa o defunto. Mas, encarada a situação de cada um, somente quanto a esses herdeiros se fraciona o crédito. Assim, qualquer credor sobrevivo pode exigir e receber *totum et totaliter*; os herdeiros do falecido, enquanto em conjunto, podem; mas, individualmente, cada herdeiro só tem a faculdade de receber a sua quota-parte, salvo se a coisa for indivisível. Neste último caso, ocorrerá *solutio* da dívida por inteiro, não em virtude da solidariedade, mas em razão da impossibilidade de seu fracionamento.

A *solidariedade passiva*, mais rica de situações especiais, oferece dois aspectos de extinção merecedores de estudo.

---

106 Serpa Lopes, *Curso*, II, nº 105.
107 Direito Anterior: art. 901 do Código Civil de 1916. Projetos: art. 128 do Projeto de Código de Obrigações de 1965; art. 268 do Projeto de Código Civil de 1975.

O primeiro é o da morte de um dos devedores solidários: extingue-se a solidariedade relativamente aos seus herdeiros, sobrevivendo quanto aos demais. Se se focalizar a posição especial deles, verifica-se que não são responsáveis senão pelas respectivas quotas-partes na dívida (*concursu partes fiunt*). Mas, no seu conjunto, serão considerados como um devedor solidário, em relação ao credor e aos demais devedores (Código Civil de 2002, art. 276).[108] Proposta ação enquanto a herança estiver indivisa, o monte responderá por toda a dívida, em razão de os herdeiros formarem um grupo que, em conjunto, pode ser demandado por todo o débito.[109] Ajuizada a ação após a partilha, o credor poderá haver apenas a quota-parte de cada um, e, em havendo algum insolvente, não podem os coerdeiros ser compelidos a compor toda a *res debita*.

A morte do credor não altera a situação dos devedores, que solidariamente continuam obrigados para com os herdeiros do *de cujus*, que, reunidos, o representam.[110]

A solidariedade passiva instituiu-se em benefício do credor. É um direito de que ele pode abdicar. A renúncia é um dos modos pelos quais extingue-se a solidariedade. Pode favorecer a todos os devedores ou a alguns deles. E o tratamento legal varia numa ou noutra hipótese.

Renunciando a solidariedade em relação a todos os devedores, a dívida recai na situação de uma obrigação comum, sujeita à regra do art. 257: divide-se em tantas obrigações iguais e distintas quantos forem os devedores, cada um deles respondendo ao credor pela sua quota parte: *concursu partes fiunt*.

Renunciando em favor de um ou de alguns dos devedores, altera-se a situação de todos os coobrigados, em situação análoga a do credor que recebe pagamento parcial de um dos devedores, ou lhe remite parte da dívida.

Exonerado da solidariedade um ou mais devedores, subsiste ela quanto aos demais. A redação do parágrafo único do art. 282 do Código Civil de 2002 não foi feliz. Reproduzindo sempre, quase literalmente, o velho Código, deixou uma dúvida que ele afastava. Dizia, então, que ao credor renunciante somente era lícito acionar os demais, abatendo no crédito a parte correspondente ao devedor remitido. Embora não o diga expressamente, outro não deve ser o entendimento do parágrafo.[111] Se ao credor, renunciando à solidariedade em favor de um dos codevedores, fosse lícito reclamar a dívida toda contra qualquer dos outros, estaria realizando uma renúncia apenas nominal, sem efeito prático. Demais disso, beneficiando um credor com a renúncia, estaria agravando a situação dos demais, contra o disposto no art. 278 do novo Diploma.

O conceito de renúncia é o mesmo que advém do art. 114 do Código Civil de 2002. Pode ser expressa, quando o credor declara, sem reservas, que abre mão

---

108 Direito Anterior: art. 905 do Código Civil de 1916. Projetos: art. 135 do Projeto de Código de Obrigações de 1965; art. 274 do Projeto de Código Civil de 1975.
109 Orosimbo Nonato, *Curso de Obrigações*, II, pág. 279.
110 Carvalho de Mendonça, *Obrigações*, I, nº 170.
111 Essa conclusão decorre, ainda, do disposto no art. 388, do Código Civil de 2002, com o desconto da cota referente ao devedor remitido (Flávia Maria Zangerolame, ob. cit., pág. 208).

da solidariedade e restitui aos devedores a faculdade de solver por partes. É tácita quando resulta de uma atitude ou comportamento do credor, incompatível com a solidariedade. Lembram os autores, como casos de renúncia tácita: a) receber o credor a quota parte de um devedor, dando-lhe quitação; b) demandar judicialmente um dos devedores, pela sua parte na dívida: não se confunde a situação com a do credor que ajuiza ação contra um devedor pela dívida toda; c) receber o credor, habitualmente, a partir de um dos devedores nos juros e frutos. Essas e outras hipóteses ocorrentes deixam, entretanto, de constituir renúncia à solidariedade, se o credor ressalvar o direito de manter o vínculo da solidariedade (Código Civil de 2002, art. 282).[112]

Ocorrendo rateio entre os codevedores, para reembolsar aquele que tenha solvido a obrigação, quanto à quota-parte do insolvente, contribuirão todos, inclusive os que tenham sido exonerados da solidariedade pelo credor, porque se este tem o poder de abrir mão de um benefício que lhe pertence falta-lhe qualidade para alterar as relações entre os coobrigados, mormente em se tratando do agravamento de sua situação (Código Civil de 2002, art. 284).[113] O Código destacou o que fizemos constar do art. 140, parágrafo único, do Projeto de Código de Obrigações de 1965. O devedor, exonerado da solidariedade pelo credor recebe uma remissão nas suas relações com ele (relações externas da solidariedade). Sendo a exoneração uma forma de renúncia, deve receber interpretação estrita. O credor pode renunciar o seu direito contra um dos devedores solidários. Não tem, no entanto, a faculdade de estender a exoneração ao direito de reembolso, que não lhe pertence, porém ao devedor que pagou a dívida comum.

---

112 Direito Anterior: art. 912 do Código Civil de 1916. Projetos: art. 139 do Projeto de Código de Obrigações de 1965; art. 280 do Projeto de Código Civil de 1975.
113 Direito Anterior: art. 914 do Código Civil de 1916. Projetos: art. 140, parágrafo único, do Projeto de Código de Obrigações de 1965; art. 282 do Projeto de Código Civil de 1975.

Capítulo XXVIII
Classificação das Obrigações quanto aos Elementos Não Fundamentais

Sumário

144. Obrigação alternativa. Direito de escolha. Impossibilidade da prestação. **145.** Obrigação condicional e a termo. **146.** Obrigação principal e acessória. **147.** Prestação de juros. **148.** Prestação pecuniária.

Bibliografia

Clóvis Beviláqua, *Obrigações*, §§ 18, 24, 25; Ruggiero e Maroi, *Istituzioni di Diritto Privato*, II, § 126; Alberto Trabucchi, *Istituzioni di Diritto Civile*, n° 215; Karl Larenz, *Derecho de Obligaciones*, § 12, pág. 167; Tito Fulgêncio, *Do Direito de Obrigações* (atualizado por José de Aguiar Dias), n°s 137 e segs.; Orosimbo Nonato, *Curso de Obrigações*, I, págs. 323 e segs.; Giorgio Giorgi, *Teoria delle Obbligazioni*, IV, n°s 419 e segs.; Enneccerus, Kipp e Wolff, *Tratado, Derecho de Obligaciones*, I, §§ 17 e segs.; Alfredo Colmo, *De las Obligaciones en General*, n°s 380 e segs.; Serpa Lopes, *Curso*, III, n°s 58 e segs.; Mazeaud et Mazeaud, *Leçons*, II, 1.048; De Page, *Traité Élémentaire*, III, n°s 273 e segs.; Ludovico Barassi, *Teoria General delle Obbligazioni*, I, págs. 206 e segs.; Scuto, *Obbligazioni*, n°s 399 e segs.; Gustavo Tepedino, *Obrigações*, págs. 147 e segs.; Arruda Alvim e Thereza Alvim, *Comentários ao Código Civil Brasileiro: Do Direito das Obrigações*, vol. III, págs. 114 e segs.; Ricardo Pereira Lira, *A obrigação alternativa e a obrigação acompanhada de prestação facultativa*; págs. 8 e segs.; Judith Martins-Costa, *Comentários ao Novo Código Civil*, vol. V, t. I, págs. 217 e segs.; Arnoldo Wald, *Obrigações e contratos*, págs. 55 e segs.

144. Obrigação alternativa. Direito de escolha.
Impossibilidade da prestação

Definindo as características do objeto, na relação obrigacional, dissemos que ele deve ser determinado, ou ao menos determinável. Encarada quanto ao modo de pagamento, classifica-se como *alternativa* a obrigação, que é de início relativamente indeterminada, mas que se determina antes da execução ou simultaneamente com esta, e conceitua-se como tipo obrigacional em que existem unidade de vínculo e pluralidade de prestações, liberando-se contudo o devedor mediante o pagamento de uma só delas. Difere, assim, desde logo da cumulativa, em que há pluralidade objetiva também, mas tanto na obrigação quanto na solução, isto é, o devedor somente se libera pagando todas as coisas.[1]

É uma figura obrigacional peculiar, na qual o vínculo abrange um conjunto de objetos, dos quais um só tem de ser prestado: *plures res sunt in obligatione, una autem in solutione*. Não é despiciendo frisar que ela não compreende obrigações distintas, cada uma com um objeto, mas uma e só *obligatio*, com pagamento indivisível, embora ofereça ao devedor ou ao credor o poder de livrar-se ou receber, mediante prestação de uma das coisas.[2] A doutrina tradicional se não compadece, porém, com este preciosismo, e prefere conservar a noção de que o objeto na alternativa é plúrimo e não uno, pois que são devidas duas ou mais coisas (*in obligatione*), das quais o devedor pagará uma, libertando-se (*una autem in solutione*) e extinguindo o vínculo.[3]

Mas, quando se diz que duas ou mais coisas são devidas, usa-se a expressão no sentido genérico, abrangente de qualquer prestação, tanto positiva quanto negativa, e tão bem pode estar *in obligatione* a entrega de uma coisa material como a prestação de um fato, como uma abstenção.[4]

Em doutrina, distingue-se esta figura obrigacional da chamada *obrigação facultativa*,[5] ou *faculdade alternativa*, em que existem um só vínculo e uma só pres-

---

1 Trabucchi, *Istituzioni*, nº 215. Como bem observa Ricardo Lira, a obrigação cumulativa pressupõe que o título seja o mesmo e que o fato jurídico seja único ("A obrigação alternativa e a obrigação acompanhada de prestação facultativa" – Tese de Livre-Docência na UERJ, 1970, pág. 8). Assim, na venda de dois imóveis por duzentos mil reais, o credor só será satisfeito com o recebimento dos imóveis, não sendo possível o recebimento de apenas um dos imóveis com o pagamento do preço. Diversamente ocorreria se, no mesmo negócio, houvesse a venda dos dois imóveis, cada qual pelo preço de cem mil reais: haveria duas obrigações simples, e não uma obrigação composta conjuntiva (ou cumulativa).
2 Orosimbo Nonato, *Curso de Obrigações*, I, pág. 325; Serpa Lopes, *Curso*, III, nº 58; Enneccerus, *Obligaciones*, § 17, recomenda se repila a noção de que o devedor o é, originariamente, de todas as coisas; filiado à ideia da pendência resolutória, sustenta que é objeto da obrigação tão somente aquela coisa sobre a qual venha a incidir a escolha.
3 Mazeaud *et* Mazeaud, *Leçons*, II, 1.048; De Page, *Traité*, III, nº 273.
4 Giorgi, *Obbligazioni*, IV, nº 420; De Page, loc. cit.
5 Arnoldo Wald critica essa denominação por considerá-la atécnica, sugerindo a expressão "obrigação com faculdade de solução" ou "com faculdade de substituição" (ob. cit., pág. 50).

tação, com cláusula permissiva ao devedor de se exonerar mediante o pagamento de prestação diferente, ou, como diziam os escolásticos: *una res in obligatione, plures autem in facultate solutionis*. Neste caso, o credor não pode exigir o cumprimento de prestação alternativa, sendo, contudo, obrigado a aceitá-la se o devedor assim optar. Distingue-se também da *obrigação genérica*, em que na alternativa existe uma escolha entre duas ou mais coisas em si conhecidas e individuadas, vigendo a relativa indeterminação sobre qual delas será prestada, ao passo que a obrigação de gênero envolve indeterminação das coisas devidas desde o início.[6] Se o réu deve o cavalo *Relâmpago* ou o cavalo *Trovão*, é alternativa a *obligatio*; mas, se deve um cavalo de sua *coudelaria*, é genérica. Adotando um critério ontológico, Barassi distingue a alternativa da genérica, explicando que a primeira tem por objeto uma pluralidade de bens reciprocamente heterogêneos e acidentalmente reunidos pelo contrato, enquanto na de *genus* a pluralidade é estruturalmente homogênea, embora sinteticamente designada, e da qual só uma parte é prestada.[7] Há, por assim dizer, uma diferença do grau de indeterminação que é maior na obrigação genérica, ainda que se saiba da possibilidade de haver duas, três ou mais prestações nas obrigações alternativas.[8]

Distingue-se, ainda, a alternativa da condicional (v. nº 145, *infra*), em que esta se acha na dependência de um acontecimento futuro e incerto, enquanto naquela o objeto é sempre certo, ficando a solução apenas dependente da escolha. A obrigação alternativa também não se confunde com a obrigação acompanhada de cláusula penal (nº 149, *infra*).

Como visto, a obrigação alternativa é mais vizinha da facultativa, e tanto que, às vezes, se tocam,[9] embora esquematicamente se diferenciem, pois se alguém deve um cavalo ou um boi, a unidade obrigacional abraça uma pluralidade de objetos e extingue-se pela unidade da prestação. A obrigação facultativa é, porém, *simples*: o devedor tem obrigação de entregar um cavalo –; esta a *res debita*, mas guarda a faculdade de entregar um boi, quitando-se da obrigação de pagar o cavalo. O efeito prático da distinção é grande e merece ser esclarecido, tanto no que se atém ao poder do credor limitado a exigir a *res debita*, e não uma das duas coisas, como ainda no que diz respeito à impossibilidade da prestação estudada na parte final deste parágrafo.

O legislador brasileiro cogitou exclusivamente da obrigação alternativa, reservando aos escritores os recursos doutrinários para os lineamentos dogmáticos da facultativa. Como anota Clóvis Couto e Silva, é perfeitamente possível raciocinar a obrigação alternativa como um processo, identificando cada momento e fase por que deverá passar o vínculo obrigacional até o adimplemento da prestação,[10] sendo que,

---

6 Trabucchi, loc. cit.; Larenz, I, pág. 167; Enneccerus, loc. cit.; Alfredo Colmo, *Obligaciones*, pág. 258.
7 Barassi, *Obligazioni*, I, pág. 206.
8 Gisela Sampaio da Cruz, "Obrigações alternativas e com faculdade alternativa. Obrigações de meio e de resultado". *In*: Gustavo Tepedino, *Obrigações*; ob. cit., pág. 150.
9 Ruggiero e Maroi, loc. cit.; Clóvis Beviláqua, *Obrigações*, § 25.
10 Clóvis Couto e Silva, *A obrigação com o processo*, pág. 202.

na perspectiva funcional, a obrigação alternativa tanto pode ser criada para atender os interesses do credor quanto do devedor.

O ponto fundamental de focalização das obrigações alternativas está no que se chama a *"concentração" da prestação*, que de plúrima e indeterminada passa a simples e determinada, posto que como em todas as obrigações, a indeterminação não pode ser absoluta, nem perpétua. Substancial a todas as luzes, de vez que a *solutio* deverá operar-se mediante uma só prestação. Imprescindível que se concentre para a execução, os autores todos põem nas alturas o fenômeno da *escolha*, a qual, se na sua qualificação divide os escritores, que ora nela veem um poder ou direito subjetivo (Barassi), ora um dever (Rubino), apazigua-os no que se refere a encarecer sua relevância.[11]

Disputam, ainda, os doutores se a escolha constitui direito ou dever. Inclinamo-nos pela caracterização como direito ou poder, já que é transmissível aos herdeiros do devedor ou do credor, e transfere-se ao cessionário com a obrigação a que acede.[12]

Implica a concentração uma *escolha*, dissemos, a qual poderá normalmente ser feita ou pelo credor ou pelo devedor. Se as partes não tiverem fixado a quem compete, defere-se *ex vi legis* ao devedor (Código Civil de 2002, art. 252),[13] pois que *ambiguitas contra stipulatorem est*. O direito de escolha, na atualidade, deve-se sujeitar aos princípios da eticidade e da socialidade, inclusive no campo de direito contratual, como os princípios da boa-fé objetiva e da função social do contrato, além da lealdade, probidade e os limites impostos pelo fim econômico-social, não podendo ultrapassar as barreiras *axiológico-materiais* que a ordem jurídica lhe impõe.[14] Ocorrendo a pluralidade subjetiva, cabendo a vários credores ou vários devedores o direito de escolha, esta deve ser feita por unanimidade. Não chegando a acordo, a outra parte requererá lhes seja assinado prazo, findo o qual, sem uma definição, o juiz decidirá nos termos do art. 252, § 3º, do Código Civil de 2002. Ao juiz, igualmente, é deferida a opção, se as partes houverem estipulado que a escolha cabe a um terceiro[15] e este não puder ou não quiser, desenganadamente, assumir o encargo.

---

11 Vittorio, Polacco, *Obbligacioni*, pág. 223; De Page, III, nº 277; Lafaille, *Obligaciones*, II, nº 983; Orosimbo Nonato, ob. cit., pág. 243; Barassi, ob. cit., I, pág. 223.
12 Giorgi, nº 428; Orosimbo Nonato, pág. 357. Para Ricardo Lira, a escolha é um direito potestativo que, ao ser exercido, modifica a estrutura da relação obrigacional de alternativa para simples, mas que poderá ser transferido para o outro polo se não exercido (arts. 571 e 894, do Código de Processo Civil).
13 Direito Anterior: art. 884 do Código Civil de 1916. Projetos: arts. 108 e 109 do Projeto de Código de Obrigações de 1965; art. 250 do Projeto de Código Civil de 1975. O mesmo raciocínio, de facilitação de cumprimento da prestação pelo devedor – se revela sua regra do art. 927, do Código Civil de 2002, acerca das dívidas serem quesíveis.
14 Gisela Sampaio da Cruz, ob. cit., págs. 158-159.
15 Não é pacífica a caracterização como alternativa, quando deferida a escolha a um terceiro, caso em que a alguns parece tratar-se antes de obrigação condicional. Neste sentido floresce a doutrina de Giorgi, IV, nº 426; de Tito Fulgêncio, *Do Direito das Obrigações*, nº 143. Em contrário, com mais visos de verdade: Ricci, *Corso*, VI, nº 139; Enneccerus, loc. cit. No sentido de que nada obsta a

Regra é, e imponente, que pela concentração uma das coisas, precisamente, fica *in solutione*. Daí não poder o credor ser compelido a receber parte em uma, parte em outra, nem o devedor a pagar desta maneira. É da essência da alternativa a possibilidade de concentração, e de tal monta que, se várias forem as prestações, mas a *escolha* já estiver evidentemente predeterminada, não haverá na verdade obrigação desta espécie.

A escolha é, por outro lado, definitiva e irrevogável. Uma vez realizada, concentra-se a obrigação, como se desde o início já fosse simples (Enneccerus, Barassi), salvo se as partes houverem pactuado a retratação – *pactum de variatione*. Sendo, entretanto, a obrigação de prestações periódicas (como se estabeleceu no Projeto de Código de Obrigações de 1965, art. 108), devolve-se o direito de escolha para cada período (ano, semestre, mês etc.).

Afora esta exceção, outras ainda admitem os doutores, como a que consta de um *pactum de variatione*, se se estipula a faculdade de retratação dela; ou quando as circunstâncias autorizam a conclusão de sua não definitividade,[16] porém de modo irretorquível.

Também na falta de estipulação em contrário, não perde suas características se o direito de escolha for deferido para o momento da execução, pois que, então, a *solutio* coincide com a concentração ou a ela se segue *in continenti*. Mas, se o devedor é condenado a uma prestação alternativa e deixa escoar o prazo, sem que a realize, devolve-se ao credor, pela mesma razão que, se pertence ao credor e este não a exercita no termo fixado, passa ao devedor.[17]

Basta, à escolha, uma declaração de vontade daquele a quem é reconhecida.[18] Não existe requisito formal para a escolha. Pode ela ser feita mediante comunicação escrita ou notificação judicial, ou até pela simples entrega de uma das coisas, se competir ao devedor. Também, na falta de estipulação em contrário, a opção poderá ocorrer simultaneamente à execução. Não falta, porém, quem distinga e sustente que, se a escolha é do devedor, não é suficiente a simples declaração de vontade, exigindo-se a oferta real,[19] o que entretanto não é expresso na lei, e se desfaz à observação de que em toda dívida *quérable* não é o devedor compelido a levar a prestação ao credor. Admitimo-la como uma forma de escolha, tão somente. O nosso Projeto de Código de Obrigações explicitamente contentava-se com a mera *comunicação* de uma à outra parte (art. 110). Se o devedor se omite quanto ao exercício do direito de escolha, o art. 571, do Código de Processo Civil, prevê procedimento a ser observado para permitir a transferência de escolha por parte do credor.

---

que seja passado o encargo a um terceiro, orientou-se, também, o nosso Anteprojeto de Código de Obrigações, art. 109, no que foi acompanhado pelo Código Civil de 2002 (art. 252, § 4º).
16 Tito Fulgêncio, ob. cit., nº 154.
17 Ruggiero e Maroi, loc. cit.
18 Larenz, ob. cit., pág. 168; Enneccerus, § 18; e Orosimbo Nonato, pág. 360, acentuam o caráter receptício da declaração volitiva, isto é, o fato de se dirigir à outra parte.
19 Carvalho de Mendonça, *Doutrina e Prática das Obrigações*, I, nº 141; Serpa Lopes, ob. cit., nº 60.

Uma vez operada a concentração, pela declaração de vontade ou pela oferta, produz a escolha o efeito de converter a *obligatio* alternativa numa obrigação simples, sujeita às regras gerais a esta pertinentes. Aquela natureza alternativa, que perdura por toda a vida da obrigação, até o momento da concentração, desaparece com esta.

Cumpre observar, contudo, que, se no momento da formação uma das coisas já era impossível, a obrigação era aparentemente alternativa, e em tal caso não caberá falar em concentração, desde o início afastada (Ruggiero). Pode ocorrer, ao revés, de o negócio jurídico ser condicional ou a termo, e a prestação se tornar possível até o implemento da condição suspensiva ou o advento do termo inicial, deve-se considerar estabelecida a obrigação alternativa tal como originalmente foi estipulada. Em outras palavras, a possibilidade superveniente da prestação gera a reconversão da obrigação simples em alternativa.[20] Mas, se compreendia várias coisas, das quais uma impossível originariamente, não se anula o negócio jurídico, que é válido quanto às demais (Larenz), e, ainda mais, perdura a alternativa da obrigação.

A *impossibilidade originária ou superveniente* encontra tratamento específico, variável segundo a incidência das hipóteses que venham a ocorrer.

Deve-se, em primeiro lugar, atentar para o caso em que uma das prestações não possa ser objeto da obrigação ou se torne inexequível sem culpa do devedor: a obrigação subsiste quanto à outra (Código Civil de 2002, art. 253).[21] A bem dizer, há uma *concentração automática*, ou *ex re ipsa*, de vez que independe da vontade de qualquer das partes.[22] Decorre da própria natureza das coisas, ou, como se expressa Tito Fulgêncio, o fortuito torna simples a obrigação.[23] Se, originariamente, a obrigação já era pura e simples, ou, por motivo superveniente, se tornou inexequível sem culpa do devedor, não há cogitar de escolha porque esta já se encontra realizada. Duas observações sugerem o princípio. A primeira é quanto à inexequibilidade. Se a escolha for do credor e uma das prestações se impossibilita por culpa do devedor, caso é de se aplicar o art. 255 do Código Civil de 2002.[24] A segunda diz respeito à impossibilidade jurídica: uma das coisas não pode ser objeto de obrigação, por iliceidade do objeto, anula-se a obrigação, uma vez que o atentado contra a ordem jurídica reside na própria alternatividade. A hipótese de serem mais de duas as coisas não altera a aplicação do princípio.

---

20 Gisela Sampaio da Cruz, ob. cit., pág. 163.
21 Direito Anterior: art. 885 do Código Civil de 1916. Projetos: art. 111 do Projeto de Código de Obrigações de 1965; art. 251 do Projeto de Código Civil de 1975.
22 Deve-se apenas atentar para a possibilidade de a obrigação alternativa se referir a três ou mais prestações, quando, por óbvio, não será aplicado estritamente o art. 253, do Código Civil de 2002, na eventualidade de apenas uma das prestações se tornar impossível. Cuida-se de obrigações alternativas múltiplas (Gisela Sampaio da Cruz, ob. cit., pág. 150).
23 Tito Fulgêncio, nº 163.
24 Direito Anterior: art. 887 do Código Civil de 1916. Projetos: art. 115 do Projeto de Código de Obrigações de 1965; art. 253 do Projeto de Código Civil de 1975.

Mas se a inexequibilidade é atribuída à culpa do devedor, variará a consequência conforme caiba a este a escolha, ou ao credor. Sendo do devedor, pode-se traduzir seu procedimento como uma espécie particular de *concentração*: o devedor, a quem compete a escolha, concentra a obrigação na prestação remanescente, e, pois, deve-a como pura e simples (Código Civil de 2002, art. 254).[25]

Se a escolha competir ao devedor, e, por sua culpa, todas as prestações se impossibilitarem, a obrigação se concentra na que por último pereceu, cabendo a ele devedor pagar o seu valor, mais as perdas e danos. Razão de pura lógica. Se todas perecessem, menos uma, e a escolha cabe ao devedor, é como se esta operasse a concentração nela. E vindo a se impossibilitar por culpa sua, o devedor está sujeito a pagar o seu valor mais perdas e danos, como se fosse ela pura e simples. Se a escolha competir ao devedor, e a impossibilidade dever-se à culpa do credor, libera-se aquele, equivalendo a inexequibilidade culposa a incidência da opção sobre a prestação que pereceu.

Sendo, porém, a escolha do credor, o devedor, tornando impossível a opção, converte a alternativa em outra: o credor tem a faculdade de exigir a prestação subsistente ou o valor da outra acrescido das perdas e danos.

No caso de todas as prestações se tornarem inexequíveis, sem culpa do devedor, a obrigação se extinguirá por falta de objeto. O Código Civil de 2002, no art. 256,[26] consagra um truísmo, tal como fizera o art. 888 do Código Civil de 1916. Se todas as prestações se tornam inexequíveis sucessivamente, concentra-se a obrigação na última. Perecendo esta, extingue-se a obrigação. Desde que não intercorra culpa de qualquer das partes, extingue-se o vínculo. O mesmo ocorre, se a impossibilidade ocorreu simultaneamente. Se a última vier a impossibilitar-se por culpa do devedor, deve ele o seu valor e mais as perdas e danos (Código Civil de 2002, art. 255).[27] Costuma-se ressalvar a hipótese de mora de uma das partes. Sem razão, porém, porque nela já é ínsita a própria culpa, respondendo o moroso pelos riscos da coisa, ainda no caso de força maior ou caso fortuito.

Mas, se todas se impossibilitarem, menos uma, ocorre a concentração na última.

Se houver culpa do devedor, pelo perecimento simultâneo de todas e a escolha couber ao credor, poderá este reclamar o valor de qualquer das prestações, mais perdas e danos, num símile com a obrigação simples: o credor tem o direito de converter a prestação no *id quod interest*. E, como lhe cabia escolher uma das prestações, exerce a opção sobre o respectivo valor, a que se faz acrescer o pagamento das perdas e danos, que o caso determinar.[28]

---

25 Direito Anterior: art. 886 do Código Civil de 1916. Projetos: art. 115 do Projeto de Código de Obrigações de 1965; art. 252 do Projeto de Código Civil de 1975.
26 Direito Anterior: art. 888 do Código Civil de 1916. Projetos: art. 254 do Projeto de Código Civil de 1975.
27 Direito Anterior: art. 887 do Código Civil de 1916. Projetos: art. 115 do Projeto de Código de Obrigações de 1965; art. 253 do Projeto de Código Civil de 1975.
28 Tito Fulgêncio, nº 163; Giorgi, IV, nº 440; Orosimbo Nonato, I, pág. 36.

Não cabendo ao credor a escolha, o devedor tem de pagar o valor da que por último se extinguiu, porque nesta se concentrou a obrigação, e indenizará ainda o credor pelas perdas e danos a que sua culpa der causa.

Se couber ao devedor a escolha, e uma das prestações impossibilitar-se por culpa do credor, fica o devedor liberado, a não ser que prefira satisfazer a outra, exigindo que o credor lhe indenize a que pereceu; se ambas se impossibilitarem por culpa ainda do credor, o devedor a quem competia o direito de escolha pode pleitear o equivalente de qualquer delas, e mais as perdas e danos.[29] Se as prestações se tornaram impossíveis de cumprimento por culpa de terceiro, a hipótese é de resolução da obrigação, respondendo o terceiro pelos prejuízos causados com base em responsabilidade civil extracontratual.

Se a obrigação for *facultativa*, em vez de alternativa, a solução é em princípio diversa, pois que somente existe uma coisa devida (*una res in obligatione*), perfeitamente determinada. Perecendo sem culpa, extingue-se a obrigação, ainda que remanesça a outra, já que esta não é devida, mas acha-se *in facultate solutionis*, isto é, está no poder do devedor desobrigar-se, substituindo-a à outra. Concorrendo, entretanto, a culpa do devedor para o perecimento, não pode este beneficiar-se com a própria malícia, e, então, permite-se ao credor exigir o equivalente da obrigação principal com perdas e danos ou o cumprimento específico da obrigação supletória.[30] Por outro lado, a impossibilidade originária anula a obrigação, desvalendo arguir-se a possibilidade da supletória, pois que esta não é a *res debita*.[31]

Ocorrendo o perecimento da supletória, nenhum efeito terá sobre a obrigação, que é inicialmente determinada, e, pois, a coisa continua sendo devida. Apenas, em tal ocorrência perde o devedor a faculdade de substituir a *res debita* por uma outra *in facultate solutionis*, dado que esta não existe.[32]

145. OBRIGAÇÃO CONDICIONAL E A TERMO

Em razão das modalidades que lhe podem eventualmente ser impostas, a obrigação pode ser pura e simples ou sujeita a condição, termo ou encargo (*modus*), o que, aliás, é aplicável a todo negócio jurídico. A generalidade do princípio não pode ser recebida como absoluta, pois que, se é certo que as condições não proibidas são permitidas, certo é, também, que há sortes inteiras de direitos e deveres incompatíveis com a oposição de *conditio*, como são os da família. Numa especificação certa, o campo de ação das condições é o dos atos de natureza patrimonial, e, portanto, é

---

29 Ruggiero e Maroi, loc. cit.
30 Clóvis Beviláqua, loc. cit.
31 Enneccerus, § 20.
32 Hudelot e Metmann, *Obligations*, pág. 246; Ruggiero e Maroi, loc. cit.

aqui no direito obrigacional, como em matéria de sucessão testamentária, que elas encontram, acolhida.[33]

Tratamos já com pormenor da teoria dos elementos acidentais do negócio jurídico, cogitando da condição, do termo, do modo, da pressuposição. Seria incorrer em repetição enfadonha retomarmos o assunto, uma vez que, no particular das obrigações, têm cabida os princípios relativos às modalidades do negócio jurídico constantes da Parte Geral do Código Civil de 2002, aos quais ora nos reportamos (v. n°s 95 e segs., *supra*, vol. I).

Com o fito de expor apenas as linhas gerais da doutrina, acode-nos recordar, transpondo e adaptando ao assunto aqui versado as noções já assentadas, que a condição é a cláusula acessória que subordina a eficácia da obrigação a um acontecimento futuro e incerto. Pode, como toda outra, ser *potestativa* (quando depende o evento da vontade humana) ou *casual* (independente dela), ou ainda *mista*, simbiose da casualidade e da voluntariedade. E, destacando a condição potestativa pura, que sujeitaria a eficácia da obrigação ao arbítrio exclusivo de uma das partes, recordamos sua invalidade (v. nº 96, *supra*), por ser defesa no art. 122 do Código Civil de 2002.[34]

Quando definimos acima a condição, não supusemos que cada obrigação somente seja suscetível de receber uma condição única. Ao revés, um mesmo contrato, por exemplo, pode ser onerado por mais de uma condição, hipótese em que se forem *conjuntas* é essencial que todas se realizem; mas, se disjuntivas, bastante será o implemento de uma só.[35] É possível que as condições sejam alternativas, caso em que basta a realização de uma só delas.[36]

Das distinções e classificações correntes, a mais importante pelo seu conteúdo prático é a que as extrema em *suspensivas* e *resolutivas*. Na pendência da primeira, o efeito do *vinculum iuris* está suspenso, não adquirindo o sujeito ativo o direito a que visa. Por isso mesmo, pendente a condição suspensiva, a *obligatio* ainda não exprime, nem pode exprimir, um débito – *nihil interin debetur* –, traduzindo apenas uma expectativa de direito, sem ação correspondente.[37] Mas, uma vez ocorrendo o seu implemento, na mesma data deve ser cumprida a obrigação (Código Civil de 2002, art. 332),[38] tudo se passando como se esta estivesse em plena vigência, como se pura fosse, desde o momento de sua constituição. Reversamente, se não ocorrer, a obrigação desaparece, como se não tivesse jamais existido; o devedor não é devedor, como se nunca estivesse preso a compromisso, e o credor nenhum direito tem. Assim sendo, enquanto se não verificar a condição, o credor não tem o direito de receber a prestação, e, se o faz, o devedor tem ação de repetição do pagamento, por indevido.[39]

---

33 M. I. Carvalho de Mendonça, *Doutrina e Prática das Obrigações*, I, nº 98.
34 Código Civil de 1916, art. 115.
35 Carvalho de Mendonça, I, nº 115; Alfredo Colmo, *Obligaciones*, nº 226.
36 Everaldo Augusto Cambler, ob. cit., pág. 57.
37 Carvalho de Mendonça, nº 105.
38 Ver nº 156, *infra*.
39 Mazeaud *et* Mazeaud, *Leçons*, II, nº 1.030.

Recorde-se que não há contagem do prazo prescricional enquanto pender condição suspensiva para surgimento da obrigação (art. 199, I, Código Civil de 2002).

Sendo *resolutiva a condição*, a obrigação produz desde logo os seus efeitos, mas perde a eficácia, com o seu implemento, e voltam as partes ao estado anterior. Os direitos adquirem-se na sua pendência, como se se tratasse de obrigação pura e simples. Ocorrendo o acontecimento, atua sobre o vínculo, desconstituindo-o, indo alcançar os terceiros, porque se extinguem todos os direitos a que a condição se opõe.[40] Como consequência, os frutos percebidos não se restituem.

Indaga-se, com a maior pertinência (Clóvis Beviláqua), quem deve suportar os riscos a que a coisa acaso se sujeite, na pendência da resolutiva. E responde-se que, produzindo todos os efeitos a obrigação, encontra a teoria dos riscos seu princípio fundamental precisamente nesta circunstância. Se a coisa, então, perece ou se deteriora, por caso fortuito ou força maior, sofre as consequências o adquirente, pois *res perit domino*, e o negócio jurídico produz todos os seus efeitos, como se fosse simples. Verificado o implemento da condição, não haverá retorno ao estado anterior, por falta de objeto ou por se achar este em situação diferente, causado pela deterioração.[41]

Qualquer que seja a natureza da condição, não impede que a obrigação se transmita, seja aos herdeiros por ato *causa mortis*, seja a terceiros por convenção *inter vivos*, se bem que com o mesmo caráter condicional.[42]

Quanto à condição *impossível*, já assentamos no n° 98, *supra*, que a impossibilidade física da condição invalida o próprio negócio jurídico, deixando o ato produzir todos os seus efeitos como puro e simples, o mesmo ocorrendo nos casos de condições juridicamente impossíveis quando suspensivas (art. 123, I, do Código Civil de 2002). Nos casos de condições impossíveis, quando resolutivas, têm-se por inexistentes (art. 124, Código Civil de 2002).

O *termo* é a modalidade temporal que pode acompanhar a obrigação, estabelecendo o momento em que há de começar ou há de cessar a produção de seus efeitos. Chama-se *prazo* o tempo que medeia entre o nascimento da obrigação e a superveniência do termo. Não atua sobre a validade da *obligatio*, mas sobre os seus efeitos, somente, pois ainda quando suspensivo (*ex die*), e, ao contrário da condição desta espécie, não obsta a que se adquira o direito a que visa. A distinção entre termo e condição acha-se feita (n° 99, *supra*), em torno da ocorrência do evento, que naquele é certa e incerta nesta.

A oposição de termo tem enorme importância na apuração das consequências da inexecução da *obrigação*, pois que o nosso direito, conforme veremos no n° 173, *infra*, adotou quanto às obrigações a termo a regra romana da constituição automática do devedor em *mora – dies interpellat pro homine*, regra esta que não tem cabida na falta de prazo assinado. No devido lugar (n° 173, *infra*) estudaremos em minúcia o assunto. Limitamo-nos agora a traduzir o princípio, antecipando que a obrigação constituída para

---

40 Código Civil de 2002, arts. 127 e 128.
41 Clóvis Beviláqua, *Obrigações*, § 18.
42 Carvalho de Mendonça, I, 105.

cumprimento em dia certo dispensa da parte do credor notificação ou interpelação, para positivar-se a mora do devedor, ou *vice-versa* quanto à *mora accipiendi*. Mas, se não é determinada a época do vencimento, o devedor ou o credor não estará em mora enquanto não for feita notificação ou interpelação.

Em princípio, tem o credor o direito de reclamar o cumprimento imediato da obrigação, quando se não lhe apõe termo. Uma vez ajustado ou imposto este, enquanto não é atingido a obrigação não é exigível, com todas as consequências da inexigibilidade, como, por exemplo, a insuscetibilidade de compensação.[43] Casos haverá, contudo, em que a exigibilidade da obrigação se antecipa ao termo como estes: *a*) instauração de concurso creditório sobre os bens do devedor; *b*) incidência de penhora sobre bens hipotecados, empenhados ou dados em anticrese; *c*) cessação ou insuficiência de garantias do débito, fidejussórias ou reais, e, intimado o devedor, negar-se a reforçá-las; *d*) convenção de outro fato como autorizador da antecipação de pagamento.

Por ser a obrigação a termo inexigível, não nasce para o credor a *pretensão*, e, portanto, segundo o deduzido no nº 124, *supra*, não prescreve. Nas obrigações modais, há uma oneração a que se sujeita o credor diante da imposição de um modo ou encargo. A obrigação com encargo não suspende a aquisição ou exercício do direito, a não ser que tenha sido expressamente imposto pelo disponente como condição suspensiva (art. 136 do Código Civil de 2002).

146. Obrigação principal e acessória

Como das próprias expressões se verifica, diz-se que é *principal* uma obrigação quando tem existência autônoma, independente de qualquer outra. E é *acessória* quando, não tendo existência em si, depende de outra a que adere ou de cuja sorte depende.

O caráter acessório ou principal da obrigação é uma qualidade que lhe pode advir da vontade das partes ou da lei. Pode-se configurar desde o momento de sua constituição ou aparecer supervenientemente. Podem ambas nascer geminadas ou dissociadas uma da outra. Pode a acessoriedade referir-se ao objeto ou pode ocorrer como uma situação puramente subjetiva.

A acessória *convencional* aparece quando os sujeitos da relação obrigacional, ajustam, a par da obrigação principal, outra que se lhe acosta, ou dela fica dependente, como adjeta. Assim, se a uma confissão de dívida e compromisso de solvê-la (principal) se faz acrescer uma garantia, seja real (*exempli gratia*, penhor), seja fidejussória (fiança), a obrigação principal tem existência autônoma, pois que é suscetível de constituir-se independentemente da outra; esta, que somente encontra sua razão de ser como caudatária daquela, é acessória, e convencional, porque gerada pela declaração de vontade. O Superior Tribunal de Justiça, em sede de recurso repetitivo, assentou a tese jurídica consoante a qual "*podem as partes convencionar o*

---

43 Mazeaud *et* Mazeaud, *Leçons*, II, nº 1.019.

pagamento do Imposto sobre Operações Financeiras e de Crédito (IOF) por meio de financiamento acessório ao mútuo principal, sujeitando-o aos mesmos encargos contratuais" (tema 621, Recursos Especiais nos 1.251.331/RS e 1.255.573/RS, Rel. Min. Isabel Gallotti).

Acessória *legal* não provém diretamente da vontade, mas dimana da própria lei. O vendedor tem a obrigação de entregar a coisa vendida (principal) e ainda é obrigado a resguardar o comprador contra os riscos da evicção (acessória). São duas obrigações distintas, porque pode haver compra e venda sem garantia pela evicção, como pode ainda, reforçando-a, prestá-la um terceiro pelo vendedor (v. nº 210, *infra*, vol. III). Em qualquer caso a este análogo, se a obrigação acessória se origina *ex lege*, distingue-se da acessória convencional quanto à constituição, não quanto aos efeitos, que uns e outros são idênticos.

A relação de dependência estabelecida entre a acessória e a principal tem várias consequências, todas porém subordinadas à regra geral *accessorium sequitur principale*. Assim, se a obrigação principal se extingue, a acessória automaticamente desaparece. A prescrição dela implica a desta. A ineficácia da principal por via de regra reflete na acessória; mas nem sempre, pois que se a obrigação principal é nula por incapacidade do devedor prevalece a fiança (acessória), na forma do art. 824 do Código Civil de 2002, salvo se é dada a mútuo contraído por menor,[44] em razão do princípio assentado no senátus-consulto macedoniano, sobrevivo no art. 588 do Código Civil de 2002.

Reciprocamente, a sorte da obrigação acessória não afeta a principal. Se vem, *exempli gratia*, a caducar a garantia hipotecária, em razão da destruição da coisa ou resolução do domínio, perde o credor o poder direto sobre o imóvel onerado, mas não sucumbe a sua qualidade creditória: prevalece, a parte *debitoris*, a mesma obrigação de pagar, que é principal, embora o bem hipotecado não mais exista ou venha a libertar-se (pela resolução do domínio, no exemplo figurado). A independência da principal, quanto à acessória, é assim flagrante, pois que a sua extinção deixa íntegra a obrigação principal, enquanto a extinção desta implica a cessação daquela.

A condição de acessoriedade ocorre ainda no que tange à transferência da obrigação, pois que o crédito, passando ao cessionário no estado em que se encontra, faz-se acompanhar de todos os seus acessórios.[45]

Há, contudo, distinguir "cláusula acessória" de "obrigação acessória", em que a primeira pressupõe um acréscimo, sem a criação de obrigação diversa. Assim, se num contrato preliminar de compra e venda as partes estipulam a sua irretratabilidade, inserem uma *cláusula* que é acessória, por não fazer parte da natureza da promessa aquela qualidade, mas não constitui uma *obrigação acessória*, porque não implica uma *obligatio* a mais, aderente ao contrato, à qual o devedor esteja sujeito. Ocorre uma qualificação da mesma obrigação do promitente-vendedor e do promitente-comprador. A distinção aqui feita não é meramente acadêmica, pois que a toma, em outro sentido, Alfredo Colmo, para mostrar que as *cláusulas acessórias* quando ilícitas carreiam a

---

44 Serpa Lopes, *Curso*, II, nº 42.
45 Washington de Barros Monteiro, *Curso*, IV, pág. 251.

nulidade do direito principal,[46] o que não é verdade quanto às obrigações acessórias, cuja ineficácia deixa incólume a principal.

147. PRESTAÇÃO DE JUROS

Dentre as obrigações acessórias, menciona-se a *prestação de juros*, que se destaca, tanto em razão de merecer tratamento distinto, como ainda pela importância que representa na vida dos negócios. Chamam-se *juros* as coisas fungíveis que o devedor paga ao credor, pela utilização de coisas da mesma espécie a este devidas. Pode, portanto, consistir em qualquer coisa fungível, embora frequentemente a palavra *juro* venha mais ligada ao débito de dinheiro, como acessório de uma obrigação principal pecuniária.[47] Pressupõe uma obrigação de *capital*, de que o juro representa o respectivo rendimento, distinguindo-se com toda nitidez das cotas de amortização.[48] Na ideia do juro integram-se dois elementos: um que implica a remuneração pelo uso da coisa ou quantia pelo devedor, e outro que é a de cobertura do risco que sofre o credor.[49] O juro é o preço devido pelo uso do capital, o fruto por ele produzido, enfim, é a expressão econômica da cessão do dinheiro, em regra. Três novidades podem ser apontadas com o advento do Código Civil de 2002: a) a questão referente ao critério ("taxa") a ser utilizado para sua quantificação, tendo como parâmetro a "taxa" que estiver em vigor para a mora do recolhimento de tributos federais; b) a permissão do emprego da capitalização de juros; c) a antecipação do pagamento do mútuo e a dispensa dos juros compensatórios vincendos.[50]

Podem os juros ser *convencionais* ou *legais*, conforme a obrigação de pagá-los se origine da convenção ou da lei. No primeiro caso, juntamente com a obrigação principal ou subsequentemente, as partes constituem a obrigação relativa aos juros, acompanhando a outra até a sua extinção. No segundo, é a lei que impõe a obrigação acessória quanto a eles, como, por exemplo, o ressarcimento das perdas e danos nas obrigações em dinheiro.

Podem, ainda, ser *moratórios* ou *compensatórios*. Os primeiros são devidos como pena imposta ao devedor em atraso com o cumprimento da obrigação. Normalmente, a referência aos juros de mora vem ligada aos que se devem *ex vi legis*; mas não é exato confundir-se o juro legal com o de mora, pois nada impede, e ao revés a prática dos negócios o confirma, sejam *contratados* ou *convencionados* juros moratórios, como, por outro lado, a lei prevê também a existência de juros legais compensatórios, como no exemplo da desapropriação com imissão provisória na posse pelo expropriante. Dizem-se *compensatórios* os juros que se pagam como compensação

---

46 Alfredo Colmo, *Obligaciones*, n° 297.
47 Ruggiero e Maroi, *Istituzioni*, II, § 127.
48 Enneccerus, Kipp e Wolff, *Tratado, Derecho de Obligaciones*, I, § 8.
49 Serpa Lopes, *Curso*, II, n° 44.
50 José Eduardo Coelho Branco Junqueira Ferraz, "Os juros e o Novo Código Civil", *in*: Gustavo Tepedino (coord.), *Obrigações*, págs. 490 e 491.

pelo fato de o credor estar privado da utilização de seu capital, ou seja, a remuneração paga em razão da disposição da riqueza material em poder do devedor. Comumente, são convencionados. A lei prevê, entretanto, alguns casos em que são devidos juros compensatórios, independentemente de ajuste; por exemplo, o mandatário deve-os ao mandante sobre as somas que a este cabia entregar ou dele recebeu, desde o momento em que abusou;[51] o mandante deve-os ao mandatário pelas somas que a este adiantou para execução do mandato.[52] A jurisprudência, a seu turno, tem assentado alguns casos de juros compensatórios, como, *exempli gratia*, os devidos pelo poder desapropriante que se imite na posse do bem expropriado, desde a data da imissão até a do efetivo pagamento. O que caracteriza a distinção entre um e outro é que do juro compensatório é afastada a ideia de culpa, o que não se dá com o moratório, que assenta no pressuposto do retardamento do devedor no cumprimento da obrigação principal.

Como acessória, a prestação de juros não pode existir senão adjeta a uma principal. Pode acontecer, contudo, que a obrigação relativa aos juros se destaque da principal, a ponto de se poder exigir independentemente dela. Em tal hipótese, aparenta o juro o caráter de obrigação principal, e há mesmo quem o considere assim (Ruggiero). Mas a sua natureza acessória persiste, mesmo se houver exigibilidade autônoma. O juro, uma vez vencido, pode constituir um débito exigível à parte do principal. Pela natureza, é sempre acessório. Eventualmente pode desprender-se do principal, mas juridicamente não teria explicação sem ele. Como *fruto civil*, recebe o tratamento que o direito dá aos frutos: acessório da coisa principal, segue-a. Nada impede que, tal qual ocorre com os frutos naturais, venham a volver-se em coisas principais, quando, então, deixam de ser frutos. Assim, o juro pode ser destacado e transformado em obrigação autônoma. E não será mais juro, neste caso, pois perde esta qualidade para traduzir coisa ou quantia autonomamente.

O juro convencional tem passado por enormes variações através dos tempos, sob a influência das ideias dominantes em cada período. A Bíblia registra várias passagens em que ocorre a sua proibição, seja no Antigo Testamento,[53] seja no Novo Testamento, onde ressalta a sentença pronunciada no Sermão da Montanha: "... *benefacite et mutuum date, nihilinde sperantes.*"[54] Em Roma, afora a proibição lançada contra o anatocismo (cobrança de juros sobre juros), chegou-se à tarifação das taxas permitidas: 4% para as *personae ilustres*, 8% para os comerciantes e fabricantes, 6% para quaisquer outras pessoas.[55] Mas ali também procuraram os inescrupulosos burlar a proibição, mediante inscrição, no instrumento, de quantia maior do que a mutuada, o que sugeriu a criação de uma defesa para o devedor – *exceptio non numeratae pecuniae* – com que este se opunha à pretensão do credor.[56] Na Idade Média, a influência da Igreja tendo sido marcante, generalizou-se a condenação à usura, que Santo Tomás profligava, ao

---

51 Código Civil de 2002, art. 670.
52 Código Civil de 2002, art. 677.
53 *Êxodo*, cap. XX, vers. 25; *Levítico*, cap. XXV, vers. 35-37; *Deuteronômio*, cap. XXIII, vers. 19-20; *Salmos*, cap. XIV, vers. 1-5.
54 Evangelho segundo São Lucas, cap. VI, vers. 34-35.
55 Mackeldey, *Droit Romain*, § 386.
56 Caio Mário da Silva Pereira, *Lesão nos Contratos*, nº 80.

dizer que aquele que recebe interesse, por pacto expresso ou tácito, *peccat contra iustitiam*.[57] A Igreja Católica proibiu a cobrança de juros durante séculos (concílios de Arles, 314; Nice, 325; Cartago, 345; Aix, 789; Latrão, 1139). A idade moderna tem controvertido a solução do problema, sendo notória a defesa da liberdade de estipular juros formulada por Jeremias Bentham, nas famosas Cartas escritas de Grishow. A rigidez da orientação católica foi atenuada e, posteriormente superada, diante da necessidade de alavancagem da economia, com a distinção das hipóteses de empréstimo destinado ao consumo material daquele concedido para o estímulo da produção.[58]

    Não seria demais, portanto, que o nosso direito refletisse este desencontro de opiniões. O Código Civil de 1916 permitiu ajustá-los em qualquer taxa, com ou sem capitalização. Era o auge do individualismo, reino da liberdade quase absoluta para estipulação da taxa de juros. Sentindo, porém, o legislador que os abusos especialmente nos períodos de crise são levados ao extremo de asfixiarem toda iniciativa honesta, baixou o Decreto nº 22.626, de 7 de abril de 1933. Este diploma começa por criar uma limitação à convenção usurária, vedando estipular juros maiores de 12% ao ano, suscetíveis somente de elevação de mais 1% pela mora. Cuidando do mútuo hipotecário, restringe a convenção a 10% para as hipotecas urbanas e 8% para as rurais, e tarifa o financiamento agrícola no prêmio de 6% ao ano. Estas disposições especiais foram mais tarde abolidas pelo Decreto-Lei nº 182, de 5 de janeiro de 1938, ficando a estipulação de juro tabelada para qualquer natureza de negócio no limite de 12%. Proibiu ainda aquele decreto a prática do anatocismo, já vedada pelo art. 253 do Código Comercial de 1850, em que não compreendeu o acúmulo de juros vencidos aos saldos apurados anualmente em conta corrente, tal qual naquele diploma. Regulamentando a prática bancária habitual, conhecida pelo nome de *desconto por dentro*, o decreto proibiu que a importância dos juros pagos por antecipação exceda as taxas máximas tarifadas, nas operações a prazo superior a seis meses. Vedou também a estipulação de multa superior a 10% do valor da dívida, e a reputou estabelecida para atender às despesas judiciais e aos honorários de advogado, somente exigível em ação judicial. E considerou vedado o recebimento de taxas maiores do que as permitidas na lei, ainda que a título de comissões. Contra o infrator instituiu penalidades de caráter civil e criminal. As primeiras consistiram na nulidade *pleno iure* do contrato usurário, com direito, ao lesado, de repetição do que pagou a maior. Classificando como delito de usura qualquer manobra tendente a ocultar a verdadeira taxa de juro e fraudar a lei, sujeitou o agente à pena de prisão por seis meses a um ano e multa de cinco a cinquenta mil cruzeiros, agravada no caso de se valer o credor da inexperiência ou das paixões do menor, da deficiência ou da doença mental do devedor, ou da aflitiva situação em que se ache este ao contratar. Mais tarde, com o Decreto-Lei nº 869, de 18 de novembro de 1938, a usura pecuniária foi definida como crime contra a economia popular, punível com a pena de seis meses a dois anos de prisão e multa de dois a dez mil cruzeiros, além da nulidade da convenção usurária, que será pelo juiz ajustada à medida legal, ou restituído o excesso pago, com os juros legais a contar da data do pagamento.

---

57 Santo Tomás, *Summa*, Secunda Secundae, Quaestio LXVIII, art. 2º.
58 José Eduardo Coelho Branco Junqueira Ferraz, ob. cit., pág. 495.

Posteriormente, a Lei n° 1.521, de 26 de dezembro de 1951, substituindo-se ao Decreto--Lei n° 869, conservou estas regras.[59]

Com apoio no art. 9° da Lei n° 4.595, de 31 de dezembro de 1964, o Banco Central do Brasil baixou a Resolução n° 389, de 15 de setembro de 1976, autorizando os bancos comerciais a operar a taxas de mercado. E a Circular n° 82, de 15 de março de 1967, permitiu a cobrança da "taxa de permanência" nos limites da taxa da operação, para os títulos que não forem liquidados no vencimento.

O Supremo Tribunal Federal fixou jurisprudência, considerando que os limites do Decreto n° 22.626 não se aplicam às instituições financeiras, consignando-o na Súmula, Verbete 596. Desse modo, as instituições financeiras ficaram excluídas das restrições impostas pelo Decreto n° 22.262/33, passando a ser regidas pela Lei n° 4.595/64.

A Constituição Federal de 1988, em disposição polêmica (art. 192, n° VIII, § 3°), limitou as taxas de juros reais, incluídos neles quaisquer acessórios, a doze por cento, a serem cobrados pelas instituições financeiras, punindo com crime de usura a cobrança acima desse limite. Sustentamos sua inaplicabilidade imediata em artigo publicado na *Revista Forense*, vol. 304, pág. 30. A respeito de tal questão, o Supremo Tribunal Federal pacificou orientação no sentido da não autoaplicabilidade do § 3° do art. 192, da Constituição Federal. Houve, posteriormente, Emenda Constitucional, de n° 40, que revogou o dispositivo constitucional referido.

O Código Civil de 1916 estabelecia a taxa de seis por cento ao ano, quando não convencionada. A prática dos negócios, aliada à depreciação da moeda, demonstrou a sua insuficiência. O Anteprojeto de Código Civil de 1972, art. 400, estabeleceu critério demasiadamente impreciso e fluido, reportando-se aos "correntes no lugar do pagamento, segundo a taxa bancária para os empréstimos ordinários". Em face de nossas críticas (*in Reformulação da Ordem Jurídica e outros temas*, pág. 155), a redação foi mudada, resultando este artigo.

A nova norma (Código Civil de 2002, art. 406)[60] estabelece uma gradação. Em primeiro plano está a convenção. As partes podem estipular a taxa de juros moratórios, prevalecendo no seu cálculo a cláusula convencionada. Em segundo lugar, observa--se o que estiver estatuído em lei especial. Na falta de taxa legal ou convencional, ou quando a obrigação mencionar os juros moratórios sem fixação de taxa, prevalece como paradigma a taxa estabelecida para mora do pagamento de impostos devidos à Fazenda Nacional.

Em sede de recurso repetitivo, o Superior Tribunal de Justiça estabeleceu a seguinte tese jurídica para os contratos bancários: "*Nos contratos bancários, não regidos por legislação específica, os juros moratórios poderão ser convencionados até o limite de 1% ao mês*" (tema 30, Recurso Especial n° 1.061.530/RS, Min. Nancy Andrighi). Relativamente aos contratos de mútuo, contudo, o mesmo STJ assentou a tese jurídica consoante a qual "*nos contratos de mútuo em que a disponibilização*

---

59 Caio Mário da Silva Pereira, *Lesão nos Contratos*, n° 80.
60 Direito Anterior: arts. 1.062 e 1.063, do Código Civil de 1916. Projetos: art. 148 do Projeto de Código de Obrigações de 1965; art. 404 do Projeto de Código Civil de 1975.

do capital é imediata, o montante dos juros remuneratórios praticados deve ser consignado no respectivo instrumento. Ausente a fixação da taxa no contrato o juiz deve limitar os juros à média de mercado nas operações da espécie, divulgada pelo Bacen, salvo se a taxa cobrada for mais vantajosa para o cliente. Em qualquer hipótese, é possível a correção para a taxa média se for verificada abusividade nos juros remuneratórios praticados" (tema 234, Recursos Especiais nos 1.112.879/PR e 1.112.880/PR, Rel. Min. Nancy Andrighi). No que tange aos contratos vinculados ao Sistema Financeiro de Habitação, o STJ ainda estabeleceu que "o art. 6º, 'e', da Lei nº 4.380/64, não estabelece limitação aos juros remuneratórios" (tema 49, Recursos Especiais nos 1.070.297/PR e 1.112.741/MT).

Como anota doutrina mais recente, o Código Civil de 2002 adotou posição intermediária entre a liberdade absoluta na estipulação da taxa de juros (do Código de 1916) e a limitação máxima prevista no Decreto nº 22.626/33 (para os particulares, salvo instituições financeiras), e que anteriormente era prevista no revogado art. 192, § 3º, da Constituição Federal. Desse modo, o art. 406, do Código Civil de 2002, não fixou percentual máximo, nem admitiu liberdade absoluta na pactuação, optando por eleger a taxa que estiver em vigor para a mora dos pagamentos dos impostos devidos à Fazenda Nacional.[61]

Com a regra do art. 406 do Código Civil de 2002, instaurou-se a polêmica a respeito da taxa de juros que deve ser considerada, diante da consideração expressa na disposição, que deverá ser aquela que estiver em vigor para a mora do pagamento de impostos federais. A controvérsia gira em torno de duas possibilidades: a) a adoção da taxa SELIC (taxa referencial do Sistema Especial de Liquidação e Custódia para os títulos federais) da Lei nº 8.981/95; b) a consideração de 1% ao mês, nos termos do art. 161, § 1º, do Código Tributário Nacional (CTN).

A esse respeito, é importante registrar que a SELIC é taxa de mercado relacionada ao mercado secundário de negociação de um título federal, e é definida pela taxa média. Como já foi anotado, trata-se de operações realizadas no mercado secundário entre detentores de títulos públicos e certos aplicadores que nortearão a taxa de remuneração de títulos. Essas operações geram o juro primário da economia que, por sua vez, é referência para as demais taxas de juros.[62] Considera-se que a SELIC tem uma parte remuneratória do capital e outra que é de atualização da moeda, o que gera uma duplicidade de correção monetária no valor considerado, o que implicaria enriquecimento sem causa do credor.

Na I Jornada de Direito Civil, realizada pelo Centro de Estudos Judiciários do Conselho da Justiça Federal, foi aprovado enunciado no sentido de considerar os juros do art. 406, do Código Civil de 2002, como sendo 1% ao mês, por incidência do art. 161, § 1º, do Código Tributário Nacional, sob o fundamento de que a SELIC é extremamente volátil e que geraria insegurança jurídica diante do não conhecimento prévio da taxa de juros. A questão não é pacífica na doutrina recente, sendo que também há dissídio jurisprudencial a respeito, inclusive com base em julgamentos do Superior Tribunal de Justiça, sobre a matéria envolvendo a SELIC nos créditos

---

61 José Eduardo Ferraz, ob. cit., pág. 498.
62 José Eduardo Ferraz, ob. cit., pág. 500.

tributários (REsp. n° 215.881-PR, 2ª Turma; ED. REsp. n° 193.453/SC, 1ª Seção). Neste último julgamento – dos embargos de divergência n° 193.453 – reconheceu-se a legitimidade do emprego da SELIC como taxa de juros, mas impediu-se o emprego de qualquer índice de correção monetária à SELIC quando ela for utilizada como taxa de juros, eis que embutida, na sua composição, à atualização monetária.[63]

Para aqueles que defendem a consideração da taxa SELIC para os fins do art. 406, do Código Civil de 2002, não há que se cogitar da incidência do art. 161, § 1°, do CTN, eis que houve sua revogação pelo art. 84, inciso I, da Lei n° 8.981/95, que prevê a incidência de juros moratórios equivalente à taxa mensal de captação do Tesouro Nacional relativa à Dívida Mobiliária Federal Interna que, nos termos do art. 13, da Lei n° 9.065/95, corresponde ao percentual da taxa SELIC. Ademais, o argumento de insegurança jurídica é refutado sob o fundamento de que várias taxas de juros não são previamente conhecidas como nas aplicações financeiras e nos contratos de financiamento imobiliário.

A solução adotada pelo Superior Tribunal de Justiça se refere aos créditos tributários e, portanto, não demonstrava a tendência a ser seguida no campo da aplicação do art. 406 do Código Civil de 2002. Há de se considerar, no entanto, que a regra constante do § 1° do art. 161 do CTN – que, diga-se *en passant*, não foi revogada expressamente (ou mesmo tacitamente) – é a que melhor se adequa aos valores de segurança jurídica e equilíbrio nas relações obrigacionais. Contudo, o STJ pacificou a orientação de considerar a aplicação da taxa SELIC a partir da vigência do Código Civil de 2002, conforme Tema Repetitivo n° 176, tal como se verifica no julgamento do Recurso Especial n° 1.111.118/PR (Rel. Min. Luis Felipe Salomão, *DJe* 02.09.2010).

Os juros moratórios, em razão de sua finalidade punitiva pelo retardamento da obrigação, são devidos independentemente da prova de prejuízo do credor (Código Civil de 2002, art. 407).[64] O Código se refere às dívidas de dinheiro e às prestações de outra natureza, quando lhes seja fixado valor pecuniário. Tal fixação pode vir de sentença condenatória em quantia certa; ou sua liquidação obedecendo aos critérios estatuídos no Código de Processo Civil para as execuções ou sentença; ou arbitramento judicial ou extrajudicial; ou, finalmente, acordo entre as partes. Desde que se trate de obrigação de prestação em dinheiro, quer originária quer por qualquer critério de conversão em espécie monetária, os juros moratórios são devidos. O ponto de partida (*dies a quo*) no seu cômputo varia conforme a natureza ou liquidez da dívida.

O nosso Projeto de Código de Obrigações fixou em 10% a taxa dos juros legais e a dos convencionais quando as partes não hajam estipulado diferentemente, e estabeleceu nos 12% o limite para qualquer estipulação, salvo o acréscimo de 1% a título de mora, sob pena de nulidade (art. 148).

A fluência dos juros de mora tem ocupado a atenção do aplicador, especialmente por inexistir no Código Civil uniformidade de regras a respeito. A invocação de

---

63 Toda a celeuma é desenvolvida por José Eduardo Ferraz (ob. cit., págs. 500-507).
64 Direito Anterior: arts. 1.064 do Código Civil de 1916. Projetos: art. 150 do Projeto de Código de Obrigações de 1965; art. 405 do Projeto de Código Civil de 1975.

disposições esparsas tem levado os nossos escritores a manifestarem opiniões desencontradas, com reflexo lamentável nos pronunciamentos jurisprudenciais. Invocando a velha parêmia *in iliquidis non fit mora*, discutem uns a sua incidência nas obrigações ilíquidas, ante a indagação se é possível admitir-se corram juros moratórios anteriormente à data da sentença que liquida a obrigação, isto é, que a torna objetivamente determinada e existencialmente certa. Aparentemente é razoável dizer-se que se o devedor ignora *quantum debeatur*, não pode ser punido com juros moratórios. Aparentemente apenas, porque, se, ao contrário de diligenciar o cumprimento da obrigação, opõe resistência à pretensão do credor, não pode ser beneficiado com a dilação até o termo do litígio, para pagar os juros moratórios somente após sentença de liquidação. Enfeixando em sistema todas as hipóteses previstas no Código Civil de 1916, Serpa Lopes oferece uma disposição ordenada da matéria,[65] em seis alíneas: *a*) se a obrigação é *líquida* e *certa*, com *prazo* determinado de vencimento, são devidos os juros desde o termo, porque o não pagamento constitui o devedor em mora *pleno iure*;[66] *b*) se for *positiva* e *líquida* a obrigação, mas sem *prazo*, os juros fluem da interpelação, por ser ela necessária à constituição do devedor em mora;[67] *c*) correm juros desde o momento em que o devedor descumpre *obrigação negativa*, porque incorre de pleno direito em mora quando pratica o ato de que devia abster-se;[68] *d*) se a obrigação provém de um *delito*, os juros são devidos desde quando foi perpetrado, porque a lei considera automática a incidência da mora;[69] *e*) sendo a prestação *não pecuniária*, são devidos do momento em que se lhes fixa o valor;[70] *f*) nas obrigações decorrentes de ato ilícito, se não houver motivo determinante de sua fluência anterior, correm desde a citação inicial.[71] Não é, na verdade, fácil tratar o assunto sem uma discriminação das hipóteses, e toda a confusão reinante está em tentarem alguns escritores formular regra uniforme ou confrontarem disposições legais *abstratamente*.

As regras acima não têm, entretanto, aplicação, quando se tratar de decisão proferida contra a Fazenda Pública, caso em que os juros de mora somente são devidos a partir do trânsito em julgado da sentença condenatória se se tratar de quantia líquida, ou daquela que, em execução, fixar valor se a obrigação era ilíquida.[72] O STF, em julgado de 20.09.2017, ao apreciar o tema 810 da repercussão geral, considerou

---

65 Serpa Lopes, *Curso*, II, nº 50.
66 Código Civil de 2002, art. 397. Ver nº 173, *infra*.
67 Código Civil de 2002, art. 397, parágrafo único. Ver nº 173, *infra*.
68 Código Civil de 2002, art. 390. Ver nº 174, *infra*.
69 Código Civil de 2002, art. 398. Ver nº 173, *infra*.
70 Código Civil de 2002, art. 406.
71 O art. 1.536, § 2º, do Código Civil de 1916 tratava desta hipótese. O Código Civil de 2002 não reproduziu o dispositivo, podendo, contudo, ser aplicado o art. 405, quando se trate de obrigação ilíquida. Súmula 163 do STF e Súmula 54 do STJ. Deve-se também considerar, na hipótese, a aplicação do art. 219, do Código de Processo Civil, que se harmoniza com o referido art. 405, do Código Civil de 2002.
72 Decreto nº 22.785, de 31 de maio de 1933, art. 3º. O Supremo Tribunal Federal tem decidido que somente os juros *moratórios* são subordinados a este preceito restritivo; aos juros *com-*

que a atualização monetária deve se dar segundo o IPCA-E desde a data fixada na sentença, fixando ainda a tese de que, a respeito das condenações decorrentes de relação jurídica não tributária, os juros moratórios devem incidir segundo o índice de remuneração da caderneta de poupança. O nosso Projeto de Código de Obrigações assentou uma regra (art. 147), em que estabelecia que, salvo disposição legal ou convenção em contrário, as obrigações líquidas em dinheiro vencem juros desde que se tornem exigíveis, e, não havendo prazo, desde a constituição em mora.

Como acima ficou esclarecido, não permite a lei (Decreto nº 22.626) a cobrança de juros compostos, reprimindo assim o anatocismo. Como, porém, esta lei veio apenas disciplinar e coibir a convenção usurária, deve entender-se no sentido de que proibiu a *estipulação* de juros compostos. Não afetou, entretanto, a hipótese em que são devidos por força de lei,[73] quando os juros compostos são contados desde a data do crime, na indenização à vítima, assentando, assim, que o juro devido no caso de a obrigação originar-se de um delito capitaliza-se.[74]

Há regra constante do art. 591 do Código Civil de 2002, que permite a capitalização anual dos juros. Assim, o valor dos juros vencidos no âmbito do mútuo oneroso – se somará ao capital emprestado, permitindo que os juros futuros incidam sobre o resultado dessa soma, e daí sucessivamente, o que representa a admissão dos juros compostos. Desse modo, a Súmula nº 121 do Supremo Tribunal Federal – "é vedada a capitalização de juros, ainda que expressamente convencionada" –, teve sua orientação mitigada com o art. 591 do Código Civil de 2002, ou seja, no contrato de mútuo oneroso com periodicidade anual.

O Superior Tribunal de Justiça, em matéria de recurso repetitivo, estabeleceu a tese segundo a qual *"nos contratos celebrados no âmbito do Sistema Financeiro de Habitação, é vedada a capitalização de juros em qualquer periodicidade, mas não cabe ao STJ, todavia, aferir se há capitalização de juros com a utilização da tabela Price, por força das Súmulas 5 e 7"* (tema 48, Recursos Especiais nos 1.070.297/PR e 1.017.852/RS, Rel. Min. Luis Felipe Salomão). Também o mesmo STJ assentou as teses de que "é permitida a capitalização de juros com periodicidade inferior a um ano em contratos celebrados após 31.3.2000, data da publicação da Medida Provisória nº *1.963-17/2000 (em vigor como MP 2.170-36/2001), desde que expressamente pactuada*" (tema 246, Recursos Especiais nos 973.827/RS, 1.046.768/RS e 1.003.530/RS), e de que *"a capitalização dos juros em periodicidade inferior à anual deve vir pactuada de forma expressa e clara. A previsão no contrato bancário de taxa de juros anual superior ao duodécuplo da mensal é suficiente para permitir a cobrança da taxa efetiva anual contratada"* (tema 247, Recursos Especiais nos 973.827/RS e

---

pensatórios aplicam-se as regras gerais, ainda que os deva a Fazenda. Ver, a respeito, *Diário da Justiça* de 22.09.1958, pág. 3.131; de 01.12.1958, pág. 4.190; de 02.03.1959, pág. 886.
73 Código Civil de 1916, art. 1.544. Não há correspondência no Código Civil de 2002.
74 Clóvis Bevilaqua, Comentário ao art. 1.544; Orosimbo Nonato, in *Diário da Justiça* de 24.04.1951, pág. 1.254. Em contrário; Serpa Lopes, *Curso*, nº 51, sob fundamento de que o Decreto nº 22.626 proibiu a capitalização sem distinguir entre juros legais e convencionais.

1.046.768/RS). Outra tese jurídica sedimentada pelo STJ foi a seguinte: "*A cobrança de juros capitalizados nos contratos de mútuo é permitida quando houver expressa pactuação*" (tema 953, Recursos Especiais nos 1.388.972/SC e 1.593.858/PR, Rel. Min. Marco Buzzi). Quanto às dívidas contidas em cédula de crédito rural, o STJ assentou a tese consoante a qual "*a legislação sobre cédulas de crédito rural admite o pacto de capitalização de juros em periodicidade inferior à semestral*" (tema 654, Recurso Especial nº 1.333.977/MT, Rel. Min. Maria Isabel Gallotti). Também em relação ao termo inicial dos juros moratórios quanto a acidente ambiental, o Superior Tribunal de Justiça consolidou orientação segundo a qual se trata da data do evento danoso ao meio ambiente (Agravo Interno no Recurso Especial n° 1.990.643/PR, Rel. Min. Sérgio Kukina). O último aspecto de relevo diz respeito ao pagamento antecipado e redução proporcional dos juros nos casos de mútuo oneroso. De acordo com o art. 52, § 2°, do Código de Defesa do Consumidor, é assegurado ao mutuário antecipar o pagamento com a restituição do valor emprestado, reduzindo proporcionalmente juros e encargos. No mesmo sentido é o art. 7° do Código de Defesa do Cliente Bancário,[75] que não distingue consumidor e empresário.[76] No Código Civil de 2002, é imperioso que se adote a mesma regra de redução proporcional de juros com base nos princípios de boa-fé e do equilíbrio entre as partes.

Na oferta de crédito ao consumidor, em razão da Lei nº 14.181/21 – Lei do Superendividamento –, houve a inclusão de nova regra no Código de Defesa do Consumidor (art. 54-D) no sentido de "informar e esclarecer adequadamente o consumidor, considerada sua idade, sobre a natureza e a modalidade do crédito oferecido, sobre todos os custos incidentes, observado o disposto nos arts. 52 e 54-B, e sobre as consequências genéricas e específicas do inadimplemento; avaliar, de forma responsável, as condições de crédito do consumidor, mediante análise das informações disponíveis em bancos de dados de proteção ao crédito, observado o disposto neste Código e na legislação sobre proteção de dados; informar a identidade do agente financiador e entregar ao consumidor, ao garante e a outros coobrigados cópia do contrato de crédito". Caso não haja cumprimento de tais deveres pelo fornecedor do produto ou do serviço, entre outras consequências sancionatórias, poderá haver redução dos juros (art. 54-D, parágrafo único, do CDC).

148. Prestação pecuniária

Não existe uma obrigação que se qualifique e se classifique em especial como de *dinheiro*. Toda obrigação, qualquer que seja a sua natureza ou a sua origem, pode, num dado momento, ter por objeto prestação pecuniária. Às vezes ela o é desde o nascimento, como no mútuo de espécie monetária, em que o mutuário se obri-

---

75 O Código de Defesa do Cliente Bancário (Resolução 2.878/2001) foi revogado de acordo com a Resolução 3.694/2009.
76 José Eduardo Ferraz, ob. cit., pág. 509.

ga a restituir ao mutuante o que recebeu em coisas do mesmo gênero, qualidade e quantidade;[77] outras vezes, era originariamente uma *obligatio faciendi* ou mesmo *dandi*, que se impossibilita por culpa, e converte-se em valor monetário;[78] outras ainda, é o dever de reparação do ilícito que se liquida em prestação pecuniária. Deixando, então, consignado não haver uma obrigação que possa receber a classificação específica de pecuniária, pois que é enorme a escala de variações das que num dado momento devem solver-se pelo pagamento em dinheiro, cumpre atentar para a circunstância precisa da *solutio* e examinar a obrigação que tenha por objeto uma *prestação pecuniária*.

O devedor libera-se mediante o pagamento de uma *soma de dinheiro*. E como este, na expressão que se vulgarizou, é o denominador comum dos valores, cabe ao devedor efetuar a extinção da obrigação, entregando ao credor a soma devida. Questões, contudo, levantam-se, desafiando a argúcia do jurista, do economista, do financista, a justificar que se reserve um lugar especial para a matéria. E, se em todo tempo mereceu atenção o assunto, maior a sua atração nas épocas de conjuntura, quando as emissões instilam a instabilidade da circulação fiduciária, provocando oscilações que desarticulam a gama de valores.

Quem deve uma soma de dinheiro extingue a obrigação pagando a expressão monetária a ela correspondente. Acontece, porém, que a moeda não é dotada de um mesmo valor, mas, ao revés, apontam-se-lhe três diferentes: *a*) valor *intrínseco*, que corresponde ao preço específico de metal fino que ela representa; *b*) valor *extrínseco* ou *nominal*, que é aquele que o Estado impõe, seja à moeda metálica, seja ao papel-moeda; *c*) valor *comercial* ou de curso, que traduz a estimativa da moeda, como mercadoria, no comércio interno ou externo, e sujeito às oscilações que o fenômeno das trocas lhe impõe.[79]

Quem deve prestação pecuniária é obrigado a uma quantia, ou seja, uma quantidade numerária de moedas, e deve solver entregando-a ao credor. *Quaestio*, entretanto, surge ao indagar-se qual daqueles *valores* poderá ela ter. E a resposta varia, na conformidade das exigências do momento e da influência determinante do sistema em vigor. Sem nos aprofundarmos por uma pesquisa pelo tempo remoto, vemos no Código Comercial de 1850 princípios atinentes à espécie, consignados no art. 195, a propósito da compra e venda, e no art. 431, que trata do pagamento em geral, ao enunciar que, na falta de estipulação a respeito da qualidade da moeda, entende-se ser a corrente no lugar do pagamento sem ágio nem desconto. Mais de meio século depois, o Código Civil de 1916 estatui igualmente que o pagamento em dinheiro, sem determinação da espécie, se faz em moeda corrente no lugar do cumprimento da obrigação.[80] O devedor é obrigado a uma *soma*, traduzida em uma *cifra*, e, desde que não há especificação da espécie (*delito di valuta*, na técnica italiana), libera-se com a entrega daquela quantia, descabendo ao credor qualquer recusa, sob pretexto de que, entre o momento da constituição e o da *solutio*, tenha havido variação no seu valor intrínseco ou no seu valor comercial.[81]

---

77 Código Civil de 2002, art. 586.
78 Código Civil de 2002, arts. 248 e 234.
79 Ruggiero e Maroi, *Istituzioni*, II, § 127; M. I. Carvalho de Mendonça, *Doutrina e Prática das Obrigações*, I, nº 240.
80 Código Civil de 2002, art. 315.
81 M. I. Carvalho de Mendonça, loc. cit.; Lacerda de Almeida, *Efeitos das Obrigações*, pág. 105.

Um e outro dispositivo legal aludem à ausência de estipulação em contrário, e o do Código Civil de 1916, ao tempo de sua elaboração, mais moderno e mais minucioso, foi expresso ao ressalvar a liceidade do ajuste no sentido de que o pagamento se efetuasse em certa e determinada moeda, nacional ou estrangeira.

Os diplomas civil e mercantil, traduzindo as ideias vigentes no seu tempo, e que perduraram por alguns anos, consagravam a concepção liberal ou livre-cambista, prestigiavam a convenção livremente ajustada e aceitavam que a moeda do pagamento fosse escolhida pelas partes, em papel ou em metal, corrente no país ou de importação. Admitia-se, mesmo, que o devedor de determinada espécie monetária era obrigado a dar *corpo certo*, entendendo-se que seu débito era de coisa e não de quantia. A *res debita* havia de ser entregue ao credor tal como estipulado fosse, a não ser que faltassem aquelas moedas, e só então podia exonerar-se o *reus debendi* com o pagamento do valor em moeda corrente.[82]

O princípio, pois, geral e vigente, tanto da matéria cível quanto mercantil, dizia que o devedor se libera em regra pelo pagamento da quantia devida, em moeda corrente, pelo seu valor nominal, a *não ser que interfira ajuste em contrário*, por cuja via as partes especificam a moeda, que constitui assim, e por força do pactuado, a qualificação da *res debita*. Era, portanto, o conceito *nominalista* que se instituía como norma geral, a que as partes recorreriam como dado informativo da *solutio*. Este critério integrava o Brasil na corrente das legislações que conciliavam a adoção da regra legal de solução das obrigações como princípio da autonomia da vontade, sobrepairante ao direito obrigacional e em particular ao do contrato. O critério nominalista exaltava, no período do advento do Código Civil de 1916, o individualismo liberal, prestigiando sobremaneira o princípio da autonomia da vontade. Força é assinalar, e neste ponto situa-se a tônica do regime então vigente, que o preceito não constituía *ius cogens*, sendo portanto lícito adotarem os interessados valores diferentes e determinarem a espécie da moeda do pagamento ou a qualificação da dívida como um *valor estável*, compelido pois o devedor a solver não pela soma numérica originária, mas pelo seu equivalente na moeda do dia do pagamento, sujeita às oscilações do mercado, intercorrentes. A regra era o princípio nominalista, que os interessados, contudo, tinham a faculdade de afastar, ao sabor de suas conveniências, mas que não relegavam senão de raro em raro, porque a nossa moeda era estável. Ora, se o nominalismo atende a todas as exigências nas épocas de estabilidade financeira, atenta contra a intenção das partes nos períodos de conjuntura,[83] além de afrontar o princípio ideal de justiça. Eis por que, nessas quadras, campeiam as técnicas de fugir ao *nominalismo* e proliferam os recursos à eleição de critérios artificiais de estabilização dos valores (cláusula-ouro, cláusula-mercadoria, cláusula valor-ouro, cláusula de pagamento em moeda estrangeira etc.).

Sentindo a agudeza do problema e a gravidade da situação nacional, e como que pressentindo a crise maior que haveria de eclodir alguns anos depois, o legislador brasileiro, 17 anos após a vigência do Código Civil de 1916, subverteu os conceitos liberais até então vigentes. Tal como aconteceu com outros sistemas legislativos – como o

---

82 Clóvis Beviláqua, comentário ao art. 947.
83 George Hubrecht, *Stabilisation du Franc et Valorisation des Créances*, pág. 15.

belga pelos decretos reais de 2 de agosto de 1914 e 25 de outubro de 1926,[84] ou o alemão pelo Decreto nº 92 do governo militar (KRG-51), contrário às cláusulas de estabilização[85] – criamos no Brasil um novo sistema de solução de obrigações de prestação pecuniária, com caráter de ordem *pública*. E é nisto, também, que consiste a tônica do novo regime monetário: ter o sentido de *ius cogens*. Com o Decreto nº 23.501, de 27 de novembro de 1933, declarou o legislador nula a estipulação de pagamento em ouro, ou em determinada espécie monetária, e instituiu o *curso forçado* do papel-moeda circulante, interdizendo a adoção de qualquer meio tendente a restringi-lo ou recusá-lo.

Para bom desenvolvimento das ideias, cumpre aqui definir e distinguir o que seja *curso legal* e *curso forçado*, conceitos que estão muito distorcidos, e por isto mesmo provocam sérios desentendimentos. *Curso legal* é o efeito liberatório nos pagamentos, que a lei atribui a uma ou mais moedas num determinado país. O dólar tem efeito liberatório ou curso legal nos Estados Unidos, a lira na Itália etc. Em princípio, o curso legal não é incompatível com o ajuste realizado pelos interessados, quanto à determinação da espécie monetária em que se fará o pagamento. Diz-se que a moeda tem *curso forçado* quando a lei determina que um certo padrão monetário dotado de curso legal tem de ser obrigatoriamente aceito pelo credor, não podendo ser recusado o seu poder liberatório pela convenção das partes. Isto, e não a inconversibilidade do bilhete de banco ou da cédula pecuniária, é o que constitui o curso forçado.[86] E foi este curso forçado que o Decreto nº 23.501, após outros que não haviam esboçado, instituiu.[87]

Mais tarde, sofreu alteração provindas da Lei nº 28, de 15 de fevereiro de 1935; do Decreto-Lei nº 236, de 2 de fevereiro de 1938; do Decreto-Lei nº 1.079, de 27 de janeiro de 1939; do Decreto-Lei nº 6.650, de 29 de junho de 1944; e do Decreto-Lei nº 316, de 13 de março de 1967. Posteriormente, o Decreto-Lei nº 857, de 11 de setembro de 1969, revogou todos esses diplomas, consolidando os princípios relativos à moeda do pagamento. Em face deste diploma, são nulos de pleno direito todos os títulos e obrigações exequíveis no Brasil, que estipulem pagamento em ouro, em moeda estrangeira, ou por qualquer forma restrinjam ou recusem, nos seus efeitos, o curso legal da moeda. Não se aplicam, todavia, estas restrições: I, aos contratos e títulos referentes à importação ou exportação de mercadorias; II, aos contratos de financiamento ou de prestação de garantias, relativos às operações de exportação de bens e serviços vendidos a crédito para o exterior; III, aos contratos de compra e venda de câmbio em geral; IV, aos empréstimos e quaisquer outras obrigações, cujo credor ou devedor seja pessoa residente e domiciliada no exterior, executados os contratos de locação de imóveis situados no território nacional; V, aos contratos que tenham por objeto a cessão, transferência, delegação, assunção ou modificação das

---

84 De Page, *Traité Élémentaire*, III, nº 460.
85 Larenz, *Derecho de Obligaciones*, I, pág. 182.
86 De Page, nº 461.
87 Caio Mário da Silva Pereira, "Cláusula de Escala Móvel", *in Revista dos Tribunais*, vol. 234, pág. 10.

obrigações referidas no item anterior, ainda que ambas as partes contratantes sejam pessoas residentes ou domiciliadas no País.

Este critério legal instituiu alteração sensível e profunda no liberalismo do Código Civil de 1916, cujo art. 947, § 1º,[88] permaneceu suspenso, substituindo-se o regime nominalista pelo de *curso forçado*.

Indexação. A inflação criou uma enorme disparidade entre o valor nominal da moeda e o seu poder aquisitivo, ensejando ao devedor liberar-se mediante quantia que é expressão numerária correspondente à obrigação, embora em valor real lhe seja muito inferior; quem deve 100 e entrega 100 como *solutio*, em verdade, libera-se da obrigação pagando quantia que, em confronto com o valor contemporâneo da constituição da dívida, vale 80, ou vale 50, ou vale 30... O nominalismo monetário não passa, diz Jean Noirel, de uma ficção cômoda quando a moeda é suficientemente estável (Jean Noirel, *L'Influence de la Dépréciation Monétaire dans les Contrats de Droit Privé*, Paul Durand, *L'Influence de la Dépréciation Monétaire sur la vie Juridique*, pág. 82).

Não confina com o ideal de justiça, portanto, a aplicação da teoria nominalista, porque oferece ao devedor um meio de liberar-se mediante prestação que nominalmente apenas guarda paridade com o valor do débito, mas *realmente lhe é inferior*. Daí dizer-se que o nominalismo é "perfeitamente justo em período de estabilidade monetária, porque, fundado na identidade das qualidades substanciais da moeda, está, ao contrário, em oposição formal com a intenção das partes quando o valor da moeda se modifica notavelmente entre a época do contrato e o dia do pagamento" (George Hubrecht, *Stabilisations du Franc et Valorisations des Créances*, pág. 15).

Por outro lado, e mormente nas épocas de instabilidade monetária como na inflação, o abandono da teoria nominalista pode criar condições insuportáveis para o devedor, afetar profundamente o comércio jurídico, e desorganizar a economia nacional, gerando o colapso das fontes produtoras que necessariamente mobilizam crédito.

Como fórmulas amenizadoras dos males nominalistas, imaginam-se técnicas especiais de prender-se a obrigação a um valor-paradigma, escolhido dentre aqueles que habitualmente no mercado sofrem menor margem de instabilidade. Defendendo-se da rigidez arbitrária da *solutio* em moeda que não espelha em valor aquisitivo a cifra nominal do débito, criam-se as chamadas *cláusulas monetárias*: uma é a escala móvel (*escalator-clause, clause d'échelle mobile*), mediante a qual as partes, que contratam para execução sucessiva ou simplesmente diferida, estipulam que a importância numérica do pagamento oscilará para mais ou para menos, na razão de um valor-padrão ou de fator determinado, que pode ser o preço de uma certa moeda mais

---

[88] Este artigo foi revogado pela Lei nº 10.192/2001. Atualmente, as regras constantes dos arts. 315 e 318, do Código Civil de 2002, não propiciam a eleição de pagamento em ouro, moeda estrangeira ou para compensar a diferença entre esta e a moeda nacional, salvo os casos previstos em lei especial (Decreto-Lei nº 857/69, art. 2º, Lei nº 8.880/94, art. 6º).

estável ou de uma determinada mercadoria (*cláusula-mercadoria*), ou simplesmente o índice geral abstrato do custo de vida (*cláusula index-number*).[89]

As cláusulas monetárias, em si mesmas, são tecnicamente valiosas e moralmente recomendáveis: de um lado amparam o credor, quando impedem que o devedor se aproveite do fenômeno inflacionário, para liberar-se mediante a entrega de uma soma aparentemente correlata da *res debita*, porém intrinsecamente muito inferior a ela; e por outro lado defendem o devedor, evitando que o credor encareça o valor da prestação como garantia contra a depreciação monetária. Embora importem no pagamento de soma superior nominalmente à quantia devida, têm o mérito de afrontar o problema com franqueza e lealdade, em vez de esboçarem uma técnica defensiva por linhas oblíquas, conducente a resultado igualmente inflacionário, como ocorre quando o credor eleva a taxa de juro e o fornecedor sobrecarrega o preço da mercadoria etc., tudo na previsão do aviltamento do poder aquisitivo da moeda, que o *reus credendi* procura compensar mediante majoração antecipada de custo. É perfeitamente aceitável e não pode encontrar repulsa judicial a adoção de qualquer dessas cláusulas, em regime de *curso legal* da moeda, cujo único objetivo é facilitar o pagamento ao devedor, mas que não importa em compelir imperativamente o credor a aceitar.[90]

Dentro, porém, do regime nominalista integrado na *ordem pública*, não há liberdade para a adoção franca do sistema instituidor das dívidas de valor, como regra geral. Não poderão prevalecer as cláusulas monetárias (*index-number, escalator-clause, cláusula-mercadoria* etc.), ou qualquer meio tendente a vincular a prestação pecuniária a um índice, se forem convertidos em instrumento pelo qual o credor possa recusar o pagamento da soma originariamente devida, em papel-moeda que não seja o corrente, pelo seu valor legal. A adoção da teoria das *dívidas de valor*, que sobrepõe a estimativa da moeda em Bolsa ao seu curso legal, fere as normas legislativas referentes ao tráfico monetário, quando implica a técnica de combate ao curso forçado, nos casos em que este se impõe coercitivamente com integração na ordem pública. À vista do disposto no Decreto-Lei nº 857, e confrontando-o com os princípios informativos do *curso forçado*, ressalta a regra que a jurisprudência francesa a seu turno assentou,[91] segundo a qual as cláusulas monetárias são válidas nos pagamentos internacionais e ineficazes nos nacionais, isto é, naqueles que não repercutem através das fronteiras.

Lícito será todo processo que importar em fórmula pela qual as partes estipulem a variação da prestação pecuniária, em atenção à elevação do valor pecuniário ou do curso da prestação de uma das partes, ou em decorrência da oscilação de preço de um elemento componente. Visando à correção monetária, naqueles casos em que a ordem jurídica interna pode comportá-los, legislação especializada tem aberto clareiras, e consequentemente considera-se lícito o reajuste das prestações: nas prestações

---

89 Caio Mário da Silva Pereira, "Cláusula de Escala Móvel", *in Revista dos Tribunais*, vol. 234, pág. 13.
90 Mazeaud *et* Mazeaud, *Leçons*, II, nº 874.
91 Mazeaud *et* Mazeaud, loc. cit.

alimentares; nas pensões devidas em ações de separação judicial,[92] contenciosa ou por mútuo consentimento; nos contratos de empreitada celebrados entre particulares ou com a administração pública;[93] na incorporação de edifícios coletivos (Lei nº 4.591, de 16 de dezembro de 1964); nos empréstimos para aquisição de imóvel sob financiamento do Banco Nacional de Habitação, atualmente a cargo da Caixa Econômica Federal (Lei nº 4.380/64);[94] nas Obrigações do Tesouro com valor reajustável (Lei nº 4.357, de 1964); nos débitos fiscais (Lei nº 4.357, de 1964); nos débitos ao INPS (Lei nº 4.357, de 1964); nas indenizações trabalhistas (Decreto-Lei nº 75, de 1966, revogado pela Lei nº 8.177, de 1991); na locação de prédios urbanos (Lei nº 4.494, de 1964; Decreto-Lei nº 6, de 1966; Decreto-Lei nº 322, de 1967; Lei nº 5.334, de 1967; Lei nº 5.441, de 1968; na Lei nº 6.649, de 15.05.1979, modificada pela Lei nº 6.698, de 15.10.1979; Lei nº 8.245/91); nas desapropriações e nas pensões oriundas de responsabilidade civil.[95]

Deixando o casuísmo, que serve como ilustração, podemos fixar um conceito que harmoniza o princípio de justiça (na espécie traduzido pelas cláusulas monetárias) com a necessidade de segurança, fundamental no enquadramento do problema relativo à solução das obrigações de prestação pecuniária. Esta conciliação somente é possível mediante utilização *moderada* da cláusula de escala móvel ou outras semelhantes, e esta moderação não é viável, e não terá a eficácia de se conter num plano de equilíbrio, se não for objeto de regulamentação legislativa. Deixadas à livre iniciativa das partes, ou mesmo à vacilação incontrolada da jurisprudência, podem, na comparação feliz de Michel Vasseur, equiparar-se à injeção de morfina, cujos efeitos são imprevisíveis.[96] Esta conveniência da atuação legislativa ocorreu na Alemanha, onde o princípio de *revalorização* da moeda foi adotado pela jurisprudência após a Primeira Guerra Mundial, tendendo a generalizar-se abusivamente, muito embora assentasse no art. 242 do BGB, determinante da interpretação segundo a boa-fé. Reconhecendo que o mal causado pelo reajustamento das dívidas pecuniárias (a princípio envolventes tão só dos empréstimos hipotecários e depois ampliando-se

---

92 Sobre a matéria, cumpre mencionar a EC 66/2010, que deu nova redação ao § 6º do art. 226, da Constituição Federal, que dispõe sobre a dissolubilidade do casamento civil pelo divórcio, suprimindo o requisito de prévia separação judicial por mais de um ano ou de comprovada separação de fato por mais de dois anos. Tal alteração da norma constitucional, contudo, não extinguiu o instituto da separação judicial no Direito brasileiro, como concluiu a V Jornada de Direito Civil do Conselho da Justiça Federal, levada a efeito em novembro de 2011, com o seguinte Enunciado: "Art. 1.571: A Emenda Constitucional nº 66/2010 não extinguiu o instituto da separação judicial e extrajudicial". Em 2017, o Superior Tribunal de Justiça chegou a mesma conclusão em caso julgado ao estatuir que "divórcio e separação coexistem no ordenamento jurídico mesmo após a Emenda Constitucional n. 66.
93 Caio Mário da Silva Pereira, "Empreitada", *in Revista dos Tribunais*, vol. 245, pág. 7.
94 Ver a Súmula 422, STJ, que determina que "O art. 6º, e da Lei n. 4.380/1964 não estabelece limitação aos juros remuneratórios nos contratos vinculados ao SFH". E ainda a Súmula n. 454, STJ, dispondo que "Pactuada a correção monetária nos contratos do SFH pelo mesmo índice aplicável à caderneta de poupança, incide a taxa referencial (TR) a partir da vigência da Lei n. 8.177/1991".
95 Arnoldo Wald, *A Cláusula Móvel*, pág. 68.
96 Michel Vasseur, "Le Droit des Clauses Monétaires et les Enseignements de l'Économie Politique", *in Revue Trimestrielle de Droit Civil*, 1952, pág. 413.

à generalidade das dívidas pecuniárias) punha em perigo a própria moeda, o terceiro Decreto-Lei, de 14 de fevereiro de 1924, declarou em princípio admissível a revalorização das dívidas pecuniárias, mas traçou os limites de sua redução.[97]

A finalidade das cláusulas estabilizadoras consiste em proteger o contratante contra os efeitos da inflação conhecidos como fenômeno econômico, mas desconhecidos no seu aspecto quantitativo (Lilian N. Gurfinkel de Wendy, *Depreciación Monetaria*, pág. 157).

Socialmente, como economicamente, justifica-se a validade das cláusulas monetárias,[98] e dentro do regime do Código Civil poderiam encontrar a mais aberta adoção. Derrogado este e adotado o critério nominalista com visos de ordem pública, sua utilização e seu emprego condicionam-se ao princípio fundamental do curso forçado, contido no Decreto-Lei nº 857, de 11 de setembro de 1969, acima aludido, e sua eficácia, como seu reconhecimento e aplicação pela Justiça dependem de não traduzirem a adoção de cláusula-ouro franca ou disfarçada ou de não dissimularem qualquer meio tendente a restringir ou recusar nos seus efeitos o curso forçado da moeda em circulação com curso legal.

Deve-se, pois, manter o princípio que impõe ao credor a recebimento do papel-moeda circulante. Mas não será nefasta a cláusula pela qual as partes se premunam contra as flutuações de seu valor, desde que não envolva repulsa à moeda de curso legal e respeite o seu poder liberatório pelo valor nominal,[99] respeitando índice que se relacione com o objeto do contrato, ou com as atividades das partes (Jean Noirel, na citada obra de Paul Durand, pág. 132).

Na elaboração do Anteprojeto de Código de Obrigações, assentamos o princípio nominalista (art. 45) e a nulidade das estipulações de pagamento em ouro ou em moeda que não seja a corrente, pelo seu valor legal, salvo quanto aos contratos, tendo por objeto importações de mercadorias.

As cláusulas monetárias, em princípio, são admissíveis, porém sujeitas aos limites que forem estatuídos em lei ou determinados em regulamentos (art. 147). Este, aliás, é o sistema germânico acima indicado, pois, se deixarmos à liberdade das partes a fixação, os abusos poderão campear. O tarifamento, porém, os conterá. Esta mesma doutrina manteve-se no Projeto enviado ao Congresso Nacional, em 1965.

De futuro, e em face de sua aceitação doutrinária, poder-se-á assentar que, enquanto não for debelada totalmente a inflação, deverá manter-se o regime de *curso forçado*, tolerando-se a correção monetária mediante a adoção das cláusulas econômicas e monetárias sempre que a lei expressamente o autorizar, e nos limites que permitir.

---

97 Enneccerus, Kipp e Wolff, *Tratado, Derecho de Obligaciones*, I, § 7-a.
98 Giuseppe Romano-Pavoni, "Osservazioni sulle Claosole Monetarie e le Obbligazioni che ne derivano", *in Rivista di Diritto Commerciale*, vol. 50, parte I, pág. 378; Mário Rist, *L'Echelle Mobile dans les Contrats et dans les Jugements*, pág. 106.
99 De Page, ob. cit., nº 446; Orosimbo Nonato, *Curso de Obrigações*, 2ª parte, vol. I, pág. 164; Mazeaud *et* Mazeaud, nº 876. Mais liberal é Arnoldo Wald, que advoga francamente o emprego das cláusulas monetárias (*A Cláusula de Escala Móvel*, pág. 117).

O Decreto-Lei nº 2.290/86 (art. 2º, § 2º), com a redação que lhe deu o art. 1º do Decreto-Lei nº 2.322, de 26 de fevereiro de 1987, proibiu o reajuste vinculado a variações cambiais ou do salário mínimo, salvo nos casos que excepcionalmente autoriza.

A Lei nº 6.899, de 8 de abril de 1981, regulamentada pelo Decreto nº 86.649, de 25 de novembro de 1981, determina a aplicação de correção monetária nos débitos oriundos de decisão judicial, incidente sobre qualquer dívida, inclusive contas e honorários de advogado. Sendo líquida e certa a dívida, a correção calcula-se a partir do vencimento. Nos demais casos, a partir do ajuizamento da ação, sendo que nas ações pendentes na data dessa lei, a contar do início de sua vigência. A respeito dos valores constantes de depósitos judiciais, o STJ assentou a tese consoante a qual "*a correção monetária dos depósitos judiciais deve incluir os expurgos inflacionários*" (tema 369, Recurso Especial nº 1.131.360/RJ, Rel. Min. Napoleão Nunes Maia Filho).

O Superior Tribunal de Justiça, em matéria de recurso repetitivo, firmou a seguinte tese jurídica: "*No âmbito do Sistema Financeiro de Habitação, a partir da Lei nº 8.177/1991, é permitida a utilização da Taxa Referencial (TR) como índice de correção monetária do saldo devedor, que também será cabível ainda que o contrato tenha sido firmado antes da Lei nº 8.177/1991, mas desde que haja previsão contratual de correção monetária pela taxa básica de remuneração dos depósitos em poupança, sem nenhum outro índice específico*" (tema 53, Recurso Especial nº 969.129/MG, Rel. Min. Luis Felipe Salomão). E, relativamente aos dividendos não pagos, o mesmo STJ assentou o seguinte: "*Sobre o valor dos dividendos não pagos, incide correção monetária desde a data do vencimento da obrigação, nos termos do art. 205, § 3º, da Lei nº 6.404/76, e juros de mora desde a citação*" (tema 659, Recurso Especial nº 1.301.989/RS, Rel. Min. Paulo de Tarso Sanseverino).

O art. 315, do Código Civil de 2002, estabelece que as dívidas de dinheiro devem ser pagas no vencimento, em moeda corrente e pelo valor nominal, como regra, adotando princípio do nominalismo. A regra, no entanto, é excepcionada em razão da desvalorização da moeda que gera disparidade entre o poder aquisitivo e o valor nominal da moeda, permitindo, a atualização ou correção monetária.

O Código Civil de 2002, no art. 318, considera nulas as cláusulas restritivas do curso forçado, ressalvando, contudo, os casos previstos na legislação especial.

Admite-se que a convenção das partes estabeleça aumento progressivo das prestações nas obrigações sucessivas, nos termos do art. 316 do Código Civil de 2002, de modo a permitir a revisão tanto para correção de eventual diminuição do valor do dinheiro, quanto para incremento do valor da prestação. É exatamente a cláusula de escala móvel ou cláusula de reajuste.[100] Há, ainda, hipóteses de dívidas de valor – nas quais o dinheiro representa apenas o instrumento para composição ou recomposição de uma situação patrimonial – como nos casos dos alimentos no

---

100 Gabriela Tabet, "Obrigações pecuniárias e revisão obrigacional", *in*: Gustavo Tepedino (coord.), *Obrigações*, ob. cit., pág. 399.

Direito de Família, nas indenizações por atos ilícitos, entre outras. Como bem observa Arnoldo Wald, as dívidas de valor não contém um débito com certo número de unidades monetárias, mas sim representam uma soma correspondente a certo valor. A moeda, aqui, não constitui objeto da dívida; ela representa, apenas, uma simples medida de valor correspondente a um bem determinado como no exemplo dos alimentos do Direito de Família fixados para o atendimento das necessidades do credor que são variáveis em razão de inúmeras contingências.[101]

Deve-se atentar para a circunstância das cláusulas de reajustes e dívidas de valor observarem os princípios da ordem pública (inclusive na acepção da ordem pública econômica), da boa-fé objetiva e da equidade, informadas pelos valores e princípios da Constituição Federal de 1988. Assim, por exemplo, o art. 28, da Lei nº 9.069/95 (do Plano Real), proibiu periodicidade da cláusula de reajuste inferior a um ano, devido à política econômica desenvolvida pelo governo federal.

Destaque-se, finalmente, a regra do art. 317 do Código Civil de 2002, que prevê possibilidade de o juiz corrigir o valor da prestação em se constatando desproporção manifesta entre o valor da prestação e aquele do momento da execução. É possível, assim, a revisão judicial da obrigação,[102] com base na teoria da imprevisão ou, para alguns, na teoria da quebra da base objetiva do negócio de Karl Larenz. Devem ser verificados os seguintes requisitos da revisão obrigacional: a) relação obrigacional duradoura, que decorre dos contratos de execução diferida (ou retardada) e da execução continuada (ou sucessiva); b) alteração das condições econômicas objetivas no momento da execução, se comparadas com o ambiente objetivo, da celebração; c) imprevisibilidade da modificação; d) onerosidade excessiva para um dos contratantes e benefício exagerado para outro, admitindo-se certa mitigação quanto a este último; e) inexistência de mora ou ausência de culpa do obrigado.[103] No período mais crítico da pandemia da Covid-19 no ano de 2020, houve a edição do RJET – Lei nº 14.010 – que, no seu art. 7º, previu que "não se consideram fatos imprevisíveis, para os fins exclusivos dos arts. 317, 478, 479 e 480 do Código Civil, o aumento da inflação, a variação cambial, a desvalorização ou substituição do padrão monetário". É certo que em um ambiente de normalidade é previsível que haja variação da inflação, do câmbio, do padrão monetário nacional, mas é imprevisível que eles ocorram em um curto período de tempo em razão de uma pandemia, ocorrida de modo tão repentino e com consequências catastróficas na realidade da população e da economia brasileiras. Na realidade, a hipótese prevista no art. 7º da Lei nº 14.010/20 somente poderia ser aplicada aos contratos celebrados no curso da pandemia, quando os impactos sobre a moeda e o câmbio poderiam ser considerados previsíveis, mas não

---

101 Arnoldo Wald, *Obrigações e Contratos*, pág. 57.
102 Gabriela Tabet, ob. cit., pág. 342.
103 Gabriela Tabet, ob. cit., págs. 354 a 357.

para todos e quaisquer contratos celebrados anteriormente do início dos efeitos da Covid-19.[104]

De acordo com a atividade jurisdicional brasileira, a obrigação dos empregadores de creditarem dinheiro em conta vinculada de FGTS é obrigação pecuniária, não havendo alteração da natureza jurídica de prestação de dar em razão da disponibilidade dos recursos ficar condicionada à ocorrência de alguma das hipóteses do art. 20, da Lei 8.036/1990, conforme assentado no Enunciado n. 160, da *III Jornada de Direito Civil* do Conselho da Justiça Federal.

No âmbito das indenizações devidas em razão do seguro obrigatório DPVAT por morte ou invalidez, a correção monetária incide desde a data do evento danoso (Súmulas 573 e 580 do Superior Tribunal de Justiça).

Para assegurar a efetividade da execução da dívida pecuniária, pode o juiz determinar o emprego de medidas necessárias para assegurar o cumprimento da prestação. Contudo, os instrumentos previstos no ordenamento jurídico brasileiro nem sempre se mostraram adequados para efetivar a tutela jurisdicional executiva, notadamente devido à ineficiência das medidas coativas jurisdicionais.[105]

Assim, o CPC de 2015 (art. 139, IV) autoriza que o juiz determine o emprego de medidas indutivas, coercitivas, mandamentais ou sub-rogatórias para assegurar o efetivo cumprimento da determinação judicial, inclusive nos casos que tenham por objeto prestação pecuniária. Havendo indícios de ocultação de bens passíveis de expropriação judicial, restando frustadas as medidas executivas típicas, devem ser buscados outros meios para assegurar a efetividade da jurisdição.

A "coerção psicológica sobre o devedor agora é a regra geral da execução civil".[106] O cuidado, no caso, é o de que o magistrado não pode impor medidas atípicas de maneira indiscriminada e aleatória, e sim baseada no princípio da proporcionalidade e à luz do caso concreto a fim de empregar o meio executório mais adequado para efetivar a execução.

Assim, medidas tais como a suspensão da licença de conduzir veículo (com a apreensão da carteira nacional de habilitação), a suspensão da liberdade de sair do país (com a suspensão do passaporte), o bloqueio da função de crédito nos cartões bancários, o impedimento de concessão de linhas de crédito ao executado, entre outras, podem ser mais eficazes nos casos em que se identifiquem as medidas de frustração da execução.

---

104 Guilherme Calmon Nogueira da Gama e Thiago Ferreira Cardoso Neves, *Direito Privado Emergencial*, Indaiatuba: Editora Foco, 2020, pág. 92.
105 Leonardo Greco, A crise do processo de execução, *In: Estudos de direito processual*, Campos dos Goytacazes: Ed. Faculdade de Direito de Campos, 2005, pág. 7-9.
106 BRASIL, Superior Tribunal de Justiça, 3ª Turma, RHC nº 99.606/SP, Rel. Min.ª Nancy Andrighi, julg. em 13.11.2018.

Capítulo XXIX
Cláusula Penal

Sumário

149. Natureza e caracteres da cláusula penal. 150. Pena convencional moratória e compensatória. Cláusula de arrependimento. 151. Efeitos da cláusula penal.

Bibliografia

Clóvis Beviláqua, *Obrigações*, § 20; Ruggiero e Maroi, *Istituzioni*, II, § 130; Alberto Trabucchi, *Istituzioni di Diritto Civile*, n° 266; Mazeaud et Mazeaud, *Leçons de Droit Civil*, II, n° 641; Serpa Lopes, *Curso*, II, n°s 111 e segs.; Tito Fulgêncio, *Do Direito das Obrigações*, n°s 389 e segs.; Orosimbo Nonato, *Curso de Obrigações*, II, págs. 303 e segs.; Hector Lafaille, *Tratado de las Obligaciones*, I, n°s 236 e segs.; Giorgio Giorgi, *Obbligazioni*, IV, n°s 448 e segs.; Ludovico Barassi, *Teoria Generale delle Obbligazioni*, III, n°s 353 e segs.; Andreas Von Tuhr, *Obligaciones*, II, págs. 235 e segs.; Karl Larenz, *Derecho de Obligaciones*, I, págs. 369 e segs.; M. I. Carvalho de Mendonça, *Doutrina e Prática das Obrigações*, ed. atualizada por José de Aguiar Dias, I, n°s 196 e segs.; Lacerda de Almeida, *Obrigações*, § 44; Hudelot e Metmann, *Des Obligations*, n°s 364 e segs.; Vittorio Polacco, *Obligazioni*, n°s 133 e segs.; Alfredo Colmo, *De las Obligaciones en General*, n°s 163 e segs.; Colin e Capitant, *Cours*, II, n°s 106 e segs.; Planiol, Ripert e Boulanger, *Traité Élémentaire*, II, n°s 752 e segs.; Molitor, *Oblig*ations, I, n° 169; Mucio Continentino, *Da Cláusula Penal no Direito Brasileiro*; Scuto, *Obbligazioni*, n° 61; Gustavo Tepedino, *Obrigações*, págs. 513 e segs.; Arnoldo Wald, *Obrigações e contratos*, págs. 158 e segs.; Sílvio Rodrigues, *Direito Civil*, vol. 2, págs. 261 e segs.; José Roberto de Castro Neves, *O Código de Defesa do Consumidor e as Cláusulas Penais*; Cláudia Lima Marques, *Contratos no Código de Defesa do Consumidor*,

4ª ed., págs. 870 e segs; Carlos Nelson Konder e Cristiano O. S. B. Schiller, "Cláusula penal e indenização à luz da dicotomia entre interesse positivo e negativo", *in* Guilherme Calmon Nogueira da Gama e Thiago Ferreira Cardoso Neves, *20 anos do Código Civil*, Indaiatuba: Editora Foco, 2022, págs. 141 e segs.

149. Natureza e caracteres da cláusula penal

A cláusula penal ou pena convencional – *stipulatio penae* dos romanos – é uma cláusula acessória, em que se impõe sanção econômica, em dinheiro ou outro bem pecuniariamente estimável,[1] contra a parte infringente de uma obrigação. Pode ser avençada conjuntamente com a obrigação principal, e normalmente o é, ou em apartado (Código Civil de 2002, art. 409),[2] e constitui uma das mais importantes modalidades de promessa condicionada.[3] No sistema jurídico contemporâneo, é mister que a cláusula penal desempenhe seu papel de instrumento jurídico contra a inadimplência, mas também não gere efeitos altamente maléficos e iníquos à outra parte com a proibição da pactuação de obrigações desproporcionais e extremamente onerosas. Deve, em síntese, estar em consonância com os princípios do renovado direito contratual, como a função social do contrato, o equilíbrio das prestações e a boa-fé objetiva, entre outros.[4]

O Código Civil de 2002, repetindo o modelo de 1916, permite que a cláusula penal se estipule conjuntamente com a obrigação, ou em ato posterior. Incorre, assim, na mesma imprecisão redacional do art. 916 do Código Civil de 1916. O que pretende o dispositivo estabelecer, tal qual o velho Código, é que a pena convencional pode ser estipulada no mesmo instrumento da obrigação principal, como uma de suas cláusulas, ou um de seus itens, como pode com a mesma eficácia ser avençada em instrumento à parte, seja simultâneo, seja posterior ao outro. O que se requer é que, se em apartado, possa inequivocamente identificar-se como sendo acessório, efetivamente, dele.

Discute-se qual a finalidade ontológica da pena convencional: se garantia do implemento da obrigação, ou se liquidação antecipada das perdas e danos.[5] Com o primeiro destes objetivos, traz consigo um reforço do vínculo obrigacional: o devedor, que já o é em razão da *obligatio*, reforça o dever de prestar com o ajuste de multa, que lhe pode exigir o credor, se vem a faltar ao cumprimento do obrigado. Simultaneamente com esta finalidade, a lei admite que a inexecução faculta ao credor a percepção da cláusula penal, que figura conseguintemente como a liquidação antecipada das perdas e danos, em que normalmente se converteria o inadimplemento. A finalidade essencial da pena convencional, a nosso ver, é o reforçamento do vínculo obrigacional, e é com este caráter que mais assiduamente se apõe à obrigação. A pré-liquidação do *id quod interest* aparece, então, como finalidade subsidiária, pois que nem sempre como tal se configura. Mesmo naqueles casos em que tem este objetivo, não se pode dizer que o seja com todo rigor, pois que pode faltar, e efetivamente falta, por via de regra,

---

1 Arnoldo Wald sustenta a possibilidade da cláusula penal ter por objeto a prática de ato ou mesmo de abstenção pelo inadimplente (*Obrigações e contratos*, pág. 159).
2 Direito Anterior: arts. 916 e 917 do Código Civil de 1916. Projetos: art. 151 do Projeto de Código de Obrigações de 1916; art. 407 do Projeto de Código Civil de 1975.
3 Von Tuhr, *Obligaciones*, II, pág. 235.
4 Tatiana Magalhães Florence, "Aspectos pontuais da cláusula penal", *in*: Gustavo Tepedino (coord.), *Obrigações*, págs. 514-515.
5 Tito Fulgêncio, *Do Direito das Obrigações*, nº 391.

correspondência exata entre o prejuízo sofrido pelo credor e a cláusula penal. Daí a observação de Trabucchi, a dizer que, ainda quando entendida como liquidação prévia de prejuízos, ainda assim importa em reforço do vínculo, pois que o devedor, conhecendo o valor da sanção, será estimulado a cumprir o obrigado.[6] Vários escritores, antigos e modernos, sustentam que o seu único objetivo é a preestimativa das perdas e danos.[7] Em contraposição, alguns juristas, alemães principalmente, nela enxergam um caráter eminentemente punitivo. Hoje não mais vigora tão acendrado tom polêmico. E, se alguns dão preponderância ao significado preestimativo dos prejuízos, e secundário ao punitivo,[8] e outros, como Trabucchi no lugar citado, realçam o papel de reforçamento sobre o indenizatório, os juristas mais modernos sustentam que ela os reúne a ambos, sendo ao mesmo tempo a liquidação antecipada das perdas e danos e a punição pelo descumprimento.[9] Cuida-se, pois, de mecanismo de proteção ao crédito, mas que, na visão atual, não pode configurar abuso de direito, nem gerar enriquecimento sem causa.[10]

Seja a cláusula penal estipulada juntamente com a obrigação ou em instrumento separado, evidentemente deve ser fixada antes do descumprimento, pois o contrário se não compadeceria com a finalidade econômica (liquidação *prévia* do dano) e menos ainda se afinaria com a outra, já que o reforçamento de obrigação descumprida pareceria o que a linguagem popular caracteriza no refrão que alude a "pôr fechadura em porta arrombada". É a pena convencional, sempre, uma cláusula acessória, e tal como ocorre com todas as obrigações acessórias segue a principal, à qual acompanha nas suas vicissitudes. Desse modo, a ineficácia desta acarreta fatalmente a daquela,[11] descabendo indagar da razão da nulidade e da ciência que tenham revelado as partes quanto à invalidez do ato. Assim é que, inoperante este por incapacidade das partes, por falta de objeto ou por contravenção à ordem pública ou aos bons costumes, perece em consequência a penal. Ainda mesmo que os interessados a hajam adotado na ciência de que o contrato é inoperante e a tenham estipulado com o objetivo de reforçá-lo, a sorte da cláusula penal depende da obrigação a que adere, pois

---

6 Trabucchi, *Istituzioni*, n° 266.
7 Colin e Capitant, *Cours*, II, n° 106; Planiol, Ripert e Boulanger, *Traité Élémentaire*, II, n° 752; Vittorio Polacco, *Obbligazioni*, n° 133; Demolombe, *Droit Civil*, vol. XXVI, n° 650; Laurent, *Principes de Droit Civil*, XVII, pág. 424.
8 Tito Fulgêncio, loc. cit.; Giorgi, *Obbligazioni*, IV, n° 450.
9 Mazeaud *et* Mazeaud, *Leçons*, n° 641; Barassi, *Obbligazioni*, III, n° 353; Larenz, *Obligaciones*, I, pág. 369.
10 Tatiana Magalhães Florence, ob. cit., pág. 517.
11 Assim como dispunha o art. 922 do Código Civil de 1916, também o Projeto de Código Civil de 1975, em seu artigo 408, tratava da relação de dependência entre as cláusula penal e a obrigação principal. O Código Civil de 2002 não dispôs sobre o assunto. Mesmo assim, como princípio geral do direito, como cláusula acessória, a pena convencional segue a obrigação – *sequitur principale*. Prevalece na dependência e eficácia desta. Perece com ela. Pronunciada a sua invalidade, fica sem efeito a cláusula penal, independentemente de declaração expressa na sentença. Mas a invalidade da multa, a sua redutibilidade ou qualquer vicissitude por que venha a passar, deixa incólume a obrigação principal. Lembra, todavia, Bevilágua, em comentários ao art. 922 do Código Civil de 1916, que se alguém promete por outrem, reforçando sua obrigação com pena convencional, valerá esta, ainda que não prevaleça a outra, por se tratar de duas obrigações distintas.

do contrário as partes a usariam como instrumento para burlar a lei, e procurar por linhas transversas uma eficácia que não conseguiriam diretamente, em virtude da contravenção à norma contida no ato reforçado por ela.[12] Não há no Direito brasileiro princípio semelhante ao do art. 666 do Código Civil argentino, que admite aposição de cláusula penal para assegurar o cumprimento de obrigação que não possa ser judicialmente exigida, contanto que não seja reprovado pela lei.[13] A recíproca, porém, não é verdadeira, de vez que a ineficácia que eventualmente atinja o pacto penal não afeta a validade da obrigação a que adere. É importante frisá-lo, porque, mesmo no caso de se encontrar na pena convencional uma afronta a lei de ordem pública, a nulidade a ela apenas é adstrita, restando incólume a obrigação.[14] No mútuo, por exemplo, em cujo regime a lei de repressão contra a usura (Decreto nº 22.626, de 7 de abril de 1933) estabelece a sua limitação a 10% do montante da dívida (art. 9º), a obrigação principal não é prejudicada se a multa for ajustada a maior, muito embora tal procedimento se defina como ilícito ao mesmo tempo civil e criminal.

Nos casos em que a lei admite se resolva a obrigação sem culpa do devedor, como por exemplo pelo perecimento natural ou fortuito do objeto, ou pela impossibilidade da prestação, também se resolve a pena convencional, como consequência do mesmo caráter acessório desta, que seria incompatível com a sua sobrevivência ao desaparecimento da relação jurídica ou do vínculo obrigatório a que adere.

Toda obrigação, de qualquer espécie, pode receber o reforço de uma cláusula penal. Frequentemente vem esta adjeta às convencionais, em razão de que a mesma vontade criadora do vínculo tem o poder de estipulá-la. É originariamente contratual, como contratual o seu campo de incidência mais frequente, e mesmo o seu mecanismo. Daí a necessidade da consideração dos novos princípios da teoria contratual também no campo da cláusula penal. Mas seria inexato insulá-la no direito do contrato, como aliás procede Salvat, e antes dele Giorgi,[15] pois que é lícito inseri-la no testamento, que é ato unilateral, punindo o herdeiro pela inexecução de legados ou encargos.[16] Fora de as obrigações contratuais, também as decorrentes da lei, a par das penalidades que as acompanham por força da mesma lei, podem ser igualmente reforçadas de penas convencionalmente determinadas, pois nenhuma incompatibilidade existe entre a natureza legal da obrigação e o caráter convencional da multa. O assunto, aliás, tem sido objeto de cogitação em outros sistemas jurídicos, como o

---

12 Tito Fulgêncio, ob. cit., nº 423. Giorgi, nº 449, ressalva contudo a sobrevivência da cláusula penal à nulidade da obrigação principal, quando esta nulidade seja tal que origine uma ação de ressarcimento de danos, como no exemplo que dá: nulidade da venda de coisa alheia, se o comprador ignorava esta circunstância. Tatiana Magalhães Florence aponta, ainda, a hipótese de as partes estabelecerem cláusula assecuratória de indenização caso seja reconhecida inválida a obrigação principal, o que parte da doutrina denomina impropriamente "cláusula penal independente", já que a estipulação deste jaez pressupõe a invalidade do principal quando, ao revés, a cláusula penal é instituída em função da proteção da obrigação principal (ob. cit., pág. 519).
13 Alfredo Colmo, *Obligaciones*, nº 171.
14 Clóvis Beviláqua, *Obrigações*, § 20; Ruggiero e Maroi, *Istituzioni*, § 130.
15 Salvat, *Obligaciones*, II, nº 188; Giorgio Giorgi, IV, nº 448.
16 Orosimbo Nonato, *Curso*, II, pág. 308.

francês, no qual a jurisprudência anula as cláusulas penais referentes à responsabilidade delitual, não obstante militar a doutrina no sentido de sua validade.[17]

Passível de discussão tem sido a taxinomia da cláusula penal, que em nosso direito codificado ocupa lugar entre as modalidades das obrigações, por constituir uma espécie particular de gerá-la, tal como ocorre no Código Civil alemão, arts. 336 a 345. O nosso Lacerda de Almeida, tratando-a como "reforço das obrigações", aproximava-a das perdas e danos e situava-a na zona destinada à "inexecução das obrigações";[18] Lafaille, taxando-a de "obrigação de indenizar", encara-a no capítulo da inexecução.[19] O Anteprojeto de Código de Obrigações de 1941 considerou-a no seu aspecto de sucedâneo da liquidação de prejuízos, e Orosimbo Nonato o aplaude, por lhe parecer mais fiel à lógica da classificação.[20] Assim também nosso Projeto de Código de Obrigações e o Código Civil de 2002.[21]

Em suma, pode a cláusula penal aderir a qualquer obrigação, seja esta positiva ou negativa. Em qualquer caso, expressa há de ser, e inequívoca. Não se afeiçoaria bem aos princípios que resultasse implícita ou presumida, já que traz em si um objetivo penal, e nenhuma pena é de aplicar-se por inferência, senão por disposição explícita. Mas não há mister, e todos os escritores o assinalam, seja redigida por forma sacramental e imutável, numa reminiscência descabida da *stipulatio penae romana*, que, esta sim, era dominada pela exigência formal.[22]

Quando a obrigação é a prazo, incorre o devedor de pleno direito na multa, desde que se verifique o inadimplemento no termo. Mas, se não houver prazo marcado, é necessária a constituição do devedor em mora, sem o que não pode ser pedida a aplicação da penal (Código Civil de 2002, art. 408),[23] pois que, não sendo a obrigação a termo, a inexecução somente se caracteriza como consequência da constituição em mora.[24]

O problema da constituição em mora está contido no art. 397 do Código Civil de 2002, a saber se é mora *ex re* ou *ex persona*. Para a incidência da cláusula penal ou pena convencional, nenhuma providência se requer da parte do credor. Positivado o descumprimento absoluto ou relativo da obrigação (no pressuposto de ocorrer a constituição em mora), incorre o devedor faltoso *pleno iure* na cláusula penal.

As partes, ao estipularem a cláusula penal, podem ter em vista a inexecução completa da obrigação ou apenas reforçar o cumprimento de uma de suas cláusulas, ou então

---

17 Mazeaud *et* Mazeaud, nº 642.
18 Lacerda de Almeida, *Obrigações*, pág. 183.
19 Hector Lafaille, *Obligaciones*, nº 236.
20 Orosimbo Nonato, II, pág. 305.
21 O Código anterior incluía a cláusula penal dentre as modalidades das obrigações. O Novo Código transportou as normas concernentes ao instituto para o título que cuida das consequências do inadimplemento das obrigações.
22 Orosimbo Nonato, II, pág. 318; Serpa Lopes, II, nº 120.
23 Direito Anterior: art. 921 do Código Civil de 1916. Projetos: art. 155 do Projeto de Código de Obrigações de 1965; art. 406 do Projeto de Código Civil de 1975.
24 Ruggiero e Maroi, II, § 130.

punir a mora do devedor. No primeiro caso (garantia do cumprimento total da obrigação), tem o credor a faculdade de exigir uma ou outra, isto é, a prestação em espécie ou o pagamento da pena. Já a pena convencional moratória, ou a que tenha por finalidade reforçar uma cláusula especial da obrigação, não traduz a mesma alternativa, podendo então ser exigida conjuntamente com o cumprimento da obrigação principal (Código Civil de 2002, arts. 409 e 410).[25] Pode ainda referir-se à hipótese de execução imperfeita ou não satisfatória da obrigação, que tanto diz respeito ao tempo, e neste caso se confunde com a penal moratória, como ainda ao próprio modo de realizar a prestação, que não corresponde à estipulação das partes.[26]

Aquela alternativa entre a prestação específica e a multa beneficia, é claro, apenas o credor, e nunca se estende ao devedor inadimplente. Daí assentar-se que não tem o devedor a faculdade de escolher entre a pena convencional e o cumprimento da obrigação. Não tem o direito de prestar ou pagar a multa nem pode considerar-se a cláusula penal um meio de romper-se o contrato, oferecendo-a o devedor em substituição da prestação.[27] Para que se lesse na cláusula penal uma alternativa, seria necessário que o seu pagamento estivesse *in obligatione*, tal como vimos no nº 144, *supra*, o que obviamente não ocorre. O devedor o é, em verdade, da *prestação*, e, se a descumpre, surge para o credor, nesse momento, a faculdade de pedir a *res debita* ou reclamar a *multa*. Para ele, devedor, a obrigação é uma só: cumprir o que se obrigou (*una res in obligatione*). Mas, se deixa de prestar, cabe ao credor escolher entre o cumprimento da obrigação e a multa convencionada. Se assim não fosse, e o devedor tivesse a opção entre o implemento da obrigação e o pagamento da multa, a cláusula penal desfiguraria a obrigação, que passaria a facultativa a benefício do devedor (*duae res in solutione*) e perderia todo o sentido de reforço do vínculo.

O próprio credor não tem, em virtude da cláusula penal, duplicidade de prestações, alternativamente exigíveis, pois não tem direito a uma de duas soluções, a específica e a multa. Esta somente existe e será exigível depois de caracterizado o inadimplemento.

150. PENA CONVENCIONAL MORATÓRIA E COMPENSATÓRIA.
CLÁUSULA DE ARREPENDIMENTO

A cláusula penal pode ser estipulada para o caso de deixar o devedor de cumprir a totalidade de sua obrigação, ou então, com caráter mais restrito, e por isto mesmo mais rigoroso, para o de inexecução em prazo dado. Na primeira hipótese o devedor incide na pena se deixa de efetuar a prestação, na segunda torna-se devida a multa pelo simples fato de não ter realizado a tempo, ainda que possa executá-la ulteriormente. Uma, a primeira, se diz *compensatória*, e a outra *moratória*.

---

25 Direito Anterior: arts. 917 e 918 do Código Civil de 1916. Projetos: arts. 151 e 152 do Projeto de Código de Obrigações de 1965; arts. 407 e 409 do Projeto de Código Civil de 1975.
26 Tito Fulgêncio, ob. cit., nº 396.
27 Trabucchi, nº 266; Polacco, nº 136, pág. 448; Tito Fulgêncio, nº 392; Orosimbo Nonato, loc. cit.

O artigo 410 do Código Civil de 2002 define uma cláusula penal nitidamente compensatória. Estipulada para o caso de inadimplemento total da obrigação, abre ao credor a opção entre a execução da obrigação e a exigibilidade da pena convencional. Como alternativa que é, sobre os efeitos das obrigações desta natureza, realizando a opção, constitui-se uma concentração da *obligatio*. Não pode pedir o credor, cumulativamente, a obrigação e a penal compensatória, pois que a finalidade desta é suprir ao credor o que o inadimplemento lhe retirou. Instituída com a finalidade compensatória, substitui a prestação faltosa.

A disposição do Código atribui à cláusula penal, para o caso de total inadimplemento da obrigação, o efeito compensatório automático, parecendo estabelecer que uma obrigação não pode conter senão uma ou outra, isto é, a compensatória e a moratória. Não é exato. Lícito será ajustar a penalidade para total inadimplemento, e outra para assegurar o cumprimento de alguma cláusula isolada e para o caso de mora.

Pode acontecer, e com frequência ocorre nos períodos inflacionários que a cláusula penal não supre o descumprimento da obrigação. No rigor do artigo, descabe postular a imposição da pena convencional cumulada com a indenização por perdas e danos. O Projeto de Código de Obrigações de 1965, no art. 152, atentando para o caso, admitia que ao credor fosse aberta tríplice alternativa: pedir a indenização, exigir o cumprimento da obrigação, ou aplicação da cláusula penal. O Código Civil de 2002 expressamente vedou a possibilidade de indenização suplementar em favor do credor, salvo se houver convenção expressa em contrário.

Não contendo o artigo uma disposição de ordem pública, é lícito estipular a cláusula penal para total inadimplemento da obrigação juntamente com a indenização das perdas e danos decorrentes da inexecução do obrigado (art. 416, parágrafo único). Nesse caso, a penal é reputada o mínimo da indenização, cabendo ao credor provar o prejuízo excedente, sem necessidade da observância do teto máximo previsto no art. 412, do Código Civil de 2002.

Segundo o art. 411 do Código Civil de 2002, ao revés da penal compensatória, ou para total inadimplemento da obrigação, pode a pena convencional destinar-se a punir a mora do devedor, ou assegurar a execução de uma determinada cláusula da obrigação. No caso de mora, será devida pelo atraso do devedor no cumprimento. Várias serão as modalidades adotadas. Pode a cláusula penal aludir à falta oportuna na execução, punindo-a com uma certa soma fixa ou percentual sobre o valor da prestação faltosa; pode estabelecer punição continuada ou sucessiva, em que incorre o devedor por dia de atraso no cumprimento da obrigação; pode sofrer aumento gradativo, na medida em que a demora se estende; como pode conjugar a mora com a resolução do contrato, se atingir um lapso de tempo determinado. No caso de ser o reforço de determinada obrigação, incorre nela o devedor pelo fato de infringi-la.

A característica desta modalidade de cláusula penal é que não estabelece alternativa para o credor. Ao revés, tem ele direito a pleitear cumulativamente a penal com o desempenho da obrigação principal. E, caso esta não seja possível, ou lhe não mais convenha, pode o credor exigir com as perdas e danos, resultantes do inadimplemento de obrigação principal, a penal moratória, desde que naquelas não ficarem estas embutidas.

Se é livre a estipulação da cláusula penal, livre também é a sua exigibilidade. O credor pode deixar de cobrá-la, como pode expressamente renunciá-la. Cumpre, todavia, interpretar a renúncia em termos estritos. Na hipótese de exigência de qualquer obrigação acedida por cláusula penal moratória, seria interessante a previsão legal (*de lege ferenda*) a respeito do estímulo de possibilidade de parcelamento do valor da cláusula em execução da dívida desde que o devedor se disponha em pagar imediatamente o valor da dívida principal, o que serviria de estímulo ao seu cumprimento.

A distinção prática, se uma cláusula penal é compensatória ou moratória, às vezes oferece dificuldade. É claro que o título, perpetuando a vontade das partes, é o seu melhor intérprete e a ele o juiz deverá recorrer como fonte esclarecedora precípua, pois que a matéria é de hermenêutica da vontade.[28] Na sua omissão ou ambiguidade, é mister suprir os seus termos, e vem então o perquirir se as partes quiserem ajustar uma pena compensatória ou simplesmente moratória. Em qualquer dos casos, sempre haverá um descumprimento, que é a *conditio legis* da incidência da pena. Mas, se a falta do devedor, punida com a multa, for simplesmente o retardamento na execução ou no inadimplemento de uma cláusula especial ou determinada da obrigação, ela é moratória; se for a falta integral da execução, é compensatória.[29] Em alguns casos, é típica a conceituação. Assim, a penal adjeta a uma obrigação *negativa* (*obligatio non factendi*) é compensatória, porque, consistindo o inadimplemento em uma ação proibida, o simples fato de praticar o que estava interdito constitui infração integral, que a penalidade ajustada compensará. O mesmo, por via de regra, dir-se-á da *obrigação de fazer*, quando é infringida pela recusa do devedor ou quando o fato se impossibilita por culpa sua. Não há, porém, incompatibilidade nenhuma entre a penal moratória e a *obligatio faciendi*, quando o que se quer punir é a impontualidade da execução. A pena que acompanha a *obligatio dandi* em qualquer das suas modalidades (dar, entregar, restituir) é, normalmente, moratória, pois que em regra cabe execução específica ou cominação de entregar, mesmo que o devedor o não queira fazer, e, então, a penal visa a punir o retardamento na entrega, salvo se houver perecimento culposo do objeto ou recusa de cumprir insuprível judicialmente, porque, então, não se pune o atraso, mas compensa-se o dano sofrido pelo credor, em razão de não receber a coisa devida. Este recurso ao casuísmo já é de si a mostra do tropeço na formulação de um princípio genérico. Não é fácil dizer, em tese, ou genericamente, quando é compensatória ou moratória a cláusula penal. Mandam uns que se confronte o seu valor com o da obrigação principal, e, se ressaltar sua patente inferioridade, é moratória,[30] mas outros desprestigiam este processo comparativo, para concluir que o critério não é absoluto;[31] obviamente, a pena se despe de todo caráter compensatório, mesmo equivalendo à obrigação principal, quando se estipula (o que é lícito) venha a consistir em prestação a um terceiro, como seja um estabelecimento beneficente.[32] Em conclusão, caberá ao juiz valer-se de todos os meios, a começar da perquirição da vontade, para, das circunstân-

---

28 Orosimbo Nonato, pág. 368.
29 Serpa Lopes, II, n° 124.
30 Giorgi, IV, n° 454; Alfredo Colmo, n° 178.
31 Salvat, II, n° 231.
32 Von Tuhr, II, pág. 237.

cias, inferir e proclamar, nos casos duvidosos, a natureza moratória ou compensatória da multa.

E há relevância prática na distinção, uma vez que a compensatória, como indica a própria denominação, substitui a obrigação principal, indenizando o credor das perdas e danos gerados do inadimplemento do devedor. Em razão desta finalidade, decorre da lei a alternativa a benefício daquele, pois que a falta da prestação traz o dano, que a penalidade ajustada visa a corrigir ou compensar. Quando a cláusula penal é moratória, não substitui nem compensa o inadimplemento. Por esta razão, nenhuma alternativa surge, mas, ao revés, há uma conjunção de pedidos que o credor pode formular: o cumprimento da obrigação principal que não for satisfeita oportunamente, e a penal moratória, devida como punição ao devedor, e indenização ao credor pelo retardamento oriundo da falta daquele.

Nenhuma razão existe, quer em doutrina quer em legislação, para que se repute vedado o acúmulo de penas convencionais. É lícito, portanto, ajustar uma penalidade para o caso de total inadimplemento e outra para o de mora ou com a finalidade de assegurar o cumprimento de certa e determinada cláusula.[33]

Outra distinção que cumpre fazer é a que destaca a cláusula penal a de *arrependimento* ou *multa penitencial – pactum displicentiae* dos romanos. Aquela reforça, como vimos, o vínculo obrigatório, estabelecendo que o devedor é obrigado a solver o débito (e esta a sua principal finalidade), sob pena de sofrer a pena estipulada. A de arrependimento é uma cláusula acessória, em razão da qual o devedor tem a *faculdade de não cumprir*, pagando a quantia estipulada. A cláusula de arrependimento se diferencia, então, da cláusula penal pela sua natureza e pelos seus efeitos. Em primeiro lugar, ela autoriza o arrependimento do obrigado, enquanto a penal reforça o vínculo, de vez que em razão desta o devedor tem de cumprir, e é punido se não o faz, ao passo que, em razão daquela, lhe fica facultado faltar à prestação. Na sua consequência, a pena convencional enseja ao credor uma alternativa, entre a exigência da obrigação principal e a cobrança da multa. A de arrependimento institui também uma alternativa, mas a benefício do devedor, que tem a faculdade de cumprir o obrigado ou pagar a quantia fixada. O implemento da obrigação acompanhada de cláusula penal é a prestação principal, que somente o credor tem o poder de substituir pela multa; o da que vem seguida de multa penitencial (*pactum displicentiae*) é uma outra, ao arbítrio do devedor, que, mesmo quando demandado, tem o direito de se eximir da prestação específica, pagando o que ficou estabelecido para o arrependimento. Embora se trate de institutos afins, como já o mostrou Alfredo Colmo,[34] os escritores de regra salientam estas diferenças que as extremam,[35] acrescentando-se que a cláusula penal se estipula contra o devedor que não cumpre, ou contra o que dê execução inadequada à sua *obrigação*, enquanto a *mulcta poenitencialis* importa em

---

33 Tito Fulgêncio, ob. cit., nº 401.
34 Alfredo Colmo, *Obligaciones*, n 183
35 M. I. Carvalho de Mendonça, *Doutrina e Prática das Obrigações*, I, nº 198; Giorgio Giorgi, IV, nº 454; Orosimbo Nonato, pág. 376.

indenização por uma expectativa não realizada.[36] O Superior Tribunal de Justiça considerou inacumuláveis a cláusula penal compensatória e as arras penitenciais (para o caso de inadimplemento do contrato), por força do princípio geral da proibição do "non bis in idem" (proibição da dupla condenação sob o mesmo título).[37]

151. EFEITOS DA CLÁUSULA PENAL

Descumprida a obrigação garantida por cláusula penal, esta entra em funcionamento. Antes, não. Porque, antes, sua exigibilidade é potencial, sujeita ao requisito do inadimplemento. Se a obrigação é a termo, automaticamente incorre o devedor na pena convencional, que pode desde logo ser exigida. Se a obrigação não tem prazo certo de vencimento, o credor tem de constituir o devedor em mora, fazendo-o interpelar judicialmente, e só então torna-se devida e exigível a multa pactuada.

O efeito fundamental da pena convencional, e que pode ser assinalado como determinação cardeal, é a sua exigibilidade *pleno iure* (Código Civil de 2002, art. 408),[38] no sentido de que independe da indagação se o credor foi ou não prejudicado pela inexecução do obrigado (Código Civil de 2002, art. 416).[39] Daí autorizar a boa hermenêutica do princípio a declaração de que o credor não está obrigado a alegar e provar o prejuízo que do inadimplemento lhe resulte. O que tem a demonstrar, e isto é o pressuposto da pena convencional, é a ocorrência da inexecução, pois que a vontade das partes, neste passo soberana, não pode ser violentada, bastando assim que hajam estatuído uma técnica de libertar-se dos riscos e das delongas de uma apuração de danos. Nem é jurídico olvidar que, independentemente da verificação do prejuízo causado, os interessados avençaram a penalidade como reforçamento do laço obrigacional.[40] Mesmo que o devedor produza a prova incontroversa da ausência de prejuízo em razão do inadimplemento, mesmo assim a penal é devida, pois que a dispensa de demonstrá-lo se erige em *praesumptio iuris et de iure*, de que a inexecução é em si mesma danosa sempre, o que afasta inteiramente a oportunidade de toda prova contrária.[41] Se não merecer a consideração de prefixar perdas e danos, em razão de não haver prejuízo, não pode faltar com a sua finalidade assecuratória do adimplemento. Daí ficar estatuído que ela é devida pelo só fato do inadimplemento. Moratória ou compensatória a pena, não precisa, pois, o credor de provar o dano. Basta demonstrar o inadimplemento e constituir o devedor em mora.

---

36 Karl Larenz, ob. cit., pág. 373.
37 Brasil, Superior Tribunal de Justiça, Terceira Turma, REsp. 1.617.652-DF, j. 26.09.2017, *DJe* 29.09.2017.
38 Direito Anterior: art. 921 do Código Civil de 1916. Projetos: art. 155 do Projeto de Código de Obrigações de 1965; art. 406 do Projeto de Código Civil de 1975.
39 Direito Anterior: art. 927 do Código Civil de 1916. Projetos: art. 155 do Projeto de Código de Obrigações de 1965; art. 415 do Projeto de Código Civil de 1975.
40 Tito Fulgêncio, loc. cit.
41 Giorgi, IV, nº 453; Orosimbo Nonato, ob. cit., pág. 360; Von Tuhr, *Obligaciones*, II, pág. 235.

No regime do Código Civil de 1916, o devedor não se eximia do seu pagamento a pretexto de ser excessiva, somente cabendo a redução por equidade, no adimplemento parcial. Estabelecida a redutibilidade por excessiva onerosidade, o que cabe ao devedor é questionar esta circunstância, sem que a alegação possa conduzir à exoneração completa. Assim, mesmo no sistema codificado de 1916, a regra da imutabilidade da cláusula penal era relativa, ainda que fundada no princípio da autonomia da vontade. E assim a jurisprudência considerava a aplicação do art. 924 do Código Civil de 1916, de modo a relativizar a parte final do então art. 927.

Em doutrina, com repercussão jurisprudencial, questiona-se a hipótese de se verificar a inferioridade da cláusula penal comparativamente ao montante do prejuízo causado pelo inadimplemento. Regra é que cabia aos interessados estabelecer a penal ou relegarem-se para as perdas e danos, na forma do direito comum. O parágrafo único do art. 416 do Código Civil de 2002, veio consagrar a tese, ao assentar que não cabe indenização suplementar, salvo se convencionada. Assim dispondo, admite-se ser lícito às partes estipular a acumulação da cláusula penal com a indenização suplementar, caso em que uma não exclui a outra. Recentemente o Superior Tribunal de Justiça apreciou o tema ao considerar que "cláusula penal por atraso na entrega de imóvel pode ser cumulada com lucros cessantes" (julgamento do Recurso Especial n. 1.642.314-SE).

Convencionada a pena e a indenização suplementar, a primeira é considerada como a prefixação mínima do prejuízo. Para haver a sua suplementação, cabe ao credor demonstrar que o valor da cláusula penal não traz ressarcimento de prejuízo. Provado o excedente, o juiz complementará o montante da pena convencionada com a estimação do prejuízo. Ao revés, se o credor não convencer do prejuízo excedente, a satisfação das perdas e danos fica limitada à cláusula penal.

Apenas no caso de cláusula penal, a cominação imposta não pode exceder o valor da obrigação principal (O Código de 2002, art. 412),[42] o mesmo não valendo para a indenização suplementar. O Código de 2002 mantém um princípio que no regime de 1916 já não tinha justificativa. E, na sistemática do atual, menos cabimento traz. A manutenção é fruto da pura força da inércia. Uma vez que estava, ficou. Somente as partes são interessadas em reforçar o cumprimento da obrigação com uma pena convencional. E, do mesmo modo que são livres de inseri-la ou não, no texto ou em apartado, devem ter o arbítrio de graduá-la nos limites de suas conveniências, estimando-a em cifra mais ou menos elevada. Não é a defesa contra a usura que orienta a sua limitação, porque o mútuo é tratado como contrato típico, e pode comportar normas restritivas, como, aliás, aconteceu com o Decreto nº 22.626, de 7 de abril de 1933, que restringiu a pena convencional, para aquele contrato, no limite de 10% do débito. A disposição do art. 412 do Código Civil de 2002 é inócua, tendo em vista que o seguinte permite a redução equitativa pelo juiz, e o art. 416 admite seja estipulada indenização suplementar.

Tal como redigido, o artigo contém disposição de ordem pública, estatuindo a variação da pena em qualquer cifra, desde que não ultrapasse o valor da obrigação a que excede. Restou, porém, uma disposição vazia, já que o Código permite, às par-

---

42 Direito Anterior: art. 920 do Código Civil de 1916. Projetos: art. 151, parágrafo único, do Projeto de Código de Obrigações de 1965; art. 411 do Projeto de Código Civil de 1975.

era senhor de usar ou não.⁴⁵ O modelo foi o art. 1.351 do Código Civil Francês. Vem, entretanto, o Código de 2002 e converte em dever um poder, uma vez que o julgador teria o arbítrio de usar, se lhe parecesse que o inadimplente estava sendo sacrificado, ou deixar de utilizar se lhe parecesse que a penalidade era adequada, mesmo que a obrigação já estivesse executada em parte. Impõe a redução da penalidade, como norma dirigida ao juiz. Deve ser reduzida pelo julgador, sempre que tiver ocorrido adimplemento parcial, e ainda que as circunstâncias demonstrem não ser desproporcional ao que está para ser cumprido. A redutibilidade da pena excessiva encontra amparo do Código Suíço e no BGB, como também estava no Projeto de Código de Obrigações de 1965, porém como uma faculdade. O que fere a autonomia da vontade e contraria a natureza da pena convencional é o caráter imperativo da norma. O Superior Tribunal de Justiça considera que, à luz do art. 413 do Código Civil, a redução da cláusula penal determinada pelo juiz passou a ser um poder-dever de coibir os excessos e abusos que coloquem o devedor em inferioridade exagerada e, por isso, o magistrado deve reduzir o valor, independentemente de requerimento do devedor.⁴⁶ Não sendo, porém, matéria de ordem pública, pode ser ajustada a irredutibilidade.

Reduzida será, ainda, se ao juiz parecer manifestamente excessiva. O juiz considerará a natureza do negócio e a sua finalidade. O tema ganha maior complexidade em determinados tipos de contratação, como ocorre na denominada "permuta no local" (casos de troca do terreno por unidades imobiliárias futuras decorrentes de incorporação imobiliária). Em trabalho sobre o tema, defendeu-se que "embora a restituição e o equivalente atuem tecnicamente com finalidades diversas da indenização", é fundamental avaliar à luz do caso concreto se a cláusula penal compensatória foi prevista de forma cumulativa com tais parcelas, ou, ao revés, se os contratantes incluíram tais parcelas no montante devido⁴⁷.

O que pode servir de frenação às pretensões abusivas do inadimplente é o arbítrio do magistrado. Quanto à redutibilidade por implemento parcial, o juiz inspira-se no princípio da equidade, dosando a diminuição da pena, segundo o seu arbítrio e tendo em conta o princípio da boa-fé objetiva no confronto com o "homem de negócios real e honesto". No tocante ao excesso da pena, sua redução dar-se-á por manifesto. O julgador apreciará o valor da penal, confrontando-o com as demais circunstâncias do negócio, e somente o diminuirá se for manifesto, ostensivo, perceptível a todo surto de vista.

Em qualquer caso, o poder do juiz não pode ser levado ao extremo de minguá-la a ponto de convertê-la em quantia ínfima – *sestercio uno* –, desfigurando a pena convencional e retirando-lhe a dupla finalidade, de reforço da obrigação e de liquidação prévia das perdas e danos.

Sendo, no Código, instituído o princípio com caráter privado, é suscetível de derrogação pelas partes, que têm, portanto, a liberdade de ajustar o limite da reduti-

---

45 José Roberto de Castro Neves observa que o art. 413, do Código Civil de 2002, inova ao garantir a equivalência econômica e a razoabilidade entre a sanção contratual e a falha no cumprimento da obrigação (*Código de Defesa do Consumidor*, pág. 185).

46 Brasil, Superior Tribunal de Justiça, Terceira Turma, REsp. 1.447.247-SP, j. 19.04.2018, *DJe* 04.06.2018.

47 Carlos Nelson Konder e Cristiano O. S. B. Schiller, *Cláusula penal e indenização à luz da dicotomia entre interesse positivo e negativo: o exemplo do contrato de permuta no local*, pág. 156.

tes, sobrecarregar a cláusula penal com a indenização suplementar mesmo quando avençada no limite máximo.

Do jogo dos princípios, que na realidade se apresentam contraditórios, fica o juiz munido de mais amplos poderes para, em face das circunstâncias, usar com sobriedade o seu *arbitrium boni viri*, a fim de situar a pena convencional dentro de limites compatíveis com o jogo dos interesses, no plano da liceidade e do equilíbrio, observados os princípios contratuais da contemporaneidade.

Pode lei especial fixar outro limite para a cláusula penal, como aconteceu com o Decreto nº 22.626, de 7 de abril de 1933. O Código de Defesa do Consumidor (Lei nº 8.078/90), no seu artigo 52, § 1º, fixou o limite da cláusula penal moratória em 2% do valor do débito do consumidor, e no art. 53, estipulou que, nos casos de venda financiada, é nula a cláusula penal que estabeleça perda total das parcelas pagas na hipótese de rescisão contratual com retomada do bem por inadimplemento do consumidor.

No tocante à *redutibilidade* da multa, a sua dogmática prevê, em particular, o cumprimento parcial da obrigação: depois de havê-la em parte executado, torna-se o devedor inadimplente, ensejando ao credor pedir a pena convencional. Mas, como esta não pode ser motivo de enriquecimento, recebê-la integralmente o credor importaria em locupletar-se indevidamente à custa do devedor, que já teria proporcionado ao credor a vantagem resultante do cumprimento parcial, e ainda estaria sujeito a pagar-lhe, na multa, um equivalente relativo das perdas e danos, previsto inicialmente para a totalidade da prestação.

O artigo 413 do Código Civil de 2002[43] alterou fundamentalmente a sistemática da cláusula penal, e consagrou a intervenção judicial na economia do contrato. As partes são o melhor juiz da conveniência de estabelecer a punição para o caso de inadimplemento total ou parcial da obrigação, ou de demora no seu cumprimento. No regime do Código Civil de 1916, admitia-se que, em razão do cumprimento parcial da obrigação, o juiz poderia reduzir o montante da penalidade, sopesando o valor da parte já executada, em confronto com o valor total da obrigação. Consagrou o novo duas hipóteses de redução: cumprimento parcial e excesso de punição. Como já foi observado pela doutrina mais recente, não é mais mera faculdade do juiz a determinação de redução da pena em caso de excessiva onerosidade ou desproporção da pena ou de cumprimento parcial da obrigação principal, e sim dever do magistrado de assim proceder. Daí a substituição do verbo "poder" (art. 924 do Código Civil de 1916) pelo verbo "dever" (art. 413 do Código Civil de 2002), notadamente sob a influência dos princípios norteadores da teoria contratual.[44]

No tocante à redutibilidade, considera-se a situação daquele que, depois de haver em parte executado a obrigação, torna-se inadimplente. Considerando que a cláusula penal não deve ser fonte de enriquecimento, o Código revogado concedia ao juiz a faculdade de reduzi-la na proporção do adimplido, confiando-lhe razoável arbítrio que somente ele

---

43 Direito Anterior: art. 924 do Código Civil de 1916. Projetos: art. 153 do Projeto de Código de Obrigações de 1965; art. 412 do Projeto de Código Civil de 1975.
44 Tatiana Magalhães Florence, ob. cit., pág. 528.

bilidade, ou ainda a própria irredutibilidade, tanto mais que a finalidade cogente da pena convencional poderia frustrar-se com a perspectiva de sua diminuição, e o ajuste contrário a esta restitui-lhe todo o prestígio, desde que observados os princípios do equilíbrio das prestações, da igualdade material, da boa-fé objetiva e da vedação do enriquecimento sem causa.[48] Mas, se ficar instituída a redução por onerosidade excessiva, caberá ao juiz o poder de decretá-la, ainda contra a estipulação em contrato, desde que se configure esse requisito e o interessado o requeira. Na IX Jornada de Direito Civil do Conselho da Justiça Federal, houve a aprovação do Enunciado nº 649, com o seguinte teor: "Art. 413. O art. 421-A, inciso I, confere às partes a possibilidade de estabelecerem critérios para a redução da cláusula penal, desde que não seja afastada a incidência do art. 413". Ou seja: podem os contratantes identificar parâmetros para que o magistrado possa intervir na economia do contrato, como por exemplo destacar a finalidade da penalidade prevista e/ou as justificativas para a possível redução.

No caso da penal moratória, como vimos, o que se tem em vista é punir o retardamento na execução do ajuste, ou o reforçamento de determinada cláusula. Em consequência, o credor tem o direito de pedir o cumprimento da obrigação, juntamente com a multa, pois que o primeiro é devido em razão do vínculo principal, e a segunda é de ser paga por não ter sido a obrigação executada oportunamente. O mesmo se dirá da penal que tem por objeto reforçar o cumprimento de uma dada cláusula, cujo cumprimento tem o credor o direito de exigir juntamente com a pena estipulada.[49]

Quando a penalidade é compensatória, o inadimplemento da obrigação opera como uma condição que abre ao credor uma alternativa e lhe oferece dois objetos em solução: ou o cumprimento da obrigação, que pode pedir por via da ação correspondente ao título, ou a pena convencional, que tem a finalidade de compensá-la do dano sofrido. Regra é, então, e corolário dos princípios que disciplinam as obrigações alternativas (cf. nº 144, *supra*), que o credor, optando por uma delas, concentra o vínculo, e não tem mais direito de recuar, para seguir o outro ramo: *electa una via non datur accessus ad alteram*; é irretratável a escolha e, incidindo sobre a pena, desaparece a obrigação principal; mas não fica o credor, evidentemente, privado de haver as despesas que tenha efetuado para obter o seu pagamento, bem como os honorários de advogado, que a doutrina já entendia devidos[50] e hoje são de lei expressa (Código de Processo Civil de 1973, art. 20/Código de Processo Civil de 2015, art. 85).

Discute-se em doutrina se, em simetria com a diminuição proporcional da pena no caso de execução parcial, pode pedir o credor a sua majoração, se se verificar a sua insuficiência para cobrir o prejuízo sofrido pelo credor. Exigida a multa e apurada sua inferioridade relativamente ao dano resultante do inadimplemento, indaga-se se cabe ao credor o direito de postular a diferença. A jurisprudência reflete estes casos, em que se torna francamente inadequada a cláusula penal à verdadeira compensação do prejuízo, em confronto com a consequência da inexecução. Mas, não obstante isto, pelo nosso direito não é possível a complementação. O credor pode

---

48 Sobre a validade da convenção contrária à redução da multa: Tito Fulgêncio, ob. cit., nº 437.
49 Clóvis Beviláqua, *Obrigações*, § 20.
50 Tito Fulgêncio, ob. cit., nº 400.

pedir ou o cumprimento da obrigação ou a pena convencional. Optando por esta, concentra-se a obrigação, e, se ela for insuficiente, de si mesmo se queixe por tê-la estimado em nível baixo.[51]

Cláudia Lima Marques, ao tratar do tema relativo à cláusula penal e às relações de consumo, considera que ela representa um poderoso instrumento para aniquilar o equilíbrio contratual entre direitos e obrigações, constituindo, assim, vantagem excessiva para o fornecedor. Assim, conclui, na linha da doutrina francesa acerca das relações de consumo, que é uma cláusula "sob suspeita".[52]

Sendo indivisível a obrigação, todos os devedores, e consequentemente seus herdeiros, incorrerão na pena (Código Civil de 2002, art. 414),[53] ainda que a falta haja sido cometida por um só. Mas somente do culpado pode ser integralmente postulado, respondendo os demais pelas suas quotas-partes apenas, e, mesmo assim, ressalvar-se-lhes-á ação regressiva para se reembolsarem contra aquele que tiver dado ensejo à sua imposição.

O Código parte do pressuposto de que a indivisibilidade da prestação não subsiste na cláusula penal que, via de regra, é uma quantia em dinheiro. Indivisível a obrigação, tem o credor direito ao seu cumprimento integral. Descumprida, absoluta ou relativamente, tem também direito a receber a pena convencional por inteiro. Caindo em falta um dos codevedores, a cláusula penal atinge a todos. Contra o culpado, pode ser pedida sua aplicação integral, em razão mesma da culpa. Não podendo, ou não convindo, o credor pode exigir que todos os devedores lhe paguem a pena convencional. Neste caso, porém, aplica-se o princípio que impera na obrigação divisível com pluralidade de devedores – *concursu partes fiunt*. Cada um responde pela sua quota-parte. Aos não culpados, que suportaram uma parte da pena, cabe ação *de in rem verso* contra aquele que incidiu em culpa.

Não ocorrendo o que é o pressuposto do artigo 414 do Código Civil de 2002, isto é, que também a cláusula penal seja indivisível, o credor pode pedi-la por inteiro a qualquer dos devedores, o qual terá, pelo mesmo motivo, ação regressiva contra o culpado.

Estabelecida a solidariedade na pena convencional, aplicam-se os princípios da solidariedade, cada qual sendo devedor de toda a pena, e por inteiro – *totum et totaliter*.

A disposição do artigo 414 aplica-se a qualquer caso de obrigação indivisível, ainda que a prestação o não seja por natureza, porém hajam as partes convencionado a indivisibilidade.

Se a obrigação, ao revés, for divisível, a multa convencional só é devida por aquele dos devedores que lhe tiver dado causa, proporcionalmente à sua parte na obrigação (Código Civil de 2002, art. 415),[54] porque o caráter divisível desta permite que o credor obtenha normalmente dos demais a satisfação do obrigado. O artigo

---

51 Clóvis Beviláqua, loc. cit.
52 Cláudia Lima Marques, *Contratos no Código de Defesa do Consumidor*, 4ª ed., pág. 878.
53 Direito Anterior: art. 925 do Código Civil de 1916. Projetos: art. 154 do Projeto de Código de Obrigações de 1965; art. 413 do Projeto de Código Civil de 1975.
54 Direito Anterior: art. 926 do Código Civil de 1916. Projetos: art. 414 do Projeto de Código Civil de 1975.

415 figura no Código apenas em relação simétrica com o anterior (art. 414). Sendo divisível a obrigação, cada um dos devedores somente deve a sua quota-parte no débito. Fraciona-se este em tantas obrigações, iguais e distintas, quantos são os credores, ou devedores (art. 257). Se o credor tem ação para receber de cada devedor a sua parte na obrigação, não pode tê-la para exigir a pena convencional, também divisível, senão a cada qual, uma vez que a pena é acessória da dívida, e, como tal, segue o principal. Da mesma forma, e pelo mesmo motivo, o herdeiro do devedor de coisa indivisível não responde para além do que deve o autor da herança. Estipulada solidariedade, ou estabelecida a incidência de pena convencional em coisa indivisível, cabe ao credor exigi-la por inteiro de qualquer dos devedores, ressalvada a este ação de regresso contra o culpado. A responsabilidade do inadimplente, pela parte proporcional na multa, transmite-se aos herdeiros.

Dentro, ainda, do esquema dos efeitos da cláusula penal, entra a indagação da *renúncia* a ela. É de toda evidência, e decorre mesmo do caráter privado da matéria, que o credor nunca poderá ser compelido a pleiteá-la, e, menos ainda, a recebê-la, pela mesma razão que lhe era lícito contratar sem estipulá-la. A *renúncia expressa* não oferece qualquer flanco a debate, pois que o credor, a quem a lei enseja o poder de reclamá-la, tem o direito de abrir mão dela. O que, entretanto, constitui assunto merecedor de atenção da doutrina, e que tem sido cuidado pelos civilistas, é o atinente à *renúncia tácita*, em consequência da conduta ou da atitude do credor. Assim é que a aceitação do pagamento, sem reserva quanto à multa, faz presumir que o credor remitiu a penal. Igual presunção de renúncia ou de remissão vige quando o devedor obtém uma concessão de prazo feita pelo credor, sem ressalva quanto à pena moratória.

Não há, porém, remissão da cláusula penal, por parte do credor que pede a resolução do contrato por inadimplemento a *parte debitoris*, pois que o devedor inadimplente é sujeito a perdas e danos, e, tendo a pena convencional a prefixação como uma das suas finalidades, é devida a esse título. Toda a matéria da renúncia deve, contudo, sujeitar-se à observação, que Tito Fulgêncio muito bem realiza,[55] de sempre entender-se qualquer renúncia como de interpretação estrita, e, assim, é de manter-se a penalidade quando o contexto do instrumento ou a atitude do credor não sugira francamente a sua remissão.

Há, ainda, acerca do valor máximo da cláusula penal (art. 412 do Código Civil de 2002), a questão referente à "astreinte" (multa cominatória), prevista nos arts. 500 e 537, do Código de Processo Civil de 2015 (arts. 644 e 461, § 4º, do Código de Processo Civil de 1973), nos casos de obrigação de fazer e não fazer por força de sentença condenatória. Deve ser observado o limite do art. 412 do Código Civil de 2002? A doutrina, no âmbito do Direito Processual, tem considerado a multa cominatória diária de natureza processual, e não de pena civil, não decorrendo de convenção, além de ser fixada pelo juiz de modo a tornar efetivo o processo. Busca-se fazer com o que o executado não adote práticas procrastinatórias, sendo forçado

---

55 Tito Fulgêncio, ob. cit., nº 409.

ao cumprimento da obrigação.[56] Assim, não se deve considerar o limite da obrigação principal na fixação da multa diária.

Contudo, deve-se ponderar com os princípios da razoabilidade e da vedação do enriquecimento sem causa, notadamente para coibir práticas abusivas em favor do credor, essencialmente quando houver configuração de dificuldades financeiras por parte do devedor. Há de se analisar com ponderação, notadamente nos dias contemporâneos, à luz da valorização das situações jurídicas existenciais em detrimento das patrimoniais na ordem constitucional brasileira, instaurada em 1988.[57]

---

56 Teori Albino Zavascki, *Comentários ao Código de Processo Civil*, vol. 8, São Paulo, Revista dos Tribunais, pág. 503.
57 Gustavo Tepedino, *Temas de Direito Civil*, pág. 100.

Capítulo XXX
PAGAMENTO

Sumário

152. Execução voluntária. Pagamento. **153.** Condições subjetivas do pagamento. **154.** Condições objetivas do pagamento. **155.** Lugar do pagamento. **156.** Tempo do pagamento. **157.** Prova do pagamento.

Bibliografia

Clóvis Beviláqua, *Obrigações*, § 31; Ruggiero e Maroi, *Istituzioni di Diritto Privato*, II, § 130; Ludovico Barassi, *Istituzioni di Diritto Civile*, nº 203; Alberto Trabucchi, *Istituzioni di Diritto Civile*, nºs 225 e segs.; Ludovico Barassi, *Teoria Generale delle Obbligazioni*, III, nºs 228 e segs.; Karl Larenz, *Derecho de Obligaciones*, I, § 26; Orosimbo Nonato, *Curso de Obrigações*, 2ª parte, I, págs. 9 e segs.; Alfredo Colmo, *De las Obligaciones en General*, nºs 544 e segs.; Giovanni Lomonaco, *Delle Obbligazioni*, II, 110 e segs.; Hector Lafaille, *Derecho Civil, Tratado de las Obligaciones*, I, nºs 320 e segs.; Giorgio Giorgi, *Teoria delle Obbligazioni*, VII, nºs 8 e segs.; Andreas Von Tuhr, *Tratado de las Obligaciones*, II, nº 54 e segs.; Hudelot *et* Metmann, *Des Obligations*, nºs 501 e segs.; Serpa Lopes, *Curso*, II, nºs 130-A e segs.; Gaudemet, *Théorie Générale des Obligations*, págs. 346 e segs.; Demogue, *Traité des Obligations*, VI, págs. 5 e segs.; Mazeaud *et* Mazeaud, *Leçons de Droit Civil*, II, nºs 731 e segs.; Planiol, Ripert *et* Boulanger, *Traité Élémentaire de Droit Civil*, II, nºs 1.536 e segs.; M. I. Carvalho de Mendonça, *Doutrina e Prática das Obrigações*, atualizada por José de Aguiar Dias, nºs 222 e segs.; Orlando Gomes, *Obrigações*, nºs 55 e segs.; Gustavo Tepedino, *Obrigações*, págs. 275 e segs.; Judith Martins-Costa, *Comentários ao Novo Código Civil*, vol. V, t. I; Sílvio de Salvo Venosa, *Direito Civil*, vol. II, págs. 177 e segs.; Diez-Picaso, Luis y Guillón, *Sistema de Derecho Civil*, vol. II; Ruy Rosado de Aguiar Júnior, *Extinção dos contratos por incumprimento do devedor*, págs. 75 e segs.; Arnoldo Wald, *Obrigações e contratos*, págs. 85 e segs.

152. Execução voluntária. Pagamento

O desfecho natural da obrigação é o seu cumprimento. De sua própria noção conceitual, como vínculo jurídico atando temporariamente os dois sujeitos, decorre a existência de uma operação inversa, pela qual os vinculados se desatam. A isto dava-se o nome de *solutio*, vocábulo que herdamos – *solução* – e nos dá a ideia de estar o vínculo desfeito e o credor satisfeito, ainda que na visão atual possam substituir deveres anexos pós-contratuais, como o dever de sigilo. Paralelamente se emprega, com o mesmo sentido de ato liberatório, e com muito maior frequência, a palavra *pagamento*, que no rigor da técnica jurídica significa o cumprimento voluntário da obrigação, seja quando o próprio devedor lhe toma a iniciativa, seja quando atende à solicitação do credor, desde que não o faça compelido. É certo que a linguagem comum especializou o vocábulo *pagamento* para a solução das obrigações pecuniárias, mas nem por isto perdeu ele o seu sentido científico. Por mais, contudo, que o técnico se esforce na apuração semântica das palavras, é sempre vencido pelo seu curso vulgar, ou normal. E, então, depois de muito lutar, acaba cedendo. Neste particular, o jurista, resistindo embora à vulgarização do conceito de pagamento como prestação pecuniária específica, acaba por admitir-lhe a plurivalência e fixar que traduz, em sentido estrito e mais comum, a prestação de dinheiro;[1] em senso preciso, a entrega da *res debita*, qualquer que seja esta; e numa acepção mais geral, qualquer forma de liberação do devedor, com ou sem prestação.[2] Aqui, tratamos do pagamento como forma de liberação do devedor, mediante a prestação do obrigado, conceito que reúne as preferências dos escritores mais modernos.[3] Ressalta, no entanto, a doutrina que, em precisão científica, a melhor terminologia é o vocábulo *cumprimento*, como termo genérico – como, inclusive, é adotado no Código Civil português – para expressar qualquer forma de prestação devida, e pagamento deve ser reservado para somente as prestações em dinheiro.[4]

Como execução voluntária, de obrigação de qualquer espécie, pagamento será a tradição da coisa, na *obligatio dandi*; pagamento será a prestação do fato na *obligatio faciendi;* pagamento será ainda a abstenção na *obligatio non faciendi*. No dizer de Barassi, envolve tanto uma atitude estática como dinâmica do devedor, acompanhada ou não de uma atuação por parte do credor.[5] O pagamento será, portanto, o fim normal da obrigação. Mas não o único, porque pode ela cessar: *a)* pela *execução* forçada, seja em forma específica, seja pela conversão da coisa devida no seu equivalente; *b)* pela *satisfação direta* ou *indireta* do credor, por exemplo, na compensação;

---

1   Von Tuhr, *Obligaciones,* II, nº 54, atribui à palavra pagamento o sentido estrito de entrega de dinheiro.
2   Alfredo Colmo, *Obligaciones,* nº 548; Orosimbo Nonato, *Curso de Obrigações,* 2ª parte, vol. I, pág. 11; Demolombe, *Contrats,* vol. IV, pág. 20.
3   Ruggiero e Maroi, *Istituzioni di Diritto Privato,* II, § 130; Pacchioni, *Delle Obbligazioni in Generale,* pág. 378; Serpa Lopes, *Curso,* nº 134.
4   Celso Quintella Aleixo, "Pagamento", *in:* Gustavo Tepedino (coord.), *Obrigações,* pág. 277.
5   Barassi, *Istituzioni,* nº 203.

c) pela extinção sem caráter satisfatório, como na impossibilidade da prestação sem culpa do devedor, ou na remissão da dívida.[6] Deixando consignado que não podem ter os mesmos efeitos todas as modalidades extintivas,[7] pois, enquanto umas, como a confusão, operam *pleno iure*, e outras, como a prescrição, exigem alegação, aqui falaremos do pagamento como modalidade extintiva voluntária ou normal da obrigação, e no Capítulo XXXI, das outras espécies.

Questão que provoca pronunciamento dos doutores é a que se levanta em torno da *natureza jurídica* do pagamento, a saber se é um *fato* ou um *negócio jurídico*. Forte corrente inclina-se na sustentação de sua natureza fática (Aubry e Rau, Ricci, Larombière, Espínola, Orosimbo Nonato), enquanto outra é igualmente rica de autorizados nomes no sentido oposto, defendendo seu caráter negocial, sob o fundamento de que, na prestação que realiza o *solvens*, algo mais existe do que um acontecimento, pois que o acompanha um elemento psíquico – o *animus solvendi*,[8] sem o que se confundiria a solução da obrigação com uma liberalidade.

No rigor dos princípios, não se pode dizer, de maneira categórica e formal, nem que é um negócio jurídico nem que não o é, parecendo mais correta a opinião eclética de Enneccerus, Oertmann, Lehmann, entre nós adotada por Serpa Lopes e Orlando Gomes, para os quais às vezes tem todos os característicos de um negócio jurídico quando o direito de crédito objetive uma prestação que tenha caráter negocial (exemplo: a emissão de uma declaração de vontade), mas outras vezes não passa de mero fato, quando o conteúdo da obrigação não tem tal sentido, ou objetive simples abstenções ou prestações de serviços.[9] Na verdade, nem sempre se torna necessária, para eficácia do pagamento, a vontade direta de extinguir a obrigação,[10] como ocorre no exemplo de Von Tuhr: se o devedor realiza o serviço, sem saber se tinha a obrigação de realizá-lo, não tem importância discutir os efeitos próprios do adimplemento.[11] Desse modo, o elemento vontade não é pressuposto para o adimplemento obrigatoriamente.

Quando configurado como negócio jurídico, tanto poderá sê-lo *bilateral*, em vista de requerer a aceitação do *accipiens*, quanto *unilateral*, por completar-se com a atividade do *solvens*. Frequentemente é ato unilateral, porque se completa sem nenhuma participação volitiva do credor, tanto assim que pode ser feito a este pessoalmente, como pode ser realizado em seu benefício. Às vezes, nem o credor aparece, e às vezes se dá contra a sua vontade (*invito creditori*), quando o devedor põe a coisa à sua disposição ou consigna-a judicialmente. Casos há de solução, entretanto, que revestem nítida bilateralidade, de vez que o ato se não completa sem a aceitação do acipiente, como naqueles que têm caráter translatício do domínio. Nes-

---

6 Trabucchi, *Istituzioni*, nº 225.
7 Alfredo Colmo, nº 547.
8 Giorgi, *Obbligazioni*, VII, nº 9.
9 Enneccerus, Kipp e Wolff, *Tratado, Obligaciones*, § 60; Serpa Lopes, *Curso*, II, nº 134; Orlando Gomes, *Obrigações*, nº 59.
10 Trabucchi, nº 226.
11 Von Tuhr, II, pág. 4.

ses, não colhe objetar, contra a bilateralidade da *solutio*, com o argumento de que a dupla emissão de vontade se converte em ato contratual, e este se desfiguraria por ser extintivo e não criador de direitos. E não colhe, de vez que nem somente para criar obrigações há contratos (Ruggiero), senão também para modificá-las e para extingui-las. Genericamente considerado, o pagamento pode, portanto, ser ou não um negócio jurídico; e será unilateral ou bilateral, dependendo esta classificação da natureza da prestação, conforme para a *solutio* contente-se o direito com a emissão volitiva tão somente do devedor, ou que para ela tenha de concorrer a participação do *accipiens*.[12] A doutrina mais recente vem considerando o pagamento como ato jurídico – ato cujos efeitos são previstos na norma, independentemente da intenção de quem o realiza – ainda que cuide de atender a uma obrigação de realizar um negócio, como no caso da promessa de celebração de um contrato. Deve-se separar o ato negocial da perspectiva intrínseca, de seu aspecto extrínseco e, assim, verifica-se que houve um ato humano que produziu efeitos jurídicos na relação jurídica anterior.[13]

Como todo ato jurídico, o pagamento requer a incidência de requisitos, uns essenciais, outros acidentais. Em primeiro lugar, é *conditio legis* do pagamento a preexistência da obrigação. No plano puramente ideológico, não se conceberia *solutio* sem a preexistente *obligatio*, pois é para liberar desta o devedor que aquela se realiza. Transpondo a noção abstrata para o direito positivo, o legislador tem o débito em consideração, como fundamental do pagamento, a tal ponto que sujeita à restituição todo aquele que receba o que lhe não é devido,[14] como espécie particular de enriquecimento indevido.

Condições *subjetivas* e *objetivas* envolvem-no ainda e chegam a atingir a sua essência e penetrar no plano mesmo de sua eficácia. A primeira diz respeito aos sujeitos (quem deve pagar, a quem se deve pagar); a segunda refere-se ao objeto do pagamento e sua prova. E, finalmente, ocorre estabelecer as circunstâncias do lugar e do tempo do pagamento. Como são da maior importância, cuidaremos de sua dogmática nos parágrafos seguintes. Duas outras circunstâncias são ponderáveis: o *lugar* e o *tempo* de sua efetivação, com todos os seus efeitos. Finalmente cabe tratar da *prova* e dos requisitos da quitação. Revela-se fundamental, ainda acerca do tema, tratar de maneira resumida dos princípios que regem o pagamento, permitindo sua análise sistemática. O princípio da identidade (ou da correspondência) impõe a presença de adequação total da conduta do devedor à prestação efetivamente devida, nos termos do art. 313, do Código Civil de 2002, não comportando qualquer modificação, ainda que mais benéfica para o credor. O princípio da exatidão se refere ao modo, ou seja, a forma do cumprimento da prestação por previsão legal ou convencional. O princípio da integralidade (ou indivisibilidade) impede que a prestação seja realizada por

---

12 Ruggiero e Maroi, *Istituzioni*, § 130, defendem o caráter negocial do pagamento e explicam a classificação aqui reproduzida.
13 Celso Quintella Aleixo, ob. cit., pág. 280.
14 Código Civil de 2002, art. 876. Ver nº 169, *infra*.

partes, se não houver ajuste nesse sentido, ou permissão da lei ou dos costumes, conforme previsão contida no art. 314 do Código Civil de 2002. A boa-fé objetiva não é princípio específico do pagamento, mas por óbvio que o cumprimento da obrigação, tal como as outras etapas do processo obrigacional, deve ser feito de acordo com a boa-fé objetiva.[15]

Anote-se, ainda, o desenvolvimento da doutrina do adimplemento substancial que havia sido previsto no projeto de Código de Obrigações de 1965, ao tratar que não haveria resolução do contrato se o inadimplemento fosse insignificante se comparado ao valor do negócio. De origem inglesa, a doutrina do adimplemento substancial é hipótese de adimplemento parcial que se situa tão próxima ao adimplemento total e, assim, não é autorizada a resolução do contrato sob tal fundamento, como no empréstimo que deve ser pago em 24 parcelas, porém só a última não o foi, ou no seguro em 12 vezes e apenas as duas últimas parcelas não foram pagas. Com base nos princípios da boa-fé, da vedação do abuso de direito e da função social do contrato, tal doutrina pode ser encontrada no sistema do Código Civil de 2002, ainda que sem regra específica a respeito.

153. Condições subjetivas do pagamento

Antes de descer à análise dos requisitos subjetivos do pagamento, é mister salientar que, quando personalíssima, a obrigação vigora tão somente entre as partes e extingue-se com elas. Ao revés, se não o é, opera assim entre as partes como entre os seus herdeiros,[16] aos quais se transfere, divisa ou indivisa, conforme seja ou não divisível o seu objeto.

Adotando método tradicional, cindiremos este parágrafo em duas seções, e estudaremos a situação do *solvens*, e em seguida a do *accipiens*.

A) *De quem deve pagar*

Quando a obrigação é contraída *intuitu personae debitoris* – em razão da pessoa do devedor – somente a este incumbe a solução. O credor não pode ser compelido a aceitar de outrem a prestação, ainda que se lhe apresente melhor do que fora de esperar do vero devedor. A propósito, costuma-se exemplificar com as obrigações de fazer, como tipo obrigacional incompatível com a solução por parte de terceiro. Não pode, contudo, ser o exemplo recebido com visos de generalidade, porque, se é certo que no campo das *obligationes faciendi* mais frequentemente se avençam aquelas que têm em vista fundamentalmente a pessoa do devedor, não se deve afirmar que toda prestação de fato é insuscetível de realização por outrem. Também neste tipo obrigacional, muita vez tem o credor em vista o próprio fato (*prestação fungível*), que por outrem é executável, e, então, a solução pode operar-se partida de um estra-

---

15 Celso Quintella Aleixo, ob. cit., pág. 281.
16 Código Civil de 1916, art. 928. Artigo sem correspondência no Código Civil de 2002.

nho ao vínculo. Também na *obligatio dandi,* quando aliada a uma prestação de fato, pode surgir a circunstância de não ser admissível a solução por pessoa diversa da do devedor.

Afora tais casos, regra é que qualquer interessado na extinção da dívida pode pagá-la (Código Civil de 2002, art. 304),[17] e não tem o credor o direito de recusar a *solutio,* partida de um estranho.

Diz-se interessado todo aquele que esteja vinculado à obrigação ou em quem esta percuta. Em primeiro lugar, o devedor, cujo interesse reside em desvincular-se; ou todo aquele que sofre a repercussão do vínculo obrigacional. O credor tem o direito de receber, mas tem também o dever de fazê-lo. Concordando, o devedor efetua a prestação. Se o credor recusá-la, o interessado tem a seu alcance os meios adequados a realizar a prestação para o credor que não quer receber o pagamento *invito creditore*. Pode consistir na consignação em pagamento, na colocação da coisa à disposição do credor, ou até na simples abstenção.

Um terceiro não interessado, isto é, uma pessoa que não seja parte na obrigação nem lhe sofra os efeitos, pode pagar em nome e por conta do devedor. Situado no recebimento o interesse do credor, não pode ele recusar a prestação. É vedado, entretanto, ao terceiro não interessado pagar em nome e por conta do devedor, quando este se opõe ao pagamento. Porém, não se pode qualificar o mandatário como um terceiro, porque ele procede como se fosse o próprio devedor, por força dos poderes recebidos.

Descabe o pagamento por terceiro, nas obrigações personalíssimas, isto é, constituídas em razão da pessoa do devedor – *intuitu personae debitoris*. Vale dizer: somente cabe o pagamento por terceiro quando há fungibilidade da prestação.

O artigo 304 do Código Civil de 2002 não prevê, tal como fizera o Projeto de Código de Obrigações de 1965, se a oposição do devedor for injustificada. Nesta hipótese, deve reputar-se válido, e revertido dos mesmos efeitos do que se efetua sem a oposição dele.

Se o credor recusar a *solutio,* o *terceiro interessado* tem o direito de se valer dos meios conducentes à exoneração do devedor, como se este próprio fora. Os terceiros interessados comumente são o fiador, o sócio, o credor do devedor (em outra dívida) e o sublocatário. O terceiro, a quem falta interesse para solver a obrigação, poderá proceder de maneira idêntica e compelir o credor a receber, se estiver agindo em nome e por conta do devedor (Código Civil, art. 304, parágrafo único). Este, aliás, o princípio que o Direito romano nos legou, através da palavra de Gaio: *"Solvere pro ignorante et invito debitore cuique licet"* (a qualquer é lícito pagar pelo devedor que ignora ou não deseja o pagamento), e acrescenta ainda que é lícito tornar melhor a condição do obrigado, na sua ignorância ou contra a sua vontade.

---

17 Direito Anterior: art. 930 do Código Civil de 1916. Projetos: art. 188 do Projeto de Código de Obrigações de 1965; art. 302 do Projeto de Código Civil de 1975.

Se a *solutio* é realizada por terceiro, por ordem do devedor, dá-se a sua sub-rogação nos direitos creditórios, ocupando aquele a posição do credor, com todas as qualidades, privilégios e vantagens do crédito solvido. O mesmo se dirá do pagamento efetuado por terceiro interessado. Mas se o ato solutório é praticado em nome do próprio solvente, que paga como terceiro *não interessado,* fica-lhe o direito de reembolsar-se do que tiver despendido, pois não se justifica que o devedor se beneficie do pagamento à custa de terceiro, uma vez que este o liberou da obrigação, sob pena de haver enriquecimento sem causa. O princípio deve compreender o pagamento sem autorização do devedor, ou se ocorrer oposição injustificada deste, pois numa ou noutra hipótese ele se beneficiou. O artigo 305 do Código Civil de 2002 distingue, todavia, entre o reembolso do despendido, e a sub-rogação nos direitos do credor. A restituição do que pagou é o meio de se cobrir do que beneficiou o devedor. A sub-rogação importa em assumir todos os direitos e vantagens do credor, que não se concede ao terceiro não interessado que paga em seu próprio nome. Nesta hipótese, não há sub-rogação, e não tem o terceiro, contra o devedor, a mesma ação do credor. O que lhe reserva a lei é uma ação própria, para cobrar o que despendeu (Código Civil de 2002, art. 305),[18] sem os privilégios e as vantagens atribuídos ao crédito solvido. Se o terceiro tiver pago antes do termo, haverá de aguardar o vencimento da obrigação. Esta faculdade de reembolso lhe é reconhecida, mesmo quando o pagamento efetuado por terceiro não interessado assume o aspecto de pura liberalidade, pois não se discute a sua validade como *solutio*.[19]

Pode haver o caso de o devedor desconhecer ou opor-se a que um terceiro pague sua dívida. Se, não obstante, efetuar-se o pagamento, *pro invito,* quer a justiça que o devedor não se locuplete com o prejuízo do *solvens,* e, então, a este será dado reembolsar-se, não precisamente do que pagou, senão daquilo em que a solução tiver aproveitado ao devedor (Código Civil de 2002, art. 306).[20] Esta a doutrina igualmente vigente em outros sistemas jurídicos, como no argentino (Código Civil argentino, art. 728). E é razoável. No pagamento contra a vontade do devedor (*pro invito*), pode ocorrer que este se oponha, com boas razões, convincentes mesmo, da inconveniência da *solutio,* e, em tal hipótese, o gesto do terceiro, sobre contrariar a vontade do sujeito passivo da obrigação, ainda lhe poderá ser danoso, ou quando menos indiferente. E não é de justiça que o terceiro, contra a vontade do devedor, adquira um direito a ele oponível, por um fato que lhe não traga benefício ou lhe dê prejuízo. Se, porém, *invito debitore,* o pagamento lhe carrear vantagem, é justo e é legal que até o montante desta reembolse o terceiro.[21] Em qualquer caso, o pagamento feito por terceiro, *invito vel prohibente debitore,* não pode piorar a situação do devedor. É um limite que não há de ser transposto nunca.

---

18 Direito Anterior: art. 931 do Código Civil de 1916. Projetos: art. 190 do Projeto de Código de Obrigações de 1965; art. 303 do Projeto de Código Civil de 1975.
19 Giorgi, *Obbligazioni,* VI, nº 122; Serpa Lopes, *Curso,* II, nº 140.
20 Direito Anterior: art. 932 do Código Civil de 1916; Projetos: art. 191 do Projeto de Código de Obrigações de 1965; art. 304 do Projeto de Código Civil de 1975.
21 Clóvis Beviláqua, *Obrigações,* § 31; Hector Lafaille, *Tratado, Obligaciones,* I, nº 339.

O devedor pode ter meios para se defender na ação que contra ele venha intentar o credor. Se o terceiro, com desconhecimento ou oposição do devedor – *ignorante vel invito debitore* – se lhe antecipa e paga, não lhe assiste o direito de reembolsar-se. A faculdade de intentar a ação regressiva – *de in rem verso* – tem por fundamento impedir que o devedor se beneficie injustamente e se locuplete à custa do *solvens*. Daí estabelecer o Código Civil de 1916, no art. 932,[22] que o devedor era obrigado a reembolsar o terceiro até a importância em que o pagamento lhe foi proveitoso. Se o devedor dispõe de meios para ilidir a ação, desaparece o proveito da *solutio*, e, portanto, descabe o reembolso, como nos casos em que poderia arguir as exceções de compensação e de prescrição, ou as defesas de invalidade ou inexistência do ato que originou a obrigação. E o dispositivo tem em vista qualquer que seja a exceção, de natureza pessoal do devedor, ou extintiva da obrigação.

Cabe, ainda, cogitar de pagamento por terceiro, em caso de que a lei não trata, mas que tem provocado os juristas, e não é de todo ermo de incidências concretas: dá-se quando o devedor e o credor se opõem ao pagamento; dupla negativa; *solutio invito debitore atque creditore*. Aqui, atendendo a que o terceiro é um perfeito estranho, a invadir jurisdições alheias, tem-se entendido que falta qualquer razão jurídica para que seja admitido o pagamento.[23]

Quando o pagamento importar em transmissão de domínio (Código Civil de 2002, art. 307),[24] é necessário, para a sua validade, que, além da genérica para os atos comuns da vida civil, tenha o solvente capacidade para alienar, pois o ato é complexo, não se limitando a extinguir uma obrigação, senão, também, envolvendo a transferência a outrem do direito de propriedade sobre a coisa. O pagamento que então se fizer, por quem não seja, por exemplo, dono do objeto, é ineficaz como qualquer aquisição a *non domino*, muito embora não faltem ao devedor os requisitos gerais de capacidade. Mas se for dada em pagamento coisa fungível e o credor a tiver consumido, não mais poderá ser reclamada deste, que, recebendo-a, e dando-lhe destinação normal, procede como *verus dominus*, e encontra-se a cobro de repetição, de acordo com o parágrafo único, do art. 307, do Código Civil de 2002, salvo se tiver procedido de má-fé ao receber, como seria o caso do *accipiens* que tenha ciência de que a coisa não pertence ao *tradens*.[25]

Efetuado um pagamento assim indevido, conserva o prejudicado ação contra o solvente para indenizar-se do dano sofrido, em qualquer dos casos em que venha a prevalecer a *solutio*, e, conforme o procedimento daquele se caracterize como *ilícito criminal*, estará o agente incurso ainda na ação penal que no caso couber.

Se a coisa não estiver ainda consumida, o *verus dominus* terá ação para persegui-la em poder do *accipiens*, o qual não lhe pode opor nem a boa-fé com que tiver

---

22 Código Civil de 2002, art. 306.
23 Clóvis Beviláqua, *Obrigações*, § 31; Hector Lafaille, *Tratado, Obligaciones*, I, nº 339.
24 Direito Anterior: art. 933 do Código Civil de 1916. Projetos: art. 192 do Projeto de Código de Obrigações de 1965; art. 305 do Projeto de Código Civil de 1975.
25 Hudelot e Metmann, *Des Obligations*, nº 507.

procedido nem a legitimidade do seu crédito, pois o poder de reivindicá-lo é inerente ao domínio, e este não pode ser afetado pela conduta do *tradens,* em relação ao qual é como se fosse um ato inexistente. Se a coisa for infungível, o prejudicado com o pagamento também tem ação para pedir sua restituição ao *accipiens* mesmo que ele estivesse de boa-fé ao recebê-la.

A diferença de tratamento nas duas hipóteses – de ter sido ou de não ter sido consumida – não provém de se graduar o direito do dono, mas da apuração da circunstância material de sua existência, e em consequência da impossibilidade ou possibilidade de reavê-la o proprietário em espécie.

Em qualquer caso, o prejudicado tem ação contra o *solvens* para ser indenizado pelo dano sofrido.

Outro tema de relevo diz respeito à solução de dívida prescrita pelo incapaz. Não há como cogitar de renúncia tácita à prescrição por parte de quem não tem capacidade de ação. Contudo, o art. 882 do Código Civil de 2002 – da irrepetibilidade do pagamento de dívida prescrita – não é excepcionado por esta hipótese.

B) *Daqueles a quem se deve pagar*

O problema do destinatário do pagamento é outro aspecto das condições subjetivas atinentes à sua eficácia, já que o *solvens* não se limita a cumprir o seu próprio dever, senão que visa ainda a satisfazer ao credor e a desligar-se do vínculo obrigatório. Em linhas gerais, e segundo a disciplina legal, o pagamento deve ser efetuado ao credor como seu destinatário natural, e em princípio não é eficaz quando feito a outra pessoa.[26] Às vezes, entretanto, vale e extingue o vínculo, mesmo se realizado em mãos de pessoa diversa da do credor. Outras vezes, ao revés, não vale e não o extingue, quando feito ao próprio credor. O estudo, pois, do lado ativo das condições subjetivas envolve esta tríplice verificação.

Regra é, então, e cânon fundamental da *solutio,* que é válido o pagamento efetuado ao credor ou a seu representante (Código Civil de 2002, art. 308).[27] Identifica-se o credor no sujeito ativo da relação obrigacional, seja por indicação constante do título, se ela se origina da convenção, seja independentemente dele, no caso de ter outra fonte.

O representante, que alguns escritores consideram como um terceiro, mas que na verdade não o é pela sua própria condição de *alter ego* do credor, tanto pode ser o *mandatário* regularmente constituído, com poderes especiais para receber e quitar (representação convencional), como o gestor de negócios (representação oficiosa), como o representante que a lei põe à frente dos interesses do credor (representação legal).

Se o devedor paga a quem oficiosamente faz as vezes do credor (gestor de negócios) é válido o pagamento. Pode ocorrer, ainda, o caso de se estabelecer a re-

---

26 Larenz, *Obligaciones,* I, pág. 414.
27 Direito Anterior: art. 934 do Código Civil de 1916. Projetos: art. 193 do Projeto de Código de Obrigações de 1965; art. 306 do Projeto de Código Civil de 1975.

presentação judicial do credor, na figura processual do depositário, do administrador designado pelo juiz.

Dentro da representação convencional deve inscrever-se o *adiectus solutionis causa*, que se acha portador de *autorização*, revestindo às vezes uma forma sumária de mandato não completamente formalizado; como, ainda, a pessoa que se apresenta ao devedor munida de recibo do *accipiens* (Código Civil de 2002, art. 311).[28] Neste caso, o fato material da apresentação do instrumento de quitação induz uma *autorização presumida*. Presume-se o portador mandatário, ou autorizado a receber. Comporta, entretanto, dúvida, se as circunstâncias contrariarem a presunção, como na hipótese de furto ou extravio do recibo, ou de notificação ao devedor cancelando a autorização antes do pagamento. É que se trata de uma *praesumptio iuris tantum*, que cede a prova em contrário, a inferir-se do que alinhamos aqui ou de outros fatos similares.

No caso especial de obrigação ao portador ou de equivaler a posse do título à qualidade creditória, a apresentação dele ao credor faz presumir que o portador tem o poder ou a autorização para receber, salvo ao credor verdadeiro demonstrar a má-fé do desapossamento. Considera-se que a posse do título ao portador traz consigo a presunção de sua propriedade, que justifica o pagamento, até ser o devedor convencido pelas vias ordinárias.[29]

O artigo 311 do Código Civil de 2002 sugere a comprovação de circunstâncias que convençam da irregularidade da posse de estado de credor. Cumpre, entretanto, apreciá-las em face da negligência ou má escolha do credor, que terá permitido a pessoa inidônea ter em seu poder a quitação ou o título da dívida.

Se o devedor paga a quem as circunstâncias demonstram não ser autorizado a receber, mas fica provada a versão útil, não será caso de compeli-lo a pagar de novo. Na sustentação da validade da *solutio* é de se invocar o paralelismo com o pagamento ao incapaz: se mesmo neste caso é válido em se provando que reverteu em seu benefício, válido também será o efetuado a quem, posto que não autorizado a receber, gerou a consequência benéfica ao credor.

Se falta ao *accipiens* qualidade de representante do credor, a eficácia do pagamento depende de sua ratificação, ou aprovação do recebimento. O interessado na validade da *solutio* poderá provar que o recebimento por terceiro, embora sem representação, reverteu em benefício do credor, e, por via de consequência, é eficaz e liberatório.[30]

Se feito o pagamento ao *antigo credor*, que haja cedido seu crédito a terceiro, e não a este, em razão de ignorar o devedor a transferência, deve ser tratado como válido

---

28 Direito Anterior: art. 937 do Código Civil de 1916. Projetos: art. 309 do Projeto de Código Civil de 1975.
29 Alfredo Colmo, nº 571.
30 Ruggiero e Maroi, *Istituzioni*, § 130.

em relação ao devedor,[31] ressalvada evidentemente ao credor a faculdade de acionar o acipiente, para dele haver o que recebeu.

No caso de pluralidade de credores, há de se considerar a natureza da obrigação, se é ou não solidária, se divisível ou indivisível. Não sendo solidário o crédito, como se dá por exemplo no caso de morte do credor, em que a qualidade creditória se transmite aos sucessores, o pagamento terá de ser feito *pro rata,* na proporção dos respectivos quinhões, pois cada um é dono de uma quota-parte do crédito, e só tem a faculdade de exonerar o devedor dentro das forças de sua expressão creditória.

Ainda, porém, que os créditos sejam individualmente fracionados, se a coisa devida for indivisível, o pagamento feito a um dos credores libera o devedor quanto aos outros, uma vez que, em qualquer caso de obrigação indivisível, qualquer dos cocredores tem a faculdade de receber a coisa por inteiro, com observância do art. 892 do Código Civil de 1916 e do art. 260 do Código Civil de 2002, e é oponível aos consortes. Sendo ela divisível, cada um dos credores conjuntos tem direito a receber sua quota-parte na *res debita,* e portanto seu poder de quitar é limitado ao seu quinhão.

No caso de obrigação solidária, o pagamento feito a qualquer dos credores tem efeito liberatório, e é oponível aos demais, como da própria natureza da solidariedade ativa (nº 141, *supra*).

Mencionando o título um terceiro como destinatário do pagamento, a qualidade creditória se corporifica nele, que deve ser tratado como credor que é.

Se não forem observadas as condições subjetivas previstas, da titularidade do crédito ou da representação, o pagamento não é válido, e, portanto, não libera o devedor nem extingue a dívida. A ratificação posterior do credor, tem o efeito de convalidar a solução que era inábil a quitar o devedor. Independentemente de ser ratificado pelo credor, o *solvens* tem a seu benefício a defesa fundada na versão útil. A lei não se compadece com o locupletamento injusto do credor. Se a *solutio* reverteu em proveito deste, é válido o pagamento, até o montante em que ele se beneficiou.

Merece atenção especial o pagamento ao *credor putativo* (Código Civil de 2002, art. 309).[32] Chama-se *credor putativo* a pessoa que, estando na posse do título obrigacional, passa aos olhos de todos como sendo a verdadeira titular do crédito (credor *aparente*). A eficácia do pagamento a ele realizado não depende de que se faça, ulteriormente, a prova de não ser o verdadeiro ou de ser vencido numa ação em que se dispute a propriedade da dívida. A lei condiciona a eficácia da *solutio,* num caso assim, a dois requisitos: ter o *accipiens* a aparência de verdadeiro credor, e estar o *solvens* de boa-fé. A despeito do art. 309, do Código de 2002, empregar o termo "válido" para o pagamento feito ao credor putativo, a hipótese se insere no plano da eficácia e não da validade, eis que a questão gira em torno do poder liberatório (ou não) do pagamento feito.

---

31 Larenz, *Obligaciones,* I, pág. 416.
32 Direito Anterior: art. 935 do Código Civil de 1916. Projetos: art. 194 do Projeto de Código de Obrigações de 1965; art. 307 do Projeto de Código Civil de 1975.

No primeiro caso, credor putativo será o primitivo credor se o devedor não tem conhecimento da cessão do crédito; o portador do título de crédito, ainda que dele tenha sido desapossado o credor; o herdeiro aparente; o legatário cujo legado não prevaleceu ou caducou. De boa-fé se diz o *solvens* se ignora que aquele que se lhe apresenta como credor não tem esta qualidade – cuida-se da boa-fé subjetiva. Estando o devedor de má-fé, não é válido o pagamento ao credor aparente.

É claro que, se o solvente tem ciência da contestação à qualidade do credor, se foi notificado da demanda, ou se é convencido de conluio, não vale a *solutio*. Preenchidos os requisitos de validade, não pode o verdadeiro credor, mesmo se vencedor na demanda, agir contra o devedor, invocando a sua qualidade, ainda que evidenciada em juízo, porque, até o momento em que isto ocorra, o credor putativo passa como sendo o sujeito ativo da obrigação. É claro que as circunstâncias peculiares de cada caso devem ser ponderadas, pois que não basta a posse do título, embora constitua elemento de valia na verificação da *posse de estado de credor*.[33] Esta, sim, com outras razões, gera a suposição razoável de uma qualidade creditória, que incute no devedor a convicção de que extingue a dívida o pagamento ao *accipiens* e, se tal convencimento não corresponde à realidade, autoriza a afirmativa de um *pagamento de boa-fé,* que produz, em atenção a esta, os efeitos de um pagamento regularmente efetuado ao sujeito autêntico da relação jurídica. Outras hipóteses existirão, semelhantes à posse do título, em que o que se apresente como credor pode ser considerado tal (credor aparente) e válido será o pagamento.

A lei protege, pois, o solvente de boa-fé e a *solutio* assim realizada extingue a obrigação do devedor, que não mais poderá ser molestado. Vencedor na contenda, o *credor real* tem ação contra o *credor putativo* acipiente, para dele recobrar o montante do recebimento. A eficácia do pagamento feito ao credor putativo constitui matéria de fato, a ser apreciada, diante das circunstâncias de cada caso, a posse de estado de credor.

Se se tratar de verdadeiro e próprio credor, mas souber o *solvens* que lhe falta capacidade para quitar, seja em razão de uma *capitis deminutio* que o atinja, seja porque em dado momento lhe falte o poder de extinguir a obrigação, regra é que não tem eficácia o pagamento, a não ser que se prove ter revertido em seu benefício (Código Civil de 2002, art. 310),[34] ou, então, ratificando o credor a quitação depois de cessada a incapacidade. Se o credor é incapaz, falta-lhe a habilitação legal para passar a quitação. Efetuada a solução, neste caso, não tem validade, não extingue a obrigação. Excepcionalmente, entretanto, pode ter eficácia. Em primeiro lugar, exige o artigo 310 do Código Civil de 2002 a ciência do devedor, sobre a incapacidade do credor. Pode ele ignorá-la, ou ser ilaqueado pelo *accipiens*, que se faça passar por capaz. Em tal caso, a malícia com que se conduziu retira-lhe a exceção da idade – *malitia supplet aetatem*. Em segundo lugar, se se trata de pessoa relativamente incapaz,

---

33 Orosimbo Nonato, *Curso,* 2ª parte, I, pág. 102.
34 Direito Anterior: art. 936 do Código Civil de 1916. Projetos: arts. 196 e 197 do Projeto de Código de Obrigações de 1965; art. 308 do Projeto de Código Civil de 1975.

poderá confirmar a quitação em vindo a cessar a incapacidade, com efeito retroativo à data do pagamento. Em terceiro lugar, a versão útil. Demonstrando o devedor que o pagamento reverteu em benefício do incapaz, não se justifica questionar da sua validade: o instituto de proteção ao incapaz visa a ampará-lo, e não a servir de pretexto para que ele se enriqueça injustamente.

Com as alterações introduzidas pelo Estatuto da Pessoa com Deficiência (Lei nº 13.146/2015) ao Código Civil, em especial nos seus arts. 3º e 4º, não se pode mais cogitar de incapacidade absoluta quanto à pessoa com deficiência – mesmo mental ou intelectual. Somente quando a pessoa com deficiência for colocada em regime de curatela será possível o reconhecimento de que se trata de relativamente incapaz e, ainda assim, para os atos apontados na sentença relativamente aos quais ela não poderá atuar sozinha.

Se, quanto ao *relativamente incapaz,* o princípio é de aplicação franca, dúvida levanta-se no caso do *incapaz absoluto*. E, contra os que se opõem à validade da *solutio,* alinha-se o argumento do proveito do resultado, a contrariar a tese da nulidade do ato, pois que, mesmo absolutamente incapaz, não seria curial destruir-se um pagamento que reverteu em seu benefício, compelindo-se o devedor a efetuá-lo de novo, para empobrecimento próprio e enriquecimento do *accipiens.* Se o ato praticado pelo absolutamente incapaz é nulo, e portanto despido de consequências jurídicas em princípio, a equidade condena que alguém se locuplete às custas alheias. E de acrescer será que o instituto das incapacidades tem finalidade protetora, não devendo converter-se em veículo de avantajamento para alguém, em detrimento de outrem.[35]

Equiparado ao credor incapaz, está o terceiro não autorizado, a quem, pagando, o devedor paga mal, e se sujeita a fazê-lo de novo ao verdadeiro credor. Mas, ainda que efetuado a terceiro não autorizado, libera o devedor e extingue a obrigação se o solvente prova que reverteu o pagamento em benefício do titular do crédito.[36] É claro que comete uma imprudência quem paga a terceiro não autorizado, mas nem por isto deve ser compelido a solver de novo, se ficar demonstrado que a *solutio* foi útil inteiramente ao sujeito da relação creditória (versão útil).

Admite a lei o caso de ter o pagamento sido feito ao credor real, e, mesmo assim, ser ineficaz: é quando o devedor é intimado da penhora realizada sobre o crédito ou da impugnação a ele oposta por terceiro. Tanto a penhora como o embargo sobre a dívida retiram ao credor o poder de receber, pois importam em expropriação,[37] retirando-o do poder do credor, para segurança do juízo. Intimado da penhora, o devedor não mais poderá pagar ao credor, cumprindo-lhe, para liberar-se da obrigação, consignar o pagamento ou depositá-lo no próprio juízo executório. Se, não obstante a ciência regular do fato, o devedor paga ao seu credor, estará procedendo, por malícia ou negligência, para fraudar o procedimento judicial, não lhe valendo a excusatória de estar sendo discutida

---

35 Clóvis Beviláqua, Comentário ao art. 936; M. I. Carvalho de Mendonça, *Doutrina e Prática das Obrigações,* I, nº 236; Serpa Lopes, *Curso,* II, pág. 223.
36 Clóvis Beviláqua, *Obrigações,* § 31.
37 Código de Processo Civil, art. 646.

a validade da penhora ou a liquidez do direito do credor. Na pendência da lide, falta a este a faculdade de receber e quitar. O devedor, se solver a dívida, sujeita-se a fazê-lo duas vezes, de vez que em relação ao terceiro exequente ou embargante, que se torna interessado, não prevalece a *solutio* (Código Civil de 2002, art. 312).[38] Igualmente inválido é o pagamento efetuado após ser o devedor intimado da impugnação feita por terceiros, a qual tornou litigioso o crédito. A fim de obstar o pagamento é mister se trate de impugnação eficaz, como a que se efetiva pela via judicial, ou por intermédio do Cartório de Títulos e Documentos.

Ao solvente, entretanto, fica salva ação regressiva contra o credor acipiente, para repetir o que lhe transferiu, pois que, se o terceiro exequente ou embargante adquire um direito contra o devedor, não toleram os princípios que este se sacrifique enriquecendo indevidamente o credor.[39] A mesma razão de equidade, entretanto, acima invocada para convalidar uma *solutio* defeituosa, há de prevalecer aqui, para atribuir valia e efeito liberatório ao ato, se foi proveitoso ao credor.[40]

154. Condições objetivas do pagamento

Como toda obrigação tem em vista uma prestação, e como o efeito essencial do pagamento é extingui-la, regra é que deve guardar perfeita conformidade a *solutio* com o obrigado. O pagamento há de coincidir com a coisa devida. E o devedor libera-se, prestando-a, seja mediante a entrega efetiva e material de uma coisa (*obligatio dandi*), seja praticando o ato ou abstendo-se do fato (*obligatio faciendi vel non faciendi*). Quando o objeto da obrigação é complexo, compreendendo uma prestação principal e seus acessórios, ou quando abrange prestações principais plúrimas, ou ainda quando é mista de dar e de fazer, o devedor não se desvincula enquanto não cumpre a integralidade do débito, na sua inteira complexidade. Em todos os casos, o devedor somente fica forro, de modo pleno, se presta tudo que é devido, na forma devida e no tempo devido. Num resumo preciso das qualidades e dos requisitos do objeto do pagamento, deve ele reunir a *identidade*, a *integridade* e a *indivisibilidade*,[41] isto é: o *solvens* tem de prestar o devido, todo o devido, e por inteiro.

A conversão da prestação em perdas e danos importa em substituição da *res debita* pelo seu equivalente monetário. Mas a operação não traduz pagamento, no rigor técnico da palavra e na normalidade de sua função extintiva da obrigação, por faltar precisamente a identidade objetiva. A sub-rogação da coisa devida no *id quod interest* não é pagamento propriamente dito. O credor tem o direito de haver a coisa devida, e, se não é satisfeito, fica com a faculdade de persegui-la em juízo, figurando a consecução do equivalente como um *substitutivo* da prestação em razão de faltar o devedor com o que o credor tem o direito de receber. Já vimos em que casos se dá a conversão

---

38 Direito Anterior: art. 938 do Código Civil de 1916. Projetos: art. 198 do Projeto de Código de Obrigações de 1965; art. 310 do Projeto de Código Civil de 1975.
39 M. I. Carvalho de Mendonça, ob. cit., nº 238.
40 Giorgi, *Obbligazioni*, VII, nº 83; Carvalho de Mendonça, loc. cit.; Orosimbo Nonato, pág. 119.
41 Orosimbo Nonato, *Curso*, 2ª parte, I, pág. 127.

do objeto em perdas e danos, tanto na obrigação de dar (nº 133, *supra*) quanto na de fazer (nº 135, *supra*), o que nos dispensa de tornar ao assunto.

A questão do pagamento parcial já foi devidamente examinada (v. nº 138, *supra*). Recordamos, apenas, por amor à sistemática de exposição, que a solução parcial implica desconformidade entre a *res debita* e a prestação efetuada, ainda que o conjunto das parcelas em que se venha a fracionar o objeto lhe corresponda à totalidade. Ainda assim, a solução por partes não se dará *invito creditore*, pois que, se este não anuir nela, ninguém pode constrangê-lo a aceitar (Código Civil de 2002, art. 314).[42] Somente no caso de voluntariamente aceder é que ocorrerá. Exceção a esta regra reside no fracionamento da obrigação por vários credores (quer já existam desde a origem do vínculo, quer surjam subsequentemente por via de sucessão), e o objeto seja divisível, pois que, nestas condições, cabe ao devedor pagar *pro rata* a todos e a cada um dos titulares do crédito.[43] Em todos os casos, contudo, em que se façam pagamentos parciais, autorizados pela convenção entre as partes ou vontade legal, as garantias que eventualmente acompanham a obrigação permanecem inteiras até a final e definitiva extinção da obrigação.[44]

Tendo o credor direito à coisa devida na sua *integralidade,* não é obrigado a qualquer encargo para recebê-la.[45] Daí presumirem-se a cargo do devedor as despesas com o pagamento e a quitação (Código Civil de 2002, art. 325),[46] tanto as de natureza fiscal quanto aquelas outras que impliquem a colocação da coisa à disposição do credor, salvo se este incorrer em mora, ou mudar de domicílio, ou morrer deixando herdeiros em lugares diferentes, pois que nestas hipóteses, como em quaisquer outras em que ocorra aumento de encargos pelo fato do credor, corre à sua conta a despesa acrescida. Verificada alteração nas condições de execução normal da obrigação, o devedor não pode ser compelido a suportar a oneração do obrigado. Por isso, a ele não caberá a despesa acrescida, mas ao credor, pois foi o fato deste (mora ou mudança de domicílio) ou a dispersão de seus herdeiros por localidades diversas que a gerou. Não adota, entretanto, a lei uma regra inamovível. Institui uma presunção *iuris tantum,* que cederá lugar

---

42 Direito Anterior: art. 889 do Código Civil de 1916. Projetos: art. 199, parágrafo único, do Projeto de Código de Obrigações de 1965; art. 312 do Projeto de Código Civil de 1975.
43 Ao disciplinar a obrigação divisível, o Código estabeleceu o fracionamento da prestação, na pluralidade subjetiva (art. 257). Na unidade de credor e de devedor, o pagamento far-se-á por inteiro, ainda que o objeto da obrigação seja divisível. O princípio não tem, contudo, caráter absoluto. Pode ser ilidido pela convenção em contrário. Não há, mister, entretanto, o ajuste expresso. Pode ele constar do título da obrigação ou de instrumento separado. Pode, mesmo, resultar de ajuste técnico, quando o credor recebe parcialmente a dívida, ou o credor paga-a por partes, sem oposição de um ou de outro. Caberá, ainda, exceção advinda de disposição legal expressa, como ocorre com o Decreto nº 22.626, de 7 de abril de 1933, cujo art. 7º prevê a amortização da dívida antes do vencimento, o que equivale a atribuir validade a pagamento por partes.
44 Trabucchi, *Istituzioni,* nº 228.
45 Giorgi, *Obbligazioni,* VII, nº 25; Salvat, *Obligaciones,* nº 1.257.
46 Direito Anterior: art. 946 do Código Civil de 1916. Projetos: art. 205 do Projeto de Código de Obrigações de 1965; art. 323 do Projeto de Código Civil de 1975.

à prova que a ilida, e, especialmente, comportará convenção em contrário, dado que o legislador a instituiu como norma de ordem privada, e não pública.[47]

O Projeto de Código de Obrigações de 1965 restringia a presunção às despesas extrajudiciais com o pagamento e a quitação. E assim deve ser entendido. O dispositivo não especifica a que despesas se refere. Podem ser com a própria coisa (transporte, verificação etc.) ou de natureza jurídica, inclusive tributárias e fiscais. Também neste caso a presunção não é *iuris et de iure*. Cede a convenção em contrário, ou a ocorrência de disposição especial que inverta o ônus. Pelas despesas acrescidas a que der causa, responde o credor.

Da mesma forma que não pode ser compelido a receber fracionadamente, o credor tem o direito de repelir a substituição da *res debita* por outra, ainda que mais valiosa, pois a entrega de objeto diferente contra a vontade do credor não solve a obrigação: *aliud pro alio invito creditori solvi non potest* (Código Civil de 2002, art. 313).[48] Para que, então, se dê a substituição do objeto, com força liberatória, será necessário o acordo do credor, ocorrendo aí uma *dação em pagamento* (*datio in solutum*), nos termos do art. 356, do Código Civil de 2002, que será tratada em minúcia mais adiante (nº 161, *infra*). Baste-nos, por ora, fixar que a *datio in solutum* ou a *datio pro soluto* tem pleno efeito liberatório, e extingue inteiramente a obrigação. O mesmo não ocorre com a *datio pro solvendo,* a qual se verifica quando o credor recebe não a *res debita,* ou outra em seu lugar, porém um valor creditório, dependente, a seu turno, de resgate, caso em que a liberação de devedor somente será atingida no momento em que o credor efetivamente embolsar o que lhe cabe, e não antes.[49]

O pagamento de obrigação decorrente de ato ilícito, pela sua própria natureza compensatória do dano, no sistema codificado de 1916, era feito no valor que fosse mais favorável ao lesado.[50] Com o art. 944 do Código Civil de 2002, a indenização deve corresponder a integralidade do dano, mas o parágrafo único do referido dispositivo permite a redução judicial da indenização em caso de efetiva desproporção entre o dano e a gravidade da culpa, com base na equidade.

Quando o devedor tem de entregar coisa individuada, infungível, não responde pelas deteriorações supervenientes à constituição do vínculo, salvo se para isto concorrer culpa sua ou retardamento no cumprir. Fungível o objeto, determinado apenas pelo gênero e pela quantidade, não é obrigado o *solvens* a prestar o melhor, como também não se libera prestando o pior, o que significa que, em princípio, tem de entregar coisas de qualidade média.[51] Se a prestação a cumprir for objeto que se paga por peso ou medida, e o título silenciar, presume-se que as partes acordaram em que prevaleça o

---

47 Orosimbo Nonato, *Curso,* 2ª parte, I, pág. 200.
48 *Digesto*, Livro XII, tít. I, fr. 2, § I. Direito Anterior: art. 863 do Código Civil de 1916. Projetos: art. 199 do Projeto de Código de Obrigações de 1965; art. 311 do Projeto de Código Civil de 1975.
49 Barassi, *Istituzioni,* pág. 206.
50 Código Civil de 1916, art. 948. Artigo sem correspondência no Código Civil de 2002.
51 Larenz, *Obligaciones,* I, pág. 409.

critério de aferição dominante no lugar da execução (Código Civil de 2002, art. 326),[52] caso exista variedade entre este e o da constituição da obrigação.

A disposição tinha mais cabimento no Código de 1916, quando ainda eram de uso medidas e pesos variáveis de lugar a lugar. Com a utilização generalizada do sistema métrico decimal, perdeu importância. Significa, no entanto, que as partes podem convencionar a adoção de critérios diferentes de mensuração. Se o tiverem feito, prevalece a estipulação. No seu silêncio, deveria prevalecer o sistema vigente no País. O Código, entretanto, preferiu manter a presunção de que as partes escolheram o sistema de peso e de medida vigente no lugar do cumprimento da obrigação. Mais curial seria que prevalecesse a presunção de que se aplique o sistema métrico decimal. Afastaria dúvidas, e dispensaria a prova de que em dado lugar se usa critério diferente, e eliminaria polêmicas e dissídios.

O pagamento em dinheiro, sem determinação da espécie, far-se-á na moeda corrente no lugar do cumprimento da obrigação, o que tem particular interesse nos negócios que se estendem a países diferentes, em razão da diversidade dos valores monetários internacionais. Problema de especial importância é o que diz respeito ao ajuste relativo ao pagamento em determinada moeda, nacional ou estrangeira, que o Código Civil de 1916, no art. 947, permitia, tendo sido o dispositivo revogado pela Lei nº 10.192/2001. O art. 318 do Código Civil de 2002 mantém a vedação às convenções de pagamento em moeda estrangeira.

Antes das modificações introduzidas pela Lei nº 10.192/2001, o art. 947 do Código Civil de 1916 facultava, entretanto, ao devedor optar entre o pagamento na espécie designada no título e o seu equivalente em moeda corrente no lugar da prestação, ao câmbio do dia do vencimento, ou do imediatamente anterior, na falta de cotação naquele dia. Ocorrendo variações de cotação no mesmo dia, prevaleceria o valor médio do mercado. Mas, se em mora o devedor, caberia ao credor escolher, na falta de estipulação de câmbio fixo, o valor que mais lhe conviesse, dentre as oscilações cambiais, acaso ocorrentes entre a data do vencimento da obrigação e a do pagamento.

Conforme desenvolvemos no nº 148, *supra*, instituído o regime nominalista do papel-moeda (Decreto nº 23.501, de 27 de novembro de 1933), foi proibida a estipulação do pagamento em ouro ou em qualquer outro meio tendente a recusar ou restringir nos seus efeitos o *curso forçado* da moeda corrente nacional e cominada pena de nulidade para a estipulação do pagamento em moeda que não seja a corrente, e pelo valor legal, em qualquer contrato exequível no Brasil, salvo para importação de mercadorias do estrangeiro (Lei nº 28, de 15 de fevereiro de 1935), bem como as obrigações contraídas no exterior, em moeda estrangeira, para serem executadas no Brasil (Decreto-Lei nº 857, de 11 de setembro de 1969).[53]

---

52 Direito Anterior: art. 949 do Código Civil de 1916. Projetos: art. 324 do Projeto de Código Civil de 1975.

53 Reportamo-nos ao que em minúcia desenvolvemos no nº 148, *supra*, onde registramos a doutrina vigente, e sua aplicação dentro do regime de curso forçado, criado com caráter de *ius cogens*, e sua atualização legislativa.

O Código Civil de 2002 consagrou a doutrina correta a respeito, cogitando das obrigações de prestação pecuniária, de cuja disciplina o Projeto de Código de Obrigações de 1965 teve a iniciativa. A disposição compreende as dívidas que desde a origem tenham por objeto o pagamento em dinheiro, e bem assim toda outra que se converta em prestação pecuniária; equivalente da que se impossibilitou; ressarcimento de perdas e danos; indenização por ato ilícito. Em qualquer desses casos, ou de outros que se lhes assemelhem, o devedor libera-se mediante o pagamento de uma soma em dinheiro.

Assim, quem deve dinheiro libera-se entregando ao credor a expressão monetária correspondente. Paga em moeda. Não pode, entretanto, compelir o credor a receber coisa diversa de dinheiro, ainda que dotada de valor econômico. O dinheiro, como denominador comum dos valores, tem o efeito de extinguir a obrigação. Para isto sujeita-se a certas normas, que assentam em conceitos básicos. Chama-se curso legal o poder que tem a moeda de um país, de importar na quitação da dívida e liberação do devedor. A moeda dotada de curso legal, dá-se também o nome de moeda corrente. É a que circula, dotada pela legislação nacional, do poder liberatório. Diz-se que a moeda tem curso forçado, quando a lei determina que um certo padrão monetário, dotado de curso legal, tem de ser aceito pelo credor pelo seu valor nominal, não obstante qualquer oscilação no seu poder de troca, ou valor comercial, entre a data da obrigação e a do pagamento. O Direito Brasileiro, tendo em vista a situação conjuntural por que o País vem passando, repeliu o regime livre-cambista e instituiu a teoria nominalista, esboçada em vários diplomas anteriores, porém estabelecida no Decreto nº 23.501, de 27 de novembro de 1933, alterado por numerosa legislação posterior e consolidada pelo Decreto-Lei nº 857, de 11 de setembro de 1969, e pela Lei nº 10.192/2001.

O artigo 315 do Código Civil de 2002 é expressão desta política, e dá seguimento ao regime de curso forçado, vigorante no País. As dívidas em dinheiro devem ser pagas na moeda corrente, isto é, na moeda de curso legal (Real), e pelo seu valor nominal, isto é, aquele que o Estado lhe impõe, e que, pelo fato de ser objeto compulsório dos pagamentos, é dotado de curso forçado.

Há uma hipótese em que é permitida a revalorização da moeda do pagamento. É a que corresponde às prestações sucessivas (Código Civil de 2002, art. 316).[54] Tendo em vista que a moeda do pagamento perde poder aquisitivo ao longo do tempo, o equilíbrio entre o valor real da dívida e a expressão monetária correspondente só se mantém mediante o aumento progressivo ou percentual das prestações. Por força do disposto na Lei nº 6.899/81 e do Decreto nº 86.649/81, ficou estabelecida a correção monetária para todas as dívidas cobradas judicialmente, independentemente de ter sido estipulada a revalorização da moeda.

O artigo 317 do Código Civil de 2002 é reprodução do artigo 45 do Projeto de Código de Obrigações de 1965. Contudo, neste, houve a cautela de fazer constar, do

---

54 Direito Anterior: Não há. Projetos: art. 144, parágrafo único, do Projeto de Código de Obrigações de 1965; art. 314, parágrafo único, do Projeto de Código Civil de 1975.

seu parágrafo único, que a disposição se aplicaria restritamente aos casos de indenização e alimentos. Considerando que, nestas hipóteses, trata-se de dívida de valor, o Projeto instituiu o poder revisionista das dívidas de alimentos e do ressarcimento por ato ilícito. A intervenção do juiz na economia da obrigação, em tais casos, justifica-se.

Transposto aquele artigo para o novo Código, porém amputado sem parágrafo único, ficou instituída a correção monetária em todas as dívidas, tanto as de valor quanto as de dinheiro, e criou-se uma contradição flagrante entre os artigos 315 e 317. O primeiro mantém o curso forçado da moeda corrente. Mas vem o segundo e permite ao juiz, a pedido da parte, corrigir o valor da prestação, com fundamento na desvalorização da moeda. Vivendo o País em regime de inflação, resulta que a intervenção judicial caberia sempre, a pretexto de preservar o equilíbrio das prestações.

A conciliação entre os dois dispositivos, para evitar que o Código consagre uma flagrante incongruência, será interpretar o art. 317 em conciliação com o art. 315. Parte da doutrina tem considerado, corretamente, que o art. 317, referido, diz respeito à revisão dos contratos por onerosidade excessiva superveniente – desproporção manifesta da prestação em relação à contraprestação da outra parte – fundada nos princípios constitucionais da solidariedade e da igualdade material, corrigindo eventuais situações de iniquidade contratual. Assim, Judith Martins-Costa entende que o art. 317, do Código Civil de 2002, encampou a teoria da onerosidade excessiva, mas com temperamento da teoria da base objetiva de Larenz, para permitir a revisão dos contratos naquelas circunstâncias.[55]

Dentro do mesmo regime de curso forçado, que o art. 315 do Código reflete, fica proibida a cláusula-ouro, a cláusula-moeda-estrangeira, e bem assim toda convenção que por qualquer meio restrinja ou recuse, nos seus efeitos, o curso legal da moeda nacional. Dentro do regime livre-cambista do Código Civil de 1916, era livre a estipulação de pagamento em qualquer espécie monetária (art. 947 e seus parágrafos). Com o Decreto nº 23.501/33, foi instituída a proibição de tais convenções. Numerosa legislação posterior introduziu-lhe modificações, e o Decreto-Lei nº 857/69 revogou as leis esparsas e consolidou as normas atinentes ao assunto. Mais tarde, a Lei nº 10.192/2001 revogou os parágrafos 1º e 2º do art. 947 do Código Civil de 1916, que tratavam da matéria. Por força do Decreto-Lei nº 857/69, ficou estabelecida, para todos os títulos e obrigações exequíveis no Brasil, a proibição de toda estipulação em ouro, em moeda estrangeira, ou restritiva da circulação ou poder liberatório da moeda nacional. Trazia, entretanto, o mesmo diploma legal, as seguintes exceções: I – Contratos e títulos referentes à importação ou exportação de mercadorias; II – contratos de financiamento ou prestação de garantias, relativas às operações de exportação de bens e serviços vendidos a crédito para o exterior; III – contratos de compra e venda de câmbio em geral; IV – empréstimos e quaisquer outras obrigações, cujo credor ou devedor seja pessoa residente e domiciliada no ex-

---

55 Judith Martins-Costa, ob. cit., pág. 245.

terior, excetuados os contratos de locação de imóveis situados em território nacional; V – contratos que tenham por objeto a cessão, transferência, delegação, assunção ou modificação das obrigações compreendidas nas alíneas anteriores, ainda que ambas as partes contratantes sejam pessoas residentes ou domiciliadas no País. Dentro deste regime, as instituições financeiras foram autorizadas pela Resolução 63, de 21 de agosto de 1967,[56] expedida pelo Banco Central, a repassar a empresas nacionais empréstimos tomados no exterior. O art. 318 do Código Civil de 2002 manteve as mesmas proibições, e, ao fazer alusão aos casos previstos em lei especial, consagrou estas exceções, e outras legalmente admitidas. Entre elas, estão os empréstimos diretos de empresas brasileiras em estabelecimentos bancários estrangeiros, regulados pela Lei nº 4.131/62.

Tendo a inflação criado enorme disparidade entre o valor nominal da moeda e o seu poder aquisitivo, fórmulas atenuadoras dos males nominalistas foram imaginadas, destacando-se as cláusulas monetárias e as cláusulas econômicas, aportes aos contratos de execução diferida ou sucessiva. Dentre elas, destacam-se a "cláusula de escala móvel" – *escalator clause, clause d'échelle mobile*; a "cláusula-mercadoria" vinculando a prestação ao valor de determinada mercadoria; a cláusula que subordina o pagamento à variação geral abstrata do custo de vida – *cláusula index-number*. Embora moralmente admissíveis, por ampararem o credor contra o efeito corrosivo da desvalorização monetária, não podem ser deixadas ao livre-arbítrio dos contratantes, porque podem ter o efeito de agravar ainda mais a inflação, e atingir a economia do devedor. Mantendo o artigo, o policiamento das convenções que tendam a contrabalançar a diferença entre o valor da moeda nacional e o das moedas estrangeiras, excetuados os casos previstos na legislação especial, o que na verdade fez, em conjugação com os artigos 315 e 316, foi coibir a livre estipulação das cláusulas monetárias e das cláusulas econômicas, tal como constava do Projeto de Código de Obrigações de 1965 (art. 144), excetuados os casos e limites constantes de lei. Dentre as situações em que cabe a estipulação de reajuste das prestações, citam-se: os contratos de empreitada, incorporação de edifícios coletivos, financiamento para aquisição de imóvel no Sistema Financeiro de Habitação, locação de prédios urbanos.

155. Lugar do pagamento

O princípio fundamental, aqui, é o respeito à convenção, que permite livremente se ajuste onde o devedor tem de cumprir, assentando-se o primado da vontade das partes como fundamental e decisivo na fixação do lugar em que o pagamento tem de ser feito.[57] Na falta de estipulação, presume-se que o devedor deve prestar no seu próprio *domicílio,* salvo se as circunstâncias ou a lei dispuserem o contrário (Código

---

56 O ato normativo em questão encontra-se revogado.
57 Orosimbo Nonato, *Curso,* 2ª parte, I, pág. 236.

Civil de 2002, art. 327).[58] Mas, se houver designação de mais de um lugar, cabe ao credor optar por qualquer deles. O artigo 327 do Código contraria disposição do Projeto de Código de Obrigações de 1965, que optava pelo domicílio do devedor, atendendo a que a indecisão ou a menção alternativa no título não deveria agravar a situação do devedor. Tem ainda relevância a resposta à indagação se para evidenciar a adimplência tem o devedor de procurar o credor para solver ou se cabe a este vir em demanda do recebimento. Pelo Direito brasileiro, a presunção é que o pagamento é *quesível,* isto é, deve ser procurado pelo credor (dívida *quérable* ou *chiedibile*), salvo se tiver ficado convencionado o contrário, vale dizer que pelo ajuste cumpre ao devedor oferecer o pagamento ao credor (dívida *portável, portable ou portabile*).[59] Ilide-se, também, a presunção, se as circunstâncias inequivocamente autorizarem a conclusão de que o devedor renunciou ao direito de efetuar o pagamento no seu domicílio.[60] Já em outros sistemas não vigora idêntico princípio. No italiano, as somas de dinheiro constituem *debiti portabili,* enquanto outros casos, como o de restituição de coisa certa, são de *debiti chiedibili.*[61]

O princípio segundo o qual far-se-á o pagamento no lugar convencionado, ou em falta sua no domicílio do devedor, não tem o rigor de um requisito de validade, senão que exprime um favorecimento ao *solvens.* Não poderá o credor exigir seja feito diferentemente. Mas, se for demandado em lugar diverso e consentir o devedor em solver o obrigado, é irrepetível o pagamento e válido o ato, presumindo-se a renúncia ao benefício ou a alteração da convenção.[62]

A fixação do lugar do pagamento tem dupla relevância. De um lado, é elemento determinante da apuração do inadimplemento da obrigação. Se a dívida for quesível, o credor não pode acusar o devedor de inadimplente sem ter evidenciado os meios de receber no domicílio dele. Reversamente, a falta de iniciativa do devedor, quando é dever seu levar a prestação ao domicílio do credor, implica elemento de verificação de sua inadimplência. De outro lado, convencionado o lugar do pagamento, presume-se que aí se exercerão todos os direitos resultantes da obrigação.

Também suporta brecha aquela regra geral no caso específico em que a natureza da prestação determina o local da *solutio:* se o pagamento consiste na tradição de um imóvel ou em prestações relativas a imóvel, far-se-á no lugar de sua situação (Código Civil de 2002, art. 328),[63] acrescentando a doutrina que as prestações relativas a imóveis devem compreender aquelas que se realizam diretamente nele, como

---

58 Direito Anterior: art. 950 do Código Civil de 1916. Projetos: art. 206 do Projeto de Código de Obrigações de 1965; art. 325 do Projeto de Código Civil de 1975.
59 Orosimbo Nonato, pág. 239.
60 Serpa Lopes, *Curso,* II, nº 164.
61 Trabucchi, *Istituzioni,* nº 232. Os neologismos aqui empregados – *quesível* e *portável* – reputados de boa formação, têm tido circulação na linguagem de Bezerra de Menezes, Vieira Ferreira, Mário Guimarães, Luís Antônio de Andrade, J. J. Marques Filho, Orosimbo Nonato.
62 Orosimbo Nonato, pág. 243.
63 Direito Anterior: art. 951 do Código Civil de 1916; art. 207 do Projeto de Código de Obrigações de 1965; art. 326 do Projeto de Código Civil de 1975.

serviços em determinado terreno, reparações em edifícios, tradição de uma servidão; mas não ficam abrangidas outras, como o aluguel, pois nada justifica se pague compulsoriamente no lugar da situação.[64]

O artigo 328 do Código Civil de 2002 repete literalmente o seu congênere do Código de 1916, não obstante todas as imperfeições que contém. O princípio significa que a obrigação cujo cumprimento consiste na tradição de um imóvel executa-se no lugar de situação dele, pois que em outro lugar ele não se pode achar. A referência às "prestações relativas a imóvel" no Código revogado fora muito criticada, porque nem toda prestação relativa a imóvel se efetua no lugar de situação dele, exemplificando-se com os aluguéis, que não são obrigatoriamente pagáveis no lugar da situação; somente as que se realizam diretamente nele. Por extensão, o disposto quanto aos imóveis é de se aplicar à *traditio* de coisa móvel, que consiste em corpo certo, e é por natureza, ou por força das circunstâncias, mantida em determinado lugar.

Indiretamente, importa, entretanto, designação do lugar do pagamento a indicação daquele em que deve ser firmada a escritura correspondente.[65]

Como regra, o pagamento consistindo na entrega de coisa certa far-se-á no lugar em que ela se achar, salvo se ocorrer motivo grave para que se efetue em outro, sem prejuízo do credor (Código Civil de 2002, art. 329).[66] A regra representa novidade introduzida pelo Código Civil de 2002 ao tratar da possibilidade de alteração do lugar do pagamento se houver motivo grave aferível pelo juiz. Evidencia-se, com isso, que as regras atinentes ao lugar do pagamento não devem ser tidas como absolutas. Podem receber temperamentos, em razão das circunstâncias de cada caso. Embora a obrigação se deva cumprir no lugar determinado, pode ocorrer motivo grave que o impeça, como por exemplo a sua inacessibilidade temporária, a impossibilidade de se locomover o devedor ou o credor no momento da *solutio*. Justificado o motivo, poderá ser realizado em lugar diverso, desde que não traga prejuízo o credor, ou não agrave a situação do devedor.

O maior mérito do sistema brasileiro é a simplicidade, ao estatuir a regra geral perfurada de reduzidas exceções, ao contrário de outros que distinguem a prestação pecuniária da de outras espécies, e mandam, como o italiano, que se observe, naquelas que têm por objeto a entrega de coisa certa e determinada, o lugar de sua situação no momento da constituição do vínculo,[67] salvo se boas razões militam em sentido contrário.

Para as notas promissórias, prevalece a regra geral acima lembrada, de que a vontade das partes é livre na escolha do lugar do pagamento, mediante a sua simples menção no título. Omitida, porém, considera-se este pagável no domicílio do emitente (Decreto nº 2.044, de 31 de dezembro de 1908, art. 54), o que tem importância

---

64 Clóvis Beviláqua, Comentário ao art. 951; Lacerda de Almeida, *Obrigações*, § 32.
65 Alfredo Colmo, *Obligaciones*, pág. 593.
66 Direito Anterior: não há. Projetos: art. 208 do Projeto de Código de Obrigações de 1965; art. 327 do Projeto de Código Civil de 1975.
67 Ruggiero e Maroi, *Istituzioni*, § 130.

para a constituição do devedor em mora com a tirada do protesto, bem como para definir a competência do foro em que será o devedor demandado.

O credor de prestação portável pode renunciar ao direito de receber no seu domicílio, seja expressamente, seja tacitamente, presumindo-se esta última da reiteração do pagamento em local diferente.

Obrigado o devedor a pagar no domicílio do credor, ou em outro lugar determinado, aí deve fazê-lo. Se, no entanto, for efetuada iterativamente a *solutio* em local diverso, sem que o credor oponha qualquer ressalva, presume-se que renunciou o direito de receber no local convencionado (Código Civil de 2002, art. 330).[68] Cuida-se de hipótese específica do princípio da boa-fé objetiva e da vedação ao abuso de direito diante da presunção de que o credor renunciou ao local convencionado: é a *supressio*, ou seja, a eliminação de uma faculdade jurídica decorrente de condutas do titular que criaram na outra parte legítima expectativa quanto ao seu não exercício. Reversamente, se estabelecido que se faça no domicílio do devedor, se o credor o exigir em lugar diferente, e o devedor se não opuser, considera-se perfeita a *solutio*, descabendo repetição de pagamento, por se entender que houve, da parte do *solvens*, renúncia ao benefício.

156. Tempo do pagamento

A questão do tempo, no cumprimento da obrigação, é das mais relevantes, e alia o interesse teórico à importância de sua repercussão prática. Já o sentira a lógica romana, ao equiparar o retardamento na solução a uma verdadeira inadimplência.[69] Claro é que às partes reserva a lei o principal papel na sua determinação, deixando-lhes o arbítrio de fixar o momento em que a obrigação é exigível. Na falta de ajuste e na ausência de disposição especial na lei, de que resulte o termo decorrente da própria natureza da obrigação, é esta exigível imediatamente (Código Civil de 2002, art. 331),[70] pois *quod sine die debetur statim debetur*. A instantaneidade da exigência ou da exigibilidade não constitui surpresa para o devedor, porque se a ele cabia defender-se com a estipulação de um prazo, e não o fez, *sibi imputet* e não se queixe da falta de intervalo entre a constituição e a execução do obrigado. Pelo nosso direito anterior, acreditava-se vexatório o imediatismo da exigibilidade e impunha-se ao credor um tempo de espera de dez dias.[71] Outros Códigos admitem o decurso de um tempo razoável para a execução. Pelo Código de 1916 estatuiu-se a pronta exigibili-

---

68 Direito Anterior: não há. Projetos: art. 209 do Projeto de Código de Obrigações de 1965; art. 328 do Projeto de Código Civil de 1975.
69 *Digesto*, Livro L, tít. XVI, fr. 12, § 1º: "*Minus solvit qui tardius solvit; nam tempore minus solvitur.*"
70 Direito Anterior: art. 952 do Código Civil de 1916. Projetos: art. 210 do Projeto de Código de Obrigações de 1965; art. 329 do Projeto de Código Civil de 1975.
71 *Ordenações*, Livro IV, tít. 50, § 1º.

dade, sempre que a vontade não a afastar, ou o contrário não resultasse de disposição legal. A instantaneidade é, com efeito, arredada pela própria natureza da prestação, quando ocorre incompatibilidade entre a sua realização e a própria obrigação. Embora sem prazo, ninguém dirá que um trabalho complexo possa de pronto ser exigido, se a sua execução mesma demanda tempo; o que aluga ou empresta uma coisa para determinado fim não pode reclamar a sua restituição antes de preenchido; quem encomenda mercadoria a ser entregue em praça diversa não pode tê-la à mão no mesmo instante em que a obrigação se constitui; quem empresta dinheiro ou produtos agrícolas há de esperar o prazo de 30 dias ou até a próxima colheita, respectivamente. Nestas e noutras hipóteses, a ausência de determinação do momento da execução impõe, contudo, ao credor um termo suspensivo da exigibilidade da prestação, ao qual se poderia dar o nome de *termo moral,* que o credor deve respeitar.

A disposição do Código é favorável ao credor. Se, porém, na falta de termo certo, o devedor tiver interesse em efetuar o pagamento, pode requerer ao juiz a intimação daquele, para que lhe fixe a época do pagamento. Efetuando o devedor o pagamento antes do termo estabelecido, não tem direito a repeti-lo, presumindo-se que o fez voluntariamente, mesmo se alegar ignorância do termo instituído a seu favor.

Se a obrigação é *condicional,* somente poderá demandar-se após o implemento da condição, cumprindo ao credor a prova de sua ciência pelo devedor (Código Civil de 2002, art. 332).[72] Quando a obrigação é a *termo,* não é lícito ao credor reclamar seu cumprimento antes do respectivo advento, sob pena de ser classificado seu procedimento como ilícito, e obrigado a esperar o que faltava para o vencimento, bem como descontar os juros correspondentes ao tempo da antecipação e a pagar as custas do processo em dobro (Código Civil de 2002, art. 939).[73] De grande importância será, na obrigação a prazo, assentar se se trata de termo *essencial* ou *não essencial,* pois que, no primeiro caso, não pode mais o devedor pagar após o decurso do prazo, enquanto no segundo é lícito solver, mesmo depois de sua expiração. Para distinguir um do outro, cumpre indagar se a prestação é querida para um determinado momento ou se foi fixado o *quando* da *solutio* em tais moldes, que as circunstâncias autorizariam o recebimento mesmo depois de escoado. Positivá-lo é relevante para o desate das questões relativas à resolução dos contratos, pois que à essencialidade do termo se liga a rescisão *pleno iure,* o que se não dá na hipótese reversa.[74]

Se o devedor é que se antecipa ao vencimento e espontaneamente paga antes do termo instituído a seu favor, não pode repetir a prestação, porque o benefício do prazo é por natureza renunciável, não criando para o devedor qualquer direito nem lhe trazendo qualquer vantagem a *solutio* antes do tempo. Mas, quando o prazo é instituído a favor do credor, o que não é comum, mas pode acontecer, e resultar da

---

72 Direito Anterior: art. 953 do Código Civil de 1916. Projetos: art. 330 do Projeto de Código Civil de 1975.
73 Código Civil de 1916, art. 1.530.
74 Ruggiero e Maroi, *Istituzioni,* § 130; Natoli, "Il Termine Essenziale", *in Rivista di Diritto Commerciale,* 1948, III, pág. 221.

convenção ou das circunstâncias, a antecipação de vencimento não lhe pode ser imposta pelo devedor, que, portanto, carece da faculdade de obrigá-lo a receber antes do dia fixado. De igual, e nota-o Orosimbo Nonato, se o termo é instituído em benefício de ambas as partes, não pode qualquer delas a ele renunciar sem a anuência da outra.[75] Mas, se a época do pagamento for deixada ao arbítrio do credor, o devedor que tenha interesse na *solutio* poderá requerer ao juiz a intimação para que o *reus credendi* lhe fixe o termo.

Atingido o termo, tem o credor o direito de ver efetivada a prestação e não pode o devedor esquivar-se ao pagamento. Não se permite que o juiz prorrogue a data do vencimento, como em outras legislações se tem consignado. Se a obrigação é a termo incerto, poderá o credor, ao interpelar o devedor, requerer que o juiz fixe o dia do cumprimento da obrigação, sob pena de incorrer o devedor nos efeitos da mora. Porém, se o título já estabelece o *dies ad quem*, não pode este ser diferido pela autoridade judiciária.

Chegado o dia, o pagamento tem de ser feito. Cabe indagar da *hora*, pois que o dia astronômico tem 24 horas, mas não é curial que aguarde o devedor a calada da noite, para solver a horas mortas. Já que o recurso ao nosso direito positivo não nos socorre, é prestimosa a invocação do Direito Comparado. Assim é que o Código Civil alemão, no art. 358, manda que se faça nas horas habitualmente consagradas aos negócios. Os bancos, por exemplo, têm horário de expediente, e irreal seria que se considerasse extensível o tempo da solução, ulterior ao seu encerramento. O Código Civil de 2002 adota a solução do Código Civil alemão.

É válida e irrepetível a solução antecipada, no caso de ignorar o devedor o termo instituído em seu favor, tal qual o pagamento conscientemente efetuado antes do termo. Mas se é sujeita a obrigação a uma *condição suspensiva*, a solução antecipada permite ao devedor a repetição do pagamento,[76] porque inexiste obrigação exigível enquanto se não verifica a *conditio*. Até então, não se sabe se se estabelecerá o vínculo obrigacional, e, *ipso facto*, se a prestação chegará a ser devida. Logo, pode o devedor demandar a restituição do que pagou, se o fez antes do evento, a que a obrigação se subordinava.

O devedor é obrigado ao pagamento no termo, seja este decorrente de lei ou de convenção, não podendo o credor exigi-lo *ante tempus*. Se o fizer comete o ilícito previsto no art. 939, e é obrigado a esperar o tempo que faltava para o vencimento, descontando os juros correspondentes. Se o termo for instituído a seu favor, pode renunciá-lo, não lhe sendo possível fazê-lo se instituído a benefício do credor, salvo anuência deste.

Decai o devedor do benefício do termo instituído a seu favor, e tem, portanto, o credor o direito de exigir a solução antes do vencimento, em casos excepcionais, que o artigo 333 do Código Civil de 2002 menciona.[77] Convém, todavia, ressalvar que a

---

75 Orosimbo Nonato, *Curso,* 2ª parte, I, pág. 261.
76 Código Civil de 2002, art. 876.
77 Direito Anterior: art. 954 do Código Civil de 1916. Projetos: art. 213 do Projeto de Código de Obrigações de 1965; art. 331 do Projeto de Código Civil de 1975.

referência ao "concurso de credores" deve ser recebida com a cautela necessária. O Código Civil mantém o instituto de concurso creditório[78] e o Código de Processo Civil dele cogita,[79] ao aludir à entrega do dinheiro. Por outro lado, instituiu a insolvência civil, quando disciplinou a execução por quantia certa contra devedor insolvente no diploma processual civil de 1973.[80] Embora a isto se não refira, é um caso de extensão legal de vencimento antecipado das obrigações, análogo às alíneas I e II. A penhora do bem dado em garantia real e a cessação ou insuficiência de garantias importam em perda ou em redução da segurança do credor quanto ao recebimento, o que só por si justifica não tenha de aguardar o vencimento da dívida para procurar obter a solução da obrigação.

Além dos casos legais de vencimento antecipado da dívida, é lícito estipular outros, em cuja ocorrência tem direito o credor a exigir o seu pagamento antes do termo. A inexecução no tempo devido implica mora do devedor, e sujeita-o às consequências dela.[81]

Quando a dívida é assegurada por hipoteca, penhor ou anticrese, considera-se vencida se se deteriora, deprecia ou perece a coisa dada em garantia, e, intimado o devedor a reforçá-la, não o faz; ou se o devedor falir ou se tornar insolvente; ou se as prestações não forem pontualmente pagas, toda vez que o pagamento for estipulado em soluções periódicas sucessivas; ou se a coisa dada em segurança da dívida for desapropriada.[82]

Quando a dívida é garantida por fiador, a falência ou insolvência deste torna-a de pronto exigível, se o devedor não o substitui, restando a plenitude da garantia fidejussória, da mesma forma que se se tornarem insuficientes as garantias reais, e o devedor as não reforçar, quando intimado a fazê-lo, segundo o afirmado logo acima.

Executado o devedor, a penhora que recaia sobre o bem dado em hipoteca, penhor ou anticrese provoca o vencimento antecipado da obrigação.

A inexecução do obrigado no tempo devido implica a mora, cujos princípios constituirão objeto do Capítulo XXXIV. A doutrina vem admitindo a produção de efeitos no campo da redução proporcional de juros compensatórios na hipótese de devedor pagar antecipadamente a dívida, com base na solidariedade condicional e nos princípios da boa-fé objetiva e proibição do abuso do direito.[83]

Uma vez ocorrido o pagamento integral da dívida, incumbe ao credor solicitar a exclusão do registro do débito em nome do ex-devedor no cadastro de inadimplentes, dentro do prazo de cinco dias (Súmula 548 do Superior Tribunal de Justiça).

Com o advento da Lei nº 14.181/21 – Lei do Superendividamento –, como medidas sancionatórias passíveis de aplicação ao fornecedor, poderá haver a dilação do prazo de pagamento da dívida do consumidor nos casos de descumprimento dos de-

---

78 Código Civil de 2002, arts. 955 a 965.
79 Código de Processo Civil de 1973, art. 711; Código de Processo Civil de 2015, art. 908.
80 Código de Processo Civil de 1973, arts. 748 e segs.
81 Código Civil de 2002, arts. 394 e segs.
82 Código Civil de 2002, art. 1.425, inciso V.
83 Celso Quintella Aleixo, ob. cit., pág. 301.

veres inerentes à boa-fé objetiva e dos preceitos contidos nos arts. 52, 54-C e 54-D, *caput*, do Código de Defesa do Consumidor (art. 54-D, parágrafo único, do CDC).

157. Prova do pagamento

A obrigação do devedor é o pagamento. Enquanto não paga, o devedor está sujeito às consequências da obrigação, e, vencida a dívida sem solução, às do inadimplemento, sejam estas limitadas aos juros moratórios, sejam estendidas a perdas e danos mais completas, sejam geradoras da resolução do contrato. Daí a necessidade de *provar* o cumprimento da obrigação, evidenciando a *solutio*. Daí, também, o direito de receber do credor quitação regular, podendo mesmo reter o pagamento até que esta lhe seja dada (Código Civil de 2002, art. 319).[84] Daí, finalmente, assentar-se que, em princípio, o *onus probandi* do pagamento compete ao devedor solvente, ou seu representante, vale dizer, àquele que alega a solução.[85]

O Código não exige forma especial para o instrumento de quitação. Vale, portanto, a que é passada por instrumento público, ou particular, firmada pelo devedor ou seu representante. Admite-se, ainda, a quitação presumida, quando a lei assim dispõe.

A quitação poderá consistir na devolução do título da dívida ou na entrega, ao devedor, de um recibo em que o credor, ou quem o represente, mencionará: *a)* o nome do devedor ou de quem por este pagar; *b)* o tempo e o lugar do pagamento; *c)* especialmente o valor e a espécie da dívida (Código Civil de 2002, art. 320).[86]

Assim é que Serpa Lopes aponta como equivalente à designação de valor a menção de ser a quitação plena até a data de sua feitura, como por exemplo se diz que recebe o saldo da venda de uma casa; ou se refere a todos os débitos existentes até determinado momento.[87] Se é necessário que designe o *nome* do devedor, não menos certo é que prevalecerá se a sua indicação fora do contexto for induvidosa.[88] Mesmo a falta de assinatura do credor é suprível, quando o recibo for da sua lavra todo inteiro e as circunstâncias autorizem concluir pelo pagamento (Orosimbo Nonato), como se houver conformidade com o recebimento de um cheque. O lançamento em conta corrente é outro indício de pagamento, que o art. 432 do Código Comercial registrava, com apoio unânime da doutrina. Também a inutilização do título pelo credor ou a entrega de objetos comprados a dinheiro nas lojas e nos armazéns.[89]

---

[84] Direito Anterior: art. 939 do Código Civil de 1916. Projetos: art. 200 do Projeto de Código de Obrigações de 1965; art. 317 do Projeto de Código Civil de 1975.
[85] Alfredo Colmo, *Obligaciones,* nº 581.
[86] Direito Anterior: art. 940 do Código Civil de 1916. Projetos: art. 201 do Projeto de Código de Obrigações de 1916; art. 318 do Projeto de Código Civil de 1975.
[87] Serpa Lopes, *Curso,* II, nº 156.
[88] Orosimbo Nonato, *Curso,* 2ª parte, I, pág. 211.
[89] J. X. Carvalho de Mendonça, *Tratado,* vol. VI, parte 1ª, nº 480.

Recusando o credor a quitação ou deixando de dá-la na devida forma, poderá o devedor compeli-lo a isto judicialmente, fazendo citá-lo para este fim, para que seja a final declarado o pagamento por sentença, caso em que valerá esta como quitação,[90] pois que servirá de prova da *solutio* e terá o efeito de extinguir a obrigação dentro das forças da quantia ou coisa paga.

Naqueles casos, em que a quitação consiste na devolução do título, o devedor não é obrigado a pagar, se o credor se nega a restituí-lo. Há a respeito uma certa vacilação na doutrina, que, entretanto, deve inclinar-se neste sentido.[91] Perdido o título poderá o devedor reter o pagamento e obrigar o credor a firmar declaração que inutilize o instrumento extraviado (Código Civil de 2002, art. 321).[92] Esta providência é, contudo, insuficiente, se se tratar de instrumento negociável por simples endosso, porque, sendo a declaração emanada do credor originário, inoponível ao terceiro de boa-fé, o devedor que paga, recebendo do acipiente mera declaração de quitação, não se pode eximir de pagar de novo ao terceiro cessionário do crédito, que se lhe apresente como portador do documento original. No extravio, então, do título poderá o devedor reter o pagamento até que lhe seja restituído, ou, pretendendo liberar-se do vínculo, depositar judicialmente a coisa devida, fazendo citar o credor, e por edital os terceiros interessados.

O Projeto de Código de Obrigações de 1965 aludia expressamente aos títulos ao portador ou à ordem, admitindo o pagamento contra declaração expressa do credor, inutilizando-o. Se não se tratar de perda do título ou impossibilidade da restituição, não tem o credor direito ao pagamento sem que o faça. Ressalve-se, contudo, as hipóteses em que o pagamento não extinga totalmente a dívida, ou seria o título de prova de outro direito; ou nele figurem outros devedores. Em tais casos, considera-se lícita a retenção pelo credor.

O problema da *forma de quitação* exige algumas observações. Nas dívidas hipotecárias, a extinção da obrigação prova-se pela certidão extraída do registro imobiliário, de ali estar averbado o recibo da importância devida, ou da última cota se o pagamento fora parcelado. Mas, em linha de princípio, a prova de pagamento mediante recibo do credor não se sujeita à observância de requisito formal específico. Ao contrário do Direito romano, que exigia para a quitação a mesma forma da obrigação (*eo modo quidquam dissolvere quo colligatum est*) e do nosso direito anterior, que em princípio o acompanhava,[93] muito embora a exigência tenha caído em desuso segundo o depoimento de Teixeira de Freitas, pelo regime do Código Civil o instrumento de quitação adquiriu autonomia formal, relativamente à obrigação, o que é certo, pois que se trata de um ato jurídico independente, com finalidade liberatória. Daí estabelecer-se que o instrumento particular, munido das qualidades que a quitação deve revestir, prova o pagamento e extingue a obrigação, tenha esta sido

---

90 Código Civil de 1916, art. 941. Artigo sem correspondência no Código Civil de 2002.
91 Orosimbo Nonato, pág. 206, que cita ainda em abono da tese: Carvalho de Mendonça, Giulio Venzi Laurent, Pacifici-Mazzoni, Giorgio Giorgi, Baudry-Lacantinerie e Barde.
92 Direito Anterior: art. 942 do Código Civil de 1916. Projetos: art. 200, § 2º, do Projeto de Código de Obrigações de 1965; art. 319 do Projeto de Código Civil de 1975.
93 *Ordenações*, Livro III, tít. 59, § 3º.

constituída por instrumento particular ou por escritura pública. Há conveniência em que se facilite a prova da quitação, seja no interesse do devedor, seja no da paz social, razão por que a lei está mais disposta a facilitar a extinção do que a criação do vínculo: *plus favemus liberationibus quam obligationibus.* Por isto, vale a quitação, qualquer que seja a sua forma.[94]

Mas não é sempre que o *recibo* faz prova da liberação. Constitui, em todos os casos, demonstração de que o devedor cumpriu a obrigação, mas não é em todos os casos que traduz o reconhecimento, a *parte creditoris*, de que a prestação recebida seja efetivamente o cumprimento devido. Embora normalmente o seja, poderá acontecer que as circunstâncias autorizem a reabertura do débito, quando a liberação dependa de uma verificação da *res debita* que, feita posteriormente ao recibo, demonstra não ter sido entregue.[95]

O Superior Tribunal de Justiça, em sede de recurso repetitivo, assentou a tese segundo a qual "*a quitação relativa à restituição, por instrumento de transação, somente alcança as parcelas efetivamente quitadas, não tendo eficácia em relação às verbas por ele não abrangidas. Portanto, se os expurgos inflacionários não foram pagos aos participantes que faziam jus à devolução das parcelas da contribuição, não se pode considerá-los saldados por recibo de quitação passado de forma geral*" (tema 514, Recurso Especial nº 1.183.474/DF, Rel. Min. Raul Araújo).

Quando a obrigação for de prestações sucessivas e o pagamento em cotas periódicas, a solução de qualquer delas faz presumir o das anteriores e o da última induz a presunção de estar extinta a obrigação (Código Civil de 2002, art. 322).[96] Não se trata, porém, de *preasumptio iuris et de iure,* pois que pode ser ilidida por prova contrária, ou mesmo afastada pela declaração no próprio título, quando este tolere a entrega de qualquer das prestações como débito autônomo, sem ligação umas com as outras,[97] ou resultar mesmo das circunstâncias. Cabe ao credor, no caso, a prova contrária, porque a presunção é instituída em benefício do devedor, e, se o credor alega que as prestações anteriores são ainda devidas, a ele incumbe o *onus probandi.*

O pagamento do *capital* faz presumir a quitação quanto aos juros, salvo recebimento de um com reserva dos outros (Código Civil de 2002, art. 323).[98] Esta presunção é tida como irrefragável por numerosos escritores, entre os quais o nosso Beviláqua. Outros o negam, avultando Orosimbo Nonato, que a qualifica de *legis tantum*, não só porque as presunções absolutas são excepcionais como também porque não é obrigatório, segundo o art. 59, do Código Civil de 1916 (cujo espírito se mantém nos arts. 92 e segs. do Código de 2002), que o acessório sempre acompanhe o principal.[99]

---

94 Código Civil de 2002, art. 472.
95 Larenz, *Obligaciones,* I, pág. 416.
96 Direito Anterior: art. 943 do Código Civil de 1916. Projetos: art. 202 do Projeto de Código de Obrigações de 1965; art. 320 do Projeto de Código Civil de 1975.
97 Clóvis Beviláqua, *Obrigações,* § 33.
98 Direito Anterior: art. 944 do Código Civil de 1916. Projetos: art. 203 do Projeto de Código de Obrigações de 1965; art. 321 do Projeto de Código Civil de 1975.
99 Orosimbo Nonato, ob. cit., pág. 229.

O Projeto de Código de Obrigações de 1965 esclarecia o assunto, inclinando-se para a relatividade, por admitir prova em contrário. Nesta, como em tantas outras, seria a oportunidade de o novo Código tomar uma definição. Não o tendo feito, deixou em aberto a questão ao sabor das divergências doutrinárias e das vacilações jurisprudenciais. Mais curial será que se tenha a presunção como relativa, não só porque as presunções *iuris et de iure* são excepcionais, ainda o brocardo *sequitur principale* não tem caráter absoluto.

Quando o título é devolvido ao devedor (Código Civil de 2002, art. 324),[100] estabelece-se a presunção de que foi efetuado o pagamento, mas ficará sem efeito a quitação se o credor, dentro de sessenta dias, provar que não se efetuou.

O Código Civil de 2002 mantém o princípio da quitação presumida, que o de 1916 assentava em disposição algo controvertida. O que do artigo se infere é que a entrega do título feita, voluntariamente, estabelece em benefício do devedor a *praesumptio iuris et de iure* de que foi feito o pagamento. Não se verifica em todos os casos, porém naqueles em que a quitação consiste na devolução do título. Assenta a presunção no fato de que o título não estaria, razoavelmente, em poder do devedor sem que este solvesse a obrigação.

Para ilidir a presunção decorrente deste fato, cabe ao credor demonstrar que foi ilegitimamente desapossado do título, e por esta razão veio ele ter às mãos do devedor. Para oferecer tal prova, tem o credor o prazo de sessenta dias. Trata-se de um caso de decadência, que deve ser razoavelmente bem compreendido. Cabe ao credor ingressar em juízo com a ação respectiva, e assim assegurar o seu direito, ainda que a produção efetiva da prova ocorra após decorridos mais de sessenta dias.

Nos termos do artigo 324, a presunção de pagamento é restrita, aqui, à entrega do título da dívida. Dada a quitação por outro meio, por declaração contida em instrumento público ou particular, o credor não está inibido de provar que ela se origina em erro ou dolo, nem fica adstrito ao prazo decadencial de sessenta dias.

---

100 Direito Anterior: art. 945 do Código Civil de 1916. Projetos: art. 204 do Projeto de Código de Obrigações de 1965; art. 322 do Projeto de Código Civil de 1975.

Capítulo XXXI
Pagamentos Especiais

Sumário

158. Pagamento por consignação. **159.** Pagamento com sub-rogação. **160.** Imputação do pagamento. **161.** Dação em pagamento.

Bibliografia

M. I. Carvalho de Mendonça, *Doutrina e Prática das Obrigações*, ed. atualizada por José de Aguiar Dias, I, nos 293 e segs.; Clóvis Beviláqua, *Obrigações*, §§ 38 e segs.; Karl Larenz, *Derecho de Obligaciones*, I, § 24; Ruggiero e Maroi, *Istituzioni di Diritto Privato*, §§ 130 e segs.; Serpa Lopes, *Curso*, II, nos 170 e segs.; Enneccerus, Kipp e Wolff, *Tratado, Obligaciones*, §§ 65 e segs.; Giorgio Giorgi, *Obbligazioni*, VII, nos 263 e segs.; Von Tuhr, *Tratado de las Obligaciones*, II, n° 65; Alfredo Colmo, *De las Obligaciones en General*, nos 626 e segs.; Hector Lafaille, *Tratado, Obligaciones*, I, nos 386 e segs.; De Page, *Traité*, III, 2ª parte, nos 491 e segs.; Ludovico Barassi, *Obbligazioni*, I, n° 93; Planiol, Ripert e Boulanger, *Traité*, II, nos 1.741 e segs.; Mazeaud *et* Mazeaud, *Leçons de Droit Civil*, II, nos 841 e segs.; Gaudemet, *Théorie Générale des Obligations*, pág. 461; Lacerda de Almeida, *Obrigações*, §§ 74 e segs.; Machado Guimarães, *Comentários ao Cód. Proc. Civil*, ed. Revista Forense, VIII, págs. 289 e segs.; Gustavo Tepedino, *Obrigações*, págs. 399 e segs.; Judith Martins-Costa, *Comentários ao Novo Código Civil*, vol. V; Odyr José Porto e Waldemar Mariz de Oliveira Júnior, *Ação de consignação em pagamento*, ed. Revista dos Tribunais; Arnoldo Wald, *Obrigações e contratos*, págs. 102 e segs.; Eduardo Espínola, *Garantia e Extinção das Obrigações*, cap. I; Sylvio Capanema de Souza, *Da locação do imóvel urbano: direito e processo*, Rio de Janeiro: Forense, 2001, págs. 540 a 542.

158. Pagamento por consignação

Sendo pagamento a forma normal de extinção das obrigações e sujeitando-se o devedor, que não efetua, às consequências respectivas (v. nº 157, *supra*), pode-se dizer que, paralelamente ao direito que tem o credor de receber o devido, há um interesse, e mesmo, em certos casos, um direito do devedor, de desvencilhar-se da obrigação e libertar-se do vínculo, para que se forre de suas consequências. Principal interessado no cumprimento é sem dúvida o sujeito ativo da obrigação, a quem a lei oferece todos aqueles meios de realizar a sua faculdade creditória. Mas não pode ser deixado o devedor à mercê do credor malicioso ou displicente, nem sujeito ao capricho ou arbítrio deste, quer no sentido da eternização do vínculo, quer na subordinação dos seus efeitos à vontade exclusiva daquele. Ademais, ao realizar o pagamento direto dentro do prazo, o devedor não sofrerá os ônus decorrentes de possível atraso, conforme previsão contida no art. 389 do Código Civil de 2002. Há, desse modo, direito subjetivo à liberação em favor do devedor que se fundamenta na compreensão da relação obrigacional como relação de cooperação.[1]

Para isso, criou-se a modalidade especial do pagamento por consignação, que consiste no depósito judicial ou em estabelecimento bancário da quantia ou coisa devida. Desde logo se vê, nem toda obrigação é compatível com esta modalidade de *solutio*. Excluem-se, *prima facie*, as obrigações negativas, pois é óbvio que o seu cumprimento consistindo em uma abstenção a sua execução dispensa a participação do sujeito ativo.[2] Também as obrigações *faciendi*, quando se esgotam apenas com a ação ou a atuação do devedor, não comportam consignação, a qual é, todavia, admitida, se ao *facere* se seguir um *dare*, isto é, quando a obrigação de fazer tiver de executar-se mediante a entrega do resultado da atividade do devedor ou estiver articulada com uma obrigação de dar.[3]

A consignação em pagamento, também chamada *oferta real*, há de consistir no efetivo oferecimento da *res debita*. Não basta a promessa ou a declaração de que a coisa ou soma devida se encontra à disposição do credor.

Pelo nosso direito, tem eficácia a consignação *judicial*, não prevalecendo aquelas regras que outros sistemas jurídicos estatuem, encarregando os notários e alguns oficiais públicos de promoverem a oferta (Código Civil de 2002, art. 334).[4] Mas não se deve deduzir que se trate de matéria só pertinente ao direito processual e estranha ao Código Civil, como ao tempo da discussão deste foi defendido.[5] O direito civil estabelece em que consiste, menciona os casos em que tem lugar, e define o poder liberatório ou ex-

---

1 Judith Martins-Costa, *Comentários ao Novo Código Civil*, pág. 356.
2 Lafaille, *Obligaciones*, I, nº 405; M. I. Carvalho de Mendonça, *Obrigações*, I, nº 319. A matéria não é, porém, pacífica, não faltando quem admita possa existir.
3 Alfredo Colmo, *Obligaciones*, nº 644.
4 Direito Anterior: art. 972 do Código Civil de 1916. Projetos: art. 215 do Projeto de Código de Obrigações de 1965; art. 332 do Projeto de Código Civil de 1975.
5 M. I. Carvalho de Mendonça, nº 293, onde o autor se reporta à opinião dos que sustentam que se trata de instituição processual, para combater.

tintivo da obrigação, que é o seu efeito. O direito processual civil desenvolve as regras procedimentais a serem seguidas, a partir do momento em que o devedor ingressa em juízo.[6] Há de se concluir, pois, pela natureza mista da consignação em pagamento, o que se mostra reforçado pela redação do art. 334, do Código Civil de 2002, que expressamente prevê a consignação da prestação pecuniária em estabelecimento bancário. A partir do advento da Lei nº 8.951/94, tratando-se de obrigação em dinheiro, restam para o devedor duas possibilidades: o depósito judicial antes da citação do réu, na forma prevista no art. 542, I, do Código de Processo Civil de 2015 (artigo 893 do Código de Processo Civil de 1973), ou o depósito extrajudicial da quantia devida, em estabelecimento bancário oficial. O Código Civil de 2002, alterando o texto do seu antecessor, incluiu o depósito em estabelecimento bancário como forma de extinção da obrigação pelo pagamento, tomado este em sentido genérico.

Tal qual no Direito romano, o pagamento por consignação judicial envolve duas fases: uma primeira, que ainda não é propriamente contenciosa, em que o devedor requer ao juiz a intimação do credor para que venha, em determinado momento, receber a quantia ou coisa devida[7] (Código de Processo Civil de 1973, art. 890; Código de Processo Civil de 2015, art. 539). Este *oferecimento* deve ser efetivo – *oferta real* – e não meramente simbólico, com dinheiro à vista mostrado, como falavam os nossos maiores[8] e ainda os modernos.[9] Se o citado recebe, encerra-se a questão, e o devedor está exonerado. Mas, se não comparece ou recusa, a coisa ofertada é *depositada* em juízo, onde se decidirá se tem cabimento e se o pedido do devedor procede. Em caso afirmativo, vale a sentença com prova do pagamento e quitação. É, desta sorte e neste caso, um meio liberatório do devedor, e extintivo da obrigação. O caráter formal, acima lembrado, está patente na necessidade de se observarem todos os trâmites. Feito, por exemplo, o oferecimento, sem que se lhe siga o depósito da coisa ou quantia devida, não produz os efeitos de consignação, e o devedor pode ser constituído em mora, ao mesmo passo que, e ao revés, não começa ela a correr contra o credor.[10]

A primeira indagação, portanto, envolve a apuração de quando tem lugar o depósito judicial da coisa devida. O Código de 2002, no seu art. 335, a exemplo do anterior, oferece toda uma gama de situações em que o devedor se liberta da obrigação, por via do depósito da *res debita*. A lei o define: *a)* A hipótese mais frequente de pagamento por consignação é se *recusa* o credor receber ou dar quitação na devida forma. O credor tem direito à prestação, mas tem também o dever de recebê-la. Se, sem justa causa, recusa o pagamento, ou não dá ao devedor quitação da dívida, cabe o depósito judicial, ou bancário, dependendo da hipótese. Equivalente à recusa é o fato de o devedor se esquivar, ou deixar de ser encontrado, ou procrastinar o recebimento ou a quitação. Claro que somente a *recusa injusta* enseja esta modalidade

---

6   Código de Processo Civil de 1973, arts. 890 e segs; Código de Processo Civil de 2015, arts. 539 e segs.
7   Código de Processo Civil de 1973, art. 890, *caput;* Código de Processo Civil de 2015, art. 539.
8   Ramalho, *Praxe Brasileira*, § 78, nota *c;* Correia Telles, *Digesto Português*, I, art. 1.118.
9   De Page, *Traité*, III, 2ª parte, nº 496.
10 De Page, *Traité*, III, 2ª parte, nº 496.

especial de pagamento, pois, se tiver ele razões legítimas de se esquivar, não pode ser forçado a receber. Via de regra, somente no curso da lide apurar-se-á se é justa ou injusta a recusa. Mas a palavra *recusa* deve ser tomada em sentido amplo, quer para traduzir a oposição do credor à solução do devedor, quer para significar a *falta de aceitação*, mesmo quando abrangida na ausência ou no silêncio do credor.[11] *b)* Equivalente à recusa é a demora do credor, que não vai ou não manda receber a coisa nas condições em que devia fazê-lo (dívida quesível), e, com sua mora, pode trazer ao devedor o dano genérico consequente à persistência do vínculo ou o prejuízo específico da continuidade dos riscos. Para de um ou de outro defender-se, o depósito judicial ou extrajudicial isenta o devedor das consequências respectivas, e ao mesmo tempo transfere para o credor a responsabilidade do que venha a acontecer. *c)* Quando for incapaz de receber, desconhecido o credor, ou estiver em lugar ignorado ou de difícil acesso – ou mesmo de perigoso acesso –, o devedor outro meio não tem senão este, porque precisa de receber quitação e libertar-se do vínculo, e somente a sentença suprirá a falta da declaração. Sendo o credor incapaz de receber, cabe o depósito se se não conhecer seu representante, ou este embaraçar o recebimento. *d)* Outras vezes, pode ocorrer dúvida sobre quem tem a qualidade creditória, e, em tal caso, depositada a *res debita*, resolverá o juiz quem é o credor, valendo quitação a sentença então proferida. *e)* Se é litigioso o próprio objeto da obrigação, libera-se o devedor consignando-o em juízo, lembrando-se que o objeto se torna litigioso quando houver a citação do réu na demanda instaurada entre os supostos credores (art. 219 do Código de Processo Civil de 1973; art. 240 do Código de Processo Civil de 2015). O litígio pode versar sobre o objeto do pagamento em si mesmo, ou se mais de uma pessoa estiver sobre ele discutindo em juízo. Litígio existe, ainda, se o devedor é intimado por terceiro para não pagar ao credor. No inciso V do art. 335 do Código Civil de 2002, cabe a hipótese de disputarem concurso de preferência sobre a coisa devida (Código Civil de 2002, 335).[12]

Pode lei expressa mencionar situações em que o pagamento por consignação tem cabimento. Exemplifica-se com a penhora de crédito, ou com a preferência do condômino em coisa indivisa para adquirir a parte de seu consorte, alienada a estranho.[13] A consignação em pagamento é meio judicial – e, eventualmente, extrajudicial – liberatório da obrigação, e tem finalidade estrita. Descabe trazer para ela toda outra discussão, que não seja compreendida nos seus limites e termos específicos. Parte da doutrina, contudo, vem admitindo abertura maior para ampla discussão sobre a liquidez da dívida na ação de consignação em pagamento,[14] no que vem acompanhada pela orientação do Superior Tribunal de Justiça. Se couber ao devedor exigir contraprestação que ao credor caiba efetuar, pode subordinar ao cumprimento desta

---

11 Serpa Lopes, *Curso*, II, nº 171.
12 Direito Anterior: art. 973 do Código Civil de 1916. Projetos: art. 215 do Projeto de Código de Obrigações de 1965; art. 333 do Projeto de Código Civil de 1975.
13 Código Civil de 2002, art. 504.
14 Odyr José Porto e Waldemar Mariz de Oliveira Júnior, *Ação de consignação em pagamento*, pág. 22.

a realização do depósito. Neste caso, o credor não tem o direito de levantar a coisa depositada, sem que efetue a prestação que lhe cabe, ou dê garantia bastante de que a cumprirá.

Reunindo numa fórmula sucinta as várias hipóteses previstas no Código Civil argentino, ao mesmo passo que critica o seu casuísmo, Alfredo Colmo apresenta uma geral que tem o mérito de coordenar o pensamento dominante nas diversas alíneas acima deduzidas: há de ser cabível o recurso à consignação toda vez que o devedor não possa efetuar um pagamento válido.[15]

Para que tenha o depósito força de pagamento, é necessário reúna as condições subjetivas e objetivas de validade deste (Código Civil de 2002, art. 336),[16] isto é: tem de ser oferecido pelo devedor capaz de pagar, ou por quem tenha legítimo interesse, ou ainda por terceiro não interessado, ao credor de receber;[17] deve compreender a totalidade da dívida: ser feito no lugar do pagamento e em tempo oportuno (v. n° 152, *supra*). A consignação há de versar a coisa ou quantia devida, e não outra, análoga, ainda que mais valiosa.

No tocante à integridade do depósito, cumpre salientar que é indispensável tratar-se de obrigação líquida e certa. Se não está apurado o *quantum*, não cabe o depósito. Neste particular, já se diz que a consignação em pagamento é uma *execução invertida*. Da mesma forma que o credor, para valer-se da ação executiva, tem de fazer citar o devedor para pagar uma soma precisa, pois, se não é líquida e certa a obrigação, é mister se acerte e liquide pelas vias ordinárias, também o devedor, para que tenha o direito de promover a execução da obrigação, por via da oferta real, terá de convocar o credor com o oferecimento de uma quantia que seja a devida, sem necessidade de prévio acertamento, o qual somente teria cabida nas vias ordinárias. Se não for líquida e certa a dívida, descabe a consignação em pagamento, havendo mister da prévia promoção da ação de acertamento.[18] Depositando o devedor quantia para quitação de dívida incerta, com o protesto de apurar-se no curso da ação, e completar ele o que faltar, ou levantar o excesso, não cabe a consignação, que é processo de limites estreitos, sem margens para operar a apuração da coisa ou da quantia devida. E não cabe, pela falta do requisito objetivo de validade do pagamento.

Não se pode, porém, tratar a regra com extremo rigor. Se, pois, o devedor verifica a existência de erro de cálculo, pode retificá-lo com ofertas supletivas; ou se, existindo dúvida sobre o montante exato da dívida, faz oferta a maior e protesta pela

---

15 Alfredo Colmo, *Obligaciones*, n° 626.
16 Direito Anterior: art. 974 do Código Civil de 1916. Projetos: art. 216 do Projeto de Código de Obrigações de 1965; art. 334 do Projeto de Código Civil de 1975.
17 A doutrina mais recente vem considerando, com base no princípio da boa-fé objetiva, a legitimidade de um intermediário receber o depósito, como, por exemplo, do aluguel pago à administradora do imóvel. Há, assim, mandato tácito ou gestão de negócio (Alice dos Santos Soares, "Pagamento indireto ou especial", *in*: Gustavo Tepedino [coord.], *Obrigações*, pág. 403).
18 Jair Lins levantou a questão da consignação como "execução inversa", e foi apoiado pelo Tribunal de Minas (*in Revista Forense*, vol. 82, pág. 680), como por Machado Guimarães (Comentários ao Código de Processo Civil, edição *Revista Forense*, vol. IV, pág. 316).

repetição do excedente, não pode o credor rejeitá-lo.[19] Conforme já foi esclarecido, atualmente há menor rigor acerca de tal aferição, sendo certo que se tem considerado o cabimento de interpretação das cláusulas contratuais – acerca do débito com seu valor – para fins de se aferir o pressuposto da liquidez da dívida.

O depósito ou consignação da coisa deve ser requerido no *lugar do pagamento* (Código Civil de 2002, art. 337).[20] Nem o credor pode ser compelido a vir receber em local diferente nem o devedor tem a obrigação de deslocar-se para solver. Daí acordarem os autores em que competente para a ação de consignação é o foro do pagamento.[21]

Deposita a *res debita*, livra-se o devedor dos juros da dívida, porque a consignação tem efeito equivalente ao próprio pagamento, e, desta sorte, não correm juros contra ele. Os riscos da coisa devida são suportados pelo devedor até o momento da tradição, com base no princípio *res perit domino*. Consignada ela, ocorre a inversão dos riscos. A cargo do credor estão a sua deterioração e perecimento. Julgado procedente o pedido, o credor terá de promover o levantamento da coisa, no estado em que estiver, salvo se a deterioração for precedente ao depósito. Se for julgado improcedente, o devedor estará sujeito aos juros, sofrerá os riscos ocorridos na pendência da lide, e, vinculada que seja a prestação depositada, a qualquer contrato, suportará as consequências da ausência do pagamento.

Outra circunstância, em torno da qual *doctores certant* e levantam controvérsia sem conta, é a do *tempo*. O princípio cardeal é que não pode consignar com força de pagamento o devedor em mora. Mas, como até o último dia do prazo o credor ainda pode receber, sem os inconvenientes da demanda, tem-se entendido ser válida a oferta, quando efetuada no dia imediato ao termo da obrigação, pois que até esse último dia do prazo era admissível o recebimento, não se podendo dizer que teria havido recusa do credor, pelo fato de, até então, não o ter realizado. Por óbvio que se a prestação se tornou inútil para o credor com base na configuração do inadimplemento absoluto, não haverá direito de consignar. Na hipótese de inadimplemento parcial, o depósito deverá compreender os encargos de mora.

A consignação em pagamento compreende duas fases. A primeira é a da oferta. O devedor faz citar o credor para receber a coisa ou quantia devida, em local e momento determinado, ou para vir provar o seu direito, sob pena de se efetuar o depósito. Esta primeira fase não é propriamente contenciosa. Depositada a coisa, ao credor ainda resta a alternativa de declarar que aceita, ou impugnar.

Antes de declarar o credor se aceita ou rejeita o depósito, pode o devedor requerer o seu *levantamento*, pagando as respectivas despesas, mas, em tal caso, subsistirá a obrigação (Código Civil de 2002, art. 338).[22] Duas serão, contudo, as consequên-

---

19 M. I. Carvalho de Mendonça, nº 299; Giorgio Giorgi, *Obbligazioni*, VII, nº 269.
20 Direito Anterior: art. 976 do Código Civil de 1916. Projetos: art. 335 do Projeto de Código Civil de 1975.
21 M. I. Carvalho de Mendonça, nº 302; Von Tuhr, *Obligaciones*, II, nº 64.
22 Direito Anterior: art. 977 do Código Civil de 1916. Projetos: art. 222 do Projeto de Código de Obrigações de 1965; art. 336 do Projeto de Código Civil de 1975.

cias. Uma de cunho meramente processual: pagar as despesas judiciais. A outra, de natureza substancial: suportar todas as consequências do não pagamento, uma vez que assume os riscos da coisa, suporta os juros e enfrenta as condições da falta ou mora de pagar. A dívida subsiste com seus acessórios. A consignação em pagamento é adstrita ao devedor depositante e o credor. Os fiadores e os codevedores, mesmo solidários, não têm legitimidade para se oporem ao levantamento requerido pelo consignante. Nada impede, todavia, que incida penhora sobre a coisa ou quantia depositada. Impugnado o depósito, a coisa torna-se litigiosa. Aceito o depósito, está efetuado o pagamento. Num caso ou noutro, ao consignante não mais será lícito requerer o seu levantamento.

Com a procedência do depósito, a obrigação fica extinta. O devedor fica liberado, e, com ele seus fiadores e codevedores. Não mais assiste ao devedor direito a seu levantamento. Acontecendo que o requeira, com assentimento do credor, perde este a preferência e a garantia que lhe competiam relativamente ao objeto do depósito. Sua anuência poderá, portanto, trazer prejuízo aos demais devedores e aos fiadores. O levantamento do depósito pelo devedor, neste caso, não poderá ser concedido sem o acordo de uns e de outros.

Julgado procedente o depósito, a obrigação fica extinta (Código Civil de 2002, art. 339).[23] Liberados, em consequência, os codevedores e fiadores, têm legítimo interesse em que prevaleça o julgado. Nestas condições, terão de ser ouvidos sobre o pedido de levantamento, feito pelo devedor. Tem-se considerado que o consentimento dos outros devedores e fiadores somente tem relevância se o objetivo é fazer nascer nova obrigação com os mesmos codevedores e fiadores da obrigação extinta pela consignação. Desse modo, a falta do consentimento somente impede a presença de todos aqueles que anteriormente integravam a obrigação extinta, mas não exclui a formação de nova obrigação, vinculando o devedor que levantar o depósito e o credor, sem a presença dos que não anuíram com o levantamento. Se anuírem, assumindo as obrigações, continuam responsáveis. Se não forem ouvidos, ou se o levantamento for deferido contra a sua vontade, estão liberados.

Antes mesmo de julgada por sentença a consignação, mas depois de impugnado o depósito e de declarar o credor que o aceita, e o credor aquiescer em que seja levantado, têm os codevedores e fiadores direito a serem ouvidos. Se não o forem, ou se discordarem, e o levantamento do depósito ocorrer, ficam desobrigados (Código Civil de 2002, art. 340).[24] Nesta hipótese, a obrigação não se extingue, permanecendo vinculado o consignante. Mas, em relação ao objeto consignado, perde o credor a preferência e a garantia, cessando a responsabilidade dos coobrigados e fiadores. A hipótese difere substancialmente do levantamento do depósito antes de declarada a aceitação ou de contestada a lide. Por isto, os efeitos são também diversos.

---

23 Direito Anterior: art. 978 do Código Civil de 1916. Projetos: art. 223 do Projeto de Código de Obrigações de 1965; art. 337 do Projeto de Código Civil de 1975.
24 Direito Anterior: art. 979 do Código Civil de 1916. Projetos: art. 224 do Projeto de Código de Obrigações de 1965; art. 338 do Projeto de Código Civil de 1975.

Quando a coisa devida é *indeterminada*, e a escolha compete ao credor, será ele citado para este fim, sob a cominação de perder este direito e ser a opção devolvida ao devedor. Não comparecendo para exercitar o seu direito, o devedor fará o depósito da coisa que escolher (Código Civil de 2002, art. 342).[25] Se desde o princípio o direito de escolha competir ao devedor, não tem lugar a providência inicial, porém a oferta daquela que o devedor eleger.

Se a coisa devida for imóvel ou *corpo certo*, ou porque era o único originariamente devido, ou por ter o credor perdido o direito de escolha, o devedor antes de consignar fará citar o credor para que venha recebê-la no local em que se encontrar ou naquele que seja o lugar de pagamento, conforme disponha o instrumento (Código Civil de 2002, art. 341).[26] Não comparecendo o credor, pessoalmente ou por preposto, será consignada a coisa em mãos do depositário público ou de quem suas vezes faça. A consignação de corpo certo, ao contrário do que entende Von Tuhr,[27] não exclui os imóveis, que podem dela ser objeto, fazendo o devedor citar o credor para vir recebê-los ou imitir-se na sua posse, *ad instar* do que prescreve o art. 1.216 do Código Civil italiano de 1942, ou para que venha receber a escritura respectiva, como para o caso dos terrenos loteados prescrevia o art. 17 do Decreto-Lei nº 58, de 10 de dezembro de 1937. Neste sentido, acompanhando o entendimento consolidado da doutrina e da jurisprudência, o Código Civil de 2002 também os incluiu.[28]

A questão das despesas com a consignação exige esclarecimento.[29] Depois de efetuado o depósito, as custas caberão ao credor se o juiz o julga procedente, e ao devedor se improcedente (Código Civil de 2002, art. 343).[30] Mas, na primeira fase da ação, antes de efetuado o depósito, já existem as despesas com o ingresso em juízo, emolumentos do oficial de justiça encarregado da diligência de citação, taxas etc. Cabe, neste caso, indagar quem por elas responde. Pelo jogo dos princípios, tem o devedor de arcar com este ônus: primeiro, porque ainda não há uma ação em sentido próprio, porém um oferecimento, e ainda não se positivou a recusa do credor, que é até possível esteja sendo molestado por um capricho do devedor; segundo porque tem o credor o direito de receber o que lhe é devido por inteiro, e, se ficarem a seu cargo as despesas, a prestação será desfalcada do montante delas; e terceiro, porque as despesas com o pagamento e a quitação se presumem a cargo do devedor, salvo se o credor mudar de domicílio ou morrer, deixando herdeiros em lugares diferentes. O oferecimento da coisa ou soma devida há de ser, então, feito por inteiro, sem o desfalque das custas. Não vindo o credor receber na data aprazada, e efetuado por isso o depósito, o levantamento deste pelo credor, mesmo que se efetive antes da sentença,

---

25 Direito Anterior: art. 981 do Código Civil de 1916. Projetos: art. 220 do Projeto de Código de Obrigações de 1965; art. 340 do Projeto de Código Civil de 1975.
26 Clóvis Beviláqua, loc. cit.; M. I. Carvalho de Mendonça, nº 306; Alfredo Colmo, nº 641.
27 Von Tuhr, *Obligaciones*, II, nº 65.
28 Serpa Lopes, nº 173.
29 Clóvis Beviláqua, loc. cit.
30 Direito Anterior: art. 982 do Código Civil de 1916. Projetos: art. 224 do Projeto de Código de Obrigações de 1965; art. 341 do Projeto de Código Civil de 1975.

sujeita-o às custas, porque equivalerá a procedência do depósito, da mesma forma que o seu levantamento pelo devedor tem o efeito de impor-lhe o ônus das despesas judiciais.

Uma vez efetuado o depósito e consignada a *res debita*, produz o *efeito* genérico de constituir o credor em mora (*mora accipiendi*), e, por via desta, decorrem aquelas consequências que acompanham (n° 173, *infra*), de que se podem destacar: a cessação do curso de juros; a liberação da responsabilidade pela colheita dos frutos; a transferência dos riscos da coisa para o credor; a liberação dos fiadores e abonadores; a obrigação de ressarcir os danos que a recusa ou o não recebimento haja imposto ao devedor; o reembolso das despesas feitas na custódia da coisa; e, se se tratar de contrato bilateral, o consignante adquire a faculdade de exigir a prestação que compita ao credor, ilidindo desde logo a *exceptio inadimpleti contractus*.[31]

O artigo 344 do Código Civil de 2002[32] lança uma certa dúvida, que na realidade não pode existir. Se houver litígio sobre a coisa, e não estiver esclarecido a quem caiba o recebimento, caso é de consignação. Se não a promover, o devedor assume os riscos da escolha que faça da pessoa a quem pagar. Uma vez consignada a *res debita*, e citados os possíveis interessados, desaparece o risco do devedor, cabendo ao juiz decidir quem tem direito à coisa, e, levantada esta na forma da sentença, o devedor está exonerado.

Vencendo-se a dívida, na pendência de litígio entre credores que estejam disputando a preferência, poderão eliminar os riscos de um pagamento eventualmente feito pelo devedor, requerendo a consignação da coisa disputada (Código Civil de 2002, art. 345).[33]

A consignação em pagamento segue procedimento próprio no âmbito das locações prediais urbanas (art. 67, Lei n° 8.245/91). O locatário poderá, em hipótese de mora do credor, consignar judicialmente os valores correspondentes aos aluguéis e aos acessórios da locação, especificando-os (art. 67, I, Lei n° 8.245/91). A ação consignatória da Lei do Inquilinato e a ação consignatória regulada pelo Código Processual Civil têm, atualmente, poucas diferenças, dentre as quais a existência, no caso da segunda, de um procedimento extrajudicial para o pagamento (art. 890, §§ 1° a 4°, CPC de 1973; art. 539, §§ 1° a 4°, CPC de 2015), o qual se tem estendido à consignação regulada pela lei especial em comento.[34] Determinada a citação do locador-réu, o locatário deverá efetuar, no prazo de vinte e quatro horas, o depósito judicial da quantia devida, sob pena de extinção do processo (art. 67, II, Lei n° 8.245/91), devendo, ainda, durante o curso processual, depositar os aluguéis que se forem vencendo (art. 67, III, Lei n° 8.245/91). A contestação do locador, que deve ser

---

31 Ruggiero e Maroi, *Istituzioni*, § 131; Trabucchi, *Istituzioni*, n° 237; Enneccerus, Kipp e Wolff, *Tratado, Obligaciones*, § 67; De Page, *Traité*, III, 2ª parte, n° 500.
32 Direito Anterior: art. 983 do Código Civil de 1916. Projetos: art. 342 do Projeto de Código Civil de 1975.
33 Direito Anterior: art. 984 do Código Civil de 1916. Projetos: art. 343 do Projeto de Código Civil de 1975.
34 Sylvio Capanema de Souza, *Da Locação do Imóvel Urbano*, págs. 540 a 542.

oferecida no prazo de quinze dias após a juntada do mandado de citação do mesmo,[35] se restringe às matérias previstas em lei (art. 67, V, Lei nº 8.245/91), podendo, contudo, reconvir para pedir o despejo e a cobrança dos valores que entenda devidos (art. 67, VI, Lei nº 8.245/91). Se o réu alega, em sua peça de defesa, a falta de integralidade do depósito, poderá o autor complementar aquele inicialmente feito (art. 67, VII, Lei nº 8.245/91), respondendo pelos ônus sucumbenciais. O locador poderá levantar, durante o processo, os valores correspondentes às importâncias incontroversas.

159. PAGAMENTO COM SUB-ROGAÇÃO

A natureza estritamente pessoal do vínculo obrigacional no Direito romano não permitiu que se desenvolvesse naquele tempo o instituto da *sub-rogação do pagamento*.[36] Primitivamente, era de todo impossível.[37] Numa fase ulterior, admitiu-se, através do *beneficium cedendarum actionum*, que o devedor opusesse uma *exceptio* à ação do credor, subordinando assim o pagamento a uma prévia cessão da *actio* pertinente ao credor, e, operando desta sorte o deslocamento da qualidade creditória, para um terceiro que houvesse embolsado o credor. A faculdade de exigir a prestação passava a outrem, em razão de este tornar-se titular da respectiva *actio*. Foi, porém, no antigo direito costumeiro francês, depois de os canonistas haverem trabalhado o assunto, e até imaginado a designação *sub rogatio*,[38] que se criou o instituto do pagamento com sub-rogação, que o direito moderno desenvolveu e os códigos disciplinaram, um tanto discordantemente, mas com a segurança de sua generalizada adoção, à medida que decresce o romanismo no conceito da obrigação, substituído, diz Colmo, por tendências mais positivas e utilitárias.[39]

Tal como estruturado em nossa sistemática, chama-se *sub-rogação* a transferência da qualidade creditória para aquele que solveu obrigação de outrem ou emprestou o necessário para isto.[40] Na palavra mesma que exprime o conceito (do latim *sub rogare, sub rogatio*) está contida a ideia de *substituição*, ou seja, o fato de uma pessoa tomar o lugar de outra, assumindo a sua posição e a sua situação.[41] Embora existam vários casos de sub-rogação pessoal, aqui somente tratamos da que provém do pagamento.

Há uma positiva aproximação entre o pagamento com sub-rogação e a *cessão de crédito*,[42] uma vez que por ela ocorre uma substituição do credor. A aproximação

---

35 Sylvio Capanema de Souza, *Da Locação do Imóvel Urbano*, pág. 548.
36 Aqui falamos de sub-rogação subjetiva, pois da objetiva temos cogitado no nº 74, vol. I.
37 Girard, *Manuel Élémentaire de Droit Romain*, pág. 832.
38 Barassi, *Obbligazioni*, I, nº 93; M. I. Carvalho de Mendonça, *Obrigações*, I, nº 312.
39 Alfredo Colmo, *Obligaciones*, nº 652.
40 Clóvis Beviláqua, *Obrigações*, § 39.
41 De Page, *Traité*, III, 2ª parte, nº 513.
42 Alfredo Colmo, *Obligationes*, nº 648, considera-as mesmo integrantes de uma só categoria.

é flagrante, repitamos, mas não há confundir os dois institutos que se extremam por características peculiares. Antecipando a noção, que será mais detidamente examinada no lugar próprio (v. n° 179, *infra*), fixemos que a cessão de crédito é uma sucessão particular nos direitos do credor, originada de uma declaração de vontade. É a vontade do cedente que atua como fundamento da transferência do direito, independentemente do pagamento, porque este não é essencial à sua realização nem a gratuidade é incompatível com a sua efetivação. Ao passo que a *sub-rogação* assenta no pagamento, podendo intervir ou não a emissão de vontade no sentido de operar o deslocamento da qualidade creditória, isto é: pode haver sub-rogação sem que o credor tenha a intenção de transferir ao terceiro solvente os seus direitos. Por outro lado, a cessão de crédito efetua-se com a conservação do vínculo obrigacional, enquanto a sub-rogação pressupõe o seu cumprimento nas mãos do credor, por parte de um terceiro, direta ou indiretamente.[43]

Em doutrina, procura-se explicar de que maneira opera a sub-rogação, pois que, sendo o seu fundamento o pagamento e este o meio de extinguir a obrigação, parece estranho que, solvido o débito, ao credor originário, subsista não obstante o vínculo obrigacional, com substituição do sujeito ativo. Vêm de longe as tentativas de explicação teórica do pagamento com sub-rogação, convindo mencionar as principais concepções doutrinárias. Fez carreira, e por muito tempo ocupou posição segura, a teoria da *transferência do crédito*, criada por Dumoulin, para quem não passa de um caso particular de cessão do direito creditório. Esta ideia sobrevive na doutrinação de Gaudemet, e é reeditada por De Page. Mas não nos convence. Se pode ter cabida em alguns casos de *sub-rogação convencional*, é inadequada a explicar a sub-rogação legal. A teoria do *mandato*, defendida por Pothier e Merlin, segundo os quais o *solvens* age na qualidade de mandatário, ou de gestor de negócio do devedor, igualmente não satisfaz, pois que há casos em que o pagamento desatende à vontade do devedor e, em todos eles não fica a sub-rogação na dependência de sua aprovação. Imaginou-se, então, a teoria da *ficção*, que encontrou larga acolhida entre os intérpretes do Código Napoleão – Zacchariae, Aubry e Rau, Demolombe, Huc, e que ainda sobrevive em alguns modernos – Planiol, Baudry-Lacantinerie, Colin e Capitant, a qual não passa, entretanto, de um meio cômodo de explicar os fenômenos jurídicos, sem maior aprofundamento de suas causas.[44] A explicação mais consentânea com a etiologia da sub-rogação é a que assenta na análise da relação obrigacional, nos seus dois aspectos, ativo e passivo. Com o pagamento pelo terceiro, é satisfeito o credor, que não tem mais o poder de exigir do devedor o cumprimento. Mas, como este não solveu, continua para ele existindo o *dever-prestar*, o qual, agora, é em relação ao terceiro solvente, estranho à relação obrigatória primitiva, até que a *solutio* de sua parte venha extinguir de todo o vínculo. Na ver-

---

43 Ruggiero e Maroi, *Istituzioni*, § 130; Barassi, *Obbligazioni*, I, n° 93; Planiol, Ripert e Boulanger, *Traité*, II, n° 1.742; Trabucchi, *Istituzioni*, n° 251; Gaudemet, *Obligations*, pág. 470.
44 Cf., a respeito das teorias: Hector Lafaille, *Obligaciones*, I, n° 414; Barassi, loc. cit.; Gaudemet, *Obligations*, pág. 470; De Page, *Traité*, III, 2ª parte, n° 555.

dade, quando a terceiro solve o crédito de outrem, extingue neste o poder sobre o patrimônio do devedor, mas deixa sobreviver o débito, isto é, a obrigação de prestar, que efetivamente desaparece somente no momento em que o devedor executa o que lhe cabe. Na sub-rogação, tal qual se dá na cessão de crédito, dá uma alteração subjetiva da obrigação, e é este, aliás, o ponto de contato entre os dois institutos. Efetuado, entretanto, o pagamento pelo terceiro, o credor é satisfeito, mas nem por isto desaparece o dever de prestar por parte do devedor. E, se o credor perde o direito de agir contra este, a obrigação de solver continua de pé no sujeito passivo, até que efetue a prestação, não em favor do primitivo sujeito ativo da obrigação, mas em benefício do *solvens* que tomou o seu lugar.[45] Se adotarmos outra explicação, admitindo a extinção total da obrigação, com o surgimento para o *solvens* de uma ação de *in rem verso*, ou de uma ação de mandato ou de gestão de negócios em favor do terceiro solvente, visando ao seu ressarcimento, teremos dificuldades para explicar a sobrevivência dos privilégios e das garantias da dívida originária, especialmente no caso de sobrevir alteração na situação econômica do devedor, rodeado de credores, todos anteriores ao pagamento do terceiro; seriam inoponíveis aos demais credores os privilégios constituídos ulteriormente à constituição de seus direitos, mas, como o terceiro *solvens* substitui o credor na mesma relação obrigacional, guarda as mesmas vantagens atribuídas à prestação que pagou. Se nos inclinarmos para a ideia da transferência, não encontraremos justificativa para o caso em que o *solvens* simplesmente paga e, não obstante a ausência de qualquer declaração do *accipiens*, passa a substituí-lo na relação obrigacional. Admitindo, ao revés, que se trata da mesma relação obrigacional anterior, que é exercida pelo terceiro solvente, nenhum óbice há para que se aceite que ele vigore com as mesmas características em relação ao sub-rogatário, as quais são oponíveis aos credores anteriores à sub-rogação.

Se a etiologia da sub-rogação não encontra unanimidade na doutrina, seus efeitos não despertam as mesmas controvérsias: o sub-rogatório fica investido de todos os direitos, ações, privilégios e garantias do primitivo credor, seja contra o devedor principal, seja contra os seus fiadores (Código Civil de 2002, art. 349).[46] Opera, pondo o credor sub-rogado na situação do primitivo, preferindo a qualquer outro credor, anterior à sub-rogação. Seja legal ou convencional, adquire o sub-rogatário o próprio crédito, tal qual é. E, sendo este titular de direitos contra o devedor e contra seus fiadores e garantes, o sub-rogatário igualmente os tem. Pela mesma razão, o devedor pode opor ao sub-rogatário as exceções pessoais que tinha contra o credor primitivo. O sub-rogatário, portanto, suporta as exceções que o sub-rogante teria de enfrentar. Na sub-rogação convencional valem as restrições impostas aos direitos do sub-rogado, como também a cláusula que o legitime a reembolsar-se no caso de

---

45 Ruggiero, *Istituzioni di Diritto Civile*, I, § 130.
46 Direito Anterior: art. 988 do Código Civil de 1916. Projetos: art. 228 do Projeto de Código de Obrigações de 1965; art. 347 do Projeto de Código Civil de 1975.

ser insolvente o devedor. Se, entretanto, a dívida não existir, cabe ação de repetição contra o *accipiens*.

Duas são as modalidades de sub-rogação: *legal e convencional*.

Diz-se *legal* a sub-rogação que decorre da vontade da lei, pura e simplesmente, sem que para sua verificação seja necessário intervir a vontade das partes, ou o acordo, quer do credor quer do devedor. Como imposição da lei, a sub-rogação legal ocorre mesmo contra a vontade do devedor ou do credor, e nisto residem a maior força e o maior interesse deste instituto, e sua afirmação essencial de benefício ao *solvens*. Pelo direito brasileiro dá-se a sub-rogação de pleno direito (Código Civil de 2002, art. 346);[47]

a) Em favor de credor que paga a dívida do devedor comum. O Código de 1916 somente a concedia se o pagamento se destinava a credor a quem competia o direito de preferência. O Código Civil de 2002, acompanhando o Projeto de Código de Obrigações de 1965, eliminou esta restrição, que constituía fonte de dúvida e incertezas. Basta a fundamentar a transferência da qualidade creditória, que o *solvens* solva débito de quem está vinculado, juntamente com ele, qualquer que seja a natureza da dívida. Efetuando o pagamento, assume o lugar do credor, com todos os privilégios e garantias. Há sub-rogação, mesmo que o *solvens* seja credor quirografário.

b) Sub-rogação legal é, ainda, a que milita em favor de adquirente de imóvel hipotecado, que paga ao credor hipotecário, bem como do terceiro que efetiva o pagamento para não ser privado de direito sobre imóvel. Como, em razão do direito de sequela, o ônus acompanha o imóvel, em poder de quem quer que o tenha, o adquirente está sujeito a sofrer a excussão hipotecária, a não ser que redima a coisa pelo pagamento, libertando-a do ônus real. Em consequência disto, investe-o a lei da qualidade creditória contra o antigo devedor hipotecário, cujo débito solveu. Cessa, entretanto, a garantia real, ficando o *solvens* com a faculdade de cobrar a dívida sobre os demais bens do devedor, sem que lhe assista o privilégio, salvo se houver outro, por diversa causa. Esta sub-rogação, que é pouco prática se se encarar a situação do adquirente em relação ao devedor, pois que, vindo a pertencer àquele o bem que era objeto de garantia, seus direitos sofrerão concurso com os demais credores do mesmo devedor quanto aos demais bens componentes de seu acervo patrimonial, passa a ter importância no caso de haver uma segunda hipoteca sobre o bem adquirido: o adquirente, que paga a primeira, sub-roga-se no crédito hipotecário solvido, e, assim, sua posição é privilegiada relativamente ao segundo credor hipotecário, para reembolsar-se preferencialmente sobre o produto da venda ou sobre o valor do imóvel.[48] Dá-se a sub-rogação em favor de terceiro que, não sendo obrigado, paga dívida alheia para não ser privado de direito sobre imóvel, como seria o caso de este estar sujeito a ônus de outra natureza, que ponha em risco a situação jurídica do *solvens*.

---

47 Direito Anterior: art. 985 do Código Civil de 1916. Projetos: art. 226 do Projeto de Código de Obrigações de 1965; art. 344 do Projeto de Código Civil de 1975.

48 Alfredo Colmo, n° 663; Gaudemet, pág. 467.

É de se destacar a previsão contida na parte final do inciso II do artigo 346 do Código Civil de 2002, em que haverá sub-rogação em favor do terceiro que efetiva o pagamento para não ser privado de direito real sobre o imóvel, como no exemplo do usufruto, entre outros direitos reais sobre coisa alheia.

c) Opera-se, ainda, sub-rogação legal em benefício do terceiro interessado, que paga dívida pela qual era ou podia ser obrigado, no todo ou em parte. É o caso do codevedor solidário, do fiador, do corresponsável, que solve a dívida do seu codevedor ou afiançado, pela qual podia ser demandado, total ou parcialmente. São ainda hipóteses abrangidas nesta alínea a do codevedor em obrigação indivisível como o das diversas garantias do mesmo débito, pois que quem o paga solve sua própria dívida, ao mesmo tempo em que a dos outros.[49] Não é necessário que o codevedor ou fiador aguarde o procedimento do credor. Basta que pague, mesmo espontaneamente, para adquirir contra o obrigado os direitos do credor.

Além destes casos, há ainda sub-rogação legal em favor do segurador que paga indenização correspondente ao dano sofrido pela coisa relativamente ao segurado;[50] de quem paga débito fiscal em nome do devedor; do interveniente voluntário que resgata título cambial;[51] do herdeiro que paga, com recursos próprios, dívida da herança; ou, ainda, em qualquer hipótese em que ela se dê por disposição especial.

Quando apenas em parte ocorre a sub-rogação, por ter o terceiro solvido parcialmente a dívida, poderá surgir conflito de preferências, envolvendo a indagação a quem compete a garantia de se pagar pelos bens do devedor – se ao antigo credor, ou ao sub-rogado parcial. A resposta somente pode vir em favor daquele, pelo remanescente de seu crédito, pois que o sub-rogatário não tem um direito a ele oponível.[52] Mas, satisfeito o antigo credor, com o recebimento do saldo, o terceiro sub-rogado tem os privilégios relativos à dívida que solveu na concorrência com os demais credores, mesmo anteriores à sub-rogação, pelo fato de substituir o sub-rogante (Código Civil de 2002, art. 351).[53] Como o princípio não é de ordem pública, tem validade a declaração do *solvens*, renunciando o direito de receber preferencialmente sobre os bens do devedor.

A sub-rogação não pode constituir uma fonte de lucros ou de vantagens. Por não se dar de *lucro capiendo*, os direitos do sub-rogatário encontram limite na soma que tiver despendido para desobrigar o devedor, e têm ação contra este os seus fiadores na medida do que tiver efetivamente pago.[54] Assim vem disposto no Código Civil de 2002, art. 350.[55] Logo, ao contrário da sub-rogação convencional, que se

---

49 Planiol, Ripert e Boulanger, II, n° 1.764.
50 Código Comercial de 1850, art. 728.
51 M. I. Carvalho de Mendonça, I, n° 319; Clóvis Beviláqua, loc. cit.
52 Clóvis Beviláqua, loc. cit.
53 Direito Anterior: art. 990 do Código Civil de 1916. Projetos: art. 229 do Projeto de Código de Obrigações de 1965; art. 349 do Projeto de Código Civil de 1975.
54 Mazeaud *et* Mazeaud, *Leçons*, II, n° 859.
55 Direito Anterior: art. 989 do Código Civil de 1916. Projetos: art. 228, parágrafo único, do Projeto de Código de Obrigações de 1965; art. 348 do Projeto de Código Civil de 1975.

equipara à cessão de crédito, a que opera por força de lei difere dela, por transferir ao novo credor a dívida tal qual é. O credor sub-rogado não pode auferir vantagem. Fica o seu direito limitado à quantia que desembolsou para a solução do débito, com os seus acessórios, beneficiando-se, também, dos juros após a sub-rogação. Parte da doutrina defende a aplicação da regra do art. 350 do Código Civil de 2002, também aos casos de sub-rogação convencional, em consonância com os princípios da boa-fé objetiva, da vedação ao enriquecimento sem causa e ao dever de proporcionalidade.[56]

Diz-se *convencional* a sub-rogação que se origina da declaração da vontade, seja do devedor, seja do credor, isto é, o pagamento é acompanhado da declaração no propósito de operar a transferência. A lei prevê dois casos de sub-rogação convencional (Código Civil de 2002, arts. 347 e 348):[57]

a) O primeiro, quando o credor, recebendo pagamento de terceiro, lhe transfere todos os seus direitos. Existe, nesta hipótese, uma verdadeira cessão de crédito, aproximando-se nitidamente os dois institutos. Para se distinguir de qual deles se trata, mandam os autores que se atente em primeiro lugar para a intenção das partes a ver o que deliberaram fazer, se foi uma cessão ou pagamento com sub-rogação; falhando este recurso, as circunstâncias de cada caso devem ser invocadas; e, por último, se dúvida ainda restar, cabe pronunciar-se pela cessão de crédito, que é o que mais comumente ocorre, pretendendo o terceiro, na maioria das vezes, realizar um negócio em vez de uma liberalidade.[58] São requisitos desta sub-rogação a concorrência, simultânea, do pagamento e da transferência da qualidade creditória. Mas é bem de ver que, sendo *convencional*, tem de figurar *expressa* a sub-rogação do *solvens* na situação do credor, muito embora não seja mister atender a requisito de forma.[59] Se o terceiro pagar ao credor, sem receber a transferência do crédito e mais tarde esta vier a ser feita, é inoperante. Não vale a sub-rogação porque, pelo pagamento recebido do terceiro, sem menção de se fazer substituir o *accipiens* pelo *solvens*, extinta fica a obrigação, e, portanto, a transferência de direitos e ações que venha ulteriormente, é frustra, porque partida de quem não mais os tem.[60]

b) A segunda hipótese de sub-rogação convencional é a do terceiro que empresta ao devedor a quantia precisa para solver a dívida, sob a condição de ficar investido nos direitos do credor satisfeito. Aqui o consentimento é do devedor. Não é ouvido o credor,[61] e nem tem qualidade para opor-se, pois que seu direito é receber o que lhe é devido, sem lhe importar de que maneira o obteve o devedor. Também neste caso são extremos da sub-rogação a simultaneidade do mútuo e a declaração expressa de se investir o mutuante na qualidade creditória. Mas, se a intenção da lei é favorecer o terceiro que mune o devedor dos meios de solver a obrigação, não deve também

---

56 Judith Martins-Costa, ob. cit., pág. 464.
57 Direito Anterior: arts. 986 e 987 do Código Civil de 1916. Projetos: art. 227 do Projeto de Código de Obrigações de 1965; arts. 345 e 346 do Projeto de Código Civil de 1975.
58 Alfredo Colmo, nº 668.
59 De Page, nº 523.
60 Clóvis Beviláqua, loc. cit.
61 Clóvis Beviláqua, loc. cit.

estimular a fraude contra credores. Daí a necessidade de que o empréstimo se destine efetivamente à quitação da dívida, e que seja expressamente declarada a sub-rogação dos direitos do credor no mutuante,[62] a que o direito francês acrescenta rigorosas condições formais.[63] No direito brasileiro não há exigência relativa à forma, porém é de se estabelecer cuidadosa apuração da simultaneidade, a fim de que uma declaração ulterior não vá simular a sub-rogação. Por seu lado, a declaração há de ser expressa, pois é claro que, não concorrendo os requisitos, não existirá sub-rogação, porém dois atos diferentes, um extintivo da obrigação primitiva e outro gerador de obrigação nova. É importante distinguir, porque, se houver a condição expressa da sub-rogação, o novo credor substitui o primitivo, com preferência oponível a outros credores já existentes, mesmo anteriores a ela; se não houver, o novo credor é tratado como qualquer outro, sem as vantagens da sub-rogação, ainda que se prove que a quantia mutuada se destinou à adoção do débito anterior.

Qualquer que seja a sub-rogação – *legal* ou *convencional* – adquire o sub-rogado o próprio crédito do sub-rogante, tal qual é.[64] Opera, assim, a substituição do credor pelo sub-rogatório, que recebe o crédito com todos os seus acessórios, mas seguido também dos seus inconvenientes, e das suas falhas e defeitos. Suporta o sub-rogado, evidentemente, todas as exceções que o sub-rogante teria de enfrentar.[65] Não tem direito a outros *juros*, senão os que vencia a dívida solvida, e está sujeito à mesma prescrição do crédito primitivo.[66]

Por outro lado, o sub-rogado não tem ação contra o sub-rogante, para reembolsar-se no caso de ser o devedor insolvente, pois que se não dá uma garantia do credor ao *solvens* (salvo se convencionada, é claro). Porém, se a dívida solvida não existir, cabe ao sub-rogado ação de repetição contra o *accipiens*, não fundado em princípios de garantia, mas nas regras da *repetitio indebiti*, deduzidas no nº 169, *infra*.[67]

160. IMPUTAÇÃO DO PAGAMENTO

As legislações cuidam de disciplinar a situação do devedor que é obrigado a mais de uma prestação ao mesmo credor, e oferece pagamento que não alcança a solução de todas. Não seguem, porém, orientação uniforme. Ao contrário, notam-se três tendências bastante nítidas, que podem ser observadas com precisão, atentando-se: *a)* para o Código Federal suíço das Obrigações de um lado, como expressão da corrente que prefere assegurar a situação do credor; *b)* para o Código Civil argentino de outro lado, que se define pelo devedor; *c)* o Código Civil brasileiro de 2002, ao

---

62 M. I. Carvalho de Mendonça, I, nº 322.
63 Planiol, Ripert e Boulanger, II, nº 1.755.
64 Mazeaud *et* Mazeaud, II, nº 858.
65 Barassi, *Obbligazioni*, I, nº 94; Trabucchi, nº 251.
66 De Page, nº 551.
67 Planiol, Ripert e Boulanger, II, nºs 1.777 e 1.778.

mesmo passo que procura adaptar-se mais seguramente aos princípios herdados de Direito romano, adota uma linha média, que nem é francamente do lado do devedor nem procura reforçar a posição do credor.[68]

Imputação do pagamento é a faculdade de escolher, dentre várias prestações de coisa fungível, devidas ao mesmo credor, pelo mesmo devedor, qual dos débitos satisfazer.[69]

É reconhecida primeiramente ao devedor, com as restrições que a lei consagra; se o devedor não usa do direito de indicar a dívida imputável transfere-se ao credor; e se nem um nem outro o faz, a lei menciona o critério a ser obedecido.[70] Vejamos, pois, como se desenvolvem estes conceitos.

a) Quando a pessoa é obrigada, simultaneamente, por mais de um débito da mesma natureza, a um só credor, tem o direito de indicar a qual deles oferece pagamento – *imputação do devedor* (Código Civil de 2002, art. 352).[71] Tal faculdade é extensiva ao terceiro que paga, nos casos em que tenha o direito (v. n° 153, *supra*) de fazê-lo.[72] O princípio, entretanto, não pode ser entendido de maneira rígida e absoluta, pois que ao credor é reservado recusar a imputação do pagamento na dívida ilíquida ou não vencida. Por isso, é preciso que se apontem os requisitos extremos deste fenômeno jurídico,[73] segundo as exigências da lei: 1°) a existência de diversos débitos: sem esta pluralidade não há hipótese de imputar-se pagamento em um deles. Não obstante a lógica da observação, há quem admita pagamento imputável em unidade de débito.[74] O nosso Carvalho de Mendonça qualifica de heterodoxa tal concepção, que não passa da admissibilidade do pagamento parcial;[75] 2°) identidade dos sujeitos, pois se não forem os mesmos o devedor e o credor não se configura, materialmente, a imputação; 3°) os débitos devem ser da mesma natureza, igualmente líquidos e vencidos; 4°) a prestação oferecida deve bastar à extinção de qualquer das dívidas, pois é de princípio que o credor não pode ser compelido a receber pagamento parcial.

Reconhecida, então, a imputação de pagamento ao devedor, não se pode deixar de conceder ao credor certas faculdades. Assim, se o débito for de capital e juros, imputar-se-á o pagamento, primeiramente, nos juros vencidos, e depois no capital, a não ser que haja estipulação em contrário, a qual será respeitada, como expressão soberana da vontade das partes. Mas se o credor passa a quitação por conta do capital, prevalece, porque a imputação nos juros ser-lhe-ia mais favorável, e, se quitou

---

68 Clóvis Beviláqua, *Obrigações*, § 40.
69 Clóvis Beviláqua, *Obrigações*, § 40.
70 Trabucchi, *Istituzioni*, n° 233.
71 Direito Anterior: art. 991 do Código Civil de 1916. Projetos: art. 230 do Projeto de Código de Obrigações de 1965; art. 350 do Projeto de Código Civil de 1975.
72 M. I. Carvalho de Mendonça, n° 328.
73 Cf., a respeito, Serpa Lopes, *Curso*, II, n° 193; Alfredo Colmo, *Obligaciones*, n° 676; Lafaille, *Obligaciones*, I, n° 381.
74 Hudelot e Metmann, *Obligations*, n° 535, sobre o art. 100 do Código Federal Suíço das Obrigações; Giorgi, *Obbligazioni*, VII, n° 136.
75 M. I. Carvalho de Mendonça, n° 326.

o capital no todo ou em parte, não pode recuar, para onerar o devedor (Código Civil de 2002, art. 354).[76]

A dívida a *termo* suporta imputação antes do vencimento do prazo, quando este é a benefício do devedor, pois que não se lhe pode recusar a renúncia a um benefício instituído a seu favor; mas não se dá na hipótese reversa, de ser o termo a favor do credor, uma vez que não teria, então, o devedor a faculdade de renunciar ao que não lhe é concedido. As dívidas *condicionais* são inimputáveis antes do implemento da condição.[77]

b) Efetuando o pagamento sem se valer do direito de opção por qual das dívidas oferece a prestação, sendo todas elas líquidas e vencidas, transfere o devedor ao credor a faculdade de escolha (*imputação do credor*), e, pois, não tem direito de reclamar contra a que ele realizar (Código Civil de 2002, art. 353).[78]

Uma vez feita a escolha, seja pelo devedor, seja pelo credor, e passado o recibo, não pode mais o devedor arrepender-se da indagação, ou da omissão própria, para reclamar contra a imputação feita, ainda que a ele danosa. Se deixou de exercer um direito seu, a si mesmo se acuse, e suporte as consequências. Cumpre-lhe aceitá-la, salvo provando que o credor se conduziu maliciosamente, ou cometeu violência, ou procedeu com dolo.

c) Omitindo o devedor a indagação da dívida a que oferece pagamento, e deixando o credor de mencionar no recibo a imputação, esta far-se-á *ex vi legis*, já que não há qualquer declaração dos interessados a respeito. É o que se denomina *imputação legal*, instituída para suprir a vontade das partes e que, por conseguinte, tem cabimento somente na falta de convenção ou ajuste, os quais sempre terão prevalência sobre a disposição supletiva (Código Civil de 2002, art. 355).[79-80]

Neste caso, se houver dívidas líquidas e vencidas, e outras que não o sejam, a imputação será feita em primeiro lugar naquelas, e, somente depois de extintas, nas outras. Se todas, porém, forem líquidas e vencidas ao mesmo tempo, far-se-á nas mais onerosas. Havendo, então, débitos que vençam juros, e outros não, ou sujeitos uns a juros mais elevados do que outros, imputa-se pagamento nos primeiros e depois nos demais. A dívida reforçada com cláusula penal é prioritariamente imputável em relação às que a não têm, e assim por diante, de sorte que sejam relegadas para momento ulterior as menos onerosas.[81] E, finalmente, sendo todas idênticas, isto é, da mesma natureza, igualmente onerosas, e com vencimento simultâneo, já que no nosso direito não ocorre, como no

---

76 Direito Anterior: art. 993 do Código Civil de 1916. Projetos: art. 233 do Projeto de Código de Obrigações de 1965; art. 352 do Projeto de Código Civil de 1975.
77 M. I. Carvalho de Mendonça, nº 328.
78 Direito Anterior: art. 992 do Código Civil de 1916. Projetos: art. 233 do Projeto de Código de Obrigações de 1965; art. 351 do Projeto de Código Civil de 1975.
79 Direito Anterior: art. 994 do Código Civil de 1916. Projetos: art. 234 do Projeto de Código de Obrigações de 1965; art. 353 do Projeto de Código Civil de 1975.
80 M. I. Carvalho de Mendonça, nº 331.
81 Hudelot e Metmann, *Obligations*, nº 537.

francês,[82] a prioridade consequente à maior ancianidade, imputar-se-á por igual em todas elas,[83] solução que o Código Comercial de 1850 consagrava (art. 433) e que o Direito romano em mais de uma passagem apontava.[84] Na elaboração do Anteprojeto de Código de Obrigações de 1965, fixamos estes princípios que sempre nos pareceram razoáveis.

Exposta a disciplina da imputação do pagamento, resta-nos uma palavra sobre a sua caracterização jurídica. Os autores discutem se é ato unilateral ou bilateral, entendendo uns que resulta da declaração da vontade de um, e outros que de ambos os interessados. Parece-nos que não se submete a solução a uma regra uniforme. Se a natureza convencional, defendida por Planiol e Ripert (*Traité Pratique*), é admissível nos casos em que o devedor *aponta* o débito imputável e o credor *aceita* a indicação, pois aí ressalta a estrutura bilateral do negócio, não se pode, contudo, falar de ato convencional quando o devedor *indica* e o credor, escudado na lei, *recusa*, e falta o *consensus* essencial a tal conceituação. A seu turno, a imputação legal não pode ser classificada senão com esta mesma designação (*legal*), já que não se origina da manifestação volitiva das partes, porém da vontade da lei.

161. Dação em pagamento

Em princípio, o devedor liberta-se mediante o cumprimento da prestação a que se obrigou. É a entrega da coisa devida que extingue a obrigação, e não de outra diversa, ainda que mais valiosa. Assim era no Direito romano, muito mais rigoroso e mais severo que o moderno. Ali, porém, nasceu a *datio in solutum*.[85] Sua evolução não foi, porém, tranquila, e foi lenta. Admitiu-se, em amenização do princípio, que o consentimento do credor autorizava o devedor a solver o obrigado mediante a entrega de coisa diversa. Mas somente se o credor o quisesse, de vez que sem o seu assentimento não podia o devedor operar a entrega de coisa diferente, com efeito liberatório: *aliud pro alio invito creditori solvi non potest*. Quando a civilização jurídica admitiu que o devedor podia, mediante a entrega de uma coisa por outra – *aliud pro alio* – solver a obrigação, surgiu a questão de saber se se devia considerar a dação em pagamento uma forma de solução direta, e extintiva da obrigação, ou se operava a liberação do devedor pela instituição de uma *exceptio doli* em seu favor.[86] Na luta entre as duas escolas, a dos proculeianos e a dos sabinianos, prevaleceu a opinião destes, como se lê nas *Institutas* (Livro III, tít. 29, pr.): "*Tollitur omnis obligatio solutione eius quod debetur, vel si quis, consentiente creditore, aliud pro alio solverit.*"

O nosso Direito consagra a *datio pro soluto* com este caráter, admitindo que o credor consinta em receber outra prestação em substituição da *res debita* (Código

---

82 Planiol, Ripert e Boulanger, II, nº 1.590.
83 Lacerda de Almeida, *Obrigações*, nº 76.
84 *Digesto*, Livro 46, tít. III, fr. I, 5 e 103.
85 Justiniano, *Novela* IV, cap. III.
86 Clóvis Beviláqua, *Obrigações*, § 41.

Civil de 2002, art. 356),[87] o que bem a define como a entrega de uma coisa por outra, e não a substituição de uma obrigação por outra, e pressupõe a imediata transferência de domínio de bem que é seu objeto.[88] Constitui assim um negócio translativo oneroso.[89] E como, pelo nosso Direito, a aquisição da propriedade se não dá, na falta de inscrição do título se a coisa for imóvel ou a tradição dela se for imóvel, segue-se que, para produzir seus regulares efeitos, a *datio in solutum* completa-se com uma ou com outra.

Consequência do caráter translatício, associado à substituição convencional da *res debita*, a dação em pagamento pressupõe e exige dupla capacidade. Da parte do *solvens* é preciso que tenha *ius disponendi* da coisa, pois que, se não puder efetuar a transferência da sua propriedade ao *accipiens*, dação não haverá; e da parte do credor, como implica a sub-rogação da coisa devida na coisa entregue, com efeito liberatório, o *accipiens* tem de ser apto a dar o necessário consentimento. No caso de ser qualquer das partes representada por procurador, deve este ter poderes bastantes, seja para reconhecer o débito e alienar, seja para aceder em receber *aliud pro alio*.[90]

Dentro da melhor doutrina, deve-se conceituar a dação em pagamento como acordo liberatório (M. I. Carvalho de Mendonça), em que sobre o consentimento predomina a ideia da extinção da obrigação, como já salientava Gaio: *"Qui solvendi animo dat magis distrahere vult negotium quam contrahere."*[91]

Todos os autores consideram a dação em pagamento figura jurídica autônoma. Para que se verifique, é mister que o devedor faça uma prestação diversa da *res debita*, extinguindo a dívida. A obrigação de dar uma coisa por outra não constitui *datio in solutum*, porém novação subjetiva. Distingue-se, também, a dação em pagamento da *datio pro solvendo*. Aquela extingue a obrigação. Esta consiste na entrega de um título, de cuja liquidação fica dependendo a quitação da dívida.

Sendo um acordo extintivo ou liberatório, tem de avençar-se depois de constituída a obrigação, embora nada impeça que se conclua após o seu vencimento.[92] E tanto pode consistir na entrega de uma coisa em lugar de dinheiro – *rem pro pecunia* – como ainda de uma coisa por outra – *rem pro re* – ou de uma coisa pela prestação de um fato *rem pro facto* etc. Essencial é a substituição do objeto da obrigação por outro diverso – *aliud pro alio*.[93] A redação do art. 356, do Código Civil de 2002 – diferenciada se comparada com aquela do art. 995, do Código Civil de 1916 – é de-

---

87 Direito Anterior: art. 995 do Código Civil de 1916. Projetos: art. 235 do Projeto de Código de Obrigações de 1965; art. 354 do Projeto de Código Civil de 1975.
88 Mazeaud *et* Mazeaud, *Leçons*, II, n° 890. No mesmo sentido a doutrina prevalente em nosso Anteprojeto, art. 245.
89 Trabucchi, *Istituzioni*, n° 229; Enneccerus, Kipp e Wolff, *Tratado, Obligaciones*, I, § 63.
90 Serpa Lopes, *Curso*, II, n° 200; M. I. Carvalho de Mendonça, *Obrigações*, I, n° 333; Lafaille, *Obligaciones*, I, n° 434; Alfredo Colmo, *Obligaciones*, n° 682.
91 Gaius, *Institutiones*, III, 91.
92 Giorgio Giorgi, *Obbligazioni*, VII, n° 299.
93 M. I. Carvalho de Mendonça, n° 334.

monstrativa de que pode ser objeto da dação em pagamento outra prestação diferente da pecuniária, já que o texto anterior limitava o objeto da dação.

O Código Civil de 1916 enunciava a norma, aludindo especificamente a "coisa que não seja dinheiro". A doutrina, entretanto, salientava que a *datio in solutum* ou *datio pro soluto* não era restrita às obrigações de prestação pecuniária. Por esta razão, ao elaborar o Projeto de Código de Obrigações de 1965, fizemos constar que a dação em pagamento pode abranger toda modalidade de prestação. Assim, o manteve o novo Código. E, em consequência, ficou expresso que a dação em pagamento tem lugar toda vez que o devedor efetua prestação diversa da devida. Cabe a entrega de uma coisa em lugar de dinheiro ou de outra coisa, a prestação de um fato em vez de outro fato ou de uma coisa, e assim em diante.

São *requisitos* da dação em pagamento: *a)* a existência de uma dívida; *b)* o acordo do credor; *c)* a entrega de coisa diversa da devida, com a intenção de extinguir a obrigação. Quando alguém entrega a outrem uma coisa, sem a preexistência de uma obrigação e o *animus* de extingui-la, realiza uma doação, que se caracteriza pelo espírito de liberalidade (*animus donandi*). Por outro lado, se o devedor, cumprindo uma obrigação alternativa, entrega uma das coisas, não efetua uma dação em pagamento, porque a coisa dada já estava *in obligatione* (v. n° 144, *supra*). Mais próxima da *datio pro soluto* é a entrega de uma coisa que esteja *in facultate solutionis*, se a obrigação for facultativa (v. n° 144, *supra*), mas ainda aqui falta elemento caracterizador, porque, embora a coisa entregue não constitua objeto da obrigação, estava previsto que podia sê-lo do pagamento.[94]

Não é necessário que haja coincidência entre o valor da coisa recebida e o montante da dívida. Pode o credor receber um objeto mais valioso do que esta ou um de menor preço, em substituição da prestação devida, e por um ou outro quitar. O que é da essência da dação *pro solutio* é a entrega de coisa que não seja a *res debita*, em pagamento da dívida.

É possível que o credor, recebendo coisa menos valiosa do que a devida, dê ao devedor *quitação parcial*? Embora a lei silencie, nada impede que assim se faça, pois que, se o credor pode consentir em receber por conta da coisa ou quantia devida uma prestação parcial, subsistindo a obrigação pelo remanescente, admissível igualmente será que uma *datio in solutum* alcance apenas uma parte da obrigação, a qual fica assim quitada, e subsista pelo restante, não abrangido pela entrega da coisa.

Também em nada afeta a essência da dação em pagamento que a coisa entregue seja móvel ou imóvel, corpórea ou incorpórea, um bem jurídico qualquer, uma coisa ou um direito, como o usufruto.[95] É mister, contudo, que seja diferente da devida. Assim, se ocorre lançamento em conta corrente bancária, indicada ou aceita pelo credor, não se configura uma *datio in solutum*, porém pagamento normal, porque se lhe proporciona a possibilidade de disposição sobre a soma de dinheiro correspon-

---

94 De Page, *Traité*, n° 506; M. I. Carvalho de Mendonça, n° 335; Lafaille, n° 433; Colmo, n° 681.
95 Enneccerus, Kipp e Wolff, § 65; Lafaille, n° 431.

dente ao crédito feito.[96] Pela mesma razão, a entrega de um cheque pelo devedor ou a expedição de uma ordem de pagamento não constitui uma *datio pro soluto*, porém um *meio de pagamento*.[97] É preciso, também, que a coisa dada em pagamento tenha *existência atual*. Se versar sobre coisa de existência futura, ou se for um compromisso de entregar coisa no futuro, implicará a criação de uma obrigação, sem caráter de pagamento, e terá como efeito ou a realização de uma novação, se a primitiva *obligatio* ficar extinta, ou em uma obrigação paralela, se aquela subsistir até a execução da nova.[98] Se for título de crédito a coisa dada em pagamento, a transferência importará em cessão (Código Civil de 2002, art. 358),[99] porque ao título de crédito corresponde uma relação jurídica, valendo pelo que exprime e para quem o recebe *pro soluto* é útil na medida da qualidade creditória transferida. Por isso é que quando o credor recebe do devedor um título de crédito se torna cessionário deste, e, nesta qualidade, exercitará o direito transferido. Mas se o devedor entregar em vez de um título de crédito constituído a seu favor um outro que traduza novo débito ao credor, em substituição à obrigação anterior, não há dação em pagamento, porém um meio de pagamento,[100] ou uma novação, ou uma *datio pro solvendo*, conforme o caso.

Embora o Código se limite a proclamar a equiparação, a consequência é que as normas da cessão devem ser trazidas para regular as relações entre as partes, bem como no que toca ao devedor da obrigação cedida. O que tem em vista o artigo é o título emitido por terceiro. Se for passado pelo mesmo devedor, não é *datio in solutum*. Como não é, também, a entrega, ao credor de um valor fiduciário correspondente à dívida.

Determinado que seja o valor da coisa, equipara-se a dação em pagamento à compra e venda, razão por que as relações entre as partes se regulam pelas normas deste contrato (Código Civil de 2002, art. 357).[101] Esta equiparação frequentemente ocorre quando a coisa dada em pagamento é imóvel, cujo valor é estipulado pelas partes no ato. Convém, todavia, não identificar a *datio in solutum* com a compra e venda, como faziam os romanos (Ulpiano: "*dare in solutum est vendere*"). Há equiparação; não identidade. Deve-se distingui-la, ainda, da *novação*, ou de outros atos negociais, pois que a dação em pagamento é um negócio jurídico típico, que se caracteriza como peculiar modalidade de solução, provida de efeito liberatório do devedor.[102]

---

96 Larenz, § 27, pág. 419.
97 De Page, n° 506; Planiol, Ripert e Boulanger, n° 2.018.
98 Mazeaud *et* Mazeaud, n° 890.
99 Direito Anterior: art. 997 do Código Civil de 1916. Projetos: art. 237 do Projeto de Código de Obrigações de 1965; art. 356 do Projeto de Código Civil de 1975.
100 Larenz, § 27.
101 Direito Anterior: art. 996 do Código Civil de 1916. Projetos: art. 236 do Projeto de Código de Obrigações de 1965; art. 355 do Projeto de Código Civil de 1975.
102 Mazeaud *et* Mazeaud, n° 891; De Page, n° 509; Planiol, Ripert *et* Boulanger, n° 2.019; Serpa Lopes, n° 201

A evicção da coisa dada em pagamento suscitava no Direito romano uma diversidade de soluções que vieram repercutir no moderno. Dizia-se, de um lado, que a consequência seria a repristinação da primitiva *obligatio*, quer fosse parcial, quer fosse total a evicção: "*Si quis aliam rem pro alio volenti solverit et evicta fuerit (res), manet pristina obligatio.*"[103] Mas de outro lado sustentava-se que a antiga obrigação, extinta pela *datio*, não se restabelecia, compelindo ao credor evicto uma ação *ex empto*, pela qual era indenizado do dano sofrido.[104]

O Código Civil de 2002, no art. 359,[105] pronunciou-se pela primeira das soluções, enquanto outros sistemas (*exempli gratia*, Código italiano, art. 1.197; uruguaio, art. 1.493; argentino, art. 783; BGB, art. 365) se inclinam pela segunda.[106] Para nós, por conseguinte, a evicção da coisa recebida em pagamento torna ineficaz a quitação dada, e faz com que se restabeleça com todas as garantias a obrigação primitiva.[107] E, como a lei não distingue entre a evicção total e a parcial, em um e outro caso ocorre esta solução, o que aliás é lógico, de vez que a quitação dada pelo credor teve em vista a entrega que o devedor lhe fez, de uma íntegra. Vindo a perder uma parte dela, não pode o credor ser compelido a aceitar a parte não evicta como solução parcial. Sendo este o efeito da evicção, nem cabe indagar se voltam a ficar obrigados os fiadores, ou se vigoram ainda as garantias. E não há mister de maiores esclarecimentos, porque se ocorreu a extinção da obrigação pela dação em pagamento, com a liberação aos fiadores e o desaparecimento das garantias, restabelecendo-se a obrigação como corolário da evicção, total ou parcial, da coisa entregue, revive aquela, tal como se não tivesse havido a dação, já que a quitação dada ficou sem efeito, mas não ressurgem as garantias reais ou fidejussórias de modo a tutelar os interesses dos terceiros (art. 359, do Código Civil de 2002). No Anteprojeto de Código de Obrigações, assentamos que os fiadores e coobrigados, que se livraram pela dação em pagamento, não se voltam a vincular com a evicção da coisa, a não ser que se tenha ajustado em contrário (art. 248). A Comissão, todavia, eliminou no Projeto (art. 238) a referência às garantias, restringindo o preceito à restauração da obrigação primitiva. O Código Civil de 2002 conserva o efeito repristinatório da evicção da coisa dada em pagamento. A evicção da coisa recebida pelo credor anula a quitação dada, restabelecendo a obrigação. A perda da coisa por sentença opera como se nenhuma quitação fosse dada. O Superior Tribunal de Justiça, ao apreciar o tema, considerou que "o prazo prescricional para o ressarcimento por evicção é de três anos" (julgamento no Recurso Especial n. 1.577.229-MG).

Ao fazer a ressalva quanto aos direitos de terceiros, o Código deixou de esclarecer a sua extensão. Se a obrigação for garantida por hipoteca ou penhor, e o devedor

---

103 *Digesto*, Livro 46, tít. III, fr. 46, pr.
104 *Digesto*, Livro 13, tít. VII, fr. 24, pr.
105 Direito Anterior: art. 998 do Código Civil de 1916. Projetos: art. 238 do Projeto de Código de Obrigações de 1965; art. 357 do Projeto de Código Civil de 1975.
106 Ruggiero e Maroi, § 130; Enneccerus, Kipp e Wolff, § 65; Lafaille, nº 436.
107 M. I. Carvalho de Mendonça, nº 339.

tiver alienado o bem dado em garantia, antes da ação intentada por terceiro, não há dúvida de que descabe o restabelecimento da garantia real. Mas a indagação se as garantias fidejussórias se restauram é que ficou sem resposta no Código. Parece-nos que não. Com a quitação dada pelo credor, mediante o recebimento de prestação diversa da devida, a obrigação se extingue, e com ela a garantia prestada por terceiros. Evicta a coisa, a obrigação primitiva se restabelece. Mas o direito de terceiro à liberação fica ressalvado, e não pode ele ser de novo trazido à condição de garante, sem manifestação expressa de vontade. O devedor tem a obrigação de satisfazer os interesses do credor; o terceiro, entretanto, só mediante nova declaração de vontade.

É preciso, finalmente, distinguir a *datio in solutum* da *datio pro solvendo*, que se verifica quando o devedor assume junto ao credor uma nova obrigação (emissão de um título cambial, por exemplo, em lugar de pagamento), ficando ajustado (ou presumido do conjunto de circunstâncias) que a antiga dívida somente ficará extinta em virtude do pagamento da nova. Aqui, a distinção relativamente à *datio in solutum* é precisa: em vez de sub-rogação de uma na outra, subsistem duas obrigações, e, quando o devedor satisfizer a segunda (que é a que lhe cumpre solver preferentemente), ficam extintas as duas[108] (v. nº 154, *supra*). Na *datio pro solvendo*, o devedor efetua prestação diversa daquele devida para permitir ao credor a obtenção mais fácil do seu crédito, sendo somente extinta a obrigação quando for satisfeito o crédito. Representa-se tal situação no exemplo do pianista – ao mesmo tempo, devedor de prestação pecuniária – que convenciona com seu credor, dono de uma sala de concerto, a realização de uma apresentação que permitirá a cobrança de ingressos ao público em geral. Neste caso, o dinheiro arrecadado servirá para o pagamento da dívida e, se houver diferença, subsistirá o débito no remanescente.[109]

---

108 Enneccerus, Kipp e Wolff, § 65; Larenz, loc. cit.
109 Judith Martins-Costa, ob. cit., pág. 489.

Capítulo XXXII
Extinção das Obrigações sem Pagamento

Sumário

162. Novação. **163.** Compensação. **164.** Transação. **165.** Confusão. **166.** Compromisso. **167.** Remissão.

Bibliografia

Alfredo Colmo, *De las Obligaciones en General*, n°s 733 e segs.; Von Tuhr, *Obligaciones*, I, n°s 73 e segs.; Clóvis Beviláqua, *Obrigações*, §§ 42 e segs.; Ruggiero e Maroi, *Istituzioni di Diritto Privato*, § 136; Mazeaud et Mazeaud, *Leçons*, II, n° 1.208; Karl Larenz, *Derecho de Obligaciones*, I, pág. 345; Hector Lafaille, *Tratado, Obligaciones*, I, n° 444; Enneccerus, Kipp y Wolff, *Tratado, Obligaciones*, I, § 75; Alberto Trabucchi, *Istituzioni di Diritto Civile*, n° 243; M. I. Carvalho de Mendonça, *Doutrina e Prática das Obrigações,* ed. atualizada por José de Aguiar Dias, I, n°s 340 e segs.; Serpa Lopes, *Curso,* II, n° 206; Saleilles, *Obligations*, n° 47; Lacerda de Almeida, *Obrigações*, n° 85; Planiol, Ripert *et* Boulanger, *Traité Élémentaire*, II, n° 1.789; De Page, *Traité Élémentaire,* III, 2ª parte, n° 565; Molitor, *Obligations*, II, n°s 989 e segs.; Soriano Neto, *Compensação*; Soriano Neto, *Novação;* Salvat, *Obligaciones,* n°s 2.838 e segs.; Gustavo Tepedino, *Obrigações*, págs. 429 e segs.; Arnoldo Wald, *Obrigações e contratos*, págs. 116 e segs.; Judith Martins-Costa, *Comentários ao Novo Código Civil*, vol. V, t. I; Antunes Varela, *Das obrigações em geral*, vol. II; Orlando Gomes, *Obrigações*, 16ª ed., págs. 160 e segs.; Sílvio Rodrigues, *Direito Civil*, vol. 2, págs. 209 e segs.; Álvaro Villaça Azevedo, *Teoria Geral das Obrigações*.

162. NOVAÇÃO

Neste Capítulo tratamos daquelas modalidades de extinção da obrigação sem que se realize pagamento, quer direta quer indiretamente. São várias, cada uma submetida à sua própria disciplina, e todas sujeitas a uma dogmática peculiar. Há, assim, outros modos de extinção das obrigações, que não se encaixam na noção de pagamento que podem ser classificadas em causas extintivas satisfatórias – com a obtenção de um resultado útil para o credor, mesmo que substitutivo ou equivalente àquele que se obteria com o adimplemento – e causas extintivas não satisfatórias – em que não há um resultado útil ao credor.[1]

A primeira é a *novação*, que pode ser conceituada como a constituição de uma obrigação nova, em substituição de outra que fica extinta. Antunes Varela conceitua a novação como a convenção pela qual as partes extinguem uma obrigação mediante a criação de uma nova obrigação em lugar daquela.[2] Já o Direito romano a definiu: "*Novatio est prioris debiti in aliam obligationem vel civilem vel naturalem transfusio atque translatio: hoc est cum ex praecedenti causa ita nova constituatur, ut prior perimatur. Novatio enim a novo nomen accepit et a nova obligatione.*"[3] Suas condições formais e seu mecanismo eram muito vivos e complexos. Por muitos séculos a novação realizou a ligação entre o personalismo primitivo do vínculo obrigacional e a negociabilidade de seu conteúdo.[4] E precisamente porque se desenvolveu no Direito moderno o princípio da transmissibilidade, em contrário à rígida concepção romana, que se opunha à mutação de seus elementos,[5] atenuou-se o prestígio da novação. Não quer dizer que o Direito moderno a tenha abandonado. Deu-lhe menor importância, é certo, o que não impediu que os mais recentes monumentos legislativos a tenham conservado, como o Projeto Franco-Italiano de Obrigações e Contratos, art. 199; o Anteprojeto Brasileiro de Código de Obrigações, de 1941, art. 304; o Código Civil Italiano de 1942, art. 1.230; o Anteprojeto de Código de Obrigações de 1963, art. 249; o Projeto de Código Civil de 1975, art. 358; e o Código Civil de 2002, art. 360. Desapareceram, evidentemente, no Direito moderno as peculiaridades do romano, estruturando-se o instituto em termos mais singelos e mais práticos. Em linha de princípio, com a novação o devedor exonera-se sem cumprir a obrigação, e é por isso que se diz que a novação realiza a sua extinção sem pagamento, enquanto o credor adquire um novo crédito, em substituição ao antigo.

No desenvolvimento deste instituto, partimos da sua caracterização jurídica, e dos seus extremos, para atingirmos afinal as suas espécies e os seus efeitos.

---

1 Ana Luíza Maia Nevares, "Extinção das obrigações sem pagamento: novação, compensação, confusão e remissão", *in*: Gustavo Tepedino (coord.), *Obrigações*, pág. 429.
2 João de Matos Antunes Varela, *Das Obrigações em Geral*, vol. II, pág. 230.
3 *Digesto*, Livro 46, tít. II, fr. I, pr.
4 Lafaille, *Obligaciones*, I, nº 446; Enneccerus, Kipp e Wolff, *Obligaciones*, § 75.
5 Saleilles, *Obligations*, nº 75.

Comecemos por estabelecer que a novação importa em uma obrigação que, ao nascer, extingue outra preexistente, vale dizer: não há, aqui, mera alteração ou modificação dos seus elementos secundários. É mister a sua profundidade, e o seu impacto sobre os essenciais, a ponto de operar a extinção dela e terminação do vínculo existente.[6] Se se encarar exclusivamente a obrigação primitiva, tem-se de admitir que ela desaparece, tal como ocorreria se houvesse pagamento. É por isso que a novação é colocada entre as causas extintivas da obrigação. No seu mecanismo, difere do pagamento. Enquanto este é a execução ou o cumprimento, e se realiza pela prestação do obrigado, satisfazendo-se o credor e libertando o devedor, a novação, que se apresenta como extinção sem pagamento, opera na verdade o desaparecimento do vínculo preexistente, mas, como não se efetua a prestação devida, outro vínculo obrigatório nasce em substituição ao primeiro, e, por esta razão, pode o mesmo credor continuar credor ou o mesmo devedor continuar devedor. Mas não da primitiva, porém de nova obrigação, criada com a *novatio*. Será então certo dizer que ela é simultaneamente causa extintiva e causa geradora de obrigações. Como bem registra Orlando Gomes, a novação se realiza em consequência de ato de vontade dos interessados, e não em virtude de lei.[7]

Na configuração da *novatio* devem concorrer os seguintes requisitos:[8]

a) O *consentimento*. Operando pela constituição ou criação de uma *obligatio* nova, pressupõe a capacidade do agente e a emissão de vontade, para que se corporifique no mundo jurídico o negócio, com força de novar. Este requisito ora suscita a invocação dos princípios atinentes à capacidade genérica para todo negócio jurídico, ora aqueles outros referentes às restrições impostas às partes relativamente a certos atos ou contratos. E se ao agente, embora capaz para os atos da vida civil *in genere*, falta aptidão para realizar um dado ato negocial, não tem ele o condão de novar. De regra, ensina Carvalho de Mendonça, pode fazer novação todo aquele que tem aptidão para validamente pagar e receber: *cui recte solvitur, is etiam novare potest*.[9]

b) A existência da *antiga obrigação*. Se não houver uma relação obrigacional, dotada dos requisitos de validade, que possa ser extinta, e substituída por outra diversa, não há novação.

Discute-se a hipótese de não ser a obrigação primitiva *civil*, mas simplesmente *natural*, e questionar-se da possibilidade de uma *novatio*. No Direito Romano, segundo a definição acima transcrita, de Ulpiano, era possível. E no moderno nada impede que assim também seja,[10] isto é, que a uma obrigação insuscetível de ação se substitua, por novação, uma outra integrada de todos os seus elementos. Não se pode, com efeito, alinhar em paralelo a obrigação natural e a inválida. Esta não se

---

6   M. I. Carvalho de Mendonça, *Obrigações*, I, nº 344.
7   Orlando Gomes, *Obrigações*, pág. 162.
8   Mazeaud *et* Mazeaud, *Leçons*, II, nº 1.210; Clóvis Beviláqua, *Obrigações*, § 42; Lafaille, nº 448; Ruggiero e Maroi, *Istituzioni*, § 136.
9   M. I. Carvalho de Mendonça, nº 345; *Digesto*, Livro 46, tít. II, fr. 10.
10 Alfredo Colmo, *Obligaciones*, nº 741.

chega a constituir validamente, por faltar um dos seus requisitos subjetivos, objetivos ou eventualmente formais. Ao revés, a *obligatio naturalis* é o que resulta de um vínculo menos intenso, ostentando os visos de uma obrigação, porém desvestida de sanção ou desprovida de ação (v. nº 129, *supra*). E, se se pode reconhecer na obrigação natural o efeito de autorizar a retenção do pagamento, não se lhe pode negar o de permitir ou causar a novação, que seria o meio de inseminar-lhe ação e sub-rogá-la em uma obrigação civil. Abolida, como foi, no nosso Anteprojeto, a figura da *obrigação natural*, acrescentamos, contudo, ser lícito novar obrigação judicialmente inexigível, dotando o sujeito ativo da ação respectiva.

Mas não comporta discussão o requisito da *eficácia*: se é possível que uma *obrigação anulável* se confirme por novação (Código Civil de 2002, art. 367),[11] o que nada tem de estranho, por ser da própria natureza da anulabilidade a sua confirmação ou ratificação, é contudo impossível que uma *obrigação nula* ou *perempta* se nove.[12]

A obrigação anulável pode ser confirmada pelo devedor, como ocorre com qualquer ato negocial portado de defeito sanável. Celebrada novação de obrigação anulável, induz-se a presunção confirmatória, e tem validade, sujeitando-se o devedor ao novo vínculo criado. Não é necessário que as partes declarem o propósito confirmatório. Este decorre da própria *novatio*.

É que a *novatio* não tem cabida senão quando se extingue uma obrigação e se cria outra ao mesmo tempo, fundada na primeira ou causada por ela, e isto não poderá acontecer se a primitiva era nula ou estava perempta, pois que não haveria o que extinguir, e nem tem fundamento ou não tem causa se criada em substituição à que estava eivada de ineficácia plena. Não se pode novar o vácuo. Não há novação, por conseguinte, quando a primitiva é nula ou perempta, nem tem o menor préstimo para o efeito de validá-la; se era nula, não se concretizou no mundo jurídico, e se estava extinta, a novação não tem razão nenhuma.[13] A jurisprudência brasileira tem considerado, no âmbito dos contratos bancários, que a novação não convalida cláusulas nulas que se aplicavam à obrigação primitiva, sob pena de violação ao art. 51 do Código de Defesa do Consumidor.

Celebrado negócio jurídico, com o objetivo de novar dívida nula ou prescrita, não tem efeito, e não obriga o devedor. Sendo, todavia, lícito ao devedor renunciar à prescrição já consumada, prevalecerá a novação de dívida prescrita, se dela resultar inequívoca o propósito de renunciar a prescrição. Registramos a posição de Orlando Gomes no sentido da renúncia tácita do devedor ao direito a arguição da prescrição se aceitar a novação.[14]

Subsistente a obrigação antiga, não importa que seja pura e simples, ou sujeita a qualquer modalidade, significa que uma obrigação *condicional* ou a *termo* pode

---

11 Direito Anterior: art. 1.008 do Código Civil de 1916. Projetos: art. 365 do Projeto de Código Civil de 1975.
12 Ruggiero e Maroi, loc. cit.; Carvalho de Mendonça, nº 344; De Page, *Traité*, III, 2ª parte, nº 567.
13 Alfredo Colmo, nº 738.
14 Orlando Gomes, ob. cit., pág. 163.

ser novada por uma pura e simples, e vice-versa, uma obrigação pura e simples pode novar-se por uma condicional ou a termo.

c) No mesmo momento em que se extingue a anterior, há de nascer a nova obrigação. E tem de ser *válida*. Se se não chega a constituir, ou se é nula, nem produz o efeito de estabelecer o *iuris vincullum* essencial à sua própria existência, nem tem a força de operar a extinção da precedente. E pela mesma razão que não pode ser perseguido o seu objeto, a obrigação primitiva não se pode considerar extinta. Se for meramente anulável a nova obrigação e vier a ser anulada, o efeito do seu desfazimento será o restabelecimento da primitiva, porque a extinção se funda na criação da nova, e, desfeita, por defeito de formação, a anterior não desaparece, pois que a anulação faz cessar os efeitos do ato e devolve ao credor o vínculo preexistente, restaurado. Quando a obrigação nova é sujeita a condição, somente com o implemento desta é que o vínculo é perfeito, e, portanto, somente então se dá a extinção da antiga. Realizada a *conditio*, a obrigação nova opera plenamente; mas, se não chega a realizar-se, a obrigação velha sobrevive, porque novação não há. Seja, pois, na hipótese de ser nula *pleno iure* a nova obrigação, ou de ser anulada, ou de se não dar o implemento da condição, o credor tem o direito de exigir o cumprimento da antiga, que perdura.[15] Se não fosse assim, o devedor enriquecer-se-ia indevidamente, em detrimento do credor.

A nova pode ser, a sua vez, uma *obrigação natural*, pois que, se se tolera que esta seja sua causa, nenhuma razão jurídica existe proibindo que seja seu efeito.[16] Não é normal que o credor admita novar uma obrigação civil, substituindo-lhe outra despida de exigibilidade *in iudicio*. Mas não é injurídico. E não lhe afeta a validade. O que não é aceito é que a nova obrigação seja inoperante. Mas isto é outra coisa, e a distinção fizemo-la linhas acima.

d) O *animus novandi* completa-a. Regra é (Código Civil de 2002, art. 361)[17] que, em não havendo a intenção de novar, não chega a operar-se a extinção da obrigação, e, em tal caso, a nova obrigação que se constitua tem o mero efeito de confirmar a primeira. Pode vir o *animus novandi* expressamente deduzido no instrumento, e então *tollitur quaestio*. Na ausência, porém, de menção específica, deve ser apurado se o conjunto de circunstâncias autoriza afirmar se se configura implicitamente, porém de maneira inequívoca. Quer isto dizer que *nunca se presume* a novação, pois o contrário dissonaria da sua natureza extintiva do vínculo, devendo resultar sempre da vontade das partes. O que se faculta é, tão somente, na apuração desta vontade, aceitar-se, a par da declaração explícita, a claramente dedutível dos termos da nova. Na prática há dificuldade, às vezes, no verificar se ocorre efetivamente novação, ou se se verifica a criação de outra obrigação, sem o propósito de novar. Reconhecendo-o, os

---

15 Ruggiero e Maroi, loc. cit.; Von Tuhr, loc. cit.
16 Alfredo Colmo, n° 742.
17 Direito Anterior: art. 1.000 do Código Civil de 1916. Projetos: art. 240 do Projeto de Código de Obrigações de 1965; art. 359 do Projeto de Código Civil de 1975.

doutores apontam um critério altamente prestimoso, no esclarecimento das dúvidas. É o da *incompatibilidade*. Há novação, quando a segunda obrigação é *incompatível* com a primeira, isto é, quando a vontade das partes milita no sentido de que a criação da segunda resultou na extinção da primeira. Ao contrário, não há se elas podem coexistir, como, igualmente, não nova o terceiro que intervém e assume o débito, reforça o vínculo ou pactua uma garantia real, sem liberação do antigo devedor.[18] Como observa Judith Martins-Costa, a novação tácita impõe uma radical alteração no objeto e na *causa debendi*, não havendo novação com a simples pactuação de uma garantia real, dilação de prazo, modificação da taxa de juros, entre outros.[19]

Em toda novação há um elemento de ordem técnica, que se baliza de *algo novo* – *aliquid novi* –, o qual vai enraizar-se na definição do *Digesto*, aqui repetida: *"Novatio enim a novo nomen accepit."* Se faltar este *quid novi*, ocorre mera confirmação ou reforço da obrigação anterior.[20] Pode o elemento novo revestir dois aspectos, ou atingir qualquer dos dois lados da obrigação – o objetivo e o subjetivo.

Diz-se, então, que a *novação* pode ser *objetiva* ou *subjetiva* e a isto se reduzem os três casos mencionados na lei (Código Civil de 2002, art. 360).[21] É objetiva quando entre as mesmas partes a *obligatio* sofre uma alteração quantitativa, qualitativa ou causal, modificando-se a prestação, sem substituição dos sujeitos (Código Civil de 2002, art. 360, inciso I); é *subjetiva* quando, sendo o mesmo o objeto, há substituição de um dos sujeitos da relação obrigacional (Código Civil de 2002, art. 360, inciso II). E acrescentamos que, se se conjugam a alteração subjetiva e a objetiva, teremos uma figura de novação *subjetivo-objetiva*, inteiramente aceitável.[22]

A novação *objetiva*, também chamada *real*, dá-se quando o devedor contrai com o credor nova dívida, para extinguir e substituir a primeira. Pouco importa que se trate de obrigação de natureza diferente, como no caso de novar o devedor uma *obligatio faciendi* com uma de dar; ou se o dever de reparar o dano *ex delicto* é novado pela emissão de um título cambial. Sempre que ocorrer a extinção de uma obrigação em virtude de contrair o devedor outra obrigação para com o mesmo credor, *cum animo novandi*, há uma novação objetiva, que abrange tanto os casos de substituição de objeto, propriamente, como os de mudança de título ou de causa jurídica, tomando o vocábulo *causa*, no sentido de *fonte*, sem as intrincações da fenomenologia causal.[23]

Alguns autores indagam se lançamento em conta corrente é uma novação objetiva, pressuposto que a inscrição faz desaparecer o antigo débito, e aparecer o novo, fundado na partida da conta. A análise permite concluir que não se opera novação, mas uma transformação dos créditos em meras *partidas* de conta, que se mantêm

---

18 Alfredo Colmo, nº 746; Serpa Lopes, nº 215.
19 Judith Martins-Costa, *Comentários no Novo Código Civil*, vol. V, t. I, págs. 537-538.
20 Mazeaud *et* Mazeaud, nº 1.217; Trabucchi, nº 243; De Page, nº 579; M. I. Carvalho de Mendonça, nº 345.
21 Direito Anterior: art. 999 do Código Civil de 1916. Projetos: art. 239 do Projeto de Código de Obrigações de 1965; art. 358 do Projeto de Código Civil de 1975.
22 Clóvis Beviláqua, loc. cit.; Alfredo Colmo, nº 734.
23 Ruggiero e Maroi, loc. cit.; Lafaille, nº 455.

em caráter indivisível até o reconhecimento final.[24] Não faltam, porém, conspícuos pareceres em contrário, defendendo o efeito novativo como a consequência mais importante (v. nº 275, *infra*, vol. III).

Caso apontado como de novação objetiva, por Regelberger e Von Tuhr, deriva o reconhecimento do saldo de conta corrente, ato que importa em afastar a natureza da relação obrigatória e transformá-la em um débito de quantia certa.[25] No nosso Direito, o reconhecimento opera a liquidação convencional da obrigação, autorizando o credor a demandar o pagamento por via de procedimento executório, que o Código de Processo Civil não especificou. Quando o devedor correntista aceita as contas, e reconhece o saldo, em realidade nova, porque então ocorre a extinção da obrigação que decorre da conta corrente, e sua substituição; as mesmas garantias acompanham-na, sejam reais, sejam fidejussórias.[26] O credor tem direito de exigir o saldo da conta corrente, e não uma soma em dinheiro como prestação de uma obrigação abstrata. O reconhecimento vale como operação de acertamento e dispensa que se faça este *in iudicio*. Em nosso Anteprojeto do Código de Obrigações (art. 251) deixamos consignado em preceito que o simples lançamento em conta corrente, embora contratual, não constitui novação, que só se verifica com o reconhecimento do saldo. O Código Civil de 2002 não tratou expressamente do tema.

A novação *subjetiva* pode ocorrer em duas hipóteses:

a) Quando novo devedor sucede ao antigo, ficando este quite com o credor. Para isto não é necessário o consentimento do devedor anterior (Código Civil de 2002, art. 362),[27] nos mesmos termos em que seria lícito ao credor receber a prestação de um terceiro. Contudo, a doutrina mais recente tem considerado que a obrigação não pode ser mais analisada sob a vertente estática (em que somente o interesse do credor era tutelado), devendo ser encarada sob o prisma dinâmico, devendo haver a ponderação dos interesses em questão até para se poder tutelar os interesses do devedor.[28] É, porém, evidente que o consentimento do credor é essencial à sua validade, e que se constitua o vínculo obrigacional novatório, sem o que haveria mera indicação de pessoa encarregada do pagamento, ou simples preposição. O tipo mais debatido, no gênero, é a chamada *delegação*, consistente no fato de encarregar o devedor a um terceiro e exonerá-lo junto ao credor, ou a transmissão da dívida antiga ao novo devedor: "*Delegare est vice sua aliam rem dare creditori, vel cui iusserif.*"[29] Não basta, contudo, a participação do devedor e do terceiro. É necessário o assentimento do credor, ainda que não seja simultâneo com a declaração de vontade do devedor,

---

24 Soriano Neto, *Novação*, pág. 143; Planiol, Ripert e Boulanger, nº 1.809; De Page, nº 564-*bis*; Georges Ripert, *Traité Élémentaire de Droit Commercial*, nº 2.099.
25 Von Tuhr, loc. cit.
26 Enneccerus, Kipp e Wolff, loc. cit.; Dernburg, *Pandette*, § 120.
27 Direito Anterior: art. 1.001 do Código Civil de 1916. Projetos: art. 360 do Projeto de Código Civil de 1975.
28 Ana Luiza Maia Nevares, ob. cit., pág. 432.
29 *Digesto*, Livro 46, tít. II, fr. 11.

mas lhe suceda.[30] Se o novo devedor for insolvente, o credor que o aceitou não tem ação contra o primeiro, nem com o fito de restaurar o antigo vínculo nem para indenizar-se do prejuízo, salvo se a substituição tiver provindo de má-fé do sujeito passivo (Código Civil de 2002, art. 363).[31] Não é requisito de validade da novação a solvência do novo devedor. Cabe ao credor, antes de aceitá-lo, apurar as suas condições de liquidez. Se o não fez, ou se não logrou comprovar, e mesmo assim anuir na novação, procede a seu próprio risco. Novada a dívida, exonera-se o antigo devedor. Vindo a positivar-se o estado de insolvência do novo, a novação subsiste, e com ela a quitação do antigo. Não tem, pois, o credor ação para chamá-lo a responder pela obrigação que para ele se extinguiu. Procedendo, entretanto, o devedor maliciosamente, de molde a impor um novo devedor insolvente ao credor, tem este ação de *in rem verso* contra o antigo, para dele obter o ressarcimento do dano a que o levou.

b) Quando, em virtude de obrigação nova, outro credor é substituído ao antigo, ficando o devedor quite com este. Não há, nessa hipótese, uma cessão de crédito, embora as situações sejam vizinhas. A relação obrigacional vigente extingue-se com a novação, enquanto a cessão de crédito implica a transferência dos direitos creditórios, sem extinção do vínculo. Nesta modalidade de novação que no Direito romano podia chamar-se também *expromissio* (expromissão), embora a expressão fosse mais usualmente empregada quando havia substituição do devedor,[32] é indispensável a declaração de vontade do credor, porque há uma obrigação que se extingue, e isto não pode ocorrer sem a participação do sujeito ativo; e é necessária a manifestação volitiva do devedor, para que se constitua a nova obrigação, uma vez que morre a anterior, e a nova não pode ter existência legal sem que o sujeito passivo se comprometa.

Os efeitos da novação aparecem como um consectário lógico de sua própria estrutura. Sua função precípua é extinguir automaticamente a obrigação antiga, libertando o devedor daquele vínculo. Daí constituir um acordo liberatório, muito embora não chegue a ser um contrato, em sentido técnico.[33] Matando a obrigação pelo surgimento de nova, logo de plano outras consequências advêm.

Em primeiro lugar, extingue os acessórios e as garantias da dívida (Código Civil de 2002, art. 364).[34] O fiador, por exemplo, fica exonerado, a não ser que dê o seu consenso (Código Civil de 2002, art. 366).[35] Nem seria, na verdade, de boa dedução jurídica que prevalecessem os acessórios como tais, depois de perempta a obrigação principal. Admite-se, contudo, a derrogação convencional desses efeitos da novação, por não condizerem com a ordem pública, mas serem de interesse privado. A estipulação terá de

---

30 M. I. Carvalho de Mendonça, nº 347; Giorgi, VII, nº 376.
31 Direito Anterior: art. 1.002 do Código Civil de 1916. Projetos: art. 361 do Projeto de Código Civil de 1975.
32 Cf. Frederic Girard, *Droit Romain*, pág. 739.
33 Lafaille, nº 463.
34 Direito Anterior: arts. 1.003 e 1.004 do Código Civil de 1916. Projetos: art. 243 do Projeto de Código de Obrigações de 1965; art. 362 do Projeto de Código Civil de 1975.
35 Direito Anterior: art. 1.006 do Código Civil de 1916. Projetos: art. 364 do Projeto de Código Civil de 1975.

receber a placitação de todos aqueles a quem possa opor-se, sob pena de não prevalecer[36] e, uma vez realizada, aderirão à nova obrigação e passarão a garantias e acessórios dela. Vale, contudo, frisar que ao credor não aproveitará ressalvar a hipoteca, anticrese ou penhor que acompanhavam a obrigação novada, se os bens dados em garantia forem pertencentes a terceiro, a não ser que participe este da operação novatória ou expressamente outorgue a mesma garantia à obrigação nova. Em preceito resumido pode-se assentar que os privilégios e as garantias da obrigação primitiva podem subsistir na nova, mediante ajuste expresso; mas os que provenham de terceiros dependem da sua participação no ato novatório. A delegação pode ter efeito novatório quando se cumpre com a extinção da antiga *obligatio* (delegação perfeita). Caso contrário (delegação imperfeita) a obrigação subsiste, e não há novação.

Em síntese, o que ocorre aqui é uma aplicação da regra *acessorium sequitur principale*. Extinta a obrigação pela *novatio*, com ela extinguem-se os seus acessórios e garantias. Não tem o credor direito aos juros pretéritos, nem ação contra os fiadores e garantes. Com a dívida novada, cessam as garantias reais. Poderá, entretanto, o instrumento novatório ressalvar que prevalecem os acessórios e as garantias. As que consistem em penhor, hipoteca ou anticrese oferecidas pelo devedor, com bens seus, sobrevivem à simples ressalva do credor. Os privilégios e garantias prestados por terceiros dependem de anuência deste, incluindo na mesma exigência as garantias fidejussórias, que não prevalecem no silêncio dos que as hajam prestado.

Se a obrigação é *solidária*, a novação concluída entre o credor e um dos devedores exonera os demais, subsistindo as preferências e garantias do crédito novado, somente sobre os bens do devedor que contrai a nova (Código Civil de 2002, art. 365).[37] Se é ela *indivisível*, o princípio não é o mesmo. Mas, pela impossibilidade da prestação parcial, a novação beneficia os demais devedores de uma solução que os exonera.[38]

O artigo 365 do Código Civil de 2002 consagra um dos efeitos da solidariedade. E vem, tal como no Código velho, redigido em termos desnecessariamente prolixos e complexos. O princípio pode simplificar-se como estava no Projeto de Código de Obrigações de 1965: a novação entre o credor e um dos devedores solidários exonera os demais. Sendo extintiva da obrigação, a *novatio* põe termo, por inteiro, à relação obrigacional. Não importa a causa da novação, ou o processo de que resulta. Desde que opere a extinção do vínculo, os codevedores solidários estão liberados.

No caso de novação objetiva, o perecimento do objeto não dá ao credor o direito de perseguir o da antiga. No caso da subjetiva, a insolvência do novo devedor não outorga ao credor a faculdade de regressar contra o antigo, salvo expressa ressalva neste sentido; tudo isto porque a novação opera a extinção da relação anterior,

---

36 De Page, n°s 599 e segs.
37 Direito Anterior: art. 1.005 do Código Civil de 1916. Projetos: art. 244 do Projeto de Código de Obrigações de 1965; art. 363 do Projeto de Código Civil de 1975.
38 Lafaille, n° 467.

perime o vínculo, e não tolera que uma obrigação morta se restaure, para onerar o devedor, se o credor já havia aceito a sua substituição pela nova.[39]

As exceções e os *vícios* da antiga não ressuscitam na nova. Assim, se a dívida anterior abranger principal e juros, a nova compreende uma soma de dinheiro global, sem aquela discriminação. Se a obrigação primitiva se originava de um contrato bilateral, a novação libera o credor da *exceptio inadimpleti contractus*.[40] Perde o credor as ações ligadas à velha, para ficar somente com as da nova. A anulabilidade oponível à antiga não cabe após a novação.

O disposto no art. 453, nº I, do Código Comercial suscitava uma dúvida no tocante à prescrição, ao insinuar que a novação era um meio *interruptivo da prescrição*. Não foi feliz o legislador de 1850, ao expressá-lo. Extinta que fica a antiga obrigação e constituída a nova, a esta se aplicam as regras gerais relativas à prescrição, sem mais cogitar da primitiva, que desaparece. Não há falar em prescrição quanto a ela. É importante registrar que, até sob o prisma formal, o dispositivo (art. 453 do Código Comercial) não mais subsiste diante da expressa revogação da Parte Primeira do Código Comercial (art. 2.045 do Código Civil de 2002). Não obstante a exatidão do raciocínio, que conduz a que se fale em prazo inicial da prescrição, e não em interrupção desta, autores há, como Von Tuhr, que lhe atribuem efeito interruptivo.[41]

163. COMPENSAÇÃO

O Direito romano conheceu o instituto da compensação, fundado no princípio da equidade, que se não compadecia com o fato de terem ação, uma contra outra, duas pessoas que fossem ao mesmo tempo credor e devedor reciprocamente. E Modestino a definiu: "*Compensatio est debiti et crediti inter se contributio.*"[42] Mas não vigia naquele direito pacificidade na maneira de sua atuação. No período clássico, especialmente, houve uma certa timidez no estabelecimento de sua extensão, operando ela como o resultado de uma *convenção* entre as partes, e não como forma de extinção *legal*. Parece que se realizava a extinção da obrigação por via de uma renúncia às respectivas ações.[43] Foi só na época justinianeia (Girard) que se chegou a encarar a *compensatio* como um meio extintivo da obrigação, independente das vontades dos sujeitos, e prevaleceu em toda extensão a regra que Pompônio formulara: "*Ideo compensatio necessaria est quia interest nostra potius non sovere quam solutum repetere.*"[44] Foi, porém, o próprio Justiniano quem lhe impôs o mecanismo de operar de pleno direito, completando destarte a evolução romana

---

39 Ruggiero e Maroi, loc. cit.
40 Von Tuhr, nº 75.
41 Von Tuhr, loc. cit.
42 *Digesto*, Livro 16, tít. II, fr. 1.
43 Girard, *Droit Romain*, pág. 716.
44 *Digesto*, Livro 16, tít. II, fr. 3.

do instituto: *"Compensationes ex omnibus ipso iure fieri sansimus, nulla differentia in rem, vel personalibus actionibus inter se observanda."*[45]

Desta diversidade de entendimentos resulta que a palavra dos romanistas é pouco esclarecedora, e quem a ela recorre, particularmente aos glosadores e pós-glosadores, em vez de encontrar soluções, esbarra com enigmas, cada vez mais intrincados. Tanto encontra a conceito de uma extinção automática das obrigações como o de uma necessária convenção entre as partes. E, se da origem a *compensatio* herda tais dúvidas, o Direito moderno não consegue delas desvencilhar-se, antes as agrava por vezes, mencionando autores de larga experiência que existem três espécies de compensação: a *legal*, a *convencional* e a *judicial*. Reflexo de todas as tergiversações é a insegurança dogmática sobre as legislações, tumultuando a estrutura do instituto.

O Código Civil brasileiro teve a facilidade de fixar uma construção singela, apartando as sombras em torno do assunto, conforme se verifica do art. 368. Na sua sistemática filiou-se à escola que se poderia dizer francesa, da compensação legal e *ipso iure*, à qual o nosso Projeto de Código de Obrigações guardou fidelidade.

Pode-se, então, definir, com base no texto legal, compensação como a *extinção das obrigações quando duas pessoas forem, reciprocamente, credora e devedora*. Há reciprocidade de créditos, daí a consideração de sua extinção por encontro de contas (de, na terminologia jurídica, por compensação).[46] E, com base na mesma doutrina legal, compor os seus requisitos, que os autores alinham assim: 1°) cada um há de ser devedor e credor por obrigação principal; 2°) as obrigações devem ter por objeto coisas fungíveis, da mesma espécie e qualidade; 3°) as dívidas devem ser vencidas, exigíveis e líquidas; 4°) não pode haver direitos de terceiros sobre as prestações.[47]

O primeiro requisito pressupõe, evidentemente, duas obrigações entre as mesmas partes, ou dois vínculos, independentemente da apuração de suas *origens*, sejam estas a *convenção* (obrigações de natureza contratual) ou a lei (obrigações de fonte extracontratual), porque a compensação atua sobre débitos existentes, isto é, atuais.[48] Mas é claro que este pressuposto requer a *personalidade dos sujeitos*: se uma pessoa age como *representante* (legal ou convencional) de alguém, não pode opor o crédito do representado para compensar débito seu próprio (Código Civil de 2002, art. 376).[49]

O Código de 2002 deveria ter corrigido o texto do seu modelo de 1916. O projeto primitivo aludia a quem se obrigava em favor de terceiro, e ensina que é neste sentido que o preceito deve ser entendido. O Projeto de Código de Obrigações de 1965 restaurava a redação correta. Porém, o Código de 2002, que tantas vezes o segue, mantém o teor do Código revogado não obstante gerador de incerteza. Quem celebra obrigação beneficiando um terceiro não tem direito a compensar a dívida com o seu

---

45 Código, Livro IV, tít. XXXI, fr. 14.
46 João de Matos Antunes Varela, *Das Obrigações em geral*, pág. 196.
47 Clóvis Beviláqua, *Obrigações*, § 43; De Page, *Traité Élémentaire*, III, 2ª parte, n° 624.
48 De Page, n° 615.
49 Direito Anterior: art. 1.019 do Código Civil de 1916. Projetos: art. 254 do Projeto de Código de Obrigações de 1965; art. 374 do Projeto de Código Civil de 1975.

crédito com o devedor. Para dizer que não há compensação de débito próprio com crédito de seu representado, não havia necessidade de disposição diversa daquela constante do art. 368 do novo Código.

Não afronta, contudo, o princípio da personalidade a *cessão de crédito*, razão por que o devedor cedido pode opor ao cessionário o crédito que tem contra o cedente, desde que seja anterior à transferência, e que, antes da cessão, já tenha as qualidades necessárias à compensação.[50] Se, porém, tiver sido notificado e nada opuser, não pode opor ao cessionário a compensação que antes teria contra o cedente (Código Civil de 2002, art. 377).[51]

O disposto no artigo 377, no novo Código, complementa a norma contida no artigo 294 do mesmo diploma. O momento oportuno para que oponha a compensação ao cessionário é o da notificação da cessão. Não o fazendo, perde direito à compensação.

Existe uma exceção ao princípio da personalidade, no caso do fiador que pode opor seu crédito contra o credor, da mesma forma que pleiteia a compensação do crédito do afiançado, nos termos do art. 371 do Código Civil de 2002. A recíproca não é, todavia, verdadeira: o devedor não pode opor ao seu credor o crédito do fiador.[52]

O segundo requisito é o da *fungibilidade* das prestações. Não são apenas as dívidas de dinheiro que se compensam, porém as de coisas fungíveis em geral. Mas não basta que sejam do mesmo gênero, é necessária ainda a identidade de espécie e qualidade, quando especificada no contrato (Código Civil de 2002, art. 370),[53] de tal forma que possam umas prestações substituir-se às outras, reciprocamente. Numa fórmula sucinta, costuma-se ensinar que não é suficiente sejam as prestações fungíveis em *si mesmas*, porém devem sê-lo também *entre si*.[54] Como ressalta Sílvio Rodrigues, a ideia da fungibilidade envolve a da permutabilidade, não podendo ser compensadas prestações heterogêneas como uma dada quantidade de carvão por açúcar.[55] É a isto que se designa como *homogeneidade*.[56] Excluem-se, portanto, as obrigações que tenham por prestação coisa certa determinada.[57] Mas se as prestações forem originariamente infungíveis e por alteração posterior sobrevier a fungibilidade, como no caso da obrigação de dar coisa certa converter-se em prestação pecuniária, caberá compensação.[58]

---

50 Planiol, Ripert e Boulanger, *Traité Élémentaire*, n° 2.062.
51 Direito Anterior: art. 1.011 do Código Civil de 1916. Projetos: art. 246, parágrafo único, do Projeto de Código de Obrigações de 1965; art. 368 do Projeto de Código Civil de 1975.
52 Planiol, Ripert *et* Boulanger, *Traité Élémentaire*, n° 2.062.
53 Direito Anterior: art. 1.011 do Código Civil de 1916. Projetos: art. 246, parágrafo único, do Projeto de Código de Obrigações de 1965; art. 368 do Projeto de Código Civil de 1975.
54 Serpa Lopes, ob. cit., n° 230; Mazeaud *et* Mazeaud, *Leçons*, II, n° 1.148.
55 Sílvio Rodrigues, *Direito Civil*, vol. II, pág. 218.
56 Karl Larenz, *Obligaciones*, II, pág. 429; nosso Anteprojeto, art. 256.
57 Ruggiero e Maroi, *Istituzioni*, § 136.
58 M. I. Carvalho de Mendonça, n° 361.

Há interminável controvérsia se as obrigações de *fazer* comportam compensação, quando têm por objeto prestações fungíveis, pois que, se são infungíveis, todos estão de acordo na negativa. Não obstante a sustentação oposta, a melhor doutrina está com os que negam a compensabilidade, fundados não só em que não basta a fungibilidade das prestações, em si mesmas, porém, é mister que sejam entre si fungíveis, como ainda pela razão de se referir o Código Civil à compensação de coisas, o que exclui outros gêneros de prestações.[59]

Se o contrato especificar qualidades diferentes de cada uma, compensação não se dará, porque, sem perderem a fungibilidade em si mesmos, os objetos deixarão de ser homogêneos, isto é, não terão fungibilidade recíproca.

É claro que não se impõe a equiparação *quantitativa*. Se os débitos forem de igual valor desaparecem ambos, e nenhum dos credores tem mais ação, nem é mais obrigado a qualquer prestação. É o que se chama compensação total. Se forem, contudo, de valores diferentes, haverá compensação *parcial*, que extingue a de menor valor, sobrevivendo apenas o saldo na de maior quantidade (Código Civil de 2002, art. 368).[60]

No terceiro requisito entra a *exigibilidade*, o *vencimento* e a *liquidez* (Código Civil de 2002, art. 369).[61] Para que haja compensação, os débitos hão de estar *vencidos*, pouco importando que o sejam pelo escoamento do prazo, ou em razão de uma antecipação prevista na lei ou no título. As obrigações a termo, como as subordinadas à condição suspensiva, não sendo *exigíveis*, são incompensáveis, salvo (Código Civil de 2002, art. 372)[62] se penderem apenas prazos de favor ou tolerância, consagradas pelo uso geral.[63]

Para que ocorra compensação, é mister estejam vencidas ambas as dívidas. Se, porém, um dos devedores beneficiar-se com um prazo moratório, concedido graciosamente, não se pode opor a compensação. O benefício que obteve do credor não impede que este compense o crédito com o que lhe deve, porque o prazo de favor, ainda quando consagrado pelo uso geral, não altera o vencimento da obrigação.

Devendo ser ambas exigíveis, não comporta compensação a *obrigação natural* (De Page, M. I. Carvalho de Mendonça, Planiol, Ripert e Boulanger, Ruggiero e Maroi), seja em confronto com outra idêntica, seja como uma civil, porque a *obligatio naturalis* não dispondo de ação não é exigível.

---

59 Serpa Lopes, nº 230; M. I. Carvalho de Mendonça, nº 361; Soriano Neto, *Compensação*, nº 26; Giorgio Giorgi, *Obbligazioni*, vol. VIII, nº 9.
60 Direito Anterior: art. 1.009 do Código Civil de 1916. Projetos: art. 245 do Projeto de Código de Obrigações de 1965; art. 366 do Projeto de Código Civil de 1975.
61 Direito Anterior: art. 1.010 do Código Civil de 1916. Projetos: art. 246 do Projeto de Código de Obrigações de 1965; art. 367 do Projeto de Código Civil de 1975.
62 Direito Anterior: art. 1.014, do Código Civil de 1916. Projetos: art. 252 do Projeto de Código de Obrigações de 1965; art. 370 do Projeto de Código Civil de 1975.
63 De Page, ob. cit., nº 637; M. I. Carvalho de Mendonça, loc. cit.; Mazeaud *et* Mazeaud, ob. cit., nº 1.149.

Controvertem os autores se a obrigação *prescrita* comporta compensação. Dentro da variedade de opiniões, o que deve prevalecer é a conjugação do requisito da exigibilidade com o efeito automático da compensação. Assim, se a prescrição se completou antes da coexistência das dívidas, aquele a quem ela beneficia pode opor-se à compensação, sob o fundamento de que a prescrição extingue a pretensão (*Anspruch*), e, portanto, falta o requisito da exigibilidade para que aquela se efetue. Mas se os dois créditos coexistiram, antes de escoar-se o prazo prescricional, operou a compensação *ipso iure*, e perimiu as obrigações; a prescrição que venha a completar-se ulteriormente não mais atua sobre os débitos desaparecidos. Uma tal prescrição não tem objeto.[64] O nosso Anteprojeto enuncia regra simples (art. 260), dizendo que a prescrição de qualquer das dívidas não impede a compensação, se chegarem a coexistir antes de consumada.

A *liquidez* das obrigações não significa a menção de soma precisa nos respectivos títulos, mas que sejam uma e outra certas, isto é, tenham a sua existência positivada independentemente de qualquer processo de apuração, e determinado o respectivo *quantum*. Não importa que, pela alteração de situação econômica de uma das partes, se reduzam as suas condições de solvência. O que é indispensável é a liquidez da *dívida*. Assim, se sobrevier a abertura da falência de um dos devedores, sujeitando os credores a receber na moeda falimentar, mesmo assim se dá a compensação, até onde chegarem os valores das prestações. Não colhe indagar se na liquidação dos débitos do falido a prestação sofrerá amesquinhamento, reduzindo-se a um dividendo ínfimo.

Não afeta a liquidez do débito o fato de opor-lhe contestação o devedor, fazendo-o litigioso. A certeza é comprometida se o crédito estiver sujeito a alguma eventualidade, como, por exemplo, um acerto de contas, um levantamento pericial, uma verificação ou medição etc. Uma indenização por perdas e danos, ainda que indubitável o direito já reconhecido do credor, é obrigação ilíquida, enquanto não apurado o respectivo *quantum*.[65] Mas uma dívida sujeita ao cômputo de juros é líquida e certa, porque o resultado é atingido por via de operação aritmética elementar. A doutrina mais recente vem defendendo uma atenuação acerca da liquidez das dívidas como requisito para compensação, mas não foi o modelo adotado no Código Civil de 2002.[66]

Quando as obrigações tiverem por objeto prestação de *coisas incertas*, somente serão compensáveis se a escolha competir aos dois devedores. Se, ao revés, couber aos dois credores, ou a um só deles na qualidade de devedor de uma e credor de outra, não pode haver compensação, por falta de certeza das obrigações, pois se a um só dos interessados pertence o direito de escolha (como devedor de uma e como credor de outra), a dívida do outro interessado não apresenta o requisito da certeza decorrente de ato seu. No caso de a opção ser atribuída aos credores, a determinação do objeto ficaria na dependência de manifestação de vontade da outra parte, e, por-

---

64 Serpa Lopes, nº 232; Soriano Neto, pág. 60; Enneccerus, Kipp e Wolff, *Tratado, Obligaciones*, I, § 70.
65 De Page, nºs 635-636; Planiol, Ripert e Boulanger, nº 2.536.
66 Ana Luiza Maia Nevares, ob. cit., pág. 441.

tanto, os devedores não têm meios de apontar a certeza e a liquidez da prestação, o que impede se compensem.

A regra geral da compensação é aplicável quando ambos são credores e devedores principais, porque o devedor só pode compensar com o credor o que este lhe dever (Código Civil de 2002, art. 371).[67] É uma consequência o atributo das personalidades das obrigações, acima apontado como dedução do primeiro requisito da compensação. Aplicação dele é não poder o afiançado compensar com o seu credor o que este deva ao fiador. Como exceção, tem este o direito de compensar o seu débito com aquilo que o credor deva ao afiançado.

O artigo 371 do Código Civil de 2002 refere-se à personalidade das dívidas, e requer que se trate de pessoas que sejam credor e devedor, recíprocos e diretos. Descabe compensação se um deles figurar como sujeito em uma obrigação e representante em outra. O artigo abre uma exceção, para o fiador, tendo em vista que ele é chamado a solver débito de seu afiançado. Além de lhe ser lícito compensar dívida sua com o que lhe deve o credor, pode também invocar a compensação do débito de seu afiançado ao credor. Não é crédito seu, mas operou a extinção da dívida pela qual é chamado a responder. Outra exceção pode ser lembrada: o marido, no regime de comunhão de bens, pode compensar a dívida sua com crédito de sua mulher, porque o matrimônio, neste caso, tem o efeito de confundir, num só acervo, os patrimônios dos cônjuges. O mesmo se pode cogitar do regime de bens entre os companheiros, por aplicação do art. 1.725 do Código Civil de 2002.[68] Em maio de 2011, por força do julgamento da Ação Direta de Inconstitucionalidade 4.277 e da Arguição de Descumprimento de Preceito Fundamental 132, o STF reconheceu que a norma contida no art. 1.723, do Código Civil, deve ser interpretada no sentido de não excluir as uniões de pessoas do mesmo sexo (por alguns denominadas uniões homoafetivas) quanto à protcção que o Direito de Família fornece às uniões estáveis. Assim, poderão ser considerados como equiparados aos companheiros as pessoas do mesmo sexo que convivem more uxório com todos os requisitos e características da união estável. A exceção não se estende à faculdade de compensar o devedor seu débito, com o que seu credor deve ao fiador. Falta, neste caso, a personalidade das dívidas: o fiador é sujeito passivo de uma relação acessória. Não pode seu afiançado beneficiar-se em prejuízo do fiador.

Nas obrigações solidárias, o devedor pode compensar com o credor o que este lhe dever, mas somente pode invocar esta extinção com o que o credor deve ao seu coobrigado, até o equivalente da parte deste na dívida comum.[69]

O local de vencimento da obrigação não influi sobre a compensação, que tanto alcança as vencidas no mesmo lugar quanto em lugares diferentes, mas, neste último caso, devem-se deduzir as despesas necessárias à operação (Código Civil de

---

67 Direito Anterior: art. 1.013 do Código Civil de 1916. Projetos: art. 251 do Projeto de Código de Obrigações de 1965; art. 369 do Projeto de Código Civil de 1975.
68 Guilherme Calmon Nogueira da Gama, *O companheirismo*, 2ª ed., pág. 320.
69 Código Civil de 1916, art. 1.020. Artigo sem correspondência no Código Civil de 2002.

2002, art. 378).[70] A redação do Projeto de Código de Obrigações de 1965 enunciava melhor: se as dívidas não são pagáveis no mesmo lugar, podem compensar-se com abatimento das despesas necessárias ao recebimento.

Sem que a diferença de causa ou de origem das obrigações impeça a compensação, conforme visto acima, a lei exclui alguns casos em que esta deixa de caber.

Em primeiro lugar, não sendo, como não é, de *ordem pública*,[71] afasta-se a compensação pela *renúncia* prévia de um dos devedores ou após a coincidência das dívidas (Código Civil de 2002, art. 375),[72] entendendo-se que a compensação é um benefício, e de regra *invito non datur beneficium*. A renúncia pode ser expressa, quando a compensação é abolida pela declaração do devedor neste sentido. E é *tácita* quando o devedor, não obstante ser credor de seu credor, efetua espontaneamente o pagamento.[73]

O devedor tinha o favor da compensação, cujo efeito era a extinção da sua dívida. Preferiu, no entanto, pagar a usá-lo. E, como ele é o senhor de julgar de seus interesses e de suas conveniências, não se lhe pode recusar a faculdade de renunciar à extinção do débito por encontro de contas, já que lhe pareceu convinhável o pagamento. A hipótese não se confunde com a do que, podendo compensar, paga por erro, caso em que a doutrina (De Page, M. I. Carvalho de Mendonça, Lafaille) sustenta que o pagamento acaso feito não se interpreta como renúncia à compensação. Não é a mesma, também, a solução na hipótese de haver, em vez de renúncia prévia, uma *renúncia ulterior*. Neste caso, se a compensação operou *ipso iure* a extinção da obrigação, e o devedor pagou, não obstante isto o seu crédito sobrevive, porém, despido de todas as garantias, privilégios e hipotecas. É o que se dispõe no Código Federal Suíço das Obrigações, art. 1.299, onde a doutrina explica que, tendo o crédito ficado, por um instante, perempto, suas garantias não poderiam reviver sem ferir os direitos dos terceiros.[74]

Em simetria com a derrogação convencional da compensação, é lícito aos interessados promoverem-na fora dos casos legalmente previstos, como, por exemplo, ajustarem a extinção recíproca de obrigações ilíquidas ou de prestações reciprocamente não fungíveis etc. É a isto que se pode denominar *compensação convencional*, historicamente precedente à legal, como vimos, e mais tarde substituída por esta no comércio jurídico. É lícita, repitamos, porém os seus extremos são outros. Exige a capacidade das partes e o direito de livre disposição da coisa. A operação aproxima-se da transação, pela concessão que os sujeitos reciprocamente se fazem; da dação em pagamento, em razão da anuência em receber coisa diversa da devida; e da remissão de dívida, recíproca e bilateral, em consequência da libertação facultativa. Os seus

---

70 Direito Anterior: art. 1.022 do Código Civil de 1916. Projetos: art. 248 do Projeto de Código de Obrigações de 1965; art. 376 do Projeto de Código Civil de 1975.
71 De Page, ob. cit., n° 619.
72 Direito Anterior: arts. 1.016 e 1.018 do Código Civil de 1916. Projetos: art. 249 do Projeto de Código de Obrigações de 1965; art. 373 do Projeto de Código Civil de 1975.
73 Ruggiero e Maroi, loc. cit.; M. I. Carvalho de Mendonça, ob. cit., n° 365.
74 Hudelot e Metmann, *Obligations*, n° 596.

efeitos não retroagem à data da coexistência dos débitos, porém se contam de quando foi avençada, dizendo-se *ex nunc*.[75]

Não constitui requisito da compensação a identidade de origem ou de causa das dívidas. Seus requisitos são os que decorrem da lei (Código Civil de 2002, art. 368). Contudo, abrem-se algumas exceções (Código Civil de 2002, art. 373),[76] considerando-se incompensáveis as dívidas:

a) Se uma delas provier de esbulho, furto ou roubo, porque ninguém pode invocar a própria conduta antijurídica para dela beneficiar-se, contra o tradicional princípio *nemo auditur propriam turpitudinem allegans*. A dívida proveniente do ilícito não se confunde todavia com a obrigação de restituir, nascida de nulidade desta. E, se a que se funda na conduta antijurídica é insuscetível de compensação, a outra pode ser oposta ao credor.[77]

b) Se uma delas originar-se de comodato, depósito ou alimentos, a não ser que a outra tenha a mesma causa. Aqui ocorre uma extensão da fungibilidade recíproca, além do gênero, e da qualidade, para abraçar também a origem. Na referência ao depósito, contudo, exclui-se o chamado *depósito irregular*, como, *exempli gratia*, de dinheiro em estabelecimentos bancários, que do mesmo dispõem, obrigando-se a pagar ao depositante certa soma.[78] Um dos requisitos da compensação é a homogeneidade das dívidas. Se uma dela provier de comodato, depósito ou alimentos, faltará a fungibilidade com a outra dívida. No tocante aos alimentos, é de acrescer que se destina à subsistência do alimentando, que não pode estar sujeito aos azares de uma compensação com dívida diversa. A proibição de compensação do crédito alimentar do Direito de Família se especializa na regra expressa no artigo 1.707 do Código Civil de 2002.[79]

c) Se uma delas for de coisa não suscetível de penhora, segundo o disposto na lei processual.[80] Sendo os salários impenhoráveis, e conseguintemente incompensáveis, o mesmo não se dirá da indenização pela rescisão do contrato de trabalho,

---

75 M. I. Carvalho de Mendonça, nº 369.
76 Direito Anterior: art. 1.015 do Código Civil de 1916. Projetos: art. 353 do Projeto de Código de Obrigações de 1965; art. 371 do Projeto de Código Civil de 1975.
77 De Page, nº 626.
78 Planiol, Ripert e Boulanger, ob. cit., nº 2.050.
79 Guilherme Calmon Nogueira da Gama *et alli*, *Comentários ao Código Civil brasileiro* (coord. de Arruda Alvim e Thereza Alvim), vol. XV, pág. 377.
80 A proibição do art. 942 do Código de Processo Civil de 1939 era abrangente de variadas hipóteses. O Código de 1973 elencava os bens absolutamente impenhoráveis no art. 649. O Código de Processo Civil de 2015 prevê o seguinte:
Art. 833. São impenhoráveis:
I – os bens alienáveis e os declarados, por ato voluntário, não sujeitos à execução;
II – os móveis, os pertences e as utilidades domésticas que guarnecem a residência do executado, salvo os de elevado valor ou os que ultrapassem as necessidades comuns correspondentes a um médio padrão de vida;
III – os vestuários, bem como os pertences de uso pessoal do executado, salvo de elevado valor;

que pode sofrer compensação com débitos que o empregado tenha para com a empresa.

d) Se se tratar de dívida de natureza fiscal, exceto nos casos em que a legislação especial da Fazenda permita o encontro de contas de devedor para com o Fisco federal, estadual ou municipal (Código Tributário Nacional, art. 156, inciso II).[81] Registre-se que a Lei nº 10.677/2003 revogou expressamente o art. 374 do Código Civil de 2002, que previa regra sobre as dívidas fiscais e o instituto de compensação.

e) Se a compensação se fizer em prejuízo de direito de terceiros, não podendo o devedor que se torne credor de seu credor, depois de penhorado o crédito deste, opor ao exequente a compensação, de que contra o próprio credor dispõria (Código Civil de 2002, art. 380),[82] porque a incidência da penhora sobre o crédito o torna incompensável.[83] Assim, no propósito de resguardar direito de terceiro, o Código considera não compensável o crédito posterior à penhora contra o crédito do exequente. Ao crédito anterior não se aplica a mesma regra, porque a compensação já o terá extinto, e o procedimento executório do terceiro não o alcança como bem livre do devedor. Somente a penhora anterior à compensação é que torna o crédito incompensável.

Em princípio, o nosso direito anterior já consignava esses casos de créditos incompensáveis, como se vê da Ordenação do Livro IV, tít. 78, e seus parágrafos.

IV – os vencimentos, os subsídios, os soldos, os salários, as remunerações, os proventos de aposentadoria, as pensões, os pecúlios e os montepios, bem como as quantias recebidas por liberalidade de terceiro e destinadas ao sustento do devedor e de sua família, os ganhos do trabalhador autônomo e os honorários do profissional liberal, ressalvado o § 2º;
V – os livros, as máquinas, as ferramentas, os utensílios, os instrumentos ou outros bens móveis necessários ou úteis ao exercício da profissão do executado;
VI – o seguro de vida;
VII – os materiais necessários para as obras em andamento, salvo se estas forem penhoradas;
VIII – a pequena propriedade rural, assim definida em lei, desde que trabalhada pela família;
IX – os recursos públicos recebidos por instituições privadas para aplicação compulsória em educação, saúde ou assistência social;
X – a quantia depositada em caderneta de poupança até o limite de 40 (quarenta) salários mínimos;
XI – os recursos públicos do fundo partidário recebidos por partido político, nos termos da lei;
XII – os créditos oriundos de alienação de unidades imobiliárias, sob regime de incorporação imobiliária, vinculados à execução da obra.

81 Tendo em vista que a legislação tributária disciplina a compensação de modo diferenciado, a Medida Provisória nº 104/2003 suspendeu a eficácia do artigo 374 do Código Civil de 2002. Com a Lei nº 10.677/2003, foi expressamente revogado o art. 374, referido. O Decreto nº 2.138/97 dispõe sobre a compensação de créditos tributários. As normas civis sobre a compensação, em princípio, não são invocáveis pelo contribuinte. Nas relações tributárias, a compensação depende de lei específica, que deve estipular as condições e as garantias a serem exigidas, ou dar à autoridade administrativa competência para fazê-lo, em cada caso.
82 Direito Anterior: art. 1.024 do Código Civil de 1916. Projetos: art. 255 do Projeto de Código de Obrigações de 1965; art. 378 do Projeto de Código Civil de 1975.
83 De Page, ob. cit., nº 640.

Se entre duas pessoas houver pluralidade de débitos compensáveis (Código Civil de 2002, art. 379),[84] atender-se-á à convenção que sobre o assunto fizerem, ou aos interesses de ambas. Na falta, a um critério fundado na prioridade dos vencimentos, aplicando-se as regras relativas à imputação de pagamento.[85]

A compensação no Direito brasileiro opera por força de lei. A doutrina destaca vantagens da compensação, no direito brasileiro, ser processada em razão da lei, já que: a) torna irrelevante a questão da capacidade das partes; b) há a retroatividade da decisão judicial à data em que a situação de fato se configurou, o que demonstra que há mera declaração judicial; c) gera repercussão nos acessórios da dívida, eis que os juros e garantias cessam a partir do acerto de contas entre as mesmas partes.[86] Na sua sistemática, a compensação é *legal*. Poderá, isto sim, ser afastada por convenção ou ser estendida a casos que não se compreendem na compensação propriamente dita, o que mais corrobora ser ela *legal*, visto como não há mister da declaração de vontade para operar a compensação típica. Quando as partes disputam em torno desta modalidade de extinção de obrigação, o juiz decide. O pronunciamento positivo não significa compensação judicial (de que falaremos em seguida), porém legal continua sendo, já que a palavra *jurisdicional* tem por finalidade afirmar na espécie que houve extinção por esta causa e, conseguintemente, a sentença não gera a compensação, mas limita-se a declará-la na conformidade do que determina a lei.[87] A função judicial adstringe-se à verificação de um fato. E, por ser legal a compensação, não há cogitar da *capacidade das partes*. Ela não decorre da declaração de vontade, mas do imperativo da lei. Nada impede, pois, que se dê entre incapazes.[88]

Apesar de efetuar-se automaticamente – *ipso iure* – não cabe ao juiz, de ofício, declará-lo, ao contrário do que admite Soriano Neto, mesmo porque é lícito ao devedor renunciar, até tacitamente, ao benefício. Haverá mister da sua invocação, mediante o que seria uma *exceptio compensationis*.[89]

Desnecessário será encarecer a *utilidade* da compensação. Foi em razão disto que ela se criou, e por motivo dela tem vivido. Sem embargo, podem resumir-se a duas as suas principais vantagens: constitui técnica de simplificação de pagamento, evitando os deslocamentos de fundos, despesas e riscos e, ao mesmo tempo, cria uma *garantia* de recebimento para o credor.[90] A título de ilustração, duas instituições empresariais podem ser lembradas, ambas da mais alta relevância e do mais lídimo interesse prático, fundadas no princípio da compensação:

---

84 Direito Anterior: art. 1.023 do Código Civil de 1916. Projetos: art. 247 do Projeto de Código de Obrigações de 1965; art. 377 do Projeto de Código Civil de 1975.
85 Clóvis Beviláqua, loc. cit.; M. I. Carvalho de Mendonça, nº 368; Enneccerus, Kipp e Wolff, § 72.
86 Sílvio Rodrigues, ob. cit., pág. 212.
87 De Page, nº 616; M. I. Carvalho de Mendonça, nº 370.
88 De Page, nº 618.
89 Cf., a respeito, Soriano Neto, ob. cit., nº 25; em contrário: Trabucchi, ob. cit., nº 245; Planiol, Ripert e Boulanger, nº 2.054.
90 Mazeaud *et* Mazeaud, ob. cit., nº 1.145.

a) a *conta corrente*, mediante a qual são inscritas as partidas de débito e de crédito, a favor e contra cada uma das partes, gerando a contínua e constante extinção recíproca, para, a qualquer tempo, prevalecer o saldo como expressão da posição de débito de um ou de outro; se os créditos perdem a sua individualidade, em função do respectivo lançamento, o que traduz maior extensão do contrato de conta corrente, e se esta é de consequências mais profundas, a compensação está no seu mecanismo e é o seu ponto de partida (v. nº 275, *infra*, vol. III);

b) as *câmaras de compensação* (*clearing houses*), também exercendo uma função importante de controle das disponibilidades bancárias, e de encaixe técnico, têm na compensação a sua mola essencial; por seu intermédio, evitam os estabelecimentos bancários o pagamento *por caixa* dos cheques girados na mesma praça, operando-se a liquidação *por contabilidade*, mediante encontro de contas que facilita os negócios e poupa tempo. No plano internacional, efetua-se a compensação de país a país, para controle das operações de câmbio.[91]

Além da utilidade prática, a compensação ainda realiza a satisfação da equidade, e foi esta, aliás, uma das razões de sua criação. Com efeito, se o devedor pagasse a seu credor, que é também seu devedor, poderia ver comprometida a satisfação de seu crédito, se o outro caísse em estado de insolvência. A compensação previne este risco, extinguindo as dívidas até a concorrente quantia. E, nesta ordem de consequências, chega mesmo a constituir um *privilégio sem texto*, no sentido de que autoriza ao credor-devedor, mediante a sua atuação *ipso iure*, escapar do concurso, no caso de o devedor falir ou sobre seus bens instaurar-se um *concurso de preferências*.[92]

Ainda na dedução de suas vantagens, é lembrada a economia processual que realiza, evitando o desdobramento das ações de cobrança. Neste terreno, o Direito canônico foi o seu grande propulsor, uma vez que defendeu a Igreja sua aplicação como técnica de evadir-se à jurisdição da Coroa.[93]

Efeitos. A compensação, embora se alinhe entre as modalidades de extinção sem pagamento, gera contudo os efeitos deste. A liberação produz-se sem cumprimento da prestação devida, porém mediante o sacrifício dos créditos; cancelam-se as obrigações, e os credores ficam, reciprocamente, satisfeitos.[94] Não se pode, está visto, falar que opera sem satisfação do credor, porque, bem analisado no seu mecanismo, ambos os sujeitos, não obstante a ausência de uma tradição da *res debita*, encontram-se em situação de não a perseguirem, já que obtêm a equivalência de uma *solutio* recíproca, que apenas não se efetua materialmente. Se um deve 100 e tem a receber 100, a compensação extingue as obrigações, como se o primeiro os pagasse para depois receber. Resulta que, sem pagamento no sentido material, há todavia satisfação do credor, ou de ambos os credores, ao mesmo passo que se obedece ao

---

91 Cf., sobre conta corrente e *clearing houses*: De Page, nº 617; Planiol, Ripert e Boulanger, nº 2.030: Giorgi, VIII, nº 82; Ripert, *Traité Élémentaire de Droit Commercial*, nº 2.078.
92 De Page, nº 617.
93 De Page, loc. cit.
94 Larenz, *Obligaciones*, pág. 426.

princípio de justiça e à própria equidade, obstando a que maliciosamente proceda um dos sujeitos, a pedir o que tem de restituir, e que já recebia condenação no fragmento de Paulo: "*Dolo facit, qui petit quod redditurus est.*"[95]

Os autores costumam frisar o *imediatismo* de seus efeitos, explicando que a compensação se dá de pleno direito no momento mesmo em que ocorre a coexistência das dívidas, com os requisitos apontados; e, se os interessados espontaneamente se não entendem, forçando por isto um pronunciamento judicial, a sentença produz efeito *ex tunc*, operando retroa-tivamente sua declaração de que se extinguiram os débitos.[96]

Perimindo as obrigações, extinguem-se *ipso facto* os respectivos acessórios.

Agora, uma última palavra, antes do encerramento deste tema. Já vimos que, por direito nosso, toda compensação é legal. Pode haver, repetimos, a convenção criadora de uma extinção de obrigações por certa espécie de compensação, que não reúne, entretanto, os extremos desta.

Alguns autores (Lacerda de Almeida, Teixeira de Freitas) faziam referência a uma outra espécie de compensação, denominada *judicial* ou *reconvencional*, que consiste na contrademanda do réu, em oposição ao pedido do autor. Quando, no mesmo juízo, no mesmo processo, e dentro do mesmo prazo de defesa, o réu articula a sua postulação, assume a posição do autor – *reus reconveniens fit actor* – e pede como se o fizesse em demanda apartada. Se é procedente o pedido reconvencional, a sentença concluirá pela condenação do autor ou pela redução da pretensão deste.[97] Como instituto de Direito Processual, existe a *reconvenção*;[98] mas não comportam os seus extremos o enquadramento na dogmática da compensação, bastando lembrar que o só fato de pressupor um direito em discussão lhe retira o requisito de liquidez e certeza.[99] Demais disso, a procedência da reconvenção pode importar em elisão do pedido do autor, ou pode envolver encontro de contas, ou podem ainda subsistir as duas pretensões, que devem ser satisfeitas.

164. Transação

No Código Civil de 1916, a transação era tratada no Título II do Livro III, como Efeito das Obrigações. No Código Civil de 2002, a mesma vem disciplinada como contrato típico, no Capítulo XIX do Título VI do Livro I, que cuida do Direito das Obrigações. Sendo assim, remetemos o leitor aos comentários do atualizador, contidos no volume III desta obra.

---

95 *Digesto*, Livro 44, tít. 4, fr. 8.
96 Ruggiero e Maroi, loc. cit.; Larenz, ob. cit., pág. 435.
97 Lacerda de Almeida, *Obrigações*, § 81; Teixeira de Freitas, *Esboço*, art. 1.176; Aubry e Rau, *Cours*, IV, § 328.
98 Código de Processo Civil de 1973, art. 315; Código de Processo Civil de 2015, art. 343.
99 M. I. Carvalho de Mendonça, nº 370.

O Código de Processo Civil de 2015 expressamente estimula a redução consensual do conflito (art. 3°, §§ 2° e 3°), prevendo normas específicas para conciliação e mediação. A Lei n° 14.181/21 – Lei do Superendividamento – prevê a instituição de núcleos de conciliação e mediação de conflitos decorrentes do superendividamento (art. 5°, VII, do CDC, na redação dada pela Lei n° 14.181/21).

165. Confusão

Pode acontecer que, por força de um fato jurídico estranho à relação obrigacional, as figuras do devedor e do credor se reúnam na mesma pessoa. O mais frequente é a sucessão *causa mortis*, em que o herdeiro recebe do seu antecessor o título de crédito contra si mesmo, ou vice-versa. A sucessão a título singular, seja *inter vivos* (*exempli gratia*, cessão de crédito), seja *mortis causa* (instituição de legatário), igual situação pode gerar. Também com o casamento no regime da comunhão universal, quando marido e mulher antes dele eram credor e devedor, dá-se a comunicação dos patrimônios no regime da comunhão universal, criando situação análoga. Em tais circunstâncias, surge uma ideia que é a própria negação da relação obrigacional, uma vez que esta pressupõe dois sujeitos diferentes, um dos quais adstrito a uma prestação positiva ou negativa em favor do outro. Este conceito de sujeição não poderá subsistir quando os dois patrimônios se confundam inteiramente, ou, por força das circunstâncias, desapareçam o *poder* do sujeito ativo e o *dever* do sujeito passivo, em razão de estarem reunidos na mesma entidade jurídica.[100] O romano o enxergou e proclamou: "*Cum in eamdem personam ius stipulantis promittentisque devenit.*"[101] Os autores salientam que a figura da confusão não é apenas do direito obrigacional, e não é peculiar ao Direito Civil. No campo dos direitos reais ocorre, com o nome de confusão ou de consolidação, quando se reúnem em um mesmo titular a propriedade e um *ius in re aliena*: por exemplo, se o dono do prédio dominante adquire o prédio serviente, caso em que a servidão se extingue, já que *nemine res sua servit*; no Direito comercial, aparece na figura da *cambial de retorno*.[102]

Presos à noção romana,[103] que não admitia neste caso a extinção da obrigação, mas simplesmente aceitava a liberação do devedor como consequência da paralisação da ação, alguns escritores[104] ainda relutam em inscrever este fenômeno entre as causas extintivas, sustentando a sobrevivência da obrigação, que contudo não pode ser exigi-

---

100 Clóvis Beviláqua, *Obrigações*, § 46; M. I. Carvalho de Mendonça, I, n° 396.
101 *Digesto*, Livro 46, tít. III, fr. 107.
102 Ruggiero e Maroi, *Istituzioni*, § 136; Alfredo Colmo, *Obligaciones*, n° 842.
103 *Digesto*, Livro 66, tít. I, fr. 71.
104 Huc, *Commentaire*, VIII, n° 176; Planiol, *Traité Élémentaire*, II, n° 6.061, Colin e Capitant, *Droit Civil*, II, n° 123; De Page, *Traité*, III, 2ª parte, n° 694; Giorgi, *Obbligazioni*, VIII, n° 105; Hudelot e Metmann, *Obligations*, n° 599; Lacerda de Almeida, *Obrigações*, pág. 326; M. I. Carvalho de Mendonça, loc. cit.

da. A ideia é inexata, contra a qual onda não menos prestigiosa e ponderável se levanta.[105] Certa é, então, a posição do Direito brasileiro, onde dúvida não vinga, porque é expresso o efeito liberatório: quando na mesma pessoa se confundem as qualidades de credor e devedor, extingue-se a obrigação (Código Civil de 2002, art. 381),[106] total ou parcialmente, conforme a confusão se verifique a respeito de toda a dívida ou somente de uma parte dela, como no caso de não ser o devedor herdeiro único do credor e vice-versa (Código Civil de 2002, art. 382).[107]

Embora se trate de modalidade peculiar de extinção, não há falar em *pagamento*, mesmo no sentido genérico, uma vez que o vínculo tipicamente desaparece sem a ocorrência de uma prestação.

São requisitos essenciais para que se dê a confusão: *a)* a unidade da relação obrigacional, que pressupõe a existência do mesmo crédito, da mesma obrigação; *b)* a reunião, na mesma pessoa, das qualidades de credor e devedor, que gera a extinção do vínculo independentemente da vontade, e bem assim da natureza ou da origem da obrigação, pois que real ou pessoal o direito, ou gerada a *obligatio* pela lei ou pela vontade desaparece *ope legis* pelo só fato de se anularem os seus dois termos, ativo e passivo, ao se integrarem em uma só pessoa; *c)* é hoje comum acrescentar-se um terceiro requisito, a *ausência de separação dos patrimônios*. Embora seus efeitos sejam pessoais, no sentido particular de somente atingirem o credor-devedor, a causa etiológica da confusão é objetiva, na acepção de pressupor a reunião daquelas qualidades em uma pessoa só. Somente quando a pretensão e a obrigação concorrem no mesmo titular é que perime o obrigado.[108] Enquanto isto não ocorrer subsistem as obrigações. Assim, aberta a sucessão, não se verifica a confusão enquanto permanecerem distintos os patrimônios do *de cujus* e do herdeiro e não incorporar este o crédito ao seu patrimônio próprio, em definitivo.[109] Por outro lado, sendo pressuposto seu o concurso da qualidade creditória e debitória na mesma pessoa, não a comportam os títulos ao portador, mesmo quando sejam adquiridos pelo emitente, que assim os pode transferir a outrem, sem que a intensidade do vínculo seja atingida.[110]

A confusão dá-se na relação creditória principal. Por via de consequência, já que *accessorium sequitur principale*, o fiador fica liberado. Ao revés, se a confusão se der entre o credor e o fiador, extingue-se a fiança, mas subsiste a obrigação principal, por ausência daquele primeiro requisito (unidade da relação): a obrigação

---

105 Larenz, *Obligaciones*, I, pág. 322; Alfredo Colmo, *Obligaciones*, n° 851; Savigny, *Sistema*, IV, 205; Trabucchi, *Istituzioni*, n° 246; Aubry *et* Rau, *Droit Civil*, IV, § 330; Windscheid, *Pandette*, IV, § 252; Mazeaud *et* Mazeaud, *Leçons*, II, n° 1.139.
106 Direito Anterior: art. 1.049 do Código Civil de 1916. Projetos: art. 259 do Projeto de Código de Obrigações de 1965; art. 379 do Projeto de Código Civil de 1975.
107 Direito Anterior: art. 1.050 do Código Civil de 1916. Projetos: art. 260 do Projeto de Código de Obrigações de 1965; art. 380 do Projeto de Código Civil de 1975.
108 Larenz, loc. cit.
109 Von Tuhr, *Obligaciones*, II, n° 76; M. I. Carvalho de Mendonça, n° 399; De Page, n° 692.
110 Von Tuhr, loc. cit.

principal é uma unidade íntegra, e a obrigação acessória (fiança) é outra relação obrigacional cujo desaparecimento não atinge aquela a que acede.[111]

Se a confusão se passa entre devedor e fiador, nada resulta, porque a título principal ou acessório o obrigado continua a sê-lo, não sofrendo a relação obrigacional senão a redução de garantia.[112]

Se ocorrer a confusão na pessoa do *devedor solidário*, a obrigação extingue-se até a concorrência de sua parte no débito, subsistindo a solidariedade quanto aos demais coobrigados, pelo remanescente. Ao revés, se ela ocorrer na pessoa do *credor solidário*, fica extinta a obrigação até a concorrência de sua parte no crédito, e subsiste a solidariedade quanto aos demais cocredores, pelo saldo (Código Civil de 2002, art. 383),[113] solução esta que encontra guarida nos Códigos francês (art. 1.301) e argentino (art. 866).

Pode acontecer que o fato gerador se invalide ou não seja de caráter definitivo, vindo então a *cessar a confusão*. A consequência no nosso Direito, ao contrário de outros sistemas que oferecem solução mais restritiva,[114] é o restabelecimento da obrigação (Código Civil de 2002, art. 384),[115] tal qual expresso está no Código Federal suíço das Obrigações (art. 139) e no argentino (art. 867). O exemplo clássico da doutrina[116] é este: o devedor é instituído, em testamento, herdeiro de seu credor; confundem-se por força da sucessão, na sua pessoa, as qualidades de credor e devedor, e, *ipso facto*, extingue-se a obrigação; mas, ulteriormente, vem o testamento a ser anulado, e logo cessa a confusão. A obrigação restaura-se retroativamente, com toda as suas consequências, inclusive as garantias, como se nunca tivesse havido confusão.[117] As garantias, reais ou pessoais, somente haviam deixado de vigorar como acessórios da obrigação que se extinguiu. E revivem com ela, desde o momento em que se invalidou a causa extintiva. É por isso que alguns escritores, embora aceitem o caráter extintivo da obrigação pela confusão, acrescentam que este efeito não é absoluto.[118] O Projeto de Código de Obrigações de 1965, em seu artigo 259, preferiu consignar a liberação das garantias, como efeito automático.

É preciso, contudo, ressalvar que, mesmo no regime do nosso Código Civil de 2002, cujo art. 384 tem a amplitude acima acusada, as garantias reais e os direitos de terceiros têm de ser respeitados, quando constituídas aquelas ou adquiridos estes na pendência do efeito extintivo da confusão. Se, por exemplo, a restauração da garan-

---

111 Cf. *Digesto*, Livro 46, tít. III, fr. 43: "*In omnibus speciebus liberationum etiam acessiones liberantur; ... practerquam quod inter creditorem et adpromissores confusione facta res non liberatur.*"
112 Colmo, n° 854.
113 Direito Anterior: art. 1.051 do Código Civil de 1916. Projetos: art. 262 do Projeto de Código de Obrigações de 1965; art. 381 do Projeto de Código Civil de 1975.
114 M. I. Carvalho de Mendonça, n° 406.
115 Direito Anterior: art. 1.052 do Código Civil de 1916. Projetos: art. 382 do Projeto de Código Civil de 1975.
116 Clóvis Beviláqua, loc. cit.
117 Hudelot e Metmann, *Obligations*, n° 600; De Page, n° 697.
118 Mazeaud *et* Mazeaud, loc. cit.

tia hipotecária defronta uma nova inscrição, realizada após aquela extinção, não terá sobre ela prioridade, pois que perde o grau de que anteriormente gozava.[119] Como registra a doutrina, o art. 384, do Código Civil de 2002, exige que, para a confusão operar a extinção da obrigação, o fato hábil à extinção deve ser definitivo, e não transitório (como no exemplo da confusão que se opera em razão de testamento que, no entanto, vem a ser invalidado posteriormente).[120]

166. COMPROMISSO

Os artigos 1.037 a 1.048 do Código Civil de 1916, que tratavam do Compromisso, foram revogados pela Lei nº 9.307/96. O Código Civil de 2002 cuida do Compromisso, como tipo contratual, nos artigos 851 a 853, a cujos comentários remetemos o leitor (*Instituições de Direito Civil*, vol. 3).

O Código de Processo Civil de 2015 – Lei nº 13.105 – estimula a solução consensual dos conflitos (art. 3º, §§ 2º e 3º) e trata de modo mais específico da atuação dos conciliadores e mediadores judiciais (arts. 165 a 175) sob clara inspiração da Resolução nº 125/10, do Conselho Nacional de Justiça.

Também houve a edição da Lei nº 13.140, de 26 de junho de 2015, que passou a cuidar da mediação entre particulares e de formas de autocomposição de conflitos no âmbito da Administração Pública. Tanto direitos disponíveis quanto indisponíveis que admitam transação podem ser objeto de mediação (art. 3º), inclusive com procedimento e contatos via meios eletrônicos que permitam transação a distância (art. 46).

Recentemente a Lei nº 9.307/96 foi parcialmente alterada pela Lei nº 13.129, de 26 de maio de 2015, de modo a ampliar o alcance da arbitragem, incluindo a possibilidade de a Administração Pública valer-se da arbitragem quanto a direitos patrimoniais passíveis de transação (art. 1º, § 1º, da Lei nº 9.307/96, na redação da Lei nº 13.129/15). Foram introduzidos dispositivos legais entre tutelas cautelares e de urgência que se relacionam aos litígios submetidos à arbitragem.

No ano de 2019, houve a edição da Lei nº 13.867, que acrescentou os arts. 10-A e 10-B ao Decreto-Lei nº 3.365/41 (Lei Geral de Desapropriações) para disciplinar o procedimento a ser seguido na obtenção da desapropriação consensual (ou amigável). Contudo, além de tal disciplina, o art. 10-B do Decreto-Lei nº 3.365/41 prevê a possibilidade de o Poder Público e o proprietário do imóvel optarem pela mediação ou pela arbitragem, caso em que o particular indicará um dos órgãos ou instituições especializados em mediação ou arbitragem previamente cadastrados no órgão do Poder Público responsável pela desapropriação. Em se optando pela arbitragem, serão seguidas as normas da Lei nº 9.307/96 e, subsidiariamente, os regulamentos do órgão ou instituição responsável pela desapropriação (art. 10-B, § 4º, do Decreto-Lei nº 3.365/41, introduzido pela Lei nº

---

119 Serpa Lopes, *Curso*, II, nº 296.
120 Ana Luiza Maia Nevares, ob. cit., pág. 447.

13.867/19). Cuida-se de importante avanço no tema da solução mais ágil, efetiva e em tempo razoável das questões relativas à atuação da Administração Pública na intervenção no domínio econômico no segmento das desapropriações de imóveis, com claro benefício também ao administrado (então proprietário do bem).

Em razão do expressivo número de ações instauradas e em tramitação no Poder Judiciário brasileiro, tem ocorrido movimento de estímulo aos métodos adequados/consensuais, inclusive nas questões relacionadas ao interesse público.

167. REMISSÃO

Sob a epígrafe da *remissão das dívidas*, disciplina o Código Civil de 2002 (arts. 385 a 388) a liberação graciosa do devedor, emanada do credor. Trata-se de dispensa do devedor quanto ao pagamento da dívida. Liberação *direta*, como o pagamento, e não por via de consequência, como a novação ou a compensação.[121] É uma particular espécie de renúncia.[122] Não é, entretanto, pacífica a caracterização da remissão como ato de renúncia, havendo toda uma corrente de escritores que a definem com sentido convencional.[123]

Não há forma especial para a remissão da dívida.[124] Depende da natureza da obrigação e das providências que se devam seguir para operar a liberação plena do devedor. Mas, se se contiver em outro negócio jurídico, deve acompanhar os requisitos formais deste. Assim, se se tratar de garantia hipotecária, deve constar de instrumento hábil para o cancelamento da inscrição. Se for feita por testamento, há de obedecer à forma deste, que é nulo sem a sua observância.[125]

Para sua validade é mister que o remitente seja dotado de aptidão para dispor do direito, e o devedor tenha capacidade para manifestar validamente sua vontade, embora não se despreze o favorecimento da ordem legal, no sentido de liberar o devedor: *favor liberationis*.

Pode ser *expressa* ou *tácita*. *Expressa*, quando efetuada por escrito, público ou particular, pelo qual o credor perdoa a dívida ou renuncia aos seus direitos. *Tácita* ou *implícita*, quando decorre de uma atitude do credor, incompatível com a conservação de sua qualidade creditória. Não se presume fora dos casos admitidos ou mencionados em lei. Nem a tolerância ou inatividade do credor permite induzi-la.

Do perdão expresso há pouco que dizer, pois que é uma declaração de vontade a estender-se estritamente, como todas as de caráter benéfico.

A remissão tácita tem merecido particular atenção da doutrina, porque terá de ser induzida de uma conduta do credor, traduzindo a intenção liberatória.

---

121 De Page, *Traité*, III, nº 669.
122 Clóvis Beviláqua, *Obrigações*, § 47; Coelho da Rocha, *Direito Civil*, § 163; M. I. Carvalho de Mendonça, *Obrigações*, I, nº 409; Hudelot e Metmann, *Obligations*, nº 567; Barassi, *Obbligazioni*, III, nº 277.
123 Serpa Lopes, *Curso*, II, nº 297; De Page, nº 674; Mazeaud et Mazeaud, *Leçons*, II, nº 1.118.
124 Clóvis Beviláqua, loc. cit.; Von Tuhr, *Obligaciones*, II, nº 74; De Page, nº 675.
125 Mazeaud *et* Mazeaud, nº 1.119; De Page, loc. cit.

I. O Código Civil de 2002 (art. 386)[126] menciona, como atitude desta espécie, a *entrega voluntária* do título da obrigação quando por escrito particular. De Page insurge-se contra esta técnica, que é a mesma do Código francês, dizendo deverem-se distinguir a remissão da dívida e a entrega do título, pois enquanto a primeira é um modo de extinção da obrigação, a segunda é o sinal ou a presunção de um negócio; enquanto aquela libera o devedor, esta faz a prova da precedente liberação.[127]

Analisado o fenômeno, a observação procede. Mas, se, nos seus efeitos, os dois momentos coincidem, torna-se especiosa a crítica. Dentro da fórmula usada pelo legislador, é evidente que não basta o ato material da detenção do título pelo devedor, para que se tenha por extinta a obrigação. É mister concorram outros fatores e, assim, estejam presentes certos requisitos:[128] *a)* O primeiro é a efetiva *traditio* do instrumento. Se a lei declara que a *entrega* faz prova do perdão, é preciso que ela se realize de fato. Não pode induzi-lo a simples posse do título pelo devedor, senão a resultante de sua entrega, que significa a tomada de posição do credor. Se o título estiver com o devedor por outra causa, falta base à remissão, e a obrigação subsiste. *b)* O segundo é que a entrega seja feita *pelo credor* em pessoa, ou seu *representante*. Se é o credor mesmo que passa o título às mãos do devedor, a tradição se realiza pelo dono ou titular do direito, mas a legitimidade da remissão exige que o *tradens* tenha o poder de disposição sobre o crédito. O incapaz de alienar, pelo fato de o ser, não pode remitir, e, portanto, a entrega que faça do título não tem efeito liberatório. O tutor, que pode entregar o título contra pagamento, não o pode em remissão, porque tem a administração dos bens do pupilo, mas não tem o direito de alienar gratuitamente. A entrega por um terceiro não faz presumir a liberação.[129] Ao procurador somente é lícito entregar em remissão se for investido de poderes para isto. Se os tem para receber e dar quitação, não pode fazer remissão, porque esta é alienação gratuita.[130] *c)* Finalmente, a entrega há de ser voluntária, tanto no sentido da sua *espontaneidade* quanto no de abrigar a intenção de abdicar da qualidade creditória. Se não reunir esses extremos, a posse do devedor sobre o título não traduz quitação, conforme visto no nº 153, *supra*. Ocorrendo a entrega do título com tais requisitos, a obrigação extingue-se. E, para a *prova* deles, todos os meios são hábeis, pois se assim não fosse anular-se-ia o *favor liberationis*, e de nada adiantaria o legislador criar esta modalidade de perdão tácito. Ao revés, cabe ao credor, a seu turno, demonstrar, por qualquer meio probatório admissível, que a detenção do título pelo devedor não reúne os requisitos extintivos da obrigação, e, portanto, que esta permanece de pé.

Tendo em vista as considerações acima expendidas, vê-se bem que a entrega do título, com a apuração de todos esses requisitos, importa perdão, ainda na ausência

---

126 Direito Anterior: art. 1.053, do Código Civil de 1916. Projetos: art. 384 do Projeto de Código Civil de 1975.
127 De Page, nº 668.
128 Serpa Lopes, nº 304.
129 Hudelot e Metmann, *Obligations*, nº 568; Mazeaud *et* Mazeaud, nº 1.203.
130 M. I. Carvalho de Mendonça, nº 410.

de texto expresso. Por isto mesmo o nosso Anteprojeto dispensou-se de consignar regra semelhante.

II. A remissão poderá limitar-se à garantia real adjeta à obrigação, deixando que esta sobreviva. E, neste caso, aceita a lei que tacitamente se verificará, quando o credor fizer ao devedor a entrega do objeto empenhado (Código Civil de 2002, art. 387).[131] Aqui não há perdão da dívida. Não há extinção da obrigação. Tão somente ocorre cessação da garantia, que desaparece, restando a dívida simplesmente quirografária. Embora a remissão seja uma modalidade de renúncia, pode-se perceber a sua distinção aqui, onde a entrega do objeto envolve a renúncia da garantia, sem remissão da obrigação. É, aliás, conceito que se vê em toda nitidez no novo Código Civil italiano, cujo art. 1.236 menciona a remissão, enquanto o 1.238, ao cogitar exatamente da hipótese da restituição do objeto dado em garantia, fala em *renúncia* e não em remissão. Para que valha a devolução como abdicação da garantia, hão de rodeá-la os mesmos requisitos que fazem da entrega do título induzir a remissão da dívida.

Pode, ainda, ser *total*, quando tem por objeto a completa extinção da obrigação, e *parcial*, quando por via dela concede o credor a redução na dívida, que subsiste em parte e é em parte remetida.[132]

Em qualquer caso, deve emanar de agente *capaz*. Não apenas portador de *capacidade* genericamente considerada, porém de especial para alienar, porque, envolvendo uma renúncia de direito, é ineficaz se falta ao agente a livre *disponibilidade* de seus bens. Mais que isto. Sendo a remissão uma quitação graciosa, necessita de capacidade para dispor gratuitamente ao que Giorgi alude ao falar em "capacidade para doação".[133]

O Direito germânico conhece, ao lado da remissão, e com o mesmo efeito extintivo, o contrato de *reconhecimento de inexistência* de obrigação. Este negócio jurídico, se visa ao *reconhecimento* negativo de obrigação preexistente e conhecida, faz as vezes de remissão, e segue as linhas dogmáticas desta. Fora daí, e na sua essência, tem o efeito específico de esclarecer e assegurar a situação jurídica que se presumia existente. Se, porém, foi avençado o contrato, na pressuposição falsa e enganosa de que o débito inexistia, o credor poderá reconstituí-lo, provando que a dívida existia na realidade e que o reconhecimento se faz na crença errônea do contrário.[134]

A doutrina debate a *natureza* do ato remissivo, a saber se é unilateral ou bilateral, indagando e respondendo se se perfaz com a manifestação de vontade do credor ou se é mister o acordo do devedor. Dentro desta controvérsia, inclinávamo-nos pela unilateralidade. O credor não precisaria da vontade do devedor para abdicar da sua qualidade. Bastaria que inequivocamente a ela renunciasse. É neste sentido, de ato abdicativo uni-

---

131 Direito Anterior: art. 1.054 do Código Civil de 1916. Projetos: art. 257 do Projeto de Código de Obrigações de 1965; art. 385 do Projeto de Código Civil de 1975.
132 Serpa Lopes, nº 303.
133 Giorgio Giorgi, *Obbligazioni*, VII, nº 309.
134 Enneccerus, Kipp e Wolff, *Tratado, Obligaciones*, I, § 74; Larenz, *Obligaciones*, I, pág. 440; Von Tuhr, *Obligaciones*, II, pág. 146.

lateral, que o atual Código Civil italiano se pronuncia.[135] A essência do perdão estaria, pois, na vontade do credor, a qual, como *declaração receptícia*,[136] deveria ser dirigida ao devedor. Nem por isso, entretanto, a validade da renúncia dependeria de aceitação deste. Bastaria a *não oposição*, que se não confundiria com aceitação, para que ela se perfizesse. Se, contudo, o devedor tivesse razões jurídicas oponíveis à vontade do credor, poderia recusar o benefício. Nesta hipótese, a obrigação subsistiria, não porque o perdão fosse ato bilateral, mas porque teria o devedor legítimo interesse em que a remissão não operasse.[137] Este é, sem dúvida, o *punctum pruriens* da remissão. Porque, em verdade, os escritores controvertem tanto a sua noção jurídica, que tornam esta matéria intrincada e de difícil exposição (Giorgi, Carvalho de Mendonça). A nosso ver, não prevaleceria a concepção convencional da remissão, que se realizaria e poderia perfazer-se sem o concurso da declaração de vontade do devedor. Seria uma renúncia abdicativa, e não translativa. O credor, que tem o poder de exigir a prestação, anularia esta faculdade por uma emissão volitiva, expressa ou tácita.[138] Toda a alma da controvérsia está na reminiscência romana. Porque naquele Direito a remissão se fazia sob forma convencional (*acceptitatio et pactum de non petendo*), os escritores modernos persistem na conservação desta natureza. Mas, se se encara a realidade e se analisa a atitude do credor, por título à ordem, que remite a obrigação inutilizando o instrumento; ou se se pondera na remissão por testamento, somente conhecida após a morte do credor, vê-se bem que não havia necessidade de uma convenção para que tivesse lugar. É certo que o devedor poderia recusar o perdão, como poderia rejeitar o legado, sem que num como noutro caso resultasse o argumento da bilateralidade.

Outra corrente sustenta a sua natureza contratual. Foi a esta que aderiu o Anteprojeto de Código de Obrigações de 1941, art. 318, que condicionava a extinção da obrigação à aceitação do devedor, seguindo neste passo o Federal suíço das Obrigações, art. 115, e, para ela, o credor não pode liberar o devedor sem o consentimento deste, já que lícito lhe não é sobrepor-se à vontade do devedor de cumprir a obrigação.[139] Foi a corrente adotada no art. 385, do Código Civil de 2002. No Direito francês ainda vigora mesmo a sua identificação com a *doação* (muito embora esta não seja, ali, um contrato), não faltando escritores modernos que o defendam.[140] Há, entre os dois institutos, um ponto comum, que é a gratuidade. Apesar de alguns Códigos, como o suíço, art. 141, assim a conceberem, não nos parece aceitável a identificação, pois que a doação pressupõe deslocamento patrimonial do objeto,[141]

---

135 Trabucchi, *Istituzioni*, n° 244.
136 Barassi, III, n° 277. Sobre a noção de declaração receptícia de vontade, v. n° 83, *supra* (vol. I), desta obra.
137 Ruggiero e Maroi, *Istituzioni*, II, § 136.
138 Windscheid, *Pandette, Obbligazioni*, § 357; Fadda e Bensa, *Comentários às Pandette de Windscheid*, vol. IV, pág. 397, n° 25.
139 Larenz, pág. 439; Mazeaud *et* Mazeaud, n° 1.195; Enneccerus, loc. cit.; De Page, n° 674.
140 Mazeaud *et* Mazeaud, n° 1.207.
141 Código Civil de 2002, art. 538.

e isto se não dá na remissão, que, aliás, nunca foi desta sorte considerada em nosso Direito,[142] como por outros sistemas.[143]

Como negócio jurídico unilateral, a remissão poderia ser revogada unilateralmente, desde que não tivesse ainda gerado um direito contrário, que poderia aparecer pela atuação do devedor, pela disposição de garantias, e até pela simples aceitação.[144] Prevaleceu, no entanto, com o art. 385 do Código Civil de 2002, a orientação doutrinária da remissão como negócio jurídico bilateral e, portanto, atrelado à aceitação do devedor. Tal ocorreu em razão da moderna concepção da relação obrigacional fundada no princípio da boa-fé objetiva em que se insere o dever de cooperação entre as partes. Assim, por exemplo, pode o devedor ter razões de natureza não econômica para recusar o perdão, como, por exemplo, não ser humilhado, obter declaração judicial de inexistência da relação jurídico-obrigacional.[145]

Outro ponto debatido na doutrina é a indagação se é ato gracioso ou se comporta correspectivo ou contraprestação. Não obstante argumentos em contrário, entendemos que o perdão da dívida deve ser desacompanhado de prestação por parte do devedor, pois que se assim não for haverá transação ou outra figura jurídica, mas não um ato remissivo propriamente dito. A gratuidade não é só da normalidade da remissão, porém necessária à sua conceituação jurídica.[146]

Somente as obrigações patrimoniais de caráter privado comportam perdão ou renúncia. As dívidas que envolvem um interesse de ordem pública são insuscetíveis de remissão. Não é possível, evidentemente, que o pai renuncie ao poder familiar, ou o filho ao *status* respectivo, ou o credor de alimentos remita a obrigação do devedor.[147] Mas é possível a remissão das consequências patrimoniais dos direitos irrenunciáveis. Assim, se o filho não pode renunciar à sua qualidade de filho, pode abrir mão da herança aberta de seu pai; ao credor de alimentos é facultado conceder perdão das prestações vencidas. Sendo dívida patrimonial de caráter privado, pode ser remitida, independentemente de sua origem, seja esta uma obrigação contratual, seja de outra espécie.[148] A tais consequências atinge-se, assim, no caso de mencioná-lo, a lei (Código Civil de 2002, art. 387)[149] como no de silenciar o princípio.

Nos seus efeitos, o perdão da dívida opera como se fosse pagamento. Equivale à quitação da dívida, porque importa extinção da obrigação, liberando o devedor e seus corresponsáveis. Neste ponto, o Direito moderno reúne as duas espécies romanas – *acceptitatio et pactum de non petendo* –, pois que se extingue a dívida, como a *acceptitatio*, gera para o devedor uma exceção substancial, como o *pactum de non petendo*. Mas,

---

142 M. I. Carvalho de Mendonça, n° 411.
143 Barassi, n° 277.
144 Ruggiero e Maroi, loc. cit.
145 Ana Luiza Maia Nevates, ob. cit., pág. 451.
146 De Page, n° 670.
147 Clóvis Beviláqua, loc. cit.
148 Giorgi, n° 310.
149 Direito Anterior: art. 1.054 do Código Civil de 1916. Projetos: art. 257 do Projeto de Código de Obrigações de 1965; art. 385 do Projeto de Código Civil de 1975.

no seu mecanismo, difere do pagamento, porque produz o seu resultado com a manifestação de vontade contrária à subsistência do vínculo. O credor, que tinha a tríplice alternativa de perseguir o obrigado, dispor do crédito a favor do terceiro, ou remiti-lo, opta por esta última, que é uma disposição a benefício do próprio devedor, e que tanto se efetiva pela declaração remissiva, como pelo abandono da razão creditória.[150] Mas não se confunde com a cessão de crédito, porque esta pressupõe uma transferência, ao passo que o perdão extingue a obrigação.[151]

O perdão concedido ao devedor principal extingue a obrigação dos fiadores e liberta as garantias reais. Mas a recíproca não é verdadeira: se o credor concede perdão ao fiador, extingue a fiança, mas deixa sobreviver a obrigação principal da mesma forma que a liberação do bem gravado ou a entrega do objeto apenhado prova a renúncia do credor à garantia, sem afetar a dívida.[152]

A remissão não pode causar prejuízos a terceiros, de acordo com parte final do art. 385, do Código Civil de 2002, exatamente no que tange à proibição da fraude contra credores (art. 158 do Código Civil de 2002) de forma a observar o princípio da confiança.

Se vários forem os devedores, a remissão concedida a um deles extingue a obrigação na parte que lhe corresponde, de tal forma que ressalvando, embora, o credor a solidariedade que prende os demais coobrigados, não poderá mais acioná-los pela dívida inteira, senão com dedução da parte remitida (Código Civil de 2002, art. 388).[153] E, se vários forem os credores e um deles fizer remissão, a obrigação não ficará extinta em relação aos demais que entretanto somente poderão exigir o pagamento com desconto da cota do credor remitente.

Sendo *indivisível* o objeto e um dos credores remitir a dívida, não se extingue a obrigação em relação aos demais credores, que poderão exigir o pagamento, com desconto da parte relativa ao remitente.[154]

A remissão pode sujeitar-se a condição ou termo, o que logo de plano se verifica compatível com a liberalidade. A remissão não se desfigura, nem por ser ato gracioso a repele.[155]

---

150 Ruggiero e Maroi, loc. cit.
151 M. I. Carvalho de Mendonça, nº 411.
152 Clóvis Beviláqua, loc. cit.; Barassi, nº 277.
153 Direito Anterior: art. 1.055 do Código Civil de 1916. Projetos: art. 258 do Projeto de Código de Obrigações de 1965; art. 386 do Projeto de Código Civil de 1975.
154 M. I. Carvalho de Mendonça, nº 416.
155 Von Tuhr, loc. cit.

Capítulo XXXIII
Enriquecimento sem Causa e Pagamento Indevido

Sumário

168. Enriquecimento sem causa. **169.** Repetição do pagamento. **170.** Retenção do pagamento indevido.

Bibliografia

Clóvis Beviláqua, *Obrigações*, § 37; Vale Ferreira, *Enriquecimento sem Causa, passim*; Jorge Americano, *Ensaio sobre o Enriquecimento sem Causa, passim*; Ludovico Barassi, *La Teoria Generale delle Obbligazioni*, II, págs. 639 e segs.; De Page, *Traité*, III, 2ª parte, n.ºs 26 e segs.; Orosimbo Nonato, *Curso de Obrigações*, 2ª parte, II, págs. 83 e segs.; Jean Renard, "L'Action d'Enrichissement sans Cause dans le Droit Français Moderne", *in Revue Trimestrielle de Droit Civil*, 1920, pág. 243; Ruggiero e Maroi, *Istituzioni di Diritto Privato*, II, §§ 183 e 184; Saleilles, *Obligations*, págs. 449 e segs.; Von Tuhr, *Tratado de las Obligaciones*, I, n° 51; Jean Dabin, *La Teoría de la Causa*; Ascoli, "Arrichimento", *in Nuovo Digesto Italiano*; Rouast, "L'Enrichissement sans Cause", *in Revue Trimestrielle de Droit Civil*, 1922, pág. 35; Enneccerus, Kipp e Wolff, *Tratado, Obligaciones*, II, §§ 217 e segs.; Gaudemet, *Théorie Générale des Obligations*, págs. 283 e segs.; Karl Larenz, *Derecho de Obligaciones*, II, § 62; Trabucchi, *Istituzioni di Diritto Civile*, n° 301; Gustavo Tepedino, *Obrigações*, págs. 369 e segs.; Arnoldo Wald, *Obrigações e contratos*, págs. 82 e segs.; Judith Martins-Costa, *Comentários ao Novo Código Civil*, vol. V, t. I, págs. 45 e segs.; Giovanni Ettore Nanni, *Enriquecimento sem causa*; Agostinho Alvim, "Do Enriquecimento sem causa", *in Revista dos Tribunais*, vol. 46, pág. 3; Fernando Noronha, "Enriquecimento sem causa", *in Revista de Direito Civil*, vol. 15, pág. 57; Ada Pellegrini Grinover, *Código Brasileiro de Defesa do Consumidor: comentado pelos autores do anteprojeto*, 9ª ed., Rio de Janeiro: Forense Universitária, 2007, pág. 405.

168. Enriquecimento sem causa

Os Códigos modernos, em face do problema do enriquecimento sem causa, adotam técnicas diferentes. Vê-se, mesmo, que reina uma certa desorientação a respeito, seja no conceituar, seja no disciplinar, seja ainda no admitir o Direito positivo a teoria do enriquecimento indevido. A razão será, talvez, porque a matéria não tenha encontrado no Direito romano o desenvolvimento que fora de desejar. Faltaram-lhe segurança e aquele rigor lógico que os jurisconsultos souberam imprimir aos institutos. Parece, mesmo, que se não chegou a construir um verdadeiro sistema de princípios, limitando-se as fontes a apontar soluções de inspiração na equidade, porém, dispersas. O meio técnico eram as *condictiones*, por via das quais devia aquele que se locupletasse com a coisa alheia restituí-la a seu dono – "*Iure naturae aequum est neminem cum alterius detrimento et injuria fieri locupletiorem.*"[1] Todas as hipóteses conhecidas eram envolvidas na epígrafe ampla das *condictiones sine causa*, denominação que permitiu aos juristas modernos generalizar, dizendo: quando alguém recebia indevidamente alguma coisa, ou quando cessava a razão justificativa de tê-la recebido ou quando a aquisição provinha de furto ou de um motivo imoral, não tinha o direito de retê-la, por lhe faltar uma *causa*. Esta, porém, não era elementar na *obligatio*, que se contraía independentemente de seu conceito, porém necessária a que o adquirente conservasse a propriedade ou a posse da coisa recebida.[2]

Faltando, então, a causa, o adquirente perdia o direito de reter a coisa, e devia restituí-la. A via ou o meio técnico eram as *condictiones*.

Sobre este alicerce, das *condictiones*,[3] que não receberam na dogmática romana uma sistematização perfeita, os modernos construíram a teoria do enriquecimento sem causa. Descabe, portanto, razão aos que sustentam tratar-se aqui de uma construção original de nosso tempo. Aos juristas modernos coube o trabalho sem dúvida profícuo de formular-lhes a doutrinação geral. Mas não se pode recusar à ciência jurídica dos romanos a ter vislumbrado e enunciado os conceitos fundamentais.[4]

A sua aplicação legislativa é, contudo, vária. De um lado podemos colocar originariamente o BGB (arts. 812 a 822) e o Código Suíço das Obrigações (arts. 62 a 67), que generalizaram, numa teoria ampla sob inovação de *enriquecimento indevido*, todas as hipóteses a que falte ou venha a faltar a causa eficiente da aquisição, instituindo como consequência o dever de restituir. A este grupo aderiu o Código italiano de 1942, com a criação de uma "ação geral de enriquecimento" (arts. 2.041 e 2.042), considerada[5] como subsidiária, no sentido de que é cabível somente quando o prejudicado não tem outra, de ressarcimento direto e não exista norma excludente

---

1 *Digesto*, Livro 50, tít. 17, fr. 206.
2 Clóvis Beviláqua, *Obrigações*, § 37.
3 Saleilles, *Obligations*, nº 340.
4 Lafaille, *Tratado, Obligaciones*, II, nº 1.163; Larenz, *Obligaciones*, II, § 62.
5 Ruggiero e Maroi, *Instituzioni*, II, § 184.

expressa.[6] Ainda na corrente, da perfilhação legal desta teoria, podem-se apontar o Código Civil Português de 1966, arts. 473 a 482, o Direito soviético, o japonês, o mexicano, como a ela aderiu, ainda, o famoso projeto do Código Único de Obrigações e Contratos Franco-Italiano (art. 73), de onde foi para o projeto de Código Internacional de Obrigações e Contratos, de Cosentini (art. 178).[7]

De outro lado, inscrevem-se o Código Civil francês, o italiano de 1865 (hoje revogado), o espanhol, e outros que partem da noção formulada por Justiniano,[8] segundo o qual o pagamento indevidamente recebido gera uma obrigação de restituir, correlata ou semelhante ao débito que se origina de um contrato – *"cui quis per errorem non debitum solvit, quasi ex contractu debere videtur"*. Havendo os autores do Código Napoleão tomado as palavras *quasi ex contractu debere videtur* como fundamentais, reduziram a teoria das *condictiones sine causa* ao recebimento indevido (Clóvis). Não há dúvida, entretanto, de que a ideia do enriquecimento sem causa domina numerosos artigos do Código Civil francês. Mas os seus redatores não o mencionam, e, ao revés, parece mesmo que deliberadamente a omitiram.[9]

Num terceiro grupo, ocupado pelo Código Civil da Áustria (arts. 1.431 e 1.437) e o Código português de 1867, não aparece a teoria do enriquecimento sem causa desenvolvida e compreendida como tal, mas assegura-se ao que pagou por erro a faculdade de repetir o pagamento.[10]

Onde, em qual dos grupos, colocar o Direito Civil brasileiro?

Esboço de Teixeira de Freitas (art. 1.029) enxerga na dívida a causa do pagamento, assentando que ele a pressupõe. E conclui que é repetível por erro essencial o que se paga quando se não deve. Não disciplinou o mestre o enriquecimento sem causa, como instituto autônomo e envolvente dos vários aspectos sob que o considera a doutrina germânica, nem sistematizou a teoria romana das *condictiones*. Encarou o problema apenas por um ângulo, para fixar a dogmática da *repetitio indebiti*.

Passando pelos vários Projetos, veio, afinal, definir-se no Código Civil de 1916 (arts. 964 e 971), sendo adotada também, no Código Civil de 2002 (arts. 876 a 883), a ideia do "pagamento indevido", que o codificador compreendeu em termos de maior independência na esteira do Código Civil austríaco e do português, sem contudo dar o merecido desenvolvimento à teoria do enriquecimento sem causa, que o eminente Clóvis Beviláqua entendia não comportar subordinação a um critério hábil a reduzir todas as hipóteses a uma unidade.[11]

Daí não se conclua que o legislador brasileiro de 1916 tenha admitido possa alguém enriquecer-se com a jactura de outrem. Apenas não procedeu, como na sistemática suíço-germânica, à unificação do enriquecimento sem causa, o que não impediu que a doutrina e a jurisprudência realizassem a soldadura das várias incidências,

---

6 Barassi, *Istituzioni*, n° 200.
7 Orosimbo Nonato, *Curso de Obrigações*, 2ª parte, II, pág. 85.
8 *Institutas*, Livro III, tít. 28, § 6.
9 Mazeaud et Mazeaud, *Leçons*, II, n° 693.
10 Clóvis Beviláqua, loc. cit.
11 Clóvis Beviláqua, Comentário ao art. 964 do Código Civil.

e acabasse por estruturar em termos de generalidades a teoria respectiva.[12] Bom é assinalar que o mesmo ocorreu no Direito francês, em que o papel unificador da jurisprudência operou-se, criando a dogmática deste instituto e sua elevação a uma regra de direito positivo,[13] em termos bem mais precisos e sólidos. Os civilistas franceses deduziram os seus requisitos, os quais por terem sido isolados na seleção casuística apresentam-se demasiadamente analíticos. Assim é que, segundo a jurisprudência francesa, exigem-se cinco condições para que se considere o enriquecimento sem causa fonte de obrigações: 1°) o empobrecimento de um e correlativo enriquecimento de outro; 2°) ausência de culpa do empobrecido; 3°) ausência do interesse pessoal do empobrecido; 4°) ausência da causa; 5°) subsidiariedade da ação de locupletamento (*de in rem verso*), isto é, ausência de uma outra ação pela qual o empobrecido possa obter o resultado pretendido.[14] Embora a doutrina haja acolhido a teoria com grande entusiasmo, ou talvez por isto mesmo, alguns aconselham expurgá-lo do lirismo que não deixa de acompanhá-la, erigida em autêntica panaceia escolhida por espíritos menos avisados, como uma técnica de restabelecimento da justiça e da equidade. Convém colocar o instituto, aconselham, nos seus devidos termos, sob pena de convertê-lo em teoria perigosa.[15]

O Código Civil de 1916 destacou o pagamento indevido, colocando-o no capítulo da *solutio* entre os *efeitos das obrigações*. Além disso, também não descurou as outras hipóteses de enriquecimento, e impôs a consequente *restitutio*, como ligada a outras instituições. A doação *propter nuptias*, por exemplo, quando se não seguia o casamento, o que o Direito romano previa na *condictio causa data non secuta*, e que se integra na teoria do enriquecimento sem causa, dispensava-se esta solução técnica no Direito brasileiro, porque, independentemente daquela sistematização, considera-se ineficaz se o casamento não se realizar (*si nuptiae non fuerint secutae*), como consequência natural de sua própria condição legal (casamento), e era resultante de disposição expressa de lei.[16] Da mesma sorte, e não obstante ter omitido a sistematização do enriquecimento sem causa, sempre se fulmina o negócio jurídico atentatório do princípio de moralidade (*condictio ob turpem causam*) porque a causa ilícita vai confundir-se com a própria iliceidade do ato, e tem como consequência o seu desfazimento. E assim outros exemplos podem ser lembrados.

Muito embora a literatura jurídica nacional reclamasse a sistematização do instituto do enriquecimento sem causa, que alguns confundem com a ideia de *ilícito*, mas sem razão, porque a dispensa, verdade é que todas as hipóteses previstas pelos construtores da teoria estavam disciplinadas no nosso Direito, em ligação com a

---

12 Vale Ferreira, *Enriquecimento sem Causa*, pág. 9.
13 Renard, "L'Action d'Enrichissement sans Cause", in *Revue Trimestrielle de Droit Civil*, 1920, pág. 243.
14 Mazeaud *et* Mazeaud, *Leçons*, II, n° 698.
15 De Page, *Traité*, III, 2ª parte, n° 26.
16 Código Civil de 1916, art. 1.173, e Código Civil de 2002, art. 546.

instituição que mais se lhe avizinhasse.[17] O que nos faltava, conseguintemente, era a construção do enriquecimento sem causa como instituto dotado de *autonomia* e disciplina legal própria. No seu desenvolvimento, necessário será exigi-lo sobre requisitos específicos, os quais, *ad instar* da doutrina alemã, deverão compreender: 1º) a diminuição patrimonial do lesado, seja com o deslocamento, para o patrimônio alheio, de coisa já incorporada ao seu, seja com a obstação a que nele tenha entrada o objeto cuja aquisição era seguramente prevista; 2º) o enriquecimento do beneficiado sem a existência de uma causa jurídica para a aquisição ou a retenção; e 3º) a relação de imediatidade, isto é, o enriquecimento de um provir diretamente do empobrecimento do outro, de tal maneira que aquele que cumpre a prestação de autoempobrecimento possa dirigir-se contra o que se enriqueceu em virtude de uma causa jurídica suposta não existente ou desaparecida, ou, para dizê-lo mais sucintamente: o enriquecimento de um dos sujeitos e o empobrecimento do outro hão de decorrer de uma e mesma circunstância.[18] Também no Direito italiano, onde o Código de 1942 apadrinha a teoria do enriquecimento sem causa, a doutrina assinala a presença dos requisitos da respectiva ação: 1º) o enriquecimento de uma pessoa mediante um dano emergente ou um lucro cessante; 2º) o prejuízo de uma outra pessoa; 3º) um nexo de causalidade entre o enriquecimento de um e o prejuízo de outro; 4º) a ausência de íntima justificação para o fenômeno.[19]

O instituto do enriquecimento sem causa entrou em nosso Direito Positivo pela porta do Projeto de Código de Obrigações de 1965, que o disciplinou com caráter autônomo nos artigos 889 e 890. O Código Civil de 2002, a exemplo dos que cuidaram do tema de maneira genérica, estabeleceu a regra: quem se enriqueceu à custa alheia fica obrigado a restituir o que indevidamente houver recebido. Apurado o enriquecimento *sine causa*, o beneficiado tem o dever de restituir o que indevidamente recebeu, com a correção monetária dos valores, atualizados na data da restituição (Código Civil de 2002, art. 884).[20] Sendo objeto do enriquecimento coisa determinada, a *restitutio* far-se-á em espécie, mediante a devolução da própria coisa. Se, porém, na data em que se efetivar, ela não mais existir, converter-se-á no seu valor pecuniário, pela estimativa que então for feita. Em qualquer das hipóteses, e tendo em vista que o enriquecimento indevido atenta contra os princípios jurídicos, o lesado terá direito ao ressarcimento das perdas e danos.

Ainda que a redação do artigo 885 do Código Civil de 2002[21] peque pela falta de clareza, o legislador pretende estabelecer que o enriquecimento se considera quando

---

17 Arnoldo Wald é peremptório ao afirmar que não se exige comportamento culposo de qualquer das partes para o enriquecimento sem causa, bastando o fato objetivo (*Obrigações e contratos*, ob. cit., pág. 82).
18 Larenz, § 62; Enneccerus, Kipp e Wolff, *Tratado, Obligaciones*, vol. II, § 218.
19 Barassi, *Obbligazioni*, II, nos 194 e 195.
20 Direito Anterior: não há. Projetos: art. 889 do Projeto de Código de Obrigações de 1965; art. 920 do Projeto de Código Civil de 1975.
21 Direito Anterior: não há. Projetos: art. 890 do Projeto de Código de Obrigações de 1965; art. 921 do Projeto de Código Civil de 1975.

falta a causa no momento em que o beneficiado aufere o proveito (recebimento *sine causa*), e bem assim quando a causa para a retenção venha a faltar posteriormente (*causa non secuta*). O preceito, que acompanha o Projeto de Código de Obrigações de 1965, enuncia que cabe a restituição do indébito, posto venha a causa a faltar depois de obtido o proveito. Está o princípio contido na conceituação do enriquecimento sem causa, que abrange a ausência desta quando o beneficiado recebe a coisa, do mesmo modo que existe quando ele deixa de restituir aquilo que já veio para o seu patrimônio, mas que não lhe cabe mais aí conservar, pelo feito de vir a faltar a *causa retentionis*. A noção de causa deve ser entendida como um título jurídico idôneo a justificar o enriquecimento. Na ausência deste título, originária ou superveniente, com presença dos outros requisitos, haverá obrigação de restituir.

Na sistemática do Código, não obstante haver institucionalizado o enriquecimento sem causa, é estabelecida a obrigação de restituir. Alinhou-se entre os que atribuem à ação de locupletamento um caráter de subsidiariedade. Somente tem cabida a ação direta de enriquecimento, se o lesado não dispuser de outro meio para se ressarcir (Código Civil de 2002, art. 886).[22] Não foi a mais feliz esta orientação, pois que se presta, muito amiúde, de prover o enriquecimento de uma exceção, permitindo-lhe, em julgamento prejudicial, arguir a impropriedade da pretensão restitutória, sob alegação de existência de outra via judicial.

Como aponta doutrina mais recente, o pensamento segundo o qual é inadmissível o reconhecimento de acréscimo patrimonial às custas de outrem, sem um fato jurídico a justificá-lo é revelado pela vedação ao enriquecimento sem causa.[23] No Direito, tal pensamento se traduz de duas maneiras: a) como princípio que, na jurisprudência, recebia atuação até superior às normas legais; b) como fonte da obrigação de restituir o que foi indevidamente objeto de locupletamento. A ideia como princípio serviu para os juízes reduzirem a cláusula penal com base no art. 924 do Código Civil de 1916, fixarem *quantum* da reparação de dano moral – mais tecnicamente vinculado à razoabilidade –, reconhecerem esforço comum nos casamentos sob o regime da separação de bens (conforme Súmula nº 377 do STF) para autorizar a comunicação de alguns bens entre os cônjuges, atribuírem indenização pelos serviços prestados pela companheira antes da Constituição Federal de 1988, quando não era constituída sociedade de fato, permitirem a investigação da causa nos cheques dados em garantia, autorizarem a incidência de correção monetária, ainda que *contra legem* em alguns casos.[24]

Não se pode confundir, inclusive quanto à origem, o instituto do enriquecimento sem causa com a responsabilidade civil, já que esta objetiva reparar um dano sofrido pela vítima e, sob o prisma material, a tutela jurídica é voltada

---

22 Direito Anterior: não há. Projetos: art. 922 do Projeto de Código Civil de 1975.
23 Carlos Nelson Konder, "Enriquecimento sem causa e pagamento indevido". *In*: Gustavo Tepedino, *Obrigações*, pág. 369.
24 Para maior análise da evolução jurispudencial sobre o tema, recomenda-se consultar: Carlos Nelson Konder, ob. cit., pág. 372.

à proteção dinâmica do patrimônio. O enriquecimento sem causa é instrumento voltado à proteção estática do patrimônio,[25] abrangendo, pois, hipóteses não abrangidas pela responsabilidade civil, eis que não se exige ato ilícito e dano. O objetivo é remover a vantagem recebida por um para transferi-la a quem de direito. O Código Civil de 2002 introduz um capítulo intitulado "Do Enriquecimento sem Causa" (arts. 884 a 886), suprindo lacuna existente no passado.

Lembra a doutrina que o enriquecimento sem causa pode se verificar em várias hipóteses: a) transferência patrimonial, como nos exemplos de pagamento indevido e de recebimento do imóvel, com benfeitorias realizadas pelo possuidor; b) exploração de bens, trabalho ou direitos alheios, exemplificando com as situações de uso do imóvel alheio, do condômino que desfruta sozinho de todo o imóvel, do uso de imagem alheia sem autorização.[26]

Acerca dos requisitos do enriquecimento sem causa, algumas ponderações merecem ser feitas. A respeito do enriquecimento, há discussão sobre os dois tipos de sua avaliação: o enriquecimento real e o enriquecimento patrimonial. O real se refere ao objeto do enriquecimento, ou seja, o valor de uso do bem ou direito (ex.: hipótese de utilização de casa de veraneio de um conhecido, supondo ter sido emprestada, quando o dono só entregou as chaves para que fosse visto se a casa estava em ordem – o valor de uso seria o do aluguel do imóvel). O enriquecimento patrimonial se vincula ao sujeito enriquecido, ou seja, é calculada a diferença entre a situação real e a hipotética – aquela que ocorreria não fosse o enriquecimento (no exemplo dado, como a pessoa que usou o imóvel era de poucas posses, se fosse para alugar, ela o teria feito em relação à outra casa de acordo com sua condição econômica; o valor do enriquecimento patrimonial seria, pois, a diferença correspondente ao aluguel da outra casa, dentro de suas possibilidades).[27]

Outro requisito é a aferição de proveito alheio, ou seja, a necessidade de que o enriquecimento se dê à custa de outrem (conforme art. 884 do Código Civil de 2002), o que, para alguns autores, não representa necessariamente um empobrecimento. Deve-se distinguir a concepção patrimonial e a concepção real de "empobrecimento". O patrimonial decorre da diferença entre a situação efetiva do empobrecido e a situação hipotética (caso não ocorresse o fato originador do enriquecimento), enquanto o "empobrecimento" real se refere às condições objetivas da vantagem auferia pelo enriquecido e que, portanto, não foi destinada ao empobrecido. Assim, o empobrecimento patrimonial será superior ao real se o lesado tivesse revendido a coisa com lucro. Ao revés, o empobrecimento real seria maior se o bem se deteriorasse ou fosse vendido com prejuízo.[28] Deve-se considerar o "empobrecimento" real. De acordo com a teoria do duplo limite, o *quantum* da obrigação de restituir no

---

25 Francisco Manuel Pereira Coelho, *O Enriquecimento e o Dano*, Almedina, pág. 12.
26 Carlos Nelson Konder, ob. cit., pág. 382.
27 Carlos Nelson Konder, ob. cit., págs. 383 e 384.
28 Carlos Nelson Konder, ob. cit., pág. 386.

enriquecimento sem causa deve ser, entre o enriquecimento patrimonial e o "empobrecimento" real, o de menor valor (ou menor monta).

O Superior Tribunal de Justiça, ao apreciar o tema referente à possível obrigação da União Federal de restituir ex-parlamentares que não tiveram reconhecido direito à pensão, quanto aos valores recolhidos a título de contribuição previdenciária, assentou a seguinte tese jurídica em julgamento de recursos repetitivos: "*Há de se reconhecer o direito à restituição de contribuições pagas ao extinto Instituto de Previdência dos Congressistas – IPC, fundo fechado de previdência, visto que os segurados, ex-contribuintes, após a extinção, nenhum benefício receberão em contrapartida, evitando-se, assim, o enriquecimento ilícito da União, sucessora nos direitos e obrigações do IPC*" (tema 371, Recurso Especial n° 1.122.387/DF, Rel. Min. Napoleão Nunes Maia Filho).

169. REPETIÇÃO DO PAGAMENTO

O Código Civil brasileiro, a exemplo do austríaco e do português, cogitou em particular do pagamento indevido, aliás considerado já no Direito Romano a mais típica hipótese entre os diversos meios do prover a restituição fundada em justificação deficiente.[29] Muito embora o Código brasileiro de 1916 o haja tratado sem rigor técnico,[30] como solução, entre os efeitos das obrigações, o pagamento indevido é tido, na moderna dogmática, como modalidade peculiar de enriquecimento sem causa, admitindo-se todavia que a ação de repetição seja específica, e só na sua falta caiba a de *in rem verso* genérica.[31] A crítica que o nosso Código merece, por ter mal situado o instituto da *repetitio indebiti*, encontra eco nos nossos modernos obrigacionistas, dentre os quais destacamos Orosimbo Nonato.[32]

O Código Civil brasileiro dá, pois, corpo ao pagamento indevido, cuja repetição pelo *solvens* vai afinar com a regra da equidade,[33] enquanto outros defendem esta inspiração contra todo ataque.[34] Mas nem por isto se negará tratar-se de modalidade específica de enriquecimento não causado, como se vê da opinião hoje corrente,

---

29 Trabucchi, *Instituzioni di Diritto Civile*, n° 301.
30 O Código de 1916 já disciplinava o instituto do pagamento indevido, embora não cuidasse do "enriquecimento sem causa", que é o gênero em que aquele se inscreve. Com o Projeto de Código de Obrigações de 1965, cuidou-se de fazer com que a dogmática do enriquecimento sem causa precedesse a do pagamento indevido. O novo Código cogitou de um e de outro, apenas invertendo a ordem e colocando o gênero depois da hipótese. De certo modo, porém, atendeu à crítica que se tinha feito ao Código velho, pelo fato de colocar o pagamento indevido entre os efeitos das obrigações.
31 Trabucchi, ob. cit., n° 302.
32 Orosimbo Nonato, ob. cit., pág. 84.
33 Não é pacífico assim fundamentá-lo, havendo escritores que se insurgem contra o asserto, como Vale Ferreira, *Enriquecimento sem Causa*, pág. 123.
34 Orosimbo Nonato, ob. cit., pág. 123.

mesmo entre escritores de sistemas que não disciplinaram com independência o instituto mais amplo.[35]

Para o Código brasileiro, a regra cardeal reza que todo aquele que tenha recebido o que não lhe é devido fica obrigado a restituir (Código Civil de 2002, art. 876).[36] Trata-se, portanto, de uma obrigação que ao *accipiens* é imposta por lei, mas nem por isto menos obrigação, a qual se origina do recebimento do indébito, e que somente se extingue com a *restituição do indevido*. Há, na sua etiologia, algo de peculiar, pois que a sua causa geradora é um pagamento: a peculiaridade reside em originar-se o vínculo obrigacional daquilo que, na normalidade, é causa extintiva da obrigação; e extinguir-se com o retorno ao *status quo ante*, seja por via de devolução do objeto, seja pelo desfazimento do ato prestado.[37]

Cabe a restituição em qualquer caso de pagamento indevido, seja o que se denomina *indébito objetivo*, isto é, quando inexiste vínculo obrigacional ou é este suscetível de paralisação por via de exceção, seja no chamado *indébito subjetivo*, quando há vínculo, mas em relação a sujeito diverso. Em qualquer deles, o *solvens* tem a ação para repetir o indevido, sob fundamento essencial da ausência de causa para o pagamento, que gerou o enriquecimento do *accipiens* em consequência do seu empobrecimento[38] ou da anuência de obrigação que o justifique.[39]

O pagamento indevido, que cria para a *accipiens* um enriquecimento sem causa, e, portanto, gera para o *solvens* uma *ação de repetição – de in rem verso –*, resulta destes requisitos, segundo o que Saleilles deduz, com base no BGB: 1°) que tenha havido uma prestação; 2°) que esta prestação tenha a caráter de um pagamento; 3°) que não exista a dívida.[40] Para Gaudemet, os mesmos requisitos ficam resumidos em dois itens: 1°) uma prestação feita a título de pagamento; e 2°) que a dívida não exista, pelo menos nas relações entre o *solvens* e o *accipiens*.[41]

Enfeixando a sua extremação em linha de esquema, muitos outros escritores lhe fazem aderir o elemento anímico, e supõem então a sua etiologia: 1°) a realização de um pagamento; 2°) a caracterização de um indébito, ou seja, a verificação de que o *solvens* realizou-o sem a obrigação preexistente de fazê-lo; e 3°) a ocorrência de erro de sua parte, ou desconhecimento da situação real.[42] A esses extremos, os irmãos Mazeaud ajuntam a circunstância de não ter o *accipiens* destruído seu título de crédito,[43] o que não nos parece orçar pelos requisitos conceituais da repetição do indébito,

---

35 Demogue, *Obligations*, III, pág. 117; De Page, *Traité*, III, 2ª parte, pág. 8; Alfredo Colmo, *Obligaciones*, n° 692.
36 Direito anterior: art. 964 do Código Civil de 1916. Projetos: art. 891 do Projeto de Código de Obrigações de 1965; art. 912 do Projeto de Código Civil de 1975.
37 Clóvis Beviláqua, *Obrigações*, § 37.
38 Ruggiero e Maroi, *Istituzioni*, § 183; Orosimbo Nonato, ob. cit., pág. 83.
39 Tito Fulgêncio, *Programa*, vol. II, Quadro n° XIV, pág. 33.
40 Saleilles, *Obligations*, n° 343.
41 Gaudemet, *Obligations*, pág. 283.
42 Demogue, *Obligations*, II, n° 86; Lafaille, ob. cit.; De Page, ob. cit., n° 9; Von Tuhr, *Obligaciones*, I, pág. 303 e segs.; Barassi, *Obbligazioni*, II n° 183 – V. nosso Anteprojeto, arts. 905 e 906.
43 Mazeaud et Mazeaud, *Leçons*, II, n° 653.

porém, inscreve-se como uma das razões da *soluti retentio* (v. n° 170, *infra*). Mais do que requisito, o primeiro pressuposto é um *pagamento*, tomada a palavra no sentido técnico, porém, amplo, de solução, assunto sobre o qual já nos detivemos no n° 152, *supra*.

O segundo requisito é a ausência de causa jurídica ou a falta de um vínculo preexistente. Ele será *indevido* desde que a *solutio* não seja justificada como tal, e falta então a razão de ter o *solvens* efetuado a prestação na qualidade de pagamento.

O terceiro é o erro. Este, à sua vez, pressupõe uma distorção: pode dar-se o pagamento voluntariamente ou não; em ambos os casos há *restitutio*, pois a equidade não tolera que o *accipiens* retenha o recebido, indebitamente, tanto no caso de ter o *solvens* procedido *sponte sua*, quanto no de haver sido a isto compelido. Mas para exigir a restituição do indevido há que cogitar do elemento subjetivo – erro – em conjugação com a voluntariedade da prestação.

Se o pagamento for realizado *voluntariamente*, deverá o *repetens* provar que o efetuou por erro. E, neste passo, o Direito moderno lastreia-se na ideia romana: "*Si quis indebitum ignorans solvit, per hanc actionem condicere potest: sed si sciens se non debere solvit*, cessat repetitio." O erro pode referir-se, de primeiro, à existência da obrigação (indébito absoluto). Assim todo aquele que, por um erro de fato ou de direito, julgar-se em débito para com outrem, e em tal estado de espírito realizar a prestação, a título de solução, a fim de que possa repetir o que pagou, deverá demonstrar o erro em que incorreu. Nas mesmas condições (indébito objetivo, ainda) igual direito à repetição assiste àquele que se engana quanto à individualização da *res debita*, e, existindo embora a obrigação, civil e exigível, solve-a, erroneamente, dando uma coisa por outra. Demonstrando seu erro, pode pedir a restituição, cujo efeito aqui difere da hipótese anterior (inexistência do próprio vínculo), pois que, se no caso de erro quanto à existência da dívida, a restituição opera-se pura e simplesmente, no de *solutio*, em que o engano incide no objeto – *aliud pro alio* –, a *repetitio* tem lugar, mas com restauração do vínculo. É óbvio que o credor não pode reter a coisa recebida, já que não era a devida; mas da *repetitio* há de renascer a obrigação primitiva, pois do contrário a restituição geraria, à sua vez, uma hipótese reversa de enriquecimento indevido. A repetição de indébito comporta ainda o erro quantitativo quando o devedor paga mais do que deve; ou quando paga por inteiro a um dos cocredores, no caso de a obrigação não ser solidária e ser divisível,[44] ou ainda quando, por erro sobre a situação real, paga a dívida já extinta.[45] A jurisprudência vem abrandando a exigência da prova do erro pelo *solvens*, considerando-o presumido em determinadas hipóteses, com a possibilidade da presunção ser elidida.

Cogitando do erro tão somente no pagamento voluntário, obviamente admite-se *a contrario sensu* que é dispensada a sua apuração na hipótese da *solutio* não volun-

---

44 Orosimbo Nonato, ob. cit., pág. 137; Mazeaud *et* Mazeaud, ob. cit., n° 655.
45 Von Tuhr, ob. cit., pág. 303.

tária: cabe a repetição independentemente do elemento subjetivo do erro. É, aliás, boa a doutrina legal, que consagra, tão amparada que está na *communis opinio*.[46]

O Superior Tribunal de Justiça, em sede de recurso repetitivo, assentou a seguinte tese jurídica: "*I – A pretensão de repetição de indébito de contrato de cédula de crédito rural prescreve no prazo de vinte anos, sob a égide do art. 177 do Código Civil de 1916, e de três anos, sob o amparo do art. 206, § 3º, IV, do Código Civil de 2002, observada a norma de transição do art. 2.028 desse último Diploma Legal. II – O termo inicial da prescrição da pretensão de repetição de indébito de contrato de cédula de crédito rural é a data da efetiva lesão, ou seja, do pagamento*" (tema 919, Recurso Especial nº 1.361.730/RS, Rel. Min. Raul Araújo).

Caso especial de indébito, e que encontra a mesma solução, é o do pagamento de *dívida condicional*, antes do implemento da condição. É de princípio que, subordinando-se o ato a condição suspensiva, enquanto esta não se realiza, não terá adquirido o direito a que ele visa (v. nº 145, *supra*). Ora, condicional a dívida, o credor não tem mais que uma expectativa – *spes debitum iri* – que se poderá ou não transformar em direito e o devedor não tem uma obrigação efetiva de solver. Se, portanto, este paga antes de verificada a *conditio*, está na mesma situação daquele que paga em erro, pois que, conforme ocorra ou não a condição, o débito poderá ou não ocorrer. Daí a consequência: o que recebe dívida condicional fica obrigado a restituir.

O mesmo não se dirá se a *solutio* tem por objeto uma obrigação a *termo*, antes que seja este atingido. É que a dívida já existe, e sua exigibilidade não depende de um evento incerto, porém de um prazo, a que é lícito ao devedor renunciar sem que possa se alegar beneficie o credor de um enriquecimento indevido.[47]

Outro caso peculiar, e de incidência frequente, é o do pagamento do tributo *indevido*. A controvérsia está na indagação de se quem paga *deve provar o erro*, em que tenha incidido, como no caso de ter sido voluntariamente realizado, ou se está dispensado, como na hipótese de haver-se efetuado coercitivamente. Embora não haja uniformidade de pareceres a respeito, é mais pura a doutrina que *dispensa* a prova do erro, porque aquele que paga para evitar um procedimento judicial age em termos que autorizam a repetição.[48] No Direito brasileiro como no alienígena a doutrina inclina-se neste sentido, e a jurisprudência, após vacilações, tem-no seguido. Entende-se que o fundamento do pedido de restituição do imposto indevidamente pago não é o erro do *solvens*, mas a ilegalidade ou a inconstitucionalidade da cobrança[49] ou em termos genéricos da falta de causa.[50]

---

46 Orosimbo Nonato, ob. cit., pág. 158; Demogue, ob. cit., nº 128; Mazeaud *et* Mazeaud, ob. cit., nº 659; Von Tuhr, ob. cit., pág. 307.
47 Enneccerus, Kipp e Wolff, *Tratado, Obligaciones*, II, pág. 607.
48 Von Tuhr, ob. cit., pág. 308; Dernburg, *Pandette*, § 141.
49 Melo Rocha, in Revista de Crítica Judiciária, vol. 7, pág. 54.
50 Giorgi, *Obbligazioni*, vol. V, nº 77; Clóvis Beviláqua, comentários ao art. 965 do Código Civil; Coelho da Rocha, *Instituições de Direito Civil*, § 157; decisões do Supremo Tribunal Federal, *in Arq. Judiciário*, vol. 49, pág. 162, e 93, pág. 367; *Diário da Justiça* de 23.03.1959, pág. 1.295.

Todos os casos de *indébito objetivo*, acima ventilados, são tratados com certa segurança no Direito positivo. Mas é de atender também ao *indébito subjetivo*: quando o *solvens* paga a dívida alheia, na suposição de que é própria, opera um enriquecimento do *accipiens*, na medida de seu próprio empobrecimento, sem a existência de uma causa para a *solutio*, e cabe a ação de repetição, cujos extremos são: 1º) o pagamento de débito de outrem; 2º) o erro na sua realização; e 3º) a escusabilidade do erro.[51]

Os efeitos da repetição do pagamento variam na conformidade do *animus* do acipiente, bem como da natureza da prestação.

Aquele que, de boa-fé, recebe o indevido, tem de restituir o que recebeu e mais os frutos estantes, e, se não for possível a devolução em espécie, retornará ao *solvens* a sua estimação, porque a sua posição jurídica é a de um possuidor de boa-fé, que tem direito aos frutos percebidos, não sujeito, entretanto, a devolver os consumidos. Pela mesma razão, tem direito de se indenizar pelas benfeitorias necessárias ou úteis que tiver realizado na coisa, com direito de retenção, e de levantar as voluptuárias, desde que não importe em danificar a coisa (Código Civil de 2002, art. 878).[52] Em caso de deterioração ou perecimento do objeto, não responde se não houver concorrido com culpa sua. Ao revés, o *accipiens* de má-fé restituirá a coisa com seus frutos e acessões, pelos quais responde civilmente. Somente poderá ressarcir-se das benfeitorias necessárias, mas sem direito de retenção; as úteis não são indenizáveis; as voluptuárias não as pode levantar. Se a coisa perecer, responde pela sua estimação, ainda que a perda se dê por caso fortuito ou força maior, salvo se demonstrar que o evento ocorreria, mesmo que não tivesse havido pagamento indébito.[53]

Quando a coisa indevidamente recebida for um imóvel, o acipiente deve assistir o proprietário na retificação do registro,[54] porque a circunstância de ser indevido o pagamento subtrai à inscrição do título a presunção instituída em favor daquele que ali figura como sujeito do direito real. Quando o *accipiens* do imóvel, objeto do pagamento indevido, o aliena a título oneroso, responde somente pelo preço auferido, se estiver de boa-fé; mas, se de má-fé, é obrigado ainda a perdas e danos. Alienado, porém, a título gratuito, pode o que pagou por erro reivindicá-lo do beneficiado. Igual solução (reivindicação contra o terceiro adquirente) é a que se impõe quando a alienação se tiver realizado a título oneroso, mas o terceiro adquirente houver procedido de má-fé (Código Civil de 2002, art. 879).[55]

Do Tribunal de São Paulo, na *Revista Forense*, vol. 70, pág. 297, e vol. 78, pág. 529; *Revista dos Tribunais*, vol. 94, pág. 524, e vol. 106, pág. 701.
51 Ruggiero e Maroi, *Istituzioni*, II, § 183 – Nosso Anteprojeto, art. 906, com a ressalva de que não cabe se o credor, de boa-fé, privar-se do título ou das garantias.
52 Direito Anterior: art. 966 do Código Civil de 1916. Projetos: art. 914 do Projeto de Código Civil de 1975.
53 Clóvis Beviláqua, *Obrigações*, § 37.
54 Código Civil de 1916, art. 967. Artigo sem correspondência no Código Civil de 2002.
55 Direito Anterior: art. 968 do Código Civil de 1916. Projetos: arts. 895 e 896 do Projeto de Código de Obrigações de 1965; art. 915 do Projeto de Código Civil de 1975.

O Código de Defesa do Consumidor (Lei nº 8.078/90) traz, por sua vez, regra específica sobre a repetição do indébito em caso de cobrança indevida feita ao consumidor pelo fornecedor, imputando a este a sanção da devolução em dobro daquilo que foi pago em excesso (art. 42, parágrafo único, Lei nº 8.078/90). Entretanto, para que se consolide o referido efeito da devolução em dobro, é necessário o atendimento de três requisitos objetivos e de um subjetivo,[56] todos cumulativos e sem os quais se aplica o sistema geral do Código Civil. Quanto aos requisitos objetivos, o primeiro é que se trate de cobrança indevida de *dívida*, não podendo ser aplicado o dispositivo concernente, por exemplo, se houver transferência equivocada de numerários de conta corrente do consumidor para uma outra;[57] o segundo pressuposto é que a cobrança seja feita extrajudicialmente, caso em que não há um juiz a determinar a sua legitimidade; o terceiro requisito é que a dívida seja oriunda de relação de consumo, independentemente da espécie contratual. Quanto ao requisito subjetivo, consiste em erro injustificável na cobrança feita ao consumidor, fundado em culpa ou em dolo por parte do fornecedor, sendo típico exemplo de erro não justificável aquele decorrente de cobrança automatizada, como a feita por computador.[58]

170. Retenção do pagamento indevido

Nem sempre, porém, o pagamento indevido é repetível. A lei atende a que a razão de equidade é que inspira a restituição. Portanto, onde falta este fundamento descabe a *repetitio*. Às vezes a equidade mesma é que alicerça a obrigação do *solvens*; outras vezes é a sua conduta que ressai incompatível, com qualquer proteção, e por isto a repele; outras ainda, é a situação jurídica do *accipiens* que a desaconselha.

Neste último caso, inscreve-se o recebimento que o credor faz por conta de *dívida verdadeira* e, embora seja indevido, inutiliza o credor o título ou deixa prescrever a ação, ou abre mão de garantias que asseguravam o seu direito.[59] Em tal hipótese a restituição do indébito teria por efeito tirar de um para dar a outro: ao que paga, a repetição serviria como técnica de impedir o enriquecimento indevido, mas em sentido oposto a *restitutio* importa para o acipiente na perda de uma situação jurídica existente, já que, em consequência do recebimento, a inutilização do título ou a prescrição do direito ou a renúncia às garantias criará um empobrecimento, de que o devedor lucraria indevidamente, enriquecendo-se. Não há, na verdade, incompatibilidade entre a veracidade do débito e o pagamento indevido, de vez que o erro do *solvens* pode levá-lo a efetuar prestação que lhe não caberia, porém, caberia à outra pessoa, e, então, ocorre que o credor, ao receber, quita obrigação existente,

---

56 Ada Pellegrini Grinover et al., *Código Brasileiro de Defesa do Consumidor*, pág. 405.
57 Ada Pellegrini Grinover et al., *Código Brasileiro de Defesa do Consumidor*, pág. 406.
58 Ada Pellegrini Grinover et al., *Código Brasileiro de Defesa do Consumidor*, pág. 408.
59 Orosimbo Nonato, *Curso de Obrigações*, 2ª parte, II, pág. 227.

ao mesmo passo que o *solvens*, ao pagar, presta o que lhe não teria cabido fazer. A restituição do pagamento seria em detrimento do credor, que não pode sofrer as consequências do procedimento descuidado daquele que lhe pagou. Inspirada na mesma razão da equidade, que afasta a restituição neste caso, a lei isenta o credor de restituir, mas ao que pagou concede ação regressiva contra o verdadeiro devedor ou seu fiador (Código Civil de 2002, art. 880).[60] O nosso Anteprojeto declarava que, não logrando a restituição, o *solvens* ficava sub-rogado nos direitos do credor (art. 906). Destarte, o verdadeiro sujeito passivo da obrigação, que se enriquecerá indevidamente com o pagamento realizado por um terceiro, fica sujeito a ressarcir-lhe o dano, e o verdadeiro credor, que de boa-fé perdeu os meios de exigir o cumprimento da obrigação, como obrigação, como consequência da inutilização do título, retém o objeto do pagamento, apesar de ter sido indevido este. Dentro da mesma linha de raciocínio, e pelos mesmos fundamentos, ocorre idêntica solução se, em vez de inutilizá-lo, o credor deixa prescrever o seu direito ou renuncia às garantias acessórias de seu crédito (Projeto, art. 896).

É também insuscetível de repetição o pagamento quando realizado com finalidade ilícita, imoral ou ilegal (Código Civil de 2002, art. 883).[61] As fontes romanas distinguiam quando o procedimento torpe era apenas do *accipiens*, do caso em que dele participava o *solvens*. Se apenas o acipiente agia desonestamente, cabia a *restitutio*, amparada pela *conditio ob turpem causam*, pois a equidade não tolera que alguém retenha o que recebeu em tais condições: "*Quod si turpis causa accipientis fuerit, etiam res secuta sit, repeti potest.*"[62] Mas se o solvente também procedia torpemente, e dava algo com finalidade ilícita ou imoral, não tinha ação de repetição: "*Ubi autem et dantis et accipientis turpitudo versatur, non posse repeti diximus; veluti si pecunia detur ut male iudicetur.*"[63] Esta, ainda, a solução do Direito moderno,[64] e sob o mesmo fundamento, de que a repetição deve ser recusada, por não encontrar o solvente amparo na equidade, para a sua pretensão de reaver o indébito,[65] o que já o nosso Freitas afirmava.[66]

Ao aditar ao preceito do artigo 883 o que consta do parágrafo único, o Código incide numa falha injustificável. Movimentada a justiça, para a restituição que alguém entregou para obter fim ilícito, imoral ou proibido em lei, o certo é que o juiz encerre de plano a ação, recusando-se a discutir a pretensão *ob turpem causam*. E é jurídico que se recuse, como que dizendo: *não entro no campo da iliceidade*. Com o

---

60 Direito Anterior: art. 969 do Código Civil de 1916. Projetos: art. 897 do Projeto de Código de Obrigações de 1965; art. 916 do Projeto de Código Civil de 1975.
61 Direito Anterior: art. 971 do Código Civil de 1916. Projetos: art. 898 do Projeto de Código de Obrigações de 1965; art. 919 do Projeto de Código Civil de 1975.
62 *Digesto*, Livro XII, tít. 5, fr. 1, § 2º.
63 *Digesto*, Livro XII, tít. V, fr. 3.
64 Von Tuhr, ob. cit., pág. 310.
65 Clóvis Beviláqua, loc. cit.
66 Teixeira de Freitas, em nota ao § 97 da *Doutrina das Ações*, de Correia Teles.

parágrafo, ainda que traga o propósito primitivo, vai a lei admitir a discussão, a todos os títulos imprópria no procedimento judicial.

Igualmente inspirado em razões de equidade, o preceito impõe o dever de indenizar àquele que recebe de outrem, indevidamente, prestação de fazer (Código Civil de 2002, art. 881).[67] Não sendo possível a *restitutio* da coisa, uma vez que a prestação se esgota *in faciendo*, a situação equipara-se à de quem recebe indevidamente uma coisa, a qual perece em seu poder. Idêntica é a solução do que recebe para eximir-se de *obligatio non faciendi*.

Aquele que solve *dívida prescrita* não pode repetir o pagamento. O débito é verdadeiro, mas a inércia do credor deixou que ele se desguarnecesse do tegumento protetor, e, por isso, tornou-se inexigível. O devedor, ao solvê-lo, nem incide em erro quanto à existência da obrigação nem se engana quanto ao seu objeto. A obrigação, juridicamente não reclamável, moralmente sobrevive, muito embora a paz social lhe permita recusar solvê-la. A equidade, entretanto, não tolera que seu pagamento seja repetido, uma vez que estaria a própria equidade natural a aconselhar ao devedor que efetuasse o pagamento. Vem então o direito, e dá corpo ao mandamento da equidade, negando ao *solvens* a repetição do que pagou em solução da dívida prescrita. E, independente mesmo da indagação do princípio de inspiração, falta em verdade a ocorrência de um requisito da *repetitio indeniti*, que exige a verificação de obrigação preexistente. Se o *solvens* pagou, sem alegá-lo, dívida prescrita, jamais poderá sustentar que a *solutio* visou à extinção de um *indébito*.[68]

O Código de 1916 aludia ao cumprimento de obrigação natural, o que tem levado autores a trazer para esse terreno a teoria da *obligatio naturalis*, que tanto espaço ocupou no Direito Romano. Substituindo a expressão por esta outra – obrigação judicialmente inexigível – foi seguido pelo novo Código (Código Civil de 2002, art. 882).[69] Nesta categoria de obrigações judicialmente inexigíveis compreende o Código as dívidas de jogo, e em especial as que se consistem no cumprimento de dever moral. A mesma razão de equidade fundamenta a *soluti retentio*. Não cabe chamar repetição do que foi pago na execução de deveres morais e sociais.[70]

Não cabe, também, ação de *in rem verso*, para haver o que, por obrigação ineficaz, foi pago ao portador de uma incapacidade, a não se provar a versão *útil*, isto é, que em proveito dele reverteu o objeto do pagamento.

---

67 Direito Anterior: não há. Projetos: art. 917 do Projeto de Código Civil de 1975.
68 Orosimbo Nonato, ob. cit., pág. 236.
69 Direito Anterior: art. 970 do Código Civil de 1916. Projetos: art. 894 do Projeto de Código de Obrigações de 1965; art. 918 do Projeto de Código Civil de 1975.
70 Ruggiero e Maroi, ob. cit., § 184.

Capítulo XXXIV
Mora

Sumário

171. Conceito de mora. Do devedor e do credor. **172.** Purgação e cessação da mora. **173.** Constituição em mora.

Bibliografia

Clóvis Beviláqua, *Obrigações*, § 36; Ruggiero e Maroi, *Istituzioni di Diritto Privato*, II, § 131; Ludovico Barassi, *Istituzioni di Diritto Civile*, n° 282; Trabucchi, *Istituzioni di Diritto Civile*, n° 235; Serpa Lopes, *Curso*, II, n°s 321 e segs.; Alfredo Colmo, *Obligaciones*, n°s 90 e segs.; Lafaille, *Obligaciones*, I, n°s 115 e segs.; Giorgio Giorgi, *Obbligazioni*, II, n°s 42 e segs.; Orosimbo Nonato, *Curso de Obrigações*, 2ª parte, I, pág. 281; Agostinho Alvim, *Da Inexecução das Obrigações*, págs. 16 e segs.; De Page, *Traité Élémentaire de Droit Civil*, III, 2ª parte, n°s 72 e segs.; Demogue, *Obligations*, IV, n°s 103 e segs.; M. I. Carvalho de Mendonça, *Doutrina e Prática das Obrigações*, ed. atualizada por José de Aguiar Dias, I, n°s 255 e segs.; Planiol, Ripert e Boulanger, *Traité Élémentaire de Droit Civil*, II, n°s 1.512 e segs.; Vittorio Polacco, *Obbligazioni*, n°s 120 e segs.; Von Tuhr, *Obligaciones*, II, §§ 71 e segs.; Karl Larenz, *Obligaciones*, I, §§ 22 e 24; Saleilles, *Obligations*, n°s 28 e segs.; Henri Bovay, *Essence de la Demeure*; Salvat, *Obligaciones*, n°s 85 e segs.; Gustavo Tepedino, *Obrigações*, págs. 457 e segs.; Arnoldo Wald, *Obrigações e contratos*, págs. 97 e segs.; Mário Júlio de Almeida Costa, *Direito das Obrigações;* Judith Martins-Costa, *Comentários ao Novo Código Civil*, vol. V, t. I; Sílvio Rodrigues, *Direito Civil*, vol. 2; José Marcos Antunes Varela, *Direito das Obrigações*, vol. 2; Ruy Rosado de Aguiar Júnior, *Extinção dos contratos por incumprimento do devedor*.

171. Conceito de mora. Do devedor e do credor

Uma das circunstâncias que acompanham o pagamento é o tempo. A obrigação deve executar-se oportunamente. Quando alguma das partes desatende a este fato, falta ao obrigado ainda quando tal inadimplemento não chegue às raias da inexecução cabal. Há um atraso na prestação. Esta não se impossibilitou, mas o destempo só por si traduz uma falha daquele que nisto incorreu. A *mora* é este retardamento injustificado da parte de algum dos sujeitos da relação obrigacional no tocante à prestação.

Mas não é apenas de considerar-se o tempo, senão este e também as demais circunstâncias que envolvem a *solutio*. Quando o devedor não efetua o pagamento ou o credor recusa recebê-lo no tempo, forma e lugar que a lei ou a convenção estabelecer, está em mora (Código Civil de 2002, art. 394).[1] Não quisemos oferecer uma definição de mora, pois que todas as tradicionais, formuladas pelos nossos escritores como pelos estrangeiros (Clóvis Beviláqua, Giorgi, Salvat, Demogue etc.), pecam de imperfeição, como salienta Agostinho Alvim, e nas suas águas Serpa Lopes.[2]

Nela pode incorrer tanto o sujeito passivo quanto o sujeito ativo da obrigação. Mas comumente se cogita da *mora do devedor* (*mora debendi* ou *solvendi*), porque com frequência maior institui-se prazo relativamente ao devedor, que tem de cumprir em tempo certo. Nem por isto, entretanto, é despida de interesse e atenção *a mora do credor* (*mora credendi* ou *accipiendi*), configurada no obstáculo oposto à *solutio* do devedor.

Uma ou outra, da parte do devedor ou do credor, importa em inexecução da obrigação. Umas vezes traduz a impossibilidade ou inutilidade da prestação, quando esta somente é útil e proveitosa em dado momento. Nesse caso, os escritores, numa pacificidade exemplar, arguem não se tratar mais de mora, senão de verdadeiro inadimplemento total da obrigação, e como tal comportar idêntico tratamento.[3] Outras vezes é o retardo puro e só. Não obstante atrasada, a prestação ainda seria possível e útil, e, então, a mora se não confunde, quer na sua antologia quer nos seus efeitos, como a falta absoluta de prestação. Às vezes há coincidência. Mas não deve ser tida como essencial. Na contemporaneidade, especialmente diante da concepção complexa e dinâmica da relação obrigacional – que se desenvolve como um processo –, é fundamental considerar que o conceito de adimplemento da obrigação abrange os deveres instrumentais – também denominados secundários ou laterais –, bem como direitos potestativos, ônus, expectativas jurídicas, como deveres de proteção,

---

1 Direito Anterior: art. 955 do Código Civil de 1916. Projetos: art. 179 do Projeto de Código de Obrigações de 1965; art. 392 do Projeto de Código Civil de 1975.
2 Agostinho Alvim, *Da Inexecução das Obrigações*, nº 8; Serpa Lopes, *Curso*, II, nº 321.
3 Giorgi, *Obbligazioni*, II, nº 45; Eduardo Espínola, *Sistema*, II, pág. 451; Orosimbo Nonato, *Curso*, 2ª parte, I, pág. 287.

lealdade, de cuidado e de informação, direcionando a obrigação ao seu total e adequado cumprimento.[4] Desse modo, também é ampliada a noção de inadimplemento.

Não é, também, toda retardação no solver ou no receber que induz mora. Algo mais é exigido na sua caracterização. Na *mora solvendi*, como na *accipiendi*, há de estar presente um fato humano, intencional ou não intencional, gerador da demora na execução. Isto exclui do conceito de mora o fato inimputável, o fato das coisas, o acontecimento atuante no sentido de obstar a prestação, o fortuito e a força maior, impedientes do cumprimento. Em princípio, o devedor há de solver no momento certo, e o credor receber oportunamente. A falta de execução na hora devida induz a mora de um ou de outro. Aquele que tem de suportar as suas consequências cumprirá provar, então, a existência do fato, acontecimento ou caso, hábil a criar a escusativa.

Atendendo a que nos requisitos como nos efeitos diversificam-se a mora do devedor e a do credor, cuidaremos em seguida de uma e de outra, destacadamente. Em qualquer caso, porém, mora não haverá se o devedor tempestivamente tiver oferecido a prestação ou se o credor não a tiver recusado.

A) *Mora solvendi* ou *debendi*. Ausência de pagamento oportuno da parte do devedor. Para sua caracterização, concorrem três fatores: exigibilidade imediata da obrigação, inexecução culposa e constituição em mora.[5]

A *exigibilidade imediata* pressupõe ainda a liquidez e a certeza. Para que se diga em mora, é necessário, pois, e antes de tudo, que exista uma dívida, e que esta seja certa, a saber, decorra de obrigação (convencional ou não) uma prestação determinada. A certeza não acompanha apenas a obrigação pecuniária ou a de dar, mas está presente ainda na de *fazer* ou *não fazer*. Certa é a prestação caracterizada por seus elementos específicos. *Líquida* quando, além da certeza do débito, está apurado o seu montante ou individuada a prestação. Já no Direito romano vigia princípio de que não se configurava a mora nas obrigações ilíquidas – *in illiquidis non fit mora*. O Código Civil de 2002, entretanto, ameniza a rigidez da parêmia, admitindo hipótese em que, não obstante a iliquidez da obrigação, a mora ocorre. Assim é que, ao tratar da liquidação das obrigações, estatuiu a fluência dos juros moratórios, nas *obrigações ilíquidas*, desde a inicial (Código Civil de 2002, art. 405).[6] Também nas obrigações decorrentes de crime correm juros, e compostos, desde o tempo deste.[7] Em ambas as hipóteses é manifesta a iliquidez, e, não obstante, são devidos os juros de mora, o que significa que, num e noutro, consagra o Direito positivo a incidência da mora, independentemente da liquidez da obrigação (v. n° 163, *supra*).

Fixados os pressupostos da *certeza* e *liquidez*, completa-se a noção do imediatismo da exigibilidade com a verificação do seu *vencimento*, uma vez que, na pendência de condição suspensiva, ou antes de termo final, não é possível a incidência de mora: a condição obsta à aquisição mesma do direito, e a aposição de um termo

---

4   Judith Martins-Costa, *Comentários ao Novo Código Civil*, ob. cit., pág. 64.
5   Clóvis Beviláqua, *Obrigações*, § 36.
6   Ver n° 175, *infra*.
7   Código Civil de 1916, art. 1.544. Artigo sem correspondência no Código Civil de 2002.

constitui obstáculo a que o credor o faça valer. Numa e noutra hipótese não ocorre o pagamento, e *mora non fit*.

A *culpa do devedor é outro elemento essencial*. O nosso Anteprojeto menciona a *inexecução culposa* como elemento integrante de sua etiologia (art. 189). Não há mora, se não houver fato ou omissão a ele imputável (Código Civil de 2002, art. 396).[8] A regra não comporta dúvida, em nosso Direito, embora o contrário possa dizer-se de outros sistemas legislativos; não obstante a culpa, *a parte debitoris* é suscetível de verificação presumida (Código Civil de 2002, art. 399).[9] De acordo com o melhor entendimento, tal presunção é *iuris tantum*, e não *iuris et de iure*.[10] Embora o retardo faça presumir a conduta culposa, cabe ao devedor evidenciar que o atraso lhe foi imposto por um acontecimento, cujos efeitos não teve ele condições de evitar ou impedir. De conseguinte, envolve escusativa para o devedor e consequente ausência de mora a verificação de um acontecimento de *força maior*, ainda que transitório; a falta de cooperação; o atraso na autorização do poder público sempre que seja requisito do ato, e outros semelhantes.[11] Não valeria ressalvar-se, contudo, por escusativa fundada na *vis maior* (força maior), a simples dificuldade subjetiva e relativa,[12] pois não merece proteção aquele que não sabe medir as suas forças ou conservar os meios de cumprir o obrigado.[13] A doutrina mais recente propõe a substituição da culpa pela noção da imputabilidade no campo do inadimplemento. Judith Martins-Costa observa que, no contexto da "imputabilidade", há dupla forma de imputação: a) a imputação subjetiva que pressupõe a prática de ato culposo como ensejador da responsabilidade pelo não cumprimento da obrigação; b) imputação objetiva, que não exige culpa, e sim decorre da inobservância de normas que atribuem à pessoa a assunção de um risco ou um dever de segurança (ou de garantia), ou ainda de responsabilização pela confiança despertada na outra parte.[14]

Constituído o devedor em mora (v. nº 173, *infra*), e positivada ela, duas são as ordens de seus *efeitos*: a responsabilidade pelas perdas e danos e a perpetuação da obrigação.[15]

Responde, na verdade, o devedor pelos prejuízos a que der causa o retardamento da execução (Código Civil de 2002, art. 395);[16] obrigado fica a indenizar o credor pelo dano que o atraso lhe causar, seja mediante o pagamento dos juros moratórios legais ou convencionais, seja ressarcindo o que o retardo tiver gerado. A indenização moratória não é substitutiva da prestação devida, vale dizer que pode ser reclamada

---

8   Direito Anterior: art. 963 do Código Civil de 1916. Projetos: art. 181 do Projeto de Código de Obrigações de 1965; art. 394 do Projeto de Código Civil de 1975.
9   Direito Anterior: art. 957 do Código Civil de 1916. Projetos: art. 184 do Projeto de Código de Obrigações de 1965; art. 397 do Projeto de Código Civil de 1975.
10 Agostinho Alvim, *Inexecução das Obrigações*, nº 13; Serpa Lopes, *Curso*, II, nº 322.
11 Larenz, *Obligaciones*, I, § 22.
12 Orosimbo Nonato, ob. cit., pág. 303.
13 Giorgi, ob. cit., II, nº 13.
14 Judith Martins-Costa, ob. cit., pág. 465.
15 Ruggiero e Maroi, Istituzioni, § 131; Larenz, loc. cit.
16 Direito Anterior: art. 956 do Código Civil de 1916. Projetos: art. 183 do Projeto de Código de Obrigações de 1965; art. 393 do Projeto de Código Civil de 1975.

juntamente com ela, se ainda for proveitosa ao credor. Mas, se se tornar inútil ao credor em razão da mora do devedor, tem ele o direito de exigir a satisfação das perdas e danos completa, mediante a conversão da *res debita* no seu equivalente pecuniário. É o caso em que o atraso no cumprimento equivale a descumprimento total, equiparando-se a prestação retardada à falta absoluta de prestação. O mesmo direito à recusa da prestação tardia assiste ao credor, quando é vinculada a um contrato, cuja resolução seja condicionada ao pagamento *oportuno tempore*. Não satisfeito na época determinada, enseja ao credor o rompimento da avença. Há de se considerar que a noção de inutilidade da prestação, constante do parágrafo único do art. 395 do Código Civil de 2002, se relaciona ao credor específico nas circunstâncias que envolviam concretamente a sua pessoa.

Outro efeito da *mora debendi* é a denominada *perpetuatio obligationis*, em virtude de que responde o devedor moroso pela impossibilidade da prestação (Código Civil de 1916, art. 957/Código Civil de 2002, art. 399), ainda que tal impossibilidade decorra de caso fortuito ou de força maior. São requisitos deste agravamento da responsabilidade do devedor: estar ele em mora e ocorrer a impossibilidade na pendência desta. O devedor não se escusa sob alegação de ausência de culpa no perecimento do objeto, porque a sua condição de devedor se torna agravada precisamente em razão de não ter prestado em tempo oportuno. A *perpetuação da obrigação* não deve ter, contudo, caráter absoluto. Casos haverá em que o dano sempre sobreviria à coisa, e, então, escusa-se o devedor moroso, comprovando, além da falta de culpa específica na danificação, a circunstância de que o evento dar-se-ia ainda que a obrigação tivesse sido oportunamente desempenhada. Exemplo clássico é o da coisa fixa no solo e destruída pelo raio, na pendência da *mora solvendi*: ainda que o devedor houvesse cumprido a tempo, perderia o credor a coisa, pela força do fogo do céu. Neste mesmo exemplo, pelo fortuito, entretanto, responde o devedor, se a coisa era destinada à alienação, e o retardamento na entrega impediu o credor de realizá-la. É que o *interitus* não a atingiria a tempo de frustrar a alienação, se, com a *traditio oportuna*, houvesse o credor convertido o objeto no seu valor pecuniário, em desenlace das negociações já entabuladas. Ressalva-se, também, a obrigação de gênero, pois que, sendo certo que *genus nunquam perit*, a perda de uma coisa não individuada não impossibilita a execução mediante a entrega de outra do mesmo gênero.[17]

B) *Mora accipiendi* ou *credendi*. Não encontra uniformidade de tratamento legislativo. Enquanto no sistema francês a mora do credor se confunde com a consignação em pagamento, no germânico recebe tratamento específico. A esta segunda linha pertence o Direito brasileiro, que, disciplinando o instituto, mais próximo situa-se na tradição romana. Costuma-se, como princípio básico, argumentar que o credor não tem o dever de receber em tempo certo. Mas não se pode recusar ao devedor a faculdade de liberar-se do vínculo obrigacional, em vez de manter-se jungido ao credor indefinidamente. Quando existe, pelas circunstâncias da hipótese, uma obrigação para o credor, quanto ao recebimento *opportuno tempore*, está em mora

---

17 De Page, *Traité*, III, 2ª parte, nº 83.

quando atrasa o recebimento do devido. Nos demais casos, embora falte ao credor a obrigação de receber,[18] corre-lhe entretanto um dever negativo, de se não opor a que o devedor se desvencilhe da obrigação. Aí é que encontra paralelo a *mora credendi* com a *mora debendi*. O embaraço que o credor opõe à *solutio* da outra parte compara-se ao retardamento do devedor, e a mora de um equipara-se à do outro. A *recusa* do credor é requisito conceitual dela. O retardamento injustificado no recebimento equivale à recusa, não podendo o devedor que quer solver o débito suportar-lhe as consequências. E se, em princípio, cabe ao devedor constituir o credor em mora, não é contudo um direito personalíssimo, pois compete também a qualquer terceiro que tenha a faculdade de efetuar pagamento válido.[19] Na visão moderna da relação obrigacional como relação complexa e dinâmica, também há situação subjetiva de dever relativamente ao credor.

São extremos da mora *creditoris* o vencimento da obrigação e a constituição em mora. Enquanto não há dívida vencida e exigível, não há falar em direito do devedor de libertar-se dela, uma vez que, se não pode ainda ser molestado pelo credor, nem está exposto a qualquer risco, não há direito de forrar-se a estes efeitos. Ainda quando se trate de termo instituído a benefício do devedor, a antecipação do pagamento não pode ser imposta ao credor, com a consequente constituição em mora, pois que por direito somente no momento em que a obrigação está vencida é que se reputará aparelhado para o recebimento. O segundo requisito é a constituição em mora, desenvolvida no n° 173, *infra*.

Um ponto existe, que é o centro de competição dos juristas. Enquanto uns mantêm posição extremada, entendendo que não há *mora accipiendi* na falta de *culpa do credor*,[20] outros vão ao campo oposto, e sustentam que ela se caracteriza ainda quando o retardo ocorra por motivo de força maior. Não nos parece que qualquer dos extremos se justifique. Em princípio, sustentamos que o devedor há de ter a faculdade de desobrigar-se no tempo, no lugar e pelo modo devido, e não pode sofrer as consequências da omissão do credor, quando a *solutio* depende da cooperação deste. Oferecida a prestação oportunamente, incidirá então o credor na mora, se falta a sua participação no ato, e isto independentemente de evidenciar o devedor se concorreu a culpa da outra parte. É por isto que alguns escritores sustentam não se cogitar de culpa na *mora accipiendi*.[21] Mas, de outro lado, será escusado o procedimento do credor ou a sua omissão, se tiver justificado motivo de recusar a oferta ou de negar a sua cooperação,[22] como no caso de ser o retardamento decorrente de força superior à sua vontade,[23] ou de a prestação não corresponder exatamente ao conteúdo da obrigação.[24]

---

18 Trabucchi, *Istituzioni*, n° 237.
19 M. I. Carvalho de Mendonça, *Doutrina e Prática das Obrigações*, I, n° 264.
20 Windscheid, *Pandette*, IV, § 345, pág. 336.
21 Clóvis Beviláqua, *Obrigações*, § 36; Karl Larenz, *Obligaciones*, I, § 24; Agostinho Alvim, *Da Inexecução das Obrigações*, n° 23.
22 Ruggiero e Maroi, *Istituzioni*, II, § 131.
23 Serpa Lopes, *Curso*, II, n° 323.
24 Espínola, *Sistema*, II, pág. 488; Orosimbo Nonato, ob. cit., pág. 341.

Os efeitos da *mora accipiendi*, em linhas gerais, resumem-se em dois: isenção de responsabilidade do devedor e liberação dos juros, e da pena convencional. Incorrendo em mora, o credor subtrai o devedor isento de dolo da responsabilidade pela conservação da coisa, cujos riscos assume.[25] Em simetria com a *mora debendi*, que implica o agravamento da situação do devedor, a *mora credendi* reduz a oneração da prestação. Assim é que, perecendo ou deteriorando-se o objeto, o credor em mora sofre-lhe a perda ou tem de recebê-lo no estado em que se encontra, sem a faculdade de eximir-se da prestação que lhe caiba, e sem o direito a qualquer abatimento ou indenização. E, ao revés, se o devedor tiver feito despesas para conservação da coisa, deve o credor ressarci-las. Mais: se ocorrer acréscimo de ônus, ainda que indiretamente, na pendência de *mora credendi*, por ele responde o credor. E se o valor da coisa oscilar entre o tempo do contrato e o do pagamento, o credor terá de recebê-la pela sua mais alta estimação (Código Civil de 2002, art. 400).[26] O nosso Anteprojeto, diferindo da orientação do Código de 1916, minudenciava todos esses efeitos da *mora credendi* (art. 195).

Não se pode admitir a existência de *mora accipiendi* sem oferta da *res debita* ao credor, pois que seu procedimento não é injurídico, senão quando embaraça a *solutio* do devedor. Mas não basta o oferecimento simples ou verbal, pois é mister que ocorra oferta efetiva, de forma a positivar a atitude ostensiva do devedor no sentido do pagamento, e a recusa do credor,[27] salvo se houver precedido a declaração formal de que não aceita o pagamento.[28]

Em qualquer dos casos – *mora debendi* e *mora credendi* – a determinação da natureza quesível ou portável da dívida tem grande importância, como elemento informativo da conduta do devedor ou do credor. Se a dívida é quesível, cabe ao credor; se é portável, tem o devedor o dever de levar a prestação ao credor.

Ligada, pois, à *mora accipiendi* é a matéria da *consignação em pagamento*, meio técnico de que se vale o devedor para liberar-se da obrigação *nolente creditore*, impondo a *solutio* ao credor, de forma que prevaleça a palavra jurisdicional como quitação do obrigado. O Direito francês chega mesmo a não disciplinar a mora do credor, reportando-se à consignação em pagamento.[29] Mas a escola alemã, a que o nosso direito se filia, guarda a tradição romana e dela cogita em especial. Na verdade a mora do credor há que produzir efeitos benéficos ao devedor que quer cumprir o que lhe cabe.[30] No nº 158, *supra*, tratamos em especial do pagamento por consignação.

---

25 Clóvis Beviláqua, loc. cit.; Larenz, ob. cit., § 24.
26 Direito Anterior: art. 958 do Código Civil de 1916. Projetos: art. 185 do Projeto de Código de Obrigações de 1965; art. 398 do Projeto de Código Civil de 1975.
27 Trabucchi, ob. cit., nº 237; Carvalho de Mendonça, ob. cit., I, nº 264.
28 Larenz, loc. cit.
29 De Page, *Traité*, III, 2ª parte, nº 87; Planiol, Ripert e Boulanger, *Traité Élémentaire*, vol. II, nº 1.555.
30 M. I. Carvalho de Mendonça, ob. cit., nº 255; Saleilles, *Obligations*, nº 38.

172. Purgação e cessação da mora

Responde o credor, ou o devedor, em mora, pelos respectivos efeitos, suportando conseguintemente os rigores da *perpetuatio obligationis*, de que o Direito romano não admitia a princípio qualquer atenuação. No período clássico, Celso aceitou, sob a inspiração da equidade, que aquele que estivesse em mora pudesse restabelecer a obrigação e dar-lhe cumprimento, emendando a falta cometida – *emendatio vel purgatio morae*. O Direito moderno, herdando daquele a recuperação da obrigação, disciplina a *purgação da mora*. Assim procede o brasileiro.

Cumpre, porém, salientar que nem sempre é possível fazê-lo. É inadmissível quando o atraso se confunde com a inexecução cabal, como na hipótese de tornar-se a prestação inútil ao credor. É inaceitável, também, quando a consequência, legal ou convencional, do retardamento for a resolução. Em tais casos a mora é insuscetível de emenda, e produz seus efeitos irretratavelmente. Quando a prestação é ainda aproveitável, ou não conjugada com a rescisão do negócio jurídico, tanto a *mora accipiendi* quanto a *mora solvendi* se purgam (Código Civil de 2002, art. 401),[31] mediante o assumir, aquele que nela tiver incorrido, as respectivas consequências, produzidas até então. E, para saber quando o retardamento envolve, em regra, a rescisão, deve-se atentar para a distinção entre o *termo essencial* e o *termo não essencial*, formulada no nº 156, *supra*.

Para emendar a *mora solvendi*, o devedor oferecerá a prestação, mais a importância dos prejuízos decorrentes até o dia da oferta, abrangendo os juros moratórios, e o dano emergente para o credor, acrescida daquilo que ele razoavelmente deveria ganhar, se a *solutio* fosse oportuna. Muito se discute se a *purgatio morae* requer ou dispensa o assentimento do credor. E, se de um lado há os que defendem a dispensa,[32] de outro há os que entendem que não existe regra absoluta, por não ser lícita após a *litiscontestatio*.[33] Parece-nos, a nós, que o problema não pode ser posto em termos abstratos, porém, examinado à vista da natureza do prazo concedido: se se tratar de *termo essencial*, não vale a *emendatio morae* sem o acordo do credor; se for, ao revés, *não essencial*, é aceita independentemente daquela anuência. E cumpre recordar, ainda, que não poderá ocorrer a purgação da mora na *pendência da lide*, salvo disposição expressa, como a facultada pela legislação do inquilinato, nas ações de despejo por falta de pagamento.

Se for do credor a *mora*, oferecer-se-á ele a receber a coisa no estado em que se encontrar, com todas as consequências dela.

Fator importante é a verificação da circunstância temporal em qualquer dos casos, pois que, uma vez *consumada*, e como tal se entende a impossibilidade de reparação do

---

31 Direito Anterior: art. 959 do Código Civil de 1916. Projetos: art. 187 do Projeto de Código de Obrigações de 1965; art. 399 do Projeto de Código Civil de 1975.
32 Clóvis Beviláqua, Comentário ao art. 959.
33 Agostinho Alvim, ob. cit., nº 127.

dano, não cabe mais purgação, sofrendo o devedor ou o credor os respectivos efeitos.[34] O Anteprojeto (art. 196) e o Projeto (art. 187) aceitavam a *emendatio morae* somente no caso de ser ainda útil a prestação.

Ao desaparecer a mora, geralmente não se apagam os seus efeitos pretéritos, ou já produzidos, a não ser que se relevem voluntariamente,[35] mas isto já diz respeito à cessação, em seguida cogitada.

Considere-se ainda purgada a mora, por parte do credor ou do devedor, quando aquele que se julgar por ela prejudicado *renunciar* aos direitos que da mesma lhe possam advir. Ocorre nesta hipótese o que mais precisamente pode designar-se como *cessação* da mora, porque não há propriamente a emenda ou purgação dela, mas ao revés a sua terminação, sem que produza seus naturais efeitos. Quando é *expressa* a renúncia, não há propriamente questão ou dúvida, uma vez que na sua palavra mesma vem traduzida a intenção do agente, contrária ao propósito de utilizar-se dela ou de seus efeitos. Problema haverá na *renúncia tácita, presumida* ou *implícita*, que, por se não positivar em uma declaração formal, haver-se-á de inferir das circunstâncias de cada caso, quando o prejudicado pela mora age como se a outra parte não tivesse incorrido em falta. Inexistindo critério rijo de aplicação, a renúncia presumida ocorre quando se configura incompatibilidade entre a conduta daquele a quem a mora aproveitaria e a utilização de seus efeitos, induzindo-se inequivocamente de seu comportamento.

173. Constituição em mora

Fator da maior importância é a *constituição* em mora, tanto para o credor como para o devedor. É elementar na caracterização do atraso.

Conforme seja proveniente da própria obrigação (*pleno iure*), ou ao revés de uma provocação da parte a quem interessa, diz-se que a mora pode ser *ex re* ou *ex persona*.[36]

Dá-se a mora *ex persona*, na falta de termo certo para a obrigação. O devedor não está sujeito a um prazo assinado no título, o credor não tem um momento predefinido para receber. Não se poderá falar, então, em mora automaticamente constituída. Ela começará da interpelação que o interessado promover, e seus efeitos produzir-se-ão *ex nunc*, isto é, a contar do dia da intimação (Código Civil de 2002, art. 397, parágrafo único).[37]

---

34 Giorgi, *Obbligazioni*, II, n° 81; Serpa Lopes, *Curso*, II, n° 334.
35 Von Tuhr, *Obligaciones*, II, pág. 119.
36 Ruggiero e Maroi, *Istituzioni*, II, § 131.
37 Direito Anterior: art. 960, 2ª parte, do Código Civil de 1916. Projetos: art. 180 do Projeto de Código de Obrigações de 1965; art. 395, parágrafo único, do Projeto de Código Civil de 1975.

A mora *ex re* vem do próprio mandamento da lei, independentemente de provocação da parte a quem interesse, nos casos especialmente previstos, e que passaremos em revista.

Nas *obrigações negativas*, o devedor é constituído em mora desde o dia em que executar o ato de que se devia abster (Código Civil de 2002, art. 390).[38] É claro que, sendo objeto da obrigação uma omissão do devedor, o cometimento da ação proibida já implica a sua infração, que sujeita o devedor às respectivas consequências independentemente de qualquer ato do credor para constituí-lo em mora. Nas dogmáticas estrangeiras, não falta mesmo quem sustente que não se trata de mora, caracterizada neste caso da obrigação de *não fazer*, porém deve-se, desde logo, traduzir a conduta do *reus debendi* como inexecução pura e simples,[39] ou mesmo quem justifique o princípio apontando a inutilidade da constituição em mora, pois que a infração da obrigação de não fazer por si mesma consuma o irreparável.[40]

Nas obrigações provenientes de ato ilícito, considera-se o devedor em mora desde que o cometeu (Código Civil de 2002, art. 398),[41] como nos casos de delito contra a propriedade, em que o agente é obrigado desde logo à restituição da coisa subtraída ou apropriada (*fur semper moram facere videtur*).[42] Pelo mesmo fundamento da antijuridicidade do procedimento, causador do dever de reparar, o qual corre desde o dia em que o agente violou o direito, ou causou prejuízo a outrem, qualquer que seja o bem jurídico ofendido, opera-se a constituição automática em mora, independentemente de intimação ao ofensor, a contar de quando foi praticado o ato ilícito.[43]

Em sua redação, o modelo de 1916 referia-se a "delito", como expressão genérica, para compreender procedimento contra direito. Dúvida havia, entretanto, se se restringia ou não a alguma figura criminal, talvez porque a fonte romana tinha em vista o ladrão quando o enunciava. A doutrina, entretanto, estendia o princípio a todo procedimento originado de uma antijuridicidade. Com a redação atual, a dúvida desaparece, instituindo-se a *mora ex re*, em todos os casos de ato ilícito. Considera-se que o art. 398 do Código Civil de 2002, somente é aplicável às hipóteses de responsabilidade civil extracontratual subjetiva, não incidindo nos casos de ilícito contratual e de responsabilidade civil objetiva.[44]

O terceiro caso de mora *ex re* está no inadimplemento de obrigação *positiva* e *líquida*, no seu termo. Vencida a dívida contraída com prazo certo, nasce *pleno iure* o dever da *solutio*, e a sua falta tem por efeito a constituição imediata em mora. É a regra *dies in-*

---

38 O Código Civil de 2002 deslocou a matéria para as disposições gerais de inadimplemento da obrigação.
39 Barassi, *Istituzioni*, n° 282.
40 De Page, *Traité*, III, 2ª parte, n° 75.
41 Direito Anterior: art. 962 do Código Civil de 1916. Projetos: art. 396 do Projeto de Código Civil de 1975.
42 Ruggiero e Maroi, loc. cit.; Von Tuhr, *Obligaciones*, II, pág. 116.
43 Consultar Súmula n° 54 do Superior Tribunal de Justiça.
44 Sérgio Savi, "Inadimplemento das Obrigações, Mora e Perdas e Danos", *in*: Gustavo Tepedino, *Obrigações*, pág. 474.

terpellat pro homine, que o Código Civil de 2002 consagra (art. 397, *caput*). É o próprio termo que faz as vezes de interpelação. Mas esta regra não deve ser levada ao extremo de ser tratada como absoluta, pois há casos em que, mesmo então, é necessário interpelar o devedor se a execução demanda a prática de atos determinados, como por exemplo nas promessas de compra e venda em que, não obstante o prazo estipulado, o credor terá de interpelar o devedor, indicar o cartório onde será passada a escritura definitiva, apresentar documentos etc., sem o que a mora não existe.[45] Também deve alinhar-se na rota das exceções ao princípio *dies interpellat pro homine* a natureza quesível da prestação (dívida *quérable* ou *chiedibile*), pois que, se o credor tem a obrigação de vir ou mandar receber, é claro que não pode o devedor incidir de pleno direito em mora, e sofrer os seus efeitos, enquanto não se positivar a atitude do credor, procurando a *res debita*.[46]

No Direito brasileiro ocorreu uma anomalia no tocante à constituição em mora: enquanto para as obrigações civis, *dies interpellat pro homine*, no Código Comercial de 1850 predominou o princípio oposto e então *dies non interpellat pro homine*. Enquanto no direito civil vigorava a mora *ex re* quanto às obrigações positivas, líquidas e a termo certo, no direito mercantil prevalecia a mora *ex persona*, não se podendo falar na constituição em mora sem notificação, interpelação ou protesto. E tão precisos eram os termos da lei comercial que não pode o interessado fugir à determinação, segundo a qual sempre teria de proceder judicialmente, sob pena de não haver incidência da mora,[47] a não ser naqueles casos específicos como o protesto cambial, que tem o condão de positivar o não cumprimento da obrigação contida na letra de câmbio, nota promissória, cheque, duplicata, à vista da certidão do oficial, que fez a convocação do devedor.[48]

O Código Civil de 2002, visando à unificação do direito obrigacional, dita norma que traz uniformidade à matéria, prevalecendo então um só princípio, quer seja civil, quer empresarial a obrigação. E, na eleição entre uma e outra, o Código Civil de 2002 (art. 395, parágrafo único) adotou a mora *ex re*, nas obrigações positivas, líquidas e a termo.

Com base no sistema de precedentes em sede de recursos repetitivos, o Superior Tribunal de Justiça adotou a tese jurídica segundo a qual "*a simples propositura da ação de revisão de contrato não inibe a caracterização da mora do autor*" da ação quando se tratar de demandas relacionadas a contratos bancários (tema 29, Recurso Especial nº 1.061.530/RS, Rel. Min. Nancy Andrighi).

---

45 Serpa Lopes, *Curso*, II, nº 327; Arnoldo Wald, *Obrigações e Contratos*, pág. 101.
46 Orosimbo Nonato, *Curso*, I, pág. 315; Agostinho Alvim, *Da Inexecução das Obrigações*, nº 78.
47 Orosimbo Nonato, ob. cit., pág. 321.
48 Planiol, Ripert e Boulanger, ob. cit., II, nº 1.516.

Capítulo XXXV
Inadimplemento das Obrigações

Sumário

174. Inadimplemento da obrigação, absoluto e relativo. 175. Dolo e culpa. 176. Indenização: dano patrimonial e dano moral. 176-A. Perdas e danos. 176-B. Juros legais. 177. Inimputabilidade: caso fortuito e força maior. Eliminação do risco. 178. Exoneração convencional: cláusula de não indenizar. 178-A. Arras. 178-B. Preferências e privilégios creditórios.

Bibliografia

Hedemann, *Tratado de Derecho Civil, Derecho de Obligaciones*, págs. 155 e segs.; Agostinho Alvim, *Da Inexecução das Obrigações e suas Consequências*; De Page, *Traité*, III, n°s 92 e segs.; Mazeaud et Mazeaud, *Leçons de Droit Civil*, II, n°s 371 e segs.; Karl Larenz, *Obligaciones*, I, págs. 190 e segs.; M. I. Carvalho de Mendonça, ed. atualizada por José de Aguiar Dias, II, n°s 446 e segs.; Alfredo Colmo, *Obligaciones en General*, n°s 88 e segs.; Von Tuhr, *Obligaciones*, II, n°s 66 e segs.; Trabucchi, *Istituzioni di Diritto Civile*, n°s 235 e segs.; Ruggiero e Maroi, *Istituzioni di Diritto Privato*, n° II, § 131; Arnoldo Medeiros da Fonseca, *Caso Fortuito e Teoria da Imprevisão*; Aguiar Dias, *Da Responsabilidade Civil*; Aguiar Dias, *Cláusula de Não Indenizar*; Paul Esmein, "Le Fondement de la Responsabilité Contractuelle Raproché de la Responsabilité Delictuelle", in *Revue Trimestrielle de Droit Civil*, 1933, pág. 627; Clóvis Beviláqua, *Obrigações*, § 53; Serpa Lopes, *Curso*, vol. II, n°s 306 e segs.; Soudart, *Traité Général de la Responsabilité*; Robert Bouillene, *La Responsabilité Civile Extra-Contractuelle devant l' Évolution du Droit*; Henri Lalou, *Traité Pratique de la Responsabilité Civile*; Chironi, *La Colpa nel Diritto Civile Odierno;* Van Ryn, *Responsabilité Aquillinne et Contrats*; Leonardo Colombo, *Culpa Aquiliana*; Adriano de Cupis; *Il Danno;* Hans A. Fischer, *A Reparação dos Danos no Direito Civil*; Cornu, *De la Responsabilité Delictuelle*, págs. 187 e segs.; Sertorio, *La Colpa in Concreto*; Wilson Mello da Silva, *Dano Moral*; Alvino Lima, *Culpa e Dolo*; Caio Mário da Silva Pereira, *Responsabilidade Civil*; Carlos Edison do Rego Monteiro Filho, *Elementos de Responsabilidade Civil por Dano Moral*; Patrícia Ribeiro Serra Vieira, *A Responsabilidade Civil Objetiva no Direito de Danos*; Guilherme Calmon Nogueira da Gama, "Critérios para a fixação da reparação do dano moral", *in*: Eduardo de Oliveira Leite, *Grandes Temas da Atualidade e Dano Moral*; Guilherme Couto de Castro, *A responsabilidade Civil Objetiva no direito brasileiro*; Maria Celina Bodin de Moraes, *Danos à Pessoa Humana*; Gustavo Tepedino, *Obrigações*, págs. 477 e segs.; Gustavo Tepedino, "Notas sobre o nexo de causalidade", *in Revista Trimestral de Direito Civil (RTDC)*, vol. 6, págs. 5 e segs.; Arnoldo Wald, *Obrigações e Contratos*; J. M. de Carvalho Santos, *Código Civil Brasileiro Interpretado*, Rio de Janeiro: Livraria Freitas Bastos, 1937, vol. XXI, pág. 468; Paula Greco Bandeira, "A inexecução das obrigações em razão da pandemia da COVID-19", *in* Heloisa Helena Barboza *et allii Direito Civil: o futuro do Direito*, Rio de Janeiro: Editora Processo, 2022, pág. 461 e segs.

174. Inadimplemento da obrigação, absoluto e relativo

Inadimplemento da obrigação é a falta da prestação devida. Conforme a sua natureza (de dar, de fazer, de não fazer), o devedor está adstrito à entrega de uma coisa, certo ou incerta, à prestação de um fato, a uma abstenção. Qualquer que seja esta prestação, o credor tem direito ao seu *cumprimento*, tal como constitui seu objeto, o que envolve o *poder do credor*, a que o devedor se submete, pela própria força do *iuris vinculum*. Quando se impossibilita a prestação, duas hipóteses podem ocorrer: ou a impossibilidade é inimputável ao sujeito passivo, e resulta pura e simplesmente a extinção da obrigação sem outras consequências; ou o devedor é responsável pelo não cumprimento, e então cabe ao credor *exercer* sobre o patrimônio do devedor o poder de suprir a ausência da prestação, direta ou indiretamente. Dentro de um plano de exposição sistemática, diz-se que a *impossibilidade* pode ser *subjetiva*, se se refere às circunstâncias pessoais ligadas ao devedor ou ao credor; ou *objetiva*, se atinge a prestação em si mesma, e se subdivide, à sua vez, em impossibilidade objetiva natural, quando afeta a prestação um acontecimento de ordem física, e impossibilidade objetiva *jurídica*, quando se antepõe à prestação um obstáculo originário do próprio ordenamento.[1] É claro que, neste passo, excogitamos da impossibilidade *superveniente* ou *subsequente*. É esta, e somente ela, que se conta no ângulo de visada, quando se doutrina do não cumprimento do obrigado. A outra, a impossibilidade originária, diz respeito à própria formação do vínculo, conduz à ineficácia do negócio jurídico por falta de objeto, e já mereceu a nossa atenção no nº 109, *supra*, vol. I. Embora as duas ideias se aproximem, devem distinguir-se, dentro de puro rigor técnico, o inadimplemento e a impossibilidade da prestação, ligando-se o primeiro à noção de uma falta cometida pelo devedor, e a segunda à ausência de participação sua na inexecução do obrigado (nº 128).

O inadimplemento diz-se *absoluto* ou *relativo*. Será *absoluto* se tiver faltado completamente a prestação, de forma que o credor não receba aquilo a que o devedor se obrigou, seja a coisa, ou o fato, ou a abstenção, e não haja mais possibilidade de ser executada a obrigação. Será *relativo*, se apenas parte da *res debita* deixou de ser prestada, ou se o devedor não cumpriu *oportunamente* a obrigação, havendo possibilidade de que ainda venha a fazê-lo,[2] o que constitui matéria enfeixada sob a epígrafe genérica da "mora", objeto do Capítulo XXXIV. Em qualquer dos casos há inadimplemento, porque o credor tem direito à prestação devida, na forma do título e no tempo certo. Cumprir em parte pode ser o mesmo que não cumprir, porque o credor tem direito a todo o devido, e pode se não considerar satisfeito se algo falta na prestação do devedor, da mesma forma que um cumprimento por modo diferente do devido ou uma execução retardada não libera o sujeito passivo do poder que sobre ele criou o vínculo obrigatório. Assim, à impossibilidade equivale às vezes a execução parcial; à ausência de prestação pode corresponder a que se der em termos diferentes do expresso no títu-

---

1 Ruggiero e Maroi, *Istituzioni*, II, § 131, pág. 78, nota I.
2 Agostinho Alvim, *Da Inexecução das Obrigações*, nº 32.

lo; à falta de pagamento pode comparar-se a prestação inoportuna (mora do devedor). A doutrina mais recente vem apontando outra hipótese em que não se verifica propriamente a inexecução da obrigação, e sim seu cumprimento defeituoso. Denomina-se violação positiva do contrato em que o devedor cumpre a obrigação, realizando-a de maneira defeituosa, ao violar deveres instrumentais decorrentes do princípio da boa-fé objetiva. A hipótese também engloba o inadimplemento antecipado do contrato, caso em que, por força de declarações do devedor em condutas dele contrárias ao pactuado, o inadimplemento torna-se invencível. Nesses casos, além da indenização dos prejuízos sofridos, poderá o prejudicado se socorrer da exceção do contrato não cumprido ou do direito à resolução do contrato por inadimplemento.[3]

E como em qualquer das hipóteses o devedor que falta ao devido descumpre a obrigação, responderá por *perdas e danos*, seja por não a ter cumprido *in totum*, seja por não a ter cumprido no modo e no tempo devidos (Código Civil de 2002, art. 389).[4] Noutros termos, o inadimplemento da obrigação, absoluto ou relativo, cria para o sujeito passivo o dever de prestar ou indenizar, e para o credor a faculdade de exigir. Não se extingue a obrigação, nem nasce outra cujo objeto sejam as perdas e danos. É a mesma obrigação que sofre mutação objetiva. A prestação é que difere, em razão de ter o devedor ficado em falta. E, como o seu inadimplemento impõe ao credor um dano e lhe traz uma perda, o devedor é obrigado a cobrir os prejuízos causados pela sua conduta, de forma que o equilíbrio se restabeleça.

Não se deve, porém, dizer, como regra geral e absoluta, que a prestação devida e não cumprida se transforma nas perdas e danos, porque às vezes assim se passa, mas outras vezes as duas sobrevivem – *a res debita* e as perdas e danos – sem que em uma se sub-roguem as outras. É claro que a *sub rogatio* é satisfação *subsidiária* do credor. A prestação principal, direta, específica é a obtenção do objeto mesmo da obrigação. E se o devedor faltou ao prometido, cabe, antes de mais nada, perquirir se é possível obter, compulsória ou coercitivamente, aquilo que não veio com caráter espontâneo. Frequentemente é. Mas nem sempre. Nas obrigações de dar não é difícil obter uma sentença compelindo o devedor a entregar, em espécie, a própria coisa devida. Somente quando não seja possível lográ-lo, quando o título prevê a transformação automática, é que esta ocorre. Nas obrigações de fazer, se a prestação é fungível, isto é, se não foi ajustada *intuitu personae debitoris*, o credor consegue executar por outrem, a expensas do sujeito passivo, o fato recusado; ou através da cominação intimidatória da multa diária; no caso contrário, e já que *nemo ad factum praecise cogi potest*, não sendo lícito forçar alguém a uma ação sem quebra do respeito à sua liberdade, o remédio é substituir a prestação devida pelo seu equivalente pecuniário. Nas obrigações negativas, o credor pode obter um *iudicium*, compelindo o devedor a desfazer o que lhe era vedado, ou realizar o credor o desfazimento a expensas daquele, com a cominação de pena para a hipótese de nova infração, e, se o desfazimento é impossível ou já inútil ao credor,

---

3   Sérgio Savi, ob. cit., págs. 475-477.
4   Direito Anterior: art. 1.056 do Código Civil de 1916. Projetos: art. 173 do Projeto de Código de Obrigações de 1965; art. 387 do Projeto de Código Civil de 1975.

dá-se a conversão.[5] Em princípio, a execução direta ou *ad rem ipsam* é o modo normal de execução das obrigações. Mas, quando ela não é mais possível, ou simplesmente não é possível, procura-se a execução pelo equivalente, através de um elemento compensatório, que vem suprir a ausência de execução direta.[6]

Os credores têm, no patrimônio do devedor, garantia para seus créditos, o que lhes permite promoverem a expropriação judicial (penhora) de um bem,[7] para satisfazer o direito do credor, obtendo, pela sua venda em praça ou leilão, a quantia que liquida o débito.

Com todos os bens, presentes e futuros, salvo as restrições legais, o devedor responde pelo cumprimento das obrigações (Código Civil de 2002, art. 391).[8] Neste mesmo sentido, já rezava o Projeto de Código de Obrigações de 1965, art. 91. Em todo tempo, o credor encontra no patrimônio do devedor o princípio da garantia, que lhe assegura receber o seu crédito pelos bens, sejam presentes, sejam futuros, do devedor.

O patrimônio é a garantia genérica do adimplemento das obrigações do devedor. Se este procede irregularmente, alienando bens e com isto desfalcando aquela garantia, realiza negócio jurídico inquinado de defeito (fraude contra credores), cuja consequência é a anulação, para trazer de novo o bem desviado, e retorná-lo à condição de garantia.

Pode o devedor separar de seu patrimônio um bem determinado e transformá-lo em garantia específica de um certo delito, mediante penhor, hipoteca, anticrese, alienação fiduciária. Neste caso, o respectivo credor tem, em caráter privilegiado, o seu crédito assegurado por aquele bem, por cujo valor satisfaz preferencialmente a outros credores. Pode, também, uma pessoa destacar um bem de seu patrimônio, e dá-lo em garantia real a obrigações de outra pessoa.

A todo tempo, os valores economicamente apreciáveis de uma pessoa, integrantes de seu patrimônio, respondem pelas dívidas. No caso de serem estas em valor excedente dos elementos patrimoniais ativos, instaura-se um concurso de preferências, pagando em primeiro plano os créditos privilegiados, e rateando-se entre os demais o líquido apurado.

Nos termos do artigo 391 do Código Civil de 2002, a responsabilidade pela solução da obrigação nasce no momento em que esta é constituída. Todo o acervo patrimonial do devedor constitui a garantia do credor, e responde pelo adimplemento. Não se restringe, entretanto, o princípio da responsabilidade aos bens contemporâneos à constituição da obrigação. Aqueles que de futuro vierem a integrar o patrimônio aderem à garantia genérica.

---

5   Cf., a respeito da execução compulsória do obrigado: Von Tuhr, *Obligaciones*, II, pág. 78.
6   De Page, *Traité*, III, n° 93.
7   Código de Processo Civil, art. 646.
8   Direito Anterior: art. 1.556 do Código Civil de 1916. Projetos: art. 91 do Projeto de Código de Obrigações de 1965; art. 389 do Projeto de Código Civil de 1975. Direito Atual: art. 591 do Código de Processo Civil.

Excluem-se, obviamente, os bens que não têm expressão econômica, como os de família puros, os da personalidade, inerentes à pessoa em vida e *post mortem*. Excluem-se, igualmente, aqueles bens que em razão de sua natureza são absolutamente impenhoráveis.[9] Nestes deve-se, ainda, considerar os bens relacionados a determinado patrimônio de afetação como o bem de família da Lei nº 8.009/90.

O Superior Tribunal de Justiça assentou, no julgamento do Recurso Especial nº 1.632.842-RS, que "concentrada a pretensão nos pedidos de ressarcimento de danos decorrentes do inadimplemento das obrigações contratuais e não apenas na exigência da prestação contratada, revela-se plenamente aplicável o prazo prescricional de 3 (três) anos previsto no art. 206, parágrafo 3, inciso V, do Código Civil de 2002". A orientação adotada foi a de que o prazo prescricional de três anos se aplica tanto no caso de responsabilidade contratual quanto na hipótese de responsabilidade extracontratual, baseado em precedente do próprio STJ (Recurso Especial nº 1.281.594/SP).

175. DOLO E CULPA

Como ficou dito acima, o descumprimento que sujeita o devedor a perdas e danos é o originário de uma *falta* sua, entendida a expressão em senso largo, abrangente de qualquer infração de um dever legal ou contratual. Mas, na sua objetividade, a falta do devedor pode percorrer toda uma gama de intensidade, desde a infração intencional e voluntária, dirigida no propósito de causar o mal, até a que provém de uma ausência de cuidados especiais a seu cargo. Daí extremar-se em duas classes a conduta do agente, infratora da norma, denominadas respectivamente *dolo* e *culpa*, às quais já nos referimos no nº 114, *supra*, e agora retomamos como elemento componente do inadimplemento da obrigação e seus efeitos.

Dolo é a infração do dever legal ou contratual, cometida voluntariamente, com a consciência de não cumprir.[10] A vontade do agente pode dirigir-se para o resultado maléfico, e, sabendo do mal que sua conduta irá gerar, quer este resultado, apesar de suas consequências conhecidas. Esta é uma noção clássica de dolo que Carvalho de Mendonça resume no *animus injuriandi*.[11] Não é modernamente necessária, na sua configuração, aquela preordenada vontade de violar a obrigação (Ruggiero). Basta, a caracterizá-lo, que o agente tenha a consciência da infração, e esteja ciente do dano que se lhe siga. O elemento fundamental de sua verificação, para a concepção tradicional, estava no *animus nocendi*, intenção de causar o mal, de difícil e às ve-

---

9 Código de Processo Civil de 1973, art. 649; Código de Processo Civil de 2015, art. 833. Acrescentem-se os bens relacionados a determinado patrimônio de afetação, como o bem de família da Lei nº 8.009/90. Sobre o tema menciona-se a Súmula 449, STJ, dispondo que: "A vaga de garagem que possui matrícula própria no registro de imóveis não constitui bem de família para efeito de penhora".
10 Giorgi, *Obbligazioni*, II, nº 38.
11 M. I. Carvalho de Mendonça, *Obrigações*, II, nº 448.

zes impossível objetivação na prática, porque se é fácil provar a transgressão, e se o efeito danoso logo se consigna, a intenção é de evidenciação difícil, em razão da sua extrema subjetividade e seu menor grau de exteriorização. Adotando-se a outra concepção, já se torna mais viável demonstrá-lo, pois que não há mister indagar se o agente quis o efeito maléfico, senão que tinha a percepção da violação ou a consciência dela.[12]

No propósito de espaventar dúvidas, Serpa Lopes adverte que a ideia de *dolo* no cumprimento da obrigação não se confunde com o *dolo* defeito do negócio jurídico, cujos extremos já foram por nós apontados no nº 90, *supra*.

O Direito brasileiro desvencilhou-se das sutilezas na gradação da responsabilidade, que outros sistemas ainda consagram, e afastou as diferenças de tratamento ao transgressor, decorrentes da verificação da causa do descumprimento. Os glosadores, trabalhando sobre os textos, haviam engendrado teorias complexas, em que a apuração do elemento subjetivo se mostrava fundamental na graduação da responsabilidade do agente. Até os nossos dias chegou a convicção de que merece mais rigoroso tratamento aquele que infringe a obrigação visando ao resultado do que o inadimplente que a transgride por mera negligência. O Código Civil brasileiro, ao assentar o princípio da imputabilidade, e o Código de Processo Civil, ao fixar o direito de ação com tal fundamento, têm em vista o descumprimento objetivamente considerado, a transgressão do dever, para estabelecer que o agente responde pelas consequências sem indagar se o resultado danoso entrou nas cogitações do infrator ou se a violação foi especialmente querida. Não quer isto dizer que o Direito pátrio desconheça a diferença. Quer significar que a imputabilidade resulta do dever violado. Em certas circunstâncias, distingue-se entre o inadimplemento doloso e o culposo, para definir a responsabilidade em casos especiais. Nos contratos onerosos, não é necessária a análise subjetiva da transgressão, visto como o contratante inadimplente responde por perdas e danos à simples demonstração de sua culpa. Nos contratos benéficos é que vem a menção do dolo, para se estabelecer que a responsabilidade do contratante inadimplente é uma função do elemento anímico: aquele a quem o contrato aproveita responde pela culpa, e só por dolo aquele a quem não favoreça (Código Civil de 2002, art. 392).[13] Há, no entanto, casos em que a própria lei adota o grau de intensidade ou gravidade de culpa ora para redução da indenização (por manifesta desproporção com o dano), ora para seu arbitramento (no caso de concorrência de culpas), dentro do disposto nos arts. 944, parágrafo único, e 945, do Código Civil de 2002.

Na *culpa* encontra-se o fator inadimplemento, porém despido da consciência da violação. A culpa é a inobservância de uma conduta razoavelmente exigível para o caso concreto, tendo em vista padrões medianos.[14] A ação é voluntária, no que diz respeito à materialidade do ato gerador das consequências danosas. Mas o agente não procura

---

12 Giorgi, loc. cit.; Agostinho Alvim, ob. cit., pág. 227; Karl Larenz, *Obligaciones*, I, pág. 284.
13 Direito Anterior: art. 1.057 do Código Civil de 1916. Projetos: art. 390 do Projeto de Código Civil de 1975.
14 Guilherme Couto de Castro, *A Responsabilidade Civil Objetiva no direito brasileiro*, pág. 8.

o dano como objetivo de sua conduta, nem procede com a consciência da infração. Daquela ação derivam consequências prejudiciais, que não podem ficar livres da reparação. Há, assim, um encadeamento de fatos e consequências: uma atuação voluntária, ainda que sem a consciência da transgressão; um dano a alguém; uma obrigação de repará-lo, porque a conduta foi contraveniente à imposição de uma norma. Analisada originariamente esta série de fatos e consequências, ressalta que o fundamento da responsabilidade por culpa está na infração mesma de um dever, seja este legal, seja contratual, que o agente devia ter evitado, conduzindo-se de maneira a não faltar a ele. Nela articulam-se dois fatores: o *dever violado* e a *imputabilidade* do agente. O primeiro, presente na atuação da vontade consciente para a ação em contrariedade a uma predeterminação (elemento *objetivo*), e a segunda na verificação de não ter ele prevenido ou evitado os efeitos, podendo fazê-lo.[15] Desde que o agente transgrediu a norma, seja ela instituída pela lei geral, seja criada pela convenção que é lei particular entre as partes, e com isto causou dano a outrem, responde pelas consequências e sujeita-se à reparação. Mas acha-se fora de sua etiologia a vontade de causar o mal, ou a consciência mesma da violação.

Sendo um dos mais debatidos problemas do Direito Civil, não é de admirar que de *culpa* haja dezenas de definições. Não iremos agravá-lo, aditando mais uma. Procedendo à análise do fenômeno, como fizemos no nº 114, *supra* (vol. I), verificamos que as noções formuladas apresentam a semelhança resultante de algumas constantes. Antes de mais nada, inexistiria culpa na inexistência de norma anterior. Moralmente (e a ideia de culpa, antes de ser jurídica já é moral), como juridicamente, há de haver uma predeterminação de conduta. O agente é adstrito a um certo procedimento. Partindo-se da ideia de que a sua *conduta é predeterminada* pela lei ou pela convenção, o primeiro pressuposto ressalta e fica estabelecido. O segundo é a *ação voluntária* do agente em contravenção a essa conduta e em contradição com aquela norma. Ele desviou-se da normação, transgrediu a regra predeterminante. Cometeu, assim, um *erro de conduta*. Devendo seguir um rumo condicente com a norma, afastou-se dela, ainda que sem a consciência de violentá-la. Cometeu um desvio ou erro de conduta, por negligência, por desatenção, por imprudência, por omissão da observância de regras – não importa a causa. Podendo evitar ou prevenir, desviou-se da conduta imposta pela norma. E com isto causou um mal ao bem jurídico alheio. Sem a pretensão de definir, fixamos a noção de culpa com este caráter, em que predomina um sentido objetivo de aferição, e é por isto que De Cupis deduz ser ela uma noção objetiva.[16] Não se há de deter, como efetivamente não se detém, o Direito brasileiro na apuração das gradações da culpa. Isto fizeram os glosadores, ao erigirem um padrão abstrato, de homem diligente, *bonus pater familias*, e ao aferirem a conduta do agente, em comparação com a diligência que este homem-paradigma guardaria em relação ao procedimento examinado. Sistemas legislativos ainda abrigam essa teoria, que configura a *culpa levis* na falta de diligência média, que um homem normal

---

15 Agostinho Alvim, ob. cit., nº 168; Ruggiero e Maroi, loc. cit.
16 De Cupis, *Il Danno*, págs. 65 e segs.

observa; *a culpa lata* na negligência mais grave, que poderia ser evitada por um homem inferior ao padrão médio; a *culpa levíssima*, na falta cometida em razão de uma conduta que escaparia ao padrão médio, mas que um *diligentissimus pater familias*, especialmente cuidadoso, guardaria. E, em conformidade com a distinção baseada na intensidade da culpa, vem uma graduação de responsabilidade. O Direito brasileiro, repetimos, afastou estas filigranas, para encarar a existência da transgressão da norma e impor o dever de reparar ao contraventor, à exceção das hipóteses previstas em lei (por exemplo, os arts. 944, parágrafo único, e 945, do Código Civil de 2002). Alinhou-se, desta sorte, na escola inaugurada com o BGB, o qual, segundo os mais reputados autores, deu o golpe de morte na teoria da gradação da culpa.[17]

A culpa, tendo em vista a categoria do dever violado, diz-se *contratual* ou *extracontratual*. *Culpa contratual* é aquela decorrente da infração de uma cláusula ou disposição de contrato celebrado entre as partes. *Culpa extracontratual*, também chamada *aquiliana*, em razão de se achar originariamente definida na romana *Lex Aquilia*, é a transgressão do dever legal, positivo, de respeitar o bem jurídico alheio, ou do dever geral de não causar dano a outrem, quando a conduta do agente não está regulada por uma convenção.

A culpa contratual e a aquiliana partem da mesma ideia ética e induzem para o responsável a mesma consequência.[18] Neste ponto, a concepção tradicional choca-se com a noção moderna, já que aquela as diferençava, enquanto esta as aproxima e identifica, e com toda razão. É que, se na sua estrutura há uma norma, e a violação desta gera um dano – em nada importa que o preordenamento seja legal ou convencional. Hoje caminha a doutrina civilista no rumo da unidade de culpa.[19]

Não obstante confundirem-se ontologicamente a culpa contratual e a aquiliana, e nos seus efeitos identificarem-se, pois que toda culpa está sujeita a prova, a distinção ainda sobrevive em razão do ônus desta. Enquanto na culpa extracontratual ao queixoso incumbe demonstrar todos os extremos da responsabilidade, evidenciando a transgressão, o dano e a relação de causalidade, na culpa contratual, há uma inversão deste encargo.[20] A razão está em que, quando há contrato, existe um dever positivo específico consistente em prestação definida na relação obrigacional, a que o devedor faltou, o que só por si lhe impõe a responsabilidade, a não ser que comprove a razão jurídica de sua falta, porque os demais extremos derivam do próprio inadimplemento, que pressupõe o dano, e induz a relação de causalidade entre este e a transgressão. Em

---

17 Giorgi, ob. cit., II, nº 27; M. I. Carvalho de Mendonça, nº 455.
18 Atualmente, há uma tendência à unificação das duas modalidades de responsabilidade civil – a contratual e a extracontratual –, como foi percebido por Arnoldo Wald (*Obrigações e contratos*, pág. 139), sendo que no âmbito do Código de Defesa do Consumidor há vários casos de responsabilidade civil sem relação jurídica prévia e específica entre ofensor e vítima.
19 Colin e Capitant, *Droit Civil*, II, nºs 368 e segs.; Mario Rotondi, *in Rivista di Diritto Commerciale*, 1917, 1ª parte, 282; Alfredo Colmo, *Obligaciones*, nº 113; Mazeaud et Mazeaud, *Leçons*, II, nº 391; van Ryn, *Responsabilité Aquilienne et Contrats*, nºs 19 e segs.
20 Cf. sobre a posição mais vantajosa do credor, na culpa contratual: Von Tuhr, *Obligaciones*, II, pág. 98; M. I. Carvalho de Mendonça, II, nº 449.

contraposição a isto, na culpa aquiliana o dado único é o dever negativo, ou obrigação de não prejudicar, e para que se concretize a responsabilidade é necessário que se encontre não uma transgressão temática da norma, porém ainda que a infração percuta na órbita jurídica do queixoso, causando-lhe um dano específico.[21]

Cogita a doutrina de distinguir a culpa, segundo o modo de proceder do agente, dizendo-se: *culpa in vigilando*, quando há uma falta no dever de velar ou uma desatenção de quem tinha a obrigação de observar; *culpa in omittendo*, quando o agente se abstém de realizar o que lhe impõe o dever ou é omisso no que lhe cabe fazer; *culpa in eligendo*, quando há má escolha da pessoa a quem uma tarefa é confiada. Todas estas espécies de culpa são apenas modalidades que ela pode revestir, sem que a inscrição da conduta sob uma ou outra rubrica lhe altere o tratamento. Uma espécie, entretanto, merece ser destacada: é a *culpa in contrahendo*, dogmaticamente estruturada por Rudolph von Ihering, e desenvolvida por numerosos escritores.[22] Configura-se no fato de o agente, ao contratar, proceder de forma que a outra parte fique lesada com o próprio fato de realizar as negociações contratuais, como no caso de um dos contratantes já ter conhecimento do perecimento do objeto e, não obstante sonegar a informação ao outro. A doutrina pacificamente aceita esta figura de culpa, mas controverte na sua caracterização, opinando uns que é culpa contratual e outros que é extracontratual. A razão está com a segunda corrente, porque na espécie não se trata de violação da convenção, mas do dever genérico de não prejudicar, que o agente transgride, conduzindo a outra parte ao dano, por uma violação da norma genérica e não do contrato. Ao induzir outrem a um ajuste que não poderia ter validade, procede com culpa aquiliana e responde pelos efeitos. Um aspecto peculiar é ainda a denominada culpa pré-contratual, a qual pode assentar no fato de uma das partes proceder na fase antecedente ao contrato de forma a induzir a outra na crença de que as negociações irão a bom termo, e depois, injustiçadamente, cessar entendimentos, provocando prejuízos.[23]

Marchando na rota evolutiva da responsabilidade civil e afinando com forte corrente doutrinária, o Código Civil de 2002 aceitou a culpa como fundamento da reparação, admitiu-a também independente dela, toda vez que a lei expressamente o mencione, e, ainda, quando o dano provém do risco criado em razão de uma atividade ou profissão.[24]

---

21 Cf. sobre a culpa: Mazeaud *et* Mazeaud, *Responsabilité Civile*, I, nos 383 e segs.; van Ryn, *Responsabilité Aquilienne et Contrats*, nos 19 e segs.; De Cupis, *Il Danno*, págs. 61 e segs.; Leonardo Colombo, *Culpa Aquiliana*, págs. 43 e segs.; Agostinho Alvim, *Inexecução das Obrigações*, nos 168 e segs.; Eduardo Bonasi Benucci, *La Responsabilità Civile*, I, 19; René Rodière, *La Responsabilité Civile*, págs. 27 e segs.

22 Rudolph von Ihering, *Oeuvres Choisies*, II, cap. V, nos 1 e segs; Giorgio Giorgi, *Obbligazioni*, III, nº 270; Vittorio Polacco, *Obbligazioni*, I, nº 118-*bis*; Baudry-Lacantinerie e Barde, *Trattato*, vol. XII, nº 362; Trabucchi, *Istituzioni*, nº 637; M. I. Carvalho de Mendonça, *Doutrina e Prática das Obrigações*, II, nº 450.

23 Saleilles, "Responsabilité Précontractuelle", *in Revue Trimestrielle de Droit Civil*, 1907, pág. 697; Serpa Lopes, *Curso*, III, nº 41; Antonio Chaves, *Responsabilidade Pré-Contratual*, pág. 12 e *passim*; De Cupis, *Il Danno*, pág. 48.

24 Código Civil de 2002, art. 927.

Na responsabilidade civil contratual preexiste uma relação jurídica específica vinculando as partes, denominando-se "contato social qualificado", ao passo que, na responsabilidade civil extracontratual inexistia qualquer liame específico anterior ao fato que gerou a obrigação de reparar o dano. O Superior Tribunal de Justiça definiu que a "prescrição de três anos para reparação civil aplica-se à responsabilidade contratual e extracontratual" (julgamento do Recurso Especial n. 1.281.594-SP).

176. Indenização: dano patrimonial e dano moral

Descumprindo a obrigação, absoluta ou relativamente (v. n° 174, *supra*), nasce, em primeiro lugar, para o credor a faculdade de obter o cumprimento coativo, isto é, o provimento judicial, em virtude de que o devedor seja compelido a execução específica, entregando a *res debita* ou realizando o fato, ou desfazendo o de que se devia abster. Mas, não sendo isto possível, como frequentemente não é, resta a outra hipótese segundo a qual o inadimplemento converte a prestação no *id quod interest*, isto é, torna-se o devedor obrigado pela reparação de *perdas e danos*. A obrigação de pagar a indenização respectiva tanto pode resultar da apuração de uma culpa contratual como aquiliana, e numa como noutra está subordinada a princípios comuns.

A) O fundamento primário da reparação está, como visto, no *erro de conduta* do agente, no seu procedimento contrário à predeterminação da norma, que condiz com a própria noção de culpa ou dolo. Se o agente procede em termos contrários ao direito, desfere o primeiro impulso, no rumo do estabelecimento do dever de reparar, que poderá ser excepcionalmente ilidido, mas que em princípio constitui o primeiro momento da satisfação de perdas e interesses.

B) O segundo momento, ou o segundo elo dessa cadeia, é a *ofensa a um bem jurídico*. É frequente a referência a este requisito como sendo a verificação de um "dano ao patrimônio". Não nos parece bem-posta a expressão, porque a referência ao valor patrimonial pode insinuar a exclusão do dever de reparar o atentado a outros valores jurídicos, de cunho não patrimonial. A nós, que nos inscrevemos entre os que admitem a indenização do dano moral,[25] não satisfaz plenamente a ideia de restrição à reparabilidade, que admitimos mais ampla. Daí sustentamos a apuração do segundo requisito com esta fórmula mais genérica, e mais elástica. Repitamos: *ofensa a um bem jurídico*.

C) Em terceiro lugar, cumpre estabelecer uma *relação de causalidade* entre a antijuridicidade da ação e o dano causado. Não basta que o agente cometa um erro de conduta e que o queixoso aponte um prejuízo. Torna-se indispensável a sua interligação, de molde a assentar-se ter havido o dano *porque* o agente procedeu contra direito.[26] Na doutrina mais recente, ao interpretar o art. 403 do Código Civil de 2002, tem-se considerado que os vo-

---

25 Para aprofundamento do tema, remetemos o leitor à obra intitulada *Elementos de Responsabilidade Civil por Dano Moral*, de Carlos Edison do Rego Monteiro Filho (Renovar, 2000).
26 René Rodière, *La Responsabilité Civile*, pág. 232.

cábulos "direto" e "imediato" induzem à ideia de "necessariedade" da causa para provocação do dano. Assim, surge a noção de nexo causal necessário, ou seja, a causalidade necessária entre a causa e o efeito danoso para a fixação de responsabilidade civil.[27] O Superior Tribunal de Justiça já definiu que "o reconhecimento da responsabilidade objetiva por dano ambiental não dispensa a demonstração do nexo de causalidade entre a conduta e o resultado"[28].

Uma vez verificados os pressupostos essenciais da determinação do dever de reparação, arma-se uma equação, em que se põe o montante da indenização como correlato do bem lesado. O que predomina nesta matéria é que a indenização do *id quod interest* não pode ser fonte de enriquecimento, não se institui com o objetivo de proporcionar ao credor uma vantagem – *de lucro capiendo* –, porém, se subordina ontologicamente ao fundamento de restabelecer o equilíbrio rompido pela prática do ato culposo, e destina-se a evitar o prejuízo, *de damno vitando*. Numa palavra, a indenização há de compreender a totalidade do dano, porém, limitar-se a ele, exclusivamente.[29]

Indenizar o prejuízo nem é o mesmo que restaurar o objeto da prestação originária, nem implica necessariamente a conversão dele no seu equivalente pecuniário. Às vezes sim. Outras vezes, uma não exclui o outro, o que se dá sempre que o credor pode perseguir a *res debita* e mais as *perdas e danos*. Quando for possível, isto é, no caso de a prestação ainda ser viável, cabe ao credor persegui-la, e ao devedor executá-la, sem que lhes assista, em princípio, a conversão. Em tal caso, as perdas e danos podem ser postuladas juntamente com a obrigação principal.[30] O descumprimento, em si, não converte a obrigação em alternativa. Ao revés, o que resta *in obligatione* é a mesma prestação originária. Se o procedimento do devedor não a impossibilita, mas prejudica, gera para o credor o direito de pedir a *res debita* e as perdas e danos. É preciso, todavia, esclarecer: jamais podem acumular-se a execução direta e as perdas e danos, se *compensatórios*; se é viável a execução específica, é lícito adicionar-lhe as *perdas e danos moratórios*.[31]

São as perdas e danos, portanto, o equivalente do prejuízo que o credor suportou, em razão de ter o devedor faltado, total ou parcialmente, ou de maneira absoluta ou relativa, ao cumprimento do obrigado. Hão de expressar-se em uma soma de dinheiro, porque este é o denominador comum dos valores, e é nesta espécie que se estima o desequilíbrio sofrido pelo lesado. A este prejuízo, correspondente à perda de um valor patrimonial, pecuniariamente determinado, costuma-se designar como *dano matemático* ou *dano concreto*.[32]

---

27 Gustavo Tepedino, "Notas sobre o nexo de causalidade", in *Revista Trimestral de Direito Civil (RTDC)*, vol. 6, pág. 14.
28 Brasil, Superior Tribunal de Justiça, Agravo Interno em Agravo no Recurso Especial nº 1.682.237/RJ, Min. Paulo Sérgio Domingues, 1ª Turma, *DJe* de 22.06.2023.
29 Larenz, pág. 197; De Page, vol. II, nº 1.022, pág. 979.
30 M. I. Carvalho de Mendonça, nº 475.
31 De Page, nº 128; Lalou, nº 62.
32 Larenz, nº 193.

Na sua apuração, há de levar-se em conta que o fato culposo privou o credor de uma vantagem, deixando de lhe proporcionar um certo valor econômico, e também o privou de haver um certo benefício que a entrega oportuna da *res debita* lhe poderia granjear, e que também se inscreve na linha do dano. Como sua finalidade é restaurar o equilíbrio rompido, seria insuficiente que o credor recebesse apenas a prestação em espécie, ou o seu equivalente pecuniário, porque assim estaria reintegrado no seu patrimônio tão somente o que lhe faltou, em razão do dano sofrido, mas continuaria o destaque correspondente ao benefício que a prestação completa e oportuna lhe poderia proporcionar. Não haveria, conseguintemente, o restabelecimento patrimonial no estado em que ficaria, se o devedor tivesse cumprido a obrigação, e, *ipso facto*, não seria indenização.

As perdas e danos compreendem, em consequência, a recomposição do prejuízo correspondente ao que o credor efetivamente perdeu, e que as fontes denominam *damnum emergens* (dano emergente). Mas para serem completas deverão abranger também o que ele tinha fundadas esperanças de auferir, e que razoavelmente deixou de lucrar, parcela designada como *lucrum cessans*, e que nós chamamos *lucro cessante* (Código Civil de 2002, art. 402).[33] Já a sentença de Paulo os abraçava na forma sintética: "*Quantum mihi abest, quantumque lucrri potui.*"[34] Deve haver, em relação aos lucros cessantes, uma probabilidade objetiva que decorra da normalidade das coisas e das circunstâncias do caso.[35]

As perdas e danos não poderão ser arbitrários. Não pode o credor receber, a esse título, qualquer lucro hipotético. Somente lhe cabe, com fundamento na reparação, receber, como benefício de que o dano o privou, aquilo que efetivamente decorreu do fato imputável, e os lucros cessantes por efeito direto e imediato do descumprimento da obrigação. Era lícito ao credor esperar que a execução da obrigação lhe proporcionasse um incremento patrimonial, consequente ao acrescentamento econômico que a prestação lhe traria. A inadimplência veio privá-lo, a uma só vez, deste acréscimo e daquele benefício. A reparação das perdas e danos abrangerá, então, a restauração do que o credor perdeu e a composição do que deixou razoavelmente de ganhar, apurado segundo um *juízo de probabilidade*. Na indenização, envolve-se o prejuízo *consequente*, direta e imediatamente, do dano causado.[36] Mas aquilo que exorbita do que seria o incremento resultante, direta e imediatamente, da obrigação descumprida não pode ser conferido ao credor a título de indenização por perdas e danos, pois, se o fosse, traduzir-se-ia em oportunidade de enriquecimento, em vez de restabelecimento de equilíbrio. Não é, portanto, indenizável o chamado *dano remoto*, que seria consequência *indireta* do inadimplemento, envolvendo lucros cessantes para cuja efetiva configuração tivessem de concorrer outros fatores que não fosse apenas a execução a que o devedor faltou, ainda que doloso o seu procedimento. Nota-se, na doutrina legal brasileira, a tendência à simplificação dos extremos da responsabilidade. Com efeito, o Direito francês e os sistemas que o acompanham perdem-se no exame de sutilezas infindas, em torno de questões que intrincam

---

33 Direito Anterior: art. 1.059 do Código Civil de 1916. Projetos: art. 174 do Projeto de Código de Obrigações de 1965; art. 400 do Projeto de Código Civil de 1975.
34 Digesto, Livro 46, tít. VIII, fr. 13.
35 Sérgio Savi, ob. cit., pág. 480.
36 Larenz, pág. 198.

este já difícil problema da reparação do dano. Ali, gradua-se a responsabilidade da culpa para o dolo; debate-se a previsibilidade ou imprevisibilidade do evento. O nosso Direito, partindo da ideia da unidade da culpa e sua conexão com o dano, vai dar na reparação dos prejuízos, da maneira mais ampla e abrangente do *damnum emergens* e do *lucrum cessans*, desde que direto e imediato, sem cogitar se previsível ou imprevisível.[37]

O Superior Tribunal de Justiça, em sede de recurso repetitivo, assentou a seguinte tese jurídica: "*O dano material somente é indenizável mediante prova efetiva de sua ocorrência, não havendo falar em indenização por lucros cessantes dissociada do dano efetivamente demonstrado nos autos; assim, se durante o interregno em que foram experimentados os efeitos do dano ambiental houve o período do 'defeso' – incidindo a proibição sobre toda atividade de pesca do lesado –, não há cogitar em indenização por lucros cessantes durante essa vedação*" (tema 834, Recurso Especial nº 1.354.536/SE, Rel. Min. Luis Felipe Salomão).

Embora o princípio da reparação aponte como beneficiário o titular da indenização, às vezes desborda deste para oferecer pretensão a *terceiro*, cujos direitos ou interesses foram ou tenham sido vulnerados. Karl Larenz lembra o caso do credor de alimentos voltar-se contra aquele que causou dano de o devedor que os provia, privando-o da aptidão de prestá-los.[38]

No artigo 404, o Código Civil de 2002[39] destacou a prestação pecuniária. A razão está em que as perdas e danos, segundo o disposto nos artigos anteriores, consistem na conversão da *res debita* em uma quantia em dinheiro. Consistindo, porém, a obrigação em dinheiro, não há conversão a fazer. O ressarcimento do dano, neste caso, será constituído dos juros, que correspondem aos frutos civis, de que o credor ficou privado pelo inadimplemento do devedor. Se a obrigação for acompanhada de cláusula penal, acumulam-se os juros com a pena convencional.

O artigo faz alusão aos juros moratórios, isto é, aqueles que são devidos pela demora do devedor no cumprimento do obrigado. Casos há, entretanto, em que são devidos também juros compensatórios, por força de disposição legal ou por construção pretoriana, conforme o caso ou circunstância.

Além dos juros, se se trata de dívida de valor, cabe a sua atualização, mediante critérios de aferição dentre os quais os índices de correção monetária. O Superior Tribunal de Justiça assentou a seguinte tese jurídica: "*Os juros moratórios incidem a partir da data do fato, no tocante aos valores devidos a título de dano material e moral*" (tema 440, Recurso Especial nº 1.114.398/PR, Rel. Min. Sidnei Beneti).

O Código faz incluir na indenização as custas do processo, de que resulta a condenação. A elas, aditam-se os honorários de advogado,[40] além da correção monetária.

O parágrafo único do artigo 404 arma o juiz de poderes para agir por equidade. Esta, como justiça do caso dado, ou faculdade de conceder ou decidir fora dos termos

---

37 Agostinho Alvim, nº 153.
38 Larenz, pág. 215.
39 Direito Anterior: art. 1.061 do Código Civil de 1916. Projetos: art. 402 do Projeto de Código Civil de 1975.
40 Código de Processo Civil de 1973, art. 20; Código de Processo Civil, art. 85.

estreitos da lei, permitirá ao julgador pesar as circunstâncias de cada caso, animado de dois elementos inspiradores: a ausência de cláusula penal e a insuficiência dos juros moratórios para cobertura do prejuízo do credor. O artigo não especifica, nem ao menos oferece elementos para estabelecer em que consiste a indenização complementar. Para isto, pode valer-se de dados concretos, ou proceder sob inspiração de seu arbítrio de bom varão – *arbitrium boni viri*. Não cabe, entretanto, ao juiz proceder discricionariamente. Deverá valer-se tanto quanto possível dos elementos consagrados em lei e nos usos e costumes, inclusive judiciais. Dentre os critérios utilizáveis, estará a correção monetária, que é aplicável às dívidas de valor, como as condenações judiciais, e bem assim os juros compensatórios.

Dano moral. Um dos pontos mais controvertidos na moderna sistemática civil é o que diz respeito ao *dano moral* e seu ressarcimento, talvez pelo fato de não haver o Direito romano solucionado e sistematizado a matéria, de relevância muito mais acanhada na singeleza daquela civilização do que na sociedade hodierna. Controvertido é o tema porque os escritores se colocam em campos adversos e, irredutivelmente, pelejam por suas convicções. De um lado, aqueles que negam a ressarcibilidade (Pothier, Keller, Chironi), sob o fundamento de que a indenização é o ressarcimento de um prejuízo e reconstituição de um patrimônio, e isto não se dá com a reparação do dano moral propriamente dito. De outro lado, outros atentam para que, a par do patrimônio em sentido técnico, o indivíduo seja titular de direitos integrantes de sua personalidade, como o que se refere à sua integridade física, sua liberdade, sua honorabilidade, os quais não podem ser impunemente atingidos. Os primeiros sustentam que a dor é inindenizável pecuniariamente e, por isto, não pode a vítima solicitar reparação econômica, para o dano causado, ao que seria correspondente aos bens jurídicos de valor inestimável. Vão mesmo ao extremo de achar imoral a ideia da reparação, que lhes pareceria conter uma negação a sensibilidade, por permitir que se compense a perda de um filho ou a ofensa à honra com uma quantia em dinheiro. Os segundos eliminam a objeção com a tese de que o titular do direito não comercia com a dor, mas tem a faculdade de obter uma reparação consequente à vulneração de um direito. Existe ainda uma terceira corrente (Giorgi Dernburg), que se *considera eclética*, admitindo a reparabilidade do dano moral – somente quando afeta a integridade do patrimônio. Os que assim pensam não chegam na verdade a formar uma corrente mista ou eclética. Ela integra a primeira, pois que se acolhe a reparação do dano moral somente quando percute no patrimônio, o que em verdade faz é negar a reparabilidade do dano moral, e afirmar a do patrimonial exclusivamente.

Em face das modernas tendências da nossa doutrina, força é convir que o pensamento hoje dominante é no sentido de se admitir a reparabilidade do dano moral,[41] sendo que a repercussão jurisprudencial já é muito ampla. Na 20ª edição destas *Instituições*, afirmou-se que a jurisprudência era prenunciadora de maior receptividade futura, tal como ocorreu em pura teoria, plano no qual a tendência crescente foi e tem sido no rumo amplificador.[42] A realidade atual, contudo, já demonstra a receptividade do dano

---

41 Wilson Mello da Silva, *O Dano Moral e sua Reparação*, págs. 152 e segs.; Serpa Lopes, n° 355.
42 Mazeaud *et* Mazeaud, *Leçons*, II, n°s 417 e segs., onde se vê, inclusive, a evolução jurisprudencial a respeito, no Direito francês.

moral, informado pela normativa constitucional (art. 5º, incisos V e X, do Texto de 1988) e infraconstitucional (art. 186 do Código Civil de 2002).

Assentando, então, como premissa, que o Direito brasileiro atual admite seja indenizado o dano moral, tanto o originário de obrigação contratual quanto o decorrente da culpa aquiliana, passemos a fixar os extremos desta responsabilidade.

A) Num primeiro grau, o Código de 1916 já assentava hipóteses casuísticas em que o dano moral era reparável. Assim é no caso de a vítima sofrer ofensa corpórea que deixasse lesão ou deformidade; no do ofendido ser mulher jovem e solteira, ainda capaz de casar.[43] Em situações como estas, o problema vinha posto em equação pelo próprio legislador, que assentava a concessão de um pagamento à vítima, a título de reparação pelo dano sofrido, conscientemente desprezando a apuração se o ato lesivo atingiu o seu patrimônio, ou, melhor dito, cogitando da reparação sem dano patrimonial. É evidente que não pode ser negada a responsabilidade onde a lei a define. A regra, nestes casos, seria a que o novo Código Civil italiano, art. 2.059, enunciou, mas sem a restrição ali contida.[44]

B) Num segundo plano, e aí é a *vexata quaestio*, cogitavam os escritores, com poucas aprovações judiciais à época, de admitir que o dano moral, em tese, seria indenizável. O fundamento legal do princípio podia ser assentado na regra genérica do Código Civil de 1916, art. 76 e seu parágrafo, segundo o qual, para propor ou contestar uma ação, era suficiente o *interesse moral* (Clóvis Beviláqua), inciso que mais tarde iria integrar a sistemática processual (o Código Processual de 1973 reduziu a "interesse e legitimidade"). Este argumento não era, porém, tão poderoso que convencesse os que se opunham à reparação por dano moral, porque já ao tempo da glosa se argumentava que o interesse moral bastava para o ingresso em juízo, mas não era suficiente para justificar a condenação nas perdas e danos.[45]

Partindo, entretanto, daí, ou seja, que a lei assentou em termos gerais o interesse moral como fundamento de pedir, e mais, que a ideia da reparação por dano moral ocorre em hipóteses várias e em numerosos dispositivos,[46] a conclusão era de que o princípio encontra guarida em nosso Direito. É certo que nos faltava uma norma genérica, dentro dos princípios assentados no Código de 1916, segundo a qual, além da que for devida pelo prejuízo patrimonial, caberia reparação pelo dano moral.[47] Nem por isto uma interpretação sistemática de nosso Direito positivo autorizava uma conclusão contrária. Além disso, a referência à "violação de um direito", no art. 159 do Código Civil de 1916, não limitava a reparação ao caso apenas de prejuízo material.

---

43 Código Civil de 1916, art. 1.538.
44 O novo Código italiano admite a reparação do dano não patrimonial, porém, somente nos casos legalmente determinados.
45 M. I. Carvalho de Mendonça, nº 479.
46 Código Civil de 2002, arts. 948, 949 e 954.
47 O Código Civil de 2002, ao tratar da responsabilidade extracontratual em razão de ato ilícito (art. 186), supre a deficiência do Código Civil de 1916, incluindo a possibilidade de reparação pelo dano moral.

Acrescia aos dispositivos mencionados o preceito do Código de Telecomunicações, autorizando explicitamente indenização por dano moral ao ofendido por calúnia, difamação ou injúria, cometidas por via publicitária fixada no mínimo de cinco e no máximo de cem vezes o salário mínimo; e ainda no moderno Código de Direitos Autorais.

Num plano determinativo, e isolando-o de sutilezas e complexidades, que muito concorrem para embaraçar a matéria, é preciso assentar que o emprego da expressão *dano moral* se contrapõe com exatidão à outra, *dano patrimonial*, querendo dizer que é ressarcível o prejuízo sofrido pela vítima, e tanto é reparável quando implica a diminuição ou não incremento do patrimônio (dano patrimonial), quanto na hipótese em que não é este afetado, direta ou indiretamente (dano moral), sem a necessidade de substituir por outra a designação aceita.[48]

Uma vez assentada a regra de que o dano moral é indenizável esbarra-se no problema da reparação em si mesma. Aqui, encontravam alguns adversários um argumento concreto a dizer que não deveria ser admitida, em razão de não ser a dor conversível em dinheiro.[49] A questão, porém, não devia ser posta nestes termos, nem seria aceitável haver um tarifamento para os atos lesivos, como se fosse possível dizer que a uma tal ofensa corresponde um qual padrão pecuniário.

A ideia da reparação, no plano patrimonial, tem o valor de um correspectivo, e liga-se à própria noção de patrimônio. Verificado que a conduta antijurídica do agente provocou-lhe uma diminuição, a indenização traz o sentido de restaurar, de restabelecer o equilíbrio, e de reintegrar-lhe a cota correspondente ao prejuízo. Para a fixação do valor da reparação do dano moral, não será esta a ideia-força. Não é assente na noção de contrapartida, pois que o prejuízo moral não é suscetível de avaliação em sentido estrito.[50] E tão remoto deve ser o conceito de restabelecimento de valores que a jurisprudência francesa tem sido às vezes informada pela tendência de considerar meramente simbólica a reparação por dano moral, com a singela condenação do agente na quantia de um *franco*.[51] Não há, contudo, razão para que assim se proceda. Apagando do ressarcimento do dano moral a influência da indenização, na acepção tradicional, como técnica de afastar ou abolir o prejuízo, o que há de preponderar é um jogo duplo de noções: *a*) De um lado, a ideia de *punição* ao infrator, que não pode ofender em vão a esfera jurídica alheia; não se trata de imiscuir na reparação uma expressão meramente simbólica, e, por esta razão, a sua condenação não pode deixar de considerar as condições econômicas e sociais dele, bem como a gravidade da falta cometida, segundo um critério de aferição subjetivo; mas não vai aqui uma confusão entre responsabilidade penal e civil, que bem se diversificam; a punição do ofensor envolve uma sanção de natureza econômica, em benefício

---

48 Aguiar Dias, *Da Responsabilidade Civil*, vol. II, pág. 307; De Cupis, *Il Danno*, pág. 31; Agostinho Alvim, ob. cit., nº 157.
49 Jair Lins, *Observações ao Anteprojeto do Código de Obrigações*, pág. 57.
50 A respeito do tema, remetemos o leitor para o trabalho escrito pelo atualizador Guilherme Calmon Nogueira da Gama (*Critérios para a fixação da reparação do dano moral*, págs. 219 e segs.).
51 Mazeaud *et* Mazeaud, *Leçons*, II, nº 421.

da vítima, à qual se sujeita o que causou dano moral a outrem por um erro de conduta.[52] *b)* De outro lado proporcionar à vítima uma *compensação* pelo dano suportado, pondo-lhe o ofensor nas mãos uma soma que não é o *pretium doloris*, porém uma ensancha de reparação da afronta; mas reparar pode traduzir, num sentido mais amplo, a substituição por um equivalente, e este, que a quantia em dinheiro proporciona, representa-se pela possibilidade de obtenção de satisfações de toda espécie, como dizem Mazeaud *et* Mazeaud, tanto materiais quanto intelectuais, e menos morais.[53] *c)* A essas motivações acrescenta-se o gesto de solidariedade à vítima, que a sociedade lhe deve (Aguiar Dias, *Da Responsabilidade Civil*; Caio Mário da Silva Pereira, *Responsabilidade Civil*). Em doutrina, conseguintemente, hão de distinguir-se as duas figuras, da indenização por prejuízo material e da reparação do dano moral: a primeira é reintegração pecuniária ou ressarcimento *stricto sensu*, ao passo que a segunda é sanção civil direta ao ofensor ou reparação da ofensa, e, por isto mesmo, liquida-se na proporção da lesão sofrida.[54] *d)* Em terceiro lugar, a reparação por dano moral envolve a ideia de "solidariedade" à vítima, em razão da ofensa que sofreu a um bem jurídico lesado pelo agente.

E, se em qualquer caso se dá à vítima uma reparação de *damno vitando*, e não de *lucro capiendo*, mais que nunca há de estar presente a preocupação de conter a reparação dentro do razoável, para que jamais se converta em fonte de enriquecimento.[55]

Na elaboração de nosso Anteprojeto de Código de Obrigações, tivemos ensejo de consignar em preceito os princípios doutrinários que defendemos, assentando, no art. 916, que o dano moral será ressarcido, independentemente do prejuízo material.

O argumento contrário à reparação do dano moral, fundado na inexistência de preceituação genérica, cai por terra em face do disposto no art. 5º, incisos V e X, da Constituição Federal de 1988 (Caio Mário da Silva Pereira, *Responsabilidade Civil*, nº 48). O Código Civil de 2002 é expresso, no art. 186, ao acolher a reparabilidade do dano moral. O dano moral, assim, decorre de injusta violação à situação jurídica subjetiva extrapatrimonial, tutelada pela ordem civil-constitucional por meio da cláusula geral de tutela da pessoa humana (através da sua personalidade) que, por sua vez, se fundamenta no princípio maior de dignidade da pessoa humana.[56]

---

52 Defende posição contrária ao caráter punitivo para fins de quantificação da reparação do dano moral: Maria Celina Bodin de Moraes (*Danos à pessoa humana*).
53 Mazeaud *et* Mazeaud, nº 419.
54 Guido Gentile, *Il Danno non Patrimoniale nel Nuovo Codice delle Obbligazioni*, pág. 2.
55 Cf. a respeito da reparação do dano moral: Mazeaud *et* Mazeaud, *Responsabilité Civile*, I, nºs 292 a 335; Mazeaud *et* Mazeaud, *Leçons*, II, nos 417 e segs.; Aguiar Dias, *Da Responsabilidade Civil*, II, nº 226; Hans Albrecht Fischer, *A Reparação dos Danos no Direito Civil*, págs. 229 e segs.; Agostinho Alvim, *Da Inexecução das Obrigações*, nos 156 e segs.; De Cupis, *Il Danno*, pág. 30; Guido Gentile, *Il Danno non Patrimoniale nel Nuovo Codice delle Obbligazioni*; Amílcar de Castro, voto *in Revista Forense*, vol. 93, pág. 528; Wilson Mello da Silva, *O Dano Moral e sua Reparação*; M. I. Carvalho de Mendonça, *Doutrina e Prática das Obrigações*, II, nºs 477 e segs.; Jean van Ryn, *Responsabilité Aquilienne et Contrats*, nº 41; Eduardo Bonasi Benucci, *La Responsabilità Civile*, nº 19; Henri Lalou, *Traité Pratique de la Responsabilité Civile*, nos 149 e segs.; Caio Mário da Silva Pereira, *Responsabilidade Civil*, nº 46.
56 Maria Celina Bodin de Moraes, *Danos à pessoa humana*, pág. 132. Acerca da reparação do dano moral, ainda é válido lembrar os seguintes trabalhos: Carlos Edison do Rego Monteiro Filho,

Em sede de recurso repetitivo, o Superior Tribunal de Justiça consolidou a seguinte tese jurídica: "É devida a indenização por dano moral patente o sofrimento intenso do pescador profissional artesanal, causado pela privação das condições de trabalho, em consequência do dano ambiental" (tema 439, Recurso Especial nº 1.114.398/PR, Rel. Min. Sidnei Beneti).

E, ao tratar dos critérios de reparação do dano, o mesmo STJ definiu o seguinte: "*a) a responsabilidade por dano ambiental é objetiva, informada pela teoria do risco integral, sendo o nexo de causalidade o fator aglutinante que permite que o risco se integre na unidade do ato, sendo descabida a invocação, pela empresa responsável pelo dano ambiental, de excludentes de responsabilidade civil para afastar sua obrigação de indenizar; b) em decorrência do acidente, a empresa deve recompor os danos materiais e morais causados; c) na fixação da indenização por danos morais, recomendável que o arbitramento seja feito caso a caso e com moderação, proporcionalmente ao grau de culpa, ao nível socioeconômico do autor e, ainda, ao porte da empresa, orientando-se o juiz pelos critérios sugeridos pela doutrina e jurisprudência, com razoabilidade, valendo-se de sua experiência e bom senso, atento à realidade da vida e às peculiaridades de cada caso, de modo a que, de um lado, não haja enriquecimento sem causa de quem recebe a indenização e, de outro, haja efetiva compensação pelos danos morais experimentados por aquele que fora lesado*" (tema 707, Recurso Especial nº 1.374.284/MG, Rel. Min. Luis Felipe Salomão).

O Superior Tribunal de Justiça tem considerado, finalmente, que é possível a formulação de pedido genérico de dano moral e dano material na petição inicial (julgamento do Recurso Especial n. 1.534.559-SP), além de entender que, relativamente às pessoas jurídicas os danos morais precisam ser provados quanto ao prejuízo causado (julgamento do Recurso Especial n. 1.637.629-PE).

Também há orientação do Superior Tribunal de Justiça no sentido de que os danos decorrentes de acidentes de veículos automotores sem vítimas não caracterizam dano moral "in re ipsa" (sem necessidade de demonstrar ocorrência de prejuízo concreto).[57]

176-A. PERDAS E DANOS

No Direito das Obrigações, o dano corresponde a um prejuízo sofrido por uma das partes em razão de inadimplemento total, parcial ou de mora[58] pela outra parte (credora ou devedora), cabendo a esta, enquanto agente do dano, suportar o ônus res-

---

Elementos de Responsabilidade Civil por Dano Moral, passim; Guilherme Calmon Nogueira da Gama, *Critérios...*, ob. cit., págs. 219 e segs.

57 Brasil, Superior Tribunal de Justiça, Terceira Turma, REsp. 1.653.413-RJ, j. 05.06.2018, *DJe* 08.06.2018.

58 Carlos Alberto Bittar, ob. cit., pág. 167. Cristiano Chaves de Farias e Nelson Rosenvald, ob. cit., pág. 395. "Para que surja o dever de indenizar decorrente do descumprimento de uma obrigação, a lei exige a presença de três requisitos: i) o inadimplemento (absoluto ou relativo); ii) que este inadimplemento tenha sido culposo; e iii) que tenha causado prejuízo a outra parte" (Gustavo Tepedino, Heloisa Helena Barboza e Maria Celina Bodin de Moraes, ob. cit., pág. 725).

pectivo, uma vez que descumpriu um prévio dever específico da relação, o qual pode ser não só aquele relacionado à prestação principal, como também um anexo, decorrente da boa-fé objetiva, conforme já assinalado ao se tratar da concepção da obrigação como um processo. No texto codificado, o art. 402 emprega a terminologia "perdas e danos", a qual denota redundância, eis que, embora a intenção do dispositivo seja referir-se tanto ao dano emergente quanto ao lucro cessante, como se depreende de sua parte final, tal expressão acaba apenas por fazer alusão ao dano emergente.[59]

Insta frisar que a indenização do dano será mensurada por sua extensão, conforme expressam os arts. 403 e 944 do Código, não se atendo, na sua quantificação, ao grau de culpa do agente, mas somente ao vulto efetivo dos prejuízos. O princípio da extensão do dano, que destaca a necessidade de se reparar a totalidade[60] do dano como regra, demonstra a função eminentemente compensatória da responsabilidade civil, eis que o aspecto punitivo já é considerado, quando for o caso, na seara criminal, em que é indispensável aferir a culpabilidade para se determinar a pena. Assim, não é possível majorar o valor de um dano com o fito de demonstrar a reprovação intensa à conduta do agente, por mais intencional que esta tenha sido, eis que isso contrariaria não só o *caput* do art. 944, CC, mas o próprio direito fundamental à propriedade privada (art. 5º, XXII, CF/88), já que se estaria privando o responsável civilmente de uma parcela maior de seus bens, ensejando, inclusive, o enriquecimento indevido do prejudicado.[61] Pelo derradeiro e mesmo motivo, mas seguindo o raciocínio inverso, favorável ao prejudicado, a regra do parágrafo único do referido art. 944, CC, segundo a qual se admite a redução equitativa da indenização no caso de desproporção entre o dano e o grau de culpa do agente, tem gerado intensa discussão em sede doutrinária, quando mesmo sobre um possível retrocesso à noção de culpa psicológica em responsabilidade civil,[62] em detrimento à atual tendência de objetivação desta, com sérias indagações sobre a validade constitucional desse dispositivo. Contudo, a culpa *lato sensu* e a sua gradação continuam a exercer um papel importante em responsabilidade contratual, como se depreende do art. 392, CC, de acordo com a na-

---

59 Como ressalva Carlos Roberto Gonçalves, a expressão *dommages et intérêts* ("danos e interesses"), empregada pelo Código francês, seria mais bem apropriada para distinguir as duas categorias de dano antes referidas (ob. cit., pág. 374).

60 Isso significa, como lembra Orlando Gomes, considerar o valor *objetivo* da coisa a ser entregue ou restituída, mas, em alguns casos, é cabível considerar o interesse subjetivo do credor, apreciando-se o valor estimativo do objeto quando aquele constitua base de um interesse patrimonial (*Obrigações*, 16ª ed. rev., atual. aum. de acordo com o CC/2002 por Edvaldo Brito, 2ª tiragem, Rio de Janeiro: Forense, 2004, pág. 184).

61 Karl Larenz, ob. cit., pág. 197

62 Enquanto alguns defendem sua aplicabilidade com base no princípio da equidade e como forma de evitar a "ruína" do autor em razão de pequena culpa sua (Cristiano Chaves de Farias, Nelson Rosenvald, ob. cit., pág. 396), outros ressaltam que não haveria um retorno à concepção subjetiva de culpa, nem sequer ao seu padrão normativo, mas somente uma atenuação do rigorismo técnico abstrato em favor da situação fática concreta, que pode ter circunstâncias peculiares (Anderson Schreiber, *Novos Paradigmas da Responsabilidade Civil – Da erosão dos filtros da reparação à diluição dos danos*, São Paulo: Atlas, 2007, págs. 43 e 44). De fato, a própria e distinta possibilidade de redução da indenização quando houver concorrência de culpa da vítima (art. 945, CC) também é limitação ao dogma extensão do dano, confirmando o papel que a culpa pode ter na aferição do caso concreto.

tureza onerosa ou gratuita do contrato. As perdas e danos não podem ser arbitrárias. Somente cabe ao credor, com fundamento na reparação, receber aquilo de que o descumprimento da obrigação o privou. Por último, cabe registrar que, em matéria de dano moral, o princípio da reparação integral envolve sérias dificuldades práticas, uma vez que não se trata de um dano cujas dimensões possam ser matematicamente determinadas, o que leva muitos a desconfiarem de uma função simplesmente compensatória de uma reparação nesse campo, vislumbrando, em decorrência, uma finalidade punitiva na mesma.[63]

Ademais do dano, exigem-se, como pressupostos para a responsabilização civil e a subsequente reparação, a ação e o nexo de causalidade,[64] e este derradeiro também é alvo de controvérsias, a começar pela incerteza, especialmente em sede jurisprudencial, sobre a teoria que deve ser adotada. Como outrora afirmado, o art. 403, único dispositivo codificado a cuidar desse tema, parece ter acatado, em sua literalidade, a teoria da causalidade direta e imediata ou da interrupção do nexo causal, o que implicaria a rejeição à indenização do dano indireto e remoto e, para alguns, excluiria, de pronto, a aplicação da teoria da equivalência das causas ou da *conditio sine qua non*, aclamada no direito penal, no âmbito da responsabilidade civil, visto que aquela alarga, demasiadamente, o nexo causal.[65] Portanto, a simples interpretação gramatical desse artigo afastaria a indenização do próprio dano em ricochete,[66] que é admitido pelos tribunais pacificamente. Inclusive, é devido a esse excessivo rigorismo técnico de cada uma das teorias mencionadas que os pretórios têm ora se referido à teoria da causalidade adequada, ora à da causalidade direta e imediata e ora à da equivalência das condições, sem uma posição assentada em definitivo. Por isso, visando a conciliar o preceito do dispositivo citado com a possibilidade do dano indireto indenizável, Gustavo Tepedino fala na subteoria da necessariedade da causa como verdadeira motivação do nexo causal, buscando-se o dano indenizável sempre na consequência necessária da inexecução.[67]

---

63 Favorável ao caráter punitivo, v., por todos, Hans Albrecht Fischer, *A reparação dos danos no Direito Civil* (trad. de Antônio de Arruda Ferrer Correia), São Paulo: Saraiva, 1938, págs. 234 a 237. Contrária à tese através de fortes argumentos, cf. Maria Celina Bodin de Moraes, in "*Punitive damages* em sistemas civilistas: problemas e perspectivas", in *RTDC*, Rio de Janeiro, vol. 18, pág. 53, abr.-jun. 2004, págs. 70 e segs.

64 Carlos Alberto Bittar, ob. cit., pág. 167.

65 Cristiano Chaves de Farias, Nelson Rosenvald, ob. cit., págs. 397 e 398. Para os referidos autores, as teorias da interrupção do nexo causal e da equivalência das condições são extremadas, embora opostas, sendo preferível o emprego de uma teoria intermediária, da causalidade adequada, que permitiria ao magistrado seguir a lógica do razoável, partindo-se do senso comum da reiteração de certas práticas humanas para determinar o que seria ou não considerável como causa adequada (ob. cit., págs. 398 e 399). Não obstante, um possível problema da causalidade adequada estaria, justamente, na margem de arbítrio concedida ao juiz para definir a idoneidade ou não de uma causa para gerar o dano, e a única solução viável para tanto parece ser uma maior preocupação com a fundamentação das decisões judiciais.

66 Gustavo Tepedino, Heloisa Helena Barboza e Maria Celina Bodin de Moraes, ob. cit., págs. 730 e 731.

67 Gustavo Tepedino, Heloisa Helena Barboza e Maria Celina Bodin de Moraes, ob. cit., pág. 731. Antônio Lindbergh C. Montenegro chega a conclusões semelhantes em suas ponderações: "Desde

Quanto à prova do dano, esta incumbirá a quem o alegar, que deverá comprová-lo em toda sua extensão, seja com relação ao dano emergente ou ao lucro cessante, no tocante ao dano material. Entretanto, a mesma prova não é exigida, como aponta a doutrina mais tradicional, com respeito ao dano moral, o qual se diz ser dano *in re ipsa*, sendo desnecessária a prova do prejuízo, salvo quanto a reflexos, já que, no caso de revestir-se apenas dessa condição, considera-se o prejuízo decorrente do simples fato da violação. Desse modo, o *onus probandi* imprescindível ao dever de indenizar só será dispensado nas hipóteses expressamente previstas em lei, como apregoa o art. 402, CC, podendo-se enunciar, entre essas exceções, a cláusula penal (art. 416, CC), os juros de mora (art. 407, CC) e as arras penitenciais (art. 420, CC), além das situações específicas definidas para certas figuras contratuais.[68]

Conquanto empregadas como sinônimos, as expressões "dano patrimonial" e "dano material" possuem significações um pouco distintas, eis que a primeira corresponde a toda lesão a um interesse econômico estimável em pecúnia, seja aquela resultante de dano à coisa (material) ou à pessoa, enquanto a segunda, menos ampla e contraposta à noção de dano pessoal, se associa somente à lesão a uma coisa, sendo todo dano material, portanto, essencialmente patrimonial, mas não o inverso.[69] Considerando essa diferença, o dano patrimonial compreende tanto o dano emergente quanto o lucro cessante, de modo a que se proporcione o ressarcimento integral do lesado, consoante o art. 402, CC. O dano emergente ou positivo se refere à efetiva e imediata redução patrimonial sofrida em razão do evento lesivo, podendo consistir na diminuição do ativo ou no aumento do passivo,[70] o que torna sua avaliação mais simples, em regra.

Já o lucro cessante, de mais difícil estimativa, corresponde a tudo aquilo que a vítima deixou "razoavelmente" de ganhar em virtude da inexecução da obrigação, consoante a própria locução do art. 402 do texto codificado. Este dispositivo adota, na quantificação do lucro cessante, o princípio da razoabilidade, repetindo a regra do art. 1.059 do vetusto Código de 1916, conferindo ao julgador a tarefa de precisar essa parcela indenizatória de acordo com o bom-senso. Essa orientação exclui a possibilidade de se confundir o lucro cessante com o lucro imaginário ou simplesmente hipotético,[71] exigindo-se um juízo de probabilidade objetiva, e não de mera possibilidade, entendimento este que segue a interpretação feita do § 252 do

---

que determinado prejuízo possa ser inserido na relação de causalidade, de acordo com a ordem natural das coisas, deve ser indenizado, ainda que ligado a uma causa remota ou mediata. O que importa é afastar da cadeia causal os fatos anormais ou que fiquem na dependência de elementos meramente hipotéticos. Isso, afinal de contas, se constitui em uma questão de lógica e bom-senso, reservada ao livre arbítrio do juiz." (ob. cit., pág. 24).

68 Carlos Alberto Bittar exemplifica com os contratos de seguro e de edição (ob. cit., loc. cit.).
69 Cristiano Chaves de Farias, Nelson Rosenvald, ob. cit., pág. 400.
70 "Assim, se o objeto do dano é um interesse atual ou relativo a um bem pertencente a uma pessoa já no momento em que ele ocorre, teremos o dano emergente" (Antônio Lindbergh C. Montenegro, ob. cit., pág. 27).
71 Gustavo Tepedino, Heloisa Helena Barboza e Maria Celina Bodin de Moraes, ob. cit., pág. 727. O lucro cessante também não se confunde, necessariamente, com a figura do dano futuro, pois,

Código tedesco.[72] Justamente por não ser possível a apreciação do lucro cessante com embasamento em certeza absoluta, a doutrina germânica tem utilizado, com fulcro no inciso 2º do referido parágrafo, o que se convencionou denominar curso ou processo causal hipotético, que seria o desenvolvimento dos acontecimentos como se tivessem provavelmente ocorrido caso não se tivesse produzido o evento lesivo,[73] de acordo com o curso normal daqueles ou com as circunstâncias especiais do caso concreto.[74] Contudo, mesmo com a aplicação do processo causal hipotético, torna-se tormentosa a aferição quantitativa do lucro cessante quando, após o fato gerador do dano, ocorre um outro acontecimento que o teria causado igualmente, caso o primeiro não tivesse sucedido.[75] Segundo Antônio Lindbergh C. Monteiro, tal questão envolve problema de causalidade jurídica que, no ordenamento brasileiro, se resolve de modo diferente conforme seja a relação contratual ou extracontratual, visto que, na primeira, em razão do disposto no art. 399 (*in fine*) do Código, o caso fortuito e a força maior supervenientes são causas exonerativas de responsabilidade (art. 393, CC), enquanto, na segunda, o fato posterior que poderia causar o dano já consumado não rompe o nexo causal.[76]

É importante ressaltar que dano emergente e lucro cessante são, pelo princípio da unidade do dano, verso e anverso de uma mesma moeda, podendo tanto aparecer juntos como separadamente.[77] De fato, é plenamente razoável cogitar de hipóteses

---

conquanto todo aquele último corresponda a lucro cessante, o contrário não é verdadeiro (Antônio Lindbergh C. Montenegro, ob. cit., loc. cit.).

72 Antônio Lindbergh C. Montenegro, ob. cit., pág. 13. Acerca do emprego da expressão "razoavelmente" pelo Código, o referido civilista acredita que a mesma seja uma fonte permanente de equívocos e de dúvidas, uma vez que, numa leitura superficial, poder-se-ia pensar que tal termo representa a ideia quantitativa de valor razoável, enquanto, em verdade, expressaria a vontade legislativa em incluir tudo quanto seja admissível na indenização por lucro cessante, considerado este em sua existência (efetividade), e não quantidade. Desse modo, citando Agostinho Alvim, diz--se que a indenização por lucro cessante se guiará pelo provado, não pelo razoável (ob. cit., págs. 13 e 14).

73 Karl Larenz, ob. cit., págs. 208 a 211. No mesmo trecho, o autor salienta, após discorrer sobre as dificuldades da teoria em questão, como a definição do momento em que se deveria entender um dano como provável (momento da causação do dano ou da avaliação pelo julgador), que não se pode reclamar a indenização por um ganho que o titular da reparação só teria obtido caso tivesse infringido a lei ou mediante uma conduta contrária ao pactuado ou à moral.

74 Costuma-se dar o exemplo do taxista que tem seu veículo de labor abalroado e, em consequência, fica alguns dias sem poder trabalhar. Segundo o curso causal normal dos eventos, tal vítima teria direito somente à renda normal que conseguiria durante esse período, não se devendo esperar um lucro extraordinário, mas, se esse período fosse de grande afluência de turistas, por exemplo, há especiais circunstâncias que possibilitam o estabelecimento de uma indenização maior (Antônio Lindbergh C. Montenegro, ob. cit., págs. 14 e 15).

75 Larenz retrata, para tanto, um caso engenhoso, aqui sinteticamente exposto: A quebra o vidro da janela de B, propondo-se a consertá-la; porém, antes que isso aconteça, sobrevém uma explosão que estilhaça todos os vidros de janelas da região; então, A passa a alegar que não responde mais pelo dano, afirmando que o mesmo sucederia de qualquer modo (ob. cit., pág. 211).

76 Ob. cit., pág. 18.

77 Antônio Lindbergh C. Montenegro, ob. cit., pág. 17.

em que, não obstante não se tenha provocado dano emergente, haja lucro cessante, como na hipótese do furto de uma máquina industrial, restituída sem qualquer danificação a seu proprietário após alguns dias, mas cuja privação do uso priva aquele derradeiro do ingresso de valores em seu patrimônio.[78]

Ademais das duas categorias citadas, com o objetivo da reparação do dano, é cada vez mais frequente o uso da teoria franco-italiana da perda de uma chance pela jurisprudência pátria, intentando-se considerar como indenizáveis, através da mesma, hipóteses que se situam entre aquelas de dano futuro alicerçado em probabilidade objetiva (lucro cessante) e de dano eventual ou hipotético, que não é indenizável. Sem previsão legal expressa, essa tese se aplica, conforme ao direito francês, em casos em que alguém possuía uma chance efetiva de adquirir uma vantagem ou de evitar um prejuízo e teve tal chance frustrada em razão da conduta danosa. Diz-se, com relação à perda de uma chance, que esta se funda numa probabilidade de que haveria um ganho ou de que se evitaria um prejuízo e na certeza de que, da vantagem perdida, resultou um prejuízo.[79]

Por se diferenciar do lucro cessante, uma vez que está fundamentada em uma expectativa aleatória, com apenas um certo grau de probabilidade de obtenção de uma vantagem e sendo impossível afirmar que o resultado ocorreria caso o fato antijurídico não tivesse ocorrido, a perda de uma chance será indenizada não de acordo com o valor do benefício esperado, mas com fulcro em percentuais maiores ou menores de probabilidade, que seguem regras de estatística aplicáveis ao evento danoso.

Ainda quanto à indenização da chance perdida, existem aqueles que defendem, com base na necessidade de limitar a reparabilidade a chances mais consistentes para evitar que qualquer oportunidade dissipada ou projeto desfeito possa ensejar ressarcimento, que só seria possível reparar a chance perdida quando o lesado demonstrasse que a probabilidade de obtenção da vantagem esperada era superior a 50% (cinquenta por cento), sob pena de improcedência do pedido autoral.[80] Por esse raciocínio, hipóteses como aquela acima narrada não gerariam indenização, portanto.

Amenizando o rigor do princípio segundo o qual as obrigações ilíquidas não sujeitam o devedor aos juros moratórios – *in illiquidis non fit mora* – o art. 405 do Código Civil prevê que eles sejam contados desde a citação. Nas obrigações provenientes de atos ilícitos, o devedor está em mora desde que os praticou (art. 398, CC).

---

78 Cristiano Chaves de Farias e Nelson Rosenvald, ob. cit., pág. 401.
79 "Se a chance de fato existia, foi considerada séria e a conduta culposa do agente impediu que ela se verificasse, é certo que a vantagem esperada está perdida e disso resulta, segundo a doutrina mais recente, um dano emergente, passível de indenização." (Gustavo Tepedino, Heloisa Helena Barboza e Maria Celina Bodin de Moraes, ob. cit., loc. cit.).
80 Sérgio Savi, "Inadimplemento das obrigações", *in*: Gustavo Tepedino, (coord.) *Obrigações – estudos na perspectiva civil-constitucional*. Rio de Janeiro: Renovar, 2005, pág. 483.

176-B. Juros legais

Os juros legais são aqueles impostos por lei, como no caso do ressarcimento das perdas e danos e de outras situações de fato que se verifiquem na prática, podendo consistir em juros moratórios ou compensatórios, como no exemplo, quanto a estes últimos, do caso de juros compensatórios de imissão provisória na posse, deferida judicialmente, nas ações de desapropriação sob a égide do Decreto-Lei nº 3.365/41 (art. 15-A). De acordo com o Código Civil de 1916, os juros moratórios poderiam ser pactuados a qualquer taxa, com ou sem capitalização, conforme se podia observar da leitura do art. 1.062, sendo que, relativamente ao contrato de mútuo, era perfeitamente possível a fixação de juros ao empréstimo de quantia em dinheiro, em patamar inferior ou superior à taxa legal, com ou sem capitalização (art. 1.262 do Código de 1916). Nos casos de juros legais e de juros convencionais sem estabelecimento expresso da taxa de juros moratórios, a taxa dos juros era de 6% a.a. (seis por cento ao ano).

Com o Decreto nº 22.626/33 (art. 1º), houve expressa proibição da pactuação de juros acima do dobro da taxa legal, ou seja, foi vedada a estipulação de juros convencionais acima de 12% a.a. (doze por cento ao ano). Houve vedação à convenção usurária, com a proibição de pacto de estabelecimento dos juros maiores de 12% a.a., ou seja, superiores a 1% (um por cento) ao mês. Assim, considerou-se que a pactuação e a cobrança de juros acima do dobro da taxa legal eram proibidas, constituindo a prática da usura que, inclusive, foi objeto de criminalização na Lei nº 1.521/51 (art. 4º). Proibiu-se, ainda, a prática da capitalização dos juros, nos termos do art. 4º do Decreto nº 22.626/33.

Após, com base no art. 9º da Lei nº 4.595/64, estabeleceu-se um regime próprio em matéria de juros convencionais em favor das instituições financeiras que deixaram, assim, de se sujeitar às limitações do Decreto nº 22.626/33. Após vários casos concretos apreciados na jurisprudência brasileira, o Supremo Tribunal Federal editou o enunciado nº 596 da Súmula de sua jurisprudência, consoante o qual *"as disposições do Decreto 22.626/33 não se aplicam às taxas de juros e aos outros encargos cobrados nas operações realizadas por instituições públicas ou privadas que integram o sistema financeiro nacional"*.

O art. 406 do Código Civil de 2002 alterou o tratamento a respeito dos juros moratórios legais ou convencionais sem taxa estipulada expressamente, ao prever que, nestes casos, os juros serão fixados segundo a taxa que estiver em vigor para a mora do pagamento de impostos devidos à Fazenda Nacional.[81] Assim, houve importante alteração a esse respeito, pois, enquanto os arts. 1.062 e 1.063, ambos do Código Civil de 1916, previam a taxa de 6% a.a. (seis por cento ao ano) quando não houvesse convenção a respeito da taxa (mas os juros fossem devidos) ou em

---

81 Renan Lotufo observa que, a despeito de não ter sido acolhida a proposta do Professor Agostinho Alvim de que a taxa de juros fosse a bancária para os empréstimos ordinários, a taxa de juros deixou de ser *"fixa, e sim variável, mas de conhecimento público e prévio, por ser a praticada pela Fazenda Nacional"* (Renan Lotufo, ob. cit., pág. 465).

razão de determinação da incidência dos juros por força de lei, atualmente o art. 406 do Código Civil de 2002, nestes mesmos casos, prevê que a taxa será aquela que estiver em vigor para a mora do pagamento dos impostos devidos à Fazenda Nacional. Verifica-se, pois, que o Código Civil delegou a outra fonte normativa a função de delimitar a taxa de juros a ser aplicada aos negócios jurídicos em que não houver convenção quanto aos juros, ou naqueles em que haja tal previsão, mas sem pacto que especifique a taxa de juros a ser aplicada.[82]

Em harmonia com a regra do art. 406 do Código Civil, devem ser observadas as seguintes regras. Inicialmente, faz-se necessário atentar acerca do que foi estipulado na convenção entre credor e devedor em matéria de taxa dos juros moratórios. Em havendo estipulação convencional da taxa de juros moratórios, desde que observado o teto máximo do dobro da taxa legal, respeita-se a autonomia privada acerca da fixação da referida taxa. Caso não haja previsão negocial a respeito da taxa dos juros moratórios, deve-se verificar a existência de lei especial que estabeleça determinada taxa dos juros. Na ausência de previsão negocial ou de lei especial a esse respeito, podendo eventualmente o negócio apenas prever a incidência dos juros sem referência acerca da taxa, será adotada a taxa prevista para a mora do pagamento dos impostos devidos à Fazenda Nacional. Como registra a doutrina, o texto codificado de 2002 adotou posição intermediária entre a liberdade absoluta na estipulação da taxa dos juros (sistema do Código de 1916) e a limitação máxima de 12% a.a. (doze por cento ao ano) prevista no Decreto nº 22.626/33, não tendo o art. 406 do Código Civil de 2002 fixado um percentual máximo, tampouco admitindo liberdade absoluta na pactuação, escolhendo eleger a taxa que estiver em vigor para cobrar os juros em razão da mora no pagamento dos tributos devidos à Fazenda Nacional.

A grande divergência trazida pelo referido art. 406 do Código de 2002, diz respeito exatamente à correta interpretação da expressão *"segundo a taxa que estiver em vigor para a mora do pagamento de impostos devidos à Fazenda Nacional"*. Duas correntes doutrinárias se formaram a respeito de tal questão: a) aquela que defende a adoção da taxa SELIC (taxa referencial adotada no Sistema Especial de Liquidação e Custódia para os títulos públicos federais) da Lei nº 8.981/95; b) aquela segundo a qual deve ser considerado o percentual de 1% ao mês, ou seja, 12% a.a. (doze por cento ao ano), nos termos do art. 161, § 1º, do Código Tributário Nacional (CTN).

A SELIC é taxa relacionada ao mercado secundário de negociação de um título federal, criada na década de setenta no século XX de modo a simplificar a sistemática de movimentação e de troca de custódia dos títulos públicos no mercado. De modo a promover o lançamento de um título público no mercado (a primeira venda do título), o Banco Central do Brasil realiza o leilão primário, no qual os interessados fazem suas ofertas para aquisição de tais papéis. Os participantes desse leilão primário são instituições financeiras que se valem de tais títulos públicos para compor suas carteiras de investimentos, permitindo preservar a rentabilidade de aplicações oferecidas aos seus clientes, daí a razão pela qual os títulos públicos são instrumento de lastro para outras operações realizadas pelas instituições financeiras. Como a instituição financeira não é

---

82 José Eduardo Coelho Branco Junqueira Ferraz, ob. cit., pág. 498.

obrigada a permanecer com o título adquirido no leilão do Banco Central até a época do seu vencimento, revela-se comum a negociação do título com outras instituições financeiras ou investidores isolados, formando o denominado mercado secundário.[83]

Diante de tais operações, a taxa SELIC ganhou importância como típica taxa de mercado, em que a rentabilidade da maior parte dos títulos emitidos tem como referencial a taxa média dos financiamentos verificados no SELIC em relação aos títulos públicos federais. A taxa SELIC é definida pela média das taxas cobradas no referido mercado. As operações de negociação do título federal permitem a verificação dos juros primários da economia brasileira que, assim, servem como referência para as demais taxas de juros. Ocorre que a SELIC é composta não apenas por uma parte remuneratória do capital, mas também outra que corresponde à atualização monetária. A atuação estatal relativamente à SELIC é retratada nas deliberações do Comitê de Política Monetária do Banco Central do Brasil (BACEN), que se reúne periodicamente para traçar metas para a taxa SELIC.

Judith Martins-Costa, a partir da norma contida no art. 192, § 3°, da Constituição Federal, ao se referir à noção de "juros reais", sustenta que o Código Civil não poderia regular os juros moratórios com base na SELIC, exatamente porque não poderia ser considerada composição híbrida na cobrança dos juros do art. 406, ou seja, a taxa de juros propriamente dita além da correção monetária.[84] Por sua vez, Fábio Barbalho Leite se orienta no sentido da adoção da taxa SELIC no sentido da revogação do art. 161, § 1°, do CTN, além de não haver atentado à segurança jurídica como se observa nos créditos tributários da Fazenda Pública.[85] É certo que a Emenda Constitucional 43/2003 revogou expressamente a norma contida no art. 192, § 3°, da Constituição Federal, mas o raciocínio acima desenvolvido continua perfeitamente aplicável no que tange ao tema dos juros.

A despeito de tais controvérsias, o certo é que a jurisprudência tem adotado, no âmbito das relações obrigacionais de Direito Privado, a orientação no sentido da observância do art. 161, § 1°, do CTN, não o considerando revogado. Desse modo, com base no Enunciado n° 20, da I Jornada de Direito Civil promovido pelo Conselho da Justiça Federal, entendeu-se que *"a taxa de juros moratórios a que se refere o art. 406 é a do art. 161, § 1°, do Código Tributário Nacional, ou seja, 1% (um por cento) ao mês"*.[86] A despeito de algumas objeções à encampação de tal orientação – como a própria sustentação de que o art. 161, § 1°, do CTN, não está mais em vigor devido à alegada revogação feita pela Lei n° 8.981/95 –, deve-se considerar que a

---

83 José Eduardo Coelho Branco Junqueira Ferraz, ob. cit., pág. 499.
84 Judith Martins-Costa, "Os juros (moratórios legais): para uma interpretação do art. 406 do Código Civil", *in*: www.migalhas.com.br, pág. 3.
85 *Apud* José Eduardo Coelho Branco Junqueira Ferraz, ob. cit., págs. 503 e 504.
86 No próprio enunciado, ainda ficou expresso o seguinte: *"A utilização da taxa SELIC como índice de apuração dos juros legais não é juridicamente segura, porque impede o prévio conhecimento dos juros; não é operacional, porque seu uso será inviável sempre que se calcularem somente juros ou somente correção monetária; é incompatível com a regra do art. 591 do novo Código Civil, que permite apenas a capitalização anual dos juros, e pode ser incompatível com o art. 192, § 3°, da Constituição Federal, se resultarem juros reais superiores a 12% (doze por cento) ao ano"*.

orientação adotada no Enunciado nº 20, da I Jornada de Direito Civil, é que a melhor se adequa aos valores de segurança jurídica e justiça negocial no campo das relações obrigacionais.

Contudo, o STJ adotou orientação diversa ao consolidar o entendimento sobre a aplicação da taxa SELIC a partir da vigência do Código Civil de 2002 (Tema Repetitivo nº 176).

177. Inimputabilidade: caso fortuito e força maior. Eliminação do risco

Como já vimos, é pressuposto essencial da reparação, em regra, a *imputabilidade* da falta, contratual ou extracontratual, ao agente. *A contrario sensu*, faltando a imputabilidade, descabe indenização. Se, então, a prestação se impossibilita, não pelo fato do devedor, mas por imposição de acontecimento estranho ao seu poder, extingue-se a obrigação, sem que caiba ao credor ressarcimento. O Direito romano, na sua lógica impecável, já figurava a liberação do devedor, admitindo a exoneração quando o descumprimento provinha do *fortuito* ou do acaso, exprimindo-o sucintamente, em termos que até hoje se repetem: *casus a nullo praestantur*.

Os romanistas, contudo, travam-se de razões que vêm até os civilistas, divididos em dois planos, no tocante à sua caracterização jurídica. De um lado, os que compõem a corrente *subjetivista*, encabeçada por Goldschmidt, justificam a exoneração do devedor à vista dos extremos de sua diligência, confundindo a força maior com a *ausência de culpa*. Esta escola peca do defeito de conspícua extremação: é demasiado rigorosa ao determinar que somente começa a *vis maior* onde acaba a culpa; e é excessivamente perigosa, porque admite a oscilação do critério judicante em função das aptidões individuais do devedor. De outro lado, planta-se a escola *objetivista*, liderada por Exner, assentando a imputabilidade como regra e concedendo a liberação do devedor somente na hipótese de surgir um evento cuja fatalidade se evidencie ao primeiro surto ocular, obstando a execução e afastando a ideia de responsabilidade. Esta corrente é forte para sobrepor-se à primeira, pecando entretanto da falha de abandonar as circunstâncias pessoais, inequivocamente ponderáveis na apuração da responsabilidade do agente.[87]

Consagrando o nosso Direito o princípio da exoneração pela inimputabilidade,[88] enuncia-se em tese a irresponsabilidade do devedor pelos prejuízos, quando resultam de *caso fortuito* ou de *força maior*. Não distingue a lei a *vis maior* do *casus*, e assim

---

[87] Cf., sobre a caracterização da força maior: Agostinho Alvim, nº 207; André Tunc, "Force Majeure et Absence de Faute en Matière Contractuelle", *in Revue Trimestrielle de Droit Civil*, 1945, pág. 235; Esmein, "Le Fondement de la Responsabilité", *in Revue Trimestrielle*, 1933, pág. 627; Mazeaud et Mazeaud, Responsabilité Civile, II, nºs 1.552 e segs.; Alfredo Colmo, *Obligaciones*, nºs 116 e segs.; Lalou, Responsabilité Civile, nºs 270 e segs.; Sourdat, *Traité Général de la Responsabilité*, I, nº 645; M. I. Carvalho de Mendonça, *Obrigações*, II, nºs 460 e segs.; Arnoldo Medeiros da Fonseca, *Caso Fortuito e Teoria da Imprevisão*, nºs 89 e segs.; René Savatier, *Traité de la Responsabilité Civile*, nºs 182 e segs.

[88] Código Civil de 2002, art. 393.

procede avisadamente, pois que nem a doutrina moderna nem as fontes clássicas têm operado uma diversificação bastante nítida de uma e outra figura. Costuma-se dizer que o *caso fortuito* é o acontecimento natural, ou o evento derivado da força da natureza, ou o fato das coisas, como o raio do céu, a inundação, o terremoto. E, mais particularmente, conceitua-se a *força maior* como o *damnum* que é originado do fato de outrem, como a invasão do território, a guerra, a revolução, o ato emanado da autoridade (*factum principis*), a desapropriação, o furto etc.[89] Outras distinções, e não poucas, apontam-se ainda, sem contudo oferecerem gabarito determinante e hábil a efetuar a diferenciação.[90] Preferível será mesmo, ainda com a ressalva de que pode haver um critério distintivo abstrato, admitir que na prática os dois termos correspondem a um só conceito (Colmo), unitariamente considerado no seu significado negativo da imputabilidade,[91] com a advertência que será feita ao final desta análise. É importante observar que o imponderável quebra o desdobramento normal dos acontecimentos, o que motiva a não responsabilização de qualquer pessoa na hipótese.[92]

Sem descer a uma distinção que destaque os extremos do caso fortuito e da força maior, o legislador de 2002 os reuniu como uma causa idêntica de exoneração do devedor e resolução absoluta da obrigação, o que para o Direito suíço já foi igualmente notado.[93] Conceituou-os em conjunto como o fato necessário, cujos efeitos não era possível evitar ou impedir,[94] conceito que bem se ajusta à noção doutrinária, abrangente de todo evento não imputável, que obsta ao cumprimento da obrigação sem culpa do devedor.[95] Aprofundando na dissecção do princípio, a doutrina sustenta que o legislador pátrio filiou-se ao conceito objetivista.[96] Basta, pois, apurar os requisitos genéricos: *a) Necessariedade*. Não é qualquer acontecimento, por mais grave e ponderável, bastante para liberar o devedor, porém, aquele que impossibilita o cumprimento da obrigação. Se o devedor não pode prestar por uma razão pessoal, ainda que relevante, nem por isto fica exonerado, de vez que estava adstrito ao cumprimento e tinha de tudo prever e a tudo prover, para realizar a prestação. Se esta se dificulta ou se torna excessivamente onerosa, não há força maior ou caso fortuito. Para que se ache exonerado, é indispensável que o obstáculo seja estranho ao seu poder, e a ele seja imposto pelo acontecimento natural ou pelo fato de terceiro, de modo a constituir uma barreira intransponível à execução da obrigação. *b) Inevitabilidade*. Mas não basta que à sua vontade ou à sua diligência se anteponha a força do evento extraordinário. Requer-se, ainda, que não haja meios de evitar ou de impedir os seus efeitos, e estes interfiram com a execução do obrigado. Muito frequente é, ainda, encontrar-se, entre os doutrinadores, referência à *imprevisibilidade* do acontecimento, como termo de sua

---

89 Ruggiero e Maroi, loc. cit.
90 Serpa Lopes, *Curso*, nº 342.
91 Trabucchi, *Istituzioni*, nº 236.
92 Gisela Sampaio da Cruz, *O problema do nexo causal na responsabilidade civil*, Rio de Janeiro, Renovar, 2005, p. 192.
93 Hudelot e Metmann, *Obligations*, nº 240.
94 Código Civil de 2002, art. 393, parágrafo único.
95 Aurelio Candian, *in Nuovo Digesto Italiano*, vb. "Caso Fortuito".
96 Clóvis Beviláqua, Comentário ao art. 1.058, *in* vol. IV, pág. 216; Arnoldo Medeiros da Fonseca, ob. cit., nº 98.

extremação. Não nos parece cabível a exigência, porque, mesmo previsível o evento, se surgiu como força indomável e inarredável, e obstou ao cumprimento da obrigação, o devedor não responde pelo prejuízo. Às vezes a imprevisibilidade determina a *inevitabilidade*, e, então, compõe a etiologia desta. O que não há é mister de ser destacado como elemento de sua constituição.[97]

Na elaboração do Anteprojeto, alinhamos entre as escusativas da responsabilidade a força maior e o fortuito, abstendo-nos de defini-los, e ressalvando que deixam de eximir o agente nos casos previstos em lei, salvo passada a inevitabilidade. Assim é que o devedor em mora responde pelo fortuito, salvo provando que o dano ocorreria ainda que cumprisse em tempo.

Como se vê, da formulação de seus contornos e da análise de seus extremos não se pode munir o julgador de um padrão abstrato a que ajustar o fato, para decretar a exoneração do devedor. Ao contrário, cada hipótese terá de ser ponderada segundo as circunstâncias que lhe são peculiares, e em cada uma ter-se-á de examinar a ocorrência do obstáculo necessário e inevitável à execução do devido. Pode até acontecer que o mesmo evento, que facultou a um devedor o cumprimento, para outro já se erija com aquelas características de impedir a prestação. Não vemos aí a instituição de um novo requisito na etiologia da *vis maior*, senão a determinação de que os seus elementos sejam apurados sem subordinação a um critério inflexível. Ao revés, elástico deve ser. Se a inevitabilidade fosse absoluta, então o fortuito não precisaria de apuração. Por ser relativa, e por admitir que o que um devedor tem força para vencer outro não domina, é que o critério de apuração dos requisitos obedece a um confronto com as circunstâncias especiais de cada caso. Daí admitir-se, mais modernamente, a necessidade de aliar à concepção objetivista um certo tempero subjetivo, resultando a concepção mista de fortuito, sustentado com galhardia por boa sorte de juristas.[98]

No Brasil, com fundamento na doutrina de Agostinho Alvim,[99] passou-se a fazer a distinção entre caso fortuito (ou "fortuito interno") – aquele que se liga à empresa ou acontecimento que se vincula à pessoa do devedor ou sua atividade – e força maior (ou "fortuito externo") – aquele que está fora da empresa do devedor. Desse modo, quando a responsabilidade se fundamenta na culpa, basta o caso fortuito (ou "fortuito interno") para exonerar o devedor de qualquer responsabilidade. No entanto, na hipótese de a responsabilidade se fundar no risco, ela não será excluída pelo "fortuito interno" (caso fortuito), mas somente pela força maior ("fortuito externo"). O Superior Tribunal de Justiça já decidiu que a concessionária de transporte ferroviário pode responder por dano moral sofrido por passageira de trem, vítima

---

97 Arnoldo Medeiros da Fonseca, n° 104.
98 Arnoldo da Fonseca, n° 105; Serpa Lopes, n° 341; Orlando Gomes, *Introdução*, n° 179, e *Obrigações*, n° 85; Alfredo Colmo, n° 121; Arnaldo, neste passo invocado, mostra que os nossos Tribunais se têm inclinado nesse sentido.
99 Agostinho Alvim, *Da inexecução das obrigações e suas consequências*, 5. ed., São Paulo, Saraiva, 2000.

de assédio sexual, praticado por outro usuário no interior do vagão, por se tratar de fortuito interno.[100]

Há, ao menos, quatro teses jurídicas expostas pelo Superior Tribunal de Justiça em sede de recursos repetitivos. Ei-las: *"A alegação de culpa exclusiva de terceiro pelo acidente em causa, como excludente de responsabilidade, deve ser afastada, ante a incidência da teoria do risco integral e da responsabilidade objetiva ínsita ao dano ambiental (art. 225, § 3º, da CF e do art. 14, § 1º, da Lei n. 6.938/81), responsabilizando o degradador em decorrência do princípio do poluidor-pagador"*(tema 438, Recurso Especial nº 1.114.398/PR, Rel. Min. Sidnei Beneti); *"as instituições financeiras respondem objetivamente pelos danos gerados por fortuito interno relativo a fraudes e delitos praticados por terceiros no âmbito de operações bancárias"* (tema 446, Recursos Especiais nos 1.197.929/PR e 1.199.782/PR, Rel. Min. Luis Felipe Salomão); *"A responsabilidade por dano ambiental é objetiva, informada pela teoria do risco integral, sendo o nexo de causalidade o fator aglutinante que permite que o risco se integre na unidade do ato, sendo descabida a invocação, pela empresa responsável pelo dano ambiental, de excludentes de responsabilidade civil para afastar a sua obrigação de indenizar"* (tema 681, Recurso Especial nº 1.354.536/SE, Rel. Min. Luis Felipe Salomão); *"no caso de atropelamento de pedestre de via férrea, configura-se a concorrência de causas, impondo a redução da indenização por dano moral pela metade, quando: (i) a concessionária do transporte ferroviário descumpre o dever de cercar e fiscalizar os limites da linha férrea, mormente em locais urbanos e populosos, adotando conduta negligente no tocante às necessárias práticas de cuidado e vigilância tendentes a evitar a ocorrência de sinistros; e (ii) a vítima adota conduta imprudente, atravessando a via férrea em local inapropriado"* (tema 518, Recurso Especial nº 1.172.421/SP, Rel. Min. Luis Felipe Salomão).

Uma discussão contemporânea diz respeito à consideração da pandemia da Covid-19 ser (ou não) considerada hipótese de caso fortuito ou de força maior. O ponto fulcral é verificar se a irresponsabilidade no incumprimento da prestação se deveu aos efeitos da Covid-19, como no exemplo do isolamento social que se impôs em determinadas localidades ao devedor e às demais pessoas. Daí a constatação da real impossibilidade de cumprimento da obrigação, e que dela tenha decorrido diretamente dos efeitos da pandemia. A mera existência da pandemia, por si só, não exime o devedor de cumprir a prestação assumida. "A pandemia não é um 'salvo-conduto' para o não cumprimento de obrigações, como infelizmente tem-se verificado na prática".[101] Em certos casos, como o fechamento do comércio de rua, dos estabelecimentos dos shopping centers, a proibição de realização de certos eventos de entretenimento (shows, jogos esportivos), por determinação das autoridades públicas sanitárias, podem haver conduzido à impossibilidade do cumprimento de prestações,

---

100 Brasil, Superior Tribunal de Justiça, Terceira Turma, REsp. 1.662.551-SP, j. 15.05.2018, *DJe* 25.06.2018.
101 Guilherme Calmon Nogueira da Gama e Thiago Ferreira Cardoso Neves, *Direito Privado Emergencial*, Indaiatuba: Editora Foco, 2020, pág. 62.

a caracterizar o fato do príncipe para configuração do motivo de força maior. Essa tem sido a posição doutrinária quanto à possibilidade de a crise da COVID-19 somente justificar a exoneração da responsabilidade do devedor inadimplente caso seja constatada a objetiva impossibilidade de adimplemento da prestação em razão da impossibilidade de seu objeto (devido a evento externo inevitável) ou por força da impossibilidade que atinge o sujeito em obrigações personalíssimas, como no exemplo de doença incapacitante[102].

Efeitos. De regra exime-se o devedor de cumprir a obrigação ou de responder pelos prejuízos, uma vez demonstrado que a inexecução se deveu à verificação do caso fortuito ou força maior – *casus vel damnum fatale*. Apurada a ocorrência do acontecimento necessário e inevitável, à vista das circunstâncias particulares à espécie, desaparece, para o credor, o direito a qualquer indenização. Esta ausência de direito, que os romanos apelidaram de *periculum* e os modernos denominam *riscos e perigos,* envolve os casos em que a prestação não pode ser cumprida, objetiva ou subjetivamente.[103]

Mas nem sempre a *vis divina* escusa a falta de prestação. Em algumas hipóteses vigora a responsabilidade, não obstante a interferência do evento estranho, ainda que revestido dos seus extremos conceituais. *a) Convenção*. As partes podem ajustar que o devedor responde pelo cumprimento, ainda no caso de força maior ou caso fortuito o que prevalecerá em face da declaração *expressa,* já que não é de se presumir um agravamento da responsabilidade. *b) Mora*. Estando o devedor em mora, cujo efeito é perpetuar a obrigação e sujeitar o devedor às consequências do inadimplemento, ocorre a responsabilidade pelo *casus* ou *vis maior*, salvo se demonstrar que não teve culpa no atraso ou que o dano sobreviria, mesmo se a obrigação fosse oportunamente desempenhada (v. nº 172, *supra*). *c)* No caso de ter o mandatário, contra a proibição formal do mandante, substabelecido os poderes em um terceiro, responde pelo dano causado sob a gerência deste, mesmo decorrente do fortuito, salvo provando que o dano teria sobrevindo ainda que não tivesse realizado a substituição do representante.[104] *d)* Na gestão de negócios, quando o gestor fizer operações arriscadas, ainda que o dano costumasse fazê-las, ou quando preterir interesses deste por amor aos seus. *e)* Na tradição de coisas que se vendem contando, marcando ou assinalando, quando já postas à disposição do comprador.[105] *f)* No caso dos riscos profissionais previstos em lei.[106]

Se o acontecimento extraordinário não trouxer a impossibilidade total da prestação, eximir-se-á o devedor da parte atingida ou se forrará da mora, se apenas tiver como consequência o atraso na sua execução. Mas não poderá invocar o fortuito para exoneração absoluta, beneficiando-se fora das marcas.

Adotado, no Anteprojeto, o princípio da responsabilidade pelo risco criado, admitiu a consequente escusativa, desde que seja provada a adoção de todas as medidas idôneas a evitá-lo, e, desta forma, o excesso que se critica na doutrina desaparece no preceito. Deve ser destacado que, no âmbito da responsabilidade civil objetiva, a

---

102 Paula Greco Bandeira. *Inexecução das obrigações em razão da pandemia da COVID-19*, pág. 486.
103 M. I. Carvalho de Mendonça, nº 464.
104 Código Civil de 2002, art. 667, § 1º.
105 Código Civil de 2002, art. 492, § 1º.
106 M. I. Carvalho de Mendonça, nº 462.

noção de caso fortuito é desdobrada para distinguir quando há (ou não) exclusão de responsabilidade. Divide-se em fortuito interno e fortuito externo e, assim, somente este é causa de exclusão. O fortuito interno é o fato imprevisível e inevitável, mas que se relaciona à organização da empresa, com os riscos de sua atividade (como no exemplo do estouro dos pneus em relação ao transportador), ao passo que o fortuito externo é fato estranho à organização da empresa cujos efeitos não são por ela suportados.[107]

178. Exoneração convencional: cláusula de não indenizar

Acabamos de ver que a inimputabilidade do dano ao agente, em razão do fortuito, gera a consequência negativa: o lesado não pode endereçar-lhe o pedido de reparação. Agora vemos um outro aspecto da irresponsabilidade que não tem com a força maior e o fortuito parentesco ontológico, mas que se lhes aproxima no efeito não indenizatório. Referimo-nos à *convenção* pela qual se exime o responsável do dever de reparação, ou seja, à *cláusula de não indenizar*. Vai prender-se, originariamente, à vontade declarada. Da mesma forma que a cláusula penal implica a prévia limitação do ressarcimento ante o inadimplemento do devedor; ou que o seguro de responsabilidade o exonera transferindo ao segurador o encargo, ideias que são pelos especialistas aproximadas à cláusula de não indenizar[108] – o Direito moderno, que presencia o pleno desenvolvimento do princípio da responsabilidade civil, coordena e aprova um sistema de contrapesos à obrigatoriedade de reparação, mediante a aceitação do afastamento convencional daquele dever. Antecipadamente, aquele que tem razões de prever, na sua atividade ou nos negócios jurídicos que realiza, o surgimento eventual do dever de reparação, estatui a limitação ou a eliminação de sua responsabilidade, por via de um ajuste que é pactuado com as pessoas com quem trata, e por estas aceito. Uma vez convencionado, equipara-se à renúncia do direito de obter reparação, como a ela equivale qualquer pacto de *non petendo in perpetuum*.[109]

É preciso, de plano, ponderar na legitimidade deste ajuste. Para isto atingirmos, basta voltarmos a atenção para hipóteses em que o resultado idêntico ou aproximado é atingido. Quando as partes pactuam uma cláusula penal, prefixam as perdas e danos. Quando uma das partes dá à outra arras, ajustando-lhes o efeito penitencial, estipula-se uma convenção acessória real, que permite a qualquer dos contratantes a retratação mediante a perda do sinal ou a sua devolução em dobro. Quando há seguro, o responsável pelo ressarcimento, não obstante sê-lo, transfere para o segurador a obrigação, e, desta sorte, sem exonerar-se dela, fica forro do pagamento. Nada impede, por outro lado, que, após a ocorrência do dano, e mesmo à vista da liquidação de seu montante, o credor abra mão dele ou de parte dele, por uma transação que previne ou encerra

---

107 Sérgio Savi, ob. cit., pág. 464.
108 Aguiar Dias, *Cláusula de Não Indenizar*, nos 4 e segs.; Henri Lalou, *Traité Pratique de la Responsabilité Civile*, nº 507.
109 Ignazio Moschella, "Pactum de non Petendo", *in Dizionario Pratico del Diritto Privato de Scialoja*.

um litígio. Se tudo isto é lícito, viável e prático, óbice não pode ser levantado a que a convenção afaste a responsabilidade, o que, na expressão feliz de Aguiar Dias, não passa de uma transferência dela, que passa a cargo do próprio lesado. Neste ponto, que é relevante, reside a sua natureza jurídica: não tem a convenção o efeito de suprimir a responsabilidade, o que em verdade não se poderia fazer, porém o de afastar a obrigação dela decorrente.[110] Pela convenção, o devedor, que era responsável e que continua responsável, exime-se de ressarcir o dano causado.

No seu mecanismo, a convenção funciona como acessória, nunca como obrigação principal. Pressupõe uma obrigação, legal ou convencional, cujo inadimplemento gera a responsabilidade. E para abolir os efeitos desta, vem a cláusula exoneradora de suas consequências, apelidada por metonímia, e com impropriedade, *cláusula de não responsabilidade*. Pode ser adjeta a um contrato ou pode aderir a uma declaração unilateral de vontade. No primeiro caso, seu campo mais frequente é o contrato de adesão: o policitante insere-a ao lado de outras cláusulas contratuais, e, uma vez firmado o ajuste, pela adesão do oblato, vigora juntamente com as demais a excludente da indenização. No segundo caso, o agente, ao fazer a declaração de vontade obrigatória, ressalva a escusativa de seu dever de reparação por danos ocasionais.

Em qualquer caso, a declaração volitiva da não indenização encontra fundamento na mesma razão determinante da força cogente das obrigações convencionais. E, enquanto permanecer neste estado, e dentro destes limites, é lícita, pois legítimo será que um contrato, regulador de interesses pecuniários entre particulares, desobrigue o devedor das consequências de sua responsabilidade, sem lesão à ordem pública.[111]

Há, todavia, forte controvérsia na doutrina a respeito de sua validade, oscilando os escritores desde a sustentação de sua ineficácia, sob fundamento de que sempre ofende o princípio proibitivo de lesão ao patrimônio alheio, contido na velha regra *neminem laedere*, que é condicionante do exercício de todos os direitos, até o extremo oposto, onde se situam aqueles que, liberalmente, a admitem em todos os casos em que o princípio da autonomia da vontade vigora. Pode, conseguintemente, vir ajustada sempre que seja permitido avençar outro qualquer contrato.[112] Assim sendo, em vez de precisar o seu campo de ação e determinar quando é admissível, torna-se mais útil estabelecê-lo por exclusão, focalizando-se a zona em que não deve ter acolhida, apontando proibições que se anteponham à sua eficácia, e obstáculos jurídicos ao seu ajuste. Como observa Cláudia Lima Marques, em havendo a exclusão da responsabilidade contratual de um parceiro, é retirada a força da obrigação contratual, daí tratar-se de cláusula rara no direito dos contratos.[113]

De começo, é afastada se tiver por objeto a eliminação das consequências do *dolo do agente*. Neste particular, já o Direito romano condenava o *conventio de dolo*

---

110 Aguiar Dias, ob. cit., nº 10.
111 Aguiar Dias, nº 12.
112 Cf., sobre esta controvérsia: B. Sarck, *Essai d'une Théorie Générale de la Responsabilité Civile Considérée en sa Double Fonction de Garantie et de Peine Privée*, págs. 454 e segs.
113 Cláudia Lima Marques, *Contratos no Código de Defesa do Consumidor*, pág. 804.

non praestando,[114] por entendê-la *contra bonam fidem, contraque bonos mores*, e o Direito moderno, mesmo na fala dos mais liberais, mantém o interdito.[115]

Afastada será também sempre que trouxer atentado à *ordem pública*, o que, aliás, não evade das normas gerais, pois que no equilíbrio de forças em que medram as convenções cessa a autonomia da vontade, onde começa a imposição da ordem pública. Assim, podam-se os excessos daquela, na mesma medida em que o Direito moderno procura, com a intervenção desta, coibir os exageros do individualismo. A esse respeito, o Código de Defesa do Consumidor (Lei nº 8.078/90) proíbe a cláusula de não indenizar (arts. 24, 25 e 51, I) nas relações de consumo, diante da proteção conferida ao consumidor para fins de equilíbrio da relação, apenas admitindo a limitação da indenização quando o consumidor for pessoa jurídica (art. 51, I) em situações justificáveis. A doutrina considera sua proibição em outras relações não consumeristas – se houver descaracterização de obrigação básica do contrato, violando o equilíbrio legal.[116]

E, finalmente, sendo uma cláusula convencional, não tem cabida em quaisquer outros casos em que não seja permitida a criação do negócio jurídico contratual.[117]

Pode-se acrescentar que, embora inexista em nossa sistemática regra semelhante à contida no art. 1.255 do Código Civil espanhol, princípio análogo a este deve ser considerado em vigor, para repulsa da cláusula em todos os casos em que afronte direito expresso.

Ponto de grande importância na análise de sua estrutura é o que diz respeito à sua *aceitação* e já foi objeto de agudo comentário de Aguiar Dias. Critica a objeção levantada por aqueles que supõem possa ter guarida na falta de aceitação do credor, como posição enganosa, e fruto de um desvio de perspectiva. O monografista pátrio muito bem o esclarece, acentuando a sua natureza de *cláusula contratual*. O equívoco, acrescenta, está no fato de suporem ausência de acordo, particularmente porque é comum vir adjeta a contratos de adesão, desde que fora das relações de consumo e não violadora de dever básico do contrato, parecendo antes imposta do que ajustada. Acontece, entretanto, que, no mecanismo mesmo deste contrato (adesão), tudo se passa de igual maneira, nascendo ele da justaposição, às vezes momentânea, da vontade de aceitação ao esquema deduzido previamente pelo proponente.[118] Adjeta a um contrato desta espécie, a cláusula não pode ser admitida quando violadora da vontade do aceitante, ou revestindo a forma de uma imposição a ele dirigida, senão que prevalece, se efetivamente aceita, ou se inequivocamente do seu conhecimento, como discutida e aceita deve ser, sob pena de invalidade, em todo outro contrato. Seria, aliás, injurídico que aqueles que não têm a liberdade de deixar de contratar, por serem constrangidos pelas circunstâncias à aceitação do serviço, fossem tratados como aceitantes de uma convenção contrária aos seus interesses, determinada por

---

114 Digesto, Livro XVI, tít. III, fr. 1, § 7.
115 Giuseppe Manca, *in Dizionario de Scialoja*, vb. "Pactum de dolo non praestando"; Mazeaud *et* Mazeaud, *Responsabilité Civile*, III, nº 2.525, pág. 695; Planiol e Ripert, *Traité Pratique de Droit Civile*, VI, nºs 405 e segs.
116 Guilherme Couto de Castro, ob. cit., pág. 26.
117 Larenz, *Obligaciones*, I, pág. 299.
118 Alessandro Giordano, *I Contratti per Adesione*, pág. 61.

imposição, e tartufamente interpretada como de *livre aceitação*, sob fundamento de que o serviço foi *livremente* aceito.[119] O intérprete há de ter presente que a cláusula não indenizatória contém em seu bojo uma renúncia, e que esta jamais se presume.[120]

Relembre-se que, nas relações de consumo, é proibida a cláusula de não indenizar (arts. 24, 25 e 51, I, Lei nº 8.078/90).

Uma vez que reúna os requisitos de eficácia, a cláusula é válida, e por si só opera como excludente dos efeitos da responsabilidade do devedor.

Se é nula, a doutrina aconselha uma distinção: quando a cláusula adere por tal arte ao negócio que vem a formar com ele um todo incindível, admitindo a interpretação de que um não se realizaria sem a outra, a ineficácia daquela atinge a validade deste. Mas, ao revés, se a hermenêutica da vontade autoriza concluir que se justapõe ao negócio com caráter acessório e depois se invalida, cai sem deixar mossa na obrigação a que adere, pela aplicação da regra geral de que o perecimento do acessório deixa subsistir o principal, e o seu efeito não o contagia: *vitiatur sed non vitiat*. A recíproca também é a genérica: extingue-se como acessória, se a obrigação principal, por qualquer motivo, vem a invalidar-se.[121]

Os seus *efeitos* consistem no afastamento da obrigação consequente ao ato danoso. Não contém apenas uma inversão do *onus probandi*.[122] Ao contrário, reconhece-se-lhe uma consequência específica, qual seja a de atuar, dentro do campo de sua aplicação, e nos limites de sua eficácia, como excludente da obrigação de reparar.[123] Naqueles casos em que o dever de ressarcimento decorre naturalmente da verificação de culpa, a cláusula de não indenizar forra o devedor de suas consequências e elimina a indenização. Mas, dadas as limitações que encontra em sua aplicação, não se pode dizer que possa ter grande importância prática.

Não podíamos omitir, no Anteprojeto de Código de Obrigações, o tratamento desta escusativa de ressarcimento, já que ocorre com frequência no trato dos negócios. Dela cogitamos, estabelecendo (art. 924) que prevalecerá se for bilateralmente ajustada e não contratar lei expressa, a ordem pública e os bons costumes. Descabe, igualmente, de *dolo non praestando*, isto é, quando tiver por objeto eximir o agente dos efeitos do dolo com que se haja conduzido, e é ineficaz para liberá-lo da responsabilidade extracontratual. O Código Civil de 2002 não dispõe acerca da cláusula de não indenizar em dispositivo genérico, mas a proíbe em determinados casos, como no transporte de pessoas (art. 734, *caput*).

O Superior Tribunal de Justiça, ao editar a Súmula 130 ("a empresa responde, perante o cliente, pela reparação de dano ou furto de veículo ocorridos em seu estacionamento"), considerou abrangidas duas hipóteses: a) empresas voltadas à exploração do serviço de estacionamento, afastando a alegação de força maior, devido

---

119 Aguiar Dias, nºs 20 e 21; Henri Lalou, *Traité Pratique de la Responsabilité Civile*, nº 552.
120 Von Ryn, *Responsabilité Aquilienne et Contrats*, nº 227.
121 Mazeaud *et* Mazeaud, *Responsabilité Civile*, III, nºs 2.560 e segs.; Windscheid, *Pandette*, I, § 82; Saleilles, *La Déclaration de Volonté*, pág. 306; Giuseppe Manca, loc. cit.
122 Mazeaud *et* Mazeaud, *Leçons*, nº 639.
123 Robert Bouillene, *La Responsabilité Civile Extra-Contractuelle devant l'Évolution du Droit*, pág. 30.

ao fato ser inerente à atividade explorada; b) hipermercados e shopping centers que oferecem estacionamento têm responsabilidade civil devido à incidência da teoria do risco-proveito aliada à frustração da legítima expectativa do consumidor, que é levado a crer que frequenta lugar completamente seguro.[124]

178-A. Arras

A colocação do instituto das arras no Código de 2002 não é feliz. Alguns sistemas consideram-nas ligadas a um contrato, especificamente. O Código Civil de 1916 disciplinava-as na parte geral dos contratos, e assim fazia o Projeto de Código de Obrigações de 1965, não obstante o art. 417 fazer referência expressa a que são dadas por ocasião da conclusão do contrato.[125]

Com origem no direito de família, e ligadas ao contrato esponsalício, penetrou no direito obrigacional, com características bem definidas. Consideram-se uma convenção acessória real, com a finalidade de assegurar a conclusão do contrato. Este efeito confirmatório vinha expresso no art. 1.094 do Código Civil de 1916. O atual dispensou-se de mencioná-lo (Código Civil de 2002, art. 417),[126] mas nem por isto deixa de ser da natureza das arras ou sinal, em face de lhe atribuir o art. 420 o direito de arrependimento, em caráter opcional.

Dadas as arras, considera-se assegurada a conclusão do contrato. Distinguem-se da cláusula penal, pelo fato de ser convenção real, no sentido de que um dos contratantes entrega desde logo ao outro uma importância em dinheiro ou uma outra coisa móvel, ao passo que a cláusula penal consiste numa convenção acessória, pela qual a parte infratora pagará à outra o valor estipulado.

Duas hipóteses prevê o artigo para o caso de execução do contrato. No primeiro caso, considera que o contratante deu ao outro uma coisa diversa do objeto do contrato principal. Executado ele, cabe ao que a recebeu restituí-la a quem a deu. No segundo, sendo as arras do mesmo gênero da prestação principal, ou com ela guardando relação de fungibilidade, consideram-se as arras princípio de pagamento, e, para este fim, são computadas na prestação devida.

Cogita o artigo 418 do Código Civil de 2002 das arras confirmatórias,[127] que se definiam no Direito Romano como dadas em sinal do consentimento: *arrha quae in signum consensus interpositi data*. O seu efeito é previsto no artigo, para as hipóteses de inexecução da parte de quem as deu, como daquele que as recebeu. Se o que deu o sinal

---

124 Brasil, Superior Tribunal de Justiça, Terceira Turma, REsp. 1.431.606-SP, j. 15.08.2017, *DJe* 13.10.2017.
125 Em sentido contrário, entendendo que a transposição das arras da parte geral dos contratos para o título referente ao inadimplemento das obrigações atendeu às razões do sistema e, por isso, é digna de aplauso, ver o texto intitulado "Das Arras ou Sinal" (José Dionízio da Rocha, *in*: Gustavo Tepedino, *Obrigações*, págs. 539 e segs.).
126 Direito Anterior: arts. 1.094 e 1.096 do Código Civil de 1916. Projetos: art. 310, parágrafo único, do Projeto de Código de Obrigações de 1965; art. 416 do Projeto de Código Civil de 1975.
127 Direito Anterior: art. 1.097 do Código Civil de 1916. Projetos: art. 311 do Projeto de Código de Obrigações de 1965; art. 417 do Projeto de Código Civil de 1975.

causar voluntariamente a não realização do contrato, ensejará à outra parte considerá-lo resolvido, retendo-o. Vale dizer, o inadimplente perde-o em favor do contratante inocente. Reversamente, se a inexecução for de quem recebeu as arras, cabe ao outro contratante a faculdade de considerar o contrato por desfeito, sujeitando-se o que as recebeu à devolução em dobro, isto é, restituição do que recebeu, mais outro tanto.

Ocorrendo a impossibilidade sem culpa, não pode qualquer das partes ser punida. O que recebeu as arras restitui-as, simplesmente, porque não pode reter o recebido, sem que com isto se enriqueça indevidamente.

Entre os nossos civilistas era acesa a controvérsia se, além das arras, ainda seriam devidas as perdas e danos. Havia os que o não admitiam, os que consideravam possível a acumulação, e a tendência jurisprudencial era no sentido de que seria lícita indenização além das arras, na hipótese de estipulação das partes. O novo Código pôs termo às dúvidas, tal como já constava do Projeto de Código de Obrigações de 1965, placitando a acumulação.

Na inexecução do contrato, tem a parte inocente a alternativa de resolver o contrato, ou exigir a sua execução (Código Civil de 2002, art. 419).[128] Em qualquer caso, poderá acumular o sinal com o ressarcimento do prejuízo. Se optar pela resolução do negócio, pode pedir indenização, não obstante as arras, uma vez provando ser o prejuízo maior do que o valor delas. Nunca, porém, diminuir, porque constituem o mínimo do ressarcimento. Se preferir a execução do contrato, pode pedi-la acumulando-as com perdas e danos. Neste caso, funcionam as arras como o mínimo da indenização.

Cuida o artigo 420 do novo Código das arras penitenciais (*arrha poenitentialis*),[129] que o Direito Romano considerava como pertencente ao direito de arrependimento (*arrha quae ad ius poenitendi peatinet*). Com esta finalidade, liga-se-lhe o efeito indenizatório. É nesta função que o sinal corresponde, em princípio, à cláusula penal, da qual se distingue em dois pontos: o primeiro por ser convenção acessória real, que se cumpre com a entrega efetiva e prévia da quantia ou coisa; o segundo, por não admitir indenização complementar, que a cláusula penal permite acumular.

A arra penitencial deve ser objeto de estipulação. Na falta desta última, prevalece o caráter confirmatório. Avençado o direito de arrependimento, o valor das arras é a estimativa das perdas e danos. Se arrependido for quem as deu, perde-as em favor do outro contratante. Se quem as recebeu, restitui-as em dobro, isto é, devolve as arras recebidas, e mais o equivalente.

Tendo o Código admitido que se acumule a indenização com as arras confirmatórias, entendeu de bom alvitre apartar desde logo qualquer dúvida, recusando indenização suplementar no caso das arras penitenciais.

Há, na doutrina, posição mais recente sustentando que, no direito brasileiro, as arras sempre exerceram a função penitencial e, apenas a título excepcional, a função confirmatória.[130] Assim, o art. 418 do Código Civil de 2002, de acordo com essa orientação, se refere às arras com função indenizatória, já que prevê punição específi-

---

128 Dispositivo sem correspondência no Código Civil de 1916.
129 Direito Anterior: art. 1.095 do Código Civil de 1916. Projetos: art. 312 do Projeto de Código de Obrigações de 1965; art. 419 do Projeto de Código Civil de 1975.
130 José Dionízio da Rocha, ob. cit., pág. 545.

ca para ambas as partes. Na hipótese de inexecução do contrato, e o prejudicado pretender executar especificamente a obrigação, as arras serão confirmatórias. Enquanto o art. 417 do Código de 2002, cuida dos efeitos da obrigação cumprida, o art. 418, do mesmo texto, trata das consequências da obrigação não cumprida. Afirma-se que, com exceção do art. 417, todos os demais dispositivos referentes às arras no Código Civil de 2002 se relacionam ao art. 389 do texto codificado, ou seja, cuidam da indenização prefixada das perdas e danos.[131]

178-B. PREFERÊNCIAS E PRIVILÉGIOS CREDITÓRIOS

Em muitos casos, o patrimônio do devedor não é suficiente para satisfazer a todas as dívidas contraídas, estabelecendo a lei regras para que se proceda ao concurso de credores (arts. 955 a 965, CC). Quando as dívidas (patrimônio passivo) do devedor excedem os seus bens (patrimônio ativo), torna-se aquele insolvente, caso em que o ordenamento determina em que ordem deverão ser satisfeitos os diferentes créditos, seja no âmbito da falência empresarial (arts. 75 e seguintes, Lei nº 11.101/05, inclusive com as alterações introduzidas pela Lei nº 14.112/20), seja naquele da insolvência civil. O estado de insolvência civil do devedor deverá ser reconhecido (art. 955, CC) através de requerimento judicial por credor quirografário, pelo próprio devedor ou pelo inventariante de seu espólio.

Diante das circunstâncias acima expostas, portanto, são os seguintes os requisitos para o reconhecimento da insolvência civil: a) superação do patrimônio ativo pelo passivo do devedor (art. 955, CC); b) reconhecimento judicial desse déficit; c) devedor não empresário; d) existência de título executivo judicial ou extrajudicial que dê ensejo à cobrança pelo credor. Além disso, cada credor terá de se habilitar no processo respectivo, devendo os créditos, para tanto, estarem devidamente documentados.

O princípio fundamental é aquele do rateio, com a partilha proporcional do ativo para a satisfação dos créditos, sendo que, em não havendo preferência creditória, prevalece a igualdade material em tal divisão (art. 957, CC). A preferência consiste na vantagem reconhecida a certos credores, em razão da natureza de seus créditos, de haver a coisa, com exclusão dos demais, ou de receber, preterindo os concorrentes.[132] Os títulos legais que consubstanciam essa preferência creditória são os direitos reais e os privilégios (art. 958, CC). Os direitos reais são aqueles de garantia, que dão preferência sobre quaisquer outros créditos pessoais, embora se restrinjam aos bens específicos que garantem o crédito. Os privilégios são gerais ou específicos, incidindo os primeiros sobre o conjunto de bens do devedor, enquanto os segundos recaem sobre bens certos e determinados do ativo do devedor, móveis ou imóveis, sobre os quais prevalecem em relação aos privilégios gerais (art. 963, CC).

---

131 José Dionízio da Rocha, ob. cit., pág. 556.
132 J. M. de Carvalho Santos, *Código Civil Brasileiro Interpretado*, vol. XXI, pág. 468.

Capítulo XXXVI
Transferência das Obrigações

Sumário

179. Cessão de crédito: conceito e natureza. 180. Validade da cessão: entre as partes e em relação a terceiros. 181. Responsabilidade do cedente. 182. Efeitos da cessão: quanto ao devedor e ao cessionário. 183. Assunção de débito. 183-A. Cessão de contrato. 183-B. Administração fiduciária de garantia.

Bibliografia

Ruggiero e Maroi, *Istituzioni di Diritto Privato*, § 133; Serpa Lopes, *Curso*, II, n°s 380 e segs.; Biondo Biondi, *in Nuovo Digesto Italiano*, vb. "Cessione di Crediti e di Altri Diritti"; Gaudemet, *Théorie Générale des Obligations*, págs. 449 e segs.; Giorgio Giorgi, *Teoria Generale delle Obbligazioni*, VI, n°s 50 e segs.; Lacerda de Almeida, *Obrigações*, § 13 e nota D; Hector Lafaille, *Tratado, Obligaciones*, I, n° 300; M. I. Carvalho de Mendonça, *Doutrina e Prática das Obrigações*, II, n°s 496 e segs.; Andreas Von Tuhr, *Obligaciones*, II, págs. 285 e segs.; Trabucchi, *Istituzioni*, n° 252; De Page, *Traité Élémentaire de Droit Civil*, III, 384, e IV, 372; Enneccerus, Kipp e Wolff, *Tratado, Obligaciones*, I, §§ 78 e segs.; Karl Larenz, *Derecho de Obligaciones*, I, págs. 452 e segs.; Alfredo Colmo, *Obligaciones*, n°s 1.022 e segs.; Mazeaud et Mazeaud, *Leçons*, II, n°s 1.253 e segs.; Ludovico Barassi, *Teoria Generale delle Obligazioni*, I, n°s 86 e segs.; Orlando Gomes, *Obrigações*, n°s 116 e segs.; Molitor, *Obligations*, II, págs. 632 e segs.; Luís Roldão de Freitas Gomes, *Da Assunção de Dívida e sua Estrutura Negocial*, Ed. Liber Juris, Rio, 1982; Arruda Alvim e Thereza Alvim, *Comentários ao Código Civil brasileiro*, vol. III, págs. 201 e segs.; Gustavo Tepedino, *Obrigações*, págs. 211 e segs.; Arnoldo Wald, *Obrigações e contratos*, págs. 174 e segs.; Antunes Varela, *Direito das Obrigações*, vol. 2, págs. 308 e segs.

179. Cessão de crédito: conceito e natureza

Chama-se *cessão de crédito* o negócio jurídico em virtude do qual o credor transfere a outrem a sua qualidade creditória contra o devedor, recebendo o cessionário o direito respectivo, com todos os acessórios e todas as garantias. É uma alteração subjetiva da obrigação, indiretamente realizada, porque se completa por via de uma transladação da força obrigatória, de um sujeito ativo para outro sujeito ativo, mantendo-se em vigor o *vinculum iuris* originário. Difere da novação e do pagamento com sub-rogação (v. n°s 162 e 159, *supra*), em que não opera a extinção da obrigação, mas, ao revés, permanece esta viva e eficaz. Apenas a soma dos poderes e das faculdades inerentes à razão creditória, sem modificação no conteúdo ou natureza da *obligatio*, desloca-se da pessoa do cedente para a daquele que lhe ocupa o lugar na relação obrigacional.

Como se sabe, na atualidade o crédito representa um dos fatores mais importantes no desenvolvimento nacional, não apenas sobre o prisma quantitativo, mas especialmente qualitativo. O crédito potencializa a utilização do capital e das riquezas e seu custo é determinante da quantidade de investimento na produção, da geração de empregos e da medida de consumo de vários bens. Assim, o crédito é dotado não apenas de valor econômico, mas também jurídico, inserido na funcionalização social dos institutos para satisfação das necessidades existenciais da pessoa para o desfrute de uma vida digna.[1]

O instituto recebeu a sua construção dogmática mais precisa no Direito moderno, de vez que o romano não o havia estruturado com perfeição. Razão disto era o caráter demasiadamente personalista da obrigação (a que por mais de uma vez nos temos referido), que se mostrava incompatível com a transferência de um dos termos da obrigação e o exercício dos poderes respectivos, por outrem que não o seu titular. Primitivamente, a obrigação era totalmente intransmissível. Se ao *dominus* era lícito transferir a propriedade, e neste caso havia o investimento de outro no complexo jurídico resultante do direito dominial, o que permite aceitar que o romano compreendia a translação de poderes, ao credor não era permitido investir alguém na titularidade de seu crédito. Somente mais tarde foi que se tolerou a mutação do credor, e mesmo assim através de um complexo e indireto processo, em que aliás os romanos eram férteis.

O mecanismo da cessão de crédito, quando o Direito romano a admitiu na sua sistemática, pela mesma razão do personalismo obrigacional, era bem diferente do atual. Não sendo possível transferir a título particular o direito de crédito em si, outorgava o credor, àquele a quem pretendia cedê-lo, poderes de mandatário, e, fazendo-o seu *procurador*, com a cláusula *in rem suam*, habilitava-o a exercer direitos de credor e guardar para si, como *dominus litis*, as vantagens e quantias recebidas. Somente mais tarde foi que, naquele direito, imaginou-se uma fórmula ligeiramente

---

1 Maurício Moreira Mendonça de Menezes, "Cessão e circulação de crédito no Código Civil", *in*: Gustavo Tepedino, *Obrigações*, pág. 211.

simplificada de *cessio*, através de separação entre o crédito e a ação a ele competente (*actio utilis*), operando-se, então, não propriamente a transferência do primeiro, mas a cessão da segunda, conferida consequentemente ao cessionário. Destarte, exercendo-a este, perseguia os benefícios da relação creditória, e assim lograva quase que inteiramente os efeitos de uma cessão integral do próprio crédito.[2]

Esta técnica adotada no Direito romano, ou esta processualística da cessão de crédito por via de transferência da ação, foi observada nos textos romanos e sistematizada por Donellus, e é por isto que se diz ser o autor do *De iure civili* o ponto de partida para a moderna dogmática do instituto.[3]

Por influência do direito romano, alguns sistemas jurídicos modernos não souberam encarar o negócio jurídico da cessão de crédito com a autonomia que sua frequente atualização exige. No direito brasileiro, porém, a evolução das ideias conduziu-nos a uma posição totalmente viva e atual. Por muito tempo havia perdurado a concepção da incessibilidade e no século passado, quando os nossos juristas ao assunto se referiam, ainda era para conceituar o cessionário como um procurador do cedente, *procurator in rem suam*, que defendia os seus interesses *nomine alieno*, isto é, na qualidade de representante do cedente.[4] Mais tarde, a concepção mudou. Foi reconhecida ao adquirente a qualidade de titular de um direito, embora em caráter potencial, e só depois foi que se caracterizou a transferência como definitiva.[5] Finalmente, desvencilhamo-nos das reminiscências e velharias históricas, como das injunções da sistemática do instituto em outras legislações, elaborando a sua normação com singeleza e precisão. A sua situação topográfica mesma, no Código Civil de 1916, já foi bem a mostra de sua configuração dogmática. Em vez de proceder como o Código francês ou o italiano de 1865, que cuidavam da cessão de crédito como derivada apenas *ex venditionis causa*, e por isto têm merecido a crítica da boa doutrina,[6] o brasileiro traçou a sua normação como instituto autônomo, tendo em vista a sua natureza intrínseca de transferência da obrigação, e por isto mesmo colocou-a no fecho da parte geral das obrigações, antes da disciplina dos contratos. Ali cogita da cessão *voluntária*, que é objeto de tratamento no presente capítulo. Fica, por conseguinte, à margem a chamada *cessão necessária* ou *legal* a que o Código Civil de 1916 faz referência.[7] Com efeito, pode surgir mutação subjetiva da obrigação em virtude de disposição legal ou de sentença judicial, como no caso de transferência dos acessórios em consequência da trasladação do principal. Alguns autores mencionam como cessão necessária a sub-rogação legal referida no art. 346, na qual enxergamos, todavia, nítidos elementos diferenciais relativamente à cessão no caráter extintivo da primitiva relação obrigacional. Como cessão judicial, aponta-

---

2 Dernburg, *Pandette*, II, § 48; Girard, *Manuel de Droit Romain*.
3 M. I. Carvalho de Mendonça, *Obrigações*, II, nº 501.
4 Lafayette, *Direito das coisas*, § 251.
5 Lacerda de Almeida, *Obrigações*, pág. 389; M. I. Carvalho de Mendonça, II, nº 502.
6 Ruggiero e Maroi, *Istituzioni*, II, § 133.
7 Código Civil de 1916, art. 1068. Artigo sem correspondência no Código Civil de 2002.

-se a adjudicação no juízo divisório, a assinação ao credor de um crédito do devedor, a condenação supletiva da declaração da cessão de quem tinha obrigação de fazê-la.[8]

Na elaboração do Anteprojeto de Código de Obrigações, inserimos a transferência da obrigação, nos seus dois aspectos de cessão de crédito e assunção de débito, na Parte Geral, arts. 160 e segs. O Código Civil de 2002 disciplina os institutos logo após o título que cuida das modalidades das obrigações, a partir do art. 286. Como foi registrado pela doutrina mais recente, há no direito brasileiro dois regimes de transmissão de crédito: a) o regime da cessão comum de crédito (arts. 286 e segs. do Código Civil de 2002); b) o regime da cessão por meio dos títulos de crédito (arts. 887 e segs. do Código Civil de 2002).

Segundo o conceito hodierno, a cessão de crédito é tratada como *negócio jurídico abstrato* (Larenz, Von Tuhr), que se completa independentemente da indagação de sua causa. Pode-se, entre nós, defini-la como negócio jurídico em virtude do qual o credor transfere a outrem a sua qualidade creditória, com todos os acessórios e garantias, salvo disposição em contrário. Tanto pode ser esta a venda como a doação. Até mesmo a deixa testamentária. Em qualquer caso, é sempre distinta do negócio jurídico que a originou. É, por sua vez, um ato jurídico, não criador, acrescenta-se, mas meramente transmissor da titularidade do crédito, no qual ressalta a substituição do primitivo credor pelo seu atual adquirente, enquanto subsiste objetivamente inalterado.[9]

Tendo em vista todos estes fatores, admite-se, em primeira *classificação*, que a cessão de crédito pode ser *onerosa* ou *gratuita*, conforme o cedente a realize mediante uma contraprestação do cessionário ou sem que haja qualquer correspectivo. Tal distinção se revela importante na questão de responsabilidade do cedente, já que busca-se evitar o enriquecimento sem causa do cedente, por exemplo, nas hipóteses de ausência de vínculo obrigacional ou de sua nulidade. Pode ainda ser *voluntária* ou *necessária*. Diz-se *voluntária* a que se origina da manifestação de vontade dos interessados, espontânea e livre. É *necessária* ou *legal*, conforme acima referido, quando deriva da imposição da lei. E, ainda, *judicial*, se ocorre por força de sentença. E pode, finalmente, dar-se a cessão *pro soluto* ou *pro solvendo*, conforme o cedente transfira o seu crédito em solução de uma obrigação preexistente, ficando dela exonerado; ou subsista aquela, sem a quitação do cessionário, coexistindo a *obrig*ação cedida e a primitiva (v. n°s 154 e 161, *supra*).

Por via de regra, o credor sempre pode transferir o seu crédito (Código Civil de 2002, art. 286),[10] pois em princípio todos são suscetíveis de mutação, como qualquer elemento integrativo do patrimônio.[11] Por exceção, e somente por exceção, será defesa. As *proibições* ou decorrem da natureza da obrigação ou da vontade da lei ou da

---

8   Clóvis Beviláqua, Comentário ao art. 1.068 do Código Civil; M. I. Carvalho de Mendonça, II, n° 510; Lacerda de Almeida, ob. cit., § 13 e nota 20.
9   Serpa Lopes, *Curso*, II, n° 381.
10 Direito Anterior: art. 1.065 do Código Civil de 1916. Projetos: art. 156 do Projeto de Código de Obrigações de 1965; art. 284 do Projeto de Código Civil de 1975.
11 Mazeaud *et* Mazeaud, *Leçons*, II, n° 1.258.

convenção entre as partes. Pela própria natureza, não podem ser objeto de cessão os créditos acessórios, enquanto tais, sem a transferência do principal, também aqueles que derivam de obrigações personalíssimas; ou quando não seja possível fazer efetiva a prestação ao cessionário sem alteração de seu conteúdo; ou ainda quando a pessoa do credor é levada em consideração exclusiva para a constituição do vínculo.[12] De outro lado, a lei interdiz a determinadas pessoas a aquisição de bens de outras, e embora tais princípios sejam expressos no tocante à compra e venda,[13] aplicam-se à cessão, que é uma forma de aquisição, e pode efetuar-se *ex venditionis causa*. Outro campo, em que vigoram restrições à cessão, é o Direito Administrativo, no qual o legislador estabelece proibições a benefício da administração pública. Nos casos lembrados e em outros mais, a cessão de crédito é interdita. Finalmente, podem as partes ajustar cláusula impeditiva da cessão de crédito, seja de modo absoluto, seja relativo, isto é, vedando qualquer transferência, como, em exemplo corrente, a que proíbe ao locatário ceder a locação; ou estabelecendo restrições, ou somente permitindo-a sob determinadas condições. Aqui, referimo-nos a direitos por natureza cessíveis, e que se tornam intransferíveis por força do ajuste, pois que este é desnecessário se contrariamente à transferência milita já uma proibição legal ou natural.

Em qualquer hipótese de crédito incessível, a transferência acaso realizada não é somente inoponível a terceiros, porém, inválida mesmo entre as partes.[14]

Em relação ao terceiro de boa-fé, entretanto, a proibição convencional não tem eficácia se não constar do próprio instrumento da obrigação, nos termos da parte final do art. 286 do Código Civil de 2002.

As disposições relativas à cessão de crédito aplicam-se à transferência de todo outro direito, não sujeito a normas específicas. Assim dispunha o Código Civil de 1916 (art. 1.078), mas o novo dispensou-se de reproduzir, pela desnecessidade de proclamá-lo.

Uma vez que não ocorram oposições naturais, legais ou convencionais à cessão, é lícito ao credor fazê-la, transferindo a razão creditícia ao cedido com todos os acessórios da obrigação – *acessorium sequitur principale* (Código Civil de 2002, art. 287),[15] salvo se houver, quanto a estes, disposição em contrário, como no caso de cessão de um crédito pecuniário com reserva dos juros, ou a transferência dos direitos creditórios com exclusão expressa das garantias que o asseguram, ou, ainda, quando os acessórios são inseparáveis da pessoa do cedente. A transferência da razão creditória abrange-lhe os frutos, rendimentos e garantias. Não opera *pleno iure* a transferência de acessórios que são inseparáveis da pessoa do cedente. Quando o direito é de molde a gerar outros efeitos, prevalece, contudo, a ressalva quanto à pertinência destes ao cedente.

---

12 Larenz, *Obligaciones*, I, pág. 457; Von Tuhr, *Obligaciones*, II, pág. 299; Alfredo Colmo, *Obligaciones*, nº 1.027; M. I. Carvalho de Mendonça, ob. cit., nº 504
13 Código Civil de 2002, arts. 496 e 497.
14 Von Tuhr, ob. cit., pág. 301.
15 Direito Anterior: art. 1.066 do Código Civil de 1916. Projetos: art. 157 do Projeto de Código de Obrigações de 1965; art. 285 do Projeto de Código Civil de 1975.

Porém, é preciso atentar que a cessão é um negócio jurídico de disposição. Por isto exige, além do requisito da capacidade genérica para os atos comuns da vida civil, a especial reclamada para prática daqueles que tenham por objeto a alienação de direitos ou de bens, sendo invocáveis os princípios relativos à compra e venda, para a onerosa (*ex venditionis causa*), e à doação, para a gratuita (*dona tionis causa*).[16]

Como envolve a alienação de direitos, a cessão de crédito deve ser encarada subjetiva e objetivamente. Subjetivamente, não pode ceder seu crédito aquele que não tem o poder de disposição, seja em termos genéricos (incapacidade), seja especificamente em relação ao próprio direito cedido. Objetivamente, a cessão não ultrapassa o conteúdo do próprio crédito, dizendo-se que ninguém pode transferir a outrem mais direitos do que tem – *nemo plus iuris ad alium transferre potest quam ipse habet*.

Questão das mais árduas, e eriçada de complexidade, é a que extrema a *cessão de crédito* da cessão do exercício dos direitos, por muito tempo usada à guisa de subterfúgio para contornar a incessibilidade do crédito propriamente dito. Hoje, porém, mudou. Não havendo mais obstáculo frontal à transferência do direito, esta não mais necessita de disfarçar-se sob a roupagem da cessão do *exercício*, que passou a vigorar como uma categoria jurídica peculiar. Quando o crédito é cessível sem restrições, a cessão do exercício ocorre quando se dá a conservação da razão creditória no primitivo sujeito ativo, ficando um terceiro com a faculdade de fruir as vantagens ou os benefícios, com retorno da integridade creditória ao cedente, ao fim de um certo prazo, ou no implemento de uma condição. Se, porém, o título não fornecer elementos para se verificar que houve apenas cessão do exercício, e conservação da subjetividade ativa, dever-se-á entender que ela envolve a cessão do crédito, propriamente dito. Sobe, porém, de ponto a dificuldade quando se encara um crédito incessível, cujo exercício tenha sido trasladado a outrem. Normalmente, a cessão do exercício é abrangida na proibição de transferir o crédito, e então tudo se resolve, considerando-se defesa tanto uma quanto outra. Mas se for de tal modo destacável, que não prevaleçam contra o exercício por outrem as razões que militam em contrário à transferência do crédito, poderá verificar-se sem que se lhe oponham obstáculos maiores. Assim, *exempli gratia*, o pai que tem, inerente ao poder familiar, o usufruto dos bens do filho menor e que não pode transferi-lo por ser integração da sua *potestas*, é apto no entanto a transferir a percepção dos rendimentos, e, assim, fará uma cessão de exercício, muito embora o direito seja por natureza intransmissível.

Devidamente informada pelas transformações que o Direito das Obrigações vem sofrendo, a cessão de créditos atualmente decorre da maior objetivação dos direitos e da maior importância ao interesse jurídico, permitindo a substituição do credor, estendendo a proteção do ordenamento ao terceiro cessionário, especialmente em razão da boa-fé objetiva e da tutela da confiança.[17]

---

16 Serpa Lopes, ob. cit., n° 385.
17 Maurício Moreira Mendonça de Menezes, ob. cit., pág. 222.

Não há que se cogitar de cessão de crédito quando ocorre a celebração do contrato de administração fiduciária de garantias, atualmente previsto no art. 853-A do Código Civil (introduzido pela Lei n° 14.711, de 30.10.2023).

180. Validade da cessão: entre as partes e em relação a terceiros

Ato consensual, denominado sem rebuços no BGB como contrato translatício e assim tratado na doutrina tedesca, a cessão de crédito não se subordina a requisitos de forma para valer *entre as partes*. Pode ser feita por escrito público ou particular, ou até mesmo verbalmente estipulada, o que ocorre quando o cedente, sem outra formalidade, entrega o título da obrigação ao cessionário, notificando o devedor para que lhe pague. Não há, porém, uma aceitação universal para este princípio. Ao revés, não faltam sistemas jurídicos (BGB, art. 403; Código Civil francês, art. 1.689) para os quais é requerida a aceitação do devedor de forma escrita. Por ser negócio jurídico abstrato, independente do que lhe serve de causa, sujeita-se à regra geral da *prova* dos negócios jurídicos, de tal sorte que, se se tratar de obrigação de valor inferior à taxa legal, prova-se a cessão por qualquer meio, e, se de valor superior, exige-se um começo de prova por escrito, nos termos do art. 227 do Código Civil de 2002. Se a obrigação transferida envolve um direito real, a forma escrita é da substância do ato, e o instrumento público essencial, se de valor superior ao limite da lei.[18] Cumpre notar que o valor a considerar-se não é o da cessão, pois que esta pode até ser gratuita, porém do crédito cedido.

Assim, não se exige a observância de requisito formal, para a cessão ter eficácia entre as partes. Quando, porém, o direito cedido requer instrumento público, a forma deste atrai a da cessão. Fora daí, tem igual eficácia instrumento público ou particular.

A entrega do título do crédito transferido, em princípio, é dispensável.[19] Somente será necessário para que se complete a cessão naqueles casos em que a obrigação é expressa em título negociável e transmissível, ou sejam os denominados créditos derivados de *títulos-valores*, não porque a cessão, em si, tenha como formalidade integrativa a *traditio*,[20] mas porque o devedor, em tais circunstâncias, não é obrigado a prestar senão contra a apresentação do instrumento, e, assim, a *cessio* é inoperante sem o instrumento originário, de vez que somente com este o cessionário estará habilitado a exercer o direito transferido. É a própria natureza do crédito que o determina, pois nesses casos o instrumento não tem função meramente probatória, porém *constitutiva*, por ver que a forma se integra na substância do crédito ou na sua representação. Podem-se mencionar em primeiro plano os títulos de natureza cambial, própria

---

18 Cf., a respeito da identidade de exigências para o ato de aquisição ou transmissão de direitos reais no Direito alemão, Larenz, ob. cit., I, pág. 452.
19 Alfredo Colmo, ob. cit., n° 1.042.
20 Ruggiero e Maroi, ob. cit., § 133; Von Tuhr, ob. cit., pág. 296; Enneccerus, Kipp e Wolff, *Obligaciones*, I, § 379.

e por extensão, pagáveis à ordem e transferíveis por endosso (letra de câmbio, nota promissória, duplicata, *warrant*), cuja posse induz a presunção da titularidade do valor creditório representado. Numa fórmula geral, abrangente, resume-se o princípio, dizendo-se que o instrumento deve ser entregue ao cessionário como elemento integrativo da transferência, em todos os casos em que tiver a *função representativa* do próprio crédito.[21] É mesmo possível que o cedente deixe em branco o nome do cessionário; válida a cessão, mesmo que o claro do instrumento seja preenchido pelo próprio beneficiário.[22] É oportuno destacar que o Código Civil de 2002, em sintonia com as regras editadas em fontes legislativas especiais no curso da vigência do Código anterior, prevê um regime especial de cessão dos créditos corporificados nos respectivos títulos (arts. 887 a 926).

Afora os casos de o título exercer esta função *representativa*, o cessionário recebe todos os poderes do credor, por força da cessão regularmente feita, independentemente da posse do instrumento que prova o crédito transferido.

A eficácia da cessão *relativamente a terceiros* não é sujeita aos mesmos princípios. Ela está subordinada a observância da forma. Ou se faz por escrito público, ou por escrito particular. Se feito por instrumento público, dispensa o registro. Se por escrito particular, é exigida a inscrição no registro próprio (Código Civil de 2002, art. 288).[23] Cuida-se observar o disposto nos arts. 127, I, e 129, nº 9, ambos da Lei nº 6.015/73.

Aliás, é conveniente positivarmos aqui o que se entende por *terceiro*. Genericamente será toda pessoa que não seja parte na mesma relação jurídica. Mas, no caso particular da cessão, considera-se tal, para efeitos legais, quem não participou do *negotium iuris* da cessão: assim é terceiro o devedor do crédito transferido, qualquer outro cessionário, o credor pignoratício que recebeu em caução o crédito cedido, como qualquer credor quirografário do cedente.[24] Efetuada, então, a cessão, à sua validade contra *terceiros* não basta a estipulação entre cedente e cessionário, ainda que acompanhada de *notificação* ao devedor. Esta *notificação*, esclareçamos desde logo, não se confunde com a *denuntiatio* primitiva, embora se aproxime dela. A notificação ao devedor é o meio técnico de levar ao seu conhecimento a transferência da relação creditória (Código Civil de 2002, art. 290).[25] Sua finalidade é integrar na cessão o dever-prestar, da parte do devedor, ao novo credor (cessionário) e não ao antigo (cedente). A notificação consiste em qualquer meio, pelo qual a operação de transferência é comunicada ao devedor. Pode dar-se por qualquer meio: comunicação direta, ou efetuada através do cartório de títulos e documentos, ou por via judicial.

---

21 Serpa Lopes, *Curso*, II, nº 398.
22 Enneccerus, ob. cit., II, § 379.
23 Direito Anterior: art. 1.067 do Código Civil de 1916. Projetos: art. 158 do Projeto de Código de Obrigações de 1965; art. 286 do Projeto de Código Civil de 1975.
24 De Page, *Traité*, IV, parte 1ª, nº 430; Serpa Lopes, ob. cit., nº 391; M. I. Carvalho de Mendonça, ob. cit., nº 513.
25 Direito Anterior: art. 1.069 do Código Civil de 1916. Projetos: art. 160 do Projeto de Código de Obrigações de 1965; art. 288 do Projeto de Código Civil de 1975.

Além destas formas de notificação expressa, tem validade a notificação presumida, quando o devedor se declara ciente da transferência. Pode dar-se no próprio instrumento da cessão, ou escrito à parte (público ou particular). A notificação tem o efeito de vincular o devedor ao cessionário, desligando-o do cedente. Após a notificação, o primitivo credor não lhe pode reclamar o pagamento. E não tem validade em relação ao cessionário o que realiza ao cedente, estando, portanto, sujeito a pagar duas vezes se o fizer. Títulos ao portador ou à ordem obedecem a critério específico de transferência, não se lhes aplicando a formalidade da notificação.

Para ser oponível a terceiros, retomemos a exposição, a cessão poderá revestir a forma pública e, se for hipotecário o crédito transferido, tem o cessionário o direito de fazer averbar a cessão à margem da inscrição principal, como sub-rogado nas qualidades de credor hipotecário (Código Civil de 2002, art. 289). Averbado à margem da inscrição principal, será também o crédito quando a obrigação importa em criação de qualquer outro ônus real sobre imóvel, como é o caso da promessa de compra e venda, hoje assim tratada e levada ao registro imobiliário para dar direito à execução específica: a cessão deverá constar do mesmo registro, a fim de habilitar o cessionário a agir como sub-rogado do credor, no caso o promitente-comprador. O Código de 2002, embora destacando em forma de artigo o parágrafo único do art. 1.067 do Código Civil de 1916, conservou a mesma imperfeição redacional do seu modelo. O princípio parece oferecer ao cessionário do crédito hipotecário a faculdade de promover a averbação, o que insinua a faculdade aposta de não averbar. Como é complementar da garantia hipotecária a sua inscrição, o cessionário promovê-la-á para que se sub-rogue nos efeitos da hipoteca. Mais correta a redação do art. 159 do Projeto de Código de Obrigações de 1965, a dizer que a cessão do crédito hipotecário *será* averbada à margem da inscrição.

Mas, se revestir a forma particular, terá de ser escrita e assinada, ou somente assinada por quem esteja na disposição livre de seus bens, e transcrita no registro público, para valer contra terceiros. Em torno da última exigência, reinou, na vigência do velho Código, constante controvérsia na doutrina, com deplorável repercussão jurisprudencial, havendo opiniões e arestos no sentido de que tem mero efeito *publicitário* a inscrição no registro público, enquanto outros lhe atribuem o caráter de requisito de *validade*. A distinção não é meramente acadêmica, mas de sensível projeção prática, pois que, se o registro tivesse efeito de simples publicidade, sua omissão seria suprível por qualquer outra prova de conhecimento da cessão por parte do terceiro. Caso contrário, e revestindo caráter de condição de eficácia, será insuprível. Diante dos termos do Código de 2002 não pode haver dúvida de que o registro é erigido em requisito essencial à eficácia da cessão, pois que é ineficaz em relação a terceiros, a não ser que revista a forma pública, ou no caso de ser vazada em instrumento particular, se não se sujeitar às imposições formais, entre as quais precisamente o registro (Código Civil de 2002, art. 288, e Lei nº 6.015/73, arts. 127, I, e 129, nº

9).[26] O regulamento específico deste determina, a seu turno, faça-se a inscrição no *Registro de Títulos e Documentos* do domicílio dos contratantes, ou dos domicílios se os não tiverem na mesma localidade, dentro do prazo de 60 dias da data da respectiva assinatura. Ora, quando a lei estabelece o requisito formal como da substância do ato, cominando a pena de ineficácia para o caso de sua inobservância, não terá valor nenhum o ato que a ele desatenda. À luz de tais princípios, sempre sustentamos que a inscrição do instrumento de cessão é exigida *ad substantiam*, e não apenas *ad probationem*, o que quer dizer que, preterida a formalidade do registro, não é eficaz a cessão, isto é, não é oponível a terceiros, como por exemplo o credor do cedente.[27] O registro do negócio jurídico da cessão de crédito não supre, no entanto, a notificação do devedor, conforme expressa previsão no art. 290 do Código Civil de 2002. Destaque-se, ainda, que mesmo não tendo ocorrido a notificação do devedor o cessionário pode exercer os atos conservatórios do direito cedido, conforme prevê o art. 293 do Código Civil de 2002. Tal norma constitui inovação concebida no meu Projeto de Código de Obrigações de 1965 (art. 162). O conhecimento da cessão não é requisito para a eficácia da cessão para o cessionário. Assim, é possível praticar atos que gerem a interrupção de prescrição, nos termos do art. 202, do Código Civil de 2002, ajuizar ação cautelar de arresto, entre outras providências urgentes.[28]

É bem de ver que aqui nos referimos à cessão voluntária, porque a necessária, precisamente por se realizar como imperativo da lei, opera-se em consequência do mandamento desta, e completa-se independentemente de requisito formal.

181. Responsabilidade do cedente

O cedente realiza, por obra da transferência do crédito, uma alienação, e por conseguinte responde, como todo alienante, pelo ato que pratica.

O credor que cede o seu direito está sujeito a toda uma série de princípios especiais. Em virtude da autonomia, e em razão de ser a cessão um negócio jurídico abstrato, cumpre distinguir o ato da cessão, relativamente ao negócio jurídico gerador do direito cedido. Daí destacar-se a responsabilidade do cedente pela *realidade* do crédito transferido – *veritas nominis*, da sua responsabilidade pela *solvência* do devedor – *bonitas nominis*.

---

26 Direito Anterior: art. 1.067 do Código Civil de 1916. Projetos: art. 158 do Projeto de Código de Obrigações de 1965; art. 286 do Projeto de Código Civil de 1975.
27 Caio Mário da Silva Pereira, "Cessão de Crédito", *in Minas Forense*, vol. IX, pág. 254; Clóvis Beviláqua, Comentário ao art. 1.067 do Código Civil; Aubry e Raul, *Droit Civil*, V, § 359-*bis*; Planiol e Ripert, *Traité Pratique*, VII, nº 1.117, pág. 429.
28 Mairan Maia, *in* Arruda Alvim e Thereza Alvim, *Comentários ao Código Civil brasileiro*, ob. cit., pág. 236.

Mas é preciso separar a cessão voluntária da necessária. É que a transferência operada por força de lei não impõe ao cedente nenhuma responsabilidade,[29] quer pela solvência do devedor, quer pela realidade da dívida, de vez que, em tal caso, a alienação não deriva de manifestação de vontade do cedente, mas decorre de disposição coativa da lei. É o que dispunha o art. 1.076 do Código Civil de 1916, que o novo se dispensou de reproduzir. Mas a exoneração está ínsita no contexto do art. 295, uma vez que este, ao aludir à onerosidade e gratuidade, somente tem em vista a cessão convencional, e não à que decorre de disposição coativa de lei.

O que interessa, pois, é precisar a *responsabilidade na cessão voluntária*. O cedente não é obrigado pela *bonitas nominis*, a não ser que expressamente se declare responsável pela solvência do devedor (Código Civil de 2002, art. 296),[30] caso em que será obrigado a restituir ao cessionário o que dele recebeu, com os respectivos juros, e ressarcir-lhe as despesas da cessão, e as que houver feito com a cobrança da dívida, na hipótese de faltar o devedor com a prestação do obrigado (Código Civil de 2002, art. 297).[31] É que o cedente, ao obrigar-se pela solvência do devedor, não se comprometeu a proporcionar ao cessionário uma fonte de enriquecimento, porém sujeitou-se a resguardá-lo de qualquer prejuízo decorrente da falta de pagamento, por parte do sujeito passivo do crédito cedido. Insolvente este, tem-se o ressarcimento do cessionário com a indenização do que despendeu, e mais aqueles acessórios.

Na ausência de estipulação, o cedente responde tão somente pela *veritas nominis*, isto é, fica responsável ao cessionário pela *realidade da dívida*, ou seja, pela *existência* do crédito ao tempo da cessão. E isto mesmo na cessão a título oneroso, porque, embolsando o correspectivo da cessão, traz lesão ao cessionário se a dívida a esse tempo já não existe. Se não existir o crédito cedido, terá recebido sem causa uma quantia ou coisa, o que terá como consequência a obrigação de restituir, fundada na teoria do enriquecimento sem causa. Se, porém, ela vier a se extinguir após a transferência, é a risco do cessionário. Na cessão a título gratuito (*donationis causa*), a garantia do cedente pela existência do crédito somente vigora se tiver procedido de má-fé ou se a houver assumido expressamente (Código Civil de 2002, art. 295).[32-33]

Quer no tocante à cessão onerosa, quer na gratuita, a responsabilidade do cedente pela veracidade do crédito pode ser objeto de convenções especiais. É válida a cláusula que o exime da responsabilidade pela realidade da dívida na cessão onerosa, ou daquela em que o assume na gratuita. É lícito, ainda, estipular que o cessionário assume os riscos da existência do crédito (contrato aleatório), e, neste caso, nada tem a repor o cedente, se dele nada vier a existir.

29　Código Civil de 1916, art. 1.076. Artigo sem correspondência no Código Civil de 2002.
30　Direito Anterior: art. 1.074 do Código Civil de 1916. Projetos: art. 166 do Projeto de Código de Obrigações de 1965; art. 294 do Projeto de Código Civil de 1975.
31　Direito Anterior: art. 1.075 do Código Civil de 1916. Projetos: art. 166, parágrafo único, do Projeto de Código de Obrigações de 1965; art. 295 do Projeto de Código Civil de 1975.
32　Direito Anterior: art. 1.073 do Código Civil de 1916. Projetos: art. 165 do Projeto de Código de Obrigações de 1965; art. 293 do Projeto de Código Civil de 1975.
33　Ludovico Barassi, I, pág. 262.

Ao aludir à existência do crédito, o artigo 295 do novo Código compreende os seus acessórios, que via de regra o acompanham, salvo estipulação em contrário.

Equiparável à obrigação de responder pela realidade da dívida é a situação decorrente da perda judicial do crédito, proferida a sentença posteriormente à cessão, mas por uma causa a ela anterior (evicção). A razão é que, se o cedente é obrigado pela existência do crédito, no momento em que o transfere, a sentença proferida posteriormente, mas fundada em causa preexistente, opera como se ao tempo da cessão já não mais houvesse aquele.

Se o cessionário tem conhecimento do litígio sobre o crédito, e mesmo assim adquire-o por cessão onerosa, assume os riscos, nada podendo reclamar do cedente.

Em especial é de mencionar-se o crédito penhorado, que o credor não pode ceder após ter conhecimento da penhora, posto que se tornou objeto de expropriação judicial para garantia da execução.[34] Mas, se o devedor o pagar, não tendo sido notificado dela, fica exonerado, subsistindo somente contra o cedente os direitos do terceiro (Código Civil de 2002, art. 298),[35] porque, uma vez penhorado, torna-se o crédito indisponível pelo seu titular. O credor perde a disponibilidade dele, e, desta sorte, não pode transferi-lo. A transferência que tenha efetuado é ineficaz, por ter por objeto bem insuscetível de alienação. Notificado o devedor da penhora, não mais pode pagar, quer ao cedente, quer ao cessionário, e, se o fizer, responde por novo pagamento perante o terceiro exequente. Não sendo notificado, e pagando ao cessionário, presta a quem se lhe apresenta com qualidade para receber, e não se sujeita a pagar de novo. Mas o credor, por alienar o que era indisponível, responde perante o terceiro, cujas esperanças de receber pela via executiva ficaram frustradas.

Em síntese, para que se complete o efeito da penhora sobre o crédito, o devedor tem de ser intimado dela. Pagando antes disto ao credor, solve validamente a obrigação e fica exonerado. Ao revés, pagando depois do conhecimento da penhora o pagamento é inoponível aos terceiros,[36] ficando-lhe ressalvado o regresso contra o credor, que lhe terá de restituir o recebido, por ter procedido de má-fé, caracterizada esta com o recebimento após a penhora, e independentemente de qualquer outra comprovação.

O problema em relação à pessoa do cedente, em caso de *pluralidade de cessões*, será a uma só vez estudado em razão da responsabilidade do cedente, como dos efeitos da cessão, no nº 182, *infra*.

182. Efeitos da cessão: quanto ao devedor e ao cessionário

Decorrência da noção mesma de cessão de crédito é a sub-rogação do cessionário na qualidade creditória do cedente, investido que fica em todos os seus direitos

---

34 Código de Processo Civil de 1973, art. 646; Código de Processo Civil de 2015, art. 824.
35 Direito Anterior: art. 1.077 do Código Civil de 1916. Projetos: art. 296 do Projeto de Código Civil de 1975.
36 Código Civil de 2002, art. 312.

e todas as garantias, salvo quanto a estas a estipulação em contrário. O cessionário passa a ocupar a mesma posição antes preenchida pelo cedente. Por via da sucessão de direitos, opera-se a mutação subjetiva, e então o cessionário pode proceder em relação ao crédito como se fora ele o credor originário.[37] Em contrapartida, uma vez realizada a cessão, tem o devedor a faculdade de recusar a prestação ao cedente[38] e, se este o acionar, tem contra ele a exceção peremptória da ilegitimidade *ad causam*.

Mas, como a cessão não atinge a obrigação transferida, e mantém inalterada a sua substância,[39] segue-se que ela conserva todas as modalidades que a qualificavam. Se a dívida era a termo ou sob condição, assim continua sendo. O cessionário terá de aguardar o vencimento do prazo ou sujeitar-se aos efeitos do implemento da condição, seja esta resolutiva ou suspensiva. Mais que isto: o crédito transfere-se com todos os vícios ou todas as vantagens.[40]

Sendo o credor, como efetivamente é, livre de dispor de seu crédito, não necessita da anuência do devedor para transferi-lo a terceiro, porque o vínculo essencial da obrigação sujeita-o a uma prestação; e não existe modificação na sua substância se, em vez de pagar ao primitivo sujeito ativo, tiver de prestar a um terceiro em que se sub-rogam as respectivas qualidades, sem agravamento da situação do devedor. Mas, completando-se a cessão com a notificação ao devedor, para ser a ele oponível, ou equiparada a esta a existência de qualquer escrito público ou particular em que se confesse ciente da transferência feita, somente se libera quando presta ao cessionário, não produzindo efeito solutório o pagamento que efetue ao credor originário, após a ciência da cessão.

Ao revés, vale e extingue a obrigação se presta ao cedente, depois da cessão realizada, porém, não notificada, por qualquer meio, ao devedor.[41]

Realizada a transferência do mesmo crédito a mais de uma pessoa, duas são as questões que desde logo se apresentam. A primeira, que diz respeito à validade da cessão e responsabilidade do cedente, e a segunda, que vai dar nos efeitos que produz.

Efetuada a cessão, o cedente é responsável perante os cessionários, relativamente aos quais ela não venha a prevalecer pela composição das perdas e danos, porque o seu procedimento será, na melhor das hipóteses, culposo. É que, celebrada a primeira delas, procedeu-se à alienação do crédito, e, pois, saiu este de sua livre disposição. Mas, como a obrigação cedida perdura até a solução ou extinção por uma das formas que a lei prevê, e que foram já estudadas, outra cessão feita pelo mesmo credor tem por objeto bem de que já havia disposto, embora ainda exista, e este se qualificará de procedimento malicioso, ou ao menos negligente. Qualquer que seja o cessionário não satisfeito, pouco importando a ordem cronológica em que se coloque a sua aquisição do direito transferido, tem ação contra o cedente para ressarcir-se do

---

37 Trabucchi, *Istituzioni*, pág. 558.
38 Von Tuhr, *Obligaciones*, II, pág. 313.
39 Barassi, *Obbligazioni*, I, pág. 260.
40 Enneccerus, Kipp e Wolff, *Obligaciones*, § 80.
41 Ruggiero e Maroi, *Istituzioni*, II, § 133.

prejuízo sofrido, indenização que deve ser ampla, capaz de cobrir as perdas e danos que a conduta injurídica do cedente lhe impôs. Operada a cessão, o credor não tem mais o direito de dispor do crédito.

Contudo, se não obstante o fizer, *quid iuris* em relação ao devedor e ao cessionário?

Aqui vêm, então, os *efeitos* da pluralidade de cessões. E cabe, antes de mais nada, precisar qual delas guarda prioridade, em relação ao devedor, pois que tem este interesse em saber a quem deve prestar, para liberar-se da obrigação.

Se o crédito se contém em um *título representativo* (v. nº 180, *supra*), prevalecerá aquela cessão que for seguida da *traditio* deste, e pagará bem o devedor que o fizer a quem se lhe apresente portador do instrumento.

Fora daí, cumpre determinar, à vista das circunstâncias, qual a prioridade a ser reconhecida. A primeira, e de maior monta, é a que se prende à anterioridade da *notificação*, que se apura com o maior rigor, indagando-se do dia e até da hora em que se realize. No caso de serem simultâneas as notificações, ou de se não conseguir a demonstração da anterioridade, rateia-se o valor entre os vários cessionários.[42] Não notificado o devedor das várias cessões do mesmo crédito, fica liberado, pagando àquele dos cessionários que lhe apresentar, com o instrumento da cessão, o título da obrigação transferida, porque se completa com a tradição do título do crédito cedido (Código Civil de 2002, art. 291).[43] Assim, se o credor fizer várias cessões do mesmo crédito, e for notificado o devedor apenas de um deles, é válido o pagamento que fizer ao que promover a notificação. Se o devedor for notificado de mais de um deles, libera-se com o pagamento que efetuar ao cessionário que lhe apresentar o título da cessão e o da obrigação cedida. Mas, no caso de constar ela de escritura pública, prevalece a prioridade da notificação. Estará, contudo, desobrigado o devedor que, antes de ter conhecimento da cessão, paga ao credor primitivo, ou àquele que lhe apresentar o título da obrigação cedida, se ocorrer a pluralidade de cessões (Código Civil de 2002, art. 292).[44]

A notificação, expressa ou presumida do devedor, vincula-o ao cessionário, ficando ele subordinado a este. Pagando ao credor primitivo, paga mal. Reversamente, se paga ao credor primitivo antes de notificado, ou de tomar conhecimento por outra via da cessão, fixa exonerado. Do mesmo modo, fica desobrigado o devedor que pagar ao cessionário munido apenas do título da cessão, embora não apresente com ela o da obrigação cedida, no caso de ser notificado mais de uma. A segunda parte do artigo 292 do novo Código manda que prevaleça a prioridade da notificação sobre a posse do título, quando o crédito constar de escritura pública.

---

42 M. I. Carvalho de Mendonça, *Doutrina e Prática das Obrigações*, II, nº 515.
43 Direito Anterior: art. 1.070 do Código Civil de 1916. Projetos: art. 161 do Projeto de Código de Obrigações de 1965; art. 289 do Projeto de Código Civil de 1975.
44 Direito Anterior: art. 1.071 do Código Civil de 1916. Projetos: art. 161 do Projeto de Código de Obrigações de 1965; art. 290 do Projeto de Código Civil de 1975.

O devedor tem a faculdade de opor, tanto ao credor primitivo quanto ao cessionário, as exceções pessoais que lhe competirem, bem como as que, no momento em que vier a ter conhecimento da cessão, tinha contra o cedente (Código Civil de 2002, art. 294).[45]

O Código de 2002 alterou a redação dos efeitos da cessão no tocante à oponibilidade das exceções. Cabe, então, distinguir. No primeiro plano, considerando o vocábulo "exceções" na acepção de quaisquer defesas, é óbvio que o devedor tem a faculdade de arguir todas as que dizem respeito à validade e eficácia da obrigação: incapacidade, defeito formal ou de consentimento, prescrição da obrigação, pagamento. Em especial, o artigo tem em vista as exceções pessoais do devedor: compensação, novação, transação e confusão. Demandado, o devedor pode opor as exceções que tem contra o cessionário, que está exigindo o pagamento em seu próprio nome, embora com fundamento na obrigação primitiva. Não está inibido de opor as exceções contra o cedente, porque se a obrigação era inválida, ou se tinha motivos para ilidir a pretensão creditória, eles não desaparecem com a mutação subjetiva por que passou a obrigação.

É vedado ao devedor opor ao cessionário qualquer exceção que, após a cessão, venha a ter contra o cedente. A razão é que, ao se processar a transferência, o direito do credor primitivo não padecia de defeito. E o que é superveniente à cessão não prejudica o cessionário. O devedor que, notificado da cessão, nada opõe, não mais poderá opor ao cessionário, a compensação que antes da cessão teria contra o cedente. Não sendo notificado, poderá opor ao cessionário a compensação do crédito que lhe assistia contra o direito do cedente.[46] A doutrina mais recente vem considerando, com base no princípio da boa-fé objetiva e na tutela da confiança, que o cessionário deverá ser satisfeito no crédito conforme as circunstâncias que se verifiquem, especialmente a conduta do devedor que, notificado da cessão, se omita em ressalvar vícios preexistentes à cessão, reforçando a confiança do cessionário de ver o crédito pago posteriormente.[47]

O Código Civil de 1916 excluía de oponibilidade ao cessionário de boa-fé a simulação do cedente. O novo Código não aludiu ao caso, porque deixou de tratar a simulação como defeito do negócio jurídico, incluindo-a entre os casos de nulidade.[48] Dentro da nova sistemática, a simulação é oponível ao cedente, com ressalva, entretanto, do ato que se dissimulou, se válido for na substância e na forma.

O artigo 293[49] do Código Civil de 2002 trouxe inovação criada no Projeto de Código de Obrigações de 1965. O conhecimento da cessão pelo devedor tem o efeito

---

45 Direito Anterior: art. 1.072 do Código Civil de 1916. Projetos: art. 163 do Projeto de Código de Obrigações de 1965; art. 292 do Projeto de Código Civil de 1975.
46 Código Civil de 2002, art. 377.
47 Maurício Moreira Mendonça de Menezes, ob. cit., pág. 239.
48 Código Civil de 2002, art. 167.
49 Direito Anterior: não há. Projetos: art. 162 do Projeto de Código de Obrigações de 1965; art. 291 do Projeto de Código Civil de 1975.

de estabelecer a sua vinculação ao cessionário, com as consequências estatuídas nos artigos anteriores. Não é ela, porém, requisito para a eficácia da cessão para o cessionário. Independentemente da notificação, o cessionário pode tomar as medidas destinadas à conservação de seu direito, como seria o caso de promover ele a interrupção da prescrição.

183. Assunção de débito

O Direito romano jamais admitiu a figura da cessão de débito, e nem podia mesmo conceber-se, naquele direito, dado o caráter estritamente pessoal da obrigação, que o sujeito passivo transferisse a outrem o dever de prestar. O Direito moderno, herdando os princípios clássicos, por muito tempo, fixou a impossibilidade de transferir o devedor os seus encargos. Coube à doutrina alemã a sua construção dogmática (*Schuldübernahme*) e sua disciplina nos arts. 414 e 419 do BGB, e depois veio o Código Federal Suíço das Obrigações, arts. 175 e segs., segundo as deduções lógicas assentadas por Delbruch. Posteriormente à sua disciplina do Código alemão, Saleilles, em monografia (*La Cession des Dettes*), espraiou-se na sua defesa e na sua análise.

Do fato de não haver o nosso Direito positivo, até o advento do Código Civil de 2002, cogitado da disciplina da cessão do débito e dos direitos alemão e suíço haverem-no feito, não se segue que ali ela era possível e aqui não era, pois, como acentua De Page, são duas coisas distintas a sua regulamentação legal e a sua compatibilidade com os princípios vigentes:[50] se faltava, entre nós, regra legal admitindo-a, nada impediu a sua adoção, e nenhuma conclusão imperava no sentido de sua repulsa. Até o novo Código foi, a bem dizer, geral a posição da doutrina favoravelmente à admissão da transferência de débitos.[51] De todo modo, fazia-se necessário o regramento normativo de modo sistemático acerca da assunção de dívida, como já ocorria com a cessão de crédito.

No direito alemão e no suíço, onde a cessão de débito foi construída com requintes de apuração dogmática, os autores distinguem a chamada *assunção cumulativa ou de reforço*, que se dá quando um terceiro assume a obrigação ao lado do devedor primitivo, sem afastá-lo; da *assunção de cumprimento* (ou assunção liberatória), em que se verifica, na verdade, transferência do débito, porque aí o terceiro se coloca no lugar do devedor, e, liberado este, solve por ele.[52]

A ideia da transferência de um débito, repitamos, para retomar o fio de um raciocínio, nunca foi aberrante da nossa sistemática. De início, recordamos que ela se

---

50 De Page, *Traité Élémentaire*, III, n° 386.
51 Giorgi, *Obbligazioni*, VI, n° 47; Schneider e Fick, *Commentaire du Code Fédéral des Obligations*, I, n° 309; Alfredo Colmo, *Obligaciones*, n° 1.090; M. I. Carvalho de Mendonça, *Obrigações*, II, n° 523.
52 Enneccerus, Kipp e Wolff, *Obligaciones*, § 85; Von Tuhr, *Obligaciones*, II, pág. 333.

mostrava perfeitamente integrada na normalidade da vida jurídica, quando ocorresse por força de transmissão *mortis causa*. Dentro das forças da herança, sempre teve o credor o direito de perseguir no herdeiro a prestação que lhe devia o *de cujus*, e se o devedor não invocasse o benefício, mesmo *ultra vires hereditatis*. Quer dizer que o direito reconhece a substituição do devedor pelos seus sucessores, sem alteração na substância do vínculo obrigacional. Admite, ainda, a *novação subjetiva passiva*, que, com extinção da primitiva obrigação, e nisto se distingue da assunção de débito, implica uma substituição do devedor. Qualquer que seja a posição doutrinária a respeito da obrigação, quer se encare como relação entre dois patrimônios (v. n° 127, *supra*), quer se entenda em razão de um credor e de um devedor, subjetivamente considerados, que já mostramos ser a posição segura, não é essencial à subsistência da relação obrigacional a permanência dos mesmos sujeitos. A relação obrigatória sobrevive, ainda que se mude a pessoa do credor, ou se opere a modificação da parte do devedor.[53] Sempre existiu, pois, uma realidade jurídica irrecusável no fenômeno da transferência do lado passivo da obrigação, ou seja, na sucessão a título particular no débito. No terreno concreto, não falta mesmo a prática dos negócios a evidenciar a sua constante presença, na cessão da locação, na transferência de um fundo de comércio etc., situações em que o novo devedor assume todos os compromissos resultantes do contrato ou do giro mercantil, e coloca-se na posição do devedor primevo, por cujos compromissos passa a responder.

Não pode haver, portanto, impossibilidade jurídica, analogamente à cessão de crédito, para que o débito venha deslocar-se da pessoa do devedor para a de um terceiro que toma o seu lugar, sem a necessidade de que se extinga a obrigação primitiva, e sem alternação na substância da relação obrigatória. Invocando-se a analogia com a cessão de crédito, cumpre frisar que existe semelhança, mas não há identidade de situações, pois que a transferência da razão creditória se efetua sem dano para o devedor, uma vez que a prestação a que se obrigar apenas muda de destinatário, sem alteração substancial.

É, porém, evidente que o mesmo não ocorre com a cessão de débito, e neste ponto os doutores, mesmo aqueles que a aceitam sem rebuços, já acentuam a ausência de paralelismo, que as legislações que a disciplinam (suíça e alemã) consagram, pois que as condições de solvência, as possibilidades de cumprimento etc. variam de pessoa a pessoa, e pode o credor sofrer um prejuízo, direto ou indireto, com a sub-rogação, em um terceiro, das condições de seu devedor. Daí assinalar-se que, se a cessão de crédito dispensa a anuência do devedor, e pode operar-se mesmo contra a sua vontade (*etiam invitus*), a transferência da razão debitória exige o acordo do credor para que tenha eficácia – *invito creditore*.[54] A anuência pode ser expressa ou tácita. O art. 299 do Código Civil de 2002, no entanto, não se aplica à hipótese de assunção cumulativa acerca da exigência da concordância do credor, em que não ha-

---

53 Rugiero e Maroi, *Istituzioni*, II, § 133.
54 Ruggiero e Maroi, *Istituzioni*, II, § 133.

verá possibilidade de qualquer prejuízo para ele.[55] O Código, porém, só admite-a expressa, embora estabeleça que o devedor primitivo ou o candidato à assunção intime o credor para, em prazo certo, declarar se anui à assunção. O seu silêncio considera-se como recusa. Entendemos poder ser *tácita*, como no caso de receber o credor um pagamento parcial ou de juros, ou ainda no de praticar outro ato qualquer que induza acordo ao trespasse da relação debitória (Código Civil de 2002, art. 299).[56-57] O art. 299, referido, trata da modalidade de assunção liberatória (e não cumulativa), com a liberação do devedor, seja na forma expromissória ou delegatória.

Uma vez assentado este requisito, não há necessidade de se recorrer a quaisquer outros negócios jurídicos, como contrato triangular ou estipulação em favor de terceiro, para definir a sua estrutura. Há, na verdade, alguma semelhança entre a transferência de dívida e o contrato em favor de terceiro. Mas os dois tipos de figuras distinguem-se em que a obrigação do novo devedor se identifica com a do antigo, ao passo que na estipulação a obrigação do promitente fica delimitada pelos termos do contrato celebrado com o estipulante.[58] Tal qual a cessão de crédito, a transferência do débito deve ser definida como um negócio jurídico convencional e abstrato, pelo qual o devedor, com a aceitação do credor, transfere a um terceiro os encargos obrigacionais. A assunção de dívida possui uma abstração relativa, já que, se o negócio anterior que originou a obrigação for inválido, por óbvio também a assunção o será.[59]

Pressupõe, obviamente, a existência e a validade da obrigação transferida; mas, no caso de efetuar-se a assunção de débito oriundo de obrigação ineficaz, ou atacável, sua ineficácia é suscetível de invocar-se por quem a assume, como poderá sê-lo pelo devedor primitivo,[60] salvo se se tratar de defeito sanável, e tiver ocorrido a sua ratificação ou confirmação, inclusive no próprio ato da cessão.

O Projeto de Código de Obrigações de 1965 estatuía que o devedor primitivo permanecia obrigado, no caso de proceder ele à transferência da obrigação a um terceiro, cuja insolvência era desconhecida do credor (art. 167, parágrafo único). O mesmo princípio vigora no novo Código, não obstante a omissão, tendo em vista o procedimento doloso do devedor transmitente.

Assim entendida, é clara a sua validade jurídica, e, no seu mecanismo quanto nos seus efeitos, pode ser invocada a paridade de situações com a cessão de crédito: num como noutro caso, pressupõe-se uma relação obrigacional, em que um dos sujeitos é substituído, sem mutação, na substância do vínculo jurídico. Da mesma forma que, na cessão de crédito, o primitivo sujeito ativo perde a razão creditória que passa ao cessionário, também na cessão de débito o primitivo sujeito passivo

---

55 Beatriz Conde Miranda, "Assunção de dívida", *in*: Gustavo Tepedino, *Obrigações,* ob. cit., págs. 258-260.
56 Direito Anterior: Não há. Projetos: art. 167 do Projeto de Código de Obrigações de 1965; art. 297 do Projeto de Código Civil de 1975.
57 Von Tuhr, pág. 335.
58 Larenz, *Obligaciones,* I, pág. 480.
59 Beatriz Conde Miranda, ob. cit., pág. 255.
60 Enneccerus, loc. cit.

fica liberado da obrigação, uma vez que o cessionário da dívida assume a sua posição jurídica na relação obrigacional.

A assunção de dívida, na modalidade liberatória, opera a transferência do débito ao novo devedor. Consequentemente, fica liberado o devedor primitivo. A responsabilidade patrimonial dele, pela solução da obrigação, desaparece. E extinguem-se, igualmente, todas as garantias especiais, que haja dado ao credor. Ressalvam-se, contudo, aquelas que, por expresso, haja o devedor assentido em que permaneçam em vigor (Código Civil de 2002, art. 300).[61] bem como aquelas por ele apresentadas quando a assunção for cumulativa, hipótese em que o devedor não é liberado da obrigação. O novo Código não foi feliz na redação do artigo 300, porque omitiu as garantias dadas por terceiro. O Projeto de Código de Obrigações de 1965 foi mais exato, ao aludir à subsistência das garantias especiais, por "aquele que as ofereceu". Se o terceiro deu garantia à obrigação, e a razão debitória foi assumida por outro devedor, sem o seu assentimento expresso, não pode ele ser chamado a responder pela solução, presumindo-se que, ao garanti-la, teve em vista as condições daquele, cuja solvência assegurou.

Para a dogmática de seus *efeitos*, há de ter-se em conta que o débito transferido é o mesmo primitivo (identidade da relação jurídica), como o mesmo o objeto (identidade objetiva). Daí assentar-se que passa ao novo devedor, conservadas as exceções preexistentes, salvo as que eram pessoais ao antigo. Os acréscimos permanecem a favor do credor, como os juros vencidos, cláusula penal etc. Os *privilégios* e as garantias pessoais, do devedor estritamente, terminam com a mutação; as reais sobrevivem, com exceção das que tenham sido constituídas por um terceiro estranho à relação, a não ser que este anua na sobrevivência.[62] E, finalmente, ocorre a imediata liberação do devedor, exclusivamente pelo efeito da convenção de cessão da dívida.[63]

Transferido que seja o débito, o terceiro investe-se na *conditio debitoris*, sem que lhe assista a faculdade de invocar as exceções pessoais do antigo sujeito passivo.

Demandado, o novo devedor pode opor ao credor as exceções que lhe são pessoais, tais como a compensação, a remissão da dívida e a novação. Nada pode opor as que são pessoais ao devedor primitivo, em simetria com o princípio (Código Civil de 2002, art. 302).[64] Pode, entretanto, opor as exceções extintivas da obrigação primitiva, que não tenham ficado superadas pela assunção da dívida. Se é pressuposto dela a existência da obrigação, não pode ser o novo devedor chamado a solvê-la, se ao tempo da assunção ela já era extinta.

61　Direito Anterior: não há. Projetos: art. 168 do Projeto de Código de Obrigações de 1965; art. 298 do Projeto de Código Civil de 1975.
62　Ruggiero e Maroi, loc. cit.; M. I. Carvalho de Mendonça, ob. cit., nº 526.
63　De Page, nº 384.
64　Direito Anterior: não há. Projetos: art. 169 do Projeto de Código de Obrigações de 1965; art. 300 do Projeto de Código Civil de 1975.

Cessam *ipsu facto* as garantias especiais que acediam à dívida, salvo se consentir na sua permanência aquele que as tiver oferecido. As garantias reais não são atingidas todavia.

A liberação do devedor primitivo é uma consequência do ato negocial da assunção do débito, e verifica-se com subsistência do vínculo. Difere, repetimos, da novação subjetiva, que é meio extintivo, e, obviamente, diversificam-se os efeitos, especialmente no tocante à restauração da antiga *obligatio*, com todos os seus acessórios, se vier a anular-se a substituição do devedor, com ressalva, entretanto, dos direitos dos terceiros de boa-fé.

Anulada a assunção da dívida, restituem-se as partes ao *status quo ante*. O devedor primitivo volta a ser devedor, e as garantias, que havia dado, voltam a vigorar: penhor, hipoteca, anticrese. As garantias dadas por terceiro (fidejussórias ou reais) não se restauram, salvo se ele anuir expressamente ou se, mesmo não dando seu assentimento, era conhecedor do vício (Código Civil de 2002, art. 301).[65] O Código comete equívoco, quando alude ao "vício da obrigação". Há de se referir ao vício da assunção da dívida, pois o que terá sido objeto de anulação é a substituição do devedor, e não a obrigação em si mesma. Ressalvam-se, obviamente, os direitos dos terceiros de boa-fé, como seria o caso de cancelamento de hipoteca por efeito de assunção de dívida garantida, e aquisição, por terceiro, do imóvel que fora objeto dela.

Embora o novo Código haja se oposto à assunção tácita de dívida, o artigo 303[66] abre uma exceção. Com a aquisição do imóvel hipotecado, notificada ao credor hipotecário, e a ressalva de ter ele tomado a seu cargo o débito garantido, opera-se uma assunção de dívida. E esta passa ao novo devedor, se não manifestar a sua oposição, dentro de trinta dias. É um caso típico de presunção de anuência, decorrente do silêncio.

Hipótese especial de assunção de obrigações é a que provém da aquisição de estabelecimento ou de fundo de comércio, bem como a que se origina da sucessão universal por ato *inter vivos* (e.g., a incorporação de sociedade anônima). Operação de certa frequência na vida empresarial, implica sempre que o adquirente receba ativo e passivo, e, desta sorte, desenha-se nítida a assunção dos débitos preexistentes, indiscriminadamente. Para conhecimento dos interessados, dever-se-á observar formalidade publicitária, e demais requisitos previstos na Lei das Sociedades por Ações (Lei nº 6.404, de 15 de dezembro de 1976).

No resguardo, contudo, dos direitos dos credores, subsiste a responsabilidade solidária do devedor primitivo, até um ano a contar da publicação da última alteração contratual, o que se justifica plenamente em razão de que, nesta hipótese, a transferência das obrigações se conclui sem o consentimento dos credores, diversamente,

---

65 Direito Anterior: não há. Projetos: art. 170 do Projeto de Código de Obrigações de 1965; art. 299 do Projeto de Código Civil de 1975.
66 Direito Anterior: não há. Projetos: art. 171 do Projeto de Código de Obrigações de 1965; art. 301 do Projeto de Código Civil de 1975.

portanto, do que se passa com a assunção ordinária de débitos, para a qual se reclama aquela anuência.

No Direito alemão, a figura da assunção de dívida alheia (*Schuldübernahme*) desenvolvida por Hans Reichel opõe-se a da *Schuldbeitritt* que traduz a de adesão de alguém a um débito de outrem, sustentada por Werterkamp. Independentemente da classificação, se se trata de garantia fidejussória ou de adesão, certo é que um terceiro assume a condição de *reus debendi*.[67]

O Código Civil de 2002 foi lacônico ao tratar das modalidades pelas quais pode ocorrer a assunção da dívida: a) por acordo entre um terceiro e o devedor (forma delegatória); e, b) por acordo entre o terceiro e o credor (forma expromissória – *ex pro mitere*). No primeiro caso, o terceiro tem a faculdade de assumir a obrigação do devedor, podendo a assunção verificar-se por contrato, desde que haja consentimento do credor. Na segunda hipótese, o contrato é realizado entre o terceiro e o credor, independentemente de assentimento do devedor. Em qualquer das hipóteses, a assunção só exonera o devedor primitivo se houver declaração expressa do credor. Do contrário, o novo devedor responde solidariamente com o antigo. Como é princípio geral do direito que ninguém pode dispor de direito alheio sem a autorização do seu titular, seria uma violência admitir a mudança do devedor sem o consentimento do credor.

O novo Código também não dispôs sobre a assunção cumulativa de dívida, também denominada de coassunção ou adjunção. Como dissemos, esta ocorre quando um terceiro assume a obrigação ao lado do devedor primitivo, passando o credor a contar com dois ou mais devedores. A finalidade, neste caso, é reforçar a garantia da obrigação.

O questionamento mais comum diz respeito ao que ocorre se o credor não dá o seu consentimento para essa cumulatividade subjetiva passiva. Na hipótese, há uma verdadeira assunção cumulativa de dívida ou se está diante de outro negócio jurídico? Se o credor expressamente consente com a cumulatividade, a obrigação se torna solidária, podendo o mesmo cobrar tudo de qualquer um dos devedores. A doutrina mais recente nega a solidariedade neste caso, já que esta não se presume, entendendo que há uma relação de subsidiariedade.[68] O credor, então, passa a dispor de mais um devedor, aumentando a sua garantia. Contudo, se não há assentimento do credor, surge um novo negócio jurídico, que vincula apenas os devedores entre si. Trata-se da Promessa de Liberação. Aqui, o terceiro que assume a obrigação ao lado do devedor primitivo ou em sua substituição se compromete perante este a liberá-lo daquela obrigação em face do credor. Este tipo de negócio é plenamente válido

---

67 Pontes de Miranda, *Tratado de Direito Privado*, vol. 44, § 4.785, nº 14, pág. 124; Hedemann, *Derecho de Obligaciones*, § 20, pág. 209; Von Tuhr, *Tratado de las Obligaciones*, nº 98, págs. 231 e segs.; Karl Larenz, *Derecho de Obligaciones*, vol. I, § 31, págs.475 e segs.; Enneccerus, Kipp e Wolff, *Tratado, Derecho de Obligaciones*, vol. I, § 85, págs. 404 e segs.; Luiz Roldão de Freitas Gomes, *Da Assunção de Dívida e sua Estrutura Negocial*, nº 138, págs. 132 e segs.

68 Beatriz Conde Miranda, ob. cit., pág. 262.

e eficaz. Os seus efeitos é que se resumem apenas ao compromisso de liberação do devedor primitivo em face do credor originário.

Como se observa da disciplina constante do Código Civil de 2002, há lacuna a respeito de cessão de contrato (ou de posição contratual) com a transferência total subjetiva (polo ativo e passivo de relação contratual), o que não impede todo o trabalho de interpretação e aplicação das normas pela doutrina e jurisprudência.

183-A. Cessão de contrato

Chama-se cessão de contrato, ou cessão de situações contratuais ou de posição contratual, aquela em que há a transferência da inteira posição ativa e passiva do conjunto de direitos e de obrigações de que é titular uma pessoa, decorrentes de um contrato bilateral celebrado, mas de execução ainda não concluída.

De acordo com a doutrina dominante, a cessão de contrato opera a transferência da posição contratual em sua integralidade, sem que se identifique a divisão dos elementos jurídicos que compõem a posição contratual do cedente. Trata-se da doutrina unitária acerca da cessão de contrato,[69] em oposição à teoria atomística, que fragmenta, por sua vez, a análise científica da cessão do contrato, para considerar que o instituto seria um grupo de várias cessões (de crédito e de débito), conjugadas, sem autonomia jurídica.

Como exemplos de cessão de posição contratual, podem-se mencionar os seguintes: a) o locatário, com opção de compra do bem locado, transfere a inteira posição contratual ao seu sucessor que, por sua vez, não somente adquire o direito de prosseguir na qualidade de locatário, como também passa a desfrutar a prerrogativa de adquirir o bem, nos termos da opção; b) o promitente comprador de terreno loteado transfere sua posição a terceiro no compromisso de compra e venda do terreno loteado, sem anuência do promitente vendedor; c) a pessoa que pode, tendo contratado a empreitada de obras, com a anuência do outro contratante, transferi-lo a outrem que obtém, assumindo a obrigação de realizar a obra, o direito de receber o preço.[70] Na Lei de Locação Predial Urbana, o locatário poderá ceder a sua posição contratual a terceiro desde que possua a anuência prévia e inequívoca do locador (art. 13, Lei nº 8.245/91).

Trata-se de negócio jurídico bilateral e independente, que permite a transferência da posição contratual, inserida no contrato-base, do cedente para o cessionário. É negócio atípico ao qual se aplica, pois, o disposto no art. 425 do Código Civil, além das normas gerais sobre Direito Contratual, bem como as normas sobre cessão de crédito e assunção de dívida, sem prejuízo do recurso aos princípios gerais de direito.

---

69 Pablo Stolze Gagliano, Rodolfo Pamplona Filho, ob. cit., pág. 276.
70 Os exemplos foram fornecidos por Silvio Rodrigues (Silvio Rodrigues, ob. cit., pág. 110).

Na doutrina brasileira,[71] os seguintes requisitos da cessão de contrato são exigidos: a) a celebração de um negócio jurídico entre um dos contratantes (cedente) e o terceiro (cessionário); b) a integralidade da cessão (cessão global); c) a anuência expressa da outra parte contratante (cedido), como regra. O objeto da cessão de contrato envolve, necessariamente, a ideia de contrato bilateral, congregando direitos e obrigações recíprocos dos contratantes.

Afora a capacidade do cedente e do cessionário, bem como a legitimação para celebração do contrato, o negócio precisa também do consentimento do cedido, ressalvados alguns casos em que é desde logo consentida a cessão no próprio instrumento do contrato-base, e outros em que a lei autoriza tal cessão independentemente da manifestação do cedido, como ocorria, nos contratos de locação, durante a vigência do Código Civil de 1916 (art. 1.201).

Certos contratos não comportam cessão devido à natureza personalíssima de determinado direito ou de certa obrigação, ou de ambos. Dessa forma, por exemplo, se uma editora contrata famoso escritor para escrever uma obra a ser publicada, não há como se imaginar a possibilidade de o escritor ceder sua posição contratual a outra pessoa, devido à natureza personalíssima do vínculo. Nota-se a impossibilidade, ainda, de cessão de contrato nos casos em que houver expressa proibição na convenção ou na lei.

Para que seja possível e concretizada a cessão de contrato, são necessárias a simultaneidade e a correspectividade entre a cessão de crédito e a assunção de débito, uma vinculada à outra como contrapartida, de modo a não permitir que haja o rompimento do equilíbrio (ou do sinalagma) entre direitos e obrigações transferidos, configurando exatamente a transferência global dos elementos ativos e passivos de uma mesma posição contratual, na cessão de contrato.[72]

Quanto aos efeitos da cessão de contrato, o principal é a transferência ao cessionário dos direitos e das obrigações do cedente, importando, por isso, ao cedido a pessoa do cessionário, razão pela qual normalmente se exige a anuência deste. Desse modo, o cedente fica liberado do contrato desde o momento em que a cessão se aperfeiçoa, como regra.

A doutrina distingue a cessão de contrato em duas categorias básicas, de acordo com os efeitos da cessão em relação ao cedente: a) cessão de contrato com liberação do cedente; b) cessão de contrato sem liberação do cedente.

Na primeira categoria, o cedente se libera do vínculo contratual nos casos em que houver concordância do outro contratante, manifestado por ocasião do tempo da cessão ou no momento da celebração do negócio-base, bem como naqueles em que a lei dispensar tal consentimento. Na segunda categoria, conquanto o cessionário assuma a responsabilidade pelas obrigações decorrentes do contrato (bem como a titularidade de direitos), o cedente prossegue vinculado ao negócio como principal pagador.

---

71 Pablo Stolze Gagliano, Rodolfo Pamplona Filho, ob. cit., pág. 276.
72 Cristiano Chaves de Farias, Nelson Rosenvald, ob. cit., pág. 207.

O cedido pode opor ao cessionário todas as exceções derivadas do contrato e poderá, caso tenha expressamente ressalvado ao concordar com a cessão, também se valer de outras exceções decorrentes das relações com o cedente.

À cessão do contrato devem ser aplicadas, por analogia, as regras sobre a cessão de crédito e, quando não houver contrariedade à sua estrutura básica, as regras relativas à novação, além de ser possível, com base na noção dos princípios gerais de direito.[73] A respeito do tema, a IX Jornada de Direito Civil do Conselho da Justiça Federal em 2022 aprovou o Enunciado nº 648, com o seguinte teor: "Art. 299: Aplica-se à cessão da posição contratual, no que couber, a disciplina da transmissão das obrigações prevista no Código Civil, em particular a expressa anuência do cedido, *ex vi* do art. 299 do Código Civil". Tal Enunciado se revela correto e tem como base orientação seguida pelo Superior Tribunal de Justiça[74].

Desse modo, considera-se que o cedente garante a existência da posição contratual transferida ao cessionário, tal como se verificava no momento da cessão (aplicando-se as normas da compra e venda em se tratando de cessão onerosa, ou da doação no caso de ser cessão gratuita).[75]

No âmbito das relações trabalhistas, reconhece-se a existência do princípio da continuidade da empresa (arts. 10 e 448 da CLT), a permitir o reconhecimento da permanência da relação individual de trabalho que se estabeleceu com determinado empregador (indivíduo ou sociedade), ainda que haja alterações de estrutura jurídica ou de titularidade da empresa. Desse modo, se o empregador, como empresário individual, passar a ser uma sociedade empresária, ou se houver uma mudança do tipo societário, não haverá alteração da vigência e do conteúdo dos contratos celebrados anteriormente à alteração ocorrida. Da mesma forma, não haverá repercussão na continuidade dos contratos de trabalho a alteração da composição societária da sociedade empregadora (modificação da titularidade da empresa), considerada espécie de cessão de contrato no segmento do Direito do Trabalho.[76]

183-B. ADMINISTRAÇÃO FIDUCIÁRIA DE GARANTIA

Em razão da edição da Lei nº 14.711/2023, houve a tipificação do contrato de administração fiduciária de garantias, com a atribuição ao agente de garantia de constituir, gerir e promover a execução de garantia dos créditos, inclusive em demandas judiciais que tratem da existência, validade ou eficácia do negócio jurídico que constituiu o crédito garantido (art. 853-A, *caput*, do CC).

Caso haja excussão do bem dado em garantia real, o produto da realização da garantia será tratado como patrimônio de afetação relativamente ao agente de garantia e, por isso, não responderá por eventuais dívidas do agente de garantia pelo prazo de 180 (cento e oitenta) dias a partir do recebimento do produto da garantia (art. 853-A, § 5º, do CC).

---

73 Silvio Rodrigues, ob. cit., pág. 117.
74 Trata-se do julgado no Agravo Interno em Recurso Especial nº 1.591.138 (STJ, 3ª Turma, rel. Min. Marco Aurélio Bellizze, julgamento em 13.09.2016).
75 Cristiano Chaves de Farias, Nelson Rosenvald, ob. cit., pág. 210.
76 Pablo Stolze Gagliano, Rodolfo Pamplona Filho, ob. cit., págs. 277 e 278.

O agente de garantia, após receber o valor do produto da realização da garantia, deve efetuar o pagamento (ou repasse) do valor aos credores no prazo de 10 (dez) dias úteis, de modo a gerar a extinção da obrigação garantida.

Em período simultâneo ao contrato de administração fiduciária de garantia, poderá o agente de garantia celebrar contratos com o devedor para realização de pesquisas de ofertas de créditos mais vantajosas entre os fornecedores de crédito, auxílio nos procedimentos para formalização de contratos de operações de crédito e de garantias reais, intermediação na resolução de conflitos decorrentes das operações de crédito ou das garantias reais, além de outros serviços não proibidos em lei (art. 853-A, § 7°, do CC).

Não há aqui de se cogitar de transferência de obrigações, mas sim de mecanismo de reforço quanto ao cumprimento das obrigações mediante a presença do agente de garantias, pessoa que exerce profissionalmente a atividade de administração de garantias para viabilizar a efetiva satisfação da obrigação.

Capítulo XXXVI-A
Preferências e Privilégios Creditórios

Sumário

183-C. Responsabilidade patrimonial. **183-D.** *Par conditio creditorum*. **183-E.** Insolvabilidade, insolvência e insolvência civil. **183-F.** Preferências e privilégios. **183-G.** Créditos com privilégio especial. **183-H.** Créditos com privilégio geral. **183-I.** Quadro geral de credores.

Bibliografia

Francesco Gazzoni, *Manuale di Diritto Privato*, 5ª ed.; José Cretella Jr., *Curso de Direito Romano*, 22ª ed.; Luis Diez-Picaso e António Gullón, *Sistema de Derecho Civil*, 6ª ed., vol. II; Pietro Perlingieri, *Manuale di Diritto Civile*; José Francisco Cavalcanti Pontes de Miranda, *Tratado de Direito Privado*, 3ª ed., t. XXVII; José Francisco Cavalcanti Pontes de Miranda, *Código de Processo Civil Comentado*, t. XI; Gustavo Tepedino, Heloisa Helena Barboza e Maria Celina Bodin de Moraes, *Código Civil Interpretado Conforme a Constituição da República*, vol. II; Ricardo Fiúza (coord.), *Novo Código Civil Comentado*; Flávio Correia de Almeida, Eduardo Talamini e Luiz Rodrigues Wambier (coord.), *Curso Avançado de Processo Civil* – Execução, 8ª ed., vol. 2; Ovídio A. Baptista Silva, *Curso de Processo Civil*, 5ª ed., vol. II; Carlos Alberto Menezes Direito e Sergio Cavalieri Filho, *Comentários ao Novo Código Civil* – Da Responsabilidade Civil, das Preferências e Privilégios Creditórios, vol. 13; Pablo Stolze Gagliano e Rodolfo Pamplona Filho, *Novo Curso de Direito Civil* – Parte Geral, 3ª ed.; Fernando Andrade Pires de Lima e João de Matos Antunes Varela, *Código Civil Anotado*, 4ª ed.; Luis Diez-Picaso, *Fundamentos del Derecho Civil Patrimonial*, 5ª ed.; Marcel P. Planiol e Georges Ripert, *Tratado Práctico de Derecho Civil Francés*, t. XII; César Fiúza, *Direito Civil*, 6ª ed.; João Luiz Alves, *Código Civil da República dos Estados Unidos do Brasil Anotado*, 3ª ed., 5º vol.; J. M. de Carvalho Santos, *Código Civil Brasileiro Interpretado*, vol. XXI; Giorgio Cian e Alberto Trabuchi, *Comen-*

tario Breve al Codice Civile; Guillermo A. Borda, *Manual de Obligaciones*, 6ª ed.; Pietro Perlingieri, *Perfis do Direito Civil*, 3ª ed.; Clóvis Beviláqua, *Código Civil dos Estados Unidos do Brasil,* vol. V, t. 2; Raimundo M. B. de Carvalho, "Das preferências e dos privilégios creditórios", *in Revista dos Tribunais,* vol. 627; Paulo Fernando Campos Salles de Toledo, "Da caracterização da insolvabilidade civil", *in Revista de Direito Mercantil,* vol. 57.

183-C. Responsabilidade patrimonial

As dívidas contraídas restringem-se ao patrimônio atual e futuro do devedor.[1] Segundo o artigo 2.093 do Código Civil francês: "Os bens do devedor são a garantia comum de seus credores e o preço se distribuirá entre eles *pro rata* a menos que existam entre os credores causas legítimas de preferência."[2] O patrimônio do devedor é a garantia comum de seus credores.

Trata-se do corolário da responsabilidade patrimonial. Francesco Gazzoni registra que, pressupondo-se que o sistema garante a realização coativa do direito de crédito, limita-se ao montante do patrimônio do devedor. Portanto, é abolida a sanção penal, em que o devedor inadimplente é privado de sua própria liberdade pela dívida, constituindo limite à sua sujeição o conjunto de bens presentes e futuros que lhe pertençam.[3]

Sabe-se que nem sempre fora assim. Em primeiro lugar, convém ressaltar que no Direito Romano era modo necessário de extinção das obrigações a *capitis deminutio*, que vinculava pessoalmente o devedor inadimplente à pessoa do credor, restringindo-lhe a liberdade individual em consequência da dívida não paga, da prestação contratual não cumprida.[4] Na contemporaneidade, entretanto, nem mesmo o Estado, quem detém o monopólio do uso legítimo da violência, poderá fazê-lo. No Brasil, proclama a CRFB, em seu artigo 5°, LXVII que "não haverá prisão civil por dívida, salvo a do responsável pelo inadimplemento voluntário e inescusável de obrigação alimentícia e a do depositário infiel."[5] O STF, em consonância com a orientação que outros tribunais passaram a seguir, editou a Súmula Vinculante 25, do seguinte teor: "É ilícita a prisão civil de depositário infiel, qualquer que seja a modalidade de depósito". No mesmo sentido é o Enunciado 419 da Súmula do STJ, ainda que cuidando de uma das modalidades de depositário infiel: "Descabe prisão civil do

---

1 Artigo 2.740 do Código Civil italiano; artigo 1.911 do Código Civil espanhol.
2 Ainda, dispunha o projeto de Código das Obrigações: "Art. 91. Com as limitações não defesas em lei, respondem os bens do devedor por suas obrigações."
3 Francesco Gazzoni, *Manuale di Diritto Privato*, 5ª ed. atualizada, Nápoles, Edizioni Scientifiche Italiane, 1994, pág. 617.
4 José Cretella Jr., *Curso de Direito Romano*, 22ª ed., Rio de Janeiro, Forense, 1998, pág. 348.
5 Sobre a segunda exceção constitucional, convém mencionar o teor da decisão do Supremo Tribunal Federal, que considerou revogada a legislação infraconstitucional acerca da prisão civil do depositário infiel, conferindo caráter de supralegalidade à Convenção Interamericana de Direitos Humanos do Pacto de São José da Costa Rica. "O Plenário do STF, no julgamento do *HC* n° 87.585, pacificou o entendimento de que, no atual ordenamento jurídico nacional, a prisão civil por dívida restringe-se à hipótese de descumprimento voluntário e inescusável de prestação alimentícia.'A subscrição pelo Brasil do Pacto de São José da Costa Rica, limitando a prisão civil por dívida ao descumprimento inescusável de prestação alimentícia, implicou a derrogação das normas estritamente legais referentes à prisão do depositário infiel' (*HC* n° 87.585, rel. Min. Marco Aurélio, julgamento em 03.12.08, Plenário, *DJe* de 26.06.09)." Supremo Tribunal Federal, *A constituição e o supremo. In* <http://www.stf.jus.br/portal/constituicao/constituicao.asp>. Acesso em: 28 out. 2009.

depositário judicial infiel". Também no Tema Repetitivo nº 220, o STJ reafirmou a impossibilidade da prisão civil do depositário infiel em qualquer hipótese (Recurso Especial nº 914.253/SP, Rel. Min. Luiz Fux).

183-D. *Par conditio creditorum*

Outro princípio extraído do referido art. 2.093 do *Code* é o da presunção de igualdade de condição entre todos os credores, ou seja *par conditio creditorum*. Luis Diez-Picaso e António Gullón explicam que, por regra geral, os credores são de igual condição frente ao patrimônio do devedor, sendo que se seu patrimônio é insuficiente não é possível admitir-se que os credores mais diligentes cobrem a dívida toda em prejuízo dos demais. Assim, o princípio do rateio impõe o sacrifício de todos para que uns cobrem e outros não, à exceção dos créditos que gozem de alguma garantia.[6] Assim, todos têm igual direito sobre os bens do devedor comum, a menos que algum ou vários credores apresentem título legal à preferência (Código Civil brasileiro, art. 957).

Pietro Perlingieri assevera que o princípio exprime a regra de caráter geral segundo a qual se uma pessoa tem muitos credores esses têm igual direito de serem satisfeitos nos limites dos bens do devedor. Ademais, completa apontando que outro limite decorrente da paridade de tratamento é o da limitação processual ao número de ações individuais propostas, pois, preenchidos os requisitos, o juízo concursal deverá concentrar as demais demandas.[7]

Em muitos casos, o patrimônio do devedor é insuficiente para satisfazer a todas as dívidas contraídas. Nessas hipóteses, justifica-se a disciplina legal das preferências e privilégios creditórios (arts. 955 a 965, CC). Quando as dívidas (patrimônio passivo) do devedor excedem seus bens (patrimônio ativo), torna-se aquele insolvente, caso em que o ordenamento determina em que âmbito deverão ser pagos, seja em falência empresarial (art. 75 e seguintes, Lei nº 11.101/05, inclusive com as alterações introduzidas pela Lei nº 14.112/20), seja naquele de insolvência civil.

No âmbito do sistema codificado, a declaração de insolvência permite a execução geral de um devedor não empresário insolvente para a verificação dos créditos existentes e a divisão entre os credores de conformidade com a natureza dos respectivos créditos.

183-E. Insolvabilidade, insolvência e insolvência civil

Pontes de Miranda leciona que o insolvente é o que não solve, que não pode pagar, que está em situação ou estado de insolvência, não necessariamente significando

---

6 Luis Diez-Picaso Luis e António Gullón, *Sistema de derecho civil*, 6ª ed., Madrid, Technos, 1992, vol. II, pág. 239.
7 Pietro Perlingieri, *Manuale di diritto civile,* Nápoles, Edizioni Scientifiche Italiane, 1997, pág. 304.

inadimplência, vez que terceiro pode cumprir a prestação, extinguindo a obrigação. Insolvência civil, assim, seria o estado mais comum de insolvabilidade caracterizada por uma situação de crise genérica do devedor.[8] Paulo Fernando Salles de Toledo distingue as expressões "insolvência" e "insolvabilidade": insolvência designa uma impossibilidade momentânea de solver os compromissos – impossibilidade de natureza financeira –, ao passo que insolvabilidade consiste na impossibilidade de solver as obrigações em decorrência de um *déficit* patrimonial – passivo superior ao ativo.[9]

Assim, por exemplo, se Tício for proprietário de um imóvel avaliado em 100, recaindo hipoteca de obrigação de 60, e houver outra dívida de 30, ele não terá como solver a segunda em razão de dificuldades de ordem financeira, e não econômica, já que seu patrimônio é superior ao seu passivo. Ou seja, ele é insolvente, mas não insolvável.

Logo, para que haja a instauração da execução civil concursal, faz-se necessária a insolvabilidade (dificuldades econômicas), e não a mera insolvência (dificuldades financeiras). Na prática as duas expressões – insolvabilidade e insolvência – são empregadas indiscriminadamente, mas a rigor técnico há a diferença apontada pela doutrina.

Ao contrário do Código Civil anterior, que estabelecia expressamente em seu artigo 1.554 que se procederia ao concurso de credores toda vez que as dívidas excedessem à importância dos bens do devedor, o texto codificado em vigor preferiu apenas asseverar que o estado de insolvência deverá ser reconhecido em tal situação (art. 955, CC), o que ocorrerá mediante pronunciamento judicial, que poderá ser requerido por qualquer credor quirografário, pelo devedor ou pelo inventariante do espólio do devedor.

Afirma-se que o legislador de 2002 preferiu assim fazê-lo uma vez que a forma pela qual se dará o rateio entre os credores é matéria de natureza eminentemente processual.[10] De fato, a sentença é de natureza predominantemente declaratória, reconhecendo a situação jurídico-econômica de insolvabilidade, e constitutiva, à medida que atribui novo *status* ao devedor, sujeitando-o, e a seus credores, a regime jurídico especial. Por isso, salienta a doutrina ser "digna de elogios a substituição da expressão 'concurso de credores' por 'declaração de insolvência'", vez que foi a de-

---

[8] José Francisco Cavalcanti Pontes de Miranda, *Tratado de Direito Privado*, 3ª ed., Rio de Janeiro, Borsoi, 1971, t. XXVII, pág. 6. "Quem solve pratica ato-fato positivo, se não o fez por outro meio de solução que aquele que era o devido. Quem não solve o que era solúvel e havia de ser solvido, pratica ato-fato negativo, é insolvente. Pode ser que o seja sem ser, em verdade, insolúvel." *Ibidem, Código de Processo Civil Comentado*, Rio de Janeiro, Forense, 1976, t. XI, pág. 203.

[9] Paulo Fernando Campos Salles de Toledo, "Da caracterização da insolvabilidade civil: pressupostos objetivos e subjetivos do processo de execução concursal", *in Revista de Direito Mercantil, Industrial, Econômico e Financeiro*, vol. 24, nº 57, págs. 42-45, jan.-mar./1985.

[10] Gustavo Tepedino, Heloisa Helena Barboza e Maria Celina Bodin de Moraes, *Código civil interpretado conforme a Constituição da República*, Rio de Janeiro, Renovar, 2006, vol. II, pág. 888.

nominação utilizada pelo Código de Processo Civil de 1973, atendendo a imperativo de ordem técnica, de harmonização sistemática do ordenamento.[11]

I – Efeitos e Requisitos da Insolvência Civil

Os efeitos da insolvência civil cindem-se em subjetivos e objetivos.

Os primeiros são: a) o vencimento antecipado das suas dívidas (art. 751, I, CPC/73); b) a arrecadação de todos os seus bens suscetíveis de penhora, quer os atuais, quer os adquiridos no curso do processo (art. 751, II, CPC/73); c) a execução por concurso universal dos seus credores (art. 751, III, CPC/73); d) a ineficácia das penhoras realizadas em execuções singulares contra o devedor, assim como atrai para o juízo da insolvência todas as ações – *vis attractiva* do juízo de insolvência – (art. 652, parte inicial c/c art. 762 § 1º, CPC/73), salvo as execuções fiscais (art. 187, CTN); e) a determinação da convocação para que todos os credores apresentem, no prazo de vinte dias, a declaração do crédito, acompanhada do respectivo título (art. 761, II, CPC/73).

Por sua vez, os objetivos são: a) a perda, pelo devedor, do direito de administrar os seus bens e de dispor deles, até a liquidação total da massa (art. 752, CPC/73); b) a restrição da capacidade processual, vez que nas demandas patrimoniais a massa passa a ser representada pelo administrador judicial (art. 766, II, CPC/73); c) o vencimento dos contratos bilaterais em que seja devedor o insolvente e a permanência dos contratos em que figure no polo ativo, cabendo ao administrador auferir sua conveniência.[12]

Costuma-se aproximar a noção de execução por quantia certa do devedor em insolvência civil à de "falência civil". A similitude não se perfaz. Ao passo que a falência tem lugar tanto no caso de impontualidade como na hipótese de insolvência do devedor, no caso de concurso civil de credores a insolvência é a única hipótese de admissibilidade.[13] Logo, diante das circunstâncias acima expostas, são os seguintes os requisitos para o reconhecimento da insolvência civil: a) superação do patrimônio ativo pelo passivo do devedor (art. 955, CC); b) reconhecimento judicial desse *déficit* (art. 761, CPC/73); c) devedor não empresário; d) existência de título executivo judicial ou extrajudicial que dê ensejo à execução. Além disso, o credor terá de se habilitar no processo respectivo, devendo os créditos, para tanto, estar devidamente documentados.

Quatro são os critérios para a caracterização da insolvabilidade do devedor nos vários sistemas jurídicos: a) sistema do efetivo estado patrimonial deficitário; b) sistema da cessação dos pagamentos; c) sistema da impontualidade; d) sistema da presunção diante dos atos enunciados na lei.

---

11 Ricardo Fiúza (coord.), *Novo Código Civil comentado*, São Paulo, Saraiva, 2003, pág. 497.
12 Flávio Correia de Almeida, Eduardo Talamini e Luiz Rodrigues Wambier, (coord.), *Curso avançado de processo civil* – Execução, 8ª ed. revista, atualizada e ampliada, São Paulo, Revista dos Tribunais, 2006, vol. 2, págs. 350-351.
13 Ovídio A. Baptista da Silva, *Curso de Processo Civil*, 5ª ed., São Paulo, Revista dos Tribunais, 2002, vol. II, pág. 168.

No Direito brasileiro, adotou-se o sistema do efetivo estado patrimonial deficitário para caracterização da insolvabilidade no âmbito civil de modo a permitir a instauração do processo de execução concursal, ainda que subsidiariamente tenha também se admitido o sistema da presunção nas hipóteses previstas no art. 750 do Código de Processo Civil de 1973. Todavia, há complementaridade dos dois sistemas na legislação brasileira, eis que as duas hipóteses de insolvabilidade presumida, na realidade, são casos de presunção relativa e, portanto, admitem prova da solvabilidade (em sentido contrário), a cargo do devedor. Daí a conclusão de que a insolvabilidade do devedor civil sempre deve ser real.[14]

Por derradeiro, ressalta-se que o princípio da igualdade entre credores, no direito brasileiro, encontra-se consagrado no artigo 957 do Código Civil,[15] o qual dispõe: "Não havendo título legal à preferência, terão os credores igual direito sobre os bens do devedor comum." Dessa maneira, não há espaço para a distinção entre credores, exceto quanto à natureza do crédito que possuam. "Os créditos são considerados segundo sua preferência, observando-se a natureza da obrigação e a respectiva vantagem outorgada ao titular sobre os demais créditos."[16]

Assim, declarada a insolvência, a lei limita a discussão entre credores aos possíveis casos de preferência ou às eventuais nulidades, fraudes ou vícios que maculem a legitimidade do crédito (art. 956, CC). A finalidade é a de evitar que créditos válidos e legítimos sejam preteridos por créditos nulos, simulados, fraudulentos, ditos preferenciais quando na verdade não o são. Há de se salientar que se forem constituídas preferências posteriormente são essas anuláveis por expressa determinação legal (arts. 163 e 165, CC).[17] Frise-se, por derradeiro, que fraudar execução, alienando, desviando, destruindo ou danificando bens, ou simulando dívidas constitui crime de fraude à execução, previsto pelo artigo 179 do Código Penal, procedendo-se mediante ação penal de iniciativa privada. Não é necessária a execução singular como pressuposto da execução civil concursal, sendo possível ao credor promover a execução concursal sem o prévio ajuizamento de execução individual de título extrajudicial.

No que concerne ao devedor, este também poderá impugnar os créditos, no mesmo prazo de 20 dias que toca aos credores (art. 768, parágrafo único, CPC/73; e art. 8º, da Lei nº 11.101/05), embora o Código Civil não o diga expressamente. Afirma-se que a discussão nessa hipótese não encontra limites, podendo o devedor fundar-se em qualquer motivação admitida pelo Direito.[18]

É necessária a habilitação dos créditos pelos respectivos credores, instruindo o processo com os títulos comprobatórios. Todos se submeterão ao sacrifício de con-

---

14 Paulo Fernando Campos Salles de Toledo, "Da caracterização da insolvabilidade civil", *in* ob. cit., pág. 46.
15 Direito Anterior: artigo 1.156 do Código Civil de 1916.
16 Carlos Alberto Menezes Direito e Sergio Cavalieri Filho, *Comentários ao novo código civil* – Da responsabilidade civil, das preferências e privilégios creditórios, Rio de Janeiro, Forense, 2004, vol. 13, pág. 483.
17 V. Capítulo XVIII, 93.
18 Gustavo Tepedino *et alli*, *Código* (cit.). págs. 889-890.

formar-se com a redução proporcional de seus créditos para que haja participação geral dos credores na execução do patrimônio do devedor insolvente.

183-F. Preferências e privilégios

Desse modo, excetuando a *par conditio*, alguns créditos poderão preferir a outros no concurso de credores. Nesse diapasão, a lei estabelece que os títulos legais de preferência são os privilégios pessoais e os direitos reais de garantia (art. 958). Primeiramente, há de salientar que os títulos de preferência constituem, *lato sensu*, situações patrimoniais de garantia das obrigações.[19] Raimundo Carvalho tece interessante comentário no sentido de que os privilégios não consistem espécie de preferência de direito material, da qual se distinguem, apesar de ambos constituírem formas de prelação.[20] Enquanto os privilégios são atributos de determinados créditos, mantendo-se em estado potencial para somente atuar nos casos de insuficiência patrimonial do devedor por ocasião da execução concursal, as preferências integram-se no próprio direito real de garantia, do qual são indissociáveis.

Assim, para o autor, o titular do crédito privilegiado não tem direito incidente sobre a coisa pertencente ao devedor, tampouco sobre o valor apurado com a alienação judicial da coisa, mas sim uma pretensão a ter seu crédito satisfeito antes dos credores quirografários com os recursos do patrimônio do devedor que não forem comprometidos pelas preferências decorrentes do crédito real. Já nas preferências, devido à natureza dos direitos reais de garantia, o credor tem garantido que receberá o seu crédito, ao menos até o valor que for obtido com a venda da coisa dada em garantia.[21]

Preferência é a primazia ou vantagem reconhecida a determinado credor, em virtude da natureza de seu crédito, não apenas de haver a coisa para si com exclusão dos demais credores, como de receber o crédito, preterindo aos concorrentes.

Traçando breves esclarecimentos terminológicos, Pablo Stolze Gagliano e Rodolfo Pamplona Filho asseveram que a expressão garantia, juridicamente, significa o reforço ou proteção, de caráter pessoal ou real, de que se vale o credor, acessoriamente para aumentar a possibilidade de cumprimento do negócio jurídico principal, tratando-se, portanto de direito do credor, decorrente de negócio jurídico acessório, como, por exemplo, nos contratos de fiança (garantia pessoal ou fidejussória) e nos direitos reais de garantia. Por outro lado, a noção de privilégio compreende a ideia de um benefício especial ou prerrogativa concedida a alguém, como exceção às demais pessoas, em razão da qualidade do crédito.[22]

---

19 Pietro Perlingieri, *Manuale* (cit.), pág. 754.
20 Raimundo M. B. de Carvalho, "Das preferências e dos privilégios creditórios", *in Revista dos Tribunais*, ano 77, vol. 627, jan./1988.
21 Raimundo M. B. de Carvalho, "Das preferências e dos privilégios creditórios", *in* ob. cit.
22 Pablo Stolze Gagliano e Rodolfo Pamplona Filho, *Novo curso de direito civil* – Parte geral, 3ª ed. atual. e rev., São Paulo, Saraiva, 2003, pág. 376.

O Código Civil Português assim preferiu sistematizar, trazendo em capítulos apartados as garantias gerais e especiais das obrigações,[23] opção diversa de nosso legislador. Trata-se dos privilégios creditórios nos artigos 955 e seguintes e dos direitos reais de garantia disciplinados topicamente *a posteriori* (art. 1.225, VIII, IX e X, CC). Pires de Lima e Antunes Varela definem privilégio creditório como "um direito, conferido a certos credores, de serem pagos em atenção à natureza de seus créditos, de preferência a outros credores".[24] No que concerne à fonte dos privilégios, afirma-se que deriva sempre da lei, vez que constitui matéria de conveniência legislativa, cabendo ao detentor de crédito privilegiado o direito de obter a tutela estatal com preferência aos demais credores.[25]

Insta destacar a controvérsia existente sobre a natureza jurídica dos privilégios. Leciona Luis Diez-Picaso que a discussão tem caráter prático à medida que influi na oponibilidade frente a terceiros, em particular, aos possíveis adquirentes dos bens, decorrendo da atribuição de direito real do privilégio. Entretanto, ensina que o privilégio não concede ao credor direito autônomo, sendo "uma qualidade do crédito e, por conseguinte, uma simples faculdade atribuída ao credor, que forma parte do conteúdo de um direito mais geral", o de crédito. Por isso, a necessidade de distinção entre privilégios gerais e especiais.[26] Dispõe o Código Civil italiano (art. 2.746) que o primeiro se exercita sobre todos os bens móveis do devedor e o segundo sobre determinados bens móveis e imóveis. Mais precisa a doutrina nacional ao explanar que os especiais recaem sobre coisa determinada (art. 964) ao passo que os gerais decorrem de origem da dívida (art. 965).[27] O privilégio não é um direito, mas sim uma adjetivação do direito (ou maior qualificação) em que se assenta, ou uma promessa de que, com a execução concursal, o crédito privilegiado será pago antes dos demais que não sejam dotados de qualquer prelação.

Além dos privilégios para determinados tipos de créditos previstos no Código Civil, há outros previstos em legislação esparsa: a) o Decreto-Lei nº 167/67 privilegia o crédito rural não amparado de garantia real (como a nota de crédito rural, nota promissória rural e duplicata rural); b) o Decreto-Lei nº 413/69 trata da nota de crédito industrial; c) a Lei nº 6.404/76 prevê as debêntures com garantia flutuante; d) a Lei nº 4.215/63 previa os honorários de advogado, atualmente previstos na Lei nº 8.906/94; e) a Lei nº 13.986/20 prevê os Fundos de Aval Fraterno, composto por,

---

23 Livro II – Direito das Obrigações – Título III – Das Obrigações em Geral – Capítulo V – Garantias gerais das obrigações; Capítulo VI – Garantias especiais das obrigações.
24 Fernando Andrade Pires de Lima e João de Matos Antunes Varela, *Código Civil anotado*, 4ª ed. revista e atualizada com a colaboração de Henrique Mesquita. Coimbra, Coimbra Editores, 1987, pág. 754.
25 Cf. Carlos Alberto Menezes Direito e Sergio Cavalieri Filho, *Comentários* (cit.), pág. 486.
26 Cf. Luis Diez-Picaso, *Fundamentos del derecho civil patrimonial*, 5ª ed., Madrid, Civitas, 1996, pág. 752. Em sentido oposto, Marcel Planiol e Georges Ripert, para quem, "por razões que somente a história explica, no Código, privilégio mobiliário é sinônimo de garantia real mobiliária". Marcel Planiol e Georges Ripert, *Tratado práctico de derecho civil francés*. Traducción española por Mario Diaz Cruz. Habana, Cultural, 1947, t. XII, pág. 11.
27 Cf. Ricardo Fiúza (coord.). *Novo Código Civil comentado* (cit.), pág. 501.

no mínimo, dois devedores e o garantidor, se houver (art. 2º da Lei nº 13.986/20), podendo, também, ser constituído patrimônio de afetação sobre o imóvel rural (ou fração dele) pelo proprietário de imóvel rural (art. 7º da Lei nº 13.986/20).

II – Formas de preferência

Com efeito, os privilégios comportam gradação, dando ensejo a classificações diferenciadas dos créditos. A lei estabelece a primeira delas no artigo 961 do CC: "O crédito real prefere ao pessoal de qualquer espécie; o crédito pessoal privilegiado, ao simples; e o privilégio especial, ao geral." A doutrina denuncia a importância prática da *divisio*. No privilégio especial, nem todos os bens se sujeitam preferencialmente à satisfação do credor, mas aquele bem específico, atentando a lei para o vínculo existente entre o crédito e a coisa, o qual por sua razão, motivação, justifica uma proteção específica. Assim, caso for alienado o bem e a quantia paga for insuficiente para satisfação dos créditos com privilégio especial, tal como nos direitos de garantia, a parcela não satisfeita passa a concorrer com os quirografários, na base do quadro geral de credores.[28] E dessa maneira sucederá com todas as classes de créditos, sendo que "se após a venda de todos os bens, ficar algum credor sem ser pago, o devedor continuará devendo, para isso respondendo com todos os bens penhoráveis que venha a adquirir",[29] criando-se o saldo devedor da execução.

III – Sub-rogação real

Há de se frisar que sobre o preço do seguro da coisa gravada com hipoteca ou privilégio, ou sobre a indenização devida, e, outrossim, sobre o valor da indenização se a coisa obrigada a hipoteca ou privilégio for desapropriada, conservam seus respectivos direitos os credores, hipotecários ou privilegiados, sendo que o devedor do seguro ou da indenização ficará exonerado caso não haja oposição dos credores hipotecários ou privilegiados (arts. 959 e 960, CC).

A primeira hipótese trata dos casos de sub-rogação real, prevista também no artigo 1.425, § 1º, *in fine*, do CC, contido nas disposições gerais sobre os direitos reais de garantia.[30] A segunda trata do que impropriamente o Código Civil pretérito denominava servidão legal, já que servidões eram sempre convencionais, andando bem o legislador em suprimir o termo.[31]

Ou seja, o segurador, a autoridade pública que desapropria e o responsável pela indenização podem ignorar a existência do direito real ou do privilégio, e pagando

---

28 Gustavo Tepedino *et alli*, *Código* (cit.), pág. 893.
29 César Fiúza, *Direito civil*, Curso completo. 6ª ed. revista, atualizada e ampliada de acordo com o Código Civil de 2002, Belo Horizonte, Del Rey, 2003, pág. 624.
30 Art. 1.425. [...] "§ 1º Nos casos de perecimento da coisa dada em garantia, esta se sub-rogará na indenização do seguro, ou no ressarcimento do dano, em benefício do credor, a quem assistirá sobre ela preferência até seu completo reembolso."
31 "Excluiu o dispositivo a expressão 'ou servidão legal', cedendo à crítica de Clóvis Beviláqua, de todo pertinente, porque qualquer restrição do Poder Público ao direito de Propriedade desaguaria em desapropriação do bem, pelo que inócua a expressão." Carlos Alberto Menezes Direito e Sergio Cavalieri Filho, *Comentários* (cit.), pág. 490.

ao dono da coisa o preço do seguro, da desapropriação ou o valor da indenização, realiza um pagamento válido. Para impedi-lo, deve o credor hipotecário ou privilegiado notificar ao obrigado pelo referido preço ou valor do seu direito, opondo-se ao pagamento para o seu devedor.[32]

IV – Concorrência numa mesma classe

Postas as classes de credores que podem ser, a princípio, formadas, devem ser analisadas as espécies legais de concorrências de créditos contidos em uma mesma classe. Assim, dispõe o artigo 962 do Código Civil: "Quando concorrerem aos mesmos bens, e por título igual, dois ou mais credores da mesma classe especialmente privilegiados, haverá entre eles rateio proporcional ao valor dos respectivos créditos, se o produto não bastar para o pagamento integral de todos."

Assim, concorrerão os credores de uma mesma classe em igualdade de direitos, presumivelmente em condições iguais. No que concerne ao crédito remanescente, em havendo insuficiência do valor correspondente ao bem liquidado, a parcela remanescente será tratada como quirografária, passando a concorrer juntamente com os outros devedores. A sistemática é a mesma do regime de falências.[33]

A princípio, as mesmas regras que informam e normatizam a ordem de classificação dos créditos na falência também se aplicam à execução concursal no caso da insolvabilidade do devedor não empresário.

183-G. CRÉDITOS COM PRIVILÉGIO ESPECIAL

Feita a distinção entre privilégio geral e especial, deve-se proceder à análise do rol legal de hipóteses contidas nos artigos 964 e 965 do Código Civil, respectivamente.[34] Ainda, não se pode olvidar que no regime falimentar, cuida-se em apartado da classificação dos créditos nos artigos 83 (créditos concursais) e 84 (créditos extraconcursais) da Lei nº 11.101/05, com os acréscimos introduzidos pela Lei nº 14.112/20.

Ressalva-se que, na atualidade, pelo próprio fortalecimento da economia de mercado, o regime empresarial é amplamente majoritário. Assim, parte da doutrina denuncia que a realidade fática hodierna acaba de alguma forma por esvaziar a ocorrência dos institutos, diminuindo sua importância prática. Entretanto, a opinião encontra-se presa a um paradigma pretérito, vez que o regime não se aplicava ao comerciante, figura substituída pelo empresário e pela noção de empresa, reinserida no

---

32 João Luiz Alves, *Código Civil da República dos Estados Unidos do Brasil anotado*, 3ª ed. revista e atualizada pelo Prof. Ebert Chamoun, Rio de Janeiro, Editor Borsoi, 1958, vol. 5, pág. 238.
33 Gustavo Tepedino *et alli*, *Código* (cit.), pág. 897.
34 Direito Anterior: arts. 1.566 e 1.596 do Código Civil de 1916. É digno de registro o acréscimo introduzido pela Lei nº 13.176/15 ao rol dos incisos do art. 964, do Código Civil, referente ao novo crédito privilegiado em favor do credor por negociação dos animais sobre os produtos do abate (inciso IX).

Código Civil brasileiro atual,[35] na tentativa de reunificação do direito privado nacional.[36] Ademais, a atual Lei de Falências e Recuperação de Empresas fazia expressa menção aos dispositivos do Código Civil, sendo que, no entanto, a Lei nº 14.112/20 revogou tal previsão.[37] Por isso, trata-se em pormenores de cada um deles.

Inicialmente, a disciplina dos créditos de natureza especial do artigo 964 inicia proclamando que o credor de custas e despesas judiciais feitas com a arrecadação e liquidação sobre a coisa arrecadada e liquidada tem privilégio especial (inciso I). Ressalte-se que não necessariamente as despesas e custas devem decorrer da arrecadação e liquidação, podendo também advir da conservação em interesse comum dos credores.[38] Fundamenta-se a preferência em imperativos de justiça, razão pela qual somente ao credor que efetuou a despesa deve-se constituir tal situação garantidora, vedando-se o enriquecimento ilícito.[39]

Outro privilégio de natureza especial recai sobre a coisa salvada se o credor teve gastos pelo seu salvamento. Se determinado bem encontra-se exposto a perigo, àquele que salvou o bem se dá prioridade em receber o que gastou em detrimento dos outros credores diretamente beneficiados com a situação. Assim como o credor de benfeitorias necessárias ou uteis de coisa beneficiada (inciso III), presumindo-se que benfeitorias voluptuárias são feitas atendendo-se a interesse exclusivo de quem as produziu, não produzindo acréscimo de valor econômico. Por derradeiro, com *ratio* idêntica o dispositivo que determina que o credor de materiais, dinheiro, ou serviços para a edificação, reconstrução, ou melhoramento sobre os prédios rústicos ou urbanos, fábricas, oficinas, ou quaisquer outras construções, também terá privilégio especial em detrimento aos demais, por suportar ônus em favor de todos (inciso IV).

Já no que concerne aos frutos agrícolas, ou o credor por sementes, instrumentos que servem à cultura ou à colheita de que trata o inciso V do art. 964 do Código Civil, convém ressaltar que a lei costuma privilegiar situações ligadas ao ciclo biológico da agrariedade, por serem suportados riscos excessivos pelo empreendedor da atividade. Preocupados com questões ligadas à produção de bens primários também estiveram os legisladores italiano, argentino e português, que trouxeram dispositivos semelhantes sobre o assunto, garantindo-se incluso o direito de retenção e venda segundo as regras atinentes ao penhor.[40] E embora parte da doutrina costume tecer interpretação restritiva ao dispositivo,[41] decorre da própria essencialidade dos bens

---

35 Artigos 966 e seguintes.
36 Carlos Alberto Menezes Direito e Sergio Cavalieri Filho, *Comentários* (cit.), pág. 479.
37 Artigo 83, incisos IV, alínea "a" e V, alínea "a" da Lei nº 11.101/05, sendo que a Lei n° 14.112/20 revogou tais previsões anteriores.
38 J. M. de Carvalho Santos, *Código Civil Brasileiro Interpretado*, Rio de Janeiro, Livraria Freitas Bastos, 1937, vol. XXI, pág. 488.
39 As custas e despesas também encontram respaldo no Código Civil Português (art. 746), abarcando também as despesas por manutenção da coisa. Cf. Fernando Andrade Pires de Lima e João de Matos Antunes Varela, *Código Civil anotado* (cit.), pág. 766.
40 Artigo 2.757 do Código Civil Italiano e artigo 739 do Código Civil Português.
41 Giorgio Cian e Alberto Trabuchi, *Comentario breve al codice civile*, Padova, CEDAM, 1997, pág. 2.647.

em voga a necessidade da proteção especial das situações de que são objeto. Logo, o rol não se exaure *de per si*, acobertando gastos com o arado da terra, adubação, irrigação, além de outros insumos agrícolas.[42]

Subsequentemente, cuida o legislador da preferência dada aos aluguéis, quanto às prestações do ano corrente e do anterior nos adornos, alfaias e utensílios de uso doméstico nos prédios rústicos e urbanos (inciso VI). Há de se ressaltar que tal espécie de privilégio em nada se confunde com o penhor de que trata o artigo 1.467, II, do Código Civil, vez que consiste em garantia real, com todas as peculiaridades que lhes são inerentes.[43]

No que toca ao crédito derivado de contrato de edição referente a exemplares da obra existente na massa do editor, seu autor ou seus legítimos representantes também gozam de situação creditícia privilegiada (inciso VII). A Lei nº 9.610/98, que cuida dos direitos de autor e conexos no Brasil, conceitua o contrato de edição.[44] Sabe-se que os direitos autorais tal como compreendidos e tutelados em nosso ordenamento ligam-se intrinsecamente aos Direitos da Personalidade e, portanto, devem ser sempre protegidos por seu caráter de bem existencial.[45]

Não se deve confundir o privilégio referente aos insumos agrícolas com o privilégio sobre os salários de trabalhador agrícola. Afinal, afirma o inciso VIII que o trabalhador agrícola, quanto à dívida dos seus salários, terá privilégio especial sobre o produto da colheita para a qual houver concorrido com o seu trabalho, e precipuamente a quaisquer outros créditos. Embora, atecnicamente, o Código Civil atual tenha mantido a terminologia anterior sem se preocupar com a legislação atual sobre o trabalhador rural,[46] em separado à Consolidação das Leis do Trabalhos, o privilégio em pauta é considerado de caráter especialíssimo, à medida que se sobrepõe inclusive às garantias reais. O trabalhador urbano tampouco se encontra em situação iníqua, vez que a Lei de Falências e Recuperação de Empresas dá prioridade absoluta aos créditos decorrentes de salários dos trabalhadores, até o limite de 150 salários mínimos (art. 83, I, Lei nº 11.101/05).

Recentemente a Lei nº 13.176, de 21 de outubro de 2015, acrescentou mais um crédito privilegiado no rol dos incisos do art. 964, do Código Civil. Cuida-se do inciso IX referente ao crédito existente relativamente à negociação dos animais sobre os produtos de seu abate. A hipótese envolve, normalmente, a pessoa do pecuarista – então proprietário dos animais – que entrega os animais destinados a abate ao frigorífico ou abatedouro mediante a obrigação de pagamento do valor pecuniário da venda dos animais em trinta dias

---

42 Guillermo A. Borba, *Manual de obligaciones*, 6ª ed., Buenos Aires, Perrot, 1993, pág. 610.
43 Gustavo Tepedino *et alli*, *Código* (cit.), pág. 901.
44 "Art. 53. Mediante contrato de edição, o editor, obrigando-se a reproduzir e a divulgar a obra literária, artística ou científica, fica autorizado, em caráter de exclusividade, a publicá-la e a explorá-la pelo prazo e nas condições pactuadas com o autor."
45 V. Pietro Perlingieri, *Perfis do direito civil: introdução ao direito civil constitucional*. Tradução de Maria Cristina De Cicco, 3ª ed. rev. e ampl., Rio de Janeiro, Renovar, 2002, pág. 181.
46 Lei nº 5.889/73.

ou prazo superior. Sucede que, na data do vencimento da obrigação pecuniária, o frigorífico devedor pode não mais estar em funcionamento devido à falência, o que gerava a habilitação do crédito do pecuarista no quadro geral dos credores como crédito quirografário. Com o acréscimo do inciso IX ao art. 964, do Código Civil, feita pela Lei n° 13.176/15, o pecuarista passa a ter crédito com privilégio especial sobre os produtos do abate dos animais, de modo a permitir a recuperação do seu crédito, em situação análoga à do credor por sementes quanto ao privilégio existente sobre os frutos agrícolas colhidos (CC, art. 964, V).

Finalmente, imperioso observar que as hipóteses do Código Civil não são *numerus clausus*. Como exemplo o artigo 43, III, da Lei n° 4.591/64, que trata dos condomínios edilícios e incorporações imobiliárias, estabelecendo o privilégio do adquirente de unidades imobiliárias pelas quantias que houvesse pago ao incorporador, em caso de sua falência. Além disso, a própria Lei de Falências e Recuperação de Empresas trazia também o dos detentores de direito de retenção sobre a coisa dada em garantia, não se preterindo outras leis civis e empresariais (art. 83, IV, "b" e "c", atualmente revogados pela Lei n° 14.112/20).

183-H. CRÉDITOS COM PRIVILÉGIO GERAL

Por seu turno, o artigo 965 do Código Civil trata dos casos de privilégio geral, na ordem disposta.[47]

O dispositivo brasileiro segue quase que *ipsis literis* os das legislações lusa (art. 747, CC), italiana (2.777 c/c 2.751*bis*, CC) e espanhola (art. 1.922.2, CC). Além de repetir a opção legislativa pretérita do Código de 1916, pretendendo exaurir a ordem de privilégios gerais em um único artigo.

Pontualmente, convém ressaltar que o primeiro deles advém de suposto caráter *intuitu pietatis* à memória do *de cujus*. Afinal, somente as despesas de um funeral "feito sem pompa" gozariam do privilégio geral que prevê o artigo. É o que se extrairia da ideia de ser segundo os costumes do local ou condizente com as condições do falecido.[48] Da mesma forma o inciso terceiro, aludindo-se inclusive à boa-fé como justificação da moderação dos familiares ao sentirem seu luto,[49] além dos apartados IV e V, que tratam da manutenção da vida, estabelecendo limites temporais rígidos

---

[47] "Art. 965. Goza de privilégio geral, na ordem seguinte, sobre os bens do devedor: I – o crédito por despesa de seu funeral, feito segundo a condição do morto e o costume do lugar; II – o crédito por custas judiciais, ou por despesas com a arrecadação e liquidação da massa; III – o crédito por despesas com o luto do cônjuge sobrevivo e dos filhos do devedor falecido, se foram moderadas; IV – o crédito por despesas com a doença de que faleceu o devedor, no semestre anterior a sua morte; V – o crédito pelos gastos necessários à mantença do devedor falecido e sua família, no trimestre anterior ao falecimento; VI – o crédito pelos impostos devidos à Fazenda Pública, no ano corrente e no anterior; VII – o crédito pelos salários dos empregados do serviço doméstico do devedor, nos seus derradeiros seis meses de vida; VIII – os demais créditos de privilégio geral."

[48] Carlos Alberto Menezes Direito e Sergio Cavalieri Filho, *Comentários* (cit.), pág. 508.

[49] Clóvis Beviláqua, *Código Civil dos Estados Unidos do Brasil,* Rio de Janeiro, Livraria Francisco Alves, 1919, vol. V, t. 2, pág. 340.

de um semestre quanto às despesas por tratamento médico e um trimestre no que concerne à manutenção do devedor falecido e de sua família. No entanto, devem ser ressaltados os créditos atinentes às despesas e custas judiciais ou as despesas com arrecadação e liquidação da massa. Colacionando precedentes do Superior Tribunal de Justiça, Carlos Alberto Menezes Direito e Sergio Cavalieri Filho asseveram que tais créditos devem ser inclusive liquidados preferencialmente aos créditos tributários, pela intrínseca natureza alimentar dos serviços prestados à massa falida, inclusive pelo síndico, entendimento pacificado por aquela Corte.[50]

Salienta-se a celeuma doutrinária e jurisprudencial decorrente da incompatibilidade entre os artigos 186 e 187 do Código Tributário Nacional e o inciso VI do artigo *sub examen* do Código Civil. Ao final, prevaleceu o entendimento que privilegia a especialidade das leis, afastando a aplicação do Código Civil em detrimento das normas tributárias. Igual tratamento, ainda, é atribuído aos créditos parafiscais.[51]

Outra incongruência amiúde apontada diz respeito aos créditos salariais. Malgrado o Código Civil trate das seis parcelas salariais anteriores ao falecimento do empregado doméstico, que em nada se confundem com aqueles que gozam de prioridade absoluta segundo o art. 449, § 1°, da CLT, o que merece maior atenção. Isto por que a legislação falimentar que impõe limite máximo de 150 salários mínimos aos créditos trabalhistas, transformando-se, naturalmente, o excedente em crédito quirografário, teve sua constitucionalidade questionada perante o Supremo Tribunal Federal, cujos paradigmas foram os valores constitucionais da dignidade da pessoa humana, do trabalho e do pleno emprego, abrigados nos arts. 1°, III e IV, 6° e 170, VIII, da Carta Magna. Em julgamento à ADI n° 3.942/DF, a Suprema Corte entendeu pela constitucionalidade do dispositivo, mantendo-se o limite.[52]

---

50 Menezes Direito e Cavalieri Filho, op. cit., pág. 509. Enunciado n° 219 da Súmula do STJ.
51 RE n° 80.045, Relator(a) Min. Aliomar Baleeiro, Tribunal Pleno, julgado em 03.11.1976, *DJ* de 13.12.1976, PP-00712, Ement., vol.-01046-01, PP-00142, *RTJ,* vol-00080-03, PP-00812).
52 "Repeliu-se a apontada inconstitucionalidade do art. 83 da Lei n° 11.101/2005, por ofensa aos artigos 5°, XXXVI e 7°, IV, da CF, na qualificação, como quirografários, dos créditos trabalhistas derivados da legislação do trabalho que ultrapassem 150 salários mínimos. Frisou-se não haver perda de direitos por parte dos trabalhadores, haja vista que, independentemente da categoria em que tais créditos fossem classificados, não deixariam de existir nem se tornariam inexigíveis, deixando de ter apenas caráter preferencial [...], desde que preservado o mínimo essencial à sobrevivência do empregado [...]. Concluiu-se que o limite de conversão dos créditos trabalhistas em quirografários, portanto, não afrontaria a Constituição Federal, visto que teria por objetivo a proteção do patrimônio dos trabalhadores, especialmente os mais necessitados do ponto de vista econômico. Por fim, não se vislumbrou, de igual modo, nenhum vício na fixação do limite dos créditos trabalhistas, para o efeito de classificá-los como quirografários, em salários mínimos, ao fundamento de que o que a Constituição proíbe é a utilização do salário mínimo como indexador de prestações periódicas e não como parâmetro de indenizações ou condenações. Vencidos os Ministros Carlos Britto e Marco Aurélio, que julgavam parcialmente procedente o pedido formulado. Precedentes citados: RE n° 449.420/PA (*DJU* de 14.10.2005); ADI n° 789/DF (*DJU* de 19.12.94); ADI n° 3.934/DF, rel. Min. Ricardo Lewandowski, 27.05.2009. (ADI n° 3.934). Supremo Tribunal Federal, Informativo n° 548.

Por derradeiro, a única inovação legislativa com relação ao Código anterior, ensejando a possibilidade de outras leis trazerem privilégios gerais, o que, segundo a doutrina tampouco afasta a insuficiência do atual tratamento da insolvência civil em nosso ordenamento. Isto porque o legislador, preso a paradigmas anteriores, repetiu irrefletidamente a legislação anterior.

183-I. Quadro geral de credores

Logo, a clássica enumeração conclusiva de que a ordem de preferência no Código Civil é a seguinte: a) Crédito Real; b) Crédito Pessoal Privilegiado Especial; c) Crédito Privilegiado Geral; d) Crédito Pessoal Simples (Quirografário), já não se sustenta por si só.[53]

Concluem, assim, Gustavo Tepedino *et alli* que "a crescente intervenção do Poder Público no âmbito privado visando equilibrar as relações entre particulares e proteger os mais vulneráveis em atenção aos valores da solidariedade social e da dignidade da pessoa humana, acabou por produzir um quadro geral de créditos muito mais complexo do que a classificação quadripartite do CC de 1916."[54]

Assim, constrói-se a hodierna classificação dos créditos em caso de insolvência civil:

I – Créditos derivados da legislação trabalhista, limitados a 150 salários mínimos por credor e aqueles decorrentes de acidentes de trabalho (art. 449, CLT e 83, I, Lei nº 11.101/05, na redação dada pela Lei nº 14.112/20);

II – Créditos gravados com direito real de garantia até o limite do valor do bem gravado (art. 961, II, CC, c/c art. 83, II, Lei nº 11.101/05, na redação dada pela Lei nº 14.112/20);

III – Créditos Públicos, abrangendo:

a) Créditos Tributários da União, Estados, Distrito Federal e Municípios, independentemente da sua natureza e do tempo de constituição, excetuados os créditos extraconcursais e as multas tributárias (arts. 186 e 187, CTN; art. 83, III, Lei nº 11.101/05, na redação dada pela Lei nº 14.112/20);

b) Créditos Parafiscais, como contribuições do INSS, PIS, SESC, SESI, SENAI, SENAC, FGTS etc., equiparados jurisprudencialmente;

IV – Créditos simples ou quirografários, inclusive os saldos dos créditos não cobertos pelo produto da alienação dos bens vinculados ao seu pagamento e os saldos dos créditos derivados da legislação trabalhista que excederem o limite acima referido (art. 83, VI, Lei nº 11.101/05, na redação dada pela Lei nº 14.112/20);

---

53 J. M. Carvalho Santos, *Código* (cit.), pág. 447.
54 Gustavo Tepedino *et alli*, *Código* (cit.), pág. 903. Para os autores, o legislador teria até mesmo retrocedido, como no caso do crédito da Fazenda Pública, fazendo dispendiosas suas determinações, por plena incompatibilidade com a legislação especial. Cf. pág. 904.

V – as multas contratuais e as penas pecuniárias por infração das leis penais ou administrativas, inclusive as multas tributárias (art. 83, VII, Lei nº 11.101/05, na redação dada pela Lei nº 14.112/20);

VI – os créditos subordinados, assim considerados os previstos em lei ou em contrato e os créditos dos sócios e dos administradores sem vínculo empregatício cuja contratação não tenha observado as condições estritamente comutativas e as práticas do mercado (art. 83, VIII, Lei nº 11.101/05, na redação dada pela Lei nº 14.112/20);

VII – os juros vencidos após a decretação da falência (art. 83, IX, Lei nº 11.101/05, na redação dada pela Lei nº 14.112/20).

No que se refere à falência, os créditos de privilégio geral ou geral integração a classe dos créditos quirografários (art. 83, § 6º, Lei nº 11.101/05, na redação dada pela Lei nº 14.112/20). Relativamente ao fisco, há concurso de preferência entre as pessoas jurídicas de direito público na seguinte ordem: União, Estados, Distrito Federal e Municípios (art. 187, parágrafo único, CTN).

Apêndice

Tantas vezes me referi ao *Anteprojeto de Código de Obrigações* no curso deste volume, que, ao encerrá-lo, me pareceu conveniente trazer o seu conteúdo mais à vista do leitor. A fim de não incorrer em demasia inconveniente, abstenho-me de transcrever o seu texto, oferecendo, contudo, a *Exposição de Motivos* com que o apresentei ao Governo, pela qual se patenteiam as suas linhas gerais e se evidencia a orientação que imprimi à sua elaboração.

Constituída comissão efetuou seu estudo e promoveu sua revisão, resultando o Projeto de Código de Obrigações, encaminhado ao Congresso Nacional, onde iniciou sua tramitação, havendo, todavia, sido retirado pelo Governo.

Com prazer verifiquei que tanto a orientação quanto as soluções por mim preconizadas prevaleceram, enriquecendo, entretanto, o meu trabalho com a contribuição valiosa dos eminentes juristas que o aperfeiçoaram.

A comissão fica assim constituída:

Orosimbo Nonato, presidente;
Caio Mário da Silva Pereira, relator-geral;
Sílvio Marcondes;
Theophilo Azeredo Santos;
Orlando Gomes;
Nehemias Gueiros.

I – INTRODUÇÃO

Desincumbindo-me do encargo que assumi com este Ministério, tenho a honra de apresentar a Vossa Excelência o Anteprojeto de Código de Obrigações (Parte Geral e Contratos).
Contando quase mil artigos, este projeto procura conciliar a tradição de nosso Direito com as inovações mais aceitáveis.

1. Sempre entendi que uma reforma legislativa de profundidade não pode romper com o passado jurídico da Nação, sob pena de realizar-se obra desarraigada e inapta a viver no meio social. Seria muito fácil, em verdade, formular um projetamento tendo os olhos voltados apenas para os monumentos legislativos alheios e para os livros doutrinários. Daria tal empresa a ideia de um modernismo avançado, mas faltar-lhe-ia o cunho de realidade, fundamental a qualquer sistematização legislativa.
Por outro lado, se a todos pareceu necessário reformar, é porque a consciência jurídica nacional convenceu-se da falta de atualidade de nosso direito positivo. E, então, boa é a oportunidade para que o novo diploma consagre concepções contemporâneas, que ventilem e enriqueçam o conteúdo desta vasta e ebuliente província do direito privado.
A ideia-força estrutural deste projeto reside, pois, na conciliação entre as tendências modernas do direito obrigacional e a tradição da cultura jurídica pátria.
Com efeito, o nosso direito legislado é, em termos gerais, bom. O Código de 1916 ainda subsiste na maioria de seus preceitos. Daí ter eu aproveitado dele o máximo que lhe podia sacar.
2. Mas o direito de nosso tempo, refletindo os efeitos da profunda transformação social que este século impôs à herança que recebeu, repele muitos conceitos, que reputa anacrônicos. Ao elaborar este Anteprojeto, adotei o moderno, não por sê-lo apenas, mas quando me pareceu bom. E, sobretudo, aqui insinuei as tendências do quotidiano, afrontando o exagerado individualismo que dominava o Direito brasileiro até as imediações da metade do século, contra o qual em minha obra doutrinária me tenho uniformemente pronunciado.

II – UTILIZAÇÃO DA EXPERIÊNCIA

3. Todos os juristas pátrios conhecem muito bem os episódios e as vicissitudes que envolveram a elaboração do Código Civil de 1916. Acompanham todos, a distância, as várias fases do desenvolvimento dos trabalhos. E percorrem, na perspectiva de um tempo mais que secular, a estrada de sua criação, assinalada pelos diversos marcos, uns mais altos, outros mais baixos.
Quem se detém nestes estudos percebe, e muito bem, que o Projeto Beviláqua não seria possível com aquelas características e admiráveis qualidades que o exornam, e lhe permitiram vencer as barreiras e converter-se em lei, sem que outros, antes dele, tivessem enfrentado e transposto obstáculos, contornado dificuldades e preparado o terreno para a sua marcha triunfal.
Teixeira de Freitas desbravou a selva selvagem da legislação desordenada e fixou rumos à doutrina difusa. Teixeira de Freitas imprimiu ao Direito brasileiro o cunho de unidade fundamental, que lhe valeu as qualidades de sistema que haveria de servir de modelo a outros sistemas. Coelho Rodrigues, Felício dos Santos, Carlos de Carvalho lavraram no eito da Consolidação e do Esboço.
Clóvis Beviláqua, sem dúvida original, e irrecusavelmente inspirado, não teria por certo o êxito que logrou, e mais que muito mereceu, sem que antes dele os ásperos caminhos da codificação fossem desbravados e achanados.
A problemática dos tempos novos oferece a quem nela adentra com propósito reformativo dados peculiares, que exigem, no equacionamento e manuseio de fórmulas adequadas, a que não pode faltar um tanto de imaginação.
Nunca poderá, contudo, desprezar os mananciais da rica experiência.

4. Empreendendo a codificação do direito obrigacional, não me animou jamais a pretensão de criar uma legislação nova, e muito menos de revolucionar o Direito pátrio.

Fui, a todo momento e por todos os motivos, às fontes mais puras. E vali-me, em todos os instantes, da lição dos que me precederam. Aproveitei-me da elaboração doutrinária dos mestres. Utilizei-me da codificação, aqui e alhures, obtida e tentada, do direito obrigacional. E meditei bem, mesmo naqueles projetos que como tais permanecem, pois, nem por haver a má sorte frustrado o seu melhor sucesso, lhes faltam valor e força. Até os erros cometidos valem como lição, para que se não repitam.

Não perdi de vista o Anteprojeto apresentado em 1941 por três mestres e amigos, Orosimbo Nonato, Hahnemann Guimarães e Filadelfo Azevedo, por mim criticado na imprensa, na classe e no livro, sem lhe haver jamais regateado o merecido encômio. Não desprezei o trabalho de Inglês de Souza. Não pus de lado o Esboço Florêncio de Abreu. Não ignorei aquele monumental esforço comparatista, que foi o Projeto de Código Único Franco-Italiano de Obrigações e Contratos, nascido da inspiração arejada de Scialoja. Não me faltou a presença da contribuição valiosa de Cosentini, no projeto de *Code International des Obligations*. Frequentei a sistematização do direito obrigacional unificado da Suíça, Itália, México. Manuseei os famosos *Travaux* da comissão encarregada de rever o Código Civil francês, o esforço ainda não aproveitado de reforma na Argentina, o Código novo da Grécia, e mesmo o Código Civil chinês, já hoje superado pela subversão social que lhe sacudiu a estrutura econômica e ideológica.

Não caberia aqui a menção de toda a messe doutrinária, que na seara obrigacional é opulenta. Mas não me posso esquivar de referir-me ao conceito sempre presente de Georges Ripert, que desde os verdores de minha formação jurídica me impressionou, ao salientar que o direito das obrigações nunca deve ser tratado como algo destinado a disciplinar somente o fenômeno econômico, mas há de submeter-se essencialmente à regra moral; que o Direito não é somente técnica, mas há de ser instrumento de fraternidade humana.

Todo este material consultei, li e reli.

Redigido este Anteprojeto depois de ter consolidado as noções que compõem a Teoria Geral das Obrigações e as suas Fontes Contratuais e Extracontratuais, que são o objeto dos volumes II e III de minhas *Instituições de Direito Civil*, e de ter cogitado em que o material legislativo exógeno não pode vir servilmente copiado e decalcado, cuidei de extrair daí a útil orientação e aí batear a boa inspiração.

Com suas deficiências que os doutos suprirão, com seus erros que os mestres hão de emendar, com a imperfeição decorrente da contingência humana, que as minhas reduzidas possibilidades agravam ainda mais, não faltei ao dever de oferecer esta contribuição modesta ao meu País.

Aí está este Anteprojeto, fruto de infatigável trabalho, aliança da tradição jurídica dos nossos maiores, da experiência rica da doutrina, da legislação e dos projetamentos, e contribuição pessoal de seu autor também.

III – Linguagem

5. Sem jamais perder de vista que o Direito é ciência altamente especializada, e, por isto mesmo, dotado de vocabulário próprio, sempre entendi que o rigor de um tecnicismo extremado apura demasiadamente o sentido das palavras e leva o jurista muitas vezes ao hermetismo de uma fala cabalística, somente inteligível pelos iniciados neste exoterismo particular, contra que os melhores de nosso tempo se insurgem, como é o caso do esclarecido René David.

Evitando, então, os abusos da linguagem extremamente especializada, procurei imprimir aos dispositivos estilo singelo, tanto quanto possível próximo da fala do povo. Assim fiz mais perceptível o conteúdo da norma, senão pelo vulgo em geral, pois que não irá a tanto a capacidade de difusão de um diploma profundo, mas ao menos por aqueles que conhecem o vernáculo. Redigindo os artigos sem as preocupações do purista, embora com os cuidados para que lhe não falte a correção essencial, vali-me dos vocábulos de acepção especializada, porém com as cautelas de fazer com que este projeto pelo rigor da linguagem não sofra as torturas de uma hermenêutica deformadora de seu pensamento.

IV – Técnica de Redação

6. Sem fugir dos bons modelos, na disposição dos princípios, deliberei redigir artigos sem a fragmentação em numerosos parágrafos, somente recorrendo a esta técnica quando o exige a boa disposição da matéria ou o adequado ordenamento dos conceitos. Fugi dos períodos excessivamente extensos, que dificultam o entendimento do contexto, afastando-me igualmente do polo oposto. Com efeito, a redução dos preceitos a pequenas frases atenta contra a fluência natural do pensamento e impõe a este um ritmo sincopado que exige a aglutinação dos curtos períodos erigidos em incisos individuados e numerados, para a composição de um conceito que muito melhor preenche a sua finalidade, se correr como habitualmente o homem de mediano preparo pensa e exprime.

Na convicção de que a lei não se destina a fins didáticos, mas ao ordenamento social, ou dirige-se à vontade antes que à inteligência, na feliz expressão do mestre Clóvis Beviláqua, abandonei as definições, que melhor se sentem nos livros de doutrina e nos compêndios universitários. Fixando os preceitos sob a forma permanente de comandos, iniciei, contudo, os capítulos, de forma a permitir que o aplicador, ou o leigo a que a vontade legal se dirige, possa perceber, em termos simples, a sua extensão e orientação. Se o professor, além disto, ainda puder dali extrair os elementos construtores de uma definição, tanto melhor, pois que assim os textos mais se difundirão, e a lei preencherá o objetivo de se tornar mais conhecida, senão de todos, ao menos do maior número, e deixará de ser o privilégio de minorias favorecidas.

V – Método

7. Partindo da ideia essencial de que é o fato jurídico o elemento gerador do direito e da obrigação, e de que na gênese desta implanta-se a vontade humana como fator necessário e as mais das vezes ontologicamente preponderante, inaugurei o projeto assinalando esta componente psicossocial, de onde se passa ao *negócio jurídico*.

Preferi, francamente, aderir à escola alemã do *Rechtsgeschäft*. Como deixei claro nas minhas *Instituições de Direito Civil*, compreendo na noção do *ato jurídico*, segundo a tendência mais moderna adotada por Jèze, Duguit, Brethe de La Gressay, Serpa Lopes, e hoje em dia com livre curso entre nós, uma amplitude muito maior do que a declaração de vontade apta a criar, modificar, transferir, resguardar ou extinguir direitos. É uma *fonte formal*, abrangente de todo comportamento, seja social, seja individual, apto a construir os direitos subjetivos. Dentro da concepção genérica do *ato jurídico* cabe a noção de *negócio jurídico*, que em puro rigor científico deve ser adotado como fato gerador da obrigação.

Destacou o projeto, portanto, a declaração de vontade, em todos os seus aspectos e vicissitudes, desde a origem, desenvolvimento, interpretação, comprovação, modalidades, ineficácia, extinção.

Cogitou depois, já caminhando no rumo de uma necessária especialização, da *obrigação*, propriamente dita, seu conceito, classificação, mutação, execução, inexecução.

8. Tratou das *fontes*.

Em qualquer ocorrência, alicerça-se a obrigação sobre dois pilares sempre presentes: a vontade humana e a lei, que não entram em dosagem igual, porém em gradação descompassada, ora predominando a contribuição volitiva, ora prelevando a vontade social. Por isto mesmo, o Anteprojeto atentou para estes dois momentos de composição das forças jurídico-obrigacionais. Começou, portanto, e o fez com todas as minúcias necessárias à boa dedução dos princípios, por aquela mais frequente e usual, a vontade humana obediente aos ditames da ordem jurídica, e impulsionada na consecução de sua finalidade. E, como esta manifestação volitiva pode ser bilateral ou unilateral, o projeto tratou primeiramente da obrigação *convencional*, com a teoria geral do contrato e a regulamentação de suas várias espécies. Depois veio a *declaração unilateral* de vontade.

Finalmente aparece a obrigação oriunda do fenômeno legal preeminente, e o Anteprojeto disciplina o *enriquecimento indevido* e a *responsabilidade civil*.

As matérias que o compõem vêm, portanto, subordinadas a uma ideia fundamental e obedientes a uma coordenação lógica, sem a qual ao futuro Código faltará a aprovação científica básica e não passará da reunião atabalhoada de preceitos e de comandos.

VI – TOPOGRAFIA

9. Em obediência a este método, dividi o Anteprojeto em IX Títulos, subdivididos em Capítulos, e estes em Seções.

O *Título I* trata do *Negócio Jurídico*.

O Capítulo I, das *Disposições Gerais*, parte da noção da vontade como fato essencial na gênese da obrigação, cogita dos requisitos de sua declaração e da prova; passa à interpretação da vontade declaradora, e daí às modalidades (condição e termo), para terminar com a seção destinada à representação.

No Capítulo II, ative-me aos *defeitos* do negócio jurídico, defeitos do consentimento e defeitos sociais. Nas seções sucessivas em que se fraciona foram deduzidas as noções tradicionais do *erro, dolo, coação, simulação*. Em seguida, vem a *lesão*, a exemplo do que fazem os códigos modernos, mas aliado ao *estado de perigo* na conformidade do Código italiano de 1942. E encerra-se com a *fraude*, nos seus dois aspectos de redução da garantia geral ou desfalque consciente do patrimônio, e da alienação *pendente lite*, ou sejam a fraude contra credores e a fraude à execução.

Em seguida abre-se o Capítulo da *Insubsistência do negócio jurídico* que se inaugura com a *nulidade* e *anulabilidade* da declaração da vontade; passa à *rescisão* que se reserva para a lesão e o estado de perigo, e termina com a *revogação* dos atos fraudulentos.

10. O Título II versa a obrigação em geral.

Começa pela *Classificação* das Obrigações, objeto do Capítulo I, alinhando as obrigações de *dar*, de *fazer*; *divisíveis* e *indivisíveis*; *solidárias, alternativas*; e finda com as obrigações *pecuniárias*, na corrente dos modelos mais modernos.

O Capítulo II trata apenas da *Cláusula Penal*.

O III cogita da *transmissão* da obrigação, contendo duas seções: a I é a clássica *cessão de crédito* e a II é a *assunção de débito*, ideia que modernamente reclama sistematização legal.

11. O Título III é destinado à *inexecução da obrigação*, nos seus aspectos de inadimplemento absoluto e relativo. Daí as duas seções, em que se trata, respectivamente, do *descumprimento* das obrigações positivas e negativas, e do retardamento ou da mora na execução, que preferi situar neste local a tratar em seguida ao pagamento, por melhor me parecer que, sendo peculiar modalidade de inexecução relativa, seus efeitos antes se prendem a esta do que à *solutio*.

12. O Título IV é todo ele dedicado à *cessação* da relação obrigacional, ou *extinção* da Obrigação.

O Capítulo I menciona, nas várias seções, os casos em que a obrigação termina com o pagamento, que é a sua forma regular de desaparecer: pagamento comum ou normal, nos aspectos subjetivos e objetivos sua prova, local e oportunidade; pagamento por consignação, pagamento com sub-rogação, imputação do pagamento, e dação em pagamento. Não ignorando que a sub-rogação é tratada ora com modalidade especial de pagamento, ora como técnica de sua mutação, preferi, com a lição do Código de 1916, aqui conservá-la, acentuando nela a extinção do vínculo em relação ao credor primitivo. Também não desconheço que a *datio in solutum* é para muitos considerada modalidade contratual. Não obstante, a conservação entre as formas de pagamento foi intencional, pois que o objetivo da dação é extinguir a obrigação, mediante a entrega de coisa diversa da *res debita*, girando o acordo precisamente em torno da escolha da coisa que a substitui – *aliud pro alio* – e, desta sorte, não me pareceu aconselhável modificar a noção que é perfeitamente clara em nossa doutrina, como no tratamento jurisprudencial, e inovar sem vantagem.

O Capítulo II contém a *extinção sem pagamento*, com as figuras clássicas da *novação, compensação* e *remissão*. Aqui não conservei a *transação*, na qual a finalidade extintiva é menos relevante, razão por que, a exemplo do Anteprojeto de Código de Obrigações de 1941, alijei-a do capítulo do pagamento e tratei-a como espécie de contrato, o que, aliás, também faz o Código Italiano de 1942. O compromisso não foi aqui disciplinado, por ser instituto em que predomina o aspecto processual.

No Capítulo III vem a *Prescrição* e a *Decadência*, deduzidas na seguinte ordem: disposições gerais; causas impeditivas e suspensivas; causas interruptivas; prazos de prescrição e de decadência.

13. O Título V contém a teoria geral do *Contrato*.

O Capítulo I refere-se às disposições gerais, partindo da formação do contrato; sua relatividade, com os efeitos do contrato em relação a terceiros e o contrato por terceiro; passa aos contratos aleatórios, às arras, aos vícios redibitórios e à evicção.

O Capítulo II regula a cessação da relação contratual, reunindo em cinco seções as várias hipóteses em que o contrato sofre a ação de força neutralizadora, que via de regra é extintiva, mas que pode comportar uma atenuação permissiva da sua sobrevivência, porém em termos diversos dos primitivamente ajustados. Neste capítulo, usei terminologia mais adequada do que a do Código de 1916, e resolvi, na forma de pronunciamento doutrinário, o problema da revivescência da cláusula *rebus sic stantibus*, em termos mais adequados à realidade econômica nacional. São estas as seções que o compõem: *resilição*, bilateral e unilateral; do contrato não cumprido (*exceptio non adimpleti contractus*); resolução por *onerosidade excessiva*; e *impossibilidade* da prestação.

14. O Título VI, de grande extensão, compreende as *várias espécies de contratos*, em cuja distribuição deixei um pouco de lado a sequência do Código de 1916, adotando orientação que me pareceu mais lógica.

Tratando, por enquanto, apenas de sua disposição topográfica, limito-me, aqui, a indicar a ordem em que os contratos se colocam e constituem outros tantos capítulos deste Título.

Pela sua própria natureza, ocupa o primeiro lugar o *Contrato Preliminar*.

Em seguida a *Compra e Venda e Permuta*, como padrão de contrato oneroso, e reunidos em um mesmo capítulo, em razão de que essencialmente não encontram disciplina jurídica diversa. O Capítulo III é preenchido pelas *Modalidades Especiais de Compra e Venda* (Retrovenda, Venda a Contento, Preempção, Pacto Comissório, Reserva de Domínio). Pareceu-me melhor considerar estas figuras como variedades da compra e venda típica, do que tratá-las como cláusulas especiais, à moda do Código de 1916.

Capítulo IV, *Doação*, como padrão do contrato gratuito.

Passa o Projeto, em seguida, a contratos em que predomina a ideia de utilização sem transferência: *Locação, Parceria Rural*. Vem adiante a *Empreitada*, e a esta segue-se o *Transporte* (Capítulo VIII), e, logo depois, o *Empréstimo* e o *Depósito*.

Fugindo da sistemática romana, que aliava na mesma etiologia a *locatio rerum* e a *locatio operarum*, destaquei da locação de coisas a *Prestação de Serviços*, aceitando a argumentação dos mais modernos civilistas. E, com este contrato, inaugurei a série dos que se inspiram na ideia fundamental da atividade humana: *Prestação de Serviços* (em vez de locação de serviços), *Corretagem, Mandato, Gestão de Negócios, Comissão, Agência e Distribuição, Edição*. Convém aqui dizer que a Gestão de Negócios continua próxima do mandato, e não como fonte especial de obrigações, não somente pelo fato de estar em uma e em outra figura a ideia de representação, como ainda em razão dos efeitos práticos, uma vez que a ratificação os equipara, como já se dizia há dois mil anos: *ratihabitio mandato comparatur*. Seu lugar adequado é, porém, após a disciplina dos contratos, como título autônomo.

O Capítulo XVIII é destinado ao *Seguro*.

O XIX cuida da *Transação*.

Logo após vem a cláusula *Constituição de Renda e a Capitalização* que lhe está próxima. Depois o *Jogo e a aposta*.

O Capítulo XXII abrange os *Contratos Bancários* (Depósito, Conta Corrente, Abertura de Crédito, Desconto, Financiamento).

E, afinal, o contrato de *Fiança*.

15. O Título VII compreende a *Declaração Unilateral de Vontade* (Promessa de Recompensa e Concursos Públicos).

Depois deveriam entrar, segundo a exposição lógica que defendo, os *Títulos de Crédito*, se outra fosse a orientação seguida na distribuição dos trabalhos de projetamento.

16. Título VIII, *Enriquecimento Indevido*, compreendendo nas *Disposições Gerais* a ideia de enriquecimento sem causa como gênero, e no Capítulo II, o *Pagamento Indevido*.

17. Finalmente, com o Título IX termina o projeto apresentando a *Responsabilidade Civil*, dividida em dois Capítulos.

No I, a *Reparação do Dano*: por fato próprio, e por fato alheio; fundada na culpa, como elemento ontológico erigido em princípio; independente da ideia de culpa; e a gradação da responsabilidade.

No Capítulo II, último do projeto, vem a *Liquidação das Obrigações*.

Eis a apresentação topográfica do *Anteprojeto*.

Agora passarei à análise das suas partes, apontando e justificando a posição tomada, em face das controvérsias, das inovações e das disciplinas.

VII – Análise do conteúdo

18. Ao proceder à análise do Anteprojeto, não me inspira o propósito de efetuar o comentário de seus dispositivos. Se a tanto me abalançasse, esta exposição de motivos perderia o seu objetivo de apresentá-lo e se converteria desabusadamente em peça doutrinária ou pedagógica. Tendo, porém, este projeto fixado posições destacadas e francas, diante dos problemas a que visa dar solução, e obedecido a critérios escolhidos como orientação sistemática, vejo a necessidade de explicar uns e outra, a fim de proporcionar a todos quantos pretendam colaborar com a sua crítica e as suas achegas na redação definitiva, fazê-lo mais consciente e proveitosamente.

19. No frontispício do projeto, *ad instar* de Códigos de boa extração, está a origem da obrigação, voluntária ou legal, como tomada de posição em face das controvérsias que dividem a doutrina. Com o propósito de distingui-la dos deveres legais, o projeto salienta a economicidade da prestação.

20. Sobre a manifestação da vontade não há necessidade de baixar a minúcias, pois que os dispositivos falam por si.

21. No tocante aos requisitos da declaração de vontade, o projeto consigna a habilitação especial, para a renúncia.

22. Manteve o projeto o sistema vigente em matéria de forma e prova dos atos negociais, a que introduziu algumas inovações úteis.

Para a exigência da escritura pública e para a aceitação da prova exclusivamente testemunhal, fixou o critério do valor móvel em função do mais elevado salário mínimo vigente no País ao tempo do ato. A determinação de um preço conduz à situação que se conhece: durante mais de 50 anos, a prova escrita era exigida para as obrigações superiores a quatrocentos mil réis; o Código Civil a reclamava para o valor acima de mil cruzeiros; e desde a Lei nº 1.768, de 18.12.1952, que se pôs o limite, em Cr$ 10.000. Mas, estas cifras são logo superadas. O que o Legislador de 1952 levou em consideração no nível de Cr$ 10.000 hoje representa já uma expressão correspondente a mais de Cr$ 100.000. E, como é difícil e moroso atualizador um código em vigor, pareceu-me convinhável a indexação, amarrando a exigência probatória ao dobro do maior salário mínimo, que é uma importância conhecida, mas acompanha, entretanto, os padrões contemporâneos.

23. Ainda em matéria de prova, referiu-se o Anteprojeto aos processos modernos.

A fotocópia, já muito vulgarizada, recebeu o tratamento devido, aceita como elemento probatório, mas sem o condão de dispensar a exibição do original se contestada, nem de suprir o título de crédito. A apresentação deste não pode ser dispensada, sob pena de um portador malicioso multiplicar o instrumento a seu talante, e instalar a maior instabilidade econômico-financeira na vida do devedor, com grave repercussão para o comércio.

Também o instrumento multiplicado por processo mecânico (multilit, mimeógrafo, cópia-carbono etc.) exige autenticação para valer como documento. Caso contrário, os riscos serão imensos.

Não se omitiu o projeto no tocante à prova resultante da reprodução mecânica da imagem e do som (fotografia, película cinematográfica, gravação eletrônica), mas para colocá-la no seu devido lugar; como prova plena só terá valor se confirmada por confissão; como prova subsidiária será recebida com cautela, tendo em vista que os cortes, os arranjos e as composições poderão deturpar inteiramente a realidade.

24. Ao enfrentar o problema da hermenêutica da vontade, a alternativa das duas escolas – francesa e alemã – ofereceu-se. Fiel a convicções que defendo, mantive no Anteprojeto a orientação do BGB, reduzindo as normas legais de interpretação no mínimo aconselhável. Se vê que a orientação do Código Napoleão, com a consagração legislativa das regras de Pothier, não me parece boa. Cabe à doutrina ensinar como se comporta o intérprete, e aconselha a conduta proveitosa. Mesmo porque, se desce a minúcias o Legislador, acaba a jurisprudência por entender que os preceitos não passam de conselhos, como aconteceu na França.

Mantendo o mesmo princípio do art. 85 do Código de 1916, predominância da intenção sobre a literabilidade da cláusula (*Willemstheorie* em oposição à *Erklärungstheorie*), adotei ainda o princípio do *Treu und Glauben*, a interpretação conforme a boa-fé, e sujeição aos usos.

Fixei em complemento, mais duas normas eminentemente práticas.

25. As modalidades dos atos jurídicos não registam alteração substancial, porém atualização apontada pela experiência. Embora não oculte minha simpatia pela "pressuposição", achei mais prudente, em nome da segurança dos negócios, prescindir dela.

26. Destinei uma seção à representação. Mas não fiquei com o Anteprojeto de 1941. Considerei, neste passo, aquilo que diz respeito a toda espécie de representação, deixando para a disciplina do mandato o que é próprio da representação convencional, e para a representação legal as normas específicas ditadas em lei.

O Anteprojeto referiu-se à *autocontratação*, que considerou, em princípio, defesa, ressalvada contudo sua realização quando o representante está autorizado pela lei ou pelo representado, porque, nestes casos, a prévia autorização já contém a dualidade de vontades necessárias à constituição do vínculo.

27. O projeto, que perfilha a noção clássica de erro, exclui o de cálculo, e afasta os seus efeitos, se a parte, a quem aproveita, oferecer a execução do ato na conformidade da vontade real do agente, contanto que o faça antes do prejuízo consumado.

Admite, também, a alegação do erro de direito, quando tenha sido a razão determinada do ato. Consciente, porém, de que a maior objeção que se levanta é a insegurança oriunda da quebra do princípio *nemo ius ignorare consetur* ou *nemini excusat ignorantia legis*, tem a cautela de recusar-lhe a invocação quando esta importa em oposição ou recusa à aplicação da lei.

28. Tratando da simulação, adotei o princípio da reserva mental, com o efeito que a doutrina lhe reconhece, subsistência do ato, salvo se o destinatário teve prévio conhecimento da reticência.

29. O Anteprojeto incluiu entre os defeitos do negócio jurídico a *lesão*, cujos requisitos se alinham em dois planos: o primeiro, objetivo, no avantajamento de uma das partes, que aufere do negócio um lucro manifestamente desproporcional ao proveito obtido pela outra, ou exageradamente exorbitante da normalidade; o segundo, subjetivo, consiste no dolo de aproveitamento, quando uma delas abusa da inexperiência ou da premente necessidade da outra.

Ao seu lado inscreve-se a declaração da vontade emitida em estado de perigo, sob a apuração também de dois elementos: o objetivo, que consiste na onerosidade excessiva da prestação; o subjetivo, na necessidade de salvar a si próprio, ascendente ou descendente, de perigo atual de dano grave.

Na ontologia da declaração de vontade, os vícios tradicionais (*erro, dolo, coação, simulação, fraude*) não preenchem toda a gama dos estados psíquicos, tendentes a deformá-la desajustando do querer puro. Quem é vítima de um dolo de aproveitamento, ou quem assume obrigação movido pela motivação de salvar-se de um risco real, comprometendo-se onerosamente, emite uma declaração de vontade, que permite a indução de não ser verdadeira, e que, se não houvesse a sua mente sofrido tais influências, não teria sido proferida.

30. Sob a epígrafe genérica de "insubsistência do negócio jurídico" congreguei todos os casos em que sucumbe, por defeito de constituição: nulidade e anulabilidade, rescisão, revogação por fraude.

Ao desenvolver a disciplina das *nulidades*, preferi a sistemática do Código de 1916 à do Regulamento 737, de 1850. A do Código, sem embargo dos ataques que sofre e das atenções de que a outra escola ainda é cumulada por escritores de hoje, parece-me mais lógica e mais simples.

Quando uma formalidade essencial é postergada ou quando uma disposição de ordem pública é ofendida, o ato negocial é nulo: incapacidade do agente, afronta a uma proibição legal, impossibilidade absoluta da prestação, desatenção a requisito de validade, outras causas de nulidade.

Quando a vontade é defeituosa (erro, dolo, coação, simulação) ou quando incapaz relativamente o agente, o ato é *anulável*.

A nulidade pode ser "arguida pelo interessado, ou pelo Ministério Público, ou pronunciada *ex officio* pelo juiz". A anulabilidade somente pelo interessado pode ser alegada, não aproveita senão a quem a invocar, e não produz efeitos antes de julgada por sentença.

A ratificação convalida a declaração de vontade anulável, com efeito retro-operante à data de sua emissão, mas a confirmação do ato nulo requer nova e dotada de todos os requisitos legais, com efeito *ex nunc*.

A ineficácia parcial não afeta a totalidade do ato.

31. Os atos lesivos, bem como os praticados em estado de perigo, são sujeitos à rescisão, e, desta forma, retoma a lei uma linguagem mais técnica.

O problema da renúncia foi solucionado, bem como o *convalescimento* na dependência de receber o prejudicado o suplemento suficiente ou concordar o beneficiado com a redução do proveito.

32. Os atos praticados em fraude contra credores são revogáveis, ao passo que os realizados em fraude de execução são nulos.

Estende-se, a igual do Anteprojeto de 1941, a ação revocatícia ao credor privilegiado que demonstre a insuficiência da garantia.

33. Tratando da classificação das obrigações, o Anteprojeto começa pelas de *dar*, como é uso, e consagra, com pequenas alterações, os princípios correntes.

34. Na obrigação de *fazer*, acentua-se a regra da personalidade da prestação ou infungibilidade da dívida, ilidida pela convenção ou pelas circunstâncias.

A velha parêmia *nemo ad factum precise cogi potest* é atenuada com a permissão de executar especificamente, quando este fato não importe em constrangimento à pessoa do devedor.

Generaliza-se, também, a substituição da declaração de vontade pelo pronunciamento judicial, sempre que a *obligatio faciendi* nela consiste, e o devedor a recusa.

E, como o interesse do credor é a prestação mesma, esclarece-se que a sentença pode autorizá-lo a promover a prestação, positiva ou negativa, a expensas da outra parte.

Somente em caso de urgência manifesta o credor executará sem prévia decisão do juiz.

35. Inexigível é a obrigação de fazer ou de não fazer quando o devedor a contrair sem limite de tempo ou lugar, ou com cerceamento da sua liberdade. Inexigível, mas válida, porque a *solutio* espontânea é perfeita.

36. Na obrigação alternativa, o Anteprojeto procurou simplificar a regra da escolha, que é o seu ponto fundamental, seja pelas partes, seja pelo juiz, seja por terceiro.

E instituiu, a par da irrevogabilidade, a simples comunicação como meio técnico de manifestar-se.

37. Ao disciplinar as obrigações divisíveis e indivisíveis, tive em vista a sua velha complexidade, que Dumoulin tachava de labirinto, sem contudo esclarecer. Procurei fazê-lo, partindo do pressuposto básico de que nem sempre a divisibilidade jurídica acompanha a divisibilidade material. Esta, às vezes,

é possível, mas pode ser afastada pela vontade (indivisibilidade convencional), ou pela lei (indivisibilidade legal), ou porque o fracionamento da coisa torna-a economicamente inaproveitável.

38. O Anteprojeto, em matéria de solidariedade, admitiu-a passiva, como ativa. Considerou-a a *parte debitoris*, como ainda disciplinou a outra, da parte dos credores, por entender que é útil a solidariedade ativa.

De olhos postos na realidade, presumiu, a exemplo dos novos códigos, solidária a obrigação, quando vários devedores, em um mesmo instrumento, se obrigam para com o mesmo credor, salvo ao interessado provar o contrário.

39. Abriu o Anteprojeto uma seção especial para as obrigações *pecuniárias*, e instituiu, como regra, o princípio nominalista, a saber que a *solutio* se faz pelo valor corrente.

Levando em conta os perigos resultantes da estipulação de pagamento em ouro, ou em outra espécie monetária, fulminou-a de nulidade, ressalvando as exceções que já constam da legislação vigente. E adotou a regra da solução na espécie ajustada ou seu equivalente ao câmbio do dia.

40. Admitiu o Anteprojeto as cláusulas monetárias e outros critérios de revalorização das dívidas pecuniárias (*index-number, escalator-clause, cláusula-mercadoria etc.*). Mas não as deixou livres. Fiel à posição doutrinária que tenho assumido, fiz consignar no projeto que todo tipo de indexação está sujeito à limitação legal.

41. As obrigações de prestação pecuniária, direta ou indireta, vencem juros independentemente de convenção. Mas estes são limitados, como proibido ao anatocismo.

42. O Anteprojeto faculta a repetição do juro pago acima dos limites legais, independentemente de prova de erro ou prejuízo, mesmo que o devedor haja procedido espontaneamente. As fraudes, neste terreno, são muito numerosas, e é preciso que a lei proteja o devedor, vítima frequente de processos hábeis dos credores.

43. A cláusula penal perde o rígido conceito de prefixação das perdas e danos, tanto em razão de ser lícito exigi-la juntamente com a obrigação principal, se for relativa a inexecução, como ainda de ter o credor opção entre a cláusula penal e a indenização do prejuízo.

Mas, ao juiz será lícito reduzi-la em caso de cumprimento parcial, como ainda se lhe parecer manifestamente excessiva.

44. O Anteprojeto destina um capítulo à transmissão das obrigações, compreendendo a cessão de crédito e a assunção de débito.

Estrutura em termos simples a oponibilidade em função da notificação, da natureza da obrigação, do instrumento do crédito cedido.

45. A assunção de débito é disciplinada no projeto, que desta sorte dá-lhe sistema. Somente é válida se consentida pelo credor, e libera o devedor primitivo bem como seus fiadores, salvo se o contrário resultar da convenção ou das circunstâncias.

46. A aquisição de estabelecimento ou fundo de negócio, bem como a sucessão universal por ato *inter vivos* (como no caso de incorporação de sociedade por outra) opera a transferência de responsabilidade para o sucessor, desde que a operação é devidamente divulgada, subsistindo temporariamente a responsabilidade do devedor primitivo.

47. No tocante à inexecução das obrigações, absoluta ou relativa, a regra é sujeitar-se o inadimplente à indenização, que compreenderá o dano emergente, o lucro cessante e os honorários de advogado. Mas não me pareceu necessário definir uns e outros. São conceitos já muito conhecidos.

48. A cláusula de exclusão é válida, se não ofender a ordem pública e os bons costumes, nem tiver por objeto afastar os efeitos do dolo.

49. Como modalidade que é de inexecução, a *mora* é tratada em seção deste capítulo.

Mantém-se o princípio da mora *ex re* nas obrigações positivas e líquidas, somente exigida a interpelação judicial não havendo prazo tanto nas relações civis quanto nas comerciais.

O Anteprojeto fixa os requisitos e alinha os efeitos da mora nas obrigações de dar, de fazer, de não fazer.

Cuida da purga da mora do devedor, como do credor.

50. Passando à extinção da obrigação, o Anteprojeto disciplina em primeiro plano a que decorre do pagamento e cogita, depois, da extinção sem pagamento.

Em seções distintas são formulados os requisitos subjetivos, os objetivos, bem como o lugar e o tempo do pagamento.

51. Dá o Anteprojeto início aos pagamentos especiais com a consignação, que menciona quando cabível, e alinha os seus efeitos.

52. Segue-se-lhe o pagamento com sub-rogação, que mantive neste Título da Extinção das Obrigações preferindo-o a inscrevê-lo no da mutação. Esta sem dúvida ocorre, passando o crédito ao sub-rogado. Mas, dando ênfase ao fato extintivo do crédito em relação ao antigo *reus cedendi*, optei pela manutenção do esquema com o qual já o jurista pátrio se habilitou, não encontrando justificativa para modificação.

53. A imputação do pagamento não oferece alteração de monta.

54. Também em relação à *datio in solutum* preferi manter a colocação topográfica do Código de 1916, considerando-a modalidade extintiva de obrigação, em vez de transpô-la para as variedades contratuais. Aliás, as normas a respeito são muito simples, e a dação opera, à semelhança da compra e venda ou da cessão de crédito, conforme se trate de coisa com preço determinado, ou título creditório, sem perder as características de *solutio*.

A evicção da coisa restaura a dívida, mas não faz reviver as garantias fidejussórias nem torna a vincular os corresponsáveis liberados.

55. Com a novação, entra o projeto na extinção da obrigação sem pagamento.

Algumas questões foram aí clareadas. O lançamento em conta corrente, mesmo contratual, não nova a dívida, se não houver reconhecimento do saldo.

A novação produz efeito extintivo em relação aos demais, quando ajustada entre um dos devedores solidários e o credor.

A emissão de título *pro solvendo* importa em novação da dívida anterior, salvo se o contrário resultar da convenção.

56. Para a compensação é necessária a fungibilidade das prestações entre si.

57. Remissão e confusão, modalidades extintivas sem pagamento, não reclamam explicações.

58. Fixando o efeito extintivo da relação jurídica pela prescrição, o projeto afasta de seu alcance os direitos indisponíveis e as meras faculdades legais. Na verdade, os primeiros, pelo fato de o serem, não podem sucumbir pela inércia do titular. As segundas não se extinguem pelo não uso, pois é uma forma de exercê-las o não as utilizar.

A par de outras noções consagradas, o Anteprojeto converteu em norma a velha regra *quae temporalia sunt ad agendum perpetua ad excipiendum* dizendo que o credor pode invocar por via de exceção o direito que não mais possa exercer em razão da ocorrência da prescrição.

59. A regra da decadência vem ao final da Seção I, considerando que a fixação de prazo certo para o exercício de alguns direitos, sob pena de decair deles o titular, afasta as normas relativas à interrupção, ao impedimento e à suspensão da prescrição. Basta, para assegurar a posição do credor, o ajuizamento do pedido.

60. Às causas impeditivas e suspensivas da prescrição, o projeto acrescenta, entre contratantes, a pendência de cláusula de garantia. Na verdade, se a alienante ou cedente fixou prazo, dentro do qual assegura garantia ou assistência ao adquirente, não pode começar, ou correr, prazo de prescrição contra o mesmo adquirente.

61. Fixou o Anteprojeto a data do despacho que ordena a citação, se o interessado a promover nos prazos e na forma que a lei processual ordenar, como fato interruptivo.

A prescrição intercorrente, na pendência da lide, somente ocorre com a caracterização do abandono da causa pelo credor, por mais de trinta dias.

62. Os prazos de prescrição têm um começo determinado, que é o momento em que o credor poderia exercer em juízo a pretensão. Ou, então, quando a lei o mencionar expressamente.

63. A prescrição ordinária fica limitada a dez anos. Não se justifica, na era da alta velocidade e dos meios fáceis de comunicação, a subsistência da pretensão não exercida indefinidamente. Ou o credor utiliza o seu direito ou então sucumbe esta com a criação de situação a ele contrária. A tendência foi a redução dos prazos, a começar, então, pela prescrição ordinária.

64. Proferida a sentença e passada em julgado, o vencedor deverá promover a sua execução no prazo igual ao da ação que lhe deu causa, pois que a sentença é causa interruptiva.

65. O projeto igualou o prazo de prescrição do direito de profissionais liberais: médicos, odontólogos, farmacêuticos, advogados, solicitadores, engenheiros, arquitetos, agrimensores, professores e mestres. Esta harmonização é conveniente.

66. Não estão as partes adstritas, para o conteúdo do contrato, à tipicidade deduzida no Título VI. Mas devem observar os princípios gerais que compõem o Título V.

67. Assentando o Anteprojeto o princípio da obrigatoriedade da proposta, acrescenta sua extensão aos herdeiros do proponente, ressalvando, além dos casos em que ela deixaria de ser obrigatória para o policitante mesmo, aquele outro, da personalidade da prestação. É claro que, se as qualidades pessoais do proponente foram substancialmente consideradas, a sua morte é incompatível com a transmissão, aos herdeiros, do dever de guardá-la, em razão de não se lhes estender a contratação futura.

Como em boa doutrina se leciona, a oferta ao público não se considera proposta de contrato, mas convite a que sejam, ao anunciante, dirigidas propostas: *invitatio ad offerendum*. Mas, se já contiver todos os requisitos essenciais à celebração do contrato em perspectiva, equivale à proposta. Pode ao anunciante revogá-la pela mesma via utilizada para a sua divulgação, respeitada a situação criada em relação a candidatos em perspectivas.

68. Foi mantida a teoria da expedição para a formação do contrato por correspondência epistolar ou telegráfica.

Foi, igualmente, mantido o critério do Código de 1916, reputando-se celebrado o contrato no lugar em que foi proposto.

69. O Anteprojeto reuniu em uma seção única as duas hipóteses de percussão do contrato fora do âmbito subjetivo dos contratantes.

A primeira é o contrato em favor de terceiros (denominação melhor do que estipulação em favor de terceiro). Dentre as várias explicações para o fenômeno (teoria da proposta, da gestão de negócios, da declaração unilateral) a melhor é a contratualista, naquele sentido muito bem esplanado por Clóvis Beviláqua: relação contratual dupla, em que a equação se arma entre estipulante e promitente e cumpre-se entre promitente e beneficiário, sem que se elimine a interferência do estipulante, ao qual é reservada a faculdade de exigir à prestação e conferida com exclusividade a de resolver o contrato.

A segunda é o contrato por outrem (*convention de porte-fort*), que me parece mais bem situado aqui do que alhures. O contrato por outrem ficou perfeitamente escoimado das dúvidas que habitualmente assaltam o aplicador das disposições legais respectivas, geralmente mal lançadas. Assentado o princípio cardeal, segundo o qual o terceiro não é obrigado enquanto não dá o seu assentimento, o Anteprojeto situa a obrigação do promitente, sujeitando-o a indenizar o outro contratante, se o terceiro recusa o seu acordo. Mas, dado este, o promitente, que não é fiador do terceiro, fica exonerado, e nenhuma indenização lhe pode ser exigida se o terceiro, depois de obrigar-se, vem a descumprir. Igualmente forro é o devedor, se a prestação futura for, desde o início, absolutamente impossível ou ilícita, porque, sendo inviável o contrato, a anuência do terceiro seria frustra. Então, a sua recusa não causa dano a ninguém.

A incapacidade do terceiro, entretanto, não invalida o negócio, que permanece à espera de que, em se tornando capaz, dê o seu acordo.

70. O contrato aleatório guarda a mesma estrutura do Código de 1916. Houve a melhoria da redação e o expurgo de um erro gráfico daquele Código.

71. O Anteprojeto conservou, quanto às arras, a disciplina do Código de 1916: têm função confirmatória, mas podem ser ajustadas como penitenciais. Os seus efeitos foram armados em termos de maior simplicidade do que naquele diploma.

As arras confirmatórias não são incompatíveis com a indenização do prejuízo. As penitenciais excluem-na.

72. Atualizada a teoria dos vícios redibitórios, foi dilargado o prazo de caducidade da reclamação para trinta dias, se for móvel a coisa, atendendo a que aparelhos e instrumentos complexos demandam tempo para serem testados.

Mas não corre prazo de decadência se pender cláusula de garantia, obrigando porém a adquirente a denunciar o defeito até quinze dias após tê-lo descoberto.

73. Ao regular a evicção e seus efeitos, o Anteprojeto emendou algumas falhas do direito vigente, e solucionou alguns problemas que se achavam em aberto.

Equiparou à evicção os casos a ela assemelháveis, que a doutrina habitualmente enumera e que não convém que o legislador expressamente mencione.

Estendeu a garantia pela evicção ao terceiro adquirente. Esclareceu as hipóteses de evicção parcial considerável e não considerável, abrindo ao evicto, no primeiro caso, a alternativa entre a resolução e a indenização e concedendo-lhe no segundo somente a indenização.

O chamamento em garantia (comumente denominada chamamento à autoria, *laudatio auctoris*) ficou mais lógico e mais ameno, reconhecido, como João Monteiro já assinalava e como Teixeira de Freitas já sugeria, que a preclusão imposta sem alternativa é demasiado drástica. No Anteprojeto, condicionei o regresso contra o alienante ao chamamento *in litem*, porém amenizado com a dispensa à vista da liquidez do direito do terceiro reivindicante.

74. O Capítulo da "cessação da relação contratual" inaugura-se com a resilição.

Depois de repetir o velho princípio de atração da forma do contrato, para o distrato, consignei a hipótese em que este não necessita de ser submetido a qualquer organismo estatal para produzir efeito. E, em tal caso, entendi que deverá ser dispensado o requisito formal.

Acrescentei a resilição unilateral, ou revogação, nos casos em que a lei o permite, dos quais o exemplo mais frisante é o mandato.

75. A cláusula resolutiva obedece à regra tradicional, mas com inovação salutar: quando tácita, exige interpelação judicial; quando expressa, dispensa-a, bastando a comunicação da parte lesada ao inadimplente, salvo, contudo, se a lei impuser a interpelação judicial, mesmo se ajustada à resolução expressa.

Ficou, também, consignado que se não dará resolução, mesmo quando ajustada, se o inadimplemento for ínfimo em relação ao valor do contrato.

76. A *exceptio non adimpleti contractus* não sofreu alteração, relativamente ao sistema do Código de 1916.

77. Na resolução por onerosidade excessiva, o Anteprojeto dá guarida à velha cláusula *rebus sic stantibus*, que entrou decididamente no Direito moderno como teoria da imprevisão (Arnoldo Medeiros da Fonseca), ou base do negócio jurídico (Karl Larenz), ou da superveniência (Osti), todas baseadas no velho texto de Nerantius.

O Anteprojeto adota o critério da resolução, com a sentença retroagindo o efeito à data da citação. Mas franqueia ao beneficiado pela mudança das condições objetivas a faculdade de revalidar o negócio, desde que se ofereça a reajustar as prestações no prazo da contestação.

Fica excluída a resolução por onerosidade excessiva nos contratos aleatórios e naqueles em que somente uma das partes assuma obrigações.

78. A impossibilidade da prestação, sem culpa, resolve o contrato.

Mas, se for possível o cumprimento parcial, prevalece quanto à parte possível, salvo se indivisível a obrigação ou se as circunstâncias convencerem de que não tem utilidade nem interesse o cumprimento *pro parte*.

79. Passando às Várias Espécies de Contratos (Título VI), o Anteprojeto começa com o Contrato Preliminar, que estruturou em termos da maior simplicidade.

Deu tipicidade à promessa unilateral, muito frequente na vida dos negócios, mas descurada pelo Legislador.

E à promessa bilateral de contratar – *pactum da contrahendo* – assentou contornos que resumem toda a evolução deste instituto no nosso Direito, onde a elaboração jurisprudencial e a doutrina, desde a criação viva de Filadelfo Azevedo, lograram vencer obstáculos e atingir o extraordinário desenvolvimento.

Liberto do requisito formal, o contrato preliminar vale sempre. Mas variam os seus efeitos; se não reúne os exigidos para o contrato definitivo, gera contra o inadimplente o dever de indenizar; se os enfeixa, é dotado de execução direta.

80. A estrutura do contrato de compra e venda conserva as suas características tradicionais, que são milenares.

Foi-lhe conservada a natureza de título causal da transferência do domínio, dentro do que constitui a linha fundamental do instituto entre nós. O princípio da escola francesa, segundo a qual a venda opera desde logo a mutação da propriedade, não vinga. Por isso, o contrato habilita a transmissão, mediante a formalidade essencial do registro, ou tradição.

Dei ordem e método às disposições, que no Código de 1916 eram desordenadas: tratei dos elementos um a um: o preço, a coisa, o consentimento.

Ao cuidar da venda imobiliária, previ o caso de a diferença na área ser para mais do que o título menciona. Destaquei todas as hipóteses e fixei um prazo de decadência ânuo, para que não pairem dúvidas em torno destas operações, especialmente nos meios rurais, onde estes contratos encontram maior índice de incidência, por tempo muito prolongado.

81. Resolvi o problema da compra a *non domino*, em torno da qual três correntes se digladiam em nosso Direito: para uns o contrato é anulável, para outros é nulo *pleno iure*, e para outros é ato inexistente em relação ao *verus dominus*. O Anteprojeto admitiu o convalescimento da compra e venda de coisa alheia, desde que o vendedor venha a adquirir a sua propriedade ou o verdadeiro dono dê a sua anuência.

82. As restrições impostas à celebração do contrato de compra e venda são mantidas dentro do esquema tradicional.

83. Uma seção especial para os riscos não oferece novidade.

84. Entre as obrigações do vendedor está a de exibir documentação comprobatória do seu domínio, e bem assim da inexistência de ônus ou empecilhos à execução do contrato.

Ao comprador faculta-se sustar o pagamento do preço, se tiver fundadas razões de dúvida sobre a liquidez do direito do vendedor.

85. Nos efeitos da compra e venda está expressa referência a que a transcrição do título não pode ser obstada, a não ser em caso de dúvida regularmente processada.

E, finalmente, estatui o Anteprojeto que se resolvem em indenização quaisquer preferências instituídas para venda de coisa móvel ou imóvel, salvo quando a lei estabelecer execução direta sobre a coisa mesma. Assim fica resolvida questão que não tem encontrado solução pacífica entre os doutores e nos tribunais.

86. Na troca ou permuta, o Anteprojeto deu desate à questão levantada a respeito da caracterização do contrato, quando a torna em dinheiro: preferi a doutrina imaginada por Aubry *et* Rau que associa a apreciação subjetiva com a verificação objetiva.

87. Um capítulo foi destinado às modalidades especiais de compra e venda.

88. Muito embora haja forte corrente contrária à retrovenda, em nome dos princípios morais e defensivos do interesse do vendedor empobrecido, considerei que o contrato deve ser mantido. Tive, entretanto, a cautela de armar o vendedor a *retro* dos meios de se defender contra as maquinações usurárias do comprador ganancioso: a cessibilidade do Direito *inter vivos*, e sua transmissão *causa mortis*. Desde que o vendedor, em risco de decair do direito, possa investir alguém na faculdade de retrocomprar, diminuem-se os riscos a que se expõe, com o contrato.

89. A venda a contento e a preempção ou preferência foram mantidas. O pacto de melhor comprador foi eliminado, por desaconselhável e inútil.

90. O pacto comissório recebeu tratamento que o põe em harmonia com a estrutura da condição resolutiva e da cláusula resolutiva expressa, de que é mera modalidade específica. O ideal será a sua abolição pois que a cláusula resolutiva expressa ao caso já provê.

91. A venda com reserva de domínio vem preencher lacuna nos contratos típicos, e tem cabida qualquer que seja o objeto móvel ou imóvel. Vem estruturada em termos simples e práticos, e defende com justiça ambas as partes.

92. A venda contra documento, que é modalidade habitual no comércio, entra para o novo Código, tranquila e singelamente.

Esta modalidade de contrato articula-se com a abertura de crédito documentário, disciplinada entre os contratos bancários.

93. O caráter contratual da doação está enfaticamente acentuada.

De acordo com a boa doutrina, assinalei que as liberalidades habituais não são doações, e, portanto, não se sujeitam às exigências legais próprias: gratificações a quem presta serviço, donativos a instituições pias e filantrópicas, mimos em datas natalícias ou solenes etc.

Eliminei aquela regra esdrúxula, do Código de 1916, validando a aceitação pelo incapaz de consentir. É melhor, tendo em vista o caráter social e benéfico da liberalidade pura, conferir-lhe todos os efeitos, independentemente da aceitação do beneficiário incapaz.

Em seção epigrafada, o Anteprojeto trata dos efeitos da doação, e, em seguida, da ineficácia, com referência expressa a problemas que o nosso direito positivo não resolve, e que constituem tormento para os seus aplicadores.

94. No tocante à revogação da doação, merece acentuar-se a faculdade de promoverem-na herdeiros do doador que morra em consequência da ofensa física recebida do donatário.

Corrigi, na doutrina da ingratidão, a referência à obrigação natural do Código de 1916, substituindo-a por dever moral, como ensinam os mestres.

95. Inicia o Anteprojeto o contrato de locação pelo de coisas, com a adoção das regras tradicionais, acrescidas daquelas que a experiência adotar e, ainda, das que a consulta a outras legislações sugere.

96. Tratando da cessação da locação, distinguiu a resolução da retomada. São efetivamente dois conceitos diversos. Resolve-se o contrato de locação pela falta de uma das partes ou pela circunstância de não sobreviver uma utilização satisfatória da coisa. Retoma-se esta, quando o locador opõe ao locatário a pretensão de reavê-la, recuperando o seu uso.

97. Simplificado o método, a Seção I compreende a *locatio rerum* genericamente, e a seguinte enumera os deveres das partes, e logo depois a cessação do aluguel.

Na Seção IV, vêm as regras especiais à locação de prédios.

Como já tenho assentado em obra de doutrina, não me parece de boa extração conservarem-se preceitos inaplicáveis e prorrogar por períodos a legislação de exceção. Mais útil será dar ao contrato de locação uma estrutura definitiva, com a fixação de direito ao locatário. Desta forma, retira-se parcialmente este contrato do regime da liberdade plena de ação do locador, tendo em vista principalmente que a ordem jurídica não deve desamparar o economicamente mais fraco, ou contratualmente menos poderoso, para gáudio e prazer dos que são melhor aquinhoados da fortuna ou se encontram em posição contratualmente mais vantajosa.

Respeitada a liberdade de contratar, entretanto, põe o projeto limite à convenção do aluguel progressivo, para os inferiores ao salário mínimo vigorante na região ao tempo da celebração do contrato.

Os casos de retomada são especificamente discriminados, bem como determinadas as hipóteses de elevação do preço.

98. A renovação da locação, de prédio destinado ao uso comercial ou industrial, vem disciplinada no Anteprojeto, escoimada, naturalmente, das disposições de cunho processual, que nele evidentemente não têm cabimento.

99. Na disciplina do aluguel de prédio rural reforçou o projeto a posição do locatário, quer contra exigências ou pretensões do locador, quer contra os azares da má colheita. Neste último caso, não podendo permitir o excesso de individualismo do Código de 1916, facultou a redução do aluguel ante o malogro das culturas.

100. A parceria rural, nos seus dois aspectos (agrícola e pecuária), foi ordenada em obediência ao mesmo critério, procurando o projeto acautelar aquele que contribui com o seu trabalho.

101. Na disciplina do contrato de empreitada aproveitei para resolver algumas questões que a prática civil veio suscitando e que reclamam constantes atenções.

A par de alguns pontos, já definidos no direito em vigor, porém mal conduzidos, e agora clareados, como a teoria dos riscos, aludi a outros, inéditos no velho Código.

Mantida a inalterabilidade do preço ajustado, foi admitida a modificação convencional, bem como a decorrente dos princípios inspiradores da resolução por onerosidade excessiva. A prática dos negócios, que é também fonte de direito (René David), mostra que nos períodos de instabilidade a empreitada é arma perigosa. A faculdade de reajuste por excessiva onerosidade pode emendar os seus efeitos.

Outro ponto duvidoso da lei vigente é a do prazo de reclamação contra defeitos. O Anteprojeto adotou critério singelo: o empreiteiro responde, nos casos comuns, pelos defeitos que surjam até trinta dias depois de entregar a obra, e por cinco anos pelos que apareçam nas de grandes edifícios.

Verificado que seja, a ação tem de ser ajuizada em seis meses, sob pena de decadência.

102. O contrato de transporte foi articulado com toda singeleza, visando a um aparelhamento prático da lei, para as soluções imediatas.

Compreende o de pessoas e o de coisas, assinalando o projeto a importância de fixar a responsabilidade do condutor. Na verdade, é um gênero de atividades muito frequente, e é preciso que se determine que o transportador é responsável pelos danos às pessoas e às coisas transportadas, independentemente da apuração de sua conduta.

Procurei eliminar o efeito da cláusula escusativa da responsabilidade com que o condutor acredita acobertar-se dos ressarcimentos. Não deixei de mencionar o dever de transportar, por parte de quem mantém em tráfego veículo a isto destinado.

Dei tipicidade ao contrato de cruzeiro turístico, tão frequente hoje em dia, definindo os deveres de quem promove a excursão.

103. O Anteprojeto, ao regular o comodato, acompanha a sistemática do Código de 1916, que é, aliás, a corrente nos diplomas legislativos em geral.

104. Ao discutir o mútuo, os doutrinadores disputam sobre a sua natureza de contrato real, ensinando que o contrato não se forma sem a tradição efetiva da coisa.

Como demonstrei em minhas *Instituições de Direito Civil* (vol. III) não é lógica a dúvida, porém fruto de puro romanismo. Fiel às minhas convicções, estruturei o mútuo em termos que permitem admitir a perfeição do contrato *solo consensu*, estatuindo o dever de restituição sob a condição da entrega, que passa, assim, a constituir fase executória do contrato.

Como o projeto já regula as obrigações de prestação pecuniária, dispensou-se de retornar ao assunto no capítulo do empréstimo, reportando-se àquelas.

105. O conceito de depósito dispensa, igualmente, o romanismo da realidade do contrato. No ordenamento dos preceitos foi mantida a ideia inspiradora tradicional, ablação feita deste aspecto.

Acrescenta-se ao depósito o contrato de guarda ou custódia, com ou sem prestação de serviços (automóvel em garagem, mobília em guarda-móveis etc.).

Mas reporta-se o projeto ao depósito nos Armazéns Gerais, que deve ser regulado à parte, em razão da especialização necessária do contrato, e do título emitido.

106. Dá o Anteprojeto guarida à corretagem, até hoje relegada para o terreno baldio dos contratos atípicos, e conservada como terra de ninguém. A jurisprudência tem laborado nesta gleba, com inevitável indecisão.

A corretagem, quando objeto de leis e regulamentos especiais, foi respeitada, porque não há interesse em destruir uma sistemática que produz bons resultados.

O Anteprojeto cogitou, portanto, do contrato de corretagem, como atividade liberal e procurou estatuir normação quer para a concorrente, quer para a exclusiva, analisando os efeitos do contrato, obrigações das partes, cessação.

107. Como modalidade específica, o Anteprojeto disciplina o mandato, deslocando-o da representação *in genere*. Ele é um contrato, e, como tal, gera direitos e obrigações do mandante para com o mandatário e *vice-versa*, bem como em relação ao terceiro como quem o procurador trata. Merece, portanto, ser conservado como contrato típico.

Instituiu o projeto a presunção de solidariedade para os mandatários constituídos no mesmo instrumento.

Procurou solucionar de maneira clara e expressa as dúvidas que a aplicação dos preceitos vigentes tem suscitado.

Simplificou a matéria da cessação, bem como da irrevogabilidade.

No tocante a esta, considerou que o mandato irrevogável efetivamente o é, sem as anomalias do Código de 1916, dentro de cujo regime entendeu-se que o mandato irrevogável é revogável. Mas ressalvou o caso em que o mandante possa ter causa justa para a cassação.

Não disciplinou o mandato judicial, que deve ser objeto da lei processual e do estatuto do advogado.

108. O anteprojeto, que coloca a gestão de negócios em seguida no mandato, pelos motivos expostos na parte desta Exposição, relativa à sua topografia, procurou simplificar ao máximo o regime legal do instituto, e procurou solver os problemas existentes.

Entendendo que não pode haver intervenção oficiosa contra a vontade manifesta do dono, o Anteprojeto a exclui expressamente da caracterização de *negotiorum gestio*.

Simplificou o problema da gestão útil, compreendendo os casos de reconhecimento pelo *dominus*, além daqueles de apuração objetiva.

109. Na zona dos contratos em que há prestação de atividade, destacas-se a comissão, que amplamente se usa no comércio, e na qual há uma representação de tipo especial.

Cogitei deste contrato tendo em vista a sua disciplina no Código Comercial de 1850, consagrada por mais de um século de uso, acrescentando-lhe inovações aconselhadas pela prática dos negócios, e busquei sugestões nos modelos modernos, especialmente no Código italiano de 1942.

Tratou, assim, o Anteprojeto da comissão simples e *del credere*, conceituando o negócio, fixando-lhe os efeitos e definindo os direitos e as obrigações das partes.

110. Em seguida, o Anteprojeto passa à agência e distribuição. Até agora, o nosso Direito não o compreendeu como contrato típico. Todas as dúvidas e todos os problemas que surgem procuram desate no regime do mandato, da prestação de serviços, da comissão e do contrato de trabalho. É um apelo razoável, pois que há, neste ato negocial, algo daquelas figuras. Mas a sua frequência, no plano nacional como no internacional, já reclama regulamentação própria e proclamação de autonomia.

Vali-me, na coordenação das normas a respeito deste contrato, da experiência profissional, da prática mercantil e da inspiração dos códigos mais modernos.

A agência e distribuição andam de parelha, ora aglutinadas em um mesmo complexo mercantil, ora separadas. Mas, à vista de sua analogia, podem estar reguladas por disposições comuns, que tanto se aplicam ao caso do agente simples como do distribuidor ou agente-distribuidor.

Foi previsto o contrato nas suas várias incidências: com e sem exclusividade, e nos seus efeitos, com a fixação dos deveres do comitente e do atente, e dos direitos de um contra outro, no desenvolvimento geral do contrato, como nas hipóteses de sua cessação.

111. Com o contrato de edição, o Anteprojeto retorna ao Código de 1916, introduzindo-lhe algumas modificações e consolidando disposições já constantes de legislação extravagante.

112. A representação dramática prevê a atualização dos processos cênicos, a película cinematográfica, a radiofonização das peças e a sua exibição no vídeo.

Assegura o projeto os direitos autorais, os de reprodução, e ainda os que dizem respeito à garantia do artista que trabalha na divulgação da obra, exibindo-se ao vivo, ou por gravação, videoteipe etc. Reporta-se à censura das autoridades.

113. A evolução do seguro, no direito estrangeiro como nacional, tem sido intensa. Ao me voltar para este contrato, parei numa alternativa inevitável: regulamentá-lo em todas as suas minúcias, que no plano doutrinário, como legislativo, enchem enormes espaços, ou permanecer em termos de generalidades, e deixar para a legislação especial as minudências indispensáveis. Inclinei-me por esta segunda hipótese, não pelo horror à extensão, pois que o aproveitamento do material legislado no País já seria uma ajuda ponderável, mas por ter em vista que a modificação de uma lei isolada traz muito menor transtorno e inconveniente do que a modificação de um código, que resta sempre mutilado da

derrogação de qualquer dispositivo seu. Preferi, então, fixar as linhas-mestras do contrato de seguro, deixando para as leis especiais e para os decretos executivos formar-lhe o tecido conjuntivo, hábil a permitir sua execução.

O Anteprojeto fala no seguro em geral, no cosseguro, no resseguro, no seguro coletivo.

Inova no tocante ao suprimento probatório, em caso de comprovada perda ou destruição da apólice. Alude em especial ao seguro de responsabilidade civil e libera o segurado dos incômodos da demanda ou de qualquer defesa.

114. O seguro de vida recebeu algumas inovações que me pareceram úteis. Consolidei no projeto dispositivos legais referentes à menção de beneficiários *ex vi legis* para os casos de faltar ou de não prevalecer a indicação do segurado.

Fiz consignar que não está impedido de ser instituído beneficiário quem é proibido de receber em doação do segurado. As situações, em verdade, não se equivalem. Proibindo em certos casos a doação, o Código protegerá o patrimônio da família e resguardará as legítimas dos herdeiros. Mas não encontra justificativa a proibição de proporcionar amparo e proteção *post mortem* a quem o segurado tem o dever moral de assistir, e ao qual não pode, por circunstâncias dignas de atenção e respeito, dar estado ou transferir bens. Mediante o seguro, cumpre-se a obrigação que a lei natural impõe, e respeita-se a integridade de um acervo hereditário.

Além de instituir a irretratabilidade da obrigação assumida com a emissão da apólice, o projeto impõe o dever de pagar o seguro, ainda que uma cláusula em contrário seja inserida no contrato, se o sinistro for devida à utilização de meio mais arriscado de transporte, prática de esporte ou prestação de serviço militar. Não se exime o segurador do pagamento se a morte ou incapacidade resultar de recusa do segurado a submeter-se a tratamento cirúrgico, por ser direito seu preservar a integridade de seu corpo, ainda com risco de vida. Igual efeito terá a mudança de gênero de atividade ou profissão ou de domicílio.

115. O seguro mútuo a bem dizer não encontra lugar no Anteprojeto, que ao mesmo alude apenas para se reportar às disposições, constantes de leis e regulamentos especiais.

116. A transação, a símile do que se passa com outros Códigos, deixou o lugar ocupado entre as modalidades meramente extintivas de obrigação, e passou para o campo contratual.

Por isso mesmo, reconhece-lhe o projeto força jurígena, habilitando-a a criar, modificar ou extinguir relações iguais ou diversas da que tiver originado a pretensão ou a contrariedade à pretensão. Mas a obrigação nascida da transação não tem caráter abstrato. Ao contrário, é sempre motivada ou causada, não prevalecendo se o litígio por ela encerrado já se achava definitivamente encerrado, e o transigente o ignorava, ou se nenhuma das partes tinha direito ao seu objeto.

Eliminei do Anteprojeto aquela alusão existente no Código de 1916, como em outros diplomas, a que tem a transação força de coisa julgada. Este preceito não tem valor científico. Melhor será que, tratando-a como um contrato, a lei e a doutrina lhe reconheçam os efeitos de um negócio jurídico.

117. O Código de Obrigações deverá disciplinar o contrato de constituição de renda e o Código Civil regulará o direito real respectivo, quando o capital entregue ao devedor da renda é um imóvel. Daí o Anteprojeto ter tratado do assunto, muito embora seja este um negócio de pouco uso.

118. O Anteprojeto refere-se ao contrato de capitalização, que melhor se situa junto à constituição de renda do que ao seguro. Mas, tendo em vista a conveniência de manter-se mais suscetível de alterações deixa para a legislação especial as minúcias respectivas.

119. O jogo e a aposta, já disciplinados pelo Código Civil de 1916, encontram guarida no Anteprojeto, com o acréscimo de que não são tratadas como dívidas de jogo as obrigações decorrentes dos sorteios autorizados regularmente, e bem assim as oriundas de competições de natureza esportiva, intelectual ou artística, ainda que o ganhador não tome parte nelas. É preciso, porém, que obedeçam os interessados às normas legais, ou não contrariem proibições estabelecidas.

120. Os contratos bancários foram reunidos em um só capítulo, porque compõem a chamada atividade bancária. Muito frequentemente, associam dois ou mais contratos, em uma operação complexa, caso em que as disposições de uns e outros são aplicáveis.

É claro que as atividades bancárias não se limitam aos cinco tipos aqui referidos. Como são, porém, negócios jurídicos definidos, encontram disciplina em relação ao negócio jurídico apropriado.

121. O depósito bancário é o mais comum. Regula-se pelo disposto neste lugar, como pelas regras referentes ao depósito em geral e ao mútuo.

122. A conta corrente, que não é somente de natureza bancária, produz os efeitos que a sedimentação de sua prática já lhe reconhecem.

123. Muito próxima, e frequentemente aliada da conta corrente, é a abertura de crédito, que o Anteprojeto tratou como contrato típico.

Deu, ainda, realce ao crédito documentário, simples ou confirmado, assegurando a este irrevogabilidade por força de lei. Negócio que vem ganhando terreno dia a dia, o crédito documentário não deve, entretanto, receber tratamento casuístico no Código, porém aí encontrar, tão somente, a sua estrutura. É um instituto em franca evolução, que se não pode constringir em limites apertados, que lhe entravem o progresso.

124. O desconto é operação bancária simples, de que se salienta a faculdade de regresso contra os obrigados no título, pelo banco que o adquire.

O redesconto deverá permanecer subordinado à regulamentação própria, para que se não converta em instrumento inflacionário.

125. O financiamento geralmente vem ligado a outro negócio (desconto, abertura de crédito, conta corrente), mas assim mesmo deve ter seu próprio lugar, uma vez que é operação fluente.

126. Com a fiança chega o projeto ao termo dos vários tipos contratuais. Aproveitando a lição de uma experiência milenar, conservei o contrato como é conhecido e usado. Mas modifiquei aquilo que, na tradição do Direito pátrio, me parecia reclamar alteração.

Depois de ter disciplinado com simplicidade as disposições gerais do contrato, o *beneficium excussionis* e o *beneficium divisionis*, cogitei do regresso contra o afiançado.

Amenizei a condição deste, que, se escapava (no regime de 1916) à execução do credor, podia sujeitar-se à ação do fiador contra protelação que reduza as resistências do afiançado, mas em inverter a condição de abonador em exequente.

Assegurei ao fiador, por tempo indeterminado, a faculdade de se livrar forro, mediante simples notificação. Pelo antigo sistema, era necessário propor ação e aguardar sentença, o que traduzia a quase inanidade da medida, conhecida como é a lentidão dos processos. Com o preceito do Anteprojeto, o fiador efetiva a sua exoneração, restando ao credor, que se não tenha acautelado com a fixação do termo, defender-se com outros recursos, inclusive o vencimento da obrigação.

127. Sob a epígrafe do Título VII, *Declaração Unilateral de Vontade*, o Anteprojeto volta as suas vistas para esta fonte de obrigações, que se distingue do contrato. É a vontade do declarante, independente da anuência ou da emissão volitiva de um aceitante, que, por si só, obriga. Não se trata de uma oferta, à procura de aceitante, e não há necessidade de recorrer a este complicado mecanismo para explicá-la, como ainda hoje fazem escritores de respeito (Mazeaud *et* Mazeaud). Sem o receio de Brinz quanto às dificuldades de distingui-la da proposta, a declaração de vontade deve ser encarada, como já o faz o Código Civil de 1916, como geradora de obrigações, e assim o manteve o Anteprojeto.

128. A promessa unilateral e o reconhecimento de uma dívida geram obrigação para o declarante, independentemente de investigação da causa, sujeitando-o ao pagamento, ainda que o ato não seja praticado com a intenção da recompensa.

O declarante poderá revogar a promessa, desde que o faça antes de praticado o ato ou preenchida a condição, porque, até então, não surge o sujeito ativo da relação jurídica criada. Mas não poderá fazê-lo na pendência de prazo aberto.

Em qualquer caso, ao candidato de boa-fé assiste o direito de reembolsar-se do que haja despendido, salvo se ficar demonstrado que seu esforço e seus gastos se frustrariam.

129. O concurso público é uma outra modalidade de declaração de vontade unilateral, que o projeto encarou em termos análogos aos de Direito vigente.

130. O Anteprojeto adotou critério de sistematização do instituto do enriquecimento sem causa. Enunciou o princípio geral da indenização do que se enriquece à custa do sacrifício alheio, ainda que a causa venha a faltar depois de obtido o proveito.

Ao contrário de outras legislações, para as quais a ação de locupletamento é secundária, no sentido do que somente cabe quando faltar outro meio de reparação, entendi que não devia consignar tal restrição, somente geradora de recursos processuais inúteis de exceções desnecessárias, e de eternização dos litígios. Quem tiver outro meio de restaurar o direito lesado poderá usá-lo. Mas nenhum dano social existe no fato de tomar rumo, desde logo, pela ação que visa a esta indenização.

131. O Anteprojeto, dentro do título de enriquecimento indevido, disciplina a restituição do pagamento, acompanhando o Código de 1916, cujas impropriedades emendou, como por exemplo a referência à obrigação natural, substituída por "obrigação judicialmente inexigível".

132. O Título IX do projeto formula as regras que ordenam a responsabilidade civil.

Começando pela reparação de dano causado por fato próprio, o projeto assenta as regras fundamentais, a saber: dever de indenização por culpa, dever de indenização sem culpa, reparação do dano moral e ressarcimento do prejuízo causado pelo abuso do direito.

A ideia de culpa nunca poderá ser abolida da problemática da responsabilidade civil. Ela é hoje insuficiente para conter todo plano da reparação. Mas não se justifica sua abolição. Não há mesmo razão para se prescindir dela. Daí haver o projeto assentado o primeiro preceito, instituindo o ressarcimento causado pela culpa do agente. Mas não procurou definir a noção de culpa, relegando-a à doutrina, fiel à convicção de que um conceito doutrinário, afirmado no Código, ou ficará superado pela evolução natural ou impedirá o progresso.

A responsabilidade sem culpa, que é uma conquista do tempo, vem consagrada no projeto, com a dosagem razoável para que não se exagere a invocação e seja aceita quando a lei o estabelecer, direta ou indiretamente.

A reparação do dano moral não pode ser recusada.

E o abuso de direito tornou-se hoje, depois de vencer a luta capitaneada por Marcel Planiol, ideia triunfante. O condicionamento do exercício dos direitos à ideia de uma limitação tornou-se indispensável à paz e à harmonia social. Nas épocas de extremo individualismo, como foi o período clássico do Direito romano, ou a exacerbação da economia no século passado, não se cogitava da frenação dos egoísmos. Cada um poderia levar às últimas consequências a manifestação de suas faculdades. É preciso, porém, atentar que a ordem jurídica não as concede ao homem para a satisfação ilimitada de seu gozo; o que ela tem em vista é a coexistência pacífica. E para obtê-la há de fixar fronteiras à utilização dos direitos subjetivos.

Aceitou o Anteprojeto a sugestão do de 1941, sujeitando os bens do incapaz à reparação, se não houver outro meio, e equiparou o menor relativamente incapaz ao maior, para efeito de reparação civil.

Cuidando das escusativas de responsabilidade, desenvolve as noções de legítima defesa, estado de necessidade, cláusula de não indenizar, caso fortuito e força maior.

133. Na responsabilidade por fato alheio, não se cogita da culpa *in vigilando*, *in eligendo* etc. O projeto define as responsabilidades, que se sujeitam aos princípios gerais, que são as linhas mestras do sistema.

Quanto às pessoas jurídicas de direito público, a noção de culpa aparece na apuração da solidariedade do servidor. A União, o Estado, o Município e a Autarquia respondem pelo dano causado por seus servidores ou prepostos. Estes serão corresponsáveis solidários, se houverem procedido culposamente e a elas responderão, reembolsando o que forem condenadas a pagar.

134. Na responsabilidade sem culpa, vêm as regras mais ou menos tradicionais. Mas o dano ou detentor do animal só se escusa do prejuízo que este causar provando a inevitabilidade do dano ou a provocação da vítima.

O vício ou defeito da construção e o objeto lançado da casa obrigam à reparação.

Mas onde fixei o clímax da responsabilidade sem culpa foi ao aceitar o ressarcimento pelo risco. Com efeito, a complexidade da vida moderna proporciona muitos meios de tirar proveito, dilargando a zona de risco alheio. Então deve responder na medida do perigo que criar. É justo que se veja compelido a indenizar, por ter instituído um empreendimento capaz de proporcionar-lhe vantagens ao mesmo passo que generaliza os perigos.

Somente o fortuito o exonera dos efeitos.

135. A responsabilidade civil estende-se ao coautor e ao que tira proveito ainda que do fato danoso não participe.

A responsabilidade civil independe da criminal nos termos já clássicos. A sentença condenatória, no juízo criminal, é exequível no juízo civil, independentemente da fase de acertamento.

136. O Anteprojeto termina com a liquidação das obrigações, completando e corrigindo os dispositivos atualmente em vigor.

E acrescenta que as regras ali fixadas não são adstritas à reparação do dano causado em razão dos princípios da responsabilidade civil, porém abraçam a apuração dos prejuízos decorrentes do descumprimento de quaisquer outras obrigações, voluntariamente assumidas.

137. Entregando este Anteprojeto de Código de Obrigações aos juristas brasileiros estou convencido de que colaboro na solução de problemas que atormentam o nosso povo. Sem romper com as linhas de estrutura no Direito ocidental e do Direito brasileiro, introduzi nele aquelas inovações necessárias a que os direitos civis possam exercer-se em respeito aos ditames da consciência coletiva, e sem que se proporcione a situação já hoje injustificável de acentuar a predominância econômica dos poderosos contra os desvalidos. Ao revés, a estes, dentro do esquema geral da organização jurídica, foi assegurada margem de garantias.

Este projeto custou trabalho, demandou tempo, impôs sacrifícios.

Oferecendo-o à crítica dos doutos, receberei com humildade as emendas que o aprimorarão.

E tudo estará sobejamente compensado e regiamente pago se com ele puder eu retribuir ao meu País o muito que dele tenho recebido, proporcionando-me a oportunidade de elaborar a traça de um Código novo, neste programa de reformulação do direito positivo.

Belo Horizonte, 25 de dezembro de 1963

Caio Mário da Silva Pereira

Índice Alfabético-Remissivo

(Os números se referem aos parágrafos)

A

Adiectus solutionis causa, espécie de representante do credor – 153
Administração fiduciária em garantia – 183-B
Análise da obrigação, débito e responsabilidade – 128
Assunção de débito alheio – 183
Autorização presumida, para receber – 153

C

Câmara de compensação, instituição fundada na compensação – 163
Capacidade, para efetuar pagamento – 153
Caso fortuito, exoneração de devedor – 177
Causa, elemento justificativo do pagamento – 168
Cessação da mora e sua purgação – 172
Cessão de crédito, conceito e natureza – 179
Cessão de crédito, distingue-se da sub-rogação – 159
Cessão de crédito, efeitos – 182
Cessão de crédito, validade entre as partes e em relação a terceiros – 180
Cessão de débito, sua noção – 183
Cessão judicial, de crédito – 179
Cessão legal, de crédito – 179
Cessão voluntária, de crédito – 179
Classificação das obrigações, quanto a elementos não essenciais – 144
Classificação geral das obrigações – 132
Cláusula acessória, distinção de obrigação acessória – 146
Cláusula compromissória, distingue-se do compromisso – 166
Cláusula de arrependimento, ou multa penitencial – 150
Cláusula de não indenizar, sua validade e seu alcance – 178
Cláusula penal, efeitos – 151
Cláusula penal, natureza e caracteres – 149
Cláusula penal, renúncia aos seus efeitos – 151
Cláusulas monetárias, como técnica de estabilização de valores – 148

Clearing-house, instituição fundada na compensação – 163
Compensação, modalidade de extinção de obrigações – 163
Compensação judicial, ou reconvencional – 163
Compensação reconvencional, ou judicial – 163
Compromisso, modalidade de extinção de obrigação – 166
Conceito de mora, e sua disciplina – 171
Conceito de obrigação, nos vários escritores – 126
Concentração da prestação, ponto essencial da dogmática das obrigações alternativas – 144
Condição objetiva do pagamento – 154
Condição subjetiva do pagamento – 153
Confusão, modalidade de extinção de obrigação – 165
Consignação, quando vale pagamento – 158
Constituição em mora, elementar na caracterização do atraso – 173
Conta corrente, instituição fundada na compensação – 163
Correalidade, ou solidariedade perfeita – 140
Crédito incessível, em razão de convenção ou lei – 179
Credor aparente, validade do recebimento – 153
Credor putativo, validade do recebimento – 153
Culpa, noção e classificação – 175
Curso forçado da moeda – 148
Curso legal da moeda – 148

D

Dação em pagamento, noção e disciplina – 161
Dano moral, e sua reparação – 176
Dano patrimonial e sua reparação – 176
Datio pro solvendo, difere da dação em pagamento – 154, 161, 179
Definição de obrigação – 126
Delegação, e novação subjetiva – 162
Descumprimento da obrigação – 174
Despesas, com pagamento e quitação presumem-se a cargo do devedor – 154
Destinatário do pagamento – 153
Determinação do sujeito da obrigação – 128

Dívida alheia, seu pagamento obriga restituição, quando por erro – 169
Dívida a termo, não constitui pagamento indevido – 169
Dívida condicional, caso de pagamento indevido – 169
Dívida portável, em que consiste – 155
Dívida prescrita, não cabe repetição de pagamento – 170
Dívida quesível, em que consiste – 155
Divisibilidade da obrigação – 137
Dolo, noção – 175

E

Efeitos da cessão de crédito – 182
Efeitos da cláusula penal – 151
Efeitos da indivisibilidade da obrigação – 138
Elementos essenciais da obrigação – 128
Enriquecimento sem causa, sua doutrina geral – 168
Escala móvel, noção e liceidade – 148
Escolha da prestação, na obrigação alternativa – 144
Evicção da coisa recebida em transação – 164
Evicção do crédito cedido – 181
Evolução história da obrigação – 127
Execução voluntária da obrigação – 152
Exoneração convencional do devedor – 178
Exposição de Motivos do Anteprojeto do Código de Obrigações – Apêndice
Expromissão, e novação – 162
Extinção da solidariedade – 143

F

Faculdade alternativa, distingue-se da obrigação alternativa – 144
Fontes das obrigações – 130
Força maior, e a mora – 171
Força maior, exoneração do devedor – 177
Forma da quitação, esclarecimento a respeito – 157
Função de garantia, como explicação da solidariedade – 140
Fundamento da solidariedade – 140
Fungibilidade da prestação na obrigação de fazer – 135
Fungibilidade, necessária à compensação – 163

G

Garantia, como explicação da solidariedade – 140

H

Haftung, decomposição da obrigação – 128
História da obrigação – 127
Homogeneidade necessária à compensação – 163
Hora do pagamento – 156

I

Impossibilidade de cumprir a obrigação – 174
Imposto indevido, sujeito à restituição sem prova do erro – 169
Imputabilidade, pressuposto da reparação – 177
Imputação de pagamento, noção e disciplina – 160
Inadimplemento da obrigação – 174
Indébito objetivo, caso de restituição do pagamento – 169
Indébito subjetivo, caso de restituição de pagamento – 169
Indenização por descumprimento de obrigação – 176
Indivisibilidade, conceito – 137
Indivisibilidade, perda – 139
Indivisibilidade, sua distinção da solidariedade – 139
Inexecução da obrigação – 174
In illiquidis, non fit mora – 171
Inimputabilidade, exoneração do devedor – 177
Irresponsabilidade do devedor, por força de convenção – 178

J

Juros, como obrigação acessória específica – 147
Juros de mora, consequentes a esta – 171

L

Liceidade do objeto da obrigação – 128
Liquidez da dívida, e a mora – 171
Lugar do pagamento, regras a respeito – 155

M

Mora, conceito e espécies – 171
Mora, purgação e cessação – 172
Mora *ex persona*, ou *ex re*, e sua constituição – 173

Mora nas obrigações ilíquidas – 163, 171
Multa, natureza e caracteres – 149
Multa, sua limitação – 151
Multa moratória, distinção da compensatória – 150
Multa penitencial, chamada também cláusula de arrependimento – 150

N

Natureza jurídica do pagamento – 152
Novação, modalidade de extinção de obrigação – 162

O

Objeto, como elemento essencial da obrigação – 128
Obrigação, conceito – 126
Obrigação, descumprimento – 174
Obrigação, elementos essenciais – 128
Obrigação, evolução histórica – 127
Obrigação, inexecução – 174
Obrigação, relação entre dois patrimônios – 127
Obrigação a termo, sua conceituação e doutrina – 145
Obrigação acessória, noção e doutrina – 146
Obrigação alternativa, sua teoria – 144
Obrigação civil, em confronto com obrigação natural – 129
Obrigação condicional, sua conceituação e doutrina – 145
Obrigação cumulativa, distingue-se da alternativa – 144
Obrigação de dar coisa certa – 133
Obrigação de dar coisa incerta – 134
Obrigação de dinheiro, prestação pecuniária – 148
Obrigação de fazer, doutrina – 135
Obrigação de meio, em confronto com as obrigações de resultado – 132
Obrigação de não fazer, sua teoria – 136
Obrigação de resultado, em confronto com as obrigações de meio – 132
Obrigação facultativa, distinção da alternativa – 144
Obrigação genérica, distingue-se da alternativa – 144
Obrigação imperfeita, equivalente à obrigação natural – 129
Obrigação indivisível, conceito – 137
Obrigação indivisível e solidária, distinção – 139
Obrigação natural, em confronto com a civil – 129
Obrigação negativa, noção – 132
Obrigação negativa, teoria da obrigação de não fazer – 136
Obrigação pecuniária – 148
Obrigação positiva, noção – 132
Obrigação principal, noção e doutrina – 146
Obrigação propriamente dita, e distinção da obrigação real – 131
Obrigação *propter rem*, distinção das obrigações propriamente ditas – 131
Obrigação real, sua distinção das obrigações propriamente ditas – 131
Obrigação solidária, conceito – 140

P

Pagamento, conceito – 152
Pagamento, como se prova – 157
Pagamento, lugar em que deve ser feito – 155
Pagamento, quando a prestação é de coisa fungível – 154
Pagamento, requisitos objetivos – 154
Pagamento, requisitos subjetivos – 153
Pagamento, tempo em que deve ser efetuado – 156
Pagamento indevido, sua retenção – 170
Pagamento parcial, sua admissibilidade como exceção – 154
Pagamento por consignação, sua doutrina – 158
Pagamento: sub-rogação, sua doutrina – 159
Patrimonialidade do objeto da obrigação – 128
Pena convencional, moratória ou compensatória – 150
Pena convencional, noção e caracteres – 149
Pena moratória, distinção da compensatória – 150
Penhora, intimado o devedor, invalida o pagamento – 153
Perda da indivisibilidade – 139
Perdão, modalidade de extinção de obrigações – 167
Perdas e danos decorrentes de mora – 171
Perdas e danos por descumprimento de obrigação – 176
Perpetuação da obrigação, como efeito da mora – 171
Pluralidade de cessões do mesmo crédito – 182
Possibilidade da prestação – 128
Prejuízos decorrentes da mora – 171
Prestação, possibilidade – 128
Prestação de juros, sua dogmática – 147
Prestação pecuniária, ou obrigação de prestação pecuniária – 148
Prestação *quérable* e portável: distinção – 155
Prevenção judicial na solidariedade ativa – 141

Prova da cessão de crédito – 180
Prova do pagamento, regras a respeito – 157
Purgação da mora, e sua cessação – 172

Q

Quérable ou quesível: natureza da prestação – 155
Quitação, seus requisitos – 157

R

Reconhecimento de inexistência da obrigação – 167
Registro de cessão de crédito – 180
Remissão, modalidade de extinção de obrigações – 167
Renúncia à cláusula penal – 151
Renúncia da garantia – 167
Reparação de dano moral e patrimonial – 176
Repetição do pagamento, sua doutrina no Direito brasileiro – 169
Representante do credor, várias hipóteses – 153
Requisitos de novação – 162
Requisitos da quitação, e prova de pagamento – 157
Requisito subjetivo do pagamento – 153
Responsabilidade civil, noção – 175
Responsabilidade do cedente – 181
Restituição do que foi recebido indevidamente – 169
Retenção do pagamento indevido – 170

S

Schuld, decomposição da obrigação – 128
Schuldübernahme, cessão de débito – 183
Solidariedade, conceito – 140
Solidariedade, sua distinção da indivisibilidade – 139
Solidariedade, sua extinção – 143
Solidariedade ativa, teoria e disciplina – 141
Solidariedade passiva, noção – 142
Soluti retentio, efeito do pagamento indevido – 170
Sub-rogação do pagamento, distingue-se da cessão do crédito – 159
Sujeito como elemento essencial da obrigação – 128

T

Tempo do pagamento, regras a respeito – 156
Teoria da representação, como explicação da solidariedade – 140
Teoria fidejussória, como explicação da solidariedade – 140
Teoria nominativa da moeda – 148
Terceiro interessado no pagamento – 153
Termo essencial para o pagamento – 156
Título-valor, sua cessão – 180
Transação, modalidade de negócio jurídico extinto de obrigação – 164
Transferência de obrigações – 179
Tributo indevido, sujeito à restituição sem prova do erro – 169

U

Unidade de vínculo, na obrigação solidária – 140
Usura, sua disciplina e punição – 147

V

Validade da cessão de crédito – 180
Vínculo jurídico, como elemento essencial da obrigação – 128